Ludwig Heinrich Hermann Graf von Pückler-Muskau, geboren am 30. Oktober 1785 auf Schloß Muskau/Oberlausitz (ab 1822 Fürst), ist am 4. Februar 1871 auf Schloß Branitz bei Cottbus gestorben.

Sein Vater, Ludwig Graf von Pückler auf Branitz (1754-1811), heiratete 1784 die damals fünfzehnjährige Clementine Gräfin von Callenberg-Muskau. Zwei Jahre nach der Übergabe der Standesherrschaft Muskau (1798) an Ludwig Graf von Pückler, wurde die Ehe geschieden und Pücklers Mutter heiratete den Reichsgrafen von Seydewitz.

Nach dem Tod seines Vaters erbte Pückler die hochverschuldete und durch die preußischen Reformen bald darauf in ihrer Struktur veränderte Standesherrschaft. Altschulden aus der Zeit der Grafen Callenberg, seines Vaters und nicht zuletzt die aus eigenem ökonomischen Unvermögen und den zunehmend steigenden Ausgaben für die Gestaltung des Muskauer Parks (1815-1845) resultierenden Defizite veranlaßten ihn, die 1817 mit Lucie Gräfin von Hardenberg (1776-1854) geschlossene Ehe 1826 pro forma scheiden zu lassen, um in England eine reiche Partie zu suchen.

Von London aus schrieb Pückler an Lucie: »Ach meine Schnucke, hättest Du nur 150000 Thaler, ich heiratete Dich gleich wieder. (...) Ach, meine Wünsche werden alle Tage bescheidener – Sicherheit ist das einzige, was der Mensch nicht entbehren kann«.

Die umfangreichen Briefe Pücklers, Zeugnisse seines Aufenthaltes in England, Wales und Irland (1827-1829), wurden von Lucie von Hardenberg und Varnhagen von Ense aufbewahrt und redigiert. Während Pückler selbst, nach seiner Rückkehr, auf die Überarbeitung der Briefe des III. und IV. Teils Wert legte, überließ er den I. und II. Teil Varnhagen. Allzu pikante Briefe wurden ausgesondert, aber aufbewahrt. (Eine Auswahl aus den Nachlaß-Briefen ist dieser Ausgabe beigefügt.)

insel taschenbuch 1219

Pückler-Muskau

Briefe eines Verstorbenen

Lucie von Hardenberg

Hermann Fürst von Pückler-Muskau

Briefe eines Verstorbenen

Ein fragmentarisches Tagebuch aus Deutschland, Holland, England, Wales, Irland und Frankreich, geschrieben in den Jahren 1826 bis 1829

Zweiter Band
Erster und Zweiter Teil

Mit zeitgenössischen Abbildungen
Herausgegeben von
Günter J. Vaupel

Insel Verlag

insel taschenbuch 1219
Erste Auflage 1991

Hinweise zu dieser Ausgabe am Schluß des zweiten Bandes
Vertrieb durch den Suhrkamp Taschenbuch Verlag
Umschlag nach Entwürfen von Willy Fleckhaus
Satz: Satz-Offizin Hümmer, Waldbüttelbrunn
Druck: Nomos Verlagsgesellschaft, Baden-Baden
Printed in Germany

1 2 3 4 5 6 – 96 95 94 93 92 91

Inhalt

Briefe 1826-1828

Briefe 1828-1829

Anhang

Briefe eines Verstorbenen
Erster Teil

Ein fragmentarisches Tagebuch
aus England, Wales
und Irland,
geschrieben im Jahre
1828

S. 9: Cashel mit Ruinen der St. Patrick's Cathedral,
der Cormac's Chapel und des Palasts
der Könige von Munster

Vorwort des Herausgebers

Die Briefe, welche wir dem Publikum hiermit übergeben, haben das Eigentümliche, daß sie, mit sehr geringer und unwesentlicher Ausnahme, zu ihrer Zeit wirklich so geschrieben wurden, wie man sie hier findet.

Man kann sich daher leicht denken, daß sie früher auch zu nichts weniger als zur Publizität bestimmt waren. Der Schreiber gehört jedoch nunmehr zu den Seligen, wodurch viele Rücksichten wegfallen, und da seine Briefe, nebst einigen interessanten Nachrichten, wenigstens eine reelle Individualität aussprechen, und mit ebenso ungeschminkter Freimütigkeit als vollständiger Parteilosigkeit geschrieben sind – glaubten wir, bei dem nicht zu häufigen Dasein dieser Elemente in unsrer Literatur, einen Beitrag solcher Art nicht überflüssig.

Der Verstorbene hatte, wie ich gestehen muß, das Unglück, während seines Lebens alles anders anzufangen als andere Leute, weshalb ihm auch wenig gelang. Viele seiner Bekannten hielten ihn aber für ein künstliches Original, und daran taten sie ihm Unrecht. Niemand war aufrichtiger in seinen Sonderbarkeiten, und schien es vielleicht weniger, niemand natürlicher, da wo alle Absicht zu sehen glaubten.

Dieses ungünstige Geschick verfolgt gewissermaßen auch jetzt noch die Erscheinung seiner Briefe, indem besondere Umstände, die hier nicht erläutert werden können, uns nötigen, das Werk, gegen alle Gewohnheit, mit den beiden letzten Teilen zu beginnen, die nun zu den ersten werden müssen. Erhalten diese indes Beifall, so hoffen wir ihnen bald jene ›nachfolgend vorangehen‹ lassen zu können, und man wird sie wenigstens ebenso selbständig finden.* Zur Bequemlichkeit der Leser haben wir jedem Brief eine kurze Inhaltsanzeige beigefügt, sowie einige Noten *ad modum Minellii*[1] im Ganzen verteilt, derentwegen wir gebührend um Verzeihung und Nachsicht bitten.

B... den 30. Oktober 1829

* * *

* Wir geben hierdurch zugleich etwanigen Rezensenten von vornherein eine artige Gelegenheit, ihren Witz leuchten zu lassen. Sie könnten z.B. sagen: dies Werk muß man ohne Zweifel originell nennen, denn es ist vorläufig, nur mit zwei Beinen in die Welt gesprungen – der Kopf soll erst nächste Messe nachfolgen.

Inhaltsverzeichnis des ersten Teils

* * *

Fünfundzwanzigster Brief

Cheltenham, den 12. Juli 1828

Meine teure Julie!*

Um zwei Uhr in der Nacht verließ ich London, diesmal recht krank, und sehr widrig gestimmt, in Harmonie mit dem Wetter, das, ganz *à l'anglaise*[2], stürmte, wie auf der See, und goß, wie mit Kannen. Als aber gegen acht Uhr der Himmel sich aufklärte, ich beim sanften und raschen Rollen des Wagens ein wenig geschlummert hatte, und durch den Regen erfrischt, nun alles smaragdgrün glänzte, und ein herrlicher Duft von den Wiesen und Blumen in das offene Wagenfenster drang – da ward Dein von Sorgen gedrückter, grämlicher Freund wieder auf einige Augenblicke das harmlose, in Gott und der schönen Welt vergnügte Kind. Reisen ist in der Tat in England äußerst ergötzlich – könnte ich nur Deine Freude daran sehen, sie selbst in Deiner Begleitung verdoppelt fühlen! Obgleich es auch später noch mitunter regnete, wovon ich übrigens im zugemachten Wagen nicht viel empfinde, so war doch, bei linder Luft, der Tag sehr angenehm. Der erste Teil des Landes, durch welches unser Weg führte, strotzte von üppiger Vegetation, gleich dem schönsten Park; der folgende bot unabsehbare Kornfelder, und zwar hier ohne Hecken dar, welches eine Seltenheit in England ist; und der letzte glich fast den reichen Ebnen der Lombardei. Ich kam bei mehreren großen Besitzungen vorbei, die ich aber des ungewissen Wetters und der gemessnen Zeit wegen un-

* Dieser Name ist ein fingierter, weil wir nicht autorisiert sind, den wahren herzusetzen. So haben wir auch einige andere Namensbezeichnungen und Andeutungen gesellschaftlicher Verhältnisse maskieren zu müssen geglaubt. *A. d. H.*

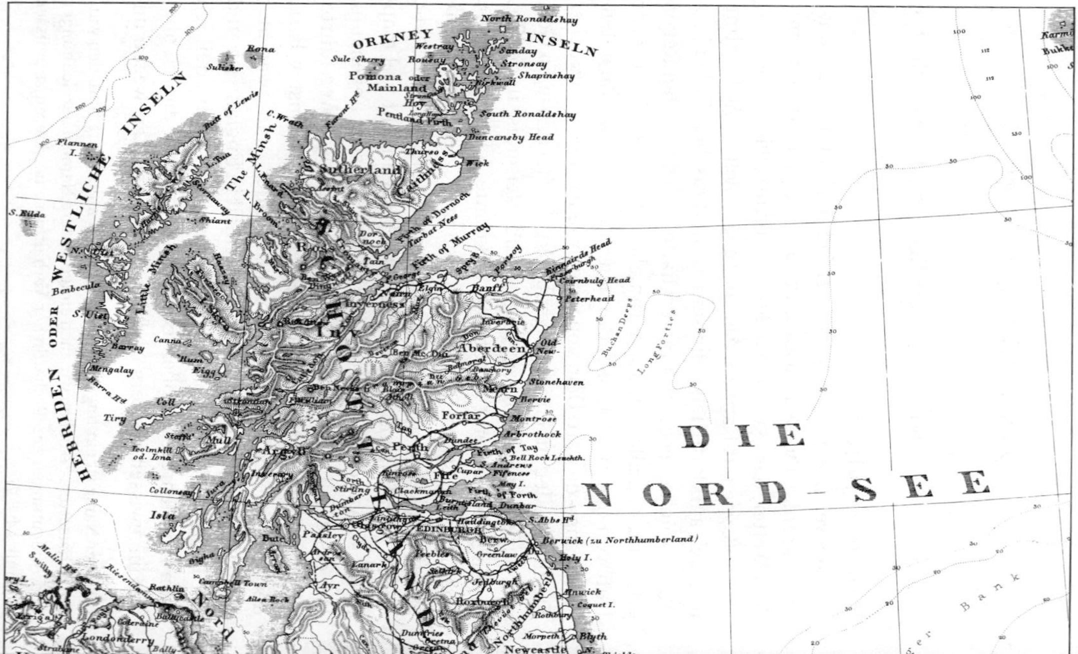

ORKNEY INSELN
North Ronaldshay
Westray
Sanday
Rousay
Stronsay
Shapinshay
Kirkwall
Sule Skerry
Pomona oder Mainland
Hoy
South Ronaldshay
Pentland Firth
Duncansby Head
Thurso
Wick
Caithness
Sutherland
Rona
Sulisker
Butt of Lewis
C. Wrath
The Minsh
L. Broom
Shiant
HEBRIDEN ODER WESTLICHE INSELN
Flannen I.
S. Kilda
Benbecula
S. Uist
Barray
Mengalay
Barra Hd
Little Minsh
Canna
Rum
Eigg
Coll
Tiry
Staffa
Mull
Icolmkill od. Iona
Collonsay
Jura
Isla
Bute
Arran
Campbell Town
Ailsa Rock
Rathlin
Malin Hd
Londonderry
Coleraine
Firth of Dornoch
Tarbat Ness
Dornoch
Tain
Firth of Murray
Inverness
Nairn
Elgin
Banff
Spey
Portsoy
Kinnairds Head
Fraserburgh
Cairnbulg Head
Peterhead
Buchan Deeps
Long Forties
Aberdeen
Ben Mc Dui
Balmoral
Banchory
Stonehaven
Bervie
Montrose
Forfar
Arbrothock
Dundee
Tay
Perth
Firth of Tay
Bell Rock Leuchth.
S. Andrews
Cupar
Fifeness
May I.
Fife
Kinross
Clackmannan
Stirling
Forth
Firth of Forth
Dunbar
Leith
EDINBURGH
Haddington
S. Abbs Hd
Berwick (zu Northhumberland)
Holy I.
Peebles
Greenlaw
Selkirk
Jedburgh
Roxburgh
Lanark
Paisley
Ayr
Argyll
Inverary
Dumfries
Alnwick
Coquet I.
Rothbury
Morpeth
Blyth
Newcastle
N. Shields
Northhumberland
Nord
DIE NORD-SEE
Bank

Ireländische
See
la Manche
Canal von Bristol
S. Georgs Canal
Cardigan Bay
Pas de Calais
LEINSTER
I. Man
Douglas
Anglesey
Holyhead
Liverpool
Manchester
Leeds
Hull
York
Scarborough
Flamborough Head
Sheffield
Nottingham
Lincoln
Boston
The Wash
Norfolk
Norwich
Yarmouth
Lowestoft
Suffolk
Ipswich
Harwich
Cambridge
Northampton
Leicester
Birmingham
Coventry
Chester
Stafford
Shrewsbury
Hereford
Worcester
Gloucester
Oxford
Bristol
Bath
Reading
LONDON
Kent
Canterbury
Dover
Margate
Ramsgate
Sussex
Brighton
Hastings
Winchester
Southampton
Portsmouth
I. Wight
Salisbury
Dorset
Dorchester
Devon
Exeter
Plymouth
Falmouth
Lands End
Penzance
Lundy I.
Ilfracombe
Cardigan
Caermarthen
Pembroke
Milford Haven
Glamorgan
Cardiff
Monmouth
Dublin
Kingstown
Wicklow
Wexford
Waterford
Kilkenny
Drogheda
Dundalk
Armagh
Monaghan
Cavan
Calais
Boulogne
S. Omer
Dünkirchen
Lille
Ostende
Brügge
Gent
Abbeville
Arras
Cambrai

besucht ließ. Es ist auch nun, nach meinen langen Park- und Gartenjagden durch halb England, nicht leicht mehr in dieser Hinsicht etwas Neues für mich aufzufinden. In Cirencester besah ich eine schöne und sehr alte gotische Kirche mit einigen leidlich erhaltenen bunten Glasfenstern, und merkwürdig barockem alten Schnitzwerk. Es ist jammerschade, daß sämtliche gotische Kirchen in England, ohne Ausnahme, durch geschmacklose, moderne Grabsteine und Monumente verunstaltet sind.

Spät abends erreichte ich Cheltenham, einen allerliebsten Badeort, von einer Eleganz, die auf dem Kontinent nicht angetroffen wird. Schon die reiche Gaserleuchtung, und die, alle wie neu aussehenden villenartigen Häuser, jedes mit seinem Blumengärtchen umgeben, stimmen das Gemüt fröhlich und behaglich. Auch komme ich in diesen Stunden, wo das Tageslicht mit dem künstlichen streitet, überall am liebsten an. Wie ich in den fast prächtig zu nennenden Gasthof eintrat, und auf schneeweißer Steintreppe, die ein Geländer von Goldbronze zierte, über frisch glänzende Teppiche, von zwei Dienern vorgeleuchtet, nach meiner Stube ging, gab ich mich dem Gefühle des *comforts* recht *con amore*[3] hin, das man nur in England vollkommen kennenlernt. In dieser Hinsicht ist daher auch für einen Misanthropen[4], wie ich bin, das hiesige Land ganz geeignet, weil alles, was nichts mit dem Gesellschaftlichen zu tun hat, alles, was man für Geld sich verschafft, vortrefflich und vollständig ist, und man es isoliert genießen kann, ohne daß sich ein anderer um uns bekümmert*. Sorgenlos und unbefangen von Geschäften, mit Dir hier zu reisen, wäre das süßeste Vergnügen für mich – wie sehr entbehre ich Dich überall, und muß Dich wohl innig lieb haben, Du Gute, weil ich, wenn es mir übel geht, stets

* Du wenigstens weißt, daß diese Stimmung nicht in Egoismus begründet ist.

einen Trost darin finde, daß Du dem Moment wenigstens entgehst, und dagegen wenn ich etwas sehe oder fühle, das mich freut, auch immer, gleich einem Vorwurf, das peinliche Gefühl mit empfinden muß, dies alles ohne Dich zu genießen! Eine größere Masse mannichfaltigen Lebensgenusses kann man aber gewiß in England auffinden, als es bei uns möglich ist. Nicht umsonst haben hier lange Zeit weise Institutionen gewaltet, und was den Menschenfreund vielleicht am meisten beruhigt und erfreut, ist der Anblick so allgemein größern Wohlseins und würdigerer Lebensverhältnisse. Was man bei uns Wohlhabenheit nennt, findet man hier als das Notwendige angesehen, und durch alle Klassen verbreitet. Daraus entsteht, bis auf die kleinsten Details, ein Streben nach Zierlichkeit, eine sorgsame Eleganz und Reinlichkeit, mit einem Wort: ein Trachten nach dem Schönen neben dem Nützlichen, das unsern geringern Klassen noch ganz unbekannt ist. Ich glaube, ich schrieb Dir schon einmal von Birmingham, daß, als ich eben dort war, die Londoner Oppositions-Blätter von einer in Birmingham herrschenden Hungersnot unter den Fabrikarbeitern berichteten. Diese bestand in der Wirklichkeit darin, daß die Leute, statt drei oder vier Mahlzeiten, mit Tee, kaltem Fleisch, Butterbrot, Beefsteakes oder Braten, sich nun eine Weile vielleicht mit einer oder zwei, und bloß mit Fleisch und Kartoffeln begnügen mußten. Es war aber zugleich Erntezeit, und der Mangel an Arbeitern hierbei so groß, daß fast jeder Preis dafür bezahlt wurde. Demohngeachtet versicherte man mich, die Fabrikarbeiter würden eher alle Maschinen demolieren, ja wirklich Hungers sterben, ehe sie sich entschlössen, eine Sense in die Hand zu nehmen, oder Garben zu binden. So verwöhnt und eigensinnig, durch allgemeines Wohlleben und Sicherheit des Verdienstes (wenn man diesen nur ernstlich aufzusuchen Lust hat) ist das englische gemeine Volk, und man kann sich, nach dem Gesagten, abstrahieren, was von den häufigen Artikeln solcher Art in den Zeitungen eigentlich zu halten ist.

Den 13ten

Heute früh besuchte ich einen Teil der öffentlichen Promenaden, welche ich indes unter meiner Erwartung fand, und trank den Brunnen, der mit Carlsbad Ähnlichkeit hat, mich aber sehr erhitzte. Die Doktoren sagen hier, wie bei uns: man müsse ihn früh trinken, sonst verliere er einen großen Teil seiner Kraft. Das Spaßhafte ist aber, daß hier früh, in ihrem Sinne, gerade da anfängt, wo es bei uns aufhört, nämlich um zehn Uhr. Das Wetter ist leider nicht günstig, jetzt kalt und stürmisch, nachdem wir früher, ziemlich lange für England, große Hitze gehabt hatten. Zur Reise ist es aber nicht so übel, und ich fühle mich dabei mindestens weit heiterer als in London, freue mich auch lebhaft auf die schönen Gegenden in Wales, denen ich entgegenreise. Sei also wenigstens in Gedanken bei mir, und laß unsere Geister Hand in Hand über Land und Meer gleiten, zusammen von den Bergen hinabschauen, und der Täler stille Heimlichkeit genießen; denn an der Schönheit Gottes herrlicher Natur erfreuen sich die Geister gewiß durch alle Welten, in Formen so unendlich verschieden, als die Unendlichkeit selbst grenzenlos ist.

Ich führe Dich zuerst zu den sieben Quellen der Themse, die eine Stunde von Cheltenham entspringen. In einer *fly*, (kleine Art Landau, nur mit einem Pferde bespannt) auf deren Verdeck ich saß, um die schönen Aussichten von einem höhern Standpunkte zu betrachten, hatte ich diese Exkursion unternommen. Nach langem Steigen sieht man endlich, auf einsamer Bergwiese, unter ein paar Erlen, eine sumpfige Gruppe kleiner Quellchen, die, so weit der Blick sie verfolgen kann, als ein unbedeutendes Bächlein hinabrieseln. Dies ist der bescheidne Anfang der stolzen Themse. Es ward mir ganz poetisch zumute, als ich mir dachte, wie ich erst vor einigen Stunden dasselbe Wasser, nur wenige Meilen davon, mit tausend Schiffen bedeckt sah, und wie dort der glorreiche Strom, obgleich sein Lauf nur so kurz ist, dennoch vielleicht mehr Schiffe, mehr Schätze und mehr Menschen das Jahr über auf seinem Rücken trage, als irgendeiner seiner kolossalen Brüder: wie an seinen Ufern die Hauptstadt der Welt liege, und wie von ihnen aus allmächtiger Handel vier Weltteile beherrsche! – Mit respektvoller Verwunderung blickte ich auf die plätschernden Wasserperlen hin, und verglich sie bald mit Napoleon, der, in Ajaccio inkognito geboren, kurz darauf alle Throne der Erde erzittern machte – bald mit der Schneelawine, die unter der Zehe eines Sperlings sich ablöst, und fünf Minuten nachher ein Dorf begräbt – oder mit Rothschild, dessen Vater Bänder verkaufte, und ohne den heute keine Macht in Europa Krieg führen zu können scheint.

Mein Wagenlenker, der zugleich ein beglaubigter Cheltenhamer Cicerone[5] war, brachte mich von hier auf einen hohen Berg, Lakintonhill genannt, wo eine berühmte *vue*[6] ist, nebst der Zugabe eines freundlichen Gasthofs zur Bewirtung der Besuchenden. Im Schutz einer Rosenlaube geborgen*, schweifte mein Blick 70 englische Meilen weit in das Land hinein, eine reiche Ebne mit mehreren Städten und Dörfern überschauend, unter denen die Kathedrale von Gloucester den stattlichsten Aussichtspunkt bildet. Hinter ihr türmen sich zwei Bergreihen übereinander, die von Malvern und von Wales. So schön alles war, erweckten doch die fernen, blauen, in Dunst verschwimmenden Berge nur sehnsüchtiges Heimweh in mir. Wie gern wäre ich, unter Fortunatos' Wünschhütlein[7], an Deine Seite geflogen! Bisher hatten sich schwarze

* Es ist eine der großen Schönheiten Englands, daß man dort, selbst den ganzen Winter hindurch, fast bei allen Wohnungen die üppig blühendsten Lauben und Ranken gefüllter Monatsrosen antrifft.

Wolken am Himmel gejagt, gerade als ich die Aussicht verließ, erschien neckend die Sonne. Sie leuchtete mir durch einen schönen Buchenwald zu dem reizenden Landsitz des Herrn Todd, der mitten im Waldesdunkel in Gestalt eines freundlichen Dörfchens angelegt worden ist – lauter Hütten, Strohdächer und Moos-Galerien. Auf grünem Rasenplatz in der Mitte, steht die ehrwürdige Dorflinde, mit der Bank von drei Etagen für ebensoviel Generationen, nicht weit davon auf verwittertem Stamme eine Sonnenuhr, und am Bergsaume nach dem Tale zu ein ländlicher Ruhesitz mit einer Kuppel von Heidekraut, deren *ribbons*[8] zierlich von Wurzeln geflochten sind. Oft wird bei Festen das Ganze mit Immergrün und Blumen geschmückt, und abends mit bunten Lampen erleuchtet. In dem danebenliegenden Park, den manche schöne Partien auszeichnen, findet man die Ruinen einer römischen Villa, die erst vor acht Jahren zufällig entdeckt wurde, und zwar durch das plötzliche Einsinken eines Baumes. Einige Bäder sind noch wohl erhalten, so wie zwei Mosaik-Böden, die aber nur eine ziemlich grobe Arbeit darbieten, und mit pompejischen Ausgrabungen keinen Vergleich aushalten. Die Wände sind zum Teil noch mit zwei Zoll dickem, rot und blau gefärbtem Stuck bekleidet, und die Heizröhren von Ziegeln erbaut, deren Qualität und Dauer unübertreffbar ist. Eine Viertelstunde davon verfolgt man deutlich die alte römische Straße, die auch noch zum Teil benutzt wird, und sich von den englischen Wegen dadurch hauptsächlich unterscheidet, daß sie, gleich einer norddeutschen Chaussee, in schnurgerader Linie geführt ist. Hoffentlich aber war der Geschmack der Römer zu gut, um sie auch mit unabsehbaren Reihen lombardischer Pappeln einzufassen, wie es bei jenen der Fall ist, deren doppelte Monotonie deshalb eine wahre Marter für den armen Reisenden wird. Welcher Unterschied mit einer englischen Landstraße, die man in sanften Biegungen um die Berge windet, tiefe Täler vermeidet und alte Bäume schont, statt, um der fixen Idee der geraden Linie zu folgen, sie mit sechsfach größern Kosten durch dick und dünn, durch Berge und Abgründe mit Gewalt zu führen.

Auf dem Rückwege nach Cheltenham kam ich durch ein großes Dorf, wo ich einen sogenannten Teegarten zum erstenmal besuchte. Die Art, wie hier ein geringer Raum zu hundert kleinen Nischen, Bänken, und pittoresken, oft abenteuerlichen, Sitzen unter Blumen und Bäumen benutzt wird, ist merkwürdig genug, und bildet einen seltsamen Kontrast mit dem Phlegma der bunten Menge, welche die Szene, nicht sowohl belebt, als staffiert.

Da es noch ziemlich früh war, als ich die Stadt wieder erreichte, so benutzte ich den schönen Abend, um einige andere Brunnen zu besuchen, wobei ich gewahr wurde, daß ich heute früh nur auf den unbedeutendsten gestoßen war. Diese Anlagen sind ungemein glänzend, vielfach mit Marmor, aber noch mehr mit Blumen, Gewächshäusern und schönen Pflanzungen geschmückt. Die Spekulationen in England steigern sich enorm, sobald eine Sache Mode wird, und dies ist hier so sehr der Fall, daß sich binnen fünfzehn Jahren in der Nähe der Stadt der Preis einer *acre* Landes von vierzig auf t a u s e n d Guineen erhöht hat. Die für das Publikum bestimmten Vergnügungsörter sind hier, und ich glaube mit Recht, ganz verschieden von Garten und Park-Anlagen eines Privatmannes behandelt. Breite Promenaden, Schatten und abgesonderte Plätze werden mehr als Aussichten und ein großartiges, landschaftliches Ganzes bezweckt. Die Art, Alleen zu pflanzen, gefällt mir. Es wird nämlich ein fünf Fuß breiter Streifen Landes längs des Weges rigolt[9], und dicht aneinander ein Gemisch verschiedener Bäume und Sträucher hineingepflanzt. Die am besten wachsenden Bäume läßt man später in die Höhe gehen, und die andern hält man als unregelmäßigen, niedrigen Unterbusch unter der Schere, welches den Aussichten, zwischen der Krone der hohen Bäume und dem Gesträuch, eine schönere Einfassung gibt, das Ganze voller und üppiger macht, und den Vorteil gewährt, daß man, wo die Gegend uninteressant ist, die Laubwand von unten bis oben dicht zuwachsen lassen kann.

Worcester, den 14ten

Entre la poire et le fromage[10] erhielt ich gestern den schon zweimal abgelehnten Besuch des hiesigen Zeremonienmeisters, des Herrn, welcher die *honneurs*[11] des Bades macht, und in den englischen Badeörtern eine bedeutende Autorität über die Gesellschaft ausübt, wogegen er mit sonst ganz antienglischer Zuvorkommenheit und Wortschwall die Fremden begrüßt, und für ihre Unterhaltung zu sorgen sucht. Ein solcher Engländer hat in der Regel übles Spiel und erinnert stark an den Martin der Fabel, welcher die Karessen[12] des Schoßhundes nachmachen wollte. Ich konnte den meinigen nicht eher los werden, als bis er einige Bouteillen Claret bei mir ausgeschlürft, und alles Dessert, was das Haus lieferte, gekostet hatte. Dann empfahl er sich endlich, mir noch das Versprechen abnehmend, den morgenden Ball ja gewiß mit meiner Gegenwart zu beehren. Da mir aber jetzt wenig an Gesellschaft und neuen Bekanntschaften liegt, so machte ich ihm *faux bond*[13], und verließ am frühen Morgen Cheltenham. Die Gegend bleibt fortwährend im hohen Grade lieblich, voller Wiesengründe und tiefgrünen Baumgruppen, mit immer deutlicher werdenden Ansichten der den Horizont bekränzenden Berge. Fast alle Stationen passiert man eine ansehnliche Stadt, der nie ihre hoch hinausragende gotische Kirche fehlt. Besonders reizend erschien mir die Lage der Stadt Tewkesbury. Nichts kann friedlicher, idyllischer sein, und dennoch sind alle diese blühenden Fluren blutige Schlachtfelder aus den Zeiten der unzähligen englischen Bürgerkriege, woher sie auch noch jetzt die im Laufe der Jahrhunderte so unpassend gewordenen Namen von Blutstätte, Mordfeld, Knochenacker etc. führen.

Worcester, wo ich Dir jetzt schreibe, die Hauptstadt der Grafschaft, bietet außer ihrer prächtigen Kathedrale, nicht viel Merkwürdiges dar. Die wenigen, in dieser Kirche noch übriggebliebenen alten Glasmalereien sind mit neuen ergänzt, welche sehr hart gegen das Weiche, und doch Glühende, der alten Farben abstechen. In der Mitte des Schiffes liegt King John begraben, sein Konterfei in Stein gehauen auf dem Steinsarge. Es ist das älteste Grabmonument eines englischen Königs in Großbritannien. Man öffnete den Sarg vor einigen Jahren und fand das Gerippe noch wohl erhalten, und ganz so gekleidet, wie der König auf dem Sarge abgebildet ist. Bei Berührung der Luft zerfiel die Kleidung in Staub, das Schwert war aber vorher schon in Rost aufgegangen, und nur der Griff noch zu erkennen. Ein anderes höchst merkwürdiges Monument ist das eines Templers aus dem Jahr 1220 mit der normannischen Inschrift: *Ici aist syr guilleaume de harcourt fys robert de harcourt et de Isabel de camvile.*[14] Die Figur des Ritters (beiläufig gesagt in einem ganz andern *costume* als des Grafen Brühl Templer in Berlin) ist vortrefflich gearbeitet, und liegt mit einer Natürlichkeit, einem *abandon*[15] da, welcher eine antike Statue nicht verunzieren würde. Die Kleidung besteht aus Stiefeln oder Strümpfen, wie man es nennen will, von *cotte de mailles,*[16] mit goldenen Sporen darüber; das Knie ist nackend, und über dem Knie geht wieder *cotte de mailles* an, die den ganzen Körper und auch den Kopf so einschließt, daß nur das Gesicht frei bleibt. Über diesem Panzerhemde trägt die Figur ein langes rotes Faltengewand bis über die Wade herabhängend, und über dieses an einem schwarzen Bandelier ein langes Schwert in roter Scheide. Am linken Arme hängt ein schmaler spitzer Schild mit dem Familienwappen, nicht dem Templerkreuz, darauf eingegraben. Dieses befindet sich nur am Sarge. Die ganze Figur ist, wie Du aus meiner Beschreibung inne wirst, bemalt, und die Farben immer von Zeit zu Zeit aufgefrischt worden. Als größte Sehenswürdigkeit wird dem Fremden zuletzt das Grabmal des Prinzen Arthur gezeigt, dessen vielverschlungene Steinverzierungen wirklich der kunstvollsten Drechslerarbeit gleichkommen. Auf der einen Seite der Kapelle sind fünf Reihen kleine Portrait-Figuren übereinander angebracht. Die Rangordnung ist folgende: Unten Äbtissinen; auf ihnen Bischöfe; über diesen Könige; dann Heilige, und ganz oben Engel. *Quant à moi, qui ne suis encore ni saint, ni ange, souffrez, que je vous quitte pour mon dîner.*[17]

Llangollen, den 15ten

Wenn ich die Ehre hätte der ewige Jude zu sein, (und Geld muß dieser doch wenigstens *ad libitum*[18] haben) so würde ich ohne Zweifel einen großen Teil meiner Unsterblichkeit auf der Landstraße zubringen, und dies namentlich in England. *It is so delightful*[19] für jemand, der fühlt und denkt wie ich. Fürs erste stört und geniert mich keine menschliche Seele; ich bin, wo ich gut bezahle, überall der Erste (den herrschsüchtigen Menschenkindern immer ein angenehmes Gefühl) und habe nur mit freundlichen Gesichtern, und Leuten zu verkehren, die voll Eifer sind, mir zu dienen. Fortwährende Bewegung, ohne Übermüdung, erhält den Körper gesund, und die stete Veränderung in schöner freier Natur, hat dieselbe stärkende Wirkung auf den Geist. Dazu, gestehe ich, geht es mir zum Teil wie dem Doktor Johnson, der behauptete: das größte menschliche Glück sei, in einer guten englischen *postchaise* mit einem schönen Weibe rasch auf einer guten englischen Chaussee zu fahren. Auch für mich ist es eine der angenehmsten Empfindungen, in einem bequemen Wagen dahinzurollen, und mich gemächlich darin auszustrecken, während mein Auge sich an den, wie in der *laterna magica*, immer wechselnden Bildern ergötzt. Nachdem sie verschieden sind, erregen sie meine Phantasie bald ernst, bald heiter, tragisch oder komisch, und mit großem Vergnügen male ich dann in mir selbst die gegebenen Skizzen aus; und welche gigantische, launige, seltsame Gestalten nehmen sie dann oft mit Blitzesschnelle an, gleich Wolkenbildern vor meinem Geiste auf und nieder wogend! Findet sich jedoch die Phantasie einmal träge, so lese und schlafe ich gottlob mit gleicher Leichtigkeit im Wagen. Meine Packerei ist keine Plackerei, um mit dem Kapuziner zu reden, sondern so vortrefflich eingerichtet (durch lange Erfahrung), daß ich ohne *embarras*[20], und ohne meinen Dienern das Leben zu sauer zu machen, stets im Augenblick das Verlangte erhalten kann. Zuweilen, wenn das Wetter gut und die Gegend schön ist, spaziere ich auch wohl meilenweit zu Fuße, *enfin* erlange ich hier allein vollkommene Freiheit – und als letztes endlich darf ich den Genuß, über alles dies meiner Herzensfreundin in einer Ruhestunde zu schreiben, auch nicht gering anschlagen. Doch nun zur Sache! Ich fuhr die Nacht durch, nachdem ich am Abend noch ein seltsames Spiel am Himmel erlebt hatte. Auf der Höhe eines Berges glaubte ich vor mir ein riesenmäßiges schwarzes Gebürge, und am Fuß desselben einen unermeßlichen See zu erblicken. Es dauerte lange, ehe ich mich überzeugen konnte, daß ich nur eine optische Täuschung, durch Nebel und verschiedene Wolkenschichten gebildet, vor mir hatte. Der obere Himmel war nämlich lichtgrau und ohne Schattierung, gegen ihn aber lag eine ganz schwarze Wolkenmasse in Form des wildesten Gebürges, deren obere Linie, kühn gezeichnet, vielfach auf und nieder stieg, während die untere durch eine Nebelschicht völlig horizontal abgeschnitten war. Dieser Nebel nun schien ein auf beiden Seiten unabsehbares silberweißes Wasserbecken zu bilden, und da an ihm, unmittelbar zu meinen Füßen, sich der grüne Vorgrund, ein bewaldetes, sonniges Wiesenland anschloß, so erreichte die Täuschung wirklich einen seltenen Grad! Nur nach und nach, wie ich den Berg hinabfuhr, verschwand das zauberartige Bild in der Luft. Die schönste Wirklichkeit erwartete mich dagegen heute früh in Wales. Der Traum der Wolken schien mir im voraus die Herrlichkeit des Tales von Llangollen verkünden haben zu wollen, eine Gegend, die nach meinem Urteil alle Schönheiten der Rheinländer weit übertrifft, und dabei eine ganz besondere Originalität in den ungewöhnlich geformten Spitzen und jähen Abhängen der Berge ausspricht. Ein reißender Fluß, die Dee, windet sich in tausend phantastischen Krümmungen, die dichtes Laubholz überschattet, durch den Wiesengrund, woraus schroff auf beiden Seiten hohe Berge emporsteigen, die bald mit uralten Ruinen, bald mit modernen Landhäusern, zuweilen auch mit Fabrikstädtchen, deren turmhohe Feueressen dicken Rauch emporwirbeln, oder auch mit grotesken, einsam stehenden Felsengruppen, gekrönt sind. Die Vegetation ist durchgängig reich, und Berg und Tal voll hoher Bäume, deren mannigfache Farbenschattierungen so unendlich viel zur Anmut und dem Malerischen einer Landschaft beitragen. In dieser üppigen Natur erhebt sich, mit um so grandioserem Effekt, eine einzige lange, schwarze, kahle Bergwand, nur mit dichtem, dunklem Heidekraut bedeckt, die sich geraume Zeit längs der Straße hinzieht. Diese prächtige Straße, von London bis Holyhead (200 Meilen)* so eben wie ein Parkett, führt hier an der Seite der linken Bergkette entlang, ohngefähr in der Mitte ihrer Höhe, und allen ihren Krümmungen folgend, so daß, während man im scharfen Trabe und Galopp dahinfährt, fast jede Minute sich die Ansicht völlig umwandelt, und man, ohne seinen Sitz zu verän-

* Wo andere Meilen nicht ausdrücklich genannt sind, ist immer von englischen die Rede, deren bekanntlich vier und eine halbe auf die deutsche Meile gehen. *A. d. H.*

dern, abwechselnd das Tal bald vor sich, bald seitwärts, bald rückwärts übersieht. An einem Ort führt eine Wasserleitung aus 25 schlanken Steinbogen, ein Werk, das den Römern Ehre gemacht haben würde, mitten durch das Tal und über den Dee, so einen zweiten Fluß, 120 Fuß über dem andern, hinströmen lassend. Das Bergstädtchen Llangollen gewährt nach einigen Stunden ein köstliches Ruheplätzchen, und ist mit Recht seiner lieblichen Gegend wegen so häufig besucht. Die schönste Aussicht hat man vom Kirchhofe, neben dem Gasthaus, wo ich vor einer halben Stunde, auf ein Grabmonument geklettert, stand, und mich, mit herzlicher Frömmigkeit glückselig des schönen Anblicks freute. Unter mir blühte ein terrassenförmiges Gärtchen mit Wein, Jelängerjelieber, Rosen und hundert bunten Blumen, die wie zum Bade bis an den Rand des schäumenden Flusses hinabstiegen; rechts verfolgte mein Blick die emsig murmelnden gekräuselten Wellen zwischen dicht herabhängendem Gebüsch; vor mir erhob sich eine doppelte Waldregion, durch Wiesenflächen mit weidenden Kühen abgeteilt, und über alles hoch oben die kahle konische Spitze eines vielleicht ehemaligen Vulkans, den jetzt die düstern Ruinen der uralten welschen Burg, Castel Dinas Bran, zu deutsch: die Krähen-Veste, wie eine Mauerkrone, decken; links zerstreuen sich die steinernen Häuser des Städtchens im Tal, und neben einer malerischen Brücke bildet der Fluß hier einen ansehnlichen Wasserfall; dicht hinter diesen angelehnt aber stellen sich, gleich Riesenwächtern, drei große Bergkolosse majestätisch vor, und verschließen dem Auge alle fernern Geheimnisse der wunderbaren Gegend. Erlaube nun, daß ich – vom Romantischen zum vielleicht weniger feinen, aber doch auch keineswegs zu verachtenden Sinnengenuß zurückkehrend – mich nach inwärts wende, das heißt, nach der Stube, wo mein durch die Bergluft ungemein vermehrter Appetit, mit nicht geringem Wohlbehagen, auf dem schön geblümten irländischen Damasttuch, dampfenden Kaffee, frische Perlhuhneier, dunkelgelbe Gebirgsbutter, dicken Rahm, Toast, Muffins*, und zuletzt zwei eben gefangene Forellen mit zierlichen roten Fleckchen erblickt – ein Frühstück, das Walter Scotts Helden in den Highlands nicht besser von diesem großen Maler menschlicher Notdurft erhalten könnten. *Je dévore déjà un œuf – adieu.*[21]

Bangor, abends

Der Regen, der mich von London, mit kurzen Intervallen, stets begleitet hat, blieb mir auch heute treu, doch scheint sich nun das Wetter zum Guten ändern zu wollen. Ich habe indes allerlei zu erzählen und einen interessanten Tag zu beschreiben. Also, noch zur rechten Zeit, ehe ich Llangollen verließ, fielen mir die beiden berühmten Jungfern (gewiß die berühmtesten in Europa) ein, welche in diesen Bergen nun bereits über ein halbes Jahrhundert hausen, von denen ich schon einst als Kind, und jetzt wiederum in London viel erzählen hörte. Du hast gewiß auch durch Deinen Vater Kunde von ihnen vernommen. *Si non, voilà leur histoire.*[22] Vor 56 Jahren kam es zwei vornehmen, jungen, hübschen und fashionablen Damen in London, Lady Eleanor Butler und der Tochter des eben verstorbenen Lord Ponsonby, in ihre Köpfchen, die Männer zu hassen, nur sich zu lieben und zu leben, und von Stunde an, als Zweisiedler in eine Einsiedelei zu ziehen. Der Entschluß wurde sofort ausgeführt, und nie haben beide Damen seit dieser Zeit auch nur eine Nacht außer ihrer *cottage* geschlafen. Dagegen reist kein Mensch nach Wales, der präsentabel ist, ohne sich einen Brief oder Empfehlung an sie mitgeben zu lassen, und wie man behaup-

* Eine Art lockerer Semmel mit krokanter Rinde, die heiß mit Butter gegessen wird. *A. d. H.*

tet, interessiert sie *scandal* noch heute eben so sehr, wie damals, als sie noch in der Welt lebten, und ihre Neugierde, alles, was in dieser vorgeht, zu hören, soll sich ebenfalls gleich frisch erhalten haben. Ich hatte von mehreren Damen zwar Komplimente für sie, aber keinen Brief, den ich zu verlangen vergessen, und schickte daher nur meine Karte, entschlossen, wenn sie meinen Besuch ablehnten, wie man mich befürchten machen wollte, die *cottage* zu erstürmen. Rang öffnete aber hier leicht die Türen, und ich erhielt sofort eine graziöse Einladung zu einem zweiten Frühstück. In einer Viertelstunde langte ich in der reizendsten Umgebung, durch einen netten *pleasure-ground* fahrend, bei einem kleinen geschmackvollen gotischen Häuschen an, gerade der Krähenveste gegenüber, auf die mehrere Aussichten durch das Laub hoher Bäume gehauen waren. Ich stieg aus, und wurde schon an der Treppe von beiden Damen empfangen. Glücklicherweise war ich bereits gehörig auf ihre Sonderbarkeiten vorbereitet, sonst hätte ich schwerlich gute *contenance*[23] erhalten. Denke Dir also zwei Damen, wovon die älteste, Lady Eleanor, ein kleines rüstiges Mädchen, nun anfängt, ein wenig ihre Jahre zu fühlen, da sie eben 83 alt geworden ist; die andere aber, eine große imponierende Gestalt, sich noch ganz jugendlich dünkt, da das hübsche Kind erst 74 zählt. Beide trugen ihr, noch recht volles Haar schlicht herabgekämmt und gepudert, einen runden Mannshut, ein Männerhalstuch und Weste, statt der *inexpressibles** aber einen kurzen *jupon*[24], nebst Stiefeln. Das Ganze bedeckte ein Kleid aus blauem Tuch von ganz besonderem Schnitt, die Mitte zwischen einem Männer-Überrock und ei-

* Die »Unaussprechlichen« wird dieses Kleidungsstück in England genannt, wo eine Frau der guten Gesellschaft zwar wohl häufig Mann und Kinder verläßt, um mit einem Liebhaber davonzulaufen, oder doch zu dezent ist, um das Wort »Beinkleider« öffentlich nennen hören zu können.

nem weiblichen Reithabit haltend. Über dieses trug aber Lady Eleanor noch erstens: den grand cordon des Ludwigsordens[25] über den Leib, zweitens: denselben Orden um den Hals, drittens: abermals dito das kleine Kreuz desselben im Knopfloch, *et pour comble de gloire* eine silberne Lilie[26] von beinahe natürlicher Größe als Stern – alles, wie sie sagte, Geschenke der Bourbon'schen Familie. So weit war das Ganze in der Tat höchst lächerlich, aber nun denke Dir auch beide Damen wieder mit der angenehmen *aisance*[27], und dem Tone der großen Welt *de l'ancien régime*[28], verbindlich und unterhaltend ohne alle *affectation*, französisch wenigstens ebenso gut sprechend, als irgend eine vornehme Engländerin meiner Bekanntschaft, und dabei von jenem wesentlich höflichen, unbefangenen, und ich möchte sagen, naiv-heitern Wesen der guten Gesellschaft damaliger Zeit, das in unserm ernsten, industriellen Jahrhunderte des Geschäftslebens fast ganz zu Grabe getragen worden zu sein scheint, und mich bei diesen gutmütigen Alten wahrhaft rührend ansprach. Auch konnte ich nicht ohne lebhafte Teilnahme die ununterbrochene und doch so ganz natürlich erscheinende zarte Rücksicht bemerken, mit der die Jüngere ihre schon etwas infirmere[29] ältere Freundin behandelte, und jedem ihrer kleinen Bedürfnisse sorgsam zuvorkam. Dergleichen liegt mehr in der Art, wie es getan wird, in scheinbar unbedeutenden Dingen, entgeht aber dem Gefühlvollen nicht.

Ich debütierte damit, ihnen zu sagen, daß ich mich glücklich schätzte, ein Kompliment an sie ausrichten zu können, das mein Großvater[30], der vor 50 Jahren ihnen aufzuwarten die Ehre gehabt hätte, mir an die schönen Einsiedlerinnen aufgetragen habe. Diese hatten nun zwar seitdem ihre Schönheit, aber keineswegs ihr gutes Gedächtnis verloren, erinnerten sich des G... C... sehr wohl, brachten sogar ein altes Andenken von ihm hervor, und wunderten sich nur, daß ein so junger Mann bereits gestorben sei! Nicht nur die ehrwürdigen Jungfern, auch ihr Häuschen war voller Interesse, ja mitunter enthielt es wahre Schätze. Keine merkwürdige Person fast, seit dem vergangenen halben Jahrhunderte, die ihnen nicht ein Portrait, oder andere Curiosa und Antiquitäten als Erinnerung zugeschickt hätte. Diese Sammlung, eine wohl garnierte Bibliothek, eine reizende Gegend, ein sorgenfreies, stets gleiches Leben, und innige Freund- und Gemeinschaft unter sich – dies sind alle ihre Lebensgüter; aber nach ihrem kräftigen Alter und ihrem heitern Gemüt zu schließen, müssen sie nicht so übel gewählt haben. –

Unter unbändigem Regen hatte ich die guten alten Damen besucht, und unter demselben Platzregen ging jetzt die Reise weiter, zuerst bei der Ruine einer alten Abtei vorüber, und dann bei dem einstigen Palast Owen Glendowers, dessen Du Dich aus Shakespeare, und meinen Vorlesungen in M... erinnerst. Die Mannigfaltigkeit der Gegend ist außerordentlich; zuweilen ist man von einem wahren Getümmel von Bergen aller Formen umringt, dann glaubt man sich, das Land weit überblickend, fast wieder in der Ebene, bis man von neuem in eine dunkle enge Waldstraße eingeschlossen wird. Weiterhin treibt der Fluß ruhig eine friedliche Mühle, und gleich darauf braust er im Abgrunde über Felsenblöcke, und bildet in der Tiefe einen prachtvollen Wasserfall. Gerade an dieser Stelle, der Kaskade von Pont-y-Glyn gegenüber, begegnete ich einer sehr eleganten englischen Droschke (die sehr verbesserte Ausgabe des Wiener Originals) mit vier hübschen Pferden bespannt, aber mit einem noch hübscheren Mädchen darin, die von einer zwar älteren, aber auch nicht übel aussehenden Frau begleitet war. Wir hielten beide zur Besichtigung des Wasserfalles an, und während unsere Wagen so gegenüber standen, schielte das Mädchen neugierig nach mir herüber, was ich bemerkte, und lachte. Dies erschreckte die scheue Engländerin, sie ward über und über rot, und konnte doch gleich nachher, in jugendlicher Lustigkeit, sich selbst des Lachens nicht über die Pantomimen enthalten, welche ich, im Wagen, vor der Begleiterin versteckt, ihr adressierte. Der Kampf, in den sie darüber mit sich selbst geriet, machte die Szene noch komischer. In diesem Moment fielen meine Augen auf einen Haufen eben von mir gesammelter schöner Bergblumen, und ich schrieb schnell auf ein ausgerissenes Blatt meines Portefeuille folgende Worte: »F... M... empfiehlt sich den unbekannten Damen respektvoll und bittet um Erlaubnis, ihnen zwei eben gepflückte Sträußer Gebirgsblumen zu senden; er sollizitiert[31] als Gegengeschenk um die Namen der liebenswürdigen Reisenden, die ihm sein guter Stern bei Pont-y-Glyn begegnen ließ.« – Dies befahl ich meinem Kammerdiener zu übergeben. Es wurde wie ich hinter dem herabgezogenen Rouleau sah, mit satyrischem Lächeln von der ältern Dame, mit Erröten von der Jüngern aufgenommen. Die Antwort lautete: »Sehr verbunden; aber die unbekannten Damen müssen incognito bleiben... vielleicht – sehen wir uns in London wieder.«

Hierauf erfolgte das Zeichen zur Abfahrt, und dahin eilten wir, nur noch ein paar ungewisse Blicke tauschend, nach ganz verschiedenen Weltgegenden hin. War das nicht der Anfang einer artigen kleinen *aventure*? Wäre ich noch ein Mensch, der seinen Launen nachgeben kann, ich hätte sogleich umkehren lassen und das Mädchen verfolgt bis... doch nichts weiter davon; sie kam mir aber lange nicht aus den Gedanken, denn sie war zu hübsch, um sie so schnell zu vergessen. Auf der nächsten Station erkundigte ich mich nach ihr, aber niemand wollte sie kennen. Ich blieb also allein mit dem Überrest meiner Blumen, und schmollte ein wenig, bis neue Gegenstände wieder meine ganze Aufmerksamkeit in Anspruch nahmen. Denn das Tal von Llangollen ist nur die Vorrede zu der eigentlichen Epopöe[32] – dem höhern Gebürge von Wales. Nachdem man hinter dem erwähnten Wasserfall, eine halbe Stunde lang in einer fast unbedeutenden, nur durch wenige Hügel unterbrochenen, Ebene gefahren ist, tritt man nicht weit von Cernioge Mawr Inn mit einem Mal in das Allerheiligste – ein mächtig ergreifender Anblick! Ungeheure schwarze Felsen bilden rund umher das erhabenste Amphitheater, dessen gezackte und zerrissene Zinnen in den Wolken zu schwimmen scheinen. Unter einer achthundert Fuß tief niedersteigenden Felsenwand, bahnt der Fluß sich seinen schwierigen Weg, von Abgrund zu Abgrund hinabstürzend. Vor uns lag eine perspektivische Ansicht übereinander wogender Berge, die endlos schien. Ich war so entzückt, daß ich mir durch lauten Ausruf Luft machen mußte. Und dabei kann man die herrliche Straße nimmer genug loben, welche, nie jähling steigend oder sinkend, alle die *belles horreurs*[33] dieser Bergwelt so gemächlich betrachten läßt. Sie ist, wo sie nicht von Felsen geschützt wird, durchgängig mit niedrigen Mauern eingeschlossen, und in gleichen Distanzen sind ebenfalls zierlich gemauerte Nischen angebracht, in denen die Steine zur Ausbesserung aufgeschichtet sind, was weit geordneter aussieht, als die freiliegenden Steinhaufen an unsern Landstraßen.

Das Gebürge von Wales hat einen sehr eigentümlichen Charakter, der schwer mit andern zu vergleichen ist. Seine Höhe ist ohngefähr der des Riesengebürges gleich, es erscheint aber unendlich grandioser in Form, ist weit reicher an Bergspitzen, und diese besser gruppiert. Auch die Vegetation ist mannigfaltiger an Pflanzenarten, obgleich nicht so zahlreich an Bäumen überhaupt, und es hat Flüsse und Seen, die dem Riesengebürge ganz abgehen. Es fehlen ihm also die majestätischen, geschlossenen Wälder der Heimat Rübezahls, und an einigen Stellen desselben hat auch der Anbau des Menschen die Mittelstraße bereits überschritten, die meiner Ansicht nach, zu einer vollendet schönen Landschaft gehört; dagegen ist die höhere Region, von Capel Curig bis einige Meilen von Bangor, so wild und schroff, als man es sich nur wünschen kann, und weite Strecken rot und gelb blühender Heiden, nebst Farrnkräutern und andern Pflanzen, die in unserm härtern Klima nicht fortkommen, bekränzen die Felsen, und ersetzen die Bäume, welche in dieser Höhe nicht mehr gedeihen. Die größte Mannichfaltigkeit des Gemäldes bewirken aber die kolossalen, wilden und seltsamen Formen der Berge selbst. Einige sehen wirklich Wolken weit ähnlicher, als festen Massen. So ist unter andern der Tryfan mit so sonderbar geformten Basaltsäulen auf seiner Spitze bedeckt, daß alle Reisenden überzeugt sind, Menschen da oben zu sehn, die eben den Berg erstiegen, und nun in die weite Aussicht hineinschauen – es sind aber nur die Berggeister, die Merlin[34] auf ewige Zeiten dahin gebannt.

Geschmackvoll fand ich es, daß sämtliche Chaussee-Häuser so ganz im Charakter der Gegend gehalten waren; aus rohem rötlichen Bruchstein erbaut, mit Schiefer gedeckt, von einfacher, schwerer Architektur und mit eisernen Toren versehn, deren Gitterwerk die sich kreuzenden Strahlen zweier Sonnen nachahmt. Der *postboy* zeigte mir die Überreste eines alten Druidenschlosses, wohin, wie ich in meinem Buche nachlese, Caratacus nach seiner Niederlage bei Caer Caradoc retirierte. – Die welsche Sprache klingt selbst wie Krähengekrächze. Beinahe alle Namen fangen mit C an, welches mit einem Krach-Laut ausgesprochen wird, den eine fremde Kehle nicht nachahmen kann. – Diese Ruine ist jetzt in zwei bis drei bewohnte Hütten verwandelt, und ihre Lage nicht eben ausgezeichnet. Bemerkenswerter schien mir weiterhin ein Felsen, der in der Gestalt eines Bischofs mit Krummstab und Mitra sich darstellte, als stiege er eben aus einer Höhle, um den erstaunten Heiden das Christentum zu predigen. Woher kömmt es wohl, daß, wenn die Natur so spielt, es eine fast erhabne Wirkung macht, und wenn es die Kunst nachahmen will, dies immer lächerlich erscheint?

Ein kleines *tormento*[35] im Gebürge sind die vielen Kinder, welche, wie Gnomen kommend und verschwindend, den Wagen mit unbegreiflicher Beharrlichkeit bettelnd begleiten. Ermüdet von dieser Zudringlichkeit hatte ich mir bestimmt vorgenommen, keinem etwas mehr zu geben, weil man sonst darauf rechnen kann, gar nicht mehr von ihnen verlassen zu werden; aber eines dieser kleinen Mädchen bezwang dennoch alle meine Entschlüsse durch ihre Ausdauer. Gewiß eine deutsche Meile lief sie im scharfen Trabe bergaufbergab, nur manchmal durch Fußwege abkürzend, mich aber nie aus den Augen lassend, neben mir her, wobei sie unaufhörlich denselben jammervollen klagenden Ton, gleich einer Seemöve, ausstieß, der mir zuletzt so unerträglich wurde, daß ich mich gefangen gab, und der nicht zu ermüdenden Läuferin meine Ruhe mit einem Schilling abkaufte. Der unheilbringende Ton war mir aber, wie der Tick-tack einer Uhr, die man fortwährend zu hören gewohnt ist, so im Ohre geblieben, daß ich ihn den ganzen Tag nicht los werden konnte.
[s. a. Nachlaß-Briefe S. 296]

Den 16ten

Ich habe vortrefflich ausgeschlafen, und sitze nun im Gasthof am Meere, von der Reise ausruhend, und ergötze mich an den Schiffen, die auf allen Seiten die klare Flut durchziehen. Nach der Landseite zu ragt eine Burg, von schwarzem Marmor aufgebaut, aus den uralten Eichenkronen hervor. Mit diesem Schloß werde ich meine Ausflüge beginnen, und überhaupt hier, wo ich mich sehr gut aufgehoben sehe, mein Hauptquartier aufschlagen. Auch fand ich hier ganz unerwartet einen unterhaltenden Landsmann. Du kennst den geistreichen A…, der so mager ist, und doch so stattliche Waden besitzt, so elegant gekleidet und doch so sparsam, so gutmütig und doch so sarkastisch, so englisch und doch so deutsch erscheint. Kurz, A… frühstückte zum zweitenmal guten Appetits mit mir, und erzählte dabei die lustigsten Dinge. Er kam von S..., über welches er sich ohngefähr so vernehmen ließ:

Scherz und Ernst.

»Sie wissen, lieber Freund,« sagte er, »daß man in Wien jedem, der ein gebacknes Hendel essen, und NB.[36] bezahlen kann, den Titel ›Euer Gnaden‹ erteilt – in S... nennt man dagegen jeden, der einen ganzen Rock trägt, *in dubio*[37], ›Herr ... Rat‹, oder noch besser, ›Herr Geheimer Rat‹, unbekümmert ob es ein wirklicher, oder nicht wirklicher (also bloß scheinbarer, phantasmagorischer) ein halber, d. h. ein pensionierter, ein ganzer, nämlich voll bezahlter, oder ein völlig unbefruchteter, eine tituläre Null sei. Sonderbar verschieden sind dabei die Attribute und die Funktionen dieses geheimnisvollen Rats-Wesens. Bald führt seinen Namen ein invalider Staatsmann in der Residenz, dem man aus Ehrfurcht für seine Altersschwäche, und zur Belohnung eines glücklich erlebten Jubiläums, eben den gelben Greifen umgehangen hat; oder ein nicht allzu tätiger, aber desto mehr von sich eingenommener Ober-Präsident in der Provinz, dem seine Verdienste bei der Durchreise eines fremden Souveräns, endlich zu Ehre und Orden verhelfen; hier ist es die rüstige Stütze der Finanzen, oder selbst der oder die *rara avis*[38], ein einflußreicher Mann nahe am Throne und dennoch ein bescheidener Mann voller Verdienst; dort aber schon wieder eine bloß vegetierende Exzellenz, die kein anderes Geschäft kennt als von Haus zu Haus gehend, veraltete Späße und Namenverdrehungen aufzutischen, die seit einem halben Jahrhundert das Privilegium haben, die *crème de la bonne société*[39] in der Hauptstadt zu entzücken. Jetzt wird abermals ein genialer Mann daraus, der als Dichter und Mensch erfreut, und nie einen andern als den geraden Steg betritt – weiterhin repräsentiert es ein zwar weniger glänzendes, aber desto mehr umfassendes Genie, welches, obgleich der Themis[40] eigen, auch ebensogut unter den Sternen, sowohl des Himmels als des Theaters, Bescheid weiß. Endlich verwandelt sich dieser Proteus gar in einen Cameralisten[41], berühmten Schafzüchter und Ökonomen, der seine Felder – und späterhin in einen Doktor, der die Kirchhöfe düngt; auch bei der unüberwindlichen Landwehr ist er zu finden, und Post*, wie Lotterie, ja Garderobe selbst, vermögen nicht ohne ihn zu bestehen. Der Hof-Philosoph, der Hof-Theologe, der Hof-Jakobiner, alle bieten sich am Ende die Hand als geheime Räte – sie sind es, waren es oder werden es sein – kurz, kein Land scheint in dieser Hinsicht mehr beraten, und zugleich geheimer! Denn so bescheiden sind diese zahllosen Räte – daß sie oft nichts geheimer halten, als ihr Talent.

Aber eine wahre Freude ist es dagegen, zu sehen, mit welcher unbefangenen, ja rührenden *bonhomie*[42] sie sich selbst untereinander Titel geben und Ehre erzeigen, jeder dem andern sein Prädikat noch um eine Stufe höher schraubend, zur Dankbarkeit aber, wie sich von selbst versteht, dasselbe wiederum von ihm erwartend. Die verschiedenen Zusätze und Wendungen, die das arme Wort ›geboren‹, dabei erleiden muß, blieben gewiß jedem Fremden, der hier die deutsche Sprache erlernen wollte, ein mystisches Rätsel. Ohne mich in dieses Labyrinth weiter hinein zu begeben, erwähne ich bloß, daß ›geboren‹ allein, auch der Bettler auf der Straße nicht mehr sein will, und ›Edelgeboren‹ eine empfindliche Beleidigung für die unteren, so wie ›Wohlgeboren‹ für die obern, auch nicht-adlichen, Staatsbeamten zu werden anfängt. Ich für meine Person schrieb hier stets an meinen Schneider: ›Hochwohlgeborner Herr‹. Es war dies allerdings ein berühmter Mann, ein Nachkomme des bekannten Freun-

* Die Post soll übrigens in jenem Reiche durchaus Extra-Post sein, und manche es sehr bedauern, daß sie nicht noch einen größern Teil der Staatsmaschine fährt, um dem jubilarischen Stillstand einen neuen Anstoß zu geben. *A. d. H.*

des Robinson Crusoës, der durch den kühnen und unnachahmlichen Schnitt seiner Uniformen eine welthistorische Wichtigkeit erlangt hat. Er war also auf alle Weise wenigstens des Verdienstadels würdig.*

Um in solcher willkürlichen Titelerteilung und Empfangung nicht geniert zu sein, ist es hier auch so vorteilhaft eingerichtet, daß bei der größten Rangsucht doch eine wirkliche bindende Rang-Ordnung gar nicht existiert, weder bei Hofe, noch durch die Geburt bestimmt, oder durch gesetzwerdende Meinung und Gewohnheit in der Nation begründet. Zuweilen ist es Geburt, öfter das Amt, bald Verdienst, bald Gunst, bald auch nur unwiderstehliche Impertinenz, welche den Vorrang gewährt, wie es Zufall und Umstände fügen. Dies gibt nun zu besondern Anomalien Anlaß, die einem alten Edelmanne, wie ich bin, einen Baron von Tunderdendronk, *qui ne saurait compter le nombre de ses ânes*[45], wie jener p... General sagte – gar nicht in den Kopf wollen. Klagen, Sorgen und Not haben deshalb auch kein Ende in der Gesellschaft; nur eine gewisse lustige und vortreffliche alte Dame weiß einzig und allein, fast überall, und bei jeder Gelegenheit, den ersten Rang zu behaupten – weil sie mit vielem Geist viele körperliche Kräfte und persönliche Tapferkeit verbindet, und durch diese vereinten Eigenschaften bald mit Witz, bald mit göttlicher Grobheit, bald auch, wenn nichts anders helfen will, mit einem derben Faustistoß, bei Hof- und andern Festen sich als die erste geriert[46], und die Erste bleibt. Ich weiß unter andern von guter Hand, daß die Gräfin Kakerlack bei einem der Höfe (denn es gibt deren mehrere hier) sich durch eine Hof-Kabale zurückgesetzt

* Ich kenne übrigens Züge von diesem Künstler, die manchem industriellen Edelmann unserer Zeit zur Ehre gereichen würden, z. B. der, daß er seine Rechnungen nur alle fünf Jahre einschickt, und der großmütigste Gläubiger aller Isolanis[43] der Armee ist.

Avis aux lecteurs![44]

fühlte, und auf den Rat ihres Freundes, des Starostes von Pückling[47], sich direkt an den stets gerechten und billigen Regenten wandte, und offiziell um die Bestimmung ihres Ranges bat. Man erteilte ihr hierauf auch diesen, unmittelbar nach der Fürstin Bona, welche (hier einmal der Verdienste ihres seligen Mannes wegen) den ersten inne hat – und der Großwürdenträger, Fürst Weise, brachte ihr selbst diese Ordre. ›Aber‹, sagte er, ›liebste Gräfin, der Baronin Stolz müssen sie doch den Rang lassen, denn was wollen Sie mit Ihrer schlanken Taille gegen die ausrichten? Ein einziger Ellenbogenstoß, und Sie sind lahm auf ewig! Also lassen Sie die immer vorgehn, denn Sie wissen, die Polizei selbst fürchtet sich vor der, seit der famosen Einladung, die sie vor einigen Jahren an dieselbe ergehen ließ.‹

Der Kraft muß alles weichen, und dies beweiset auch wie schwierig es ist, bloß dem Verdienste, ohne allgemein ausgesprochene Regel, den Vorrang zuzugestehen; denn Verdienst ist ja so relativ! Wenn der General, der Minister groß sind, wer kann leugnen, daß auch der vortreffliche Koch, die liebenswürdige Operntänzerin ein großes Verdienst besitzen? Dies haben ja, wie uns die Geschichte lehrt, selbst Monarchen und Staaten stets anerkannt. So muß z. B. in England, wo in der Regel nur Adelstitel Rang gewähren (beiläufig gesagt wohl der sicherste, und dem Königtume gemäßeste Anhalt*) der große Feldmarschall und Premier-Minister Wellington, dem kleinen, zwar bekannten, aber keineswegs berühmten, Herzoge v. St. Albans nachgehen, weil dieser junge Mann ein älterer Herzog ist, d. h. das Verdienst seiner Ahnfrau, der Schauspielerin Nell Gwynn, Mätresse Carls des II. – älter ist, folglich das Prioritäts-Recht ausübt, vor dem spätern Verdienste des Herzogs von Wellington.

* N.B. wenn der Adel darnach beschaffen, d. h. wahrer National-Adel ist, so wie ihn England zum Teil besitzt, oder auch wie ihn Grävell in seinem »Regenten« gut definiert.[48] *A. d. H.*

Karl Friedrich Grävell

In der hiesigen Hauptstadt ist es anders. Man ist in der Regel an zu schlechtes Essen gewöhnt, um einen guten Koch sehr hoch anzuschlagen, und ist neuerlich allgemein zu tugendhaft geworden, um Mätressen zu halten. Von Verdienstschätzung ist auch nicht sonderlich mehr die Rede.* Was eigentlich und hauptsächlich jetzt hier Rang und Ansehen gibt, ist: Diener zu sein, des Staates oder Hofes, *n'importe lequel, et comment.*[49] *Beati possidentes*[50] – denn auch hier waltet das gute deutsche Sprichwort: Wem Gott das Amt gibt, dem gibt er auch Verstand! Die Bureaukratie ist an die Stelle der Aristokratie getreten, und wird vielleicht bald auch ebenso erblich werden. Schon jetzt kann selbst das Gouvernement keinen seiner Beamten mehr ohne Urteil und Recht entlassen, die Stelle im Staatsdienst die jeder inne hat, wird für sein möglichst bestbegründetes Eigentum angesehen, und es ist nicht zu verwundern, daß überall Beamtete diese Einrichtung bis in den Himmel erheben. Sonderbar, daß demohngeachtet alle Staaten mit einer freien Verfassung, wo nämlich als Prinzip angenommen ist, daß die Nation, und kein bevorrechter Stand, selbst nicht der ihrer Diener, die Hauptsache sei, einem ganz andern Systeme folgen**. Der

* Hier meint mein seliger Freund ohne Zweifel nur, in der Schätzung gewisser Beamten, die aus guten Gründen die Mittelmäßigkeit über alles lieben – denn nirgends geht von höchster Stelle wohl edlere Würdigung des Verdienstes aus, als gerade dort, wenn ich anders den gemeinten Ort richtig deute. Das ganze Land sah davon erst kürzlich ein allgemein erfreuendes Beispiel in der zarten Auszeichnung des verehrten Staatsmannes, der, an der höchsten Stelle stehend, bewiesen, daß er auch die höchsten Ansprüche darauf hat. Gibt es Einen, der noch an dem letztern zweifelt – so ist es gewiß nur er selbst. *A. d. H.*

** Wenn ich nicht gewiß wüßte, daß mein Freund diese Stelle anno 1828 geschrieben hätte, so würde ich sie für eine Reminiszenz aus der Antritts-Rede des Präsidenten Jackson halten. Dieser will gar, daß die sämtlichen Beamten der vereinigten Staaten (mit wenigen Ausnahmen) gleich dem Präsidenten, alle fünf Jahre andern Platz machen sollten. *Eheu, iam sa-*

nicht dienende Bürgerstand ist auf andere Weise in seiner Unbeachtetheit glücklich. Er genießt seine Wohlhabenheit *con amore*, und als Salz des Lebens führt er Prozesse, wozu ihm die Justiz gern allen erdenklichen Vorschub leistet. Auch der Kaufmann, sowohl christlichen als vorchristlichen Glaubens findet sein Konto und wenn er es anzufangen weiß, auch nützliche Protektion – ja recht viel Geld zu besitzen, ist beinahe so viel wert als wirklicher Geheimrat zu sein, und die reichen Banquiers, wenn sie ein gutes Haus machen, werden zu den privilegierten Ständen gerechnet, auch manchmal dafür in den Adelsstand erhoben.

So behelfen sich denn viele aufs beste; nur mit dem armen Adel, besonders dem alten (insofern er nicht auch in den sichern Hafen der Bureaukratie eingelaufen ist), sieht es kläglich aus! Ohne Geld und freien Grundbesitz, seine Adels-Titel ins Unendliche vervielfältigend, und seine Stammgüter ins Unendliche teilend, ohne Anteil an der Gesetzgebung als den, welcher ihm in einer ständischen Schule vergönnt wird, wo man ihn zur graduellen Ausbildung einstweilen nach Quinta gesetzt hat, von seinen früher innegehabten Stiftern und Pfründen schon längst abgelöst*, von den Behörden

tis![51] Was würden unsere Regierungs-Räte zu einer solchen Wirtschaft sagen! Ganze General-Kommissionen könnte davon, im eigentlichsten Sinne des Worts, der Schlag rühren! Denn, wer weiß, wenn in 5 Jahren es an die Renovierung ginge, ob man ihre Beibehaltung überhaupt noch der Mühe, ich wollte sagen, des Geldes, was sie kosten, wert finden würde.[52] *A. d. H.*

* Ablösen, regulieren, separieren – welcher Guts- und auch bäuerliche Besitzer in jenem aufgeklärten Lande kennt nicht die eigentliche Bedeutung dieser Worte! Schön und liberal, obgleich den Knoten etwas gewaltsam durchhauend, war die Idee des Gesetzes, aber wie wird es ausgeführt! Hierüber wäre ein Buch zu schreiben, und sollte geschrieben werden. Die Ausführung dieses Geschäfts ist nämlich vollkommen von der Art, wie ein gewisser Herr von Wanze als Pächter verkleidet, den wohlhabenden Bauern zu A... auf ihrer Kirmes das Pharao[54] lehrte.

mehr als billig gehudelt, ja oft wegen seiner so schlecht soutenierten[53] Ansprüche nicht nur ausgelacht, sondern auch angefeindet und verfolgt, hat er, als Corporation, sein Ansehen beim Volke gänzlich verloren, und es bleibt ihm kaum eine andere wesentliche Eigenschaft mehr übrig, als die, zur einzigen Pflanzschule für Kammerherrn bei den verschiedenen respectiven Höfen der Hauptstadt zu dienen; immer noch ohne Zweifel ein beneidenswertes Los. –

Diese letztere Wahrheit wird auch gebührend von vielen erkannt, und manches Geistreiche darüber, besonders von einer berühmten Schriftstellerin als Vorfechterin, ausgesprochen, die seit geraumer Zeit mit ihrem Gemahl in einer Art gemeinschaftlichen Romanenwettlauf begriffen war, welcher jede Leipziger Messe dem erfreuten Publikum zwei bis drei dergleichen Produkte, zu ebensoviel Bänden das Stück, zu liefern pflegte.[55] Das Merkwürdigste dabei war, daß die Werke des Mannes von der überschwänglichen Zartheit einer weiblichen Feder, die der Frau hingegen von etwas schwerfälliger männlicher Vielwisserei herzurühren schienen, ein Blei, das selbst die alchimistische Hand eines liebenswürdigen und geistreichen Prinzen nicht in Gold verwandeln konnte. Beide Schriften, besonders die erstern, haben indes ihre *vogue*[56] erlebt, bis endlich die anmutig anzusehenden, und naiv kindlichen Nordlandshelden des edlen Ritters, die sich mit Zärtlichkeit duellierten, und mit klaren blauen Augen dem totgestochenen Freunde den Friedenskuß aufdrückten, ebenso wie seine wunderbaren Rosse, die über Felsenzacken galoppierten und durch Meere ihren Herren nachschwammen, ohngeachtet aller dieser wundervollen Gaben, Walter Scotts unbehosten Bergschotten weichen mußten.

Ihr setzt Euer Geld, sagte er, ich teile die Karten rechts und links. Was links fällt, gewinne ich, was rechts fällt, verliert ihr. *A. d. H.*

Die poetischen Kammerjunker und gelehrten Teezirkel der gnädigen Frau waren bereits schon lange vorher, als ein wenig ausgetrocknet, verlassen worden. Ein solcher Teezirkel war es bekanntlich auch, in dem Ahasverus, wie wir in den Memoiren des Teufels[57] lasen, nach so langer rastloser Wanderung zum erstenmal Ruhe fand, und selig entschlief. Seitdem sind die dicken Bände der berühmten Schriftsteller zu schmalen Erzählungen eingeschwunden, liebliche Ephemeren[58], die zwar nur einen Tag lebten, aber dafür sich auch nur an Höfen, in Kammern, unter Prinzen, Hofdamen und Fräuleins, Kammerherrn, Kammerjunkern und auch Hofkammerlakaien (denn nichts was dem Hofe angehört, ist gering zu schätzen) bewegen. Sogar spukende Kammern kamen neulich zum Vorschein; die Geister, welche erschienen, waren aber so matt, so sehr ausgemergelten Hofschranzen ähnlich, *avec un tel air de famille*[59], daß sie höchstens an eine Gänsehaut erinnerten, ohne sie jedoch zu erregen. Die Pikanteste von allen war ohne Zweifel diejenige, welche einst die Gesellschaft der Hauptstadt persiflierte, in der die arme Viola eine verdächtige Rolle spielte, und eine vornehme Dame auftrat die jene für große Summen an eine hohe Person verkauft haben sollte. Diese Geschichte war mit Recht eine moralische zu nennen, denn sie erweckte bei jedem Gutgearteten, der sie damals las, gewiß gerechten Abscheu vor Verleumdung und leichtsinniger Verdammung. Böswillige aber ergötzten sich auf andere Art daran – und so blieb das Ganze nicht ohne Wert, ein Meisterstück aber könnte man es nennen, wollte man es gegen alle die mittelalterlichen, jugend- und jammervollen, christlichen und zotenreißenden, italienisierenden und deutschtümelnden etc. Erzählungen halten, welche die Bedürfnisse unserer Journal- und Almanachs-Literatur jetzt myriadenweise hervorrufen, und von denen man zum Teil nicht einmal mit Schiller sagen kann, daß sich darin: ›wenn sich das Laster besp... die Tugend zu

Tische setze.‹[60] Es kommt hier weder zu dem einen noch dem andern, sondern von Anfang bis zu Ende leidet man nur an dem geistigen *pendant* einer sogenannten Ekel-Kur. Nachdem vergebens nach allen Seiten gezielt worden ist, brennt zuletzt das Ganze dennoch ohne Explosion von der Pfanne, und weit entfernt, sich zu Tische zu setzen, bleibt der unglückliche Leser für lange Zeit von aller Nahrung degoutiert.[61]*

Doch auf die gelehrte und liebenswürdige Dame zurückzukommen, von der eben die Rede war, so spielte zu der Zeit, als ich in den dortigen Regionen verweilte, um die Wintersonne ihres Hof- und Schriftglanzes, ein seltsamer Insektenschwarm, in der großen Welt eine *coterie*[63] genannt – welche, soviel ich weiß, noch jetzt als Grundsatz aufstellt (wer hätte heutzutage nicht Grundsätze!): daß der Adel wirklich von einer andern Sorte Blut, als andere Menschen, durchströmt werde, und nur höchstens im Wege der Impfung ein gemeiner Baum noch veredelt werden möge, z. B. durch natürliche Kinder großer Herren u. s. w. Dieser Adel bleibe also vor allem rein und abgeschlossen, lehrt sie, er entehre sich weder durch Industrie noch gemeinnützige Spekulationen, welches eine gewisse Frau von Tonne, in einer sehr gehaltreichen Schrift, als einen Hauptgrund des Verfalles des Adels im

* Der Billigkeit gemäß, muß man jedoch zugeben, daß der Ausnahmen von dieser Schilderung auch viele sind. Wenn z. B. Goethe nicht verschmäht »einen Mann von 40 Jahren« unter die Unmündigen zu schicken, wenn Tieck sich unserer mit einer ganz echten Novelle erbarmt, L. Schefer[62], in seltsam sich durchkreuzenden Blitzen, Herz und Geist zu berühren weiß, Kruse eine Kriminal-Geschichte anmutig macht, oder irgend eine Therese, Friederike etc., die, sonst so undurchdringlichen, Geheimnisse weiblicher Herzen enthüllt (der Verdienst anderer Haupterzähler, der Kürze wegen, gar nicht einmal zu erwähnen) so sieht man wohl, daß einige Hand-Arbeiter gar gute und vollständige Ware liefern könnten – wenn nicht bereits die ganze Fabrik durch das Maschinen-Wesen verdorben wäre. *A. d. H.*

Lande aufführt. Etwas schriftstellern und künstlern (auch für Geld, ja selbst für bürgerliches Geld) bleibt jedoch dem Adel erlaubt, wie man überhaupt Künstlern eine Mittelstufe zwischen Adeligen und Bürgerlichen gestattet. Konstitutioneller, hoher Adel und repräsentative Verfassung ist dagegen keineswegs nach dem Geschmack dieser Partei, aus dem sehr natürlichen Grunde, weil unter solchen fatalen Umständen ihr eigner Adel, dessen Alter sie selbst allein genau kennen, und dessen verschuldeter Landbesitz sich in tausend kleine Anteile bis zur mikroskopischen Unentdeckbarkeit versplittert hat – zu dem schrecklichen Lose verdammt sein würde, in der Kammer der Gemeinen (wo noch?) Platz nehmen zu müssen. Wer kann es ihnen daher verdenken, wenn sie in solcher Lage die Kammer des Prinzen vorziehen, besonders wenn sie Herren darinnen werden können – doch das verhüte Gott! Hoffentlich bleiben sie hier immer nur tituläre, nicht wirkliche geheime Räte und Kammerherren.«

(Die Fortsetzung ein andresmal)

Abends

Ich konnte es doch nicht so lange aushalten, in der Stube sitzen zu bleiben; das Schloß vor meinen Fenstern lockte zu mächtig! Ich bestieg also gleich nach A...s Abreise einen Bergklepper, und ritt wohlgemut darauf zu. Dieses merkwürdige Gebäude ist von einem in jeder Hinsicht steinreichen Manne aufgeführt; denn seine, eine Stunde weiter im Gebürge liegenden Steinbrüche, bringen ihm jährlich 40000 L. St. Er hat an einer der vorteilhaftesten Stellen, am Ufer des Meeres, einen weitläufigen Park angelegt, und die sonderbare, aber meisterhaft ausgeführte, Idee gehabt, alle Gebäude darin in dem altsächsischen Stil zu erbauen. Man schreibt diese Architektur fälschlich in England den Angel-

Leopold Schefers Haus in Muskau

sachsen zu, da sie doch von den sächsischen deutschen Kaisern herrührt, und gewiß keines dieser vielfachen Monumente älter ist. Schon die den Park umgebende, wohl eine deutsche Meile fortlaufende hohe Mauer, erhält dadurch ein seltsames Ansehen, daß in ihrer obern Schicht 3 bis 4 Fuß hohe, aufrecht stehende, unegale, spitzige Schieferstücke eingemauert sind, eine zugleich sehr zweckmäßige Vorrichtung. Bei jedem Eingang droht ein turmartiges Fort mit Fallgittern u. s. w. dem Eindringenden (kein übles Symbol für die Illiberalität der modernen Engländer, die ihre Gärten und Besitztümer strenger als wir unsere Wohnstuben verschließen), dann muß der Besucher noch eine Zugbrücke passieren, ehe er den dunklen Torweg der imponierenden Burg betritt. Der schwarze, nur roh bearbeitete, Marmor von der Insel Anglesey, aus dem die großen Massen bestehen, harmoniert wunderbar mit dem majestätischen Charakter der Gegend. Bis in die kleinsten Details, selbst die Stuben der Bedienten, und noch geringere Plätze nicht ausgenommen, ist mit genauer Sorgfalt alles reiner *»old Saxon style«.*[64] Im Eßsaal fand ich eine Nachahmung des Dir früher beschriebenen Schlosses Wilhelms des Eroberers zu Rochester. Was damals nur ein großer Monarch ausführen konnte, realisiert jetzt als Spielwerk, nur noch größer, schöner und kostbarer, ein simpler Landgentleman, dessen Vater vielleicht mit Käsehandel anfing. So ändern sich die Zeiten! Der Grundplan des Gebäudes, den mir der gefällige Architekt vorlegte, gab Gelegenheit zu einigen häuslichen Informationen, die ich Dir hier mitteile, weil fast alle englischen größeren Landhäuser so eingerichtet sind, und sie, wie so vieles, die Zweckmäßigkeit englischer Gebäude dartun. Die Dienerschaft hält sich nie im Vorzimmer, hier ›die Halle‹ genannt, auf, welche immer wie die Ouverture bei einer Oper, den Charakter des Ganzen anzudeuten sucht. Sie ist gewöhnlich mit Gemälden oder Statuen geschmückt, und dient, wie die elegante Treppe und alle übrigen Zimmer, nur zum beliebigen Aufenthalte der Familie und Gäste, welche sich lieber manchmal selbst bedienen, als immer einen solchen dienenden Geist hinter ihren Fußstapfen wissen wollen. Die Bedienten sind daher alle in einer entfernteren großen Stube (gewöhnlich im *rez-de-chaussée*[65]) versammelt, wo sie auch zusammen, ohne Ausnahme, männliche und weibliche, zu gleicher Zeit essen, und wo alle Klingeln aus dem Hause ebenfalls aboutieren.[66] Diese hängen in einer Reihe numeriert an der Wand, so daß man sogleich sehen kann, von woher geklingelt wird; an jeder ist noch eine Art *pendulum* angebracht, das sich 10 Minuten lang, nachdem die Klingel schweigt, noch fortbewegt, um den Saumseligen an seine Pflicht zu erinnern!* Das weibliche Personal hat gleichfalls ein großes Versammlungszimmer, worin es, wenn nichts anderes vorkommt, näht, strickt und spinnt. Daneben befindet sich ein Behältnis zum Reinigen der Glaswaren und des Porzellans, welches den Mädchen obliegt. Jede von diesen, so wie die männlichen Diener, haben im obersten Stock ihre besondere Schlafzelle. Nur die Ausgeberin *(housekeeper)* und der Haushofmeister *(butler)* bewohnen unten ein eignes Quartier. Unmittelbar an das der Ausgeberin anstoßend ist die Kaffeeküche und die Vorratskammer für alles, was zum Frühstück nötig ist, welche, in England wichtige, Mahlzeit speziell zu ihrem Departement gehört. Auf der andern Seite ist ihr Waschetablissement, mit einem kleinen Hofe verbunden; es besteht aus 3 *pièces*[67], die erste zum Waschen, die zweite zum Plätten, die dritte bedeutend hohe, welche mit Dampf geheizt wird, zum Trocknen bei schlechtem Wetter. Neben des Haushofmeisters Logis befindet sich seine *pan-*

* Diese Penduln können also von einem spitzfindigen Bedienten, je nachdem sie längere oder kürzere Zeit nachschwingen, zugleich als ein Thermo- oder Hygrometer der Geduld ihrer respektiven Herrschaften benutzt werden. *A. d. H.*

Leopold Schefer

try[68], ein geräumiges feuerfestes Zimmer mit rund umherlaufenden Schränken, wo das Silber aufbewahrt wird, das er auch hier putzt, sowie die zur Tafel nötigen Glas- und Porzellanwaren, die ihm, sobald sie von den Mädchen rein gemacht sind, welches alles sehr pünktlich geschieht, sogleich wieder abgeliefert werden müssen. Aus der *pantry* führt eine verschlossene Treppe in die Bier- und Weinkeller, welche der *butler* ebenfalls unter sich hat.

Ein sehr romantischer Weg brachte mich, erst durch den Park, dann am Saum eines schön bewaldeten Bergstroms hin, in einer Stunde nach dem Schieferbruch, der 6 Meilen vom Schloß im Gebürge liegt. Aus den Dir bereits genannten Einkünften kannst Du Dir denken, welch ein bedeutendes Werk dies ist. Fünf bis sechs hohe Terrassen von großem Umfang steigen an den Bergen empor, und auf ihnen wimmelt alles von Menschen, Maschinen, Prozessionen von hundert aneinander gehängten, schnell auf Eisenbahnen hinrollenden Wagen, Lasten heraufziehenden Kränen, Wasserleitungen, und so weiter. Ich brauchte ziemlich lange, um das Ganze nur flüchtig zu besehen. Um zu einem entfernteren Teile des Werks zu gelangen, wo man eben die Felsen mit Pulver sprengte, was ich zu sehen wünschte, mußte ich mich auf einem der kleinen Eisenwagen, die zum Transport des Schiefers dienen, durch eine pechschwarze, nur vier Fuß hohe und vierhundert Schritt lange, durch den Felsen gehauene Galerie auf dem Leibe liegend fahren lassen. Dies geschah vermittelst einer Winde. Es ist eine höchst fatale Empfindung, sich durch diese schmale Schlucht mit tausend unregelmäßigen Zacken, welche man, am Eingange wenigstens, deutlich sieht, bei ägyptischer Finsternis mit großer Schnelle durchreißen zu lassen, welches Fremde auch gewöhnlich ablehnen. Man kann sich des Gedankens nicht erwehren, daß wenn man, ohngeachtet der beruhigenden Versicherung des Führers, der zuerst vorausfährt, nun dennoch an irgendeine dieser Zacken anstieße, man auch unfehlbar ohne Kopf an der andern Seite ankäme. Nach Passierung dieser Galerie mußte ich noch auf einem, nur zwei Fuß breiten Wege ohne Geländer, am Abgrunde hinwandern, bis ich durch die zweite niedrige Höhle endlich zu dem gewünschten, in der Tat schaudervoll prächtigen Ort, gelangte. Hier schien man sich schon in der Unterwelt zu befinden! Die mehrere hundert Fuß hohen, spiegelglatten, abgesprengten Schieferwände ließen vom blauen Himmel kaum so viel noch sehen, um Tag von Dämmerung unterscheiden zu können. Der Boden, auf dem wir standen, war gleichfalls abgesprengter Felsen, und in der Mitte bereits ein tiefer Spalt, von ohngefähr sechs bis acht Fuß Breite, schon weiter herunter gearbeitet. Über dieser Schlucht amüsierten sich einige Kinder der Steinarbeiter, halsbrechende Sätze zu machen, um ein paar Pence dafür zu verdienen; an den Felsenwänden aber hingen überall Bergleute, gleich schwarzen Vögeln mit ihren langen Eisen pickend, und Schieferblöcke mit Geprassel herunterwerfend. Doch jetzt schien das ganze Gebürge zu wanken, lauter Warnungsruf erschallte von mehreren Seiten, die Pulvermine sprang. – Ein großer Felsen löste sich nun von hoch oben langsam und majestätisch ab, stürzte gewaltig in die Tiefe, und während Staub und abspringende Steinstückchen die Luft gleich dickem Rauch verfinsterten, hallte der Donner im wilden Echo rings um uns wider. Diese, fast täglich an verschiedenen Orten des Steinbruchs notwendigen, Operationen sind so gefährlich, daß, nach der eignen Versicherung des Direktors, man bei dem ganzen Werk im Durchschnitt jährlich auf 150 Verwundete und 7 bis 8 Tote rechnet; ein zu diesem Behuf eigens bestimmtes Hospital nimmt die Blessierten auf, und ich selbst begegnete beim Herreiten, ohne es zu wissen, der Leiche eines vorgestern Gebliebenen, *car c'est comme une bataille*[69]. Die Leute waren so aufgeputzt und mit

Bergblumen geschmückt, daß ich die Prozession im Anfang für eine Hochzeit hielt, und fast erschrak, als auf meine Frage, wo der Bräutigam sei, einer der Begleiter schweigend auf den nachfolgenden Sarg wies. Nach der Äußerung des Direktors ist jedoch die Hälfte der Unglücksfälle der Apathie der Arbeiter selbst zuzuschreiben, die, obgleich jedesmal gewarnt, dennoch in der Regel zu sorglos sind, um sich bei der Explosion zur rechten Zeit und weit genug zu entfernen, und da der Schiefer sich oft in platten messerscharfen Stücken ablöst, so ist ein unbedeutendes, in weite Ferne geschleudertes Stück der Art hinlänglich, dem Manne, den es trifft, die Hand, ein Bein oder gar den Kopf rein abzuschneiden, welcher letztere Fall, wie ich hörte, einmal wirklich vorkam. Da wir selbst von dem Feuer nicht zu weit entfernt standen, so benutzte ich den Wink, und machte wieder linksum, durch die höllische Galerie, um mir die friedlicheren Arbeiten zu besehen. Diese haben vielfaches Interesse. So kann z. B. Papier nicht zierlicher und schneller beschnitten werden, als hier die Schiefertafeln, und kein Kienblock kann leichter und netter spalten, als die Steinplatten, die der Arbeiter mit geringer Mühe durch einen einzigen Schlag des Meißels in Scheiben wie die dünnste Pappe, und von 3 bis 4 Fuß im Durchmesser, zerteilt. Der rohe Stein kommt aus den eben beschriebenen Regionen sämtlich auf wahren Pariser Rutschbergen[70] zum Verarbeiten herab, und wie dort bringt die Kraft der herabrollenden beladenen Wagen auch die leeren wieder hinauf. Die Eisenbahnen sind hier nicht, wie gewöhnlich, konkav, sondern konvex, und die Wagenräder entsprechend.

Den 17ten

Der Tag ging mit Ruhen, Schreiben und Lesen hin, und bietet daher wenig Stoff dar; ehe ich mich zu Bette lege, muß ich aber doch, der süßen Gewohnheit folgend, noch ein wenig mit Dir plaudern. Ich dachte eben an die Heimat und unsern verehrten Freund L..., der jetzt wieder umherreist, mir aber neulich ein ganzes Heft seiner älteren Bemerkungen zusendete. Soll ich Dir eine *echantillon*[71] davon mitteilen? – also höre:

Betrachtungen einer frommgemütlichen Seele aus Sandomir oder Sandomich*

1., Als die sächsischen Postillone auf meine Kosten vielen Schnaps getrunken hatten etc.

Wie viel besser ist es doch bei uns, als überall in der Fremde! Freilich erlebt man dort manches Merkwürdige. Zum Beispiel ist es gewiß ein sonderbarer Umstand (und doch kann ich nach vielfältiger Erfahrung nicht mehr daran zweifeln) daß, wenn hier die Pferde müde und faul sind (was leider nur zu oft stattfindet), nur der Postillon Schnaps zu trinken braucht, um jene wieder sichtbar zu erheitern und mutig zu machen. Die Weisheit der Natur und ihre verborgenen Kräfte sind unergründlich! – Das eben erwähnte Phänomen erklärt sich indes vielleicht aus der bekannten Erfahrung, daß Wein in den Fässern zu gären anfängt, wenn der Weinstock blüht**. Auf der letzten Station vor Torgau bekam mein Begleiter, der Gardelieutenant Graf S... aus Potsdam, bei dem das Reich der Gnade noch gar nicht zum Durchbruch gekommen ist, und der sich deshalb auch noch jeden Augenblick über weltliche Dinge so unnütz ereifert – Händel mit unserm Postillon, und ward so böse, daß er ihn, mit dem Stocke drohend, einen sächsischen Hund nannte. »O Jeses nein, mein gnädger Herr Leutnant« erwiderte dieser recht

* Die Einwohner selbst können nicht ganz genau angeben, welche Endung die eigentlich richtige sei.[72]

** N.B. nicht zu vergessen: unsern gelehrten Professor Blindemann zu fragen, was er von dieser Auslegung hält?

albern, »da erren Se sich, mer sind ja schon seit mehr als zehn Jahren Preißische Hunde.« Man sieht doch, daß es den Leuten hier noch ganz an unsrer nationalen Bildung fehlt.

2., Nach meinem schickungsreichen Unglücksfall am 6ten Juli 1827.

Vier Wochen lang konnte ich nicht schreiben! Dankbar und tief gerührt ergreife ich heute zum erstenmal wieder die Feder, um die merkwürdige Schickung aufzuzeichnen, die ich erlebte! Als ich vorigen Monat nach M... reiste, ward ich, grade wie der Fremde in den Kleinstädtern[73], immediat vor dem sogenannten Chausseehause schrecklich umgeworfen, und brach den rechten Arm. Mein erster Ausruf – ich gestehe es zu meiner Beschämung – war ein garstiger Fluch! Mein zweiter aber schon Dank, brünstiger Dank dem Schöpfer, daß ich nur den Arm und nicht den Hals gebrochen hatte! Bei solchen Gelegenheiten erkennt man deutlich die unergründlichen Wege, und die schützende, uns immer zur rechten Zeit Hilfe bringende Hand der Vorsehung. Hing nicht mein Leben an einem Haare, und wollte mir Gott nicht hier eindringlich beweisen, daß es nur von ihm abhing, meine Augen auf ewig zu schließen, oder mein junges Leben noch zu schonen, das vielleicht, denn was ist Gott unmöglich! noch zu großen und wichtigen Dingen bestimmt ist? Ja ihr Philosophen, innig und jubilierend fühle ich es: Nur der Glaube macht selig!

3., Als ich bei Torgau beinahe in der Elbe ersoff etc.

Gewiß ist es, daß man nicht eher ins Wasser gehen sollte, als bis man schwimmen kann, wie schon ein griechischer Weiser sehr richtig bemerkt hat. Ich war so unvorsichtig, mich ohne diese Kenntnis gestern zu baden (denn von dem rebellischen Turnen und Leibesübungen dieser Art hielt ich mich immer fern)[74], und wäre, da ich einen Krampf in der

Wade bekam, und darüber etwas die *contenance* verlor, vielleicht jetzt schon ein Toter, ohne einen Mann, den der Himmel wiederum grade um diese Zeit herbeiführen mußte, mich zu retten. Könnte ich gegen so viele Beweise speziellen Schutzes blind sein! – Die ganze Elbe ist mir dennoch seitdem etwas zuwider geworden. Ich bekämpfe dies aber als ein tadelnswertes Gefühl, da man bedenken muß, von welchem Nutzen dieser Fluß doch für so viele unserer Mitbrüder ist*. Obgleich die Bemerkung, glaube ich, schon früher gemacht worden ist, so bleibt es doch nicht weniger beachtenswert, daß man bei großen Städten fast immer auch einen Fluß findet; – aber so weise, so gnädig hat es die gütige Vorsehung überall zu unserm Nutzen eingerichtet, wir Menschen erkennen es nur zu selten! Ja für alle hat die Natur wie eine gütige Mutter gesorgt! Der Biene gab sie ihren Stachel, dem Biber seinen Schwanz, dem Löwen seine Kraft, dem Esel die Geduld, dem Menschen aber seinen hohen Verstand, und wo dieser, nebst der trügerischen Vernunft nicht ausreicht, himmlische Offenbarung. O wie dankbar fühle ich mich immer, wenn ich dies recht bedenke, ich, der ohnedem für so viele geistige und körperliche Vorzüge mehr als viele meiner Mitmenschen zu danken habe. – Möge ich es nie vergessen! Amen.

4., Als ich dem Juden Abraham meinen schon zweimal prolongierten Wechsel, mit *alterum tantum*[75] endlich bezahlen mußte.

Es hat mich der Zweifel beunruhigt, ob die Juden wirklich bis an der Welt Ende bestehen, und so wie jetzt, vom Fluche getroffen, zerstreut, und gedrückt auf Erden leben, und uns deshalb fortwährend so sehr werden prellen müssen!

* Unter andern auch für die Elbschiffahrtskommissarien, die ihre Arbeit ebenso schön beendet, und alle Orden dafür bekommen haben. Ob mir Gott wohl auch einen Orden bescheren wird?

Doch ist dieser Zweifel nicht schon Sünde, da es so in vielen heiligen Büchern steht? Überdies geht ja von unserm Lande, wo von jeher die größte Aufklärung herrschte, auch jetzo wiederum die Bekehrung dieser unglücklichen Verirrten aus. Ach hier drängt mich ein neuer banger Zweifel! Werden auch gewiß einst alle Bewohner der Erde Christen heißen? Es ist zwar so verkündet, aber neulich stieß ich bei meinen gelehrten Studien auf eine Berechnung, die mir zu meinem wahren Schrecken zeigte, daß es überhaupt unter 800 Millionen Menschen bis jetzt nur noch etwas über 200 Millionen gibt, welche sich nach dem wahren Namen nennen. Hoffentlich werden indes die braven Bibelgesellschaften[76] das ihrige tun und nicht ermüden. Den Engländern muß es aber doch noch nicht rechter Ernst damit sein, da sie in Indien fast noch keinen einzigen bekehrt haben. Die mögen wohl, wie gewöhnlich, nur politische Zwecke damit verbinden*. Übrigens las ich neulich von einem Missionar daselbst,

* Um dem Scherz ein ernstes Wort hinzuzufügen, möchte ich hier fragen: Wer ehrt nicht die menschenfreundlichen Motive, welche die Bibelgesellschaften hervorbrachten, und Missionarien versenden? Aber – sind diese beiden, selbst wenn nicht, wie leider so oft geschieht, der schändlichste Mißbrauch damit getrieben wird, auch die rechten Mittel zum Zweck? Der Erfolg lehrt uns fast überall das Gegenteil. Man bedenke, daß Gott selbst das Christentum erst zum zweiten Bunde sendete, der erste war rein auf irdisches Interesse und despotische Gewalt basiert.

Ich möchte daher fast sagen, wenn ich mich nicht fürchtete zu spaßhaft zu erscheinen, daß man erst damit anfangen müßte, die Wilden zu Juden zu bekehren, ehe man sie zu Christen machte. Dies würde auch mit dem Interesse des Handels, diesem wichtigen Hebel, absonderlich gut übereinstimmen. Man zivilisierte sie dann vielleicht mit Schachern weit schneller, als durch Paulus-Briefe an die Korinther.

Dies könnte uns als Fingerzeig dienen, und die Naturgemäßheit solchen Verfahrens wird auch überall durch Erfahrung bestätigt, wo derselbe Gang zu gehen ist. Menschen, die so wenig zivilisiert sind, als z. B. die noch fast tierischen Bewohner Afrikas, zu Christen machen zu wollen – scheint mir fast ebenso unvernünftig, als den Affen europäische daß ihm ein Hindu recht frech geantwortet habe: »Ich lasse mich nicht eher von Euch zum Christen bekehren, bis Ihr Euch von mir nicht auch zum Hindu habt bekehren lassen – denn ich glaube an die Wahrheit meiner Religion, Ihr an die Wahrheit der Eurigen. Was Einem recht ist, ist dem Andern billig – und einzelne Fabeln und Mißbräuche mag es vielleicht in beiden geben, der Geist aber wird wohl aus seiner

Sprachmeister zu schicken. Auf dieser Stufe der Kultur sind eben nur Interesse und Gewalt, der eine wohltätige Gewohnheit folgt, anwendbar, und in dieser Hinsicht möchten (einmal angenommen, daß wir Beruf und Recht haben, weniger Zivilisierte zu unsrer Zivilisation, auch ohne ihren Willen, empor zu heben) selbst die Bekehrungen mit dem Schwerte nicht so unzweckmäßig als die durch Bibelgesellschaften sein, immer vorausgesetzt, daß sie ohne Grausamkeit, und aus wahrhaft guter Absicht bewerkstelligt würden*. Der andere Weg, nämlich: durch ihr eignes augenblickliches Interesse auf die Wilden zu wirken, kann nur durch Handel erreicht werden, und scheint der gerechteste und mildeste von allen, würde aber doch auch von einem gewissen Zwang begleitet werden müssen, um schnelle und dauernde Resultate herbeizuführen. Das Schlimmste bei den Bemühungen, das Christentum voreilig einzuführen, ist aber ohne Zweifel, daß die Wilden sobald sie mit Christen in Kollision kommen, gewahr werden müssen, daß diese selbst fast in allen Dingen diese Lehre der Liebe fortwährend, sowohl unter sich als gegen sie selbst entgegenhandeln, Gouvernements, Korporationen und Einzelne. Ihr einfacher Verstand, der durch höhere Kultur noch nicht rektifiziert[77] ist, kann dies ohnmöglich zusammenreimen, und da sie überdem, wie Kinder, bei der neuen Lehre hauptsächlich nur die Mythe ins Auge fassen, so ist es ihnen nicht sehr zu verdenken, wenn die Liberalen oder Freidenker unter ihnen ausrufen: »Fabel für Fabel, Morden für Morden, Sklaven verkaufen für Sklaven verkaufen – wo ist der Unterschied?« Hätten die christlichen Mächte ernstlich den Sklavenhandel abgeschafft, und zugleich die, zur Schande Europas, noch immer bestehenden Raubnester an Afrikas Küsten vernichtet, England aber, statt einen einzelnen Rei-

* Man kann nicht leugnen, daß Carl des Großen und der Spanier Heidenbekehrungen den meisten Erfolg hatten, nur schade, daß die Spanier, eigentlich bessere Christen, als sie waren, erst zu einem neuen Heidentume zwangen.

Familie sein.« Das sind noch recht schlechte Aussichten*! Ich selbst, der, ohne mich deshalb rühmen zu wollen, bereits in meiner Vaterstadt einen alten Juden, mit dessen Handel es nicht mehr recht fort wollte, zur Taufe vermochte, wofür er noch jetzt eine Pension von mir erhält – suchte auch mein Scherflein zu der Sinneswandlung eines wirklichen Indiers beizutragen, der nach vielen wunderbaren Schicksalen bis in

senden nach dem andern (die sich noch obendrein durch ihre englisch-christliche Arroganz, ohne die Mittel sie durchzuführen, dort nur verächtlich und lächerlich machen) von den Einwohnern umbringen, oder am Klima sterben zu lassen – eine sich Respekt verschaffende, und durch vorgängigen Aufenthalt an der Küste schon abgehärtete, Expedition ins Innere geschickt, die mit Würde und mit wohltätiger Gewalt, dem Handel eine menschlichere Richtung zu geben, und die entgegenstehenden Hindernisse, wenn auch zum Teil durch die Macht der Waffen, zu zerstören gesucht hätte – so würde gewiß ein großer Teil Afrikas jetzt unendlich mehr zivilisiert sein, als durch hundertjährige Missionen und Bibelsendungen zu erreichen möglich sein wird. Einige werden hier sagen: *A quoi bon tout cela?*[78] Andere die Frage aufwerfen, wer uns das Recht gebe, uns ungerufen in die Angelegenheiten Fremder zu mischen? Die Antwort hierauf würde zu weit führen; was mich betrifft, gestehe ich, den Grundsatz der Jesuiten insoweit zu teilen, daß ich annehme: Ein edler Zweck, das heißt: ein zum Besten anderer gefaßter Plan, der zugleich mit der Kraft ihn auszuführen verbunden ist, heiligt auf den hohen Standpunkten der Menschheit alle, redlich in demselben Sinn angewandte Mittel, insofern sie sich nur auf offene Gewalt beziehen – denn Verrat und Unredlichkeit kann nie zum Guten führen. *A. d. H.*

* Kotzebue in seiner neuesten Reise um die Welt gibt uns ein ergreifendes Gemälde von dem Unwesen der englischen Missionare auf Otahaiti[79] und den Sandwichs-Inseln. Als man, fügt er hinzu, den, für das Glück seines neu geschaffenen Reichs zu früh verstorbenen, König Tameamea zur Annahme der christlichen Religion bewegen wollte, erwiderte er, auf die Statuten seines Kultus hinweisend: Dies sind unsre Götter, die ich seit meiner Kindheit zu verehren gelehrt wurde. Ob ich Recht oder Unrecht daran tue, weiß ich nicht; aber ich folge meinem Glauben, der nicht schlecht sein kann, da er mir vorschreibt, keine Ungerechtigkeit zu begehen. *A. d. H.*

unsere hyperboreischen[80] Gegenden verschlagen worden war, woselbst die Herrnhuter[81] sich lange, und dennoch vergebens, mit seiner Bekehrung bemüht hatten. Er hörte mir recht geduldig zu, und ich muß gestehen, ich bewunderte, von der Wichtigkeit des Gegenstandes hingerissen, meine eigne Beredtsamkeit. Aber was war der ganze Erfolg? Er sah mich lächelnd an, nahm mein Almosen, schüttelte mit dem Kopf wie eine Pagode, und ließ mich ohne alle weitere Antwort stehen!

P.S. Eben erhalte ich zu meinem großen Schrecken die Nachricht, daß der von mir bekehrte Jude gestorben, und auf dem Todbette, aus Gewissensbissen – (sollte man so etwas für möglich halten!) wieder ein Jude geworden ist!

5., Als ich vom Begräbnis der Madame R… zurückkam.

Vor einigen Tagen begab sich hier eine höchst merkwürdige Geschichte! Es sind erst kürzlich zehn Jahre verflossen, daß ein hübsches, und was mehr sagen will, auch ein frommes Mädchen in einem hiesigen Konditorladen angestellt war. Obgleich vielen Versuchungen bei ihrem süßen Metier ausgesetzt (denn nicht alle junge Leute, die den Konditorladen besuchen, besitzen meine Sittsamkeit) wollte sie doch auf niemand hören, und fand ihre Freude bloß in der Frömmigkeit. Sie versäumte keine Betstunde beim Präsidenten S… oder andere, wo sie nur zu einer solchen Zutritt erlangen konnte, und ging vor allen jeden Sonntag, wenigstens einmal, in die Kirche. Eines Sonntags jedoch (es war Martini[82], wenn ich nicht irre) vergaß sie dieser Pflicht, und blieb, sich mit weltlichem Putze beschäftigend, zu Hause. Da nahte sich ihr die Nemesis[83] in Gestalt eines jungen Mannes, dem sie schon längst heimlich geneigt war, und der an jenem verhängnisvollen Tage es wahrscheinlich sehr weit in ihrer Gunst brachte, denn kurze Zeit darauf heiratete er sie. Im

Anfang lebten sie sehr glücklich, und bekamen mehrere Kinder. Nach und nach jedoch ließ, in den Zerstreuungen der Ehe, ihre Frömmigkeit bedeutend nach. Die Unglückliche schien ihre weltlichen Pflichten als Gattin und Mutter zu lieb zu gewinnen, und von nun an dem Genusse der Betstunden und der Lektüre heiliger Bücher sogar vorzuziehen, aber die Folgen ihres Leichtsinns zeigten sich bald. Ihren Mann traf vielfaches, wie man versichert, sonst unverschuldetes Unglück, einige ihrer Kinder starben, die Familie verfiel in Armut, und der Mann hierüber zuletzt in die tiefste Melancholie. Letzten Sonntag aber, grade am zehnten Jahrestag jenes erwähnten Sonntags, wo das unglückliche Mädchen nicht in die Kirche ging, hat ihr Mann, in einem Anfall von Wahnsinn, sich und seine Frau grausam ermordet! Hier erkenne man, wie die gerechte göttliche Strafe langsam, aber desto sicherer ihr Opfer findet. – Ich enthalte mich aller strengen Betrachtungen, aber wer durch dieses warnende Beispiel nicht gewitzigt wird, nicht einsieht wie strafbar und gefährlich es ist, den regelmäßigen Besuch der Kirche auch nur einmal aus Leichtsinn zu versäumen – den bedaure ich! Er kann nur durch Schaden klug werden, und wohl ihm, wenn er es noch diesseits wird! –

6., Als ich meinen letzten Korb in D... bekam.

Ich bin sehr unglücklich in der Liebe, eine Sache, die schwer zu begreifen ist, aber dennoch bleibt es wahr, daß mir schon wieder einer meiner wohl angelegtesten Pläne mißlungen ist!

Seit lange schon liebte ich Fräulein M... mit allem Feuer meines ungestümen Charakters. Ich wagte zwar nicht, es ihr zu sagen, aber meine Blicke, die ich stundenlang schmachtend auf sie heftete, sprachen zu deutlich, um nicht verstanden zu werden. Demohngeachtet hatte ich meiner Angebeteten noch kaum mehr als ein spöttisches Lächeln abgewinnen können, als endlich eine wichtige Epoche, nämlich ihr achtzehnter Geburtstag eintrat. Ich beschloß durch eine ausgezeichnete Galanterie jetzt ihr Herz zu bestürmen, was ich mir umso eher, und mit gutem Gewissen erlauben durfte, da ich nie andre als redliche Absichten hege. Ich dachte nun lange nach, was ich wohl wählen sollte. Rosenstöcke und alle botanischen Geschenke, wie Früchte u. s. w. sind so alltäglich, Putz durfte es nicht sein, denn dies würde einer indirekten Andeutung geglichen haben, daß ich sie für eitel halte, noch weniger hätte ich ihr mögen etwas Kostbares anbieten, um sie nicht für interessiert zu erklären, ein frommes Gesangs- oder Erbauungsbüchlein wagte ich nicht zu wählen, um nicht sündlich bei irdischen Zwecken Heiliges zu profanieren – nein, nur etwas Gefühlvolles und zugleich zart auf unsre Verhältnisse Anspielendes mußte es sein. – Da fiel mir plötzlich, wie ein Blitz in dunkler Nacht, der Gedanke ein, daß die Zeit der frischen Heringe herannahe. Dies Wort elektrisierte mich, und mit der gewöhnlichen Schnelligkeit meiner Konzeptionen, gewahrte ich im Augenblick, was hier alles verborgen liege. Sogleich schickte ich eine Staffette nach Berlin, um dort, wo alles Neue bekanntlich stets zuerst zu finden ist, womöglich noch vor der jährlichen Annonce in den zwei löschpapiernen Zeitungen, besagte Geschöpfe Gottes zu erhalten. Alles ging nach Wunsch – beide lagen vor mir, ehe wenige Tage vergingen. Ich ließ sie nun noch, statt der Petersilie, auf einigen liebevollen Blättern des Claurenschen[84] Vergißmeinnichts (die nie verblühen) anrichten, und überdachte nochmals, was ihre stumme Sprache (nämlich der Heringe) außerdem noch alles auszudrücken fähig sei.

Es wäre vielleicht zu weit hergeholt, wenn ich es geltend machen wollte, wie Hering an H y m e n[85] erinnere, und beide Worte unmittelbar eine etymologische Verwandtschaft haben, weil sie beide mit einem großen H anfangen und auch das kleine n in beiden vorkömmt – aber deutlicher schon sprach der Umstand: daß sie ein Paar waren – die Haupt-Pointe aus, auf die es abgesehen war. Die blaue Farbe, die an den Himmel erinnert, bedeutete unsre beiderseitige Sanftmut, und die starke Einsalzung die Schärfe unsres Verstandes und attischen Witzes. Die unverwelkbaren Blätter schrien, sozusagen: Vergiß mein nicht! und spielten zugleich sehr deutlich auf die nie versiegende Wonne an, die wir empfinden würden, wenn wir uns erst ganz besäßen! Was aber, glaube ich, der Sache die Krone aufsetzte, war ohne Zweifel das artige Wortspiel, welches im Namen selbst liegt. Hering – her-Ring! Deutlicher und zugleich delikater (in jeder Bedeutung des Ausdrucks, denn frisch eingesalzene Heringe sind in Preußen und Sachsen eine Delikatesse) konnte ich meine Liebe und meine redlichen Absichten unmöglich erklären. Um jedoch ganz sicher zu sein, gehörig verstanden zu werden, legte ich oben darauf noch eine, auf chinesisches Reispapier zierlich gemalte und ausgeschnittene Rose, in deren Blättern ich mit schüchterner Hand folgende kleine Erstlinge meiner Muse verbarg:

Wem ist's so wohlig auf dem Grund,
Wer wird in blauer Flut gesund?
Der Hering.

Die Flut sind Deine blauen Augen,
O laß hinab in sie mich tauchen
Als Hering.

Ach, so erhöre doch mein Fleh'n,
Laß Schönste, ach laß es gescheh'n –
Gib her-Ring!

Wer sollte glauben, daß alles dennoch umsonst war! In schlichter Prosa antwortete mir die Frau Mutter ganz ungebunden und kurz: ihre Tochter bedaure sehr, von jeher eine idiosynkratische[86] Abneigung gegen Heringe empfunden zu haben, so daß sie selbst die letzten Theaterstücke des berühmten Willibald Alexis nicht mehr sehen konnte, seitdem sie in Erfahrung gebracht, daß der Verfasser nur Hering[87] heiße. Sie sende mir daher meine Fische nebst begleitender Poesie mit vielem Danke für die gute Meinung, in beifolgendem Korbe ergebenst zurück.

Glücklicherweise tröstet die Frömmigkeit ein wahrhaft von ihr ergriffenes Gemüt über alles, aber ich mußte wohl zwei Stunden in der Bibel lesen, ehe ich wieder hinlängliche Geduld und Fassung erhielt – und obgleich der Walfisch, welcher Jonas verschlang, und mit dem ich mich heute unterhielt, sehr groß war, so verschwand er doch jeden Augenblick in meiner Phantasie vor dem verhängnisvollen Herings-Paar.

In meinem Ärger (den ich leider immer noch nicht ganz besiegt habe) muß ich aber den erwähnten beiden Löschpapiernen nun auch etwas abgeben. Sie sollten doch in ihren Annoncen sich nicht nur richtiger Orthographie befleißigen, sondern auch auf den Sinn einige Rücksicht nehmen. Von den schmähligen Wurstbällen, Wisotzki, und Jungfern-Stechen[88], will ich nichts sagen, aber in einer Sammlung vaterländischer Merkwürdigkeiten, die ein Berliner Freund von mir angelegt hat, finde ich von besagten Zeitungen einige Blätter mit folgenden zwei Todes-Anzeigen von demselben unglücklichen Vater; und einer dritten, ältern Ankündigung zu einem Konzert.

1) Heute nahm der liebe Gott, auf seiner Durchreise durch Teltow, meinen jüngsten Sohn Fritz, an den Zähnen zu sich.
2) (Einen Monat später.) Heute nahm der liebe Gott schon wieder meine Tochter Agnese zur ewigen Seligkeit zu sich.

3) Montag wird im hiesigen Schauspielhause ein Konzert gegeben. Der Ertrag der Einnahme ist zur Grundlage eines Unterstützungs-Fonds unsrer im Kampfe für das Vaterland gebliebenen Landsleute bestimmt.

Nun frage ich jeden, ob das nicht den Tod lächerlich machen heißt, gewiß eine schwere Sünde, auch wenn sie absichtslos begangen wird.

Soweit vorderhand unser Freund L...

Aber die Nacht wird blässer – schon dämmert das neue Licht. Ich sage also wie das Lied von Moore: Es ist schon Tag, d'rum gute Nacht. Ich sende Dir diesen langen Brief, den ein Bekannter morgen früh mit nach London nimmt, durch unsre Gesandtschaft, und schließe mit einem herzlichen Kuß, der, wohl eingesiegelt, hoffentlich die p... Douanen unangefochten passieren wird, und wenn ich zaubern könnte, sich für jeden unberufenen Leser in einen derben Nasenstüber verwandeln müßte.

Dein treuer L...

Sechsundzwanzigster Brief

Caernarfon, den 19ten Juli 1828

Geliebte Freundin!

Todmüde komme ich eben von der Ersteigung des großen Snowdon[1] zurück, des höchsten Berges in England, Schottland und Wales, was freilich nicht allzuviel sagen will. Vergönne mir also Ruhe bis morgen, wo ich Dir meine *fata* treulich erzählen werde. Indessen gute Nacht für heute.

Den 20sten

Nachdem ich das Paket für Dich Mr. S... übergeben und auf das sorgsamste empfohlen, verließ ich vorderhand Bangor, so schnell, als vier Postpferde mich davonführen konnten. Unterwegs besah ich einige Eisengußwerke, die ich jedoch übergehe, da ich nichts Neues darinnen bemerkte. Ich befand mich etwas unwohl, als ich im Gasthof zu Caernarfon anlangte, wo ein bildschönes Mädchen mit langen schwarzen Haaren, die Tochter des Wirts, der abwesend war, sehr anmutig die *honneurs*[2] machte. –

Den andern Morgen um 9 Uhr setzte ich mich, bei ziemlich versprechender Witterung, auf einen *char à bancs*[3] mit zwei inländischen Pferden bespannt, die ein kleiner Junge führte, welcher kein Wort englisch verstand. Wie toll jagte er im *train de chasse*[4] über schmale Seitenwege durch die felsige Gegend. All mein Rufen war vergebens, und schien ganz entgegengesetzt von ihm interpretiert zu werden, so daß wir die neun Meilen bis zum See von Llanberis in weniger als einer halben Stunde, über Stock und Stein, zurücklegten. Ich begreife jetzt noch kaum, wie Wagen und Pferde es ausgehalten haben. An den Fischerhütten, die hier zerstreut und einsam liegen, erwartete mich ein sanfteres Fuhrwerk, nämlich ein nettes Boot, auf welchem ich mich mit zwei rüstigen Bergbewohnern einschiffte. Der Snowdon lag jetzt vor uns, hatte aber leider, wie die Leute es nannten, seine Nachtmütze über den Kopf gezogen, während die umgebenden niederen Berge im hellsten Sonnenscheine glänzten. Er ist zwar nur gegen viertausend Fuß hoch, erscheint aber deswegen weit ansehnlicher, weil seine ganze Höhe ohne Absatz vom Seeufer hinansteigt, während andere Berge dieses Ranges ihre Spitze gewöhnlich erst von einer schon hohen Basis erheben. Die Überfahrt bis zu dem kleinen Gasthofe am Fuße des Snowdon ist drei Meilen lang, und da der Wind heftig wehte, ging es sehr langsam und schwankend vorwärts. Das Wasser des Sees ist so schwarz als Tinte, die Berge kahl und mit Steinen besäet, nur mit wenigen grünen Alpenabhängen abwechselnd. Hie und da sieht man am Fuß einige niedrige Bäume, aber das Ganze ist wild und düster. Ohnfern der kleinen Kirche von Llanberis ist der sogenannte Heiligenbrunnen, den eine einzige ungeheure Forelle bewohnt, die seit Jahrhunderten den Fremden gezeigt wird. Oft läßt sie sich jedoch nicht herauflocken, und es wird für ein glückliches Zeichen angesehen, wenn man sie schnell erblickt. Als ein Feind aller Orakel ließ ich sie unbesucht. Man erzählte mir auch von einer sonderbaren Amazone, die, mit Riesenstärke begabt, hier lange eine wildes Männerleben geführt, und von großen Bienen, welche die Waliser so hoch schätzen, daß sie annehmen, sie seien im Paradiese geboren.

Man fängt hier viele und vortreffliche Lachse. Die Art des Fanges aber ist originell, denn sie werden mit besonders dazu abgerichteten kleinen Hunden gehetzt, die sie aus dem Schlamm herausholen, in dem sie sich zu gewissen Zeiten verkriechen.

Ich besorgte mir im Wirtshaus schnell einen Führer und Pony (ein kleines Gebirgspferd), und eilte, mich auf den Weg zu machen, immer noch hoffend, daß die drohenden Wolken sich nach Mittag verteilen würden. Leider aber geschah das Gegenteil – es wurde immer schwärzer und schwärzer und ehe ich noch eine halbe Stunde lang, vor meinem Pony, den der Führer am Zaume leitete, hinangeklettert war, hüllte schon e i n dunkler Mantel Berge, Täler und uns ein, und ein derber Regen strömte auf uns herab, gegen den mein Schirm mich nicht lange schützte. Wir flüchteten endlich in die Ruine einer alten Burg, und nachdem ich mühsam eine verfallene Wendeltreppe erstiegen, gelangte ich auf den Überrest eines Söllers, wo ich unter Efeuranken ein gutes Obdach fand. Alles um mich her sah aber melancholisch aus. Die zerbröckelten Mauern, der Wind, der klagend durch sie hinrauschte, der monotone Fall des Regens, und die so unangenehm getäuschte Hoffnung stimmten mich ganz traurig – ich dachte seufzend, wie mir nichts, auch das Kleinste nicht, wie ich es wünsche, gelingt, wie alles, was ich unternehme, das Ansehen des Unzeitgemäßen und Sonderlingartigen annimmt, so daß ich überall wie hier, was andere bei Sonnenschein vollbringen, in Regen und Sturm durcharbeiten muß. Ungeduldig verließ ich das alte Gemäuer, und steuerte wieder bergan. Das Wetter wurde aber nun so fürchterlich, und der sich erhebende Sturm selbst so gefährlich, daß wir von neuem in einer elenden verfallenen Hütte Schutz suchen mußten. In dem räuchrigen Innern spann stillschweigend eine alte Frau, und einige halbnackte Kinder kauten, auf dem Boden liegend, an trocknen Brotrinden. Mein Eintreten schien von der ganzen Familie kaum bemerkt zu werden, wenigstens änderte es nichts in ihren Beschäftigungen. Einen Augenblick starrten mich die Kinder ohne Neugierde an, und fielen dann wieder in die Apathie des Elends zurück. Ich setzte mich auf den runden Tisch, das einzige Möbel im Hause, und gab ebenfalls meinen Gedanken Audienz, die nicht die erfreulichsten waren. Da indessen der Sturm immer ärger wütete, riet mir der Führer ernstlich umzukehren. Es wäre ohne Zweifel auch das Vernünftigste gewesen, um so mehr, da wir noch nicht den dritten Teil unseres Weges zurückgelegt hatten. Da ich mir aber schon früh vorgenommen, Deine Gesundheit, gute Julie, auf der Spitze des Snowdon in Champagner zu trinken, den ich zu diesem Behuf von Caernarfon mitgenommen, so schien es mir von übler Vorbedeutung, dies aufzugeben. Mit der Heiterkeit also, die ein fester Entschluß bei großen und kleinen Angelegenheiten immer gibt, sagte ich dem Führer lachend: »und wenn es statt Wasser Steine regnen sollte, ich drehe nicht eher um, bis ich Snowdons Gipfel gesehen«, und hiemit bestieg ich meinen Pony. Der armen Frau ließ ich ein Geschenk zurück, das sie jedoch nur mit geringer Teilnahme empfing. Der Weg war äußerst beschwerlich geworden, da er fortwährend über lose und glatte Steine, die der Regen abspülte, oder über sehr schlüpfrigen Rasen ging. Ich bewunderte, wie mein kleines tätiges Tier, nur mit glatten englischen Eisen ohne Griffe beschlagen, so sicher auf diesem Boden fortschritt.

Es wurde indes bald so schneidend kalt, daß ich, ganz durchnäßt, wie ich war, das Reiten nicht länger aushalten konnte. Ich bin jedoch auch das Klettern so wenig mehr gewohnt, daß mich einigemal die Mattigkeit fast übermannte, stets aber hörte ich dann, wie der Ritter in des weiland Spieß »Zwölf schlafenden Jungfrauen« die encouragierenden[5] Glöckchen, ermahnend das Mä-Mä der Bergschnucken ertönen, die zu Hunderten hier auf den magern Grasflecken weiden. Ich unterließ dann nie, mich des lieben Schäfchens in der Heimat zu erinnern, und rüstig weiter zu schreiten, bis ich wirklich mich nach einer Stunde ganz erholt hatte, und frischer zu fühlen anfing, als beim Ausmarsch. Aussichten entschädigten mich nicht, denn von Wolken ganz umschleiert, konnte ich kaum 20 Schritt weit vor mich sehen, und in diesem geheimnisvollen *clair-obscur*[6] erreichte ich auch den ersehnten Gipfel, zu dem man über einen schmalen Felsenkamm gelangt. Ein Steinhaufen, in dessen Mitte eine hölzerne Säule steht, ist als Wahrzeichen aufgerichtet. Ich glaubte hier der Erscheinung meines Doppelgängers zu begegnen, als ein junger Mann aus dem Nebel hervortrat, der mir selbst völlig glich, NB. wie ich aussah, als ich vor 16 Jahren in den Schweizer-Alpen umherirrte. Er trug, wie auch ich damals, ein leichtes Ränzchen auf dem Rücken, den Alpenstock in der Hand, und einen soliden, für Bergreisen klassischen Anzug, der allerdings einen so großen Kontrast mit meinen Londner Promenadestiefeln, steifer Halsbinde und engem *frock-coat*[7] abgab, als seine Jugendfrische mit meinem, in der Stadt vergelbten, Gesichte. Er sah aus, wie der junge Natursohn, ich wie der *ci-devant jeune homme*[8]. Er hatte von der andern Seite den Berg erstiegen, und frug mich nur ohne sich aufzuhalten, angelegentlich, wie weit der Gasthof, und wie der Weg beschaffen sei. Sobald ich ihm meine Nachrichten mitgeteilt, eilte er singend und trällernd die Felsen hinab, und entschwand bald meinen Blicken. Ich kritzelte unterdes meinen Namen, neben tausend andern, auf einen großen Stein, und ergriff dann das Kuhhorn, welches mir der Gastwirt als Trinkgeschirr mitgegeben hatte, und befahl meinem Führer, den Stöpsel der Champagnerflasche zu lösen. Sie mußte ungewöhnlich viel fixe Luft enthalten, denn der Pfropf flog höher, als die Säule unter der wir standen, und Du kannst daher, ohne Münchhausen etwas abzuborgen, mit gutem Gewissen versichern, daß, als ich am 17. Juli Deine Gesundheit trank, der Champagnerstöpsel gegen 4000 Fuß hoch über die Meeresfläche geflogen sei. Sowie das Kuhhorn überschäumend gefüllt war, rief ich mit Stentorstimme in die Dunkelheit hinein: »Hoch lebe Julie mit neunmal neun« (nach englischer Manier). Dreimal leerte ich darauf den animalischen Becher, und wahrlich, durstig und erschöpft, wie ich Ursach hatte zu sein, hat mir nie in meinem Leben Champagner besser geschmeckt. Nach vollendeter Libation[9] aber betete ich von Herzen. Es waren nicht Worte – aber innige Gefühle, unter denen der Wunsch lebhaft hervortrat, daß es doch Gottes Wille sein möge, es Dir auf Erden gut ergehen zu lassen, und dann auch mir – *if possible*[10] – und siehe! ein zierliches Lamm kam durch die Wolkenschleier herangeklettert, und die Nebel teilten sich, und vor uns lag, in zuckenden Sonnenblitzen, einen Moment lang klar die vergoldete Erde. Doch nur zu bald schloß sich der Vorhang wieder – ein Bild meines Schicksals! Das Schöne und Wünschenswerte, die vergoldete Erde erscheint nur zuweilen, gleich Irrlichtern vor mir; – sobald ich sie ergreifen will, verschwindet alles wie ein Traum.

Da nun keine Hoffnung mehr war, daß in den höchsten und allerhöchsten Regionen sich das Wetter heute bleibend aufklären würde, so mußten wir den Rückweg antreten. Ich fand mich jetzt so gestärkt, daß ich nicht nur keine Müdigkeit mehr spürte, sondern sogar das seit vielen Jahren nicht mehr gekannte Gefühl wieder empfand, wo das Gehen und Laufen, statt eine Mühe zu sein, an sich selbst ein elastisches Vergnügen gewährt. Ich sprang also, gleich meinem vorher begegneten Jünglingsbilde, die Felsen und nassen Binsenabhänge so schnell hinab, daß ich einen Teil des Weges, der mich herauf anderthalb Stunden gekostet hatte, in wenig Minuten zurücklegte. Hier trat ich auch endlich aus den umgebenden Wolken wieder hinaus, und, war schon die Aussicht weniger prachtvoll, als sie auf dem Gipfel sein mag, so gewährte sie dennoch einen großen Genuß. Ich mochte mich immer noch dritthalbtausend Fuß über dem Meere befinden, welches sich ohne Grenzen vor mir ausbreitete. In seinem Busen überschaute ich, wie auf einem Relief, die Insel Anglesey, und in den sich überall kreuzenden Schluchten des Gebürges in meiner Nähe, zählte ich gegen zwanzig kleinere Seen, manche dunkel, manche so hell von der Sonne beschienen, daß die Augen ihren Spiegelglanz kaum ertragen konnten. Unterdessen war der Führer auch herabgekommen, da ich aber das Terrain nun vollkommen gut allein beurteilen konnte, der Abend schön war, und ich noch keiner Müdigkeit Raum gab – so ließ ich ihn und sein verständiges Pferdchen auf der graden Straße allein zu Hause wandern, und beschloß mir meinen einsamen Rückweg über die schönsten Punkte selbst auszusuchen, *et bien m'en pris*[11] – denn seit der Schweiz erinnere ich mich keines reizenderen Spazierganges. Ich folgte einem Felsenriß, längs des wilden Passes von Llanberis, berühmt aus den Kriegen der Engländer und Welschen, und wo die letzteren, unter ihrem großen Fürsten Llewellyn, oft den Untergang der fremden Eindringlinge, vielleicht von derselben Stelle, wo ich jetzt stand, betrachten konnten.[12] Die jählingen Felsenwände, die an vielen Orten fast senkrecht nach dem Passe abfallen, sind eine gute Übung gegen den Schwindel. Ich erstieg nach und nach mehrere ziemlich bedenkliche Spitzen dieser Art, und fand in dem leichten Schauder, den die Gefahr einflößte, nur einen Genuß mehr. *L'émotion du danger plaît à l'homme*[13], sagt Frau von Staël. Ganz allein war ich übrigens nicht. Die erwähnten Bergschafe, weit kleiner als die gewöhnlichen, wild und behende wie Gemsen, schreckten oft vor mir nach Art der Rehe, und stürzten sich auf ihrer Flucht über Abhänge hinab, wo ihnen so leicht niemand folgen würde. Die Wolle dieser Tiere ist die gröbste, aber ihr Fleisch dagegen das zarteste und wohlschmeckendste, das es gibt. Auch legen die Londner Gourmands[14] einen großen Wert darauf, und behaupten, daß, wer nicht Hammelfleisch vom Snowdon gegessen, gar keinen Begriff davon habe, welches Ideal ein Schöpsenbraten zu erreichen imstande sei.

Ein anderes Mal kam ich fast in Kollision mit einem großen Raubvogel, der, langsam mit ausgebreiteten Flügeln schwebend, den Blick so emsig nach der Tiefe gerichtet hatte, und so wenig darauf rechnen mochte, auf der unzugänglichen Felsenkuppe meine Bekanntschaft zu machen, daß er mich nicht eher bemerkte, bis ich ihn fast mit Händen greifen konnte. Jetzt schnellte er zwar, wie ein Pfeil, hinweg, verließ aber den Gegenstand seiner unterirdischen Forschungen keineswegs, und lange sah ich ihn noch, gleich einem Punkte, im blauen Aether schiffen, bis die Sonne hinter den hervorspringenden Bergen herabsank. Ich suchte nun in möglichst grader Linie zu der Hütte hinabzukommen, in der ich früher einen Augenblick verweilt hatte. Nicht weit davon melkte ein Mädchen ihre Kühe, deren frische Milch mir sehr willkommen war, und bei der ich auch meinen Führer wieder antraf. Dies machte ich mir dankbar zu Nutzen, um den Rest des Weges, in meinen Mantel gehüllt, auf dem sichern Pony recht wohltuend auszuruhen. Nachdem ich mich im Gasthof umgezogen, eine Vorsicht, die man bei Bergreisen nicht versäumen darf, schiffte ich mich von neuem auf den, jetzt vom Abendrot herrlich glühenden See ein. Die Luft war mild und lau geworden, Fische sprangen oft freudig in die Höhe, und Reiher umkreisten in zierlichen Bogen die Schilfgestade, während hie und da ein Feuer an den Bergen aufflackerte, und der dumpfe Donner gesprengter Felsen aus den entfernten Steinbrüchen herübertönte.

Lange stand schon des Mondes Sichel am dunkeln Himmel, als mich die schwarzgelockte Hebe[15] wieder in Caernarfon empfing. –

Den 21sten

Ich war doch ein wenig von den letzten vierundzwanzig Stunden angegriffen, und begnügte mich daher heute mit einem Gange nach dem berühmten, hier liegenden Schlosse, welches von Eduard I., dem Eroberer von Wales, erbaut und von Cromwell zerstört, jetzt eine der schönsten Ruinen in England bildet. Das einzige, was ich dabei bedaure, ist, daß es so nahe an der Stadt und nicht einsam im Gebürge steht. Die äußern Mauern, obwohl verfallen, bilden doch noch eine ununterbrochene Linie, welche ohngefähr drei Morgen Landes umschließt. Der innere, mit Gras bewachsene, mit Schutt und Disteln jetzt gefüllte Raum ist nahe an 800 Schritt lang. Sieben Türme, schlank und fest gebaut, von verschiedener Form und Größe, umgeben ihn. Einer derselben ist noch zugänglich, und ich erstieg auf einer hinfälligen Treppe von 140 Stufen seine Plattform, wo man eine imposante Aussicht auf Meer, Gebürge und Stadt hat. Beim Hinabgehen zeigte man mir die Rudera[16] eines gewölbten Zimmers, in welchem, der Tradition nach, Eduard II., der erste Prinz von Wales, geboren ward. Die Welschen hatten nämlich, eingedenk der Bedrückungen englischer Hauptleute, in früheren Zeiten partieller und momentaner Eroberungen, dem Könige fest erklärt, daß sie nur einem Statthalter, der ein Prinz ihrer eignen Nation sei, Folge leisten wollten. Sofort ließ Eduard, mitten im Winter, seine Gemahlin Eleanor herbeiholen, um heimlich ihre Niederkunft in Caernarfon Castle abzuwarten. Sie gebar einen Prinzen, worauf der König die Edlen und Vornehmsten des Landes zusammenberief, und sie feierlich frug: ob sie sich der Regierung eines jungen Prinzen unterwerfen wollten, der in Wales geboren sei, und kein Wort englisch sprechen könne? Als sie dies freudig und erstaunt bejahten, präsentierte er ihnen seinen eignen, eben gebornen Sohn, indem er in gebrochenem Welsch ausrief: »Eich Dyn«, d. h. dies ist Euer Mann! – welche Worte später in »Ich Dien« dem Motto des englischen Wappens, korrumpiert worden sind.

Über dem großen Haupttore steht noch Eduards steinernes Bild, mit der Krone auf dem Haupt, und einem gezückten Dolch in der Rechten, als wolle er nach sechs Jahrhunderten noch die Steintrümmer seines Schlosses bewachen. Über Entweihung hatte er auch heute mit Recht zu klagen, denn,

Schloß Caernarfon

inmitten der Ruine, machte auf dem grünen Platze ein Kamel, nebst Affen in rotem Tressenrocke, seine Kunststücke, und jubelnd stand eine zerlumpte Menge umher, sich des jämmerlichen Kontrastes nicht bewußt, den sie mit den ernsten Überresten der sie umgebenden Vergangenheit bildete.

Der Turm, in welchem der Prinz geboren ward, heißt der Eagletower (Adlerturm), aber nicht von ihm rührt diese Benennung her, sondern von vier kolossalen Adlern, welche die Spitze krönten, und von denen noch einer vorhanden ist. Man hält ihn für einen römischen, denn Caernarfon steht auf dem Grunde des alten Segontium[17], das... doch ich versteige mich zu weit, und war auf gutem Wege in den Ton eines Reisebeschreibers von Profession zu fallen, der ennuyieren[18] zu dürfen glaubt, wenn er unterrichtet – obgleich er den Unterricht selbst, gewöhnlich erst durch mühsames Nachlesen der Lokalbücher erlangt. *Je n'ai pas cette prétention, vous le savez, je laisse errer ma plume*[19], unbekümmert, wo sie mich hinführt.

Der Marquis von Anglesey hat kürzlich hier ein Seebad angelegt, das von einer Dampfmaschine dirigiert wird, und sehr elegant eingerichtet ist. Ich benutzte es beim Rückweg vom Schlosse, und bemerkte in den Erholungszimmern ein Billard von Metall, auf Stein gesetzt. Akkurater kann man sich keines wünschen, ob die Dampfmaschine auch die Partien markiert, vergaß ich zu fragen. Unmöglich wäre es nicht in einem Lande, wo kürzlich jemand ganz im Ernste vorschlug, Dampfkellner in den Kaffeehäusern einzuführen, und wo es eben nicht viel anders hergehen würde, wenn eine Dampfmaschine mit 80 Pferde-Kraft auf dem Throne säße.

Liebe Julie, einem Reisenden muß es erlaubt sein, oft und viel vom Wetter und vom Essen zu sprechen! Haben doch die Romane des berühmten, einst Unbekannten, oder einst berühmten Unbekannten, einen nicht unansehnlichen

Teil ihrer Reize den meisterhaften Schilderungen dieser Art zu danken. Wem läuft nicht das Wasser im Munde zusammen, wenn er Dalgetty[20], den Soldaten der Fortuna, essen sieht, und noch unbezwinglicher bei Tisch, als in der Schlacht findet? Es ist wirklich gar kein Scherz, wenn ich Dir versichere, daß ich, bei meinem reizbaren Nervensystem, wenn ich in Folge einer kleinen Indigestion den Appetit verloren hatte, oft nur zwei Stunden im Unbekannten zu lesen brauchte, um mich vollkommen wiederhergestellt zu fühlen. Heute bedurfte ich jedoch dieser Stimulanz in keiner Art. Es war hinlänglich, den vortrefflichen frischen Seefisch, nebst den berüchtigten *mountain mutton* (Berghammel) auf dem Tische dampfen zu sehen, um mit Heißhunger darüber herzufallen, denn ein Seebad und die Besteigung des Snowdon wirkt noch stärker als Walter Scott.

Mein schwarzes Mädchen, die mich, da ich heute der einzige Gast im Hause war, selbst bediente, wurde zuletzt ungeduldig, mich immer wieder auf besagten Hammel zurückkommen zu sehen, und äußerte mürrisch, ich täte nichts, als essen, wenn ich nicht herumliefe. Sie selbst war weit ätherischerer Natur, und hatte, seit ich hier bin, bereits meine portative Romanenbibliothek zur Hälfte ausgelesen; jedesmal, wenn ich sie wieder sah, präsentierte sie mir einen geistig verschlungenen Band, und bat so sehnsüchtig um einen andern, daß ich ein weniger weiches Herz hätte haben müssen, um es ihr abzuschlagen. Auf diese Weise begegnete sich unser beiderseitiger Appetit, der meine nach dem realen, der ihrige nach dem idealen, auf die unschuldigste Weise.

Den 22sten

Von Bangor hat man mir heute ein großes Paket nachgeschickt, in dem ich vergebens Nachrichten von Dir suchte, aber herzlich über einen Brief von L... lachen mußte, der mir in Verzweiflung schreibt, wie übel es ihm ergangen sei. Er hat nämlich, wie er meldet, seine Betrachtungen, deren Anfang ich Dir mitteilte, in Fragmenten drucken lassen, und eine gewisse Partei, die sich zu wund fühlt, um nicht übersuszeptibel[21] zu sein, *y a entendu malice*[22]. Sie hat sogleich in der Lamms-Zeitung einen wütenden Artikel gegen ihn einrükken lassen, und der arme L..., der seine Leute kennt, fürchtet jetzt offenbar beim Examen durchzufallen. Da die gegen ihn gerichtete Philippika[23] nicht lang ist, und überdem die Zeit gut charakterisiert, ich auch heute Ruhetag habe, so schreibe ich Dir, mit einigen Abkürzungen, die Hauptsache ab:

Über die Betrachtungen einer gemütlichen Seele aus Sandomir. Eine Rede vom Herrn von Frömmel, Adjutanten Seiner Durchlaucht des Fürsten von... Gesprochen im adligen frommen Konventikel[24] beiderlei Geschlechts zu A... Heilige Geiststraße Nr. 33 am 4ten Mai 1828; und hier besonders abgedruckt aus den Sammlungen für echte Christen.

Hoch- und Hochwohlgeborne, fromme Brüder
und Schwestern!

Mit Recht sagt unser Heiland: Es gibt viel Wölfe in Schafspelzen! Ein solcher ist aber Träger vorliegenden Schafpelzes, der ungenannte Verfasser der Betrachtungen etc. sonder allen Zweifel. Es ist nicht schwer zu entziffern, daß unter der Maske von Frömmigkeit und einer fast an Albernheit grenzenden Simplizität hier mit höhnischem Spott dieselbe verderbende Schlange zischt, welche einst unsere fromme Mutter Eva verführte, und seitdem unsere heilige Religion unablässig mit ihrem Geifer bespritzt, nur sinnend, wie sie Thron und Kirche untergrabe. Wir jedoch wollen unsrer (allerdings leider etwas zu leichtgläubigen) Stammutter nicht gleichen, sondern Satelliten des Teufels mit Feuer und Schwert ausrotten, wo wir sie finden. Ja, meine Freunde und Ihr meine Freundinnen, Ihr wißt es – der Teufel ist und lebt – nicht wie die ungläubige Rotte sagt: in uns, als Teufel der Leidenschaften, der Eitelkeit, des Hasses, der Sünde – nein, persönlich schleicht er herum auf der Erde, wie ein brüllender Löwe, mit Bockshorn und Pferdeschweif, und pestilenzialischem Gestank, wo er sich zu erkennen gibt – wer nicht so an den Teufel glaubt, glaubt auch nicht an Jesus ...*; doch warum ereifere ich mich, hier ist ja kein Vernünftler,

* Wer dennoch daran zweifeln sollte, dem können wir auf Treu und Glauben versichern, dem bösen Feinde selbst schon so begegnet zu sein, ja einem der verdienstvollsten Mitglieder unserer heiligen Gesellschaft, einer hohen Dame, die wir hier nur mit dem Namen Sexaginta bezeichnen wollen, erschien er auf noch weit schändlichere Weise. Sie stand damals auch schon einem frommen Konventikel vor, gemeinschaftlich mit dem würdigen Hrn. Lieutenant Grafen von N... und hatte es eben mit siegender Rede durchgsetzt, daß die Gemeinde sich einstimmig verpflichtete, nie heidnische Kunstausdrücke, als z. B. der Gott Amor und die Göttin Venus zu gebrauchen, sondern, wo der Gegenstand nicht ganz zu umgehen sei, doch jener unreinen Dämonen, eingedenk unser christlichen Pflicht, nur als des Götzen Amor, der Götzin Venus u. s. w. zu erwähnen. Dies mochte Satan auf die empfindlichste Stelle getroffen haben. Racheschnaubend suchte er nun die Taube zu verderben, und erschien ihr zuerst, mit verruchter List, in der Gestalt des Herrn Lieutenants selbst, mit gleißnerischen Worten suchend sie zu betören – doch die Frömmigkeit siegte, und bald mußte er sich decouvrieren[25], in aller seiner Schmach. So triumphieren zuletzt immer die Gerechten! Sexaginta aber wußte seitdem, daß es Dinge gibt, von denen sich manche unsrer sogenannten Weisen nichts träumen lassen, und könnte, frömmer als der Dichter, ausrufen: »Der Teufel, er ist kein leerer Wahn!«[26] *Anm. des Redakteurs der Lamms-Zeitung.*

hier kein Verständiger der Welt, hier sind wir ja alle nur einfältige Christuslämmer, eine Herde und ein Hirt.

Doch ist Warnung stets vonnöten, und drum rufe ich heute Alarm! Wir haben bis jetzt zwar nur Bruchstücke jener giftigen Betrachtungen erhalten, und wissen noch nicht ganz, wo der Verfasser eigentlich damit hinaus will, aber auf uns ist es gemünzt, daran bleibt kein Zweifel, und gottlob! finden wir ja auch schon in dem Vorhandenen genug, ihn als Gottlosen anzuklagen! Ist es nicht offenbar, daß er frevelnd der Vorsicht und ihrer Allmacht spottet?

Wir hoffen, wir bitten daher gläubig und inbrünstig, daß diese Allmacht auch ihre Rache selbst übernehmen, und jener gemütlichen Seele schon hier einen Vorschmack von dem geben möge, was sie ohnfehlbar einst in den ewigen Flammen erwartet! Und der alliebende Gott tue dies bald und schrecklich, damit kein reines Schaf unsrer Herde vorher noch verführt werde von diesem Unreinen, und selbst schmählich zu Falle komme. Gewiß, Freunde und Freundinnen, ein Feind, ein Vampir, ein Atheist schrieb diese Worte. Nichts ist ihm heilig, und nicht allein die ewige Vorsicht, ja selbst unsern Heiland greift der Frevler mit verfänglichen Ausdrücken an! der Verruchte!

Das süße Lamm für ihn gestorben
Rührt sein verstocktes Herze nicht!
Drum mit der Seele die verdorben
O Herr! halt' schleunig Strafgericht!*

O, meine Brüder und Schwestern! schrecklich wird – wir rechnen mit Zuversicht darauf, – das Los eines solchen am jüngsten Tage sein, wenn die Leiber auferstehen, und sein irdisches Ohr zum erstenmal wieder hört, um den Donner

* Altes Gesangbuch.

der Posaunen zu vernehmen, die ihm ewige Verdammnis ankündigen. Da ist kein Erbarmen! Da wird sein Heulen und Zähneklappern! Aber hieran sollen wir uns ein Beispiel nehmen, auch unerbittlich sein wie jenes Strafgericht!

Wir glauben kaum, daß nach allen unsern christlichen Bemühungen, in unsrer so wahrhaft, ich sage es mit Stolz, wahrhaft christlichen Stadt, wo alles angewendet wird, das Gift der Toleranz und des verruchten Selbstdenkens zu vernichten – denn wie kann der elende Wurm, Mensch genannt, seine Gedanken an das Göttliche legen wollen, seine Vernunft, die er ja nur von Gott hat, Gottes eigner, spezieller Offenbarung entgegenstellen wollen? Der Unsinn ist zu offenbar! – ich sage, wir hätten kaum geglaubt, daß es auch bei uns noch solche Menschen geben könnte, die es wagen, unbekümmert um fremde Autorität, bei Erforschung der Wahrheit ihren eignen Weg zu gehen, Freidenker und Heiden, die aber nur wieder auftauchen, weil die Behörden (selbst unsre sonst doch tätige Zensur an der Spitze) noch viel zu nachsichtig gegen das größte aller Verbrechen, religiösen Unglauben, sind. Eine moderate Inquisition wäre vielleicht deshalb wohltätig mit dem neuen Gebetbuch einzuführen gewesen, um die Rechtgläubigen zu beschützen, diese wahren Christen, diese einzigen bevorrechteten Lieblinge Gottes, die unbedenklich glauben, was Fürst und Kirche befiehlt, ohne zu klügeln noch zu deuten. Nur solche auch können für Staat und Kirche wahren Wert haben, hinweg mit allen übrigen! Sie seien verdammt, wie alle ungetauften Kinder der Juden und Heiden. – O könnten wir für immer aus unsern Annalen jene schamlose Zeit ausmerzen, wo ein Philosoph (und nicht einmal ein Ideologe, sondern ein praktischer) auf einem deutschen Throne saß, und – Christen, werdet ihr einst es glauben – den Namen des Großen erhielt! Das Mildeste was wir jetzt, zum Gnadenreiche der Frömmigkeit unter blutigen Tränen zurückgekehrt, über ihn zu sagen vermögen, ist: Gott sei seiner armen Seele gnädig! Lange werden aber die Frommen und ihre heilige Legion noch kämpfen müssen, ehe die Saat, die dieser große!!! Mann gesäet, gänzlich zertreten, ehe die letzte Spur jener elenden Vernunft, der er huldigte, gänzlich ausgerottet sein wird. Doch verzweifelt deshalb nicht, meine Brüder in Christo; einem so edlen Eifer als dem unsrigen ist nichts unmöglich, und weltlicher Lohn erwartet Euch in vielfacher Gestalt schon jetzt, von den erhabnen Quellen, an denen wir selbst täglich schöpfen – einst aber noch größere Glorie im Palast des Herrn. Nur hütet Euch vor dem Vernünfteln in jeder Gestalt, glaubet – nicht nach eigner Forschung – sondern wie es Euch vorgeschrieben ist, und vor allem hütet Euch vor Duldung! Liebet Euern Heiland, nicht nur über alles, sondern auch einzig und allein. Wer aber nicht für ihn ist, ist wider ihn, und mit einem solchen habt kein Erbarmen. Ihn verfolgt rastlos, kann es nicht offen geschehen, so untergrabt ihn mit böser Nachrede, heimlicher Verleumdung, ja scheut die gröbsten Lügen nicht, vorausgesetzt, daß ihr sie sicher und im Verborgnen ausbreiten könnt, denn hier heiligt der Zweck alle Mittel. – Ach! wären wir doch stets in der wahren Kommunion-Stimmung, um nimmer in unserm Eifer zu erkalten! Nur weil sie weder warm noch kalt sind, haben jene Philosophen die Toleranz – diese Tugend der Heiden – gepredigt. Wir haben gesehen, wohin sie uns gebracht, als der wahnsinnige Freiheitsschwindel die Kanaille ergriff, und allgemeine Anarchie die Throne, die Kirche, unsern alten Adel, und alles Ehrwürdige über den Haufen zu werfen drohte – darum fort mit jedem Gedanken an verderbliche Duldung gegen Andersdenkende. Christus sagt zwar selbst: Segnet, die Euch fluchen, und weiter: wenn ihr einen Backenstreich auf die eine Backe erhaltet, so reicht die andere hin – doch hierüber habe ich meine eignen Gedanken. – Stellen dieser Art müssen durchaus anders zu verstehen sein, denn wie wären sie mit den unerläßlichsten Gesetzen unsres Standes zu vereinigen? Gebietet uns nicht die Ehre unsres Standes, und unsrer Uniform, einen Menschen, der es wagen sollte, sich tätlich an uns zu vergreifen, sofort und ohne Zaudern niederzustechen – ja, ich weiß nicht, ob ich selbst, der Liebling des Prinzen, mich nach einer öffentlich erhaltnen Ohrfeige bei Hofe und allerhöchsten Orts blicken lassen dürfte? Höchstwahrscheinlich daher meinte unser Heiland diese Vorschrift auch nur mit Einschränkung – mit einem Wort, für das gemeine Volk, bei dem es auch gewiß verdienstlich ist, wenn es auf eine Backe geohrfeigt, statt der Erbitterung Raum zu geben, sofort die andere hinreicht. Man bedenke übrigens, daß Christus selbst, bei seiner Menschwerdung, nicht nur ein adeliches, sondern sogar ein königliches Geschlecht sich aussuchte. Wer beweist uns auch, daß die Jünger wirklich so gemeiner Extraktion waren, als man sich vorstellt, und nicht ebenfalls vielleicht alte, bloß herabgekommene, jüdische Edelleute gewesen sein können? Die Sache ist ja ohnedem in so manches historische Dunkel gehüllt – und sagt nicht Christus auch andern Orts: Meine Sendung ist nicht um Frieden sondern das Schwert zu bringen! Diese beiden Reden würden sich ja zu widersprechen scheinen, wenn man nicht annähme, daß einer Klasse nur die Duldung, der andern aber der Kampf vorgeschrieben sei! Ist aber dies eben nicht die uralte Bestimmung des Adels? Ehemals mit den Waffen, heutzutag mit Wort und Feder! Darum also kämpfet, meine Brüder und Schwestern, gegen die Gottlosen! Gürtet das Schwert der Zeiten um, und streitet für den Heiland, mit Bibel und Jakob Böhme, mit Kammerherrnschlüssel und Hofmarschallsstab, mit Gebetbuch und Unterrock. Glaubt mir, meine teuren Genossen, schon ernten wir die Früchte unsers heiligen Eifers, schon fangen wir an, auf ehernem Boden zu stehen! Immer mehr beugt man sich vor unserm heimlichen Einfluß, und unser festes Zusammenhalten, die reiche Unterstützung, die wir den unsrigen zufließen lassen, wenn ihre Arbeit im Weinberge des Herrn es verdient, manche Gunst von oben, deren Verteiler wir sind, vor allem aber die unerbittliche Frömmigkeit, die man an uns kennt – halten selbst die Kühneren in Schranken, und legen die Furchtsamen haufenweise zu unsern Füßen.

Wo aber dennoch ein Antichrist uns anzutasten wagt, und jeder, der dieses tut, ist ein solcher, da – ich rufe es Euch nochmals zu – da wachet, da kämpfet, vernichtet, und ruhet nicht eher, bis Euer Schlachtopfer gefallen sei. Es ist ja alles doch nur um der Liebe willen, der letzte Versuch an einem armen Verirrten, um ihn Jesum Christum womöglich noch erkennen zu lehren. Amen!

Der adeligen Gemeinde in Christo ist es vielleicht angenehm, und ihre Herzen rührend, wenn ich ihnen in hochgeehrtem Auftrage hiermit melde, daß wir in diesem laufenden Monat abermals so glücklich gewesen sind, 7½ verdammte Seelen zu dem allein seligmachenden Glauben hinzuführen, was uns im Ganzen, nicht mehr als 100 Rthlr. bar, und drei Anstellungen gekostet hat. Da wir weltliche Rechnungen über dieses Geschäft ablegen, so ist der Kürze wegen beliebt worden, Kinder unter 12 Jahren als halbe Seelen aufzuführen*. Und so segne denn der Himmel ferner unser frommes Bemühen, und den uneigennützigen Eifer, mit dem die Neubekehrten in Jesu Schoß eingezogen sind. Amen!

Noch kündige ich an, daß nächsten Sonntag abends, wiederum um 8 Uhr, in demselben Lokal bei Fräulein S…, Versammlung bei verschlossenen Türen und im Dunkeln gehalten werden wird, um, durch keine äußern Gegenstände

* Dieser Gebrauch, Seelen zu teilen, der Triumph politischer Chemie, entstand, glaube ich, auf dem Wiener Kongreß, wo der König von D…k einem berühmten Diplomaten, der ihm versicherte, *»que S. M. avait gagné tous les cœurs«* so richtig antwortete: *»Oui, mais pas une âme! pas même la moitié d'une âme.«*[27] *A. d. H.*

zerstreut, den heiligen, süß durchschauernden Gefühlen hingebender Liebe, gänzlich freien Lauf lassen zu können. Wir hoffen auf eine reichliche Gemeinde, besonders auch von Seiten des zarteren Geschlechts, dem unser Konventikel ohnehin bereits so viel verdankt!...

So weit war ich in der Lektüre gekommen, als die kleine Elisa mit meinem Frühstück erschien, und mir, nach dem langen Schlafen, wie sie sagte, einen schalkhaft freundlichen guten Morgen bot. Sie kam aus der Kirche – war sich einer hübschen Toilette bewußt – und hatte es mit einem Fremden zu tun – alles Dinge, die Weiber sehr weich stimmen. Sie schien daher fast betreten, als ich ihr meine Abreise auf morgen früh ankündigte, tröstete sich jedoch, sobald ich ihr meine Bibliothek zurückzulassen, und in einer Woche noch einmal so viel Bücher selbst mitzubringen versprach.

Nachmittag besah ich, von ihr geführt, die Stadt-Promenaden, von denen die eine, sehr romantisch, auf einem großen Felsen angelegt ist. Wir sahen von hier aus den Snowdon in fast durchsichtiger Klarheit, ohne daß nur ein Wölkchen seine Reinheit getrübt hätte, und ich konnte nicht umhin, mich ein wenig zu ärgern, so ganz den rechten Tag bei ihm verfehlt zu haben.

Nach diesen idyllischen Spaziergängen beschloß wieder *tender moutton* den Tag, von dem ich bedaure, Dir nichts Interessanteres melden zu können. Doch fällt mir eben noch eine ziemlich seltsame Anekdote bei, die mir der Wirt heute erzählte. Am 5ten August des Jahres 1820 verunglückte die hiesige Fähre bei Nacht, und von 26 Personen ward nur ein Mann gerettet. Grade 37 Jahre vorher hatte die Fähre dasselbe Schicksal, wobei von 69 Personen ebenfalls nur ein Mann mit dem Leben davonkam. Ein höchst sonderbares Zusammentreffen ist es aber, daß bei beiden Fällen der Name der einzelnen geretteten Person, Hugh Williams war.

Bangor, den 22sten

Auch Bangor ist ein Badeort, d.h. es steht jedem frei, daselbst ins Meer zu springen. Die künstlichen Anstalten aber sind bloß auf die Privatwanne einer alten Frau reduziert, welche in einer elenden Hütte am Ufer wohnt, und, wenn die Bestellung eine Stunde vorher gemacht wird, Seewasser auf ihrem Herde in Töpfen wärmt, beim Baden selbst aber *sans façon* den Fremden auszieht, abtrocknet und wiederum anzieht, wenn er keinen eignen Diener zu diesem Behuf mitbringt. Nachdem ich, zufällig eintretend, ein solches Bad, *pour la rareté du fait*[28], genommen, mietete ich eine kleine Gondel, um mich über den Meeresarm, welcher Anglesey und Wales trennt, nach Beaumaris schiffen zu lassen. Hier befindet sich ein andres von Eduard I. erbautes und von Cromwell zerstörtes Schloß, das einst noch größer als das in Caernarfon war (denn es bedeckt noch jetzt 5 Morgen Landes), aber als Ruine weniger pittoresk erscheint, da es alle seine Türme verloren hat. Um es genau zu besehen, muß man auf den schmalen, und sehr hohen, verfallenen Mauern entlang gehen, die durch nichts geschützt sind. Der Knabe mit den Schlüsseln lief zwar wie ein Eichhörnchen darauf hin, der Barbier aus der Stadt aber, der sich mir beim Debarkieren als Führer angeboten, und mich bis hieher gebracht hatte, ließ mich nach den ersten Schritten im Stich. Diese Ruine liegt in dem Park des Herrn Bulkeley, welcher sehr unpassend ein *tennis-court* (Ballspiel) darin angelegt hat. Von seinem Wohnhause hat man eine sehr gerühmte Aussicht, die jedoch von einer andern, welche man anderthalb Stunden weiter, bei einer einfachen aber zierlichen *cottage*, Craig-y-don genannt, antrifft, weit überboten wird. Diese letztere Besitzung ist ein wahres Juwel, einer von den wenigen gesegneten Örtern, die fast nichts mehr zu wünschen übrig lassen. Sie liegt zwischen dicht bebuschten Felsen, hart am Meer. Nicht zu groß, aber gleich einem *boudoir*[29] aufgeputzt, mit dem frischesten Rasen und dem Blumenschmelz aller Farben umgeben, das ganze Haus mit seinem Strohdach und Veranda von rankenden Monatsrosen und blauen Winden überzogen – bildet sie so, zwischen Wald und Felsen hervorlauschend einen unbeschreiblich lieblichen Kontrast mit der erhabenen Gegend. Labyrinthische Fußwege winden sich nach allen Richtungen durch das dunkle und kühle Gebüsch, mannigfach den großen Aussichtsschatz teilend, welchen die glücklichste Lage darbietet. Denn unter und vor Dir hast Du den tief blau gefärbten Meeresarm, dessen Brandung schäumend an den spitzen Felsen nagt, auf welchen Du stehst, während weiter hin auf dem ebnen Spiegel hundert Fischerbarken und Schiffe durcheinander wimmeln, unter denen Du, besonders hervorstechend, den vor Anker liegenden Kutter des Besitzers, und zwei Dampfboote gewahr wirst, von denen das eine in weiter Ferne, mit einer ausgebreiteten schwarzen Wolke segelt, das zweite, ganz nahe, nur eine schmale weiße Säule gerade empor in die Luft haucht. Auf der rechten Seite siehst Du eine tiefe Bucht sich in das Land hineinziehen, die einen Archipel von kleinen Inseln aller Art und Formen bildet; manche belaubt, andere kahl und glatt von den Wellen geschliffen, einige mit Hütten bebaut, andere wie spitzige Türme hervorragend. Wendest Du nun Dein Auge wieder zurück zum Meeresarm, diesen auf derselben Seite weiter verfolgend, wie er sich allmählich verengt, so erblickst Du mit Staunen die Aussicht durch eine stupende Kettenbrücke[30] geschlossen, jenes Riesenwerk, das man mit Recht das achte Wunder der Welt nennt, und welches, der Natur Trotz bietend, zwei von ihr durch Meeresfluten getrennte Länder wieder vereinigt hat. Ich werde gleich Gelegenheit haben, sie Dir näher zu beschreiben, von hier sieht sie aus, als sei sie von Spinnen in die Luft gewebt. Hast Du bei diesem abenteuerlichen Anblick menschlichen Wirkens eine Zeitlang verweilt, so stellt sich, Dir gegenüber,

The cottage

eins der mannichfaltigsten und größten Schauspiele der Natur dar – die ganze Kette des Gebürges von Wales, das hier unmittelbar aus dem Wasser emporsteigt – hell und nahe genug, um Wälder, Dörfer und Schluchten deutlich zu unterscheiden, und in einer Länge von zehn deutschen Meilen sich ausbreitet. – In allen Schattierungen gruppieren sich die Berge, manche sind noch von Wolken bedeckt, manche glänzen frei in der Sonne, andere strecken blaue Hörner noch über die Wolken hervor, und Dörfer, Städte, weiße Kirchen, schmucke Landhäuser und Schlösser werden in den Falten der Abhänge sichtbar, während blinkende Streiflichter auf den grünen Matten spielen. Der Ruhe bedürftig wendest Du Dich endlich dem Norden, der Dir links liegt, zu. Hier zerstreut Dich nichts mehr. Der weite Ozean allein fließt da mit dem Himmel zusammen. Nur kurze Zeit verfolgst Du noch seitwärts die zurückweichenden, waldigen Ufer von Anglesey, wo hohe Nußbäume und Eichen mit ihren weiten Ästen über das Meer hinhängen, dann bist Du mit Himmel und Wasser allein, höchstens glaubst Du in neblicher Ferne die Segel eines Dreideckers zu unterscheiden, oder ein Wolkenbild malt Dir phantastische Gestalten vor.

Nach einer genußreich hier verlebten Stunde ritt ich, meinen in Beaumaris gemieteten Klepper nach Kräften anstrengend, der großen Brücke zu. Der beste Gesichtspunkt ist unten auf dem Sandgestade, bei einigen Fischerhütten, ohngefähr 100 Schritte von ihr entfernt. Je mehr, je genauer man sie betrachtet, je mehr staunt man, und glaubt zuweilen das Ganze nur im Traume zu sehen, aus Filigranarbeit von einer Fee in die Luft gehangen, ja die Phantasie erschöpft sich nicht an Bildern; und als jetzt eine Diligence[31] mit vier Pferden rasch über den 100 Fuß hohen und 600 Fuß weit gespannten Bogen fuhr, halb von dem Kettengewebe verborgen, an dem die Brücke hängt, so schienen es eben nur einige im Netze flatternde Lerchen zu sein. Nicht anders sahen die

Menschen aus, welche überall in den Ketten saßen, die jetzt zum erstenmal ihren neuen Ölanstrich erhielten, denn das ganze Werk wurde erst kürzlich vollendet. Wer das Berliner Schloß kennt, dem wird es einen anschaulichen Begriff von den enormen Dimensionen dieser Brücke geben, wenn er hört, daß dieses bequem unter dem Hauptbogen zwischen dem Wasser und dem Belag stehen könnte, und doch halten die Ketten den letztern so fest, daß man auch bei dem schnellsten Fahren, welches keineswegs verboten ist, und bei der schwersten Last, keine Bebung wahrnimmt. Die Brücke ist oben in drei Wege geteilt, der eine für das Hin- der andere für das Zurückfahren, die Mitte für die Fußgänger. Die Bohlen ruhen auf einem eisernen Gitter, so daß sie leicht, wenn schadhaft, abgenommen und ersetzt werden, nie aber durch ihr Brechen eine Gefahr besorgen lassen können. Alle drei Jahre erhält sämtliches Eisen einen neuen Ölanstrich, um den Rost zu verhindern. Der Baumeister, der sich hier einen langen Ruhm gegründet haben wird, heißt Telford.

Sur ce, n'ayant plus rien à dire[32], schließe ich meinen Bericht, und wünsche Dir, meine teure Julie, alles Glück und Segen, dessen Du wert bist, *et c'est beaucoup dire.*[33]

Immer Dein treuster L…

Siebenundzwanzigster Brief

Bangor, den 23sten Juli 1828

Chère et bonne.[1]

Eine kleine Unannehmlichkeit dieser sonst so reich begabten Landschaft sind die Wirkungen der Ebbe und Flut, welche erstere einen bedeutenden Teil des Tages hindurch eine große Strecke des Menai, wie der hiesige Meerarm genannt wird, austrocknet, und nur schlammigen Sand zurückläßt. Wahrscheinlich sind diesem Umstande auch die über alle Vorstellung hartnäckigen Fliegenschwärme zuzuschreiben, die zu Tausenden, gleich Bienen schwärmend und auf Raub ausgehend, Menschen und Vieh attackieren, und ihr Opfer nicht leicht wieder loslassen. Man reitet vergebens, was das Pferd laufen kann. Der Schwarm, in einen Klumpen geballt, wie eine mazedonische Phalanx[2], fliegt mit, und zerstreut sich über seine Beute, sobald man wieder anhält, nur dem Totschlagen weichend. Ja selbst in ein Haus hineinzutreten, hilft nicht immer. Denn ich habe es auf Spaziergängen einigemal erlebt, daß diese Fliegen, wenn sie einen einmal angenommen haben, geduldig draußen warten, bis man wieder herauskömmt. Das einzige Mittel ist, eine Stelle aufzusuchen, wo ein starker Zugwind weht, den sie nicht vertragen können. Dies wissen auch die an den Bergufern weidenden Kühe recht wohl, die man immer an solchen Stellen einsam ruhen und wiederkauen sieht. Ich betrachtete heute lange ein solches Tier, wie es auf einer ganz isolierten Felsenspitze, die Kontur schroff sich gegen die Luft abzeichnend, stand – unbeweglich, bis auf die leise Arbeit seiner Kinnladen, und nur zuweilen mit dem Schwanz sich an die Seite schlagend. Wie schön, dachte ich mir, könnte ein Künstler ein solches Bild kolossal und zum Apis[3] erhoben, und auch mit dem

Mechanismus dieser einfachen Bewegungen versehen, nachahmen, und welche Akquisition wäre dies für einen deutsch-englischen Park in der Heimat! z. B. in Cassel, dem Herkules gegenüber, oder gar in Wörlitz auf dem feuerspeienden Berge weidend.[4] Gewiß eine verdienstvolle Idee, die Du fruchtbar zu machen suchen mußt. Erinnerst Du Dich noch Clemens Brentanos, als ihm und dem genialen, liebenswürdigen Schinkel der Graf L… die Aussicht von seinem Jagdschlosse zeigte, von wo man eine anmutige aber flache Waldgegend übersieht, und nun zu den beiden Herren gewandt, der Graf diese etwas einfältig fragte, auf welche Art wohl hier eine recht große Verschönerung anzubringen sei? Brentano verfiel in tiefes Sinnen, und nach einiger Zeit sagte er langsam, den erwartungsvoll zuhörenden Gönner mit seinen kuriosen Augen ernsthaft anstarrend: »Wie wäre es, Herr Graf, wenn Sie ein Gebirge aus Brettern aufführen, und dasselbe mit blauer Ölfarbe anstreichen ließen?« – Solches aber, wenn auch nicht so grell und handgreiflich, geschieht im lieben Vaterlande noch täglich, selbst ohngeachtet des neuen Berliner Gartenvereins[5].

Geliebte Julie, willst Du mit mir nach dem Park des Marquis Anglesea, Plas Newydd, auf Anglesey fahren? Die Phantasie-Pferde sind schnell angespannt.

Wir passieren wieder die Riesenbrücke, folgen eine kurze Zeit der Chaussee nach Irland, und sehen schon von weitem die Säule emporragen, welche das dankbare Vaterland dem General Paget, damals Lord Uxbridge, jetzt Marquis von Anglesea und Vizekönig von Irland, statt seinem in Waterloo gelassenen Beine hier aufgesetzt hat. Eine halbe Stunde weiter öffnet sich das Parktor von Plas Newydd. Das Merkwürdigste hier sind einige Cromlechs, deren eigentliche Bedeutung unbekannt ist, die man aber für Grabmäler der Druiden hält. Es sind ungeheure Steine, gewöhnlich nur drei bis vier, die eine Art rohen Torweg bilden. Es gibt deren von so kolossaler Größe, daß man kaum begreift, wie man sie ohne die kompliziertesten mechanischen Hilfsmittel bewegen, und in solche Höhe hinaufbringen konnte. Der menschlichen hohen Kraft, von unumschränktem Willen oder Fanatismus angeregt, ist indessen gar vieles möglich. Las ich doch einst, daß ein Schiffskapitän der an den Ufern Japans hinfuhr, über die sich daselbst hinziehende Bergkette zwei Dschunken der größten Art, nicht viel kleiner als unsre Fregatten, durch Tausende von Menschen zu Lande transportieren sah.

Die hiesigen Cromlechs, welche nicht zu den größten gehören, haben wahrscheinlich Anlaß zu dem Gedanken gegeben, an einer passenden Stelle, wo man unter andern eine schöne Ansicht des Snowdon hat, eine Druiden-Cottage zu bauen. Es ist aber ein seltsames Ding daraus geworden, mit altertümlichen und modernen Gegenständen, wie ein Chaos, angefüllt. In den kleinen, dunkeln *piècen*[6] war auf artige Weise Licht durch Spiegeltüren hereingebracht, die in andern Zimmern wiederum dazu dienten, die vorteilhaftesten Partien der Landschaft, wie unter Rahmen und Glas, zu fassen. Im Fenster des Salons stand überdies ein großer Guckkasten, eine *camera obscura* und ein Kaleidoskop neuerer Art, welches nicht, wie die alten, gefüllt wird, sondern dem jeder Gegenstand, auf den man es hält, sobald man es nur bewegt, zum nie aufhörenden Veränderungsspiele dient. Blumen machen besonders durch den sich ewig verschieden brechenden Glanz ihrer Farben einen wunderbaren Effekt. Solltest Du ein ähnliches wünschen, so kann ich Dir es von London aus leicht senden lassen. Es kostet 8 Guineen. Das Schloß und die übrigen Anlagen bieten gar nichts Erwähnungswertes dar, werden auch selten vom Eigentümer besucht, dessen Hauptsitz in England liegt.

Den 23sten

Heute erhielt ich mit großer Freude einen langen Brief von Dir ....
....
....*

Es freut mich, daß Du L...s Scherze nicht mißdeutest, und ihn nicht mit Frömmel für einen Gottlosen hältst. Er macht sich wohl zuvörderst nur über den Köhlerglauben jener Menschen lustig, die sich von dem Unaussprechlichen, dem Wesen aller Dinge, das wir nur ahnen, nicht begreifen können, ein sonderbares Mittelding von menschlichem Herrn, Schulmeister und dienendem Schutzgeiste bilden, sich stets am Kinder-Gängelbande von ihm geleitet glauben, und alles was sie sehen und hören, und sie irgend angeht, immer für eine, bloß auf ihre Wenigkeit sich beziehende, Handlung Gottes halten; wenn sie aber gar z.B. ins Wasser fallen, oder das große Los gewinnen, dann Gottes Finger unwidersprechlich darin erkennen, und wenn sie einer Gefahr entgehen, Gott so dafür danken, als habe eine fremde Kraft die Gefahr, Gott aber nur wie ein sorgsam herbeieilender Wächter, durch schnelles Eingreifen die Errettung gebracht. Sie möchten doch bedenken, daß von wo die Rettung kömmt, auch die Gefahr sich herschreibt, wo der Genuß auch die Qual, wo das Leben auch der Tod. Das Ganze ist eben Weltleben, und kann nicht nach Willkür, sondern nur nach unwandelbaren Gesetzen gegeben und geordnet sein. – Solche kleinliche Ansichten, als die gerügten, ziehen die Idee der Allmacht zu unsrer Gebrechlichkeit herab. Danken sollen wir für alles Sein der ewigen Liebe, wäre es auch ohne Worte – und kein Gebet vielleicht kann mehr als dieses, in Entzücken verstummende Dankgefühl – vom Menschen

* Diese und ähnliche Stellen sind ausgelassen, da sie sich bloß auf Familienverhältnisse beziehen, und gar kein Interesse für den Leser haben können. *A.d.H.*

dargebracht, der Gottheit würdig sein; – kindisch aber ist es, alle jene alltäglichen und äußern einzelnen Begebenheiten, wie Glücks- und Unglücksfälle, Reichtum, Armut, Sterben u. s. w., die den Naturgesetzen untertan sind, oder von uns selbst, nach dem Maßstab unsrer Kräfte herbeigeführt werden, immer einer ganz besondern, und der Himmel weiß überdies, wie unnützen! Erziehung unsrer lieben Individuen durch die Allmacht zuzuschreiben.

Ferner aber spottet er über die Christen – die es ganz und gar nicht sind, und darunter, sagt er, stehen als Nummer eins, nicht sogenannte Atheisten (überhaupt eine sinnlose Benennung), nicht einmal wahre Fanatiker, sondern jene heillose *race* der modernen Frömmler, die entweder nervenüberreizte Schwächlinge,* oder Heuchler der gottlosesten Art sind von Jesus erhabener Reinheit entfernter als der Dalai Lama. Sie sind die wahren Pharisäer, und zugleich Händler in der Kirche, die Christus heute noch zum Tempel hinausjagen würde, und die, wenn er unter andrem Namen wieder erschiene, zuerst rufen würden: Kreuziget ihn!**

* Herrlich sagt Jean Paul irgendwo von solchen: »Ich habe diese verdammte Erhebung der Seelen bloß aus Niedrigkeit, öfters mit den englischen Pferdeschwänzen verglichen, die auch immer gen Himmel stehen, bloß weil man ihre Sehnen durchschnitten.«

** Man irrt sich sehr, wenn man glaubt, daß hier bloß Stoff zum Lächerlichen, und zu einiger Indignation der Vernunft vorhanden sei. Der Bund der Frommen ist nicht ohne Gefahr für die Freisinnigen. Hier gährt Jesuitenmasse, die unter den Protestanten Gestalt gewinnen will, weil der Katholizismus zu aufgeklärt für sie wird. Dieselben Grundsätze, denen jene ihre Macht verdankten, leiten auch sie, derselbe *esprit de corps* herrscht unter ihnen, eine geregelte Organisation bildet sich, und statt des *acquetta*[7] gebrauchen sie mit Erfolg den, oft noch zehnmal giftigeren, bösen Leumund, wie so manches Mittel der Finsternis, das einer geheimen Verbrüderung unbemerkt zu gebrauchen leicht ist. Mehr aber wird Deutschland von solchen Heiligen zu leiden haben, als von den Freiheit träumenden Studiosen auf der Wartburg![8]

In allem diesen muß ich selbst L... ziemlich beistimmen, wenn auch bei dem Gegenstand der ersten Bemerkungen des vorliegenden Briefes jede Ansicht nur Hypothese bleiben, und in der Wahrheit alles viel anders sein muß, als wir es überhaupt zu ergründen fähig sind. Hätten wir es wissen können, und sollen, so würde der Schöpfer unsres Daseins auch dies uns offenbart, und zwar so unbezweifelt offenbart haben, als wir es mit Bestimmtheit wissen, daß wir fühlen, denken und sind. Was uns nötig war, ist uns im Innern offenbart, und dies haben von jeher die größten Geister der Erde in mehr oder minder erleuchteten Worten ausgesprochen.

Daß die Menschheit nicht wie eine willenlose Maschine stille zu stehen, oder im Kreise sich ewig umzudrehen brauche, sondern weiter schreite, und aus sich selbst fort werde, bis sie einst ihren möglichen Lebenszyklus geendigt, und ihre höchste Perfektibilität erreicht hat, daran zweifle ich keinen Augenblick. Meine Hypothese würde dabei nur die sein, daß die Erde, gleich dem einmal vom Stapel gelassenen Schiffe, unter dem Schutz und Zwange unwandelbarer Naturgesetze, nun ihrer eigenen Mannschaft überlassen bleibe. Wir selbst machen hinfort unser Leben (so weit es vom Menschen und nicht von jenen Gesetzen abhängt) so wie unsre Geschichte, im Großen wie im Kleinen, durch unsre eigene moralische Kraft oder Schwäche. Keine besonders eingreifende Macht ist meines Erachtens anzunehmen, die z.B. Napoleon einen harten Winter in Rußland schickt, um ihn zu stürzen, sondern Napoleon stürzt an dem fehlerhaften Prinzip, das ihn selbst leitet, und welches auf die Länge, an dieser oder jener scheinbaren Ursache, immer untergehen muß. Das Naturereignis tritt, in bezug auf ihn, nur zufällig ein, an sich aber ohne Zweifel in der notwendigen Folge der Gesetze, denen es unterworfen ist, wenn diese Gesetze uns gleich unbekannt sind. Aus eben dem Grunde wird es dem Guten,

Fleißigen, Sparsamen, Klugen etc. in der Regel der liebe Gott gut gehen, und vieles was er wünscht, gelingen lassen, dem Toren und Bösen aber, der sich in Krieg mit der Welt setzt, wird es nicht so gut ergehen. Dem, der die Hand im Eise liegen läßt, wird sie der liebe Gott höchstwahrscheinlich erfrieren, und dem, der sie ins Feuer hält, verbrennen lassen, es müßte denn der unverbrennbare Spanier[9] sein. Die zu Schiffe gehen, werden zuweilen vom lieben Gott die Schikkung des Ertrinkens zugeteilt erhalten, wer aber nie das Land verläßt, den wird der liebe Gott auch gewiß nie im Meere umkommen lassen. Daher heißt es auch mit Recht: Hilf Dir selbst, und Gott wird Dir helfen. Die Wahrheit ist, daß Gott uns schon von vornherein geholfen hat. – Das Werk des Meisters ist vollendet, und, soweit es beabsichtigt war, vollkommen. Es braucht daher keiner fernern extraordinären Nachhilfe und Korrigierung von oben. In unsre eignen Hände ist für jetzt die weitere Entwicklung gelegt. Wir können gut und böse, klug und töricht sein, nicht immer vielleicht wie es die Individuen frei wollen möchten, aber wie sie die vorhergehende Menschheit herangebildet. Tugend und Sünde, Klugheit und Torheit sind ja überhaupt bloß Worte, die ihre Bedeutung hier erst durch die menschliche Gesellschaft erhalten, und ohne sie gänzlich verlieren würden. Der Begriff des Guten und Bösen entwickelt sich offenbar nur in bezug auf andere, denn der Mensch, welcher nie einen Mitmenschen sah, kann weder gut noch böse handeln, ja wohl kaum so fühlen und denken – er besitzt allerdings die Fähigkeit dazu, und dies begründet seine höhere geistige Natur, aber nur durch ihm gleichartige Mitgeschöpfe kann diese in Wirksamkeit treten, wie Feuer erst entsteht, oder sichtbar wird, wo brennbare Materie vorhanden ist. Der Begriff des Klugen und Törichten entsteht dagegen schon früher, und auch in bezug auf unser eignes Individuum allein, denn auch der einzelne Mensch, im Konflikt mit der sogenannten toten Natur, kann töricht sich schaden, oder das Gegebene mit Klugheit benutzen, und dies an sich gewahr werden. Gut sein heißt also in jeder Beziehung nichts andres als: andre Menschen lieben und sich ihren Gesetzen unterwerfen – böse aber: sich nicht an diese Gesetze kehren, das Wohl andrer für wenig oder nichts achten, und bei seinen Handlungen nur die eigne momentane Gratifikation vor Augen haben. Klug sein heißt dagegen nur seinen eignen Vorteil am geschicktesten zu bewahren wissen – töricht, ihn zu vernachlässigen, oder falsch zu beurteilen. Wir sehen also sehr bald, daß gut und klug, böse und töricht, in höchster Potenz, fast synonym werden, denn wer gut ist, wird in der Regel seinen Mitmenschen gefallen, von ihnen wieder geliebt werden müssen, folglich auch klug, für sich den wahrsten Vorteil erlangen, der Böse dagegen mit ihnen in ewigen Streit geraten, indem er zuletzt den kürzeren ziehen, folglich Schaden haben muß. Hat sich aber das Moralprinzip noch höher herangebildet, so wird der einzelne tugendhafte Mensch sich zwar ein eignes Gesetz stellen, dem er folgt, unbekümmert um Vorteil, Gefahr oder Meinung anderer. Aber die Grundlage dieses Gesetzes wird immer das sein, was ich eben geschildert, Berücksichtigung des Wohlseins der Mitmenschen und daraus abgezogene Pflicht, die von nun an dem selbst vorgezeichneten Wege konsequent folgt. Aber auch dann gibt die innere Überzeugung, diese Pflicht erfüllt zu haben, dem geistigen Menschen größere Befriedigung als alle irdischen Güter ihm gewähren könnten, und es bleibt daher, in einer wie der andern Beziehung, und in jedem Stande der Bildung, wahr: daß es zugleich die höchste Klugheit ist, gut, die größte Torheit, böse zu sein.

Aber freilich treten hier, durch das Gewirr des Lebens, noch vielfache Nuancen ein. Man kann, für das Irdische oder Äußere, sehr wohl durch größere Klugheit den Schein erlangen, ohne Realität. Man kann andere Menschen täuschen, und ihnen sogar glauben machen, man tue ihnen wohl, verdiene ihre Achtung und ihren Dank, wenn man sie doch nur zu Werkzeugen seines eignen Vorteils benutzt, und ihren bittersten Schaden herbeiführt. Torheit bringt nur zu oft die entgegengesetzte Wirkung hervor, nämlich andere Böses und üble Motive voraussetzen zu lassen, wo das Gegenteil stattfindet. Aus diesem folgt ganz natürlich die, auch durch die Erfahrung, überall begründete, wenn gleich schmerzliche Wahrheit: daß in den irdischen Verhältnissen es dem Individuum noch gewisseren Schaden bringt, töricht, als bös und schlecht zu sein. Die äußern Folgen des letztern können durch Klugheit aufgehalten, ja ganz abgewendet werden, nichts aber wendet die Folgen der Torheit ab, die fortwährend gegen sich selbst arbeitet. Das Bedürfnis und die Erfindung positiver Religionen mögen dieser Erkenntnis, und der daraus folgenden Unzulänglichkeit der bloß irdischen Strafgesetze größtenteils ihre Entstehung verdanken, namentlich die Lehre der künftigen Strafen und Belohnungen eines Allwissenden, gegen den die Klugheit nicht mehr ausreicht, und von dem der Törichte Mitleiden und Kompensation erwartet, denn wahrlich der Gute und Kluge braucht keinen weitern Lohn – er findet ihn schon reich und überschwenglich in sich selbst. Wer würde nicht ohne Bedenken alles hingeben, um die Seligkeit zu genießen, vollkommen zu sein! Es könnte vielleicht eine Zeit kommen, wo alle Staats-Religionen und Kirchen zu Grabe getragen würden, Poesie und Liebe aber, deren Blüte die wahre Religion, wie Tugend ihre Frucht ist – müssen ewig den menschlichen Geist beherrschen, in ihrer heiligen Dreieinigkeit: der Anbetung Gottes als der Ursache alles Seins, der Bewunderung der Natur als seines hohen Werks, und der Liebe zu den Menschen als unsere Brüder. Und das allein ist ja Christus' Lehre – von keinem reiner, inniger, einfacher und doch tiefer ausgesprochen, wenn auch den Formen und den Voraussetzungen seiner Zeit gemäß – und darum ist er auch der Kern geworden, an dem sich die Frucht der Zeiten ansetzt, der wahre Vermittler, dessen Lehre einst, wie wir hoffen müssen, Christentum in Wahrheit, nicht bloß dem Namen nach werden wird ....

....

(Hier befindet sich eine Lücke in dem brieflichen Tagebuche, welches erst mit dem 28sten wieder beginnt.)
[s. a. Nachlaß-Briefe S. 296 ff.]

Capel Curig, spätabends, den 28sten Juli

Da das Wetter sich aufklärte, und die Freunde, die ich erwartete, nicht kamen, so beeilte ich mich, die ersten Sonnenblicke zu benutzen, um noch tiefer in das Gebürge einzudringen, und fuhr daher gegen sieben Uhr abends, ohne Diener, und nur mit einiger Wäsche, nebst einem Wechselanzug in meinem leichten Mantelsacke, versehen – in einem irländischen *cart*[10], mit einem Pferde bespannt, dem Bergpasse von Capel Curig zu. Diese Wagen bestehen aus einem offnen Kasten, der auf zwei Rädern steht, auf vier horizontalen Federn ruht, und zwei einander gegenüberliegende Sitzbänke enthält, wo vier Personen bequem Platz finden. Von hinten steigt man ein, da die Türe zwischen den Rädern angebracht ist; das Ganze ist sehr leicht und bequem.

Der Moment war außerordentlich günstig. Fast eine Woche langer Regen hatte alle Wasserfälle, Flüsse und Bäche so angeschwellt, daß sie sich in ihrer größten Schönheit zeigten, Bäume und Gras hatten ihr saftiges Grün angelegt, und die Luft war rein und durchsichtig wie Kristall geworden. Ich bewunderte die reichen Massen farbiger Bergblumen und Eriken, welche in den Felsenspalten wucherten, und bedauerte, zu wenig von der Botanik zu verstehen, um sie noch mehr als mit den Augen genießen zu können. Bald indes erreichte ich die ernsteren Regionen, wo von Blumen nur noch wenig, von Bäumen gar nicht mehr die Rede ist. An dem Wasserfall von Idwal stieg ich aus, um einen kleinen See zu besichtigen, der nicht übel für den Eingang des Hades[11] passen würde.

Die trostlose Öde und Wildheit des tiefen Felsenkessels ist wahrhaft schaudererregend. Ich hatte gelesen, daß es möglich sei, von hier über den Tryfan (der Berg mit den Basaltsäulen, von dem ich Dir geschrieben), und die ihn umgebenden Felsen in gerader Linie nach Capel Curig zu gelangen, die Passage war aber als sehr schwierig, jedoch auch äußerst schön geschildert. Da nun eben ein Schafhirte von den Bergen herabkam, so fühlte ich große Versuchung, mit dem Führer, den mir der Zufall so gefällig bot, diese *tour* zu versuchen. Ich ließ ihm meinen Wunsch durch den Postillon verdolmetschen, er meinte aber, es sei nun schon zu spät, und das Hinuntersteigen auf der andern Seite bei Nacht zu gefährlich, auf weiteres Dringen äußerte er jedoch, wenn ich ihm rüstig folgen könne, so glaube er, daß wir, bei dem zu erwartenden Mondscheine, wohl in zwei Stunden den Weg zurücklegen könnten, es gäbe aber sehr mißliche Örter zu passieren. Ich hatte auf dem Snowdon meine Kraft zu gut wieder kennengelernt, um mich davor zu fürchten, machte daher alles richtig, und befahl nur zur Vorsicht dem Postillon, eine Stunde auf mich zu warten, im Fall ich doch unverrichteter Sache zurückkehren müßte, und dann erst weiter auf der Landstraße nach Capel Curig zu fahren.

Wir mußten nun gleich von Anfang an sehr steil, über sumpfigen Boden und zwischen enormen, einzeln zerstreuten Felsenblöcken, aufwärts klettern. Es mochte ungefähr halb acht Uhr sein. Von irgendeinem gebahnten Fußwege war keine Spur, der Tryfan erhob seinen grotesken Gipfel, wie eine krenelierte Mauer[12], vor uns, und nirgends war abzusehen, wie wir da hinüber kommen sollten. Hier taten uns indes die Bergschnucken wahre Liebesdienste, denn sie zeigten, vor uns klimmend, dem selbst oft ungewissen Führer, häufig die gangbarsten Stellen an. Nach einer Viertelstunde sehr ermüdenden Steigens, mit manchem schwindelnden Blick in die Tiefe, wogegen man aber bald gleichgültig wird, kamen wir auf ein kleines, nur aus einem Sumpfe bestehendes, Plateau, wodurch wir, bis an die Knie in den weichen Moor sinkend, waten mußten. Hier war eine schöne Aussicht auf das Meer, die Insel Man, und das am Horizont dämmernde Irland. Gleich hinter dem Sumpf erwartete uns wieder ganz anderer Boden, nämlich eine vielfach gefurchte, schräg liegende, kompakte Steinwand, an der wir mit Füßen und Händen hinankriechen mußten. Die Sonne war schon hinter einen seitwärts stehenden hohen Berg gesunken, und rötete jetzt die ganze wilde Gegend, wie die Wand an der wir hingen, mit dunkelroter feuriger Glut, einer der wunderbarsten Effekte, die ich je vom Sonnenlicht gesehen. Es glich einer Theaterdekoration der Hölle. Jetzt ging es noch durch einen angeschwollenen Bergstrom, über den eingestürzte Blöcke eine natürliche Brücke geformt hatten, und dann abermals an nackten Felsen, ohne alle Beimischung von Erde, hinan, bis wir endlich den hohen Kamm erreichten, der so lange vor uns gestanden, und wo ich das Ende aller Beschwerlichkeit erwartete. Ich war daher nicht wenig betreten, als ich von neuem eine andere bergtiefe Schlucht vor mir sah, in die wir erst hinab, und dann wieder hinauf mußten, denn auf der, den kürzeren Weg zeigenden, halbmondförmigen Kante des Kammes hätte kein menschlicher Fuß lange haften können. Wir hatten nun die frühere Aussicht nach dem Meere hin ganz verloren, und sahen dagegen landeinwärts, wo das Gebürge von Wales in seiner ganzen Breite, Gipfel an Gipfel sich reihend, vor uns lag – einsam, schweigend und gewaltig! Das sterile Tal unter uns war mit nichts als umhergeschleuderten Riesensteinen angefüllt, und wahrlich: die Revolution, die einst hier mit Felsen wie mit Bällen gespielt, muß ein Schauspiel für Götter gewesen sein! Während ich, in Betrachtungen verloren, dieses Chaos anstaunte, hörte ich nahe über mir einen gellenden, mehrmals wiederholten Schrei, und sah, aufblickend, zwei majestätische Adler mit ausgebreiteten Schwingen über uns schweben, eine Seltenheit in diesen Gebürgen. »Willkommen meine treuen Wappenvögel!« rief ich, »hier, wo es nur harte Felsen, aber keine falschen Menschenherzen gibt – wollt ihr mich wie der Vogel Rock in ein Diamantental entführen, oder Kunde aus der lieben fernen Heimat bringen?« Die Tiere schienen mit ihrem fortwährenden Rufe antworten zu wollen, leider aber bin ich in der Vogelsprache noch nicht hinlänglich bewandert, und so verließen sie mich, immer höher und höher kreisend, bis sie zwischen den Säulen des Tryfan verschwanden. Diese wiederholten Attentionen der Raubtiere für mich, sehe ich als ein gutes Zeichen an.

Es war höchst unbequem, daß ich mit meinem Führer nicht mehr als mit den Adlern sprechen konnte, denn er verstand kein Wort Englisch. Wir mußten uns daher nur durch Zeichen verständlich machen. Auf diese Weise zeigte er jetzt, nachdem wir eine Weile verhältnismäßig ganz bequem hinabgestiegen waren, mit der Hand auf den Ort, wohin wir nun unsre Schritte lenken sollten. Hier waren wir an die »böse Passage« gelangt. Diese bestand nämlich in einer ganz steilen Wand, von gewiß nicht weniger als 600 Fuß Tiefe, und über dieser einen fast ebenso steilen Erdabhang, vom Regen abgewaschen und mit kleinen losen Steinen besäet. Über den letztern sollten wir, wohl 1500 Schritt lang, hinwegschreiten. Ich hätte dieses Unternehmen früher für unausführbar gehalten, von der Notwendigkeit gezwungen, fand ich es jedoch, nach den ersten ängstlichen Schritten, ganz leicht. Es sah allerdings halsbrechend aus, aber die vielen Steine und die feuchte weiche Erde gaben einen festern

Tritt als sie erwarten ließen. Überhaupt klingen diese Dinge auch in einer nicht übertriebenen Beschreibung immer etwas gefährlicher, als sie wirklich sind. Es ist ganz wahr, daß ein Fehltritt hier ohne Rettung Verderben brächte, aber man hütet sich eben schon vor einem solchen. So müßte man auch im Wasser ertrinken – wenn man zu schwimmen aufhörte. Wer also gehen kann, und einen festen Kopf hat, kann dergleichen ganz ohne Gefahr unternehmen.

Die Dämmerung fing nun an einzutreten, undeutlicher wurden die Berge, und unter uns lagen, wie ein Paar dampfende Suppenterrinen, die Nebel aushauchenden Seen von Capel Curig und Beddgelert. Wir hatten den höchsten Punkt erreicht, und eilten so viel wir konnten, nach dem ersten der genannten Seen hinab. Noch einmal durchwateten wir einen Sumpf, und kletterten wieder über Felsen hinunter, bis wir an den, am wenigsten schwierig aussehenden, und dennoch ermüdendsten Teil des Weges ankamen, eine glatte und feste Rasenalp, sehr steil, und mit einem Steinuntergrund, der an manchen Stellen in weiten Platten zu Tage kam. Auf diesem abschüssigen Boden mußten wir oft ganze Stellen mehr hinabgleiten als steigen, und die Anstrengung wurde zuletzt so schmerzhaft in den Knien, daß sowohl der Führer als ich, in der Dämmerung einigemal fielen, ohne uns jedoch Schaden zu tun. Die hohen umstehenden Berge hatten den Mond bisher verdeckt, der nun groß und blutrot über ihre Wellenlinien heraufstieg. Bald darauf verloren wir ihn jedoch wieder, und erst nahe am Ziel sahen wir ihn von neuem, jetzt goldgelb, klein und klar, sich im stillen Gewässer des Sees spiegeln, an dessen Ufer unser Gasthof liegt. Der letzte Teil des Weges wurde auf ebener Landstraße zurückgelegt, und bot, im Vergleich mit dem vergangenen, eine solche Bequemlichkeit dar, daß ich darauf hätte gehend schlafen können. Es war, als wenn ich willenlose Schritte machte, von einem Uhrwerk fortgetrieben, wie die Kinderspielwerke, welche aufgezogen, unaufhaltsam auf dem Tische umherfahren. In 1¾ Stunden hatten wir die *tour* vollbracht, und ganz stolz auf diese Tat, zog ich in Capel Curig ein, dessen Wirt kaum glauben wollte, daß wir den Weg in so kurzer Zeit bei Nacht zurückgelegt. Ich hatte mich in den letzten Jahren so verweichlicht, daß ich mich fast alt geworden glaubte, aber der heutige Tag bewies mir zu meiner Freude, daß ich nur Anlaß brauche, um Geist und Körper wieder frischkräftig zu fühlen, Gefahr und Beschwerde zeigten sich ohnedem immer als das mir am besten zusagende Element, wenn die Umstände mir beides bescherten.

Mein *post boy* war noch nicht mit dem Wagen angekommen, und ich mußte daher für den nötigen Umzug die Garderobe des dicken Wirtes benutzen, in dessen Kleidern ich seltsam genug aussehen mag, während ich, am Kamin die meinigen trocknend, Dir hier abwechselnd schreibe, und meinen Abendtee verzehre. Morgen soll ich schon um 4 Uhr aus den Federn, um – rate was – aufzusuchen: Merlins, des Zauberers, Felsen, wo er dem König Vortigern die Geschichte der kommenden Zeiten prophezeite, und wo seine Wunderschätze, der goldne Thron, das diamantne Schwert noch heutzutage in verborgenen Höhlen begraben liegen.[13] Da gäbe es noch eine neue, weit sicherere Spekulation für die Bergwerksunternehmer in London und Elberfeld!

Beddgelert, den 29sten früh

Bewundere, liebste Julie, mit mir die Täler Merlins, sie sind in der Tat bezaubernd – aber an seinen Felsen, an Dinas Emrys, werde ich gedenken! Doch laß mich in der Ordnung erzählen.

Ich stand also, obgleich erst um 1 Uhr zu Bett gegangen, pünktlich um 4 Uhr auf, und in 10 Minuten war ich reisefertig, denn sobald man Diener und Luxus abgestreift, geht alles leichter und schneller vonstatten. Das gute Wetter hatte sich bereits wieder in den gewöhnlichen Nebel dieser Gebürge verwandelt, und mein Regenschirm, den ich gestern als Alpenstock gebraucht, tat mir heute, als Obdach, gute Dienste im offenen Wagen, so wie mein alter 15jähriger Mantel, die geehrte Reliquie, in dem ich die Franken mitbekriegen half, und den aus hohem Luftballon ich einst mit allem übrigen Ballast hinabwerfen mußte, um die Luftfahrt nicht im Wasser zu enden.[14]

Im Anfang war die Straße ziemlich tot und uninteressant, bis wir an den Fuß des Snowdon kamen, der, obgleich eine Wolke unter ihm uns beregnete, sein Haupt doch zu derselben Zeit großmütig enthüllte. Er sieht an dieser Stelle besonders majestätisch aus, da er sich fast senkrecht aus dem tiefen Tal von Gwynant erhebt, das hier seinen Anfang nimmt. Dieses reich bewässerte Tal verbindet die blühendste Vegetation mit den erhabensten Ansichten. Die höchsten Berge von Wales gruppieren sich um dasselbe in mannigfaltigen Formen und Farben. Der Fluß, welcher es durchströmt, bildet in seinem Lauf zwei Seen, die nur wenig Breite, aber desto mehr Tiefe haben, denn das Tal ist durchgehends eng, welches die Größe der Kolosse darum her desto mehr hervorhebt. In dem üppigsten Teile desselben besitzt ein Kaufmann aus Chester einen Park, den er nicht mit Unrecht das »Elysium« benannt hat. An einem hohen, dicht mit Wald bedeckten Bergrücken, aus dessen dunklem Grün vielfache, in seltsamen Gestalten wetteifernde Felsen hervortreten, steht über dem Bergstrom auf lichter Wiese die anspruchlose, freundliche Villa. Vor ihr breitet sich in der Tiefe der See aus, und hinter diesem schließt Merlins, ganz isoliert dastehender, Wunderfelsen scheinbar das Tal, welches hier eine jählinge Biegung macht. Doppelt unvergeßlich bleibt mir Dinas Emrys, einmal wegen seiner romantischen Schönheit, und zweitens, weil ich auf ihm wörtlich zwischen Leben und Tod hing. Obgleich nicht höher als 4-500 Fuß, wird er doch nur von einer Seite als ganz zugänglich angesehen. Ich hatte einen kleinen Knaben als Führer mitgenommen, der aber, an Ort und Stelle angekommen, seiner Sache nicht recht sicher schien. Der Weg, den er durch das Eichengestrüpp nahm, schien mir gleich vom Anfang an, wegen seiner ungemeinen Steilheit verdächtig, indessen beruhigte er meine Besorgnis in gebrochenem Englisch, und ich konnte nichts andres tun, als der kleinen Gemse, so gut als möglich, folgen. Merlin schien uns zu zürnen, es hatte sich ein heftiger Wind erhoben, und die Sonne, die uns einen Augenblick angeglänzt, lagerte sich hinter schwarze Wolken, das lange nasse Gras aber, welches über die Steinblöcke hing, machte das Klettern sehr gefährlich. Den barfußen kleinen Jungen focht dies indes nicht sehr an, desto mehr meine von gestern noch etwas steifen Glieder. Je höher wir uns empor arbeiteten, je steiler wurden die Felsen, oft war es nur, mit Hilfe der aus den Spalten wachsenden Sträucher, und den Blick hinter sich bestens vermeidend, möglich, sich hinaufzuschwingen. Endlich bemerkte ich, daß der Knabe selbst ganz unschlüssig ward, und, auf dem Bauche kriechend, sich bald nach der, bald nach jener Richtung ängstlich umsah. Wir wandten uns nun noch durch einige Spalten rechts und links, und standen dann plötzlich auf der Spitze einer glatten hohen Wand, mit kaum so viel Raum, um den Fuß darauf zu setzen, und über uns nichts, als eine ähnliche Felsmauer, bloß mit einzelnen Grasbüscheln bewachsen, welche zum Gipfel führte, den sie überall zu umziehen schien.

Der Anblick war entmutigend, das Kind fing an zu weinen, und ich überlegte mit klopfendem Herzen, was zu tun sei. Gern, ich gestehe es, wäre ich wieder zurückgeklettert, und hätte Merlins Felsen allen Hexen und Gnomen überlassen, wenn ich es für möglich gehalten hätte, ohne Schwindel da wieder hinunter zu kommen, wo wir heraufgestiegen, oder nur denselben Weg wieder aufzufinden. Vor uns war keine Aussicht weiter zu gelangen, als die Mauer auf gut Glück zu eskaladieren. Der Knabe, als der Leichtere und Gewandtere, mußte also voran, ich folgte ihm auf dem Fuße, und an die Grasbüschel als einzige Stütze uns haltend, Hände und Füße wie Klauen in jede kleine Fuge einschlagend, erstiegen wir so, zwischen Himmel und Erde hängend, glücklich die halsbrechende Zinne. Ich war gänzlich erschöpft, als ich oben ankam, und fast ohnmächtig. Ein Kühnerer mag über mich spotten, aber wenn ein Grasbüschel, eine Wurzel in meiner Hand jetzt zu wanken schien, und loszureißen drohte, ehe ich mich noch daran hinaufgeschwungen, fühlte ich, was Entsetzen heißt. Als ich nun, tiefatmend, auf dem Rasen lag, erblickte ich eine große schwarze Eidechse, mir gegenüber gelagert, die mich höhnisch anzublinzeln schien – als sei sie der boshafte Zauberer selbst im Morgenneglігé. Ich ließ sie indes gern gewähren, und war guter Dinge, so wohlfeilen Kaufs davon gekommen zu sein, obgleich ich dem kleinen *imp*[15], der mich, wie ein neckender Berggeist, in die Gefahr gebracht, mit allen Schrecknissen drohte, wenn er nicht zur Rückkehr den rechten Weg ausfindig mache. Während seiner Abwesenheit besah ich die Überreste der *area*, wie sie hier genannt wird, die demolierten Mauern, wo *prophetic Merlin sat, when to the British King the changes long to come, auspiciously he told.*[16]

In dem Steinhaufen wühlte ich umher, in die verfallnen Gewölbe kroch ich – aber auch mir blieben, gleich andern guten Leuten, die Schätze verborgen! Ohne Zweifel war der rechte Moment noch nicht gekommen – dafür aber erschien frohlockend der Knabe, und rühmte die Schönheit des endlich aufgefundenen Weges. War dieser nun auch nicht ganz so eben und leicht wie der der Sünde, so gehörte er doch wenigstens nicht zu den inaccessiblen[17], wie der frühere. Merlins Ungnade verfolgte uns aber noch ferner in strömenden Regengüssen, die mich hier in Beddgelert wieder zwingen, den Kamin zur Trockenanstalt zu benutzen. Gar anmutig ist der unter hohen Bäumen völlig versteckte Gasthof, in dem ich ruhe. Nur vor meinem Fenster grünt eine frischgemähte Wiese, und dahinter brüstet sich ein ungetümer Berg, von oben bis unten mit hochroter Erica bedeckt, die, ohngeachtet des Streifregens und des bedeckten Himmels, wie das Morgenrot leuchtet. Indes man mein Mittagsessen bereitet (denn ich esse heute, wie Suwaroff, früh 8 Uhr zu Mittag) spielt ein Harfner, bescheidnes Überbleibsel der welschen Barden, originelle Weisen auf seinem uralten Instrument. Er ist blind, und auch sein Hund ist blind, der unermüdlich aufwartend neben ihm auf den Hinterbeinen steht, bis man seinem Herrn ein Stück Geld und ihm ein Stückchen Brot gespendet. Bedd Gelert heißt Gelerts Grab, denn Bett und Grab wird poetisch in der welschen Sprache durch dasselbe Wort ausgedrückt. Daß hier nicht von dem deutschen Prosaiker die Rede ist[18], hat Dein Scharfsinn ohne Zweifel schon erraten, es handelt sich ganz im Gegenteil nur um die Ruhestätte eines Windhundes, dessen Geschichte aber so rührend ist, daß ich sie Dir erzählen will, sobald mein *déjeuner dînatoire*[19] wieder abgetragen sein wird, denn die Angst auf dem behexten Felsen hat mich verzweifelt hungrig gemacht.

Après dîner

Die versprochene Geschichte also ist folgende:

Llywelyn der Große, Prinz über Wales, hatte einen Lieblingshund, mit Namen Gelert, ein Schrecken der Wölfe, aber die Freude seines Herrn. Als Llywelyn sich indes später mit einer jungen und schönen Gemahlin vermählte, trat der Hund, wie billig, in den Hintergrund, blieb jedoch, wenn auch weniger geliebt mit Hundestreue *(car les hommes ne sont pas si bêtes!)*[20] seinem Herrn stets mit gleicher Anhänglichkeit ergeben. Llywelyns innigste Wünsche wurden erhört, ein holder Knabe krönte sein eheliches Glück. Überall mußte nun dem überseligen Vater der Säugling folgen, dessen Wiege immer neben seinem eignen Lager aufgeschlagen stand. Einst hatte, auf einer Jagdstreiferei im wilden Gebürge, die Fürstin, durch Unpäßlichkeit verhindert, ihren Gemahl nicht begleiten können, dennoch durfte sein Sohn, von einer Amme gewartet, ihn nicht verlassen. Man hatte in einer schlechten Hütte übernachtet, und früh auf die Jagd ausziehend, übergab Llywelyn den Knaben auf die wenigen Stunden der Amme und der Wache seines treuen Gelert, keine Gefahr für ihn, in dem tiefen Frieden, der damals im Lande herrschte, besorgend. Die Amme, von gleicher Sicherheit betört, benutzte schnell die Freiheit, ihren nahen Liebhaber zu sehen, nur der Hund folgte streng gehorsam seiner Pflicht. Er war dadurch des Knaben Retter – denn ein Wolf, die Einsamkeit des Hauses bemerkend, hatte sich herangeschlichen und mochte schon das schlafende Kind als sichere Beute ansehen, als Gelert hervorsprang, und nach langem Kampfe, selbst schwer verwundet, den Feind bezwang und tötete. Im Blute schwimmend, legte er sich zu der Wiege Füßen, abwechselnd des Knaben zarte Händchen und seine eignen Wunden leckend. In diesem Augenblicke kehrt Llywelyn, noch mit dem Jagdspieß in der Hand, zurück, tritt in das Zimmer, und sieht mit Entsetzen die Stube, seinen Sohn mit Blut bedeckt, und den Hund über die Wiege gebeugt. Von Schreck und Zorn betört, glaubt er, dieser habe sein Kind gemordet, und wütend stößt er ihm den widergehakten Spieß in die treue Brust. Die Augen klagend auf seinen Herrn gerichtet, und in letzter Unterwürfigkeit noch einmal liebkosend mit dem Schweife wedelnd, verschied mit einem herzzerreißendem Schmerzensschrei das arme Tier – und kaum war sein letzter Seufzer verhallt, als Llywelyn den getöteten Wolf, ausgestreckt am Boden, und seinen Sohn, sanft lächelnd, in der Wiege erblickte. Der Sage nach, verfolgte seitdem des treuen Gelerts Schmerzenslaut den betrübten Fürsten bei Tag und Nacht, so daß er zu seinem Andenken ein Monument erbaute, auf dessen Platz noch jetzt eine alte gotische Kirche steht, und wo er lange strenge Bußübungen verrichtete. Später wollte er sogar seine neue Burg auf dem nahen Merlins-Felsen ausführen lassen, aber nimmer konnte er sie zustande bringen. Was am Tage gebaut war, fand man in der Nacht wieder in die Erde gesunken – nie erlaubte, damals und seitdem, der neidische Zauberer, durch fremde Behausung seinen Wohnplatz zu entweihen.

Die Sonne scheint wieder, denn hier dauert der April das ganze Jahr, *et je pars. Adieu.*[21]

Caernarfon, den 30sten

Während meines *dîner* in Beddgelert hatte ich den Harfner fleißig aufspielen lassen, und mich, wie ein Kind, mit seinem Hunde amüsiert, dem das Stehen auf zwei Beinen so zur andern Natur geworden war, daß er noch besser wie der gerupfte Hahn, als platonischer Mensch hätte figurieren können. Die vollkommene *aisance*[22] seiner Stellung und sein ernstes Gesicht dabei, hatten etwas so Lächerliches, daß man ihm nur in Gedanken einen Unterrock überzuziehen, und eine Tabaksdose in die Pfote zu geben gebraucht hätte, um darauf zu schwören, es sei eine alte blinde Dame. Wie dieser Hund dem heroischen Gelert, so mögen auch die modernen Welschen den alten gleichen. Ohne die Energie und Betriebsamkeit der Engländer, noch weniger von dem Feuer der Irländer beseelt, vegetieren sie arm und im Verborgenen zwischen beiden. Die Einfachheit der Berge aber ist ihnen geblieben, und sie sind weder so grob, noch prellen sie so unverschämt wie die Schweizer. *Point d'argent, point de suisse*[23] ist hier noch nicht anwendbar. Im Gegenteil lebt man so wohlfeil, daß bankerotte Engländer häufig hier ihre Lebenstage beschließen, wo sie freie Jagd, den Gebrauch eines Pony, nebst guter Kost und Wohnung, für 50 Guineen des Jahres finden können.

Die Umgebung von Beddgelert ist die letzte Fortsetzung des herrlichen Tales, welches ich Dir beschrieben, und das in diesem Augenblicke durch hundert Wasserfälle belebt wird, die in allen Bergschluchten sich, weiß und schäumend wie Milch, herabstürzen. Eine halbe Stunde hinter dem Dorfe treten die Felsen so eng zusammen, daß kaum noch Platz für Strom und Weg nebeneinander übrig bleibt. Hier wölbt sich die Teufelsbrücke, und schließt das Tal, oder vielmehr die Schlucht, in die es läuft. Von nun an nähert man sich wiederum dem Meere, und die Gegend nimmt eine Zeitlang einen lachenden Charakter an. In zwei Stunden erreichte ich das von den Touristen so viel besuchte Tal von Tan-y-bwlch (Tannibulk), dessen Hauptmerkwürdigkeit ein schöner Park ist, auf zwei felsigen mit Hochwald bewachsenen Bergen ausgebreitet, zwischen welchen ein reißender Bach strömt, der mannichfaltige Kaskaden bildet. Die Promenade in dieser Anlage ist vortrefflich geführt, um in gehöriger Gradation und Abwechslung auf die verschiedenen Aussichtspunkte zu gelangen, wo bald in der Ferne eine Insel im Meere, dann ein naher Abgrund mit dem schäumenden Wasserfall, jetzt ein entfernter *peak*[24], oder später eine einsame Felsenpartie unter der Nacht uralter Eichen sichtbar wird. Ich wanderte über eine Stunde lang auf diesen Gängen, war aber sehr verwundert, das Ganze in solchem Grade vernachlässigt zu finden, daß ich an den meisten Stellen im hohen Grase waten, und mich durch die verwachsenen Pflanzungen durcharbeiten mußte. Auch das Wohnhaus schien verfallen. Später erfuhr ich, daß der Besitzer sein Vermögen in London im Spiel eingebüßt! Da ich fürchtete, zu viel Zeit zu verlieren, gab ich den Besuch von Ffestiniog und seiner berühmten Wasserfälle auf, nahm einen frischen *sociable** und Pferde beim Wirt, und machte mich nach dem 10 Meilen entfernten Tremadog auf, eine sehr belohnende Fahrt, obgleich der Weg der schlechteste war, den ich noch in Groß-Britannien angetroffen. Einige Meilen führt er im Meere fort, nämlich in einem Teil desselben, welchen ein reicher Particulier[25], Hr. Madog, durch einen ungeheuern Damm abgeschnitten, und dadurch ein fruchtbares Terrain von der Größe eines Ritterguts, gewonnen hat. Von diesem Damme, welcher 20 Fuß hoch und zwei Meilen lang ist, genießt man eine der prächtigsten Aussichten. Das abgeschnittene Becken formt einen fast regelmäßigen Halbzirkel, dessen Wände von dem ganzen Amphitheater des Gebürges gebildet zu sein scheinen. Hier hat der Kunstfleiß des Menschen den Schleier vom Meeresboden hinweggezogen, und statt der Schiffe zieht der Pflug seine Furchen durch die weite Fläche – aber links deckt noch der unermeßliche Ozean alle Geheimnisse seiner nie ergründeten Tiefe mit schäumenden Wasserbergen zu. Die Küste endet für das Auge in geringer Ferne mit einem kühnen Felsenvorsprung, auf dem die Ruine des alten Schlosses Harlech mit fünf verfallenen Türmen über die Fluten hinaushängt. Vorn, am Ende des Dammes, öffnet sich dagegen ein freundlich stilles Tal, unter hohen Bergen gelagert, mit einem kleinen, aber belebten Hafen, neben welchem Tremadog sich an die Felsen schmiegt.

Übrigens würdest Du, Herzens-Julie, Dich schwerlich entschließen können, über diesen Damm zu fahren, da seine Beschaffenheit sich eigentlich nur für Fußgänger eignet. Er ist, wie schon erwähnt, 20 Fuß hoch aus roh übereinander getürmten, spitzen und kantigen Schieferblöcken steil aufgeführt, und oben nur 4 Ellen breit, ohne irgendetwas, das

* Eine Art viersitziger, leichter Calesche, ohne Verdeck.

einer Lehne ähnlich sähe. Mit Wut stürmt auf der einen Seite die Brandung gegen ihn, und scheuten davor die Pferde, so stürzte man ohnfehlbar in die gleich Piken aufgerichteten Schieferspitzen. Die Bergpferde allein können solche Pfade sicher passieren, da sie die Gefahr zu beurteilen scheinen, und mit ihr vertraut sind. Demohngeachtet sieht man hier selten einen Wagen; nur eine Eisenbahn für Steinkarren führt über den Damm, welche das Fahren mit anderm Fuhrwerk noch bedeutend erschwert.

Tremadog selbst steht auf früher durch eine gleiche Operation gewonnenem Meeresgrund. Es ist auffallend, wie ähnlich dieser, erst seit einigen Jahrhunderten Land gewordene, Strich auf die kurze Distanz den nördlichen Sandgegenden Deutschlands ist, welche vielleicht auch zum Teil kaum über ein Jahrtausend vom Meere frei wurden. Das Städtchen selbst und seine Einwohner, als wenn gleicher Boden auch gleichen Menschencharakter hervorbrächte, war ebenso vollkommen den traurigen Örtern jener Länder verwandt. Öde und vernachlässigt, schmutzig, die Menschen schlecht gekleidet, der Gasthof nicht besser als ein schlesischer, und nicht weniger unreinlich, und um nichts fehlen zu lassen, auch die Postpferde, welche ich bestellte – auf dem Felde, so daß ich sie erst nach anderthalb Stunden erlangen konnte. Wie sie endlich kamen, entsprach ihr Aussehen, der schlechte Zustand der Geschirre, wie die Tracht des Postillions, ebenso treu dem angeführten Modell. Dies gilt jedoch nur von diesem, der See abgewonnenen, Distrikt; sobald man eine halbe Stunde weiter gefahren ist, und die umgebenden Höhen wieder erreicht, ändert sich die Gegend von neuem zum Fruchtbaren und Schönen um. Sie hatte freilich das Wilde und Gigantische der frühern verloren, aber nach dem langen Aufenthalt in den Felsenmassen tat mir dieser Anblick wohl, da überdem heute der heiterste und klarste Abend die Landschaft beleuchtete. Die Sonne glänzte so golden auf den smaragdfarbigen Wiesen, bebuschte Hügel lagerten sich so friedlich, wie zur Ruhe, um ein kristallhelles Flüßchen, und einzelne Hütten hingen so einladend an ihren schattigen Abhängen, daß man sich gleich für immer dort hätte niederlassen mögen! Ich war dem Wagen zu Fuß vorangegangen, und überließ mich, unter einem hohen Nußbaum, auf weichem Moose ruhend, mit Wonne meinen Träumereien. Wie sprühende Funken blitzte das Abendlicht durch die dichtbelaubten Zweige, und hundert kleine freudig wimmelnde Insekten spielten in den roten Strahlen, während im Wipfel der laue Wind in Melodien säuselte, die dem Eingeweihten verständlich sind, der ihnen mit süßem Entzücken lauscht. – Der Wagen kam – noch einmal warf ich den sehnsüchtigen Blick auf das tiefblaue Meer, noch einmal sog ich den Duft der Bergblumen in mich – dann zogen die Pferde den Zögernden rasch in das flache Land hinab.

Von nun an hörte alles Romantische des Weges in einer wohlbebauten Gegend gänzlich auf, bis sich in der Abenddämmerung die Türme von Caernarfon Castle über den Waldspitzen zeigten. Hier gedenke ich nun einige Tage auszuruhen, nachdem ich an dem heutigen, von 4 Uhr früh bis abends 10 Uhr, teils zu Wagen, teils zu Fuß, 72 englische Meilen zurückgelegt habe.

Den 1sten August

Diesen Morgen erhielt ich Briefe von Dir, die mich traurig stimmen! Ja, wohl hast Du Recht – eine harte Prüfung des Schicksals war es, die das heiterste und ruhigste Glück, das vollkommenste Einverständnis stören, und die am besten in der Welt zusammenpassenden Gemüter – beide noch obendrein im behaglichen Schoße ihrer beiderseitigen Steckenpferde – wie ein Sturm das friedliche Meer aufregen, voneinander reißen, ja auf eine Zeit fast geistig zerstören mußte, den einen Teil zu rastloser Wanderung, den andern zu trostarmer Einsamkeit, beide zu Kummer, Sorge, Schmerz und Sehnsucht verurteilend![26] Aber war der Sturm nicht vielleicht unumgänglich nötig für die Meerbewohner, wäre die nie bewegte Luft ihnen nicht vielleicht noch verderblicher geworden? Lasse uns also nicht übermäßig trauern, nichts Vergangenes bereuen, was immer eitel ist – nur vorwärts zum Bessern laß uns streben, und auch im schlimmsten Falle nicht uns selbst verlieren! Wie oft aber sind die eingebildeten Übel, die schwersten zu ertragen! Welch' brennende Schmerzen erregt gekränkte Eitelkeit, welch' peinigende Scham Begriffe falscher Ehre. Es geht mir nicht besser, und oft möchte ich mir beinah Falstaffs Philosophie[27] über dieses Kapitel wünschen. Die Natur hat mir indessen ein anderes kostbares Geschenk verliehen, was ich Dir mitteilen zu können, mich glücklich schätzen würde. Ich finde in jeder Lage schnell, und fast instinktmäßig, die gute Seite derselben auf, und genieße diese mit einer Frische des Gefühls, einer kindlichen Weihnachtsfreude an Kleinigkeiten, die gewiß bei mir nie veralten wird. Und wo wäre nicht auf die Länge Gutes dem Üblen überwiegend beigemischt? Diese Überzeugung aber ist der Grundstein meiner Frömmigkeit. Unendlich sind die Gaben Gottes, und man könnte fast sagen: es ist nicht zu verantworten, wenn wir nicht glücklich sind. – Wie sehr wir es wirklich selbst in der Gewalt haben, kann jeder sehen, wenn er auf sein vergangenes Leben zurückblickt, und sich da überzeugen muß, wie er fast alles Üble so leicht hätte zum Guten wenden können. Wie ich Dir früher und oft sagte: Wir machen unser Schicksal selbst – aber freilich uns selbst haben wir nicht gemacht, und da liegt eine weite, unbekannte Vergangenheit, über die jedoch sich den Kopf zu zerbrechen zu nichts führen würde. Es tue nur jeder sein Möglichstes, mit frischem Mute die äußern Dinge dieser Welt ohne Ausnahme leicht anzusehen, weil die Dinge dieser

Welt wirklich leicht wiegen, im Guten wie im Schlimmen. Eine bessere Waffe gibt es nicht, nur muß man deshalb die Hände nicht in den Schoß legen. Dein weiblicher Fehler, gute Julie, ist bei üblen Zeiten, mit einer schwachen Art Frömmigkeit, Dich auf den lieben Gott und seine Hilfe als *deus ex machina*[28] allein zu verlassen. Damit aber geht man, wenn diese Hilfe endlich doch ausbleibt, sicher zugrunde. Doch kann beides, frommes Hoffen und rüstiges Tun sehr wohl miteinander bestehen, und kein Zweifel sogar, daß dann das erste das zweite gar sehr erleichtert; denn ist auch jene Art Frömmigkeit, wie sie die Welt gewöhnlich versteht, jene sichere Zuversicht auf irdischen besondern Schutz von oben, jenes Bitten um Güter oder gegen Übel, nur eine Selbsttäuschung – so ist es doch eine wohltätige, ja in unsrer Natur vielleicht begründete, wie wir deren so vielen unterworfen sind, und die ohnedem, wenn wir wahrhaft an sie glauben, auch für uns zur individuellen Wahrheit werden. Es scheint, unsere Natur habe das Vermögen, da, wo die Wirklichkeit nicht mehr ausreicht, uns eine eingebildete selbstgemachte, als helfende Stütze, schaffen zu können. So gibt fromme Zuversicht auf speziellen Schutz, selbst in jeder Form des Aberglaubens, Mut. Wer mit der Überzeugung in die Schlacht geht: durch einen Talisman feuerfest zu sein, – der kehrt sich an die Kugeln nicht mehr; höher aber noch wirkt der Enthusiasmus für Ideen, die unser Ich gebietend über die Außenwelt stellen, und so begeistert, sah man oft religiöse Schwärmer die unerträglichsten körperlichen Schmerzen an sich mit wahrer Wunderkraft vernichten. So bilden sich auch Leidende und Gedrückte beseligende Hoffnungen einer künftigen Glückseligkeit, die sie schon hier entschädigt – alles Wirkungen des mächtigen Triebes der individuellen Selbsterhaltung im weitesten Sinne, der das oben erwähnte Vermögen unsrer Natur in Anwendung bringt, sobald er es gebraucht – daher endlich bei schwa-

chen Charakteren die zwar an sich ganz nutzlosen, aber sie doch beruhigenden Bekehrungen auf dem Todbette. Jeder muß am Ende diesem Bedürfnis in einer oder der andern Form seinen Tribut bezahlen, d.h. jeder *macht* sich seinen irdischen Gott, und dies ist auch eine sich immer wiederholende Menschwerdung Gottes. Die Vorstellung des alliebenden Vaters ist im allgemeinen gewiß die schönste dieser Bildungen, über die hinaus wir auch menschlich nicht weiter steigern können, und man muß es gestehen, die bloße Idee des zum Unbegreiflichen, Unnennbaren, höchsten Prinzips aller Dinge Vergeistigten, sozusagen Verflüchtigten, erwärmt das fühlende, seiner Schwachheit sich bewußte, *Menschenherz* nicht mehr mit derselben Innigkeit. Übrigens scheint mir oft alles was den Menschen und die Natur ausmacht, nur auf zwei Haupt-Elemente sich zurückführen zu lassen: Liebe und Furcht, die man auch Göttliches und Irdisches nennen könnte. Alle Gedanken, Gefühle, Leidenschaften und Handlungen entstehen hieraus, entweder aus dem einen, oder der Mischung beider Prinzipien. Liebe ist die *göttliche* Ursache aller Dinge, Furcht scheint die *irdische* Erhalterin. Die Worte: »Ihr sollt Gott lieben und fürchten«, müßte man nur *so* erklären, oder sie würden keinen Sinn haben – denn ungemischte Liebe *kann* nicht fürchten, weil sie das Gegenteil von allem Egoismus ist, ja sie wird, wo sie wahrhaft uns beseelt, eins mit Gott und dem Weltall, und wir *haben* Momente, wo wir dieses fühlen.

Wenn ich den Maßstab jenes ausgesprochenen Satzes an alle menschliche Handlungen lege, finde ich ihn überall bestätigt. Liebe befruchtet, Furcht erhält, und zerstört – auch in der ganzen Natur sehe ich das Prinzip der Selbsterhaltung oder Furcht (es ist eins und dasselbe) auf das, was wir in der *menschlichen* Moral böse nennen müssen, nämlich: auf die Vernichtung einer andern Individualität, gegründet. Ein Geschlecht lebt immer von der Zerstörung des andern, Leben entsteht nur durch Tod, bis in alle Ewigkeit der Erscheinung, welche grade auf diese Art Einheit im fortwährenden Wechsel bleibt.

Es ist auch der Bemerkung wert, daß diese Furcht, obgleich uns allen zu unserm irdischen Bestehen so unumgänglich nötig, dennoch, selbst hier, von unserm göttlichen Teile so sehr gering geschätzt wird, daß fast kein mögliches Verbrechen uns so tiefe Verachtung einflößt als Feigheit. Nichts bezwingt dagegen die Furcht besser, als eine große Idee, die aus dem Reiche der Liebe entsprießt. Auch andere reißt man, so beseelt, dann mit sich fort, und ganze Völker werden davon, sich aufopfernd, ergriffen, wenn gleich nichts Irdisches ganz rein von Beimischung des niedrigeren Prinzips sich erhalten kann. Furcht also wird, in der Zeit und im Raume, Liebe ist, und kennt keine Zeit noch Raum. Die Liebe ist unendlich und selig, die Furcht stirbt eines ewigen Todes. Die Liebe ist Gott, die Furcht ist der Teufel – und ihm gehört bekanntlich die Erde zur größern Hälfte.

K... Park, den 2ten August

Bei meiner Rückkehr nach Bangor machte ich gestern die Bekanntschaft des Besitzers von Penrhyn Castle (dem schwarzen Sachsenschloß, das ich Dir beschrieben), ein Mann, der in der Bauleidenschaft mir wahlverwandt ist. Schon 7 Jahr wird an dem Schloß gearbeitet, wozu jährlich 20000 L. St. ausgesetzt sind, und noch vier Jahre mehr vielleicht wird es bis zur Vollendung brauchen. Während dieser Zeit lebt der reiche Mann mit seiner Familie in einer höchst unansehnlichen gemieteten *cottage* in der Nähe, mit wenig Leuten umgehend, aber sich wöchentlich einmal an der Besichtigung seiner Feenburg weidend, die er, an so einfaches Leben gewöhnt, wahrscheinlich nie zu bewohnen sich entschließen können wird. Es schien ihm viel Freude zu machen, mir alles zu zeigen und zu erklären, und ich empfand nicht weniger Vergnügen bei seinem Enthusiasmus, der dem sonst kalten Manne wohl anstand.

Um einer Einladung zu folgen, die ich in London erhalten, und die mir seitdem dringend wiederholt worden war, reiste ich heute früh hieher. Die Straße führt zuerst in der fruchtbaren Aue, zwischen der See und dem Fuß des Gebirges hin, zuweilen mit einer sich plötzlich öffnenden Bergschlucht, und reißenden Waldbächen, die eilig dem Meere zueilen. Am Penmaen-Mawr verengt sich aber der in den Felsen gesprengte Weg zu einem schwierigen Paß, dessen linke Seite, 500 Fuß hoch, senkrecht und überhängend zu den Wellen hinabsinkt. Eine sehr notwendige Mauerbrüstung schützt die Wagen. Ich saß auf meiner Imperiale[29], einen Platz, den ich bei gutem Wetter häufig einnehme, und genoß hier die weite Seeaussicht in völliger Freiheit. Der Wind sauste dazu durch alle Töne, und mit Mühe erhielt ich meinen Mantel. Nach einer Stunde erreichte ich Conwy, dessen Lage eine der reizendsten ist. Hier befindet sich das größte jener festen Schlösser, die alle Eduard I. gebaut und Cromwell zerstört hat. Es ist zugleich das, welches durch Umgebung wie eigne Schönheit, am romantischsten erscheint.

Die Umfangsmauern, obwohl verfallen, stehen noch sämtlich, mit allen ihren Türmen, deren man bis 32 zählt. Die ganze neuere Stadt, ein seltsames aber nicht unmalerisches Gemisch von Altem und Neuem, findet Platz im Bezirk dieser Mauern. Seit kurzem hat man über den Fluß Conwy, an dessen Felsenufern das Schloß steht, eine Kettenbrücke, mit Pfeilern in Gestalt gotischer Türme, gebaut, die das Grandiose und Fremde des Anblicks noch vermehrt. Die Umgegend ist herrlich, bewaldete Berge stehen den Ruinen gegenüber, und noch höhere ragen über sie hervor. Mehrere Landhäuser zieren die Abhänge, unter andern eine allerliebste Villa, die eben zum Verkauf ausgeboten ist, und den verführerischen Namen »Zufriedenheit« *(contentment)* führt. In dem Schloß sieht man noch die imposanten Rudera[30] der Bankethalle mit zwei haushohen Kaminen, und die königlichen Zimmer. Im *closet*[31] der Königin wird ein ziemlich gut erhaltner und schön gearbeiteter Betaltar, sowie ein prachtvolles *oriel-window*[32] bewundert. Auch in der Stadt befinden sich sehr merkwürdige alte Gebäude, mit wunderbaren, phantastischen Holzhieroglyphen. Das eine dieser Häuser wurde, wie ein Grabstein in der Kirche besagt, von einem gewissen Hookes im 14ten Jahrhundert erbaut, welcher der einundvierzigste Sohn seines Vaters war, in der Christenheit ein seltnes Beispiel! Ein großes Wickelkind, von einem Storche getragen, und in altem Eichenholz geschnitzt, war daher auch so oft wie möglich als Zierrat auf den Wänden angebracht. In gastronomischer Hinsicht ist Conwy ebenfalls preiswürdig. Es gibt hier einen Fisch, dessen ebenso zartes, als festes Fleisch äußerst wohlschmeckend ist. Er heißt *plaice*[33] (Platz) ein recht passender Name, als rief er: Platz für mich, der besser ist als ihr übrigen! Auch wünschte ich ihm öfter den Ehrenplatz an meinem Tische einräumen zu können. – Noch bei guter Zeit verließ ich Conwy, über die Kettenbrücke fahrend, der das zerstörte Schloß zum ehrwürdigen Stützpunkte dient. Die ungeheuren Ketten verlieren sich so abenteuerlich in den felsenfesten Türmen, daß man das Neue kaum bemerken würde, wenn nicht unglücklicherweise gegenüber ein Chausseehaus, ebenfalls in der Form einer diminutiven[34] Burg, aufgebaut worden wäre, das sich wie der Harlekin der großen ausnimmt. Je mehr man sich St. Asaph nähert, je milder wird der Anblick des Landes. In einer fast nicht zu übersehenden halbrunden Bucht bespült das ruhige Meer fruchtbare Felder und Fluren, reichlich mit Städten und Dörfern untermengt. Alle Landbesitzer scheinen hier dem gotischen Geschmack zu huldigen. Diese Manier war so weit getrieben, daß selbst eine Schenke an der Straße mit

Falltoren, Schießscharten und *créneaux*[35] versehen war, obgleich es keine andere Besatzung als Hühner und Gänse zu schützen gab. Hier wäre Don Quixotte zu entschuldigen gewesen, und der Wirt täte gar nicht übel, wenn er den Ritter von der traurigen Gestalt mit eingelegter Lanze und Barbierbecken, zum Aushängeschild erwählte.

Weiterhin schien ein ganzer Bergrücken mit einer gotischen Stadt bedeckt. Es machte von weitem einen so auffallenden Effekt, daß ich mich verleiten ließ auszusteigen, und den beschwerlichen Weg hinanzuklimmen. Lächerlich und verdrießlich war es zugleich, als ich fand, daß der Kern der Spielerei nur ein kleines sich durch nichts auszeichnendes Haus war, das Übrige aber bloß verschiedene, auf den Berg und Felsenabhängen errichtete Mauern, die bald Türme, bald Dächer, bald Zinnen von großen Dimensionen, halb im Walde versteckt, nachahmten, von nahem aber nur dazu dienten, eine Menge Frucht- und Küchengärten einzuschließen. Ein Glückspilz, ein durch Zufall reich gewordener *shopkeeper,* hatte diese harmlose Raubveste, wie man mir sagte, vor zwei Jahren erbaut; eine wahre Satire auf den herrschenden Geschmack!

Gegen Abend langte ich bei meinem guten Obristen an, einem echten Engländer im besten Sinne des Worts, der mich mit seiner liebenswürdigen Familie auf das freundlichste empfing. Diese wohlhabenden (bei uns würde man sie sehr reich nennen) und angesehenen Gutsbesitzer, die sich nicht in London zu ängstlich zur *fashion* drängen, aber die Liebe ihrer Nachbarn und Untergebnen zu erwerben suchen; deren Gastfreundschaft nicht bloße Ostentation[36], und deren Sitten weder *exclusive* noch ausländisch sind, sondern die in einer zivilisierten und durch Reichtum verschönten Häuslichkeit ihren Genuß, in strenger Rechtlichkeit ihre Würde finden – bilden die wahrhaft respektabelste Klasse der Engländer. In der großen Welt Londons spielen sie zwar nur eine unbedeutende, in der Menschheit aber gewiß eine ehrwürdige Rolle. Leider ist jedoch in England die Übermacht und Arroganz der Aristokratie, und über dieser noch die der Mode, so herrschend und gewaltig, daß selbst solche Familien wie die hier geschilderten, wenn sie mein Lob läsen, sich wahrscheinlich weniger dadurch geschmeichelt fühlen würden, als wenn ich sie unter denen, die den Ton angeben, aufführen könnte. Wie weit hierin die Schwäche bei den würdigsten Leuten in England geht, kann man kaum glauben, ohne es erfahren und alle Klassen der Gesellschaft davon auf die lächerlichste Weise angesteckt gesehen zu haben. Doch ich habe Dir aus dem Foyer der europäischen Aristokratie über dieses Kapitel genug geschrieben, und will mich daher hier nicht wiederholen. Überhaupt ist es wohl Zeit, diesen Brief zu schließen, da ich ohnedem fürchte, unsre Korrespondenz könnte Dir am Ende zu lang vorkommen – denn wenn auch das Herz nicht ermüdet, der Kopf macht andere Ansprüche. Indessen weiß ich, wie viel ich Deiner Nachsicht in dieser Hinsicht zumuten darf. –

Dein ewig treu ergebener L...

Achtundzwanzigster Brief

K... Park, den 4ten August 1828

Meine teuerste Freundin!

Ich befinde mich hier sehr wohl. Man lebt auf komfortable Weise, die Gesellschaft ist herzlich, *la chère excellente*[1] und die Freiheit, wie überall hier auf dem Lande, vollkommen. Gestern machte ich auf einem unermüdlichen Pferde meines Wirts einen sehr angenehmen Spazierritt von einigen zwanzig Meilen, denn bei den guten Pferden und Wegen verschwinden hier die Distanzen. Ich muß Dir davon erzählen.

Zuerst ritt ich nach der kleinen Stadt St. Asaph, um die dortige Kathedrale zu besehen, die ein großes Fenster von moderner Glasmalerei ziert. Viele Wappen waren sehr gut ausgeführt, und man hatte überhaupt den Fehler vermieden, Gegenstände darstellen zu wollen, die sich für die Glasmalerei nicht eignen, welche grelle Farbenmassen und keine verschwimmenden Nuancen verlangt. Um mich in der Gegend besser zu orientieren, bestieg ich den Turm. Dort bemerkte ich in der Entfernung von ungefähr 12 Meilen ein kirchenartiges Gebäude auf der Spitze eines hohen Berges, und frug den Küster, was es bedeute? Er erwiderte in holprigem Englisch: dies sei das Tabernakel des Königs, und wer sieben Jahre lang sich weder waschen, noch die Nägel abschneiden, oder den Bart scheren wollte, dem sei es erlaubt, dort zu wohnen, und nach dem siebenten Jahre habe er das Recht nach London zu gehen, wo ihn der König ausstatten und zum *gentleman* machen müsse.

Dies tolle Märchen glaubte der Mann im vollen Ernst und schwur auf seine Wahrheit. *Voilà, ce que c'est que la foi!*[2] Als ich mich später nach dem wirklichen Verlauf der Sache erkundigte, erfuhr ich von dem Ursprung der Geschichte bloß, daß das Haus zum Regierungs-Jubiläum des vorigen Königs von der Provinz oder *county*[3] gebaut worden sei, und seitdem leer stehe, ein Spaßvogel aber einst am andern Orte eine bedeutende Summe in den Zeitungen ausgeboten, wenn jemand die erwähnten Bedingungen in einer ihm zugehörigen Höhle erfülle. Das gemeine Volk hat nun jene Feuerprobe mit dem »Tabernakel« des guten Königs Georgs III. in Verbindung gesetzt.

Ich bin den Turm jetzt wieder herabgestiegen, und am Fuße sanfter Hügel hin, kannst du mich weitergaloppieren sehen, bis ich einen felsigen einzeln stehenden Berg erreiche, auf dem die Ruinen von Denbigh Castle stehen. An den Seiten des Berges klammern sich ringsum die baufälligen Häuser und Hütten des ärmlichen Städtchens an, und mit Mühe gelangt man durch die engen Gassen zum Gipfel. Ein Herr zeigte mir gütig den Weg, welcher sich mir nachher als der Herr Stadt-Chirurgus dekouvrierte[4], und mit vieler Artigkeit die *honneurs* der Ruine machte.[5] In ihren Mauern haben sich die Honoratioren ganz romantisch ihr Kasino, nebst einem sehr zierlichen Blumengärtchen angelegt, von welchem letztern man eine vortreffliche Aussicht genießt. Der übrige Teil des weitläuftigen Schlosses bietet dagegen nur ein verlassenes Labyrinth von Mauern und Grasplätzen dar, wo die Distel wuchert. Alle drei Jahre wird jedoch auf diesem Platz ein großes Nationalfest gehalten – die Versammlung der welschen Barden. Gleich den ehemaligen Minnesängern Deutschlands kommen hier sämtliche Harfner aus Wales zum Wettkampf zusammen. Der Sieger gewinnt einen goldnen Becher, und ein gemeinschaftlicher Chor von hundert Harfen hallt zu seinem Ruhm in den Ruinen wider. In drei Monaten sollte die Vereinigung stattfinden, zu der man auch den Herzog von Sussex erwartete.

Von hier kam ich, einer Bergschlucht folgend, in ein wunderschönes Tal. Tiefe Waldesnacht umfing mich, Felsen streckten wieder, wie alte Bekannte, grüßend ihre bemoosten Häupter aus den Zweigen, der wilde Fluß schäumte, springend und tanzend durch die Waldblumen, und verborgene, heimlich glänzende Wiesen leuchteten mir wieder mit aller Goldfrische des Gebirges entgegen. Wohl einige Stunden irrte ich in diesen Gründen umher, dann erklomm ich die Höhle auf einem mühsamen Fußpfad, um zu erfahren, wo ich eigentlich sei? Ich stand grade über der Bucht, und dem weiten stillen Meer, das die sanften Bergabhänge vor mir näher zu rücken schienen als es wirklich war. Nach einiger Anstrengung entdeckte ich, unter den Baumgruppen der Ebene, auch das Schloß von K... Park, und rasch darauf zutrabend, erreichte ich es noch zur rechten Zeit für die Mittags-Toilette.

Den 5ten

Mit der lieblichen kleinen Fanny, der jüngsten Tochter des Hauses, die noch nicht *out* ist*, spazierte ich diesen Morgen, als alle noch schliefen, im Park und Garten umher, wo sie mir ihre *dairy* (Milchkeller) und ihre *aviary* (Etablissement für Geflügel) zeigte.

Ich schrieb Dir schon, daß der Milchkeller hier immer eine der Hauptzierden jedes Parkes ausmacht, und von den Kuhställen ganz entfernt, für sich, in der Form eines eleganten Pavillons besteht, mit Fontäne, Marmorwänden und kostbarem Porzellan geschmückt, dessen große und kleine Schalen mit allen Arten der schönsten Milch und Milchprodukten

* *To come out* heißt bei den jungen Mädchen in England: in die Welt treten. Die Eltern lassen manche dieses Glück bis ins zwanzigste Jahr und noch länger erwarten. Bis dahin lernen sie die Welt nur aus Romanen kennen, und später geht es auch darnach, wo nicht die Häuslichkeit und Tugend (denn ein solches Ding gibt es zuweilen in England) einen zu festen Grund gelegt haben. *A. d. H.*

angefüllt werden. Kein besseres Plätzchen als dieses, um sich nach der Ermüdung des Gehens zu erfrischen. Es versteht sich, daß auch ein Blumengärtchen dabei ist, welches der Engländer gern jedem Gebäude beifügt. Hier wetteiferte das Steinreich in Pracht der Farben mit den Blumen. Der Besitzer hat nämlich einen Anteil an bedeutenden Kupferwerken in Anglesey, und kleine Berge dieses golden, rot, blau und grün schillernden Erzes dienten seltnen Steinpflanzen zum prachtvollen Bett.

Das *aviary,* sonst wohl Goldfasanen und ausländischen Vögeln gewidmet, war hier bloß wirtschaftlicher Natur, nur für Hühner, Gänse, Pfauen, Tauben und Enten ausschließlich bestimmt, dennoch aber bot es, durch seine außerordentliche Reinlichkeit und Zweckmäßigkeit, einen sehr angenehmen Anblick dar. Deutsche Wirtinnen hört und staunt! Zweimal des Tages wurden die mit den schönsten Bewässerungs-Anstalten versehenen Höfe und einzelnen Kammern, Taubenschläge und Brutbehälter – zweimal des Tages wurden sie gescheuert – und die Strohbetten der Hühner waren so zierlich, die Sprossen, auf denen sie horsteten, so glatt und blank, die mit Quadern eingefaßten Enten-Pfützen so klare Bassins, das großkörnige Gerstenfutter und der gekochte Reis, gleich dem Pariser *riz au lait*[6], so appetitlich, daß man sich im Paradiese der Vögel zu befinden glaubte. Auch waren diese alle frei wie dort, keinen die Flügel verschnitten, und ein immediat an ihre Wohnung stoßendes Wäldchen hoher Bäume, diente ihnen zum anmutigsten Vergnügungsort. Noch wiegten sich die meisten von ihnen behaglich auf den schwankenden Gipfeln, als wir ankamen; kaum erblickten sie aber die kleine rosige Fanny, wie eine wohltuende Fee mit Leckerbissen in der Schürze ihnen entgegentretend, als sie in brausender Wolke herabeilten, und sich pickend und frohlockend zu ihren Füßen niederließen. Ich fühlte mich idyllisch gerührt, und trieb zu Haus, um noch vor dem Frühstück mich des Feuers meiner Begeisterung zu entledigen. Nun waren aber noch die Kindergärten zu besehen, und ein Haus der Laune, und Gott weiß was alles – kurz, wir kamen zu spät und wurden ausgescholten. Mit englischem Pathos rief Miß Fanny:

We do but row –
And we are steered by fate.
Wir rudern wohl –
Jedoch das Schicksal sitzt am Steuer!

mit andern Worten: der Mensch denkt, Gott lenkt... und, jawohl, dachte ich, der kleine Philosoph hat nur zu Recht! Es kommt immer anders, wie man sich's vorstellt, selbst bei so wenig bedeutenden Dingen als die Promenade mit einem hübschen Mädchen, und das Warten der Eltern beim Frühstück. –

Der Nachmittag sah mich wieder zu Roß. Ich suchte mir ungebahnte Wege in den wildesten Berggegenden landeinwärts, mehreremal den reißenden Fluß ohne Brücke passierend, und oft in den schönsten und überraschendsten Aussichten schwelgend. Zuweilen begegnete ich einsam arbeitenden Landmädchen, auffallend hübsch in ihrer originellen Tracht, die den Wuchs hervorhebt und den Busen sehr frei zeigt. Sie sind aber dabei schüchtern wie Rehe und züchtig wie Vestalinnen. Alles zeigt die Bergnatur, mein Pferd auch! Unermüdlich, wie eine Maschine aus Stahl und Eisen, galoppiert es über die Steine bergauf und bergab, springt mit ungestörter Ruhe über die Heckentore, welche alle Augenblicke die Feldwege verschließen, und macht mich weit eher müde, als es selbst Müdigkeit fühlt. Das ist die wahre Art, spazierenzureiten – viele Meilen weit, in Gegenden, die man nie gesehen, wo man nicht weiß, wo man hinkommt, und sich den Rückweg ebenfalls von einer andern Seite suchen muß. Heute geriet ich zuletzt in einen Park, wo hölzerne, mit weißer Ölfarbe angestrichene Statuen, seltsam mit der erhabnen Natur kontrastierten. Kein Mensch ließ sich sehen, nur Hunderte von Kaninchen streckten ihre Köpfe aus den durchlöcherten Bergabhängen hervor, oder jagten eilig über den Weg. Allerlei wunderliche Dinge verrieten den Besitzer als einen Sonderling. Am besten nahm sich ein schwarzer Fichtenwald aus, den rundumher ein Ring von glanzfarbigen Malven einfaßte. Ich kam endlich auf einer kahlen Höhe wieder heraus, wie ich hereingekommen war, durch ein von selbst zuschlagendes Falltor; überall herrschte dieselbe Einsamkeit, und bald war das verwünschte Schloß weit hinter mir.

Bangor, den 8ten

Ich sollte einige Wochen in K... Park bleiben, aber Du kennst meine Unstetigkeit – bald drückt mich das Einerlei, wenn es auch gut ist – ich empfahl mich daher meinen gefälligen Freunden, besuchte noch einen andern Gutsbesitzer, der mich eingeladen, auf einige Stunden, statt Tagen, sah einen Sonnen-Untergang von den Ruinen Conwys, aß eine *plaice,* und traf wieder in meinem Hauptquartier ein, das ich nun aber für immer verlasse. Ich befinde mich übrigens leider nicht recht wohl, meine Brust scheint von den Fatiguen[7] in der letzten Zeit etwas angegriffen, und schmerzt oft recht empfindlich, *mais n'importe.*[8]

Craig-y-don, den 9ten früh

Erinnerst Du Dich dieses Namens? Es ist die schöne Villa, die ich Dir beschrieben, deren liebenswürdigen Besitzer ich seitdem kennengelernt, und dessen freundlicher Einladung, bei ihm die letzte Nacht in Wales zuzubringen, ich nicht widerstehen konnte. Wegen meiner Brustschmerzen vermochte ich gestern abend nur kurze Promenaden, mit dem

Sohne des Hauses in den lieblichen Gärten zu machen, und der Versuch, einen nahen höheren Berg zu besteigen, bekam mir fast übel, so daß ich nachher bis zum Essen mich mit den Zeitungen amüsieren mußte. In dem langen Wust war ein guter Einfall, den ich Dir zitiere. Der Artikel sprach von der Thronrede, worin die Worte vorkommen: »dem *speaker* wird befohlen, dem Volke zu seiner allgemeinen Glückseligkeit zu gratulieren«. Dies, meint der Berichterstatter, sei doch zu insolent, sich so offenbar über dieses arme Volk lustig zu machen, obgleich es allerdings gegründet sei, daß die Wahrheit von ihm in dergleichen Dingen nie erwartet werden dürfe, »denn«, fährt er fort, »sollte wirklich je ein König oder Minister so wahnsinnig sein, um die reine Wahrheit bei ähnlicher Gelegenheit sprechen zu wollen, so müsse er ja gleich im Anfang der Rede, statt dem gewöhnlichen *exordium*[9]: *›Mylords and Gentlemen‹* sagen: *›My knaves and dupes‹ (Mes fripons et dupes).*[10]«

Unser Wirt ist ein Mitglied des Yacht-Clubs, und ein leidenschaftlicher Freund des Meeres. Daher hätte auch unser *dîner* jedem Katholiken in der Fastenzeit genügen müssen, denn es bestand nur aus Fischen, vortrefflich auf mannichfache Arten zubereitet. Eine Austernbank, unter den Fenstern, sandte gleichfalls dazu ihre schlüpfrigen, noch Salzwasser feuchten, Bewohner. Zum Dessert aber lieferten die vor dem Hause weidenden Kühe manche Delikatesse und die an den Salon stoßenden Treibhäuser köstliche Früchte.

Tut es nun nicht wohl, sich zu denken, daß Hunderttausende in England eine solche Existenz, einen so behaglichen und soliden Luxus, in ihren friedlichen Häusern froh genießen, freie Könige im Schoße ihrer Häuslichkeit, die ruhig in der Sicherheit ihres unantastbaren Eigentums leben, Glückliche, die nimmer durch schwere Sendschreiben unhöflicher Behörden belästigt werden, welche bis in die Wohnstube und Schlafkammer alles regieren wollen, und dem Staate schon einen bedeutenden Dienst erzeigt zu haben glauben, wenn sie am Ende des Jahres den armen Regierten viele tausend Taler unnötiges Porto verursachen konnten, dabei aber auch nicht zufrieden, über den Regierten zu stehen, sich ihnen zugleich entgegen stellen, Richter und Partei so viel sie können in einer Person vereinigend; – mit einem Worte, Glückliche, die frei von Eingriffen in ihren Beutel, frei von Unwürdigkeiten für ihre Person, frei von unnützen Plackereien ihre Macht fühlen lassen wollender Bureaukraten, frei von der Aussaugung unersättlicher Staatsblutigel sind, und dabei als unumschränkte Herren in ihrem Eigentume, nur den Gesetzen zu folgen brauchen, die sie selbst mit geben helfen – wenn man dies bedenkt, sage ich, so muß man gestehen, daß England ein gesegnetes Land ist, wenn auch kein vollkommenes. Man kann es den Engländern daher auch nicht so sehr verdenken, wenn sie, des Kontrastes mit manchen andern Ländern innewerdend, Fremden, bei aller scheinbaren Höflichkeit und Verbindlichkeit, doch immer fremd bleiben. Ihr ganz gerechtes Selbstgefühl wirkt so mächtig, daß sie unwillkürlich uns für eine geringere *race*[11] ansehen, so wie wir z. B., aller deutschen Herzlichkeit ohngeachtet, doch schwer uns mit einem Sandwich-Insulaner ganz verbrüdern könnten. In einigen Jahrhunderten haben wir vielleicht die Rollen gewechselt, aber leider ist es jetzt noch nicht so weit!*

* Nichts ist lächerlicher als die häufigen Deklamationen deutscher Schriftsteller über die in England herrschende Armut, wo es nach ihnen nur einige ungeheuer Reiche und tausend Notleidende gibt. Grade die außerordentliche Menge wohlhabender Leute des Mittelstandes und die Leichtigkeit für den Ärmsten, sich nicht nur das Notwendige, sondern selbst Luxus zu erwerben, wenn er nur ernstlich arbeiten will – macht England selbständig und glücklich. Den Oppositionsblättern muß man freilich nicht nachbeten.

Holyhead, den 9ten abends

Ich habe eine üble Nacht gehabt, heftiges Fieber, schlechtes Wetter und holprige Straßen. Das letztere, weil ich die große Route verließ, um die berühmten *Parys mines* auf der Insel Anglesey zu sehen. Diese Insel ist der völlige Gegensatz von Wales, fast völlig flach, kein Baum, nicht einmal Büsche und Hecken, nur Felder an Felder gereiht. Die erwähnten Kupferbergwerke an der Küste sind aber interessant. Ich wurde (vom Obristen H... schon vorher annonciert) mit Kanonenschüssen empfangen, die wild in den vielfachen Höhlen widerhallten. Das Erz wird in diesen Höhlen gefördert, die, wo das Tageslicht hereinscheint, in bunten Farben blitzen. Ich sammelte selbst viel schöne Stücke. Die Steine werden nachher kleingeschlagen, in Halden, gleich dem Alaunerz, aufgeschüttet und angezündet, worauf die Masse 9 Monate lang brennt. Der Rauch wird zum Teil aufgefangen und setzt sich als Schwefel an. Eine sonderbare Erscheinung ist es für den Laien, daß, während dieses neunmonatlichen Brennens, welches allen Schwefel austreibt, bloß durch die Kraft der Wahlverwandtschaft, die durch das Feuer frei gemacht wird, das reine Kupfer, welches vorher durch den ganzen Stein verteilt war, sich nachher, in ein Klümpchen zusammengezogen, kompakt in der Mitte zeigt, so daß, wenn man die gebrannen Steine zertrümmert, man in jedem das Kupfer, wie den Kern in einer Nuß, erblickt. Nach dem Brennen wird das Erz, ebenfalls wie Alaun, ausgelaugt oder gewaschen, und das Wasser, welches davon abfließt, in Sümpfen aufgefangen. Das Mehl, was sich in diesen absetzt, enthält 25-40 Prozent Kupfer, und das übrigbleibende Wasser ist immer noch so stark geschwängert, daß ein eiserner Schlüssel, den man hineinhält, in wenig Sekunden eine schön rotgelbe Kupferfarbe annimmt. Hierauf wird das Erz mehreremal geschmolzen und zuletzt raffiniert, worauf es in Quadrat-Stükken von 100 Pfund geformt, so verkauft, oder auf Mühlen zu

Schiffsplatten verarbeitet wird. Bei dem Gießen, das ein hübsches Schauspiel gewährt, ereignet sich auch ein sonderbarer Umstand. Es fließt nämlich die ganze Masse in eine Sandform, welche in 8-10 verschiedene Kompartiments, gleich einem für mehrere Tiere bestimmten Eßtroge, abgeteilt ist. Die Separationen erreichen nicht ganz die Höhe der Außenwände, so daß das glühende Erz, welches nur auf dem einen Ende hereinströmt, sobald der Pfropf herausgeschlagen ist, das erste Kompartiment füllen muß, ehe es in das zweite übertritt u.s.w. Das Sonderbare ist nun, daß alles wirkliche reine Kupfer, was im Ofen enthalten ist, in diesem ersten Kompartiment verbleibt, die andern Fächer aber allein mit Schlacke angefüllt werden, welche nur zum Straßenbau gebraucht werden kann. Der Grund des Phänomens ist folgender: Das Erz hat Eisen bei sich, welches sich im magnetischen Zustande befindet. Dieses hält das Kupfer zusammen, und zwingt es zuerst auszufließen. Da man nun aus Erfahrung ziemlich genau weiß, wie viel reines Kupfer die in einem Ofen geschobne Masse enthalten müsse, so ist die Größe des ersten Kompartiments darauf eingerichtet, es gerade fassen zu können. Der Inspektor, ein gescheiter Mann, der aber halb welsch, halb englisch sprach, sagte mir, daß er diese Gußart erst erfunden, welche viele Mühe erspare, weshalb er, auch ein Patent darauf entnommen. Der Vorteil, der daraus entsteht, ist allerdings einleuchtend, da sich, ohne die erwähnten Abteilungen, das Kupfer, wenngleich ebenfalls zuerst hinausfließend, doch nachher über die ganze Masse verbreiten, und schwer ablösen muß. Die Russen, welche im Fache der Industrie jetzt nichts versäumen, hatten bereits einen Reisenden hier, um sich das Verfahren ganz zu eigen zu machen, welches auch nicht im geringsten verheimlicht wurde, wie denn überhaupt die meisten Fabrikherren hierin sehr liberal geworden sind.

Während ich noch am Schmelzofen stand, erschien ein

Offizier, um mich zum Bruder des Obristen H…, der ebenfalls Obrist ist, und ein in der Nähe stationiertes Husarenregiment kommandiert, für diesen Mittag und die Nacht einzuladen. Ich befand mich aber zu ermüdet und unwohl, das Wagnis eines Offiziers-*dîners* in England zu bestehen, wo, in der Provinz wenigstens, der Wein noch mit altenglischem Maße zugeteilt wird; auch wünschte ich noch diese Nacht mit dem Paketboot nach Irland zu segeln, und lehnte daher die *invitation* dankbarlich ab, den Weg nach Holyhead einschlagend, wo ich um 10 Uhr ankam. Mein gewöhnliches Seeunglück erlaubte indes die Weiterreise nicht, da es so heftig stürmte, daß das Paketboot ohne Reisende abging. Ich bin jedoch nicht unwillig darüber, mich einen Tag hier, in einem ganz komfortablen Gasthofe, ausruhen zu können.

Den 10ten

So krank und matt ich bin, hat mir doch die Exkursion nach dem neu erbauten, 4 Meilen entfernten Leuchtturme, ungemein viel Vergnügen gewährt. Obgleich die Oberfläche der Insel Anglesey sehr flach erscheint, so erhebt sie sich doch, am Ufer der irländischen See, in höchst malerischen, abgerissenen Felsenwänden, bedeutend hoch aus den stets brandenden Fluten. Auf einem solchen, vom Ufer etwas entfernten, einzeln hervorragenden Felsen, steht der Leuchtturm. Nicht nur senkrecht, sondern unter sich zurückweichend, fallen diese, über alle Beschreibung wilden Gestade, mehrere hundert Fuß tief nach dem Meere hinab, und sehen aus, als seien sie durch Pulver gesprengt, nicht von der Natur so gebildet. Auf einem dichten Teppich von kurzem gelben Ginster und karmesinroter Heide, gelangt man bis an den Rand des Abhangs, dann steigt man auf einer roh in den Stein gehauenen Treppe, von 4 bis 500 Stufen, bis zu einem in Stricken hängenden Stege hinab, auf dem man sich, an die

Der Leuchtturm von Holyhead

Seitennetze anhaltend, über den Abgrund, der beide Felsen trennt, sozusagen, hinüberschaukelt. Tausende von Seemöwen, die hier zu brüten pflegen, umschwebten uns auf allen Seiten, unaufhörlich ihre melancholische Klage durch den Sturm rufend. Die Jungen waren erst kürzlich flügge geworden, und die Alten benutzten wahrscheinlich das ungestüme Wetter zu ihrer Einübung. Man konnte nichts Graziöseres sehen als diese Fluglektionen. Leicht erkannte man die Jüngeren an ihrer grauen Farbe und ihrem noch ungewissen Schwanken, während die Alten, fast ohne einen Flügel zu rühren, minutenlang, bloß vom Sturm gehalten, wie in der Luft versteinert hingen. Die jungen Vögel ruhten auch öfters in den Felsenspalten aus, wurden aber von ihren strengen Eltern immer schnell wieder zu neuer Arbeit genötigt.

Der Leuchtturm ist völlig dem bereits erwähnten in Flamboroughhead an der englischen Ostküste gleich, nur ohne rote *revolving lights.*[12] Auch hier war die Nettigkeit der Ölkeller und die außerordentliche Reinlichkeit der spiegelblanken Lampen bewunderungswert. Außerdem bemerkte ich eine ingeniöse Art Sturmfenster, die man ohne Mühe und Gefahr des Zerbrechens, auch beim heftigsten Winde, öffnen kann, und eine vertikale Steintreppe, gleich einer gezackten Säge, die viel Raum erspart. Beide Gegenstände lassen sich jedoch ohne Zeichnung nicht ganz anschaulich machen.

Dublin, den 11ten

Eine widerwärtigere Seefahrt kann man nicht bestehen! Zehn Stunden ward ich, zum Sterben krank, umhergeworfen. Die Hitze, der ekelhafte Geruch des Dampfkessels, die Krankheit aller Übrigen, es war eine affröse[13] Nacht, ein wahres Carl von Carlsbergsches Bild menschlichen Elends.[14] Bei einer längeren Seereise aguerriert[15] man sich zuletzt,

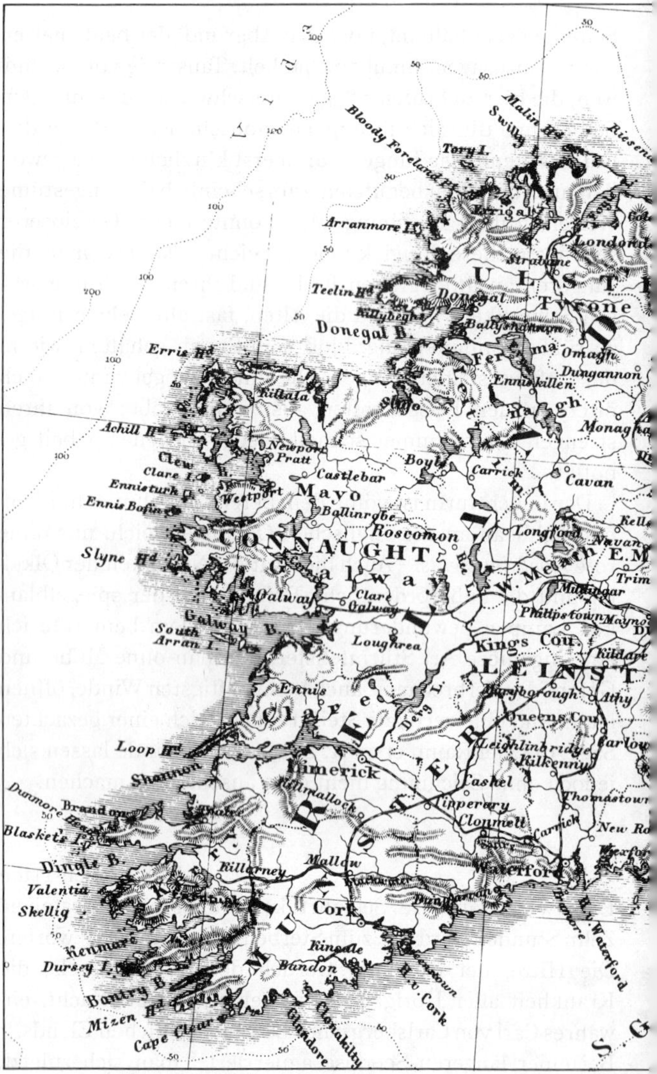

Bloody Foreland Pt.
Malin Hd.
Swilly
Tory I.
Arranmore I.
Errigal
Strabane
Tyrone
Teelin Hd.
Donegal
Killybegs
Donegal B.
Ballyshannon
Fermanagh
Omagh
Dungannon
Enniskillen
Erris Hd.
Killala
Sligo
Achill Hd.
Newport Pratt
Boyle
Carrick
Cavan
Clew B.
Clare I.
Castlebar
Ennisturk
Mayo
Ennis Bofin
Ballinrobe
Roscomon
Longford
CONNAUGHT
Slyne Hd.
Galway
W. Meath
Mullingar
Trim
Clare Galway
Phillipstown
Galway B.
South Arran I.
Loughrea
Kings Cou.
Kildare
Maryborough
Athy
Ennis
Clare
Derg L.
Queens Cou.
Loop Hd.
Leighlinbridge
Kilkenny
Shannon
Limerick
Cashel
Kilmallock
Tipperary
Thomastown
Dunmore Head
Brandon
Clonmell
Carrick
Blaskets Is.
Killarney
Mallow
Waterford
Dingle B.
Valentia
Skellig
Kenmare
Cork
Dungarvan
Dunmore
H. v. Waterford
Kinsale
Dursey I.
Bandon
H. v. Cork
Bantry B.
Mizen Hd.
Clonakilty
Glandore
Cape Clear

Leith
Dunbar
S. Abbs Hd
Glasgow
EDINBURGH
Haddington
Berw.
Berwick (zu
Paisley
Bute
Peebles
Greenlaw
Holy I.
Lanark
Tweed
Jedburgh
Ayr
Campbell Town
Ailsa Rock
Roxburgh
Alnwick
Nith
Rothbury
Nord
Dumfries
Gretna
Morpeth
Northumberland
Newcastle
Port Patrick
Kirkcudbright
Wigton
Tyne
Gateshead
Carlisle
Durham
Carrick-fergus
Solway Firth
Mary Port
Stanhope
Donaghadee
Penrith
Whitehaven
West-moreland
S. Bees Hd
Appleby
Stockton
Lisburne
Canal
I. Man
Richmond
Ravenglass
Kendal
Ure
Downpatrick
Peel
Douglas
I. Walney
Lancaster
Morecambe B.
Ireländische
Preston
Leeds
Halifax
Mersey
Huddersf.
Bolton
Anglesey
Liverpool
Manchester
Howth Hd
Birkenhead
Holywell
Warringt.
Holyhead
Beaumaris
Stockport
Macclesf.
Chesterfie
See
Bangor
Denbigh
Flint
Chester
Caernarvon B.
Caernarvon
Snowdon
Ash-borne
Newcastle
Derby
Braich-y-Pwll Hd
Merioneth
Whitchurch
Stafford
Dolgelly
I. Bardsey
Welsh Pool
Litchfield
Shrewsbury
Wolverh.
Dudley
Cardigan
Montgomery
Birmingham
Shrop
Aberystwith
Ludlow
Severn
Kidderminster
Wexfd
Bay
New Radnor
Warwick
Leominster
Canal
Cardigan
Worcester
Hereford
S. Davids Hd
Fishguard
Brecon
Caermarthen
Glaucester
S. Brides B.
Milford
Monmouth
Oxf
Milford Haven
Swansea
Glamorgan
Newport
Stroud
Pembroke
Neath
Cardiff
Bristol
Caermarthen B.
Marlborough

und vielfacher Genuß wiegt dann die Entbehrungen auf, aber die kurzen Überfahrten, welche nur die Schattenseiten zeigen, sind meine wahre Antipathie. Gottlob es ist vorüber, und ich fühle wieder festen Boden unter mir, obgleich es mir noch manchmal scheint, als schwanke Irland ein wenig.

Abends

Dieses Königreich hat mehr Ähnlichkeit mit Deutschland als mit England. Jene fast überraffinierte Industrie und Kultur in allen Dingen verschwindet hier, leider aber mit ihr auch die englische Reinlichkeit. Häuser und Straßen haben ein beschmutztes Ansehn, obgleich Dublin durch eine Menge prächtiger Paläste und breiter alignierter[16] Straßen geschmückt ist. Das Volk geht zerlumpt; den Leuten von gebildeterem Stande, denen man begegnet, fehlt auch die englische Eleganz, wogegen die Menge glänzender Uniformen, die man in London nie in den Straßen sieht, noch mehr nach dem Kontinent versetzen. Auch die Umgegend der Stadt hat nicht mehr die gewohnte Frische, der Boden ist vernachlässigter, Gras und Bäume magrer. Die großen Züge der Landschaft aber, die Bay, die fernen Berge von Wicklow, das Vorgebirge von Howth, die amphitheatralischen Häusermassen, die Quais, der Hafen, sind schön. So ist wenigstens der erste Eindruck. Übrigens befinde ich mich, im besten Gasthofe der Hauptstadt, weniger *comfortable,* als in dem kleinen Städtchen Bangor. Bei aller Größe scheint das Haus still und verlassen, während ich mich erinnere, dort, nur während der Zeit meines Essens, 13 Wagen ankommen gesehen zu haben, die alle abgewiesen werden mußten. Der Zufluß der Fremden ist auf den Hauptstraßen in England so groß, daß Kellner in den Gasthöfen nicht für Geld gemietet werden, sondern selbst für ihren Platz dem Wirt bis zu 300 Pfd. Sterl. jährlich zahlen müssen. Dennoch ersetzen ihnen die Trinkgelder diese bedeutende Auslage reichlich. In Irland tritt dagegen die Kontinentalsitte wieder ein. Sobald ich mich ein wenig erfrischt hatte, machte ich eine Promenade durch die Stadt, während der ich bei zwei ziemlich geschmacklosen Monumenten vorbeikam. Das eine stellt Wilhelm von Oranien im römischen *costume* zu Pferde vor; mißgestaltet ist Roß und Reiter. Das Pferd hat ein Gebiß im Mund und Hauptgestell am Kopf, aber keine Andeutung der Zügel daran, obgleich die Hand des Königs gerade so ausgestreckt ist, als ob sie sie bahnenmäßig hielte. Soll dies bedeuten, daß Wilhelm keine Zügel brauchte, um John Bull zu reiten? Das andere Monument ist eine kolossale Statue Nelsons, auf einer hohen Säule stehend, und in moderne Uniform gekleidet. Hinter ihm hängt ein Tau, das einem Schweife ähnlicher sieht; dabei ist die Stellung ohne Adel, und die Figur zu hoch, um deutlich zu sein. Später kam ich an ein großes rundes Gebäude, wo das Volk sich drängte, und Wache vor dem Eingang stand. Auf meine Nachfrage erfuhr ich, daß hier die jährliche Ausstellung von Blumen und Früchten stattfinde. Man trug die ersteren zum Teil schon hinweg, als ich eintrat, demohngeachtet sah ich noch viele ausgezeichnet schöne Exemplare. In der Mitte dieser Blumen, die eine Art Tempel bildeten, befand sich ein durch Barrieren verschlossener Raum für die Früchte, welche zwölf daselbst sitzende Richter mit Wohlbehagen und ernster Amtsmiene schmatzend verzehrten, um zu entscheiden, welcher von ihnen die ausgesetzten Preise zukämen. Sie mußten lange unschlüssig gewesen sein, denn Melonen, Birnen und Äpfelschalen, Überbleibsel von Ananas, Pfirsich-, Pflaumen- und Aprikosenkerne bildeten Berge auf den danebenstehenden Tischen, und obgleich die Blumen von den Eigentümern nach und nach alle fortgeschafft wurden, so schien doch keine der Früchte ihren Ausgang aus dem Pomonatempel wiederzufinden.

Den 12ten

Da ich nichts anderes zu tun wußte (denn alle notablen Bewohner der Stadt sind auf dem Lande) so besah ich eine Menge *show-places.* Zuerst das Schloß, wo der Vizekönig, wenn er hier ist, residiert, und dessen ärmliche Staatszimmer, mit groben Bretterdielen, nicht viel Anziehendes darbieten. Schöner ist eine moderne gotische Kapelle, deren Äußeres hohes Altertum täuschend nachahmt; sie ist inwendig mit herrlichen Glasgemälden aus Italien, im 15ten Saeculum gemalt, geschmückt und reich mit Holzschnitzwerk verziert, welches dem alten nichts nachgibt. Die ganze Kirche wird mit *conduits de chaleur*[17] geheizt und ein ebenso geheizter, mit Teppichen belegter Gang, verbindet sie mit der Wohnung des Lord-Lieutenants.[18]

In den weitläuftigen und schönen Universitätsgebäuden diente mir ein Student als Cicerone. Diese müssen, in dem Bereich der Universität, über ihre gewöhnliche Kleidung, einen schwarzen Mantel, und eine hohe wunderliche Mütze mit Quasseln von ¾ Ellen Länge tragen, was ihnen ein ziemlich groteskes Ansehen gibt. Auf diese Kleidung wird strenger gehalten, als weiland auf Zopf und Puder von den sächsischen Stabsoffizieren.

Der junge Mann führte mich in das Museum, produzierte mir das Modell des Brennspiegels, mit dem Archimedes die römische Flotte verbrannte! die Harfe Ossians* – einen ausgestopften indischen *chieftain,* mit Tomahawk und Wurfspieß, und einige reelle Säulenstücke des Giant's Causeway, welche in der Tat Menschenhände nicht akkurater formen könnten, und die klingen, wie englisches Glas. *Je vous fais grâce du reste.*[19]

Im großen Saale, wo die *examina* gehalten werden, (der Student kündigte mir diese Bestimmung mit einem leisen

* Wahrscheinlich von Macpherson selbst eingesendet. *A. d. H.*

Schauder an) steht eine spanische Orgel, die auf der großen Armada erbeutet wurde. Interessanter sind die Portraits von Swift und Burke. Beide Physiognomien entsprechen den bekannten Eigenschaften dieser Männer. Der eine zeigt einen ebenso feinen und schalkhaften, als gediegnen Ausdruck; der andere geistreiche und gewaltige, fast grobe, aber doch wohlwollende und ehrliche Züge, den donnernden Redner verkündend, der aufrichtig und ohne Schonung andrer, für seine Meinung focht, aber nimmer bloß das eigne Interesse mit künstlichem Enthusiasmus übertünchte.

Nachdem ich den Justizpalast, die Douane etc., nebst andern prachtvollen Palästen besehen, und mich nun zu Haus begeben wollte, lockte mich noch die Ankündigung eines *peristrephic panorama* der Schlacht von Navarin.[20] Dies ist ein sehr unterhaltendes Schauspiel, und gibt eine so deutliche Idee von dem »ungelegenen Ereignis« *(untoward event)* daß man sich fast trösten kann, nicht dabei gewesen zu sein. Man tritt in ein kleines Theater, und sieht bald einen Vorhang aufgehen, hinter dem sich die Gemälde befinden, welche in einem großen Ganzen die Folge der einzelnen Begebenheiten der Schlacht vorstellen. Die Leinwand hängt nicht platt herab, sondern ist im zurückweichenden Halbzirkel aufgespannt, und wird langsam über Rollen gezogen, so daß sich fast unmerklich die Bilder nach und nach verändern, und man ohne Zwischenraum von Szene zu Szene übergeht, während jemand die dargestellten Gegenstände laut erklärt, und ferner Kanonendonner, militärische Musik und Schlachtgetöse die Täuschung noch vermehren. Durch panoramaartige Malerei, und durch leises Schwanken desjenigen Teiles des Gemäldes, der die Wellen und Schiffe darstellt, wurde oft die Nachahmung fast der Wirklichkeit gleich.

Die erste Szene zeigt die Bay von Navarin, mit der ganzen türkischen Flotte in Schlachtordnung. Am entgegengesetz-

Dublin

ten Ende der Bay sieht man, auf hohem Felsen, Alt-Navarin und seine Festung, seitwärts unter Dattelbäumen das Dorf Pylos, und im Vorgrund die Stadt Navarin, nebst Ibrahims Lager, wo Gruppen schöner Pferde und lieblicher, gefangener, griechischer Mädchen, welchen die Soldaten liebkosen, die Augen auf sich ziehen. In weiter Ferne, am Saum des Horizonts erscheint, wie in Duft gehüllt, die Flotte der Alliierten. Indem nun dieses Bild langsam verschwindet, wogt nur noch das offne Meer, dann tritt der Eingang der Bay von Navarin allmählich hervor. Man entdeckt Bewaffnete auf den Felsen, und erblickt endlich die alliierte Flotte, wie sie die Einfahrt forciert. Durch optischen Betrug erscheint alles in natürlicher Größe, und der Zuschauer ist so gestellt, als befinde er selbst sich an der Türken Stelle in der Bay, und sähe jetzt das Admiralschiff »Asia« mit vollen Segeln auf sich zueilen. Man bemerkt Codrington auf dem Verdeck, im Gespräch mit dem Capitaine, die andern Schiffe folgen in sich ausbreitender Linie und mit schwellenden Segeln, wie zur Attacke bereit – ein schöner Anblick! Nun kommen aufeinander folgend die einzelnen Engagements verschiedener Schiffe, die Explosion eines Feuerschiffs, und das In-Grund-Bohren einiger türkischen Fregatten, endlich der Kampf der »Asia« mit dem ägyptischen Admiralschiff auf der einen, und dem türkischen auf der andern Seite, welche, wie bekannt, beide nach hartnäckiger Verteidigung und mehrstündigem Feuer sanken.

Der Schlacht folgten einige Ansichten von Konstantinopel, die eine sehr anschauliche Idee von dem asiatischen Treiben gaben.

Abends besuchte ich das Theater, ein recht hübsches Haus mit einem etwas weniger rohen Publikum als in London. Die Schauspieler waren nicht übel, jedoch erhob sich keiner über die Mittelmäßigkeit. Viele Uniformen, mit Damen untermischt, füllten fast die ganze untere Logenreihe, was sich recht elegant ausnahm. Die höhere Gesellschaft besucht aber, wie ich höre, auch hier das Theater nur selten.

Den 13ten

Da ich die Stadt nun hinlänglich gesehen, begann ich heute meine Spazierritte in der Umgegend, die sich weit schöner entfaltet, als ich bei meiner Ankunft, grade von der unvorteilhaftesten Seite, voraussetzen durfte. Ein Weg mit reizenden Aussichten, erstens auf den Golf, den ein Molo[21] von 3 Meilen Länge durchschneidet, und den, gleich zwei Säulen, die Leuchttürme von Dublin und Howth schließen; dann auf die bewaldeten Berge von Wicklow, deren einige wie Zuckerhüte sich hoch über die andern erheben, und zuletzt durch eine Allee uralter Rüstern, längs des Kanales führend, brachte mich in den Phoenix Park, der Prater Dublins, welcher dem Wiener nicht nachsteht weder an Umfang noch schönen Rasenflächen zum Reiten, langen Alleen zum Fahren, und schattigen Spaziergängen. Dem Herzog von Wellington ist hier ein großer, aber schlecht proportionierter, Obelisk errichtet, und der Lord-Lieutenant hat, auch im Bezirk des Parks, einen hübschen, von Gärten eingeschlossenen Sommerpalast. Ich fand im Ganzen den Park ziemlich leer, dagegen die Straßen der Stadt, durch welche ich meinen Rückzug nahm, desto belebter von Handel und Wandel. Der Schmutz, die Armut und die zerlumpte Tracht des gemeinen Mannes übersteigt oft allen Glauben. Dennoch scheinen die Leute stets guter Dinge, und zeigten zuweilen auf offner Straße Anwandlungen von Lustigkeit, die an Verrücktheit grenzen. Gewöhnlich ist der Whiskey daran Schuld; so sah ich einen halbnackten Jüngling den Nationaltanz mit der größten Anstrengung auf dem Markte so lange tanzen, bis er gänzlich erschöpft, gleich einem mohammedanischen Derwisch, unter des Volkes Jubel bewußtlos hinfiel. Eine Menge

Betteljungen füllen überdies die Straßen, welche, wie Fliegen um einen hersummend, unaufhörlich ihre Dienste anbieten. Ohngeachtet ihrer schreienden Armut kann man sich doch ganz auf ihre Ehrlichkeit verlassen, und so gedrückt sie von Elend erscheinen, mager und verhungert, so merkt man doch ihren offenen, freundlichen Gesichtern auch keine Melancholie an. Es sind die wohlgezogensten und genügsamsten Straßenjungen von der Welt. Ein solcher Knabe rennt, wie ein regulärer Läufer, viele Stunden neben dem Pferde her, hält es, wenn man absteigt, besorgt jede Kommission, und ist mit ein paar Groschen, die man ihm gibt, stets nicht nur zufrieden, sondern noch voller Dankbarkeit, die er mit irländischen Hyperbeln ausdrückt. Geduldiger als seine Nachbarn, durch lange Sklaverei aber etwas erniedrigt, erscheint überhaupt der Irländer. Ich war unter andern Zeuge, daß ein junger Mensch, welcher einen Komödienzettel falsch angeklebt hatte, von dem dazukommenden Schauspieldirektor auf offner Straße geohrfeigt und mißhandelt wurde, ohne daß er sich im geringsten widersetzte. Jeder Engländer würde sogleich Repressalien gebraucht haben.

Den Abend brachte ich in dem Familienkreise eines alten Bekannten zu, eines Bruders des Lord-Lieutenants, der eben auf einige Tage in die Stadt gekommen war. Wir erinnerten uns alter Zeiten, wo ich ihn viel in London gesehen. Er hat ein besonderes Talent, den seligen Kemble nachzuahmen, dem er auch ähnlich sieht, und ich glaubte wieder »Coriolan« und »Zenga« zu hören.

Den 14ten

Ein andrer Freund, von noch älterem Datum, besuchte mich diesen Morgen, um mir sein Landhaus zum Aufenthalt anzubieten, Mr. W..., dem ich einst in Wien einen Dienst zu erweisen Gelegenheit gehabt. Er hatte mich kaum verlassen, als man mir meldete, Lady B..., eine irländische Peeress[22], und eine der hübschesten Frauen dieses Landes, deren Gesellschaft ich in der letzten *season* in der Metropolis sehr kultiviert hatte, halte in ihrem Wagen unten am Hause und wünsche mich zu sprechen. Da ich noch im größten Negligé war, sagte ich dem Kellner, einem wahren *jocrisse*[23], dessen *irish blunders*[24] mich täglich amüsieren, ich sei nicht angezogen, wie er sähe, würde aber gleich erscheinen. Diesen Zustand meiner Toilette richtete er zwar aus, setzte aber *de son chef*[25] hinzu, Mylady möge doch lieber heraufkommen. Denke Dir also meine Verwunderung, als er, zurückkehrend, mir meldete, Lady B... habe sehr gelacht und ließe mir sagen: warten wolle sie recht gern, aber Herren-Morgenbesuche auf ihrer Stube zu machen, sei in Irland nicht gebräuchlich. In dieser Antwort zeigte sich ganz der freundlich heitere, niemals kleinlich-diffizile Charakter der Irländerinnen, den ich schon früher liebgewonnen hatte. Eine prüde Engländerin würde entrüstet fortgefahren sein, und vielleicht die Reputation eines jungen Menschen über ein solches *quid pro quo*[26] ruiniert haben – denn in der englischen Gesellschaft stößt man nicht nur mit Dingen an, die anderwärts ganz das Gegenteil bewirken, sondern das »man sagt« ist im Munde einer einflußreichen Person dort ein zweischneidiges Schwert. *He has a bad character**[27] ist genug, um einem Fremden hundert Türen zu verschließen. Durch eigne Beobachtung läßt sich der Engländer weit weniger leiten als man denkt. Immer schließt er sich an eine Partei an, mit deren Augen er sieht.

Die Villa meines Freundes, den ich nachmittags besuchte, um bei ihm zu speisen, bot das Ziel für eine sehr anmutige

* Sein Charakter heißt im Englischen, wo der Schein mehr gilt als irgendwo, höchst charakteristisch, nicht das Resultat seiner geistigen und moralischen Eigenschaften, sondern sein Ruf, was man von ihm erzählt, ausschließlich – in Deutschland – sein Titel, doch nur in der zweiten Bedeutung. *A. d. H.*

Promenade. Sie fing mit dem Phoenix Park an, und folgte dann dem Laufe des Liffey, desselben Flusses, der durch Dublin fließt, wo er mit seinen schönen Quais, steinernen und eisernen Brücken, so viel zu der Verschönerung der Stadt beiträgt. Hier dagegen erscheint er ländlich und romantisch, mit den fußbreiten Blättern der Tussilago[28] behangen, von sanften Hügeln und frischem Laubholz eingefaßt. Einen bettelnden Invaliden, den ich antraf, frug ich, wie weit ich noch nach W... habe, und ob der Weg gleich schön bliebe? »O!« rief er mit irländischer Vaterlandsliebe: »Langes Leben Euer Ehren! Nur getrost vorwärts, nichts Schönres habt Ihr noch in dieser Welt gesehen!«

Der Eingang zu W... Park ist auch, ohngefähr eine Viertelstunde Wegs weit, wirklich das Reizendste, was man in dieser Art sehen kann. Eine an sich sehr schöne Natur ist durch die Kunst zum höchsten Grade ihrer Empfänglichkeit benutzt, und ohne ihren freien Charakter zu verwischen, eine Mannigfaltigkeit und Reichtum der Vegetation hervorgebracht, die das Auge bezaubern. Buntes Gebüsch und wilde Blumen, der saftigste Rasen und Riesenbäume mit Schlingpflanzen bedeckt, füllen das enge Felsental, durch welches sich der Weg mit dem begleitenden Waldbach hinzieht. Fortwährend kleine Wasserfälle bildend, strömt dieser, bald sich unter dem Dickicht verbergend, bald wie geschmolznes Silber im grünen Becken ruhend, oder unter Felsenbogen hinrauschend, die die Natur als Triumphpforten für den wohltätigen Flußgott des Tales aufgerichtet zu haben scheint. Sobald man indes den tiefen Grund verläßt, schwindet der Zauber plötzlich. Der Rest entspricht den zu hoch gespannten Erwartungen keineswegs. Arides Gras[29], krüppliche Bäume, ein unbewegtes, schlammiges Wasser, umgeben ein kleines gotisches Schloß, das einer schlechten Theaterdekoration gleicht. In demselben findet man jedoch wieder einiges Interessante, unter andern Gemälde von Wert, und den herzlichsten und besten Wirt, den man sich wünschen kann. Einen originellen *pavillon rustique* muß ich noch erwähnen, der an einer passenden Stelle im *pleasure-ground* erbaut war. Er ist sechseckig, die drei hintern Seiten dicht und mit rohen Holzästen sehr zierlich in Rosetten aller Formen, ausgelegt; die andern drei Seiten in durchbrochenen *dessins à jour*[30], zwei mit Fenstern, und in der letzten die Türe; der Boden besteht aus Mosaik von kleinen Flußsteinen! Die Decke aus Muscheln, und das Dach ist mit Weizenstroh gedeckt, an dem man die vollen Ähren gelassen hat.

Den 15ten

Ohngeachtet meine Brust mich fortwährend schmerzt und der Doktor zuweilen bedenkliche Gesichter macht, fahre ich doch in meinen Ausflügen fort, die mir allein wahres Vergnügen gewähren. In der ungeschminkten Natur wird mir wohler als unter den maskierten Menschen.

Von den ohngefähr 4-5 Meilen entfernten Bergen hatte ich mir schon lange den einen sehnsüchtig ausersehen, welcher auf seiner Spitze drei einzeln stehende Felsen zeigt, und deshalb auch, »The Three Rocks« genannt wird. Die Aussicht von dort mußte sehr schön sein – ich machte mich also früher wie gewöhnlich auf, um zur rechten Zeit auf dem Gipfel anzulangen. Öfters frug ich in den Dörfern, durch die ich kam, nach dem besten Weg, konnte aber nie genaue Antworten erlangen. Endlich versicherte man mich in einem Hause, das am Fuße des Berges lag, man könne nur hinauf gehen, aber nicht reiten. Dies erstere wäre bei dem Zustand meiner Brust nicht auszuführen gewesen, da ich aber die Unmöglichkeiten der Leute schon hinlänglich kennengelernt habe, so folgte ich der angezeigten Richtung ganz getrost zu Pferde, um so mehr, da ich mich auf meine kleine gedrungene Stute sehr gut verlassen konnte, und die irländischen Pferde, wie Katzen, über Mauern und Felsen klettern. Eine

Zeitlang verfolgte ich einen ziemlich gebahnten Fußsteig, und als dieser aufhörte, das trockne Bette eines Bergwassers, welches mich auch, nach ohngefähr ¾ Stunden, ohne besondere Beschwerde glücklich hinauf geleitete. Ich befand mich nun auf einem großen kahlen Plateau, und sah 1000 Schritt vor mir die drei Felsen, gleich Hexensteinen, ihre Kuppen hervorrecken. Das Ganze schien aber nichts als ein weiter ungangbarer Sumpf. Ich probierte sehr vorsichtig, und fand bald, daß 8-10 Zoll tief unter dem Moder überall eine kiesige Unterlage ruhte. Dies hielt auch aus; nach einiger Zeit erreichte ich ganz festen Boden, und stand auf dem höchsten Punkte. Da lag die ersehnte Aussicht endlich vor mir. – Irland, wie eine Landkarte, Dublin, wie ein rauchender Kalkofen in der grünenden Ebne (denn der Steinkohlendampf ließ auch nicht ein Gebäude erkennen) die Bay aber mit ihren Leuchttürmen, dem kühn sich zeichnenden Vorgebirge Howth, und auf der andern Seite die bis an den Horizont ausgedehnten Berge von Wicklow, glänzten alle im Sonnenschein, so daß ich mich für die kleine Fatigue mehr als belohnt fand. Aber die Szene wurde noch belebter durch eine reizende junge Frau, die ich in dieser Wüste, bei dem bescheidnen Geschäft des Streumachens, entdeckte. Die natürliche Grazie der irländischen Bauernweiber, die oft wahre Schönheiten sind, ist ebenso überraschend als ihre Tracht, oder vielmehr ihr Mangel an Tracht, denn ohngeachtet es recht kalt auf diesen Bergen war, bestand doch die ganze Kleidung der jungen Frau vor mir, aus nichts als einem weiten, sehr groben Strohhut, und, wörtlich, zwei oder drei Lappen aus dem gröbsten härnen Zeuge, die ein Strick unter der Brust zusammenhielt, und unter welchen sie die schönsten weißen Glieder mehr als zur Hälfte zur Schau trug. Ihre Unterhaltung war, wie ich schon bei andern bemerkt, heiter, neckend und witzig sogar, dabei ganz unbefangen und gewissermaßen frei, doch würde man sich sehr irren, wenn man sie deshalb auch für leichtfertig hielte. Diese Klasse ist im Gegenteil fast allgemein sehr sittlich in Irland, und besonders auf eine auffallende Weise uninteressiert, so daß, wenn einzelne ja einmal vom Pfade der Tugend weichen, es gewiß höchst selten aus diesem, bei solchen Dingen unnatürlichen und niedrigen Beweggrunde des Eigennutzes geschieht.

Nachdem ich den Berg, nun mein Pferd führend, so gut es gehen wollte, auf einer andern Seite wieder hinabgeklettert war, und eine große Landstraße erreicht, kam ich bei einem offenstehenden Parktore vorbei, (denn auch hierin gleicht Irland dem Kontinent, wo ein Besitzer solcher Anlagen, vom König bis zum Landedelmann, am Genusse des Publikums seine eigne Freude vermehrt) und ritt hinein. Ich gab aber die Untersuchung bald auf, als ich zwei riesenmäßige Kapuziner mit Kreuz und Kutte, aus angemalten Brettern geschnitten, am Scheidewege stehen sah, deren jeder ein Buch von sich abhielt, auf dem mit großen Buchstaben geschrieben war: Weg zur Fasanerie, Weg zur Abtei. Dieser schlechte Geschmack ist hier sonst ziemlich selten.

In der Stadt begegnete ich einem Londner *dandy*, der mich anrief, denn ich erkannte ihn nicht, herzlich darüber lachte, uns ins *such a horrid place*[31] miteinander zu sehen, eine Weile über die Dubliner Gesellschaft fortsatirisierte, und am Ende damit schloß, mir zu eröffnen, daß er, durch den Kredit seiner Familie, eben eine Direktorstelle hier bekommen, die ihm zwar über 2000 L. St. einbringe, auch nichts zu tun gebe, aber doch zwinge, *pro forma* eine Zeitlang des Jahres diesen chokanten[32] Aufenthalt zu wählen. So, und noch viel reichlicher, wird mit Sinecuren[33] ohne Zahl überall in England für die jüngeren Söhne der Aristokratie gesorgt – ich glaube aber, der Krug wird auch hier nicht ewig zu Wasser gehen, ohne zu brechen, obgleich man gestehen muß, daß diese Fehler in der englischen *Constitution*, gegen die Willkür anderer Staaten gehalten, immer nur Wolken am reinen Himmel bleiben, versteht sich, Irland ganz ausgenommen, das fast in jeder Hinsicht stiefmütterlich behandelt zu werden scheint, und doch fast den stärksten Beitrag zur Größe und der Macht des englischen Adels geben muß, ohne dafür einen einzigen Vorteil, wie England deren so viele, zurückzuerhalten.

Den 18ten

Deine Briefe bleiben immer noch so trübe, gute Julie ....

....

....

Du siehst also, daß weniger das, was wirklich geschieht, als Deine älter werdende, daher sorgenvollere und hypochondrischere Ansicht Schuld an diesem Trübsinne sind. Aber freilich; dieses ist gerade mehr als alles, ein unabwendbares Übel! Man ist nicht mehr derselbe, der man war, und es bleibt der ewige Irrtum in der Welt: daß man glaubt, man könne noch sich durch Kraftanstrengung helfen, wo die Kraft nicht mehr da ist – ebensowenig wie wieder jung werden und aussehen! Auch ich fange schon an dies zu spüren, doch nur da, wo mir die Ketten der Welt angelegt sind – bin ich mit meinem Gott und der Natur allein, so kann selbst der dunkelste Horizont des Lebens meine innere Sonne noch nicht verfinstern.

Ich frühstückte heute auf dem Lande bei einer sehr gefeierten jungen Dame, mit der schon erwähnten Lady B… Der Hausherr gab Migraine vor, und ich mußte daher allein mit den Damen einen langen Spaziergang in den Anlagen machen. Als wir jedoch an das Gartentor kamen, welches uns in die schönste Wildpartie führen sollte, war es verschlossen, und kein Schlüssel zu bekommen, da nach Versicherung des alten Gärtners, die Kammerjungfer der gnädigen Frau hereingegangen und ihn abgezogen habe. Ein Diener mußte über die Mauer springen, um die Schuldige aufzusuchen, kam aber unverrichteter Sache zurück. Nun ließ ich eine Leiter bringen, und vermochte die lachenden Weiber hinüberzuklettern, wobei sie sich sehr ungeschickt anstellten, aber doch allerliebst ausnahmen. Nach einer Viertelstunde begegneten wir dem unglücklichen Kammermädchen, und zwar, da sie sich sicher glaubte – nicht allein, man kann sich denken, in wessen Gesellschaft. – Eine stumme häusliche Szene erfolgte, und zu gutmütig, um zu lachen, tat es mir von Herzen leid, durch meine Leiter solches Unglück angerichtet zu haben. Ich refüsierte[34] das *dîner*, und eilte in die Stadt zurück, um Lady M... zu besuchen, an welche ich einen Brief mitgebracht und die mir schon früher eine artige Einladung gesendet, die ich jedoch nicht annehmen konnte. Ich war sehr begierig auf diese Bekanntschaft, da ich sie als Schriftstellerin sehr hoch stelle, fand sie jedoch ganz anders, als ich sie mir gedacht. Es ist eine kleine frivole, aufgeweckte Frau, die ohngefähr zwischen 30 und 40 Jahre alt zu sein scheint, nicht hübsch, nicht häßlich, jedoch nicht ohne Prätention[35] für das erste, und mit wirklich schönen, ausdrucksvollen Augen. Sie weiß nichts von *fausse honte*[36] und Verlegenheit, ihre Manieren sind aber nicht die feinsten, und affektieren eine *aisance*[37] und Leichtigkeit der großen Welt, der doch die Ruhe und Natürlichkeit fehlt. Sie hat die echt englische Schwäche: mit vornehmen Bekanntschaften zu prahlen und für sehr recherchiert scheinen zu wollen – in zu hohem Grade für eine Frau von so ausgezeichnetem Geist, und wird durchaus nicht gewahr, wie sehr sie sich dadurch selbst unterschätzt. Übrigens ist sie nicht schwer kennenzulernen, da sie sich, mit mehr Lebhaftigkeit als gutem Geschmack, von Anfang an ganz offen hingibt, und namentlich ihre Liberalität wie ihren Unglauben, letzterer etwas von der veralteten Schule des Helvetius und Condillac, bei jeder Gelegenheit auskramt. In ihren Schriften ist sie weit behutsamer und würdiger als in ihrer Unterhaltung, die Satire der letzteren

DUBLIN
Portmarnock
Ireland's Eye
Howth Head
DUBLIN
(BAILE ÁTHA CLIATH)
DUBLIN BAY
Kish Bank
DÚN LAOGHAIRE
(DUNLEARY)
Dalkey Island
Dunboyne
Clonee
Clonsilla
Maynooth
Blanchardstown
Leixlip
Lucan
Celbridge
Clondalkin
Liffey
GRAND CANAL
Rathcoole
Tallaght
Kill
Johnstown
NAAS
Brittas
Enniskerry
BRAY
Bray Head
Kilmacanoge
Kippure
Glencree
Blessington
Reservoir
Sally Gap
Sugar Loaf
Greystones
Djouce Mtn.
Kilcoole
Newtown Mt. Kennedy
L. Tay or Luggala L.
Wicklow Gap
Logher or Roundwood Reservoir
Newcastle
Ashford
Donard
Glendalough
Laragh
Rathnew
WICKLOW
Glenealy
WICKLOW HEAD
Lugnaquillia Mountain
3039
WICKLOW
Avonbeg River
Avonmore R.
Rathdrum
Baltinglass
Kiltegan
Meeting of the Waters
Brittas Bay
Aughrim
Hacketstown
Avoca
Mizen Head
Woodenbridge
Avoca R.
Tinahely
ARKLOW
Arklow Head
Coolgreany
Shillelagh
Annagh Hill
Kilmichael Pt.
Carnew
Tara Hill
Clonegall
Gorey
Bunclody
Slievboy
Bann R.
Courtown
Clohamon
Camolin

ist aber ebenso beißend und gewandt als ihre Feder, und auch ebenso wenig gewissenhaft, was die strenge Wahrheit betrifft. Du kannst Dir denken, daß mit allen diesen Elementen zwei Stunden sehr angenehm für mich verflossen. Ich hatte Enthusiasmus genug, um ihr einiges Angenehme *à propos* sagen zu können, und sie behandelte mich mit vieler Zuvorkommenheit, einmal, weil ich einen vornehmen Titel hatte, und dann, weil sie mich stets in der Londner Morning-Post als: auf Almacks[38] tanzend, und bei mehreren Fêten der Tonangeber gegenwärtig, aufgeführt gefunden hatte – ein Umstand, der ihr so wichtig schien, daß sie ihn mehrmals wiederholte.

Den 20sten

Am gestrigen Abende sollte ich einer Soirée bei Lord C..., dem Chef einer neuen Familie, aber einen der ältesten *wit*[39] von Dublin, beiwohnen, zu dem mich Lady M..., seine Freundin, eingeladen, wurde aber durch eine tragikomische Begebenheit daran verhindert. Ich war, den H... v. L. auf seinem Schlosse zu besuchen (das sich, *entre nous*[40], so wenig wie er und seine Familie der Mühe verlohnte), aufs Land geritten, und es war schon spät geworden, als ich den Rückweg antrat. Um Zeit zu gewinnen, nahm ich meine Direktion querfeldein à la Seidlitz. Eine Weile ging alles vortrefflich, bis ich, schon bei anbrechender Dämmerung, an einen sehr breiten Graben kam, dessen vor mir liegendes Ufer bedeutend höher als das entgegengesetzte war, und eine weite Wiese rund umher einschloß. Ich sprang demohngeachtet glücklich in diesen *enclos*[41] hinein, als ich aber auf der andern Seite wieder hinaus wollte, refüsierte mein Pferd, und alle Mühe es zum Gehorsam zu bringen, war vergeblich. Ich stieg ab, um es zu führen, dann wieder auf, um den Sprung an einem andern Ort zu versuchen, wendete Güte und Gewalt, alles ohne Erfolg, an, bis es endlich, bei einem ungeschickten

Versuch, mit mir ins sumpfige Wasser fiel, und nur mit Mühe an der inneren niedrigeren Seite wieder zurückkletterte. Jetzt blieb alle Hoffnung verloren, den verzauberten Platz zu verlassen, in dem ich mich, wie in einer Mausefalle, gefangen sah – überdem war es ganz dunkel geworden, ich fühlte mich ebenso erhitzt als durchnäßt, und mußte mich endlich entschließen, das Pferd zurückzulassen, um zu Fuß, *tant bien que mal*[42], über den fatalen Graben zu setzen, und wo möglich eine Wohnung und Hilfe aufzusuchen. Der Mond kam glücklicherweise dienstfertig hinter den Wolken hervor, um mir zur höchst nötigen Leuchte zu dienen. Nur nach einem recht sauren Gange über Äcker und durch hohes nasses Gras, gelangte ich nach einer halben Stunde zu einer erbärmlichen Hütte, in der bereits alles schlief. Ich tappte hinein (denn verschlossen wird hier kein Haus) ein paar Schweine grunzten unter meinen Füßen – gleich darauf der neben ihnen liegende Wirt. Mit Mühe machte ich ihm mein Anliegen begreiflich, indem ich mit Silbergelde ihm vor den Ohren klimperte. Dieser überall verständliche Klang erweckte ihn besser als mein Rufen, er sprang auf, holte sich noch einen Gefährten, und zurück ging's zu meiner *Didone abbandonata.*[43] Die Irländer wußten sich zu helfen – sie trugen eine verloren aufgeschlagene Brücke in der Nähe ab, legten sie über den Graben, und so fand ich mich endlich mit dem befreiten Pferde wieder auf festem Wege, kam aber so spät und in einem solchen Zustande zu Hause an, daß ich, der Ruhe bedürftig, es gar nicht ungern hörte, wie Lady M..., die mich abzuholen gekommen, schon seit einer Stunde verdrießlich wieder abgefahren sei. Am andern Morgen trug ich ihr meine Entschuldigungen vor, wo sie mir auch gnädig verzieh, aber versicherte, daß ich v i e l verloren, da alles, was noch Vornehmes und Fashionables in der Stadt sei, jener Soirée beigewohnt habe. Ich versicherte mit Aufrichtigkeit, daß ich nur die Entbehrung i h r e r Gesellschaft bedauern könne, dafür aber durch ihre Güte entschädigt zu werden hoffte, sobald ich nur die *sentimental journey*[44] nach der Grafschaft Wicklow gemacht, nach der meine deutsche, romantische Seele inbrünstig verlange, und die ich morgen früh zu Pferde anzutreten gedenke. Die Unterhaltung fing nachher an, sehr heiter zu werden – denn sie liebt das – und endigte zuletzt so läppisch, daß sie mir zurief: »*Finissez!*[45] Wenn Sie zurückkommen, werde ich mich Ihrer bloß wie eine ältere Schwester annehmen«, und ich ihr lachend antwortete: »Das kann ich nicht annehmen – *je craindrai le sort d'Abufar.*«[46] Lady M... gegenüber war das allerdings ein etwas fader Spaß.

Aus Felsen und Bergen erhältst Du die Fortsetzung. Adieu, und möge der Himmel Dich erheitern, und alle Worte meiner Briefe Dir zurufen: Treue Liebe bis in den Tod.

Dein L...

Neunundzwanzigster Brief

Gasthof zu Avoka, den 22sten August 1828

Geliebte Julie!

Gegen Mittag verließ ich Dublin ganz allein, bequem auf meinem guten Gaul etabliert, ließ Wagen und Leute in der Stadt zurück, und sandte einen kleinen Mantelsack mit den notwendigsten Effekten durch die Diligence[1] voraus. Leider aber muß mit diesem eine Verwechselung vorgegangen sein, denn obgleich ich seinetwegen den ganzen Tag und die Nacht, in dem nur 20 Meilen von Dublin entfernten Bray verweilte, langte er nicht an, und ich habe daher, um nicht entweder zurückreisen, oder noch länger warten zu müssen, mir einen schottischen Mantel, nebst etwas Wäsche in Bray gekauft, und die *tour* ganz auf Studentenweise angetreten. Ich soupierte mit einem jungen Geistlichen von guter Familie, der mich, bei sonst sehr leichtfertigen Reden, durch seine Orthodoxie in Religionssachen lachen machte. Aber so ist die Frömmigkeit der Engländer beschaffen, es ist eine Parteisache für sie und zugleich eine Schicklichkeitssitte – und so wie sie im Politischen stets ihrer Partei, durch dick und dünn, verständig und unverständig, immer gleich unverrückt folgen, weil es ihre Partei ist, oder einer Gewohnheit immerfort sklavisch sich unterwerfen, weil es so bei ihnen üblich ist – betrachten sie auch die Religion, ohne alle Poesie, ganz aus demselben Gesichtspunkt, gehen sonntags ebenso unfehlbar in die Kirche, als sie täglich eine frische Toilette machen, um sich zu Tisch zu setzen, und schätzen den, welcher die Kirche vernachlässigt, fast ebenso gering, als jemand, der Fisch mit dem Messer ißt*.

* Gemeine Engländer führen das breite Messer gleich einer Gabel zum

Begleitet von dem jungen Theologen, der eine Zeitlang denselben Weg mit mir verfolgte, verließ ich am andern Morgen Bray schon früh um 5 Uhr. In einer ausgezeichnet schönen Gegend passierten wir Kilruddery, ein neugebautes Schloß des Grafen Meath, im Geschmack der Häuser aus den Zeiten der Königin Elisabeth, welches aber, um einen guten Effekt zu machen, größere Massen verlangt hätte. Der Park ist nicht sehr ausgedehnt, lang und schmal, die altfranzösischen Gärten werden gerühmt, wir wurden aber wahrscheinlich unsres bescheidenen Aufzugs wegen, sehr unhöflich abgewiesen, als wir sie zu sehen wünschten. In England ist dies etwas Gewöhnliches, in Irland aber Seltnes, was daher auch keinen vorteilhaften Schluß auf die Humanität des Besitzers machen läßt. Mein Begleiter, der ein Anhänger der *grâce efficace*[2] ist, d.h. fest überzeugt: daß Gott im voraus seine Lieblinge für den Himmel, andere, die ihm weniger gefallen, aber für die Hölle bestimme – zweifelte in seinem Zorne nicht, daß der Besitzer von Kilruddery zu den letztern gehören müsse. »Es ist eine Schande für einen Irländer!« rief er entrüstet, und ich hatte Mühe, ihm die Pflicht der Toleranz begreiflich zu machen.

Ein zweiter Park, Bellevue, einem würdigen alten Gentleman gehörig, öffnete uns bereitwilliger seine Tore. Hier ist über dem Glen of the Downs, einem tiefen Abgrund, hinter welchem zwei ausgebrannte Vulkane wie spitze Kegel sich erheben, ein Ruhesitz erbaut, der in der Luft zu hängen scheint. Man hatte diesen Pavillon sehr artig mit rotblühender Heide gedeckt. Weniger gut ausgedacht war ein im Vorzimmer, wie lebendig daliegender, ausgestopfter Tiger.

Hier verließ mich mein Reisekaplan, und ich ritt allein wei-

Munde. Die Gebildeteren dagegen halten solches für eine wahre Sünde gegen den heiligen Geist, und kreuzigen sich innerlich, wenn sie z.B. einen deutschen Gesandten so essen sehen. Es ist hinlänglich, ihnen die ganze Nation zu verleiden.

ter nach dem Tal von Dunran, wo in einem engen romantischen Passe ein Felsen von 80 bis 100 Fuß Höhe steht, der die groben Umrisse eines Menschen darstellt, und daher von den Landleuten, die manche Märchen von ihm erzählen, ›Der Riese‹ genannt wird. Nicht weit davon findet man die Ruinen eines so ganz mit Efeustämmen überwachsenen Schlosses, daß man nahe davor stehen muß, um es von den umgebenden Bäumen unterscheiden zu können. Am Ende des Tales wendet sich der Pfad, über Wiesen, nach einer bedeutenden Anhöhe, vor der eine der überraschendsten Aussichten sich erschließt. Fast mit Heimwehgefühlen erblickte ich hier wieder, im blauen Dunst über dem Meer, die Berge von Wales.

Nachdem ich mich in einem ländlichen Gasthofe ein wenig mit Milch und Brot erfrischt, setzte ich meinen Weg nach The Devils Glen (der Teufelsschlucht) fort, die ihren Namen mit Recht trägt. Die wilde Naturszene beginnt mit einem gotischen Schloß, dessen von Rauch geschwärzte Mauern aus dem Walde hervorragen, dann vertieft man sich seitwärts in ein Tal, dessen Wände nach und nach immer höher werden, sich immer dichter zusammenziehen, während im dunklen Dickicht der pfeifende Luftzug heftiger, und das Brausen des Stroms immer furchtbarer wird. Mühsam auf dem schlüpfrigen Boden vordringend, und unaufhörlich von den überhängenden Ästen belästigt, sieht man plötzlich den Weg durch eine prachtvolle Kaskade geschlossen, die, gleich einem weißen Ungeheuer, über hohe Absätze sich niederstürzt, und in der Tiefe wühlend verschwindet. Ist es nicht der Teufel selbst, so ist es wenigstens Kühleborn.[3]

Zu einer sehr angenehmen Abwechselung dient es, daß auf diese schauervolle Schlucht das liebliche idyllische Tal von Rossana folgt, wo ich unter dem Schatten hoher Eschen mein Mittagsmahl einnahm. Ich fand noch zwei reguläre englische Touristen hier, die, mit Pflanzenbuch und Gebürgshammer bewaffnet, schon seit Wochen hier hausten, und ebenso ord-

An irish Inn

nungsmäßig, als in einem Londoner Kaffeehause, ihr reines Tischtuch von dem schmutzigen Tische zum Dessert abnehmen ließen, und eine Stunde bei diesem sitzen blieben, obgleich sie dazu, statt Claret, nur elenden Krätzer, und statt reifer Früchte, nichts als gebratne Äpfel bekommen konnten.[4]

Um 7 Uhr stieg ich wieder zu Pferde, und galoppierte 10 Meilen auf der großen Heerstraße fort, bis ich noch vor Sonnenuntergang das wunderherrliche Avondale (Tal des Avon) erreichte. In diesem Paradiese ist wirklich alles Reizende vereinigt. – Ein endlos scheinender Wald, zwei prächtige Flüsse, vielformige pittoreske Felsen, die frischesten Wiesen, alle Arten von Laub- und Nadelhölzern, in höchster Üppigkeit; fortwährend eine mit jedem Schritt abwechselnde, aber nie geringer erscheinende Natur. Ich hätte, da ich den letzten Teil des Tales bei Mondenschein durchzog, meinen Weg schwer aufgefunden, wenn nicht ein junger Herr, der von der Jagd zurückkam, mit echt irländischer Gefälligkeit, mich wohl 3 Meilen weit über die diffizilsten Stellen zu Fuß begleitet hätte. Die Nacht war äußerst klar und milde, der Himmel so blau wie am Tage, und der Mond glänzend wie Edelstein. Obgleich ich an den Fernaussichten verlor, gewann ich auf der andern Seite vielleicht mehr, durch den magischen Schein, der die Luft durchdrang, durch die dunkler, aber auch phantastischer hervortretende Contoure der Felsen, die gedankenschwangere Stille und süßschauerliche Einsamkeit der Nacht. Um 10 Uhr erreichte ich das Ziel meiner heutigen Reise, Avoca Inn, wo man, mit bescheidnen Ansprüchen, recht leidliche Bewirtung, und sehr freundliche Bedienung findet. Ich traf abermals einen Touristen aus London im Speisezimmer, diesmal ein lustiger und interessanter junger Mann, der in seinem Entzücken über die reizende Gegend völlig mit mir harmonierte, und mit dem ich daher noch eine Stunde beim Abendtee sehr angenehm verplauderte, ehe ich mich hinsetzte, um Dir zu schreiben. Aber nun gute Nacht, denn auf Bergreisen muß man früh aufstehen, und daher nicht allzuspät das Bett aufsuchen.

Roundwood, den 23sten

Gestern ritt ich 8 deutsche Meilen, heute 9 – und meine Brust befindet sich eben nicht schlechter dabei. Aber Vergnügen tut viel, und ich sah so viel verschiedene Gegenstände, daß mir die paar Tage wie so viel Wochen vorkommen.

Ich hatte gut geschlafen, obgleich das zerbrochene Fenster meiner Kammer nur mit einem Kopfkissen zugestopft war. Dem ärmlichen Nachtlager folgte ein besseres Frühstück, und auch mein Pferd fand ich vortrefflich abgewartet. Ich reise, wie die Araber, im Galopp oder Schritt, dies fatiguiert[5] am wenigsten, und man kommt am weitesten damit. Meine erste Exkursion war nach dem berühmten Ort, The Meeting of the Waters (die Begegnung der Wässer) genannt, wo sich die beiden Flüsse Avonmore und Avonbeg vereinigen, und die malerischste Gegend zu ihrem Hochzeitsfest gewählt haben. Auf einem Felsen jenseits, steht Castle Howard, mit vielfachen Türmen und Zinnen; es sind jedoch leider nur eben fertig gewordne – die in der Nähe nicht mehr imponieren. Ich fand im Schloß noch alles im Schlaf, und ein Diener, im Hemde, zeigte mir die Gemälde, unter denen sich ein herrliches Portrait der Maria Stuart befindet. Dies war gewiß eine sprechende Ähnlichkeit. Es ist offenbar aus ihrer Zeit, und das anziehende, echt französische Gesicht, mit der feinen Nase, dem reizenden Mund, den schmachtenden Feueraugen, und jenem unnachahmlichen Ausdruck, der, ohne grade entgegenzukommen, doch etwas so Muteinflößendes hat, und, obgleich nicht ohne weibliche Würde, dennoch, sozusagen, auf den ersten Blick schon, Vertraulichkeit hervorruft. – Alles überzeugt, daß so nur die Frau aussehen konnte, bei welcher fast jeder, der mit ihr in nähere Berührung trat, ohngeachtet ihres hohen Ranges, auch sogleich die Rolle eines Liebhabers spielte. Ihre Hände sind wunderschön, und in ihrer Tracht, obgleich im barocken Stil der Zeit, herrscht so viel Harmonie, daß man schnell inne wird, sie habe die Toilettenkunst nicht weniger gut verstanden, als ihre heutigen Landsmänninnen.

Eine vortrefflich unterhaltne Straße führt von hier nach dem *entire vale*[6] und dem Park von Bally Arthur. Dieses Tal hat das Eigentümliche, daß die Berge, auf beiden Seiten, so undurchdringlich dicht mit Buchen bewaldet sind, daß kein sichtlicher Zwischenraum der Massen bleibt, und es wirklich scheint, als könne man auf den Baumgipfeln herabsteigen. Ich verließ hier die Straße, und folgte einem Fußsteig, im Dickicht, der mich zu einer sehr schönen Aussicht führte, wo, am Ende der langen Schlucht, die Türme von Arklow, wie in Rahmen gefaßt, erscheinen. Eine halbe Stunde später endete er aber plötzlich und brachte mich an ein Aha[7], welches mein Pferd durchaus nicht überspringen wollte. Da sich die herabgehende Mauer diesseits befand, und der Rasen darunter weich war, so ergriff ich, in der Not, ein neues Mittel, nämlich, ich verband dem widerspenstigen Tier die Augen, und stieß es rückwärts von der Mauer herab. Der Fall erschreckte das geblendete Pferd ein wenig, tat ihm aber, wie ich vorausgesehen, nicht den geringsten Schaden, und ruhig mit der Blindekuhbinde grasend, erwartete es nachher meine Ankunft. Dies Manœuvre ersparte mir wenigstens 5 Meilen Weg. Der neue Park, in dem ich mich nun befand – denn dieser ganze Teil der Grafschaft ist fast eine fortlaufende Anlage, durch Kunst verschönerter Natur – gehörte zu Shelton Abbey, auch eine moderne »Gotischerei«, die ein altes Kloster vorstellen sollte. Die Herrschaft war schon jahrelang abwesend, und ein Neger, der im Garten arbeitete, zeigte mir die Zimmer, welche einige sehr interessante, alte Genre-Gemälde enthielten. Der Held des einen ist ein Aeltervater[8] der Familie selbst, die Szene in Italien, und die Tracht wie die dargestellten Sitten, äußerst sonderbar, ja anstößig. Quer über die Wiesen, und durch eine ziemlich tiefe Furt des Flusses, dessen eiskaltes Bad er nicht scheute, führte mich der dienstfertige Neger bis an die Stadt Arklow, von wo ich auf der Landstraße zum Mittagessen nach Avoca Inn zurückkehrte, nachdem ich vorher noch einen Bergvorsprung bestiegen, von dem man einen Blick in drei verschiedene Täler hat, deren ganz entgegengesetzter Charakter eine höchst originelle Ansicht gewährt.

Kaum hatte ich mich in Avoca zu Tisch gesetzt, als man einen Herrn bei mir meldete, der mich zu sprechen wünsche. Ein mir ganz fremder junger Mann trat ein, und überreichte mir eine Brieftasche, in der ich, mit nicht geringer Verwunderung, meine eigne erkannte, die, außer andern wichtigen Papieren, welche ich auf der Reise immer bei mir trage, mein ganzes Reisegeld enthielt. Ich hatte sie in dem Bergpavillon, Gott weiß wie, aus der Brusttasche verloren, ohne es zu bemerken, und mir daher jetzt nicht wenig zu einem so ehrlichen und gefälligen Finder zu gratulieren. In England möchte ich meine Brieftasche schwerlich wieder zu sehen bekommen haben, selbst wenn sie ein *gentleman* gefunden hätte, denn dieser hätte sie wahrscheinlich entweder ruhig liegenlassen, oder – behalten. Bei dieser Gelegenheit muß ich doch erwähnen, was der bekannte Ausdruck »Gentleman« eigentlich sagen will, da die Bedeutung, welche man ihm im Lande gibt, die Engländer ungemein gut charakterisiert. Ein *gentleman* heißt weder ein Edelmann, noch ein edler Mann, sondern, wenn man es streng betrachtet*, nur:

* Denn im allgemeinen wird freilich jeder anständig erscheinende Mann ein *gentleman* genannt. *A. d. H.*

ein durch Vermögen, und genaue Bekanntschaft mit den Gebräuchen der guten Gesellschaft unabhängiger Mann. Wer dem Publikum in irgendeiner Art dient, oder für dasselbe arbeitet, höhere Staatsdiener und etwa Dichter und Künstler erster Kategorie ausgenommen, ist kein, oder höchstens nur zur Hälfte *gentleman*. Ich war noch vor kurzem sehr erstaunt, einen bekannten Herrn den wenigstens alle Pferdeliebhaber im In- und Auslande kennen, der reich ist, mit manchem Herzog und Lord auf vertrautem Fuße steht, und überhaupt recht viel Ansehen genießt, aber dennoch wöchentlich in einer großen Anstalt Pferde verauktioniert, wodurch er dem Publikum gewissermaßen verpflichtet wird – von sich selbst sagen zu hören: »Ich kann nicht begreifen, wie mir der Herzog von B... den Auftrag geben konnte, dem Grafen M... eine Ausforderung zu überreichen, dazu hätte er einen *gentleman* wählen müssen – meine Sache ist so etwas nicht.«

Ein wirklich armer Mann, der auch keine Schulden zu machen imstande ist, kann unter keiner Bedingung ein *gentleman* sein, weil er von allen der abhängigste ist. Ein reicher Schuft dagegen kann, wenn er eine gute Erziehung hat, solange er seinen Charakter (Ruf) leidlich zu menagieren versteht*, sogar für einen *perfect gentleman* gelten. In der exklusiven Gesellschaft Londons gibt es noch feinere Nuancen. Wer dort z. B. schüchtern und höflich gegen Damen sich beträgt, statt vertraulich, ohne viele Rücksicht, und mit einer gewissen *nonchalance*[9] sie zu behandeln, wird den Verdacht erregen, daß er kein *gentleman* sei; sollte der Unglückliche aber, bei einem *dîner*, gar zweimal Suppe verlangen, oder, bei einem großen Frühstück, welches um Mitternacht endet und um 5 Uhr nachmittags angeht, in einer Abend-

* Von Moralität ist dabei nicht die Rede, sondern nur von Skandal. *A. d. H.*

toilette erscheinen – so mag er ein Fürst und Millionär sein, aber ein *gentleman* ist er nicht.

Doch zurück von Babylons Zwang zu der Freiheit der Berge. Das Land, welches ich jetzt durchritt, glich auffallend den flacheren Gegenden der Schweiz, immer allmählich ansteigend, bis ich mich den höchsten Bergen Wicklows gegenübersah, deren Häupter wieder gleich dem Snowdon, von Wolken verhüllt erschienen. Das Tal von Glenmalure hat den Charakter einer toten Erhabenheit, mit dem das trübe Wetter vortrefflich harmonierte. In der Mitte desselben steht, wie ein verwünschtes Schloß, eine große verlassene und schon baufällige Kaserne, weder Baum noch Strauch ist dabei zu sehen, und die Seiten der hohen Berge sind nur mit zerbröckelten Steinen bedeckt. Bloß unterirdisch ist dieses Tal belebt, und selbst dieses Leben bringt Tod. Es befinden sich nämlich große Bleibergwerke hier, deren ungesunde Ausdünstungen man auf den bleichen Gesichtern der Arbeiter wahrnimmt. Ich fuhr, in einen schwarzen Kittel gehüllt, in die Felsenschachten ein – eine düstre schauerliche Fahrt! Die Gänge waren kalt wie Eis, tiefe Dunkelheit herrschte in ihnen und ein schneidender Wind wehte uns mit Grabesdüften entgegen. Von der niedrigen Decke, die zu gekrümmter Stellung zwang, tropfte mit hohlem Klang taktmäßig Wasser herab, und die unerträglichen Stöße des Karrens, den ein Mann langsam über den holperigen Felsenboden hinzog, vollendeten das Bild einer schrecklichen Existenz! Der leidende Zustand meiner Brust erlaubte mir hier keinen längern Aufenthalt, und ich gab daher die weitere Untersuchung auf, froh – »wie ich wieder begrüßte das rosige Licht«.

Ich mußte nun auf einer neu gebauten schönen Militärstraße (denn das Gouvernement ist, mit einem üblen Gewissen, immer in Irland besorgt) über einen der Bergkolosse hinüber, die das Tal verschließen. Die Aussicht von der Höhe war weit und herrlich, und doch in einem sehr verschiedenen Charakter von dem bisher Gesehenen, wozu die glücklichste Beleuchtung viel beitrug, indem die Sonne hinter schwarzen Wolken hervorblitzte. Nichts gibt fernen Gegenständen eine größere Klarheit und ein verklärteres Licht. Die Strahlen legten sich in breiten Streifen wie eine Glorie über die vielfach sich durchkreuzenden Bergflächen, und die zwei Sugar-Loafs (Zuckerhüte) standen, alles überragend, dunkelblau in dieser Helle am Horizont. Der Weg, den Berg hinunter, ist so allmählich in Schlangenlinien geführt, daß ich ihn bequem hinabgaloppieren konnte. Demohngeachtet war es schon voller Abend, ehe ich in das letzte der während der heutigen Tagreise zu besuchenden Täler, das der sieben Kirchen, kam. Hier stand, vor mehr als tausend Jahren *(sic fabula docet)*[10] eine große Stadt mit sieben Kirchen, welche die Dänen zerstörten. Noch ist ein schönes Tor fast ganz erhalten, obgleich ihm der Schlußstein fehlt, den aber die Zeit durch einen dicken Efeustamm ersetzt hat, welcher die ganze Wölbung zusammenhält. Sieben einzeln stehende Ruinen sind, dem Volksglauben nach, die Überbleibsel der heiligen Kirchen, welche dem Tale den Namen geben. Nur eine davon trägt diesen Charakter unzweifelhaft, und ist merkwürdig durch einen der höchsten jener seltsamen mysteriösen Türme, ohne Tür und Fenster, welche man bei vielen Klosterruinen in Irland antrifft, und deren eigentliche Bestimmung noch immer unbekannt geblieben ist. Weiterhin ruhen, im tieferen Grunde und heiliger Stille zwei dunkle Seen, berühmt durch die Abenteuer des heiligen Kevin. Die Felsen sind hier ungewöhnlich steil, und an manchen Orten wie Treppenstufen geformt. In dem einen ist eine schmale und tiefe Spalte, die ganz einem gewaltsam gemachten Einschnitte gleicht. Die Sage erzählt, daß der junge Riese Fian MacComhal – als seine Kameraden befürchteten, er sei noch zu schwach zu dem Kriege, in den sie eben verwickelt waren –

um ihnen eine Probe seiner Kraft zu geben, mit seinem Schwerte diesen Felsen spaltete, und so jedem ferneren Zweifel ein Ende machte. Weiterhin entdeckt man in einem, jenseits über dem See hängenden Felsen, gleich einem schwarzen Loch im Gestein, die Höhle St. Kevins. Hier verbarg sich der Heilige vor der ihn verfolgenden Liebe der schönen Königstochter Cathelin, und lebte lange, in tiefster Einsamkeit von Wurzeln und Kräutern. In einer verhängnisvollen Stunde entdeckte jedoch die von der Leidenschaft umhergetriebene Schöne den Flüchtling, und überraschte ihn, im Dunkel der Nacht, auf seinem Mooslager. Mit süßen Küssen erweckte sie den ungalanten Heiligen, welcher, seine Tugend verloren sehend, sich kurz entschloß und Cathelin über Bord warf, wo in den kalten Fluten des Sees Liebe und Leben sie zugleich verließ. Doch fühlte der Mann Gottes nachher ein menschliches Rühren, und legte einen Zauber über die Gewässer, daß fortan niemand mehr sein Leben in ihnen verlieren solle, welche Beschwörung noch heutzutage in Kraft geblieben ist, wie mein Cicerone[11] bezeugte. Dieser Cicerone war ein hübscher, wie gewöhnlich halbnackter Knabe von elf Jahren, und seine Kleidung ein erwähnungswerter *echantillon*[12] irländischer Toilette. Er trug den Leibrock eines erwachsenen Mannes, dem, außer verschiedenen transparenten Stellen, anderthalb Ärmel und der eine Rockschoß fehlten, während der andere, wie ein Kometenschweif, hinter ihm auf der Erde schleppte. Halstuch, Weste und Hemde waren als gänzlich unnütz beseitigt. Dagegen nahmen sich die Rudera[13] von ein paar roten Plüschhosen recht stattlich aus, obgleich weiter unten nur barfuße Beine daraus hervorguckten. Diese Gestalt über die Felsen, wie ein Eichhörnchen klettern zu sehen, und dabei von Tommy* Moore

* So nennen ihn die Irländer am liebsten, stolz auf seine Landsmannschaft. *A. d. H.*

und Walter Scott singen zu hören, war gewiß charakteristisch. Als er mich nach der Höhle führte, wo die Passage etwas glitscherich war, rief er: »O, das geht sehr gut, hier habe ich Walter Scott auch hingebracht, der mit seinem lahmen Fuß auf die schlimmsten Stellen hinkletterte. Der konnte gar nicht weg davon kommen« – und nun rezitierte er schnell vier Verse, die Scott oder Moore, ich erinnere mich nicht mehr welcher, auf die Höhle gedichtet. Diese Menschen hier passen so vortrefflich zu dem wilden, mit Ruinen des Erdbodens wie seiner Bewohner bedeckten Lande, daß ohne sie gewiß das Ganze einen großen Teil seiner romantischen Wirkung verlieren würde.

Um zur Nachtruhe in einen leidlichen Gasthof zu gelangen, mußte ich von hier aus, bei Mondschein, noch zehn Meilen über ein endloses Torfmoor reiten, den gewöhnlichen Aufenthalt allerlei Spuks, von dem mich jedoch nur einige einsame Irrlichter, vorbeigleitend, mit ihrer Gegenwart beehrten.

Als ich im Dorfe ankam, waren beide Gasthöfe schon von Touristen besetzt, und ich erhielt nur mit großer Mühe ein kleines Vorzimmer eingeräumt, wo ich auf Stroh schlafen werde. Tee, Butter, Toast und Eier sind aber vortrefflich, und der Hunger würzt überdem das Mahl. Ich kann Dir nicht sagen, wie angenehm mir dieses Leben ist! Mit allen Entbehrungen fühle ich mich doch wahrlich hundertmal mehr *à mon aise*[14], als encombriert[15] und belästigt von tausend unnötigen Bequemlichkeiten. Ich bin frei wie der Vogel in der Luft, und das ist ein hoher Genuß. Übrigens: Ehre dem Ehre gebührt. Wenig Menschen würden nach solchen Fatiguen sich mit religiöser Ordnung alle Abend hinsetzen, um Dir so langen Rapport von den Tagesbegebenheiten abzustatten. Erfreut es Dich nur, so bin ich hundertfach belohnt. –

Bray, den 24ten

Gall behauptet, wie Du Dich erinnern wirst, als er in Paris meinen Schädel untersuchte, daß ich ein sehr hervorstehendes Organ der Theosophie habe. Demohngeachtet halten mich viele für einen argen Ketzer – aber Gall hat Recht – wenn anders Religiösität in Liebe, und im aufrichtigen Streben nach Wahrheit besteht. In einer solchen frommen, frohen Stimmung, begrüßte ich betend und dankend den frischen Morgen, und die innere Heiterkeit durchdrang wohltuend den häßlichen, feuchten Nebel, der mich umgab, denn das Wetter war herzlich schlecht. Auch der Weg war öde und traurig, aber Geduld! Sonne und Schönheit brachte dennoch der Abend. – Für jetzt war nur dürre Heide und Torfmoor um mich, so weit das Auge reichte, und ein Sturm pfiff stoßweise darüber hin, und trieb nasse Nebelwolken vor sich her, die, wenn ich in ihren Bereich kam, mich wie ein starker Regen durchnäßten. Nur schwache kurze Sonnenblicke gaben momentane Hoffnung, bis, gegen Mittag, sich die Wolken teilten, und grade als ich auf der Bergspitze über den prächtigen See und Tal von Luggala anlangte, die Sonne die Gegend vor mir herrlich vergoldete, obgleich die Häupter der Berge noch alle verschleiert blieben. Auch dieses Tal gehört einem reichen Besitzer, der einen reizenden Park daraus gemacht hat. Es ist originell gestaltet, und ich will versuchen, Dir eine anschauliche Idee davon zu geben. Es bildet einen fast regelmäßigen länglich-ovalen Kessel. Die erste Hälfte des Grundes vor Dir füllt, bis dicht an den Fuß der Berge, Wasser; die zweite ist eine mit Baumgruppen bedeckte Wiesenfläche, durch die ein Bergstrom sich mäandrisch[16] schlängelt, und in deren Mitte, an einen einzeln stehenden Felsen gelehnt, sich eine elegante *shooting lodge* (Jagdhaus) zeigt. Die das Tal umgebenden Berge sind sehr hoch und steil, und steigen überall, glatt und ohne Absatz, von der wie planiert erscheinenden Fläche empor. Links sind es nackte Felsen, von imponierender Gestalt, nur hie und da mit roter und gelber Erika bewachsen, die andern drei Seiten aber mit dichten und mannigfaltigen Pflanzungen bedeckt, deren Laub bis in den See hinabhängt. Wo der erwähnte Bergstrom sich, auf glänzend grünem Grasgrunde, in den See ergießt, bildet er einen breiten Wasserfall. Es ist wohl ein schöner Fleck Erde – einsam und abgeschlossen, der Wald voll Wild, der See voll Fische, und die Natur voll Poesie.

Da die Jagdzeit noch nicht eingetreten ist, war die Herrschaft abwesend, und die Frau des Inspektors, eine noch hübsche, wiewohl etwas passierte Frau[17], mit schönen weißen Händen, und Manieren über ihrem Stand (wahrscheinlich hatte sie hier eine Versorgung erhalten), besorgte mir auf meine Bitte Frühstück, während mich ihr lebhafter kleiner Sohn vorher im Tal umherführte. Ein schöner Windhund, der so leicht wie ein vom Wind entführtes Blatt über den Boden glitt, und dann in unbändigen Sätzen sich der gegebenen Freiheit freute, begleitete uns. Wir erklimmten (nicht ohne Schmerzen meiner kranken Brust, *car je ne vaux plus rien à pied*)[18] eine etwa 400 Fuß hohe Felsenplatte, von der man das Tal ganz übersieht. Gegenüber erblickt man ein seltsames Naturspiel, ein ganz regelmäßig in Stein geformtes ungeheures Gesicht, das finster und verdrießlich auf den See herabschaut. Die Augenbrauen und der Bart werden auf das deutlichste durch Moos und Heide gebildet, und die dikken Backen, wie die tiefen Augen, durch Felsenspalten täuschend nachgeahmt. Der Mund steht offen, wenn man aber ein Stück weiter geht, schließt er sich, ohne doch sonst die Züge zu verändern. Einen so lebendigen Berggeist zu besitzen, ist wirklich eine besondere Prärogative.[19] Dieser sieht aber, wie gesagt, recht verdrießlich in die Tiefe, und scheint mit seinem offenen Munde nach dem See herabzurufen: Ihr Menschengezücht! Laßt mir mein Tal, meine Fische, mein Wild, meine Felsen und Bäume in Ruh, oder ich begrabe

Euch Pygmäen alle unter ihren Trümmern! – Es hilft aber nichts, der Ruf der Geister ist ohnmächtig geworden, seit der Menschen eigner Geist erwacht – in Stein gebannt bleibt Rübezahls Antlitz, und seine Stimme verhallt im spielenden Winde, der ehrerbietungslos seine buschichten Augenbrauen schüttelt, und ihm die Wellen des Sees, wie spottend, entgegenkräuselt.

Ein Intervall von 10 Meilen uninteressanter Gegend, lag zwischen diesem Spaziergang und meiner Ankunft vor den Toren des Parks von P..., einem der größten und schönsten in Irland. Aber – es war Sonntag! der Herr ein Frömmler, und folglich das Tor verschlossen. – An diesem Tage sollte, nach ihm, ein Frommer seine Wohnung höchstens für eine dumpfige Kirche verlassen, aber keiner sich in Gottes eignem wunderherrlichen Tempel erfreuen. Dieser Sünde wollte der Herr v. P... keinen Vorschub leisten, und hatte daher, bei augenblicklicher Verabschiedung, die Öffnung seiner Pforten verpönt. Ich versuchte, durch meine frühere Dir bekannte Avanture in England gewitzigt, nicht einmal durch ein Geschenk den Eingang zu erzwingen[20], sondern verfolgte meinen Weg längs der Mauer, über die ich zuweilen sehnsüchtig nach dem großen Wasserfall und der bezauberten Gegend verstohlene Blicke warf. Du lieber Gott, dachte ich, wie verschieden wirst Du angebetet! Die einen braten Dir ihren Nächsten, die andern machen Dich zum Apis[21]; diese glauben Dich parteiischer und ungerechter noch als den Teufel selbst, und jene denken: mehr als alle zu leisten, wenn sie Deine schöne Lebensgabe sich und andern verderben und entziehen! O Herr von P...! Du wirst diese Zeilen nicht lesen, aber es wäre gut, wenn du es tätest, und sie beherzigtest. Gar mancher arme Mann, der die Woche lang schwitzt, um dir sein Pachtgeld abzuzahlen, würde am Sonntag froh in deinem schönen Parke sein, und des Herrn Güte segnen, der ihm doch nicht alles, selbst den Anblick seiner Herrlichkeit, entzieht, dies würde am Ende auch dich erfreuen, aber – du selbst bist wohl gar nicht zugegen, und sendest deine frommen Befehle bloß von weitem? Du bist vielleicht, wie so viele deiner Kollegen, auch einer jener *absentees*[22], die durch heißhungrige und erbarmungslose Beamten das Volk von den letzten Lumpen entblößen, die letzte Kartoffel ihm rauben lassen, um in London, Paris oder Italien, Mätressen und Scharlatans zu bereichern?* Dann freilich – kann deine Religion nicht weiter gehn, als den Sonntag und die Zeremonien deiner Priester heilig zu halten.

Von hier bis Bray prunkt eine üppige Kultur, voller Landhäuser und Gärten der reichen Städter. Der Weg führte nahe am Fuß des großen Sugar-Loafs vorbei, dessen weißgrauer, nackter Felsenkegel von aller Vegetation entblößt ist. Ich sah einige Reisende, die ihn eben erstiegen hatten, wie Schachfiguren darauf umherspazieren, und beneidete sie um die erhabene Aussicht, denn der Tag war herrlich, und der Himmel völlig klar geworden. An einer einsamen Stelle lagerte ich mich gegen Abend, unter Feldblumen am Bache hin, und träumte, Gott dankend, in die schöne Welt hinein; wie ein fahrender Ritter mein zahmes Tier neben mir grasen lassend. Ich dachte viel an Dich und vergangene Zeiten, ließ Lebende herankommen und Tote auferstehen, und blickte, wie im Spiegel, über das geschwundene Leben hin – manchmal wehmütig, manchmal auch heiter lächelnd – denn durch alle Torheiten und Eitelkeiten dieser Welt, durch Irrtum und Fehler zog sich doch ein reiner Silberfaden hin, noch stark genug für lange auszuhalten – kindlich liebendes Gefühl, und hohe Empfänglichkeit für Freuden, die Gottes Güte jedem erreichbar läßt.

* Das ist keineswegs Übertreibung, ich habe hier aktenkundige Dinge vernommen, und Elend gesehen, das nie während der Leibeigenschaft in Deutschland erhört worden ist, und in den Ländern der Sklaverei kaum seinesgleichen finden möchte.

Bei guter Zeit traf ich in Bray wieder ein, wo auch der Mantelsack sich endlich eingefunden hatte. Manches, was er enthielt, war nach der langen Entbehrung nicht zu verachten, unter andern lieferte er mir den interessantesten Tischgefährten, Lord Byron. Eben betrachte ich seine beiden Portraits, zwei mir geschenkte Handzeichnungen, die ich dem ›Giaour‹ und dem ›Don Jouan‹ beigeheftet habe. Gleich Napoleon, erscheint er mager, wild und leidend, wo er noch strebte; fett geworden und lächelnd, als er erreicht hatte. Aber in beiden so verschiednen Gesichtern, zeigt sich doch schon der tief vom Schicksal aufgewühlte, tiefer noch empfindende, und doch dabei höhnende, verachtende, vornehme Geist, der diese Züge belebte.

Lachen muß ich immer über die Engländer, die diesen ihren zweiten Dichter (denn nach Shakespeare gebührt gewiß ihm die Palme), so jämmerlich spießbürgerlich beurteilen, weil er ihre Pedanterie verspottete, sich ihren Krähwinkelsitten nicht fügen, ihren kalten Aberglauben nicht teilen wollte, ihre Nüchternheit ihm ekelhaft war, und er sich über ihren Hochmut und ihre Heuchelei beklagte. Viele machen schon ein Kreuz, wenn sie nur von ihm sprechen, und selbst die Frauen, obgleich ihre Wangen von Enthusiasmus glühen, wenn sie ihn lesen, nehmen öffentlich heftig Partei gegen den heimlichen Liebling, oft zugunsten der gemeinen Seele eines Weibes, die nie würdig war, Lord Byrons Schuhriemen aufzulösen, und deren kleinlicher Rache es dennoch leicht wurde, ihn in der englischen Gesellschaft zugrunde zu richten!* Es war der anerkennenden Deutschen, es war unsers Patriarchen[23] würdig, durch ein gewichtiges und tiefes Wort

* Daß wir diesem Verhältnis auch die Vernichtung von Byrons Memoiren verdanken mußten, ist gewiß ein bitter empfundenes Unglück, und man kann kaum begreifen, wie sein edler Freund, Thomas Moore, eine solche Treulosigkeit am Dichter, und einen solchen Raub am Publikum, bei sich selbst verantworten mag.[24] *A. d. H.*

diesem Heroen, der Europa angehört, der englischen Schandsäule gegenüber, eine dauernde deutsche Ehrenpforte zu errichten.

Könnte ich Dir auch heute, mit seinen unsterblichen Worten, ein *farewell*, aber kein letztes, ja hoffentlich kein langes, nur ein gleich inniges zurufen! So gedenke mein.

Dein treuer L...

Dreißigster Brief

Dublin, den 29sten August 1828

Liebe und Gute!

Die vergangenen Tage brachte ich mit Schmerzen und Fieber im Bette zu, heute erst kann ich Deine Briefe beantworten. Des geistvollen V... Schreiben hat mir freilich geschmeichelt, obgleich der Enthusiasmus, den ihm meine kleinen Schöpfungen[1] eingeflößt, nur in seiner dichterischen Seele entstanden ist, die sich mit der Phantasie schon ein Ideal als wirklich hinmalte, was erst entstehen soll. Verlange aber meine Rückkunft nicht, bevor sie möglich ist, und glaube mir: wo man nicht ist, da wird man gewöhnlich hingewünscht, ist man aber da, so ist man bald dennoch vielen zu viel.

Ich ritt heute zum erstenmal wieder aus, um mir die Messe in Donnybrook, nahe bei Dublin, zu besehen, welche als eine Art Volksfest betrachtet wird. Nichts in der Tat kann nationaler sein! Die Armseligkeit, der Schmutz und der tobende Lärm waren überall ebenso groß, als die Freude und Lustigkeit, mit der die wohlfeilsten Vergnügungen genossen wurden. Ich sah Speisen und Getränke unter Jubel verschlingen, die mich zwangen, schnell hinweg zu blicken, um meines Ekels Herr zu werden. Hitze und Staub, Gedränge und Gestank, *il faut le dire*[2], machten den Aufenthalt für längere Zeit fast unerträglich. Dies focht aber die Eingebornen nicht an. Viele hundert Zelte waren aufgeschlagen, alle zerlumpt wie der größte Teil der Menschen, und statt Fahnen, nur mit bunten Lappen behangen. Manche begnügten sich mit einem bloßen Kreuz, oder Reifen; einer hatte sogar, als Wahrzeichen, eine tote, halb verfaulte Katze oben darauf gestellt! Die niedrigste Sorte von Possenreißern trieben dazwischen, auf

Brettertheatern und in abgetragener Flitterkleidung, ihr saures Handwerk, bis zur Erschöpfung in der furchtbaren Hitze tanzend und grimassierend. Ein Dritteil des Publikums lag, oder taumelte betrunken umher, die andern aßen, schrien oder kämpften. Die Weiber ritten häufig, zu zwei bis drei auf einen Esel sitzend, umher, bahnten sich mit Mühe ihren Weg durch die *foule*[3], rauchten dabei behaglich Zigarren und agacierten[4] ihre Liebhaber. Am lächerlichsten nahmen sich zwei Bettler zu Pferde aus, derengleichen ich bloß am Rio de la Plata einheimisch glaubte. Das Pferd, auf dem sie ohne Sattel saßen, und das sie mit einem Bindfaden regierten, schien durch seine elende Gestalt für sie mitbetteln zu wollen.

Als ich den Markt verließ, nahm ein stark betrunknes Liebespaar denselben Weg. Es ergötzte mich, ihr Benehmen zu beobachten. Beide waren grundhäßlich, behandelten sich jedoch mit großer Zärtlichkeit und vielen *égards*[5], der Liebhaber deployierte[6] sogar etwas Chevalereskes. Nichts konnte galanter und zugleich verdienstlicher sein, als seine wiederholten Bemühungen, die Schöne vor dem Falle zu bewahren, obgleich er seine eigene Balance zu behaupten nicht wenig Schwierigkeit fand. Aus s e i n e n graziösen Demonstrationen und i h r e m frohen Gelächter, konnte ich entnehmen, daß er sich zugleich nach Kräften bemühte, sie gut zu unterhalten, und was ihre Antworten betraf, so wurden diese, ohngeachtet der exaltierten Stimmung, mit einer Koketterie, und innigen Vertraulichkeit gegeben, die einer Hübscheren gewiß allerliebst angestanden haben würden. Der Wahrheit zu Ehren, muß ich zugleich bezeugen, daß von englischer Brutalität keine Spur in ihrem Benehmen zu entdecken war – eher glichen sie Franzosen, zeigten aber bei ebensoviel Lustigkeit mehr Humor und Gutmütigkeit, welche beide wahre Nationalzüge der Irländer sind, die durch Potheen (der beste, aber auf illicite[7] Weise gefertigte, Branntwein) stets verdoppelt werden.

Tadle mich nicht über die gemeinen Bilder, die ich Dir vorführe. Sie sind der Natur näher verwandt als die übertünchten Wachspuppen unsrer Salons.
[s. a. Nachlaß-Brief S. 298 ff.]

Bray, den 30sten

Um den Park von Powerscourt zu sehen, den mir neulich der Sonntag verschloß, bin ich heute hierher zurückgekehrt. Nicht leicht wird die Natur größere Hilfsquellen vereinigen, als sie hier mit freigebiger Hand gespendet, und ihre Gaben sind mit Verstand benutzt worden.

Die erste Hauptpartie heißt der Dargle, eine sehr tiefe und enge Schlucht, die mit hohen Bäumen bewachsen ist. Im Grunde rauscht ein voller und reißender Fluß. Der Weg führt oben an der rechten Seite hin, und von hier taucht der Blick tief in die grünen Abgründe, aus denen manchmal das Wasser plötzlich hervorglänzt, oder eine kühne Felsengruppe hervortritt. Drei größere Berge ragen über die Schlucht empor, und scheinen, obgleich ziemlich weit entfernt, in unmittelbarer Nähe, da man ihren Fuß nicht sieht. Sie waren heute abend von der, ganz italienischen, Sonne tief rosenrot gefärbt, und kontrastierten prächtig mit dem Saftgrün der Eichen.

Später öffnet sich, bei einer Felsenzinne, *The Lover's Leap* (des Liebenden Sprung) genannt, die Schlucht, in mehrere Täler, welche durch verschiedene niedrige Hügelreihen gebildet werden, in einiger Entfernung aber von den höchsten Bergen der Gegend umschlossen sind. In der Mitte dieser Landschaft erscheint, auf einem sanften Abhange, und am Saume des Waldes, das Schloß, mit Blumenanlagen zierlich umgeben. Von hier bis zu dem großen Wasserfall, führt der Weg, 5 Meilen lang, durch stets wechselnde Ansichten, die mehr dem freien Lande als einem Parke gleichen. Endlich erreicht man einen Wald, und hört schon von weitem das Rauschen des Falles, ehe man ihn noch sieht. Er ist nur nach vorhergegangenem Regenwetter bedeutend, aber dann auch herrlich. Die hohen Felsenwände sind an beiden Seiten dicht mit Gebüsch bewachsen, durch deren buntes Laub er sich hervorstürzt, und sein Becken umgibt eine duftende Wiese. An diese schließen sich alte ehrwürdige Eichen an, unter deren Schatten man ein, dem Charakter der Gegend angemessenes, Haus aufgeführt hat, wo man Erfrischungen erhält, daher es auch zum gewöhnlichen Ziel der hieher gemachten Landpartien dient. Grüne Fußsteige führen nun von hier noch weiter in die Wildnis des Gebürges, da es aber schon dunkel war, mußte ich auf den Rückweg denken. Herwärts hatte ich die weite Strecke größtenteils im Galopp zurückgelegt, und um mich nicht unnütz aufzuhalten, den zwölfjährigen zerlumpten Knaben, der mich führte, hinter mir auf's Pferd genommen, unbekümmert um die Verwunderung der Vorübergehenden, die nicht wußten, was sie aus dieser seltsamen Kavalkade machen sollten. In der Nacht konnte ich dagegen nur langsam auf dem steinigen Wege reiten, bis der Mond orangenfarben über den Bergen heraufstieg, und sich in den Nachtnebeln, wie eine große Papierlaterne, zu schaukeln schien. Um 11 Uhr erst gelangte ich, ermüdet und hungrig, im gastlichen Hause zu Bray wieder an.

Den 31sten

Der ländliche Aufenthalt hier ist so angenehm, daß ich den heutigen Sonntag noch daselbst verbrachte. Dieses Gasthofleben gibt zur Beobachtung der mittlern Klassen gute Gelegenheit, da jeder sich hier gibt, wie er ist, und sozusagen, allein zu sein glaubt. Ich habe schon erwähnt, daß die Engländer dieser Klassen (ich fasse unter dem Namen hier die englisch gebildeten Einwohner aller drei Königreiche zusammen) auf Reisen, im gemeinschaftlichen Gastzimmer, *coffee-room* genannt, ihren Tag zuzubringen pflegen, wenn sie sich nicht außerhalb des Hauses befinden. Abends wird dieser *coffee-room* mit Lampen erleuchtet, und nur auf Verlangen, den an einzelnen kleinen Tischen sitzenden Herren besondere Lichter gebracht. Es hat mich oft gewundert, daß in einem Lande, wo Luxus und raffinierte Lebensbedürfnisse so allgemein sind, dennoch, selbst in den ersten Gasthäusern der Provinz (auch in London größtenteils), überall Talglichter gebrannt werden. Wachskerzen sind ein extraordinärer Luxus, und wer sie verlangt, wird zwar mit verdoppelter Höflichkeit behandelt, ihm aber auch durchgehends mit doppelter Kreide angeschrieben.

Es hat etwas Belustigendes, die große Einförmigkeit zu betrachten, mit der sich alle, wie aus einer Fabrik hervorgegangen, betragen, was besonders bei ihrem Essen sichtbar wird. An einzelnen Tischen plaziert, keiner die mindeste Notiz vom andern nehmend, scheinen sie doch alle dieselben Manieren, und auch denselben gastronomischen Geschmack zu haben. Niemand genießt Suppe, die ohne besondere Vorausbestellung gar nicht zu haben ist, (der Grund, warum mich mein alter sächsischer Bedienter verließ, welcher behauptete, in solcher Barbarei, ohne Suppe! nicht länger existieren zu können). Ein großer Braten wird gewöhnlich von einem zum andern gebracht, um sich beliebig davon abzuschneiden, und zugleich im Wasser gekochte Kartoffeln, und andres ebenso zubereitetes Gemüse, nebst einer *plat de ménage*[8] voll Essenzen, auf den Tisch gelegt, dazu Bier eingeschenkt, und damit hat in der Regel die Hauptmahlzeit ein Ende; nur die Luxuriösen essen vorher noch Fisch. Aber nun folgt die wesentliche zweite Station. Das Tischtuch wird abgenommen, reines Besteck aufgelegt, Wein und ein frisches Glas gebracht, nebst ein paar elenden Äpfeln oder Birnen, mit steinharten Schiffsbiscuits, und jetzt erst scheint sich der Tafelnde recht bequem festzusetzen. Seine Miene nimmt den Ausdruck der Behaglichkeit an, und scheinbar in tiefes Sinnen verloren, hinten übergelegt, und unverrückt vor sich hinstarrend, läßt er von Zeit zu Zeit einen Schluck aus seinem Glase bedächtig hinabgleiten, die Totenstille nur unterbrechend, indem er gelegentlich eins der Felsenbiscuits mühsam zermalmt. Ist der Wein vollendet, so folgt noch eine dritte Station: die des Verdauens. Hier hört alle Bewegung auf, der Gesättigte verfällt in eine Art magnetischen Schlafs, den bloß die offnen Augen vom wirklichen unterscheiden. Nachdem so ohngefähr eine halbe oder ganze Stunde verflossen ist, fährt er plötzlich auf, und schreit wie besessen: *»Waiter! my slippers«* (Kellner! meine Pantoffeln), und ein Licht ergreifend wandelt er gravitätisch aus dem Zimmer, um den Pantoffeln und der Ruhe entgegenzugehen. Diese Farce von fünf bis sechs Personen auf einmal vor sich abspielen zu sehen, hat mich oft besser wie eine Puppenkomödie unterhalten, und ich muß hinzufügen, daß, mit Ausnahme der Pantoffeln, die Szene sich in den ersten Clubs der Hauptstadt auch von Vornehmeren ziemlich ebenso abspielt. Lesen sah ich beinahe nie einen Engländer bei Tisch, und ich weiß nicht, ob sie es nicht für eine Unschicklichkeit oder gar eine Gottlosigkeit ansehen, wie z. B. am Sonntag zu singen oder zu tanzen. Vielleicht ist es auch nur eine Regel der Diätetik, die mit der Zeit zu einem Gesetz geworden ist, welches sie keine Lebhaftigkeit des Geistes zu übertreten nötigt.

Engländer, die nicht zur Aristokratie gehören oder sehr reich sind, reisen fast immer ohne Bedienten, mit der *mail-* oder *stage-coach* (königliche oder Privatdiligencen), worauf man schon in den Gasthöfen eingerichtet ist. Derjenige, welcher dort die Fremden bedient, und ihnen die Stiefeln putzt, hat selbst den allgemeinen Namen »Stiefeln« *(boots)*. Stiefeln ist es also, der die Pantoffeln bringt, ausziehen hilft, und sich dann empfiehlt, indem er fragt, um welche Zeit man, nicht den Kaffee, wie er in Deutschland fragen würde, sondern das kochende Rasierwasser befiehlt. Sehr pünktlich erscheint er zur bestimmten Stunde damit, und bringt zugleich die rein geputzten Sachen. Der Reisende pflegt dann schnell seine Toilette zu machen, verrichtet noch einige nötige Geschäfte, und eilt hierauf seinem lieben *coffee-room* von neuem zu, wo alle Ingredienzien des Frühstücks reichlich auf seinen Tisch gepflanzt werden. Zu dieser Mahlzeit scheint er mehr Lebendigkeit mitzubringen, als zu der spätern, auch mehr Appetit, glaube ich, denn die Quantität der Teekübel, die Masse von Butterbrot, Eiern und kaltem Fleisch, die er verschlingt, erwecken stillen Neid in der Brust, oder vielmehr dem Magen, des weniger kapablen Fremden. Hier ist es ihm auch nicht nur erlaubt, sondern sogar durch die Gewohnheit (sein Evangelium) geboten, zu lesen. Bei jeder Tasse Tee entrollt er eine, auf unendliches Papier gedruckte, Zeitung von der Größe eines Tischtuches. – Keine *speech*, keine *crime, con*[9], keine Mordgeschichte, vom *accident maker* in London verfertigt*, wird überschlagen. Wie jener, der lieber an einer Indigestion[10] sterben wollte, als etwas einmal Bezahltes ungenossen lassen, so denkt auch der systematische Engländer, daß er einer einmal begonnenen Zeitung keinen Buchstaben erlassen darf, weshalb auch sein Frühstück mehrere Stunden dauert, und die sechste oder siebente Tasse kalt getrunken wird. Ich habe gesehen, daß diese glorreiche Mahlzeit so lange hingezogen wurde, daß sie endlich mit dem *dîner* zusammenfloß, und Du wirst mir kaum glauben wollen, wenn ich Dich versichere, daß sogar ein leichtes *souper* um Mitternacht folgte, ohne daß die Gesellschaft un-

* Die Zeitungs-Redaktionen besolden dichterische Talente, welche, wenn sich keine wirklichen Mordgeschichten und schreckliche Zufälle ereignen, solche für das immer darnach neugierige Publikum erfinden müssen. Diese Künstler nennt man: *accident makers* (Verfertiger von Unglücksfällen). *A. d. H.*

Die Küste von Bray

terdes den Tisch verlassen hatte. Hierbei waren jedoch mehrere versammelt, und ich muß überhaupt bemerken, daß, wenn dies der Fall ist, sich ein ganz anderes Bild darstellt, indem dann der Wein die Gesellschaft, statt sie in lethargisches Sinnen verfallen zu lassen, oft mehr als zu gesprächig macht. Etwas Ähnliches fiel auch heute vor. Fünf oder sechs Reisende ließen sich es wohl sein, und nachdem sie des Guten zuviel getan hatten, entstand ein heftiger Streit unter ihnen, der nach langem Lärm, sehr seltsam, damit endete, daß sie alle auf den Kellner losstürzten, und diesen zur Türe hinaus warfen. Hierauf wurde auch der Wirt noch gezwungen hereinzukommen, und für den ganz unschuldigen Menschen um Verzeihung zu bitten. Keiner der an den andern Tischen allein Essenden, nahm die mindeste Notiz von dieser Störung; sondern starrte ebenso gelassen wie bisher vor sich hin. Einer jedoch, der sein *dîner* sehr spät begonnen, gab bald darauf selbst eine neue Szene zum besten. Er war mit dem ihm überbrachten *mutton* unzufrieden, und befahl daher dem *waiter*, der Köchin zu sagen, sie sei *a damned bitch* (eine verdammte Hündin). Die Irländerin verlor über eine so ehrenrührige Beleidigung allen Respekt, riß sich aus den Armen der sie noch an der Saaltür vergebens zurückhaltenden Gefährtinnen los, stürzte mit untergestemmten Händen auf den Beleidiger zu, und überschüttete ihn nun mit einer solchen Flut echt nationaler Benennungen, daß dieser vor der empörten *virago*[11] erblassend, das Feld räumte. Noch einmal so laut als gewöhnlich: *»my slippers!«* brüllend, eilte er, ohne ferneren Versuch, der Köchin die Spitze zu bieten, schleunigst seiner Schlafstube im dritten Stocke zu; denn Du weißt, daß, wie im *colombier*[12], die Nachtlager sich hier stets unter dem Dache befinden.

Als der verstorbene Großherzog von W... in England war, bekam er auch Lust, allein und inkognito mit der *stage* zu reisen, um diese Art Leben kennenzulernen. Es amüsierte ihn sehr; am nächsten Morgen war er aber nicht wenig verwundert, als ihm der *boots*, *nonchalamment*[13], mit den Worten die Stiefeln brachte: »Ich hoffe, daß Euere Königl. Hoheit recht wohl geschlafen haben!« Er glaubte indes, vielleicht falsch verstanden zu haben, und setzte seine Reise, auf der *Impériale*[14] sitzend, fort. Den nächsten Morgen dieselbe Titulatur. Nun frug er genauer nach, und es fand sich, daß im Innern seines Mantels eine Karte, mit seinem wahren Namen und Stand, angeheftet war, die das Inkognito vernichtete. Was ihm aber ohne Zweifel dabei am meisten auffiel, war, daß man so wenig darauf achtete, ob ein deutscher Souverän auf der Diligence[15] sitze oder nicht. Der gemeine Mann in England gibt auf Rang überhaupt wenig, auf fremden gar nichts. Nur die mittlere Klasse ist hierin sklavisch, und prahlt gern mit einem fremden *nobleman*, weil sie ihrer eignen stolzen Aristokraten nicht habhaft werden kann. Der englische Edelmann selbst aber hält sich, auch der Geringste ihrer Lords, im Grunde des Herzens für mehr als den König von Frankreich.

Übrigens ist diese Art zu reisen für jemand, der nicht bloß Ortsveränderung beabsichtigt, oder sich durch größere Ehrfurcht der Gastwirte und Kellner geschmeichelt fühlt, gewiß die, welche der gewöhnlichen Art, die große *tour* zu machen, vorzuziehen wäre, da die verminderte Bequemlichkeit durch so viel Lehrreiches und Angenehmes aufgewogen wird, daß man bei dem Tausche hundertfach gewinnen muß.

Dublin, den 1sten September

Meinen Rückweg von Bray nahm ich diesmal über Kingston, längs der Küste auf einem rauhen, aber sehr romantischen Wege. Eine Unzahl von Bettlern stand an der Straße, denen es jedoch nicht an Betriebsamkeit fehlte, denn eine alte Frau unter andern sammelte emsig etwas weißen Sand auf der Straße, der von einer Wagenladung durch die Bretter gefallen war. Warum konnte man der Armen nicht eine Stunde lang die Schätze unsres Sand-Golkondas[16] öffnen! In Ermangelung beglückte ich sie mit einigen Pence, von denen ich immer eine Ladung in einer meiner Rocktaschen führe, um sie, wie Körner an die Hühner, zu verteilen, denn hier bettelt alles.

Kingston ist ein größtenteils aus Landhäusern der Reichen bestehendes Städtchen, wo auch der Lord-Lieutenant[17] zuweilen residiert. Seit der König Irland besuchte, ist ein Hafen hier errichtet, an dem fortwährend gebaut wird. Wegen der Seichtigkeit der Dubliner Bay ist er von bedeutendem Nutzen, dient aber jetzt hauptsächlich als ein Mittel, den armen Klassen Arbeit zu verschaffen. Die vielen ingeniösen Erfindungen, die man hier angewendet sieht, die vierfach nebeneinander hinlaufenden Eisenbahnen, wo ein Pferd die größten Lasten zieht, die Kettenwinden, womit die ungeheuern Blöcke wie kleine Quader gehandhabt und in die Dämme eingemauert werden, und anderes der Art mehr – sind ungemein lehrreich und interessant. Es lagen bereits verschiedene große Schiffe in dem noch unvollendeten Hafen, wo sie doch schon hinlängliche Tiefe und Schutz finden. Unter ihnen fiel mir ein ganz schwarzes, abgetakeltes auf, das wie ein Gespenst einsam dastand. Ganz geheuer war es auch nicht darauf – denn es enthielt, wie man mir berichtete, die nach Botany Bay bestimmten Gefangenen[18]: das Transportschiff, welches sie von hier abführen sollte, war auch bereits angekommen. Für die Missetäter ist diese Transportation keine harte Strafe, (die Seekrankheit abgerechnet) und macht davon zwei Dritteil wenigstens, von neuem zu brauchbaren Staatsbürgern. Jede Regierung könnte sich, nach ihren lokalen Hilfsquellen, eine Art Botany Bay verschaffen – aber es wird wohl noch lange dauern, ehe das Prinzip der Rache aus den Gesetzen, und aus der Religion, ausgemerzt sein wird.

Man hat dem König wegen seiner denkwürdigen (d. h. wegen ihrer Erfolglosigkeit denkwürdigen) Reise nach Irland[19], am Eingang des Hafens ein Monument gesetzt, das mit der gewöhnlichen Geschmacklosigkeit, die in Großbritannien fast auf allen öffentlichen Bauten wie ein Fluch zu ruhen scheint, entworfen und ausgeführt ist. Es zeigt einen kurzen, lächerlichen Knüppel von Obelisk, der auf die Kante eines natürlichen Felsens dergestalt auf vier Kugeln gesetzt ist, daß es aussieht, als müßte jeder Windstoß ihn in die See rollen. Man kann sich nicht enthalten, zu wünschen, daß dies je eher je lieber geschehen möchte. Wie ein Kelchdeckel ist oben die Königskrone über die Spitze gestülpt, und das Ganze, gegen die grandiosen Dimensionen des Hafens und der umgebenden Gebäude, so klein und *mesquin*[20], daß man es wohl als die Spielerei eines Privatmannes, aber gewiß nicht für ein National-Monument ansehen kann. Vielleicht war der Architekt ein *mauvais plaisant*[21], und gebrauchte es nur satirisch. Als Epigramm ist es dann auch zu loben.

Die Straße von hier nach Dublin ist prächtig und stets mit Wagen und Reitern bedeckt. Es wunderte mich, sie nicht arrosiert zu finden, was die Landstraßen in der Nähe von London so angenehm macht. Wahrscheinlich geschieht es nur, wenn der Vizekönig hier ist. Heute war der Staub in dem Gewühl und Gedränge fast unerträglich, und alle Bäume wie mit Kalk überzogen.

Als ich in Dublin ankam, war grade Sitzung der katholischen Association[22], und ich stieg daher vor dem Hause ab. Leider aber war weder Shiel noch O'Connell gegenwärtig, so daß die Versammlung gar nichts Anziehendes darbot. Hitze und übler Geruch *(car l'humanité catholique pue autant qu'une autre)*[23] vertrieben mich daher schon nach wenigen Minuten.

Abends amüsierte ich mich besser in den Vorstellungen andrer Scharlatans, nämlich einer Gesellschaft sogenannter englischer Reiter, die hier zu Hause sind. Herr Adam, in seiner Art wirklich: *le premier des hommes*[24], dirigierte die »Akademie«, welche diesen Namen besser wie manche andere verdiente. Man sah mit Vergnügen gegen zwanzig elegant gekleidete junge Leute, fast alle mit gleicher Geschicklichkeit agieren und durch die künstliche Verwirrung, Mannigfaltigkeit, Schwierigkeit und reißende Schnelle ihrer Bewegungen das Auge oft, gleich einem Chaos, mit Dissonanzen betäuben, die sich im Augenblick darauf in die anmutigste Harmonie auflösen. Noch ergötzlicher waren zwei unnachahmliche Clowns (Bajazzi), deren Glieder keinen Dienst einer Marionette versagten.

Der eine wurde überdies vortrefflich von seinem scheckigen Esel unterstützt, welcher in der Präzision seiner Kunststücke selbst die edlen Rosse beschämte, und der andere brachte, vermöge eines eigentümlichen, selbst erfundenen Instruments, eine so echt narrenhafte Musik zuwege, daß schon die unerhörten Töne, an und für sich, unwiderstehliches Lachen erregten. Ein *pas de deux*[25] der beiden Clowns, mit Füßen und Händen getanzt, die ersteren aber in der Luft *pas* machend, während die Körper auf den Händen gingen, schloß das Schauspiel. Hier schien die menschliche Form zu verschwinden und grausend zugleich, wie eine Hoffmannische Darstellung[26], kam das Ganze dem bewilderten* Zuschauer, wie der Tanz zweier toll gewordenen Meer-Polypen vor.

(Hier fehlen einige Blätter der Korrespondenz.)

* Bewildert ist ein neues aus dem Englischen entnommenes Wort, mit dem ich mir die Freiheit nehme, die deutsche Sprache zu bereichern.[27]

Einunddreißigster Brief

B... m im Westen Irlands,
den 5ten September 1828

Gute Julie.

Du machst mich lachen mit Deiner Dankbarkeit für mein fleißiges Schreiben. – Erkennst Du nicht, daß es keinen größeren Genuß für mich geben kann? Nach den ersten Worten schon fühle ich mich wie zu Hause, und Trost und Kraft erfüllt mich von neuem. So wie ich immer gesund zu werden pflegte, wenn ich einen Arzt konsultiert hatte, ehe ich noch seine Medizin nahm, so brauche ich auch nur mit der Feder in der Hand am Schreibtische die Worte »Liebe Julie« zu zeichnen, um meine Seele gesunder zu fühlen. Du bist übrigens in jeder Hinsicht der bessere Arzt, denn statt Medizin ernährst Du mich mit Honig. *Gare aux flatteurs! Vous me gâtez.*[1] –

Erinnerst Du Dich noch des jungen Geistlichen aus Bray, der den lieben Gott zum größten Tyrannen aller Wesen machte, selbst aber ein herzensguter Mensch ist, *qui n'y entend pas malice?*[2] Nun, dieser hat mich so herzlich gebeten, ihn zu seinem Vater in Connaught zu begleiten, der, wie er sagt, ein ebenso gastfreier als wohlhabender Mann ist, daß ich nachgegeben habe, *et m'y voilà.*[3] Dieser wilde Teil Irlands, welchen Fremde nie, Einheimische selten besuchen, steht in so üblem *renommée*, daß ein Sprüchwort sagt: *Go to hell and Connaught* (geh zur Hölle und Connaught). Der Entschluß wäre also der Überlegung wert gewesen. – Was aber andere abschreckt, reizt mich oft an, und grade da finde ich oft die beste Ausbeute, und alles verspricht sie mir diesmal reichlich, wenigstens was das Ungewöhnliche betrifft.

Gestern abends nach dem *dîner*, setzten wir uns in meinen Wagen, und verließen die Metropolis. Der Weg, welchen wir zurücklegen sollten, betrug grade 101 Meile. In England wäre dies bald abgetan gewesen – hier ist der Zustand der Posten nicht derselbe, und wir brauchten über 24 Stunden dazu.

Die hiesige Landschaft gleicht auffallend den wendischen Gegenden der Nieder-Lausitz, wo mein Unglücksstern mich auch einmal hinverschlug, bloß mit Ausnahme des vielen Waldes, der, einige dürre Kiefern abgerechnet, hier überall nur gewesen zu sein scheint.[4] Brüche und Torfmoore bedecken jetzt unabsehbare Strecken, und das alte tausendjährige Eichenholz, welches in der Tiefe dort gefunden wird, hat einen hohen Preis für zierliche Meuble-Arbeiten; man macht sogar Tabaksdosen und Damenparüren[5] davon. Der übrige Boden ist sandig oder naß. Die Felder stehen mager auf dem trocknen Lande, dagegen gedeiht die Bruchwirtschaft, welche man hier aus dem Fundamente versteht, vortrefflich. Man planiert die Brüche zuvörderst, indem man das vorragende Terrain zu Torfziegeln verarbeitet, dann geht das Brennen und die Bestellung mit Früchten erst an. Alle Moore scheinen außerordentlich tief. Heidekorn[6], Kartoffeln und Hafer werden am meisten gebaut. Die Hütten der Einwohner sind über alle Beschreibung jämmerlich, und das Ansehen der ganzen flachen Gegend in hohem Grade dürftig, bis man sich dem Gute meines Freundes nähert, wo die Natur freundlicher wird, und am Horizont blaue Berge winken, die der Sitz vieler Märchen und Wunder sind.

Capt. B..., mein Wirt, ist einer der Notablen seiner Grafschaft, sein Haus aber nicht besser als das eines mittelmäßig begüterten, deutschen Edelmanns. Mit der englischen Eleganz und dem englischen Luxus ist es hier aus. Wachs ist unbekannt, so wie Claret und Champagner. Man trinkt Sherry und Portwein, vor allem aber Whisky-Punsch, bekommt detestablen Kaffee, aber eine recht nährende und kräftige Hausmannskost. Das Haus selbst ist nicht überreinlich, die geringe Dienerschaft zwar respektabel durch Dienstalter, Eifer und Ergebenheit, aber von etwas ungewaschenem und bäurischem Ansehen.

Aus meinen Fenstern dringe ich in alle Geheimnisse der Ökonomie, die jedoch hier zu bescheiden ist, um, wie in Norddeutschland, auch ihren Misthaufen als Haupt-*point de vue* auszulegen.[7] Der Regen (denn leider regnet es) läuft ganz lustig unter den Fenstern durch, und bildet einige romantische Wasserfälle vom Fensterbrett auf den Boden, wo ein alter Teppich die Fluten durstig aufnimmt. Die *meubles* wackeln etwas, ich habe aber Tische genug (eine große Angelegenheit bei meinen vielen Sachen) und das Bett scheint wenigstens geräumig und hart genug. Im Kamin brennt, oder glüht vielmehr, vortrefflicher Torf, der außer der Wärme, die er verleiht, auch, gleich dem Vesuv, wenn er ausbricht, alle Gegenstände mit einer feinen Asche überzieht. Alles das ist nicht glänzend – aber wie hoch werden jene Kleinigkeiten aufgewogen, durch die patriarchalische Gastfreiheit, und die heitre, ungezwungene Freundlichkeit der Familie! Es ist als wäre mein Besuch eine erzeigte Gunst, für die sich mir alle, wie für einen wesentlichen Dienst, verpflichtet zu fühlen scheinen.

Den 6ten

Mein Wirt gefällt mir sehr wohl. Er ist 72 Jahr alt, und noch rüstig wie 50, muß einst ein sehr schönes Äußeres gehabt haben, und seine Männlichkeit bewiesen 12 Söhne und 7 Töchter, alle von derselben Frau, die ebenfalls noch lebt, jetzt aber unwohl ist, weshalb ich sie noch nicht sah. Einige der Söhne und Töchter sind nun auch längst verheiratet, und der Alte sieht zwölfjährige Enkel mit seiner jüngsten vierzehnjährigen Tochter spielen. Ein großer Teil seiner Familie ist jetzt hier, was den Aufenthalt ziemlich geräuschvoll macht. Dies wird noch durch das musikalische Talent der Töchter vermehrt, die sich täglich auf einem schrecklich verstimmten Instrumente hören lassen, ohne daß dieser Umstand sie im geringsten stört*. Die Männer sprechen in der Regel nur von Jagd und Reiten, und sind etwas unwissend. Ein Landjunker aus der Nachbarschaft z.B. suchte heute lange unverdrossen, wiewohl vergeblich, die vereinigten Staaten auf der Karte von Europa, bis ihm endlich sein Schwager den glücklichen Gedanken eingab, sein Heil auf der großen Weltkarte zu probieren. Die amerikanischen Freistaaten wurden deshalb gesucht, weil der alte Herr mir zeigen wollte, wo er den Grundstein zu Hallifax und B... town, welche letztere nach seinem Namen benannt ist, im amerikanischen Kriege gelegt. Er kommandierte damals 700 Mann, und erinnert sich gern an diese Zeit seiner Jugend und Wichtigkeit. Die skrupulöse und ritterliche Höflichkeit seines Benehmens, die stets bereitwillige Aufopferung seiner Bequemlichkeit für andere, zeigt ebenfalls die Erziehung einer längst vergangenen Zeit an, und bekundet eigentlich sein Alter sichrer noch als sein Aussehen.

Unsre Vergnügungen für die nächsten Tage sind nun folgendermaßen arrangiert. Morgen gehen wir in die Kirche, übermorgen nach der Stadt Galway, um ein Pferderennen zu besehen, wo die armen Tiere nicht nur eine deutsche Meile laufen, sondern während diesem Rennen auch noch verschiedene Mauern überspringen müssen. Sie werden von *gentlemen* geritten. Den Abend darauf ist Ball, wo man mir den Anblick aller Schönheiten der Umgegend verspricht. Aufrichtig gesagt, so gerührt ich von der mir bewiesenen Güte bin, so wird mir doch bei der Aussicht auf einen sehr langen Aufenthalt im Hause etwas bange, ich würde aber die

* Ich habe oft zu bemerken Gelegenheit gehabt, daß die Musik-Liebhaberei in ganz England nur Modesache ist. Es gibt keine Nation in Europa, die Musik besser bezahlt, und sie weniger versteht und genießt.

herzlichen Menschen tief bekümmern, wenn ich mir davon etwas merken ließe. *Je m'exécute donc de bonne grâce.*[8]

Den 7ten

Die Sitten sind hier noch so altertümlich, daß jeden Tag der Hausherr meine Gesundheit ausbringt, und wir keine Servietten bei Tisch haben, statt deren Schnupftuch oder Tischtuchzipfel aushelfen müssen.

Vier Stunden des Vormittags brachten wir in der nahe liegenden Stadt Tuam in der Kirche zu, und sahen wie vier Geistliche vom Erzbischof ordiniert wurden. Der englische protestantische Gottesdienst ist von dem unsrigen sehr verschieden, und ein sonderbares Gemisch katholischer Zeremonien und reformierter Einfachheit. Bilder an der Wand werden nicht geduldet, wohl aber an den Fenstern; die Tracht der Priester, selbst des Erzbischofs, besteht bloß aus einem weißen Chorhemde, dagegen der Sitz des letztern wie ein Thron gebaut, mit violettem Samt ausgeschlagen, und durch eine Erzbischofs-Krone geschmückt, der Kanzel prunkend gegenüber steht. Die Predigt wird abgelesen, und dauert sehr lang. Am ermüdensten ist aber, vor und nachher, die endlose Herlesung veralteter, zum Teil sich ganz widersprechender Gebete, deren Refrain zuweilen, vom Chor aus, singend wiederholt wird, und an denen man einen wahren Kursus der englischen Geschichte machen kann. Heinrich des Achten Kirchen-Revolution, Elisabeths Politik, und Cromwells puritanische Übertreibungen, reichen sich durcheinander die Hand, während gewisse Lieblingsphrasen alle Augenblicke wiederholt werden, worunter manche Stelle mehr kriechende Sklaven, die sich vor einem Tyrannen des Südens in den Staub werfen, charakterisieren, als der christlichen W ü r d e gemäß sind. Man hatte sonderbarerweise das Evangelium, die Austreibung der bösen Geister in einer

Herde Schweine betreffend, gewählt, und nachdem dies eine Stunde lang auseinander gesetzt war, wurden die vier Priester ordiniert. Der alte Erzbischof, welcher den Ruf strenger Orthodoxie hat, besaß viel Anstand, und eine schöne sonore Stimme; dagegen mißfiel mir das Benehmen der jungen Theologen in hohem Grade. Es war widerlich heuchelnd. Fortwährend rieben sie sich die Augen mit dem Schnupftuch, hielten es in Zerknirschung vor sich, als zerflössen sie in Tränen, antworteten nur mit erstickter Stimme – kurz, Herrnhuter[9] hätten es nicht besser machen können. *La grâce n'y était pas*[10], gewiß von keiner Art.

Eine der sonderbarsten Sitten ist, daß jeder, wenn er, beim Kommen oder Gehen, sein Gebet spricht, sich damit in einen Winkel oder doch gegen die Wand kehrt, als ob er etwas Unschickliches unternähme, das man nicht sehen dürfte.

Ich muß es gerade heraussagen – ich begreife nicht, wie ein denkender Mensch durch einen solchen Gottesdienst erbaut werden kann. Und doch, wie schön und erhaben könnte dieser sein! Wenn nur der Sektengeist bei uns verbannt würde; wenn wir ferner, das Lächerliche zweckloser Zeremonien beseitigend, doch auch nicht einen abstrakten Kultus verlangen wollten, der die Sonne ganz ausschließen soll, eine Unmöglichkeit bei den sinnlichen Menschen! Warum sollen wir nicht, um das höchste Wesen zu verehren, alle unsre besten Kräfte, von ihm verliehen, zu einem solchen Zwecke anwenden, warum nicht Kunst jeder Art, in ihren höchsten Leistungen, dazu benutzen, um Gott das Herrlichste zu widmen, was menschliche Fähigkeiten vermögen? Freilich denke ich mir hier eine Gemeinde, deren Frömmigkeit, gleich weit entfernt von niedrigem Sklavensinn, wie arrogantem Dünkel, nur des Allvaters Größe und unendliche Liebe, die Wunder seiner Welt preisen will, nicht den Haß der Intoleranz in die ihm gewidmeten Mauern mitbringt, und deren Lehren nur den Glauben verlangen, zu dem die Offenbarung seines Innern einen jeden fähig macht. Vor meiner Phantasie schweben hier nicht mehr getrennte Kirchen für Juden und fünfzig Sorten Christen*, sondern wahre Tempel Gottes und der Menschen, deren Pforten zu jeder Zeit, und jedem offenstehen, welcher sinnliche und geistige Stärkung am Heiligen und Himmlischen bedarf, wenn das Irdische ihn drückt, oder Glück und Wohlsein sein Herz mit Dank erfüllt.

Galway, den 8ten

Wir kamen sehr spät auf dem *race-course*[11] an, und sahen heute nicht viel davon. Höchst merkwürdig war mir aber der Anblick des hiesigen Volkslebens. In vieler Hinsicht ist diese Nation wirklich noch mit den Wilden zu vergleichen. Der durchgängige Mangel an gehöriger Bekleidung beim gemeinen Mann, selbst an Festtagen wie dem heutigen; ihre gänzliche Unfähigkeit dem »Totenwasser« (dem Branntwein) zu widerstehen, solange sie einen Pfennig in der Tasche haben, um sich ihn zu verschaffen; ihre wilden, jeden Augenblick ausbrechenden Streitigkeiten und regelmäßigen Nationalkämpfe mit dem Shillelagh[12], einer mörderischen Stockwaffe, die jeder unter seinen Lumpen verborgen hält, woran oft Hunderte in einem Moment teilnehmen, bis mehrere von ihnen verwundet oder tot auf dem Schlachtfelde zurückbleiben; das furchtbare Kriegsgeschrei, welches sie bei solchen Gelegenheiten erheben, die Rachsucht, mit der eine Beleidigung jahrelang von ganzen Gemeinden nachgetragen und fortvererbt wird; auf der andern Seite wiederum die unbefangene frohe Sorglosigkeit, die nie an den nächsten Tag denkt; ihre harmlose, alle Not vergessende Lustigkeit; die gutmütige Gastfreiheit, die unbedenklich das Letzte teilt;

* Caraccioli schon pflegte darüber zu klagen, daß es in England sechzig christliche Sekten und nur eine *sauce* (geschmolzene Butter) gäbe.

die Vertraulichkeit mit dem Fremden, der sich ihnen einmal genähert, wie die natürliche Leichtigkeit der Rede, die ihnen immer zu Gebote steht; – alles sind Züge eines nur halb zivilisierten Volks.

Hunderte von Betrunkenen begleiteten unsern Wagen, als wir vom *race-course* nach der Stadt fuhren und mehr als zehnmal entstand Schlägerei unter ihnen. Wir fanden bei der Menge von Gästen nur mit Mühe ein elendes Unterkommen, aber doch ein gutes und sehr reichliches Mittagsessen.

Galway ist in früheren Zeiten hauptsächlich von den Spaniern angebaut worden, und einige Nachkommen jener alten Familie existieren noch, sowie mehrere sehr sehenswerte Häuser aus dieser Epoche. Charakteristisch schien es mir, daß in dieser Stadt von 40000 Einwohnern, auch nicht ein einziger Buchladen oder eine Leihbibliothek zu finden war. Die Vorstädte, wie alle Dörfer, durch die unser Weg führte, waren von einer Beschaffenheit, der ich nichts bisher Gesehenes gleichstellen kann. Schweineställe sind Paläste dagegen, und oft sah ich zahlreiche Gruppen von Kindern (denn die Fruchtbarkeit des irländischen Volks scheint seinem Elend gleich zu sein) nackt, wie sie Gott geschaffen, sich mit den Enten im Straßenkot glückselig herumwühlen.

Athenry den 10ten früh

Ich schreibe Dir diesen Morgen aus dem Hause einer der liebenswürdigsten Frauen, die ich in meinem Leben gesehen, und zwar einer Afrikanerin, die behauptet, eine geborne Fräulein H... zu sein. *Que dites-vous de cela?*[13] Doch davon nachher. Vorderhand mußt Du mich zum *race-course* zurückbegleiten, wo das Rennen mit dem Mauerspringen eben seinen Anfang nimmt, ein merkwürdiges Schauspiel in seiner Art, und für eine halbwilde Nation recht passend. Ich gestehe, daß es meine Erwartung weit übertraf, und mich in ungemeiner Spannung erhielt, nur mußte man Mitleid und Menschlichkeit dabei zu Hause lassen, wie Du aus dem Erfolg abnehmen kannst. Die Rennbahn geht in einem gedehnten Kreise. Auf der linken Seite beginnt der Lauf, auf der rechten gegenüber ist das Ziel. Dazwischen sind auf den beiden entgegengesetzten Punkten der Kreislinie, d. h. die, welche in der Mitte zwischen dem Auslauf und Ziele liegen, Mauern aus gesprengten Feldsteinen ohne Kalk aufgeführt, 5 Fuß hoch und 2 Fuß breit. Die Bahn, welche 2 englische Meilen beträgt, wird anderthalbmal durchlaufen. Du siehst also aus den vorigen Angaben, daß dabei die erste Mauer zweimal, die andere nur einmal, in jedem Rennen übersprungen werden muß*. Viele Pferde konkurrieren, um aber zu siegen, muß dasselbe Pferd in zwei Rennen gewonnen haben, daher dieses oft drei-, vier-, ja fünfmal wiederholt werden muß, wenn jedesmal ein anderes zuerst ankommt. Heute wurde es viermal durchlaufen, so daß der Gewinner, in der Zeit von noch nicht 2 Stunden, die Intervallen mitgerechnet, 12 englische Meilen angestrengt laufen, und 12mal die hohe Mauer überspringen mußte, eine Fatigue, von der man bei uns kaum glauben würde, daß sie ein Pferd auszuhalten im Stande sei. Sechs *gentlemen*, wie Jockeys sehr elegant in farbige seidene Jacken und Kappen, lederne Beinkleider und Stulpenstiefel gekleidet, ritten das *race*. Ich hatte ein vortreffliches Jagdpferd von dem Sohne meines Wirts

* Ist Dir diese Beschreibung vielleicht noch nicht deutlich genug, so denke Dir nur einen gedrückten Kreis mit den darauf markierten vier Weltgegenden. Im Westen ist eine Säule, wo die Pferde auslaufen, im Norden eine Mauer, über die sie springen müssen. Hierauf passieren sie zum erstenmal die Zielsäule im Osten, ohne sich dabei aufzuhalten, und finden eine andere Mauer im Süden. Haben sie diese zurückgelegt, so kommen sie zum zweitenmal bei ihrem Auslaufspunkt vorbei, überspringen abermals die Mauer im Norden, und endigen nun erst am Ziel, nachdem sie drei Meilen gelaufen, und dreimal über Mauern gesprungen sind.

erhalten, und konnte daher, die Bahn kreuzend, sehr gut folgen, um bei jedem Sprunge gegenwärtig zu sein.

Man interessiert sich bei solchen Gelegenheiten immer für einen besondern *favourite*. Der meine, und der des ganzen Publikums, war ein außerordentlich schöner Dunkelfuchs, Gamecock genannt, den ein Herr in Gelb ritt, ein hübscher junger Mann, von einer angesehenen Familie, und ein vortrefflicher Reiter. Das Pferd, welches mir, nach diesem, am besten gefiel, hieß Rosina, eine dunkelbraune Stute, von einem Cousin des Capitän B... geritten, ein schlechter Reiter, in Himmelblau. Das dritte Pferd an Güte, nach meinem Urteil, Killarney, war ein starker, aber ziemlich unansehnlicher, Wallach, von einem jungen Manne geritten, der mehr Anlage, als schon vollendete Reiterkunst, verriet. Sein Anzug war *cramoisi.*[14] Der vierte *gentleman* vielleicht der Gewandteste unter den Reitern, aber etwas kraftlos, ritt ein sich nicht besonders auszeichnendes braunes Pferd, und war selbst auch braun angezogen. Die zwei übrigen verdienen keine Erwähnung, da sie gleich im Anfang sich *hor du jeu*[15] setzten. Beim ersten Sprung nämlich stürzten sie schon beide, der eine sich bedeutend am Kopfe beschädigend, der andere mit einer leichten Kontusion[16] wegkommend, aber doch eben so unfähig gemacht, weiterzureiten. Gamecock, der, mit Furie anlaufend, und kaum von seinem Reiter zu dirigieren, mit ungeheuern Sätzen über die Mauer mehr flog als sprang, gewann das erste Rennen mit Leichtigkeit. Ihm folgte die leerlaufende Rosina, welche ihren Reiter abgeworfen hatte, und die folgenden Sätze, mit großer Grazie auf ihre eigene Hand vollführte. Gamecock war nun so entschiedener *favourite*, daß man 5 zu 1 für ihn parierte. Es kam indes ganz anders, und sehr tragisch. Nachdem im zweiten Rennen dieses herrliche Pferd wieder die andern beiden (denn 3 waren, wie Du gelesen hast, schon beseitigt) weit hinter sich zurückgelassen, und die ersten zwei Sprünge auf das brillanteste zurückgelegt hatte, trat es bei dem dritten auf ein Steinstück, was eins der vorigen ungeschickteren Pferde beim Stürzen abgesprengt hatte, und welches nicht erlaubt worden war, aus der Bahn zu nehmen – und fiel so gewaltig, daß es mit dem Reiter sich überschlug, und beide noch bewegungslos dalagen, als die anderen Konkurrenten herankamen, welche, ohne auf den Gefallenen die mindeste Rücksicht zu nehmen, ihre Sprünge glücklich bewerkstelligten. Gamecock raffte sich nach einigen Sekunden wieder auf, der Reiter aber erlangte seine Besinnung nicht wieder, und wurde vom gegenwärtigen Chirurgus für hoffnungslos erklärt, da Brustknochen und Schädel zerschmettert waren. Sein alter Vater, der dabeistand, als das Unglück geschah, fiel ohnmächtig auf den Boden, und seine Schwester warf sich über den zitternden, aber bewußtlosen Körper, dem der Schaum auf dem Munde stand, mit herzzerbrechendem Wehklagen hin. Dagegen war die allgemeine Teilnahme sehr gering. Nachdem man schnell den armen jungen Mann mehrmals zur Ader gelassen, so daß er auf dem Rasen ganz in seinem Blute schwamm, schaffte man ihn weg, und das *race* begann von neuem zu der bestimmten Zeit, als wenn nichts vorgefallen wäre. Der braune Mann war im vorigen Rennen der erste gewesen, und hoffte jetzt den entscheidenden und letzten Lauf zu beginnen. Es war, was die Engländer ein hartes *race* nennen. Beide, Pferde und Reiter, machten ihre Sache vortrefflich, liefen und sprangen fast wie in Reih und Glied. Nur um einen Viertelspferdekopf kam endlich Killarney am Ziele vor. Es mußte also noch einmal gerannt werden, Dieser letzte *contest*[17] war natürlich der interessanteste, da nun einer von beiden das Ganze gewinnen mußte, und gab Gelegenheit zu großen Wetten, die im Anfang *al pari*[18] standen. Zweimal schien der Sieg entschieden und endigte dennoch entgegengesetzt. Beim ersten Sprung waren beide Pferde nebeneinander. Ehe sie aber an den zweiten kamen, sah man, daß das braune matt wurde, und Killarney so viel Terrain gewann, daß er, mehr als hundert Schritt vor dem andern, zum zweiten Sprung an die Mauer kam. Hier aber, gegen alle Erwartung, refüsierte er zu springen, weil der Reiter ihn nicht hinlänglich in seiner Gewalt hatte. Ehe er zum Gehorsam gebracht werden konnte, wurde er vom Braunen erreicht. Dieser machte seinen Sprung glücklich, und nun alle Kräfte anstrengend, kam er so weit vor, daß ihm der Sieg jetzt sicher schien. Die Wetten standen 10 zu 1. Die letzte Mauer drohte indes noch – und ward ihm auch in der Tat verderblich. Das schon matte Pferd, im schnellen Rennen seine letzten Kräfte erschöpfend, versuchte zwar willig den Satz, konnte ihn aber nicht mehr effektuieren[19], und die Mauer halb einbrechend, kollerte es, blutig gestoßen über und über, den Reiter unter seiner Last so begrabend, daß er nicht fähig war, es wieder zu besteigen. Der Reiter Killarneys hatte, während dies vorging, seinen widerspenstigen Gaul endlich bezwungen, vollendete, unter dem Zujauchzen der Menge, beide sich folgende Sprünge, und ritt dann im Schritt, ganz gemächlich und ohne fernern Rivalen, dem Ziele zu. Dort fand ich ihn aber so erschöpft, daß er kaum sprechen konnte.

Während den Zwischenräumen der verschiedenen früheren Rennen, war ich mehreren Damen und Herren vorgestellt worden, die mich alle sehr gastfrei auf ihre Landsitze einluden. Ich folgte aber lieber dem Sohne meines Wirts, der mir versprach, mir die Schönste aller Schönen zu zeigen, wenn ich mich seiner Leitung überlassen wolle, und mich nicht scheue, noch 10 Meilen im Dunkeln zu reiten. Unterwegs erzählte er mir, daß die Bewußte Mistress L..., heiße, die Tochter des ehemaligen holländischen Gouverneurs von ... sei, und sich jetzt in dem einsamen Flecken Athenry, der gesunden Luft wegen aufhalte, da sie, vom Klima angegriffen, an der Brust leide.

Um 10 Uhr kamen wir erst an, und überraschten sie in ihrem kleinen Häuschen (denn der Ort ist elend) beim Tee.

Ich möchte Dir dieses liebenswürdige Geschöpf beschreiben, so daß Du sie vor Dir zu sehen glaubtest, überzeugt, daß Du sie, gleich mir, beim ersten Blicke lieben würdest. Ich fühle aber, daß hier Beschreibung nicht ausreicht. – Alles an ihr ist Herz und Seele, und das beschreibt sich nicht! Sie war höchst einfach, ganz schwarz gekleidet, das Kleid bis an den Hals geschlossen, aber dennoch zeichnete es die schönsten Formen. Ihre Gestalt war schlank und äußerst jugendlich, voll milder Grazie, und dennoch nicht ohne Lebhaftigkeit, noch Feuer in ihren Bewegungen. Ihr Teint braun, rein und klar, und von einer sanften Glätte, wie Marmor. Schönere und glänzendere schwarze Augen und blendend weißere Zähne sah ich nie. Auch der Mund, mit der engelgleichen Kindlichkeit ihres Lächelns, war bezaubernd.

Ihr feiner, ungezwungener Anstand, die spielend geübte Grazie heiteren und witzigen Gesprächs, waren von der köstlichen Art, die angeboren ist, und daher ebenso sicher in Paris, wie in Peking, in der Stadt, wie auf dem Dorfe, gefallen muß. Die größte Erfahrung könnte nicht mehr Gewandtheit geben, und kein Mädchen von 15 Jahren lieblicher erröten, und freudiger scherzen. Demohngeachtet war ihr Leben das einfachste gewesen, und ihre Jugend mehr noch die unverblühbare der Seele, als die des Körpers, denn sie war Mutter von vier Kindern, den Dreißigern ziemlich nahe, und eben jetzt erst, kaum von einer ihr Leben bedrohenden Brustkrankheit genesen. Aber das Feuer aller ihrer Bewegungen, die blitzesschnelle Lebhaftigkeit ihrer Unterhaltung, waren ganz jugendlich frisch, und rissen jugendlich hin, indem sie zugleich der innern Sanftmut ihres Wesens einen unwiderstehlichen Reiz gaben. Man fühlte, daß diese Natur unter einer heißeren und glücklicheren Sonne, auf einem üppigeren Flecke der Erde, als unsere Nebelländer es sind, geboren war! Auch empfand sie selbst die wehmütigste Sehnsucht nach dieser Heimat, und Schmerz verbreitete sich augenblicklich über alle ihre Züge, als sie erwähnte, daß sie wohl nie jene linde, von Wohlgerüchen geschwängerte Luft, wieder einatmen würde. Ich war zu sehr in ihrem Anblicke verloren, um an leibliche Nahrung zu denken, wenn sie nicht selbst, mit aller gütigen Emsigkeit einer Hausfrau, Anstalt gemacht hätte, uns in ihrer kleinen Hütte, so gut es sich tun ließ, zu bewirten. Man deckte nun einen Tisch in derselben Stube, so daß das frugale Mahl die Unterhaltung nicht abbrach, und es war lange nach Mitternacht, als wir schieden, um unsre Betten aufzusuchen. Erst als ich schon in dem meinigen lag, erfuhr ich, daß, bei der Unmöglichkeit, in dem elenden, nur aus wenigen Hütten bestehenden Orte ein Bett aufzutreiben, die herzensgute und ganz zeremonielose Frau mir ihr eignes abgetreten, und sich bei ihrer ältesten Tochter einquartiert habe. Mit welchen Gefühlen ich nach dieser Nachricht endlich einschlief, magst Du Dir denken! –

Über ihre Familie, deren Namen mir so sehr auffallen mußte, konnte Mistress L... mir selbst nicht viel mitteilen. Im zwölften Jahre hatte sie Herr L..., damals Hauptmann in der englischen Armee, in ... geheiratet. Gleich darauf war ihr Vater gestorben, und sie mit ihrem Gemahl nach Irland geschifft, welches sie seitdem nie verlassen. Sie hatte wohl gehört, daß sie Verwandte in Deutschland habe, aber nie mit ihnen korrespondiert, bis sie vor drei Jahren einen Geschäftsbrief von einem Vetter aus A... erhielt, mit der Ankündigung, daß der Bruder ihres Vaters gestorben, und sie zur Universalerbin eingesetzt habe. Die Gleichgültigkeit des afrikanischen Naturkindes war so weit gegangen, daß sie diesen holländisch geschriebenen Brief nicht nur bis jetzt unbeantwortet gelassen, sondern, wie sie erzählte, auch nur zum Teil entziffern können, da sie die Sprache in so langer Zeit fast vergessen habe. »Ich kenne den Mann ja nicht«, setzte sie entschuldigend hinzu, »und die Erbschaftssache habe ich meinen Gemahl abmachen lassen.«

Der Badeort Athenry (die Quelle ist von der Art wie Salzbrunnen in Schlesien) gehört auch zu den Originalitäten Irlands. Ich habe Dir schon gesagt, daß kein Dorf in Polen von elenderem Ansehen gedacht werden kann. Dabei liegt der Hüttenhaufen auf einer ganz kahlen Anhöhe im Torfmoor, ohne Baum und Strauch, ohne Gasthof, ohne irgend eine Bequemlichkeit, nur von den zerlumptesten Bettlern, außer den wenigen Badegästen, bewohnt, welche letztere alles mitbringen, was sie brauchen, und ihren Unterhalt bis auf die geringsten Lebensmittel, fortwährend von dem 12 Meilen entfernten Galway herbeiholen lassen müssen. Einst war es anders, und noch betrachtet man mit Wehmut am äußersten Ende des jammervollen Örtchens die stolzen Ruinen einer bessern Zeit. Hier stand eine reiche Abtei, jetzt mit Efeu durchwachsen, und über den freiliegenden Altären und Grabsteinen sind die Gewölbe eingestürzt, die einst das Heiligtum schützten. Weiterhin sieht man noch die 10 Fuß dikken Mauern des Schlosses König Johanns, der seinen Gerichtshof hier hielt, wenn er nach Irland herüberkam.

Ich besuchte diese Ruinen in sehr zahlreicher Begleitung. Ich sage nicht zu viel, wenn ich Dir versichere, daß aus der ganzen Gegend wenigstens über 200 halbnackte Individuen, zum Dritteil Kinder, sich um meinen nachgekommenen Wagen schon seit dem frühesten nichtstuend versammelt hatten, und nun unter Vivatgeschrei mich alle bettelnd umringten, und Mann für Mann durch die Ruinen, über Trümmern und Kratzbeeren, treulich begleiteten. Die sonderbarsten Komplimente erschallten zuweilen einzeln aus der Menge heraus, einige riefen sogar: »Es lebe der König!« Als ich bei der Zurückkunft ein paar Hände voll Kupfer unter sie warf, lag bald, von alt und jung, die Hälfte im Straßenkot, sich blutig schlagend, während die andern schnell in die Branntweinschenke liefen, um das Gewonnene sogleich zu vertrinken.

Das ist Irland! vom Gouvernement vernachlässigt oder bedrückt, von der stupiden Intoleranz des englischen Priestertums erniedrigt, von seinen reichen Landbesitzern verlassen, und von Armut und Whiskeygift zum Aufenthalt nackter Elenden gestempelt! –

Ich habe schon erwähnt, daß auch bei den gebildeten Klassen der Provinz die Unwissenheit für unsere Erziehungsbegriffe beispiellos erscheint. Ich will es noch nicht als solche aufführen, daß z. B. heute beim Frühstück vom Magnetismus gesprochen wurde, und niemand je das geringste davon gehört hatte. Du wirst übrigens nicht zweifeln, daß ich mich gern erbot, Mistress L..., deren Lebhaftigkeit bei der Beschreibung gleich Feuer fing, darin Unterricht zu geben – aber stärker ist es schon, daß in B...m, unter einer Gesellschaft von 20 Personen, niemand wußte, daß es Örter wie Carlsbad und Prag in der Welt gebe. Die Auskunft, daß sie in Böhmen lägen, half auch nichts, da ihnen Böhmen ebenso unbekannt war, denn alles, außer Großbritannien und Paris, waren für sie böhmische Dörfer. »Wo sind Sie denn eigentlich her?« frug mich einer. »Aus Brobdingrag«[20], sagte ich im Scherz. »Ah, liegt das am Meer? Haben Sie da auch Whiskey?« frug ein anderer. Ja der öfters erwähnte Sohn meines Wirts erkundigte sich sogar einmal ganz angelegentlich bei mir, als wir eben auf einem Spazierritte einigen Eseln begegneten, ob es auch bei uns solche Tiere gäbe? »Ach, mehr als zu viel!« erwiderte ich seufzend.

B...m, den 12ten

Gestern kehrten wir hierher zurück, mit Mühe uns von der schönen Afrikanerin losreißend, die uns indes bald nachzukommen versprochen hat, und heute benutzte ich die Muße, um einen Spazierritt nach Castle Hacket zu machen, einen einzeln in der Gegend stehenden Berg, der, nach des Volkes Meinung, ein Lieblingsaufenthalt der Feen, *the good people*, wie man sie in Irland nennt, sein soll. Kein Volk ist poetischer und mit reicherer Phantasie begabt. – Ein alter Mann, der die Aufsicht über die Waldungen von Castle Hacket hat, und in dem Rufe steht, mehr als andere von den *good people* zu wissen, erzählte uns den Verlust seines Sohnes ganz im Ton einer Romanze. »Ich wußte es«, sagte er, »schon vier Tage vorher, daß er sterben würde, denn als ich an jenem Abend in der Dämmerung nach Hause ging, sah ich s i e in wilder Jagd über die Ebene dahinstürmen. Ihre roten Gewänder flatterten im Winde, und die Seen gefroren bei ihrem Nahen zu Eis, Mauern und Bäume aber bogen sich vor ihnen zur Erde, und über die Spitzen des Dickichts ritten sie hin, wie über grünes Gras. Voran sprengte die Königin auf weißem hirschartigem Roß, und neben ihr sah ich mit Schaudern meinen Sohn, dem sie zulächelte und ihm schöntat, während er, wie im Fieber, sie mit Sehnsucht anblickte, bis alle auf Castle Hacket verschwanden. Da wußte ich, daß es um ihn geschehen sei! – Denselben Tag noch legte er sich, den dritten trug ich ihn schon zu Grabe. Keinen schöneren, keinen besseren Jungen gab's in Connemara – drum hat auch die Königin sich ihn erwählt.« –

Der Alte schien so unbefangen, und so fest von der Wahrheit seiner Erzählung überzeugt, daß es nur kränkend hätte für ihn sein können, den geringsten Zweifel daran zu äußern. Dagegen erwiderte er unsere Fragen nach weiteren Details mit großer Bereitwilligkeit, und ich behalte mir also noch vor, Dir die genaueste Toilette der Feenkönigin zu Deinem nächsten Maskenball ausführlicher zu liefern.

Am Fuße dieses nicht geheuren Berges ist ein hübscher Landsitz, und der Berg selbst, bis an seine Spitze, mit jungen, gut wachsenden Pflanzungen bedeckt. Auf dem steinigen

Gipfel steht eine künstliche Art Ruine, bloß von losen Steinen aufgeschachtet, die sehr mühsam, und wegen der leicht abrollenden Steine, nicht ohne Gefahr zu erklettern ist. Die Aussicht ist aber des Versuches wert. Von zwei Seiten irrt das Auge fast schrankenlos über die unermeßliche Ebene – auf den andern beiden schließt den Horizont Lough Corrib, ein 30 Meilen langer See, dem die Hügel der Grafschaft Clare, und weiter hin das düstere, romantisch geformte Gebürge von Connemara zum Hintergrunde dienen. In der Mitte des Sees wendet dieser sich, gleich einem Flusse, in das Innere des Gebürges, wo das Wasser sich in einem engen Bergpasse nur nach und nach zwischen den höchsten Spitzen verliert, die gleichsam eine Pforte bilden, um es aufzunehmen. Grade hier ging die Sonne unter, und die Natur, die meine Liebe zu ihr gar oft vergilt, zeigte mir diesen Abend eines ihrer wunderbarsten Schauspiele. Schwarze Wolken hingen über den Bergen, und der ganze Himmel war umzogen. Nur da, wo die Sonne jetzt eben hinter dem dunklen Schleier hervortrat, erfüllte sie die ganze Bergschlucht mit überirdischem Lichtglanz. Der See funkelte unter ihr wie glühend Erz, die Berge aber erschienen, wie durchsichtig, im stahlblauen Schimmer, dem Brillantfeuer ähnlich. Einzelne, flockige Rosenwölkchen zogen langsam in dieser Licht- und Feuerszene, gleich weidenden Himmelsschäfchen, über die Berge hin, während zu beiden Seiten des geöffneten Himmels dichter Regen, in der Ferne sichtbar, herabströmte und wie einen Vorhang bildete, der rundum jeden Blick in die übrige Welt verschloß. Dies ist die Pracht, welche sich die Natur allein vorbehalten hat, und die selbst Claudes Pinsel nicht nachahmen könnte.

Den Heimweg entlang erzählte mir mein junger Begleiter unaufhörlich von Mistress L…, die er, wie ich wohl sah, nicht ungestraft, wie die Mücke das Licht, so lange umspielt hatte. »Nie«, sagte er unter anderem, »bemerkte ich, bei aller ihrer Lebhaftigkeit, auch nur einen Augenblick, üble Laune oder Ungeduld an ihr – nie hatte eine Frau ein besseres *temper.*« Dieses Wort ist, ebenso wie *gentle*, unübersetzbar – nur eine Nation, die das Wort *comfort* erfinden konnte, war zugleich fähig, *temper* zu erdenken – denn *temper* ist in der Tat im Geistigen, was *comfort* im Materiellen. Es ist der behaglichste Zustand der Seele, und das größte Glück, sowohl für die, welche es besitzen, als für die, welche es an andern genießen. Vollkommen wird es vielleicht nur beim Weibe gefunden, weil es mehr duldender, als tätiger Natur ist. Dennoch muß man es von bloßer Apathie sehr unterscheiden, welche andere entweder langweilt, oder Ärger und Zorn nur vermehrt, während *temper* alles beruhigt und mildert. Es ist ein echt frommes, liebendes und heitres Prinzip, mild und kühlend wie ein wolkenloser Maitag. Mit *gentleness* im Charakter, *comfort* im Hause und *temper* in seiner Frau, ist die irdische Seligkeit eines Mannes erschöpft. *Temper*, in höchster Potenz, ist ohne Zweifel eine der seltensten Eigenschaften – die Folge einer vollendeten Harmonie (Gleichgewichts) der intellektuellen Kräfte, die vollständigste Gesundheit der Seele. Große und hervorstechende einzelne Eigenschaften können daher nicht damit verbunden sein, denn, wo eine Kraft hervortritt, hört das Gleichgewicht auf. Man kann also hinreißen, leidenschaftliche Liebe, Bewunderung, Achtung einflößen, ohne deshalb *temper* zu haben, – vollkommen liebenswürdig auf die Dauer aber wird man nur durch seinen Besitz. Das Wahrnehmen der Harmonie in allen Dingen wirkt wohltätig auf den Geist; des Grundes oft sich unbewußt, wird die Seele doch immer dadurch erfreut, welcher ihrer Sinne es auch sei, der ihr dies Gefühl zuführt. Eine solche Person also, die mit *temper* begabt ist, gewährt uns beständigen Genuß, ohne je unsern Neid zu erregen, noch andere zu heftige Empfindungen zu erwecken. Wir stärken uns an ihrer Ruhe, beleben uns an ihrer stets gleichen Heiterkeit, trösten uns an ihrer Resignation, fühlen den Zorn schwinden vor ihrer liebenden Geduld, und werden am Ende besser und froher am Geister-Klange ihrer Harmonie.

Wie viel Worte, gute Julie, wirst Du sagen, um eins zu beschreiben, und dennoch habe ich nur unvollkommen ausgedrückt, was – *temper* – sei.

Den 13ten

Die schöne Aussicht des gestrigen Abends lockte mich, heute von nahem zu sehen, was ich dort nur von ferne geschaut. Mein gefälliger Freund arrangierte zu diesem Endzweck schnell unsere Equipage, einen kleinen *char à bancs*[21], den wir *tandem* (d. h. ein Pferd vor das andere gespannt) mit Postpferden fuhren. Wir beschlossen: den See Corrib, Cong und seine Tropfsteinhöhlen in Augenschein zu nehmen, und um die Zeit aufs beste zu benutzen, erst in der Nacht wieder zurückzukehren. Nach vier Stunden scharfen Trabens, und einigen kleinen Unglücksfällen, die dem gebrechlichen Fuhrwerk zustießen, erreichten wir das, einige zwanzig Meilen entfernte, Cong, wo wir zuvörderst in dem elenden Gasthof ein mitgebrachtes Frühstück von irländisch zubereitetem Hummer*, wie die Chinesen, mit Hölzchen verzehrten, da keine Messer und Gabeln zu haben waren, und uns dann sogleich nach den Höhlen auf den Weg machten, wie gewöhnlich von einem halbnackten Gefolge begleitet. Jeder von diesem suchte irgendeinen Dienst zu tun; bückte man sich nach einem Stein, so rissen sich zehn darum ihn aufzuheben, und baten dann um ein Trinkgeld; war eine Tür zu öffnen, so stürzten zwanzig darauf zu, und erwarteten gleichfalls Belohnung. Später, als ich schon alle meine Münzen ausgeteilt hatte, kam noch einer, der behauptete, mir, ich

* Ein vortreffliches Gericht! Das Rezept mündlich.

weiß nicht mehr welche Kleinigkeit, gezeigt zu haben. Ich wies ihn unwillig ab, und sagte, meine Börse sei leer. »O«, rief er: *»A gentleman's purse can never be empty!«* (eines *gentleman's* Börse kann nie leer sein) keine üble Antwort – denn unter der Form eines Kompliments verbarg sie einen boshaften Doppelsinn; es hieß: Du siehst zu sehr wie ein *gentleman* aus, um nicht Geld zu haben; bist du aber so ungenerös keins zu geben, so bist du auch kein *gentleman* mehr; hast du aber wirklich nichts, so bist du's noch weniger. Die Menge fühlte dies, und lachte, bis ich mich loskaufte.

Doch zurück zur Höhle, dem *pigeon-hole* (Taubenloch), einer seltsamen Naturerscheinung. Sie liegt mitten im Felde, in einer baumlosen, öden Flur, die, obgleich flach, mit einer eigen geformten Art Kalkfelsen bedeckt ist, zwischen denen die wenige Erde mühsam zu Wiesen und Feldflächen benutzt wird. Diese Felsen sind so glatt, als wären sie poliert, und gleichen regelmäßig aufgekasteten, und halb bearbeiteten Steinen, die man zu irgendeinem kolossalen Bau hier zusammengebracht hätte. In diesem Steinfelde, ohngefähr eine Viertelstunde vom See Corrib öffnet sich nun die Höhle, wie ein weiter dunkler Brunnen, in den dreißig bis vierzig rohe, in den Stein gehauene, Stufen zu dem Flusse hinabführen, der hier unterirdisch strömt, sich eine lange Zeit durch wunderlich gestaltete Felsengewölbe seinen Weg bahnt, dann nur ans Licht tritt, um eine Mühle zu treiben, gleich darauf sich aber zum zweitenmal in den Bauch der Erde vergräbt, und später wiederum als ein breiter, kristallheller, und tiefdurchsichtiger Strom zum Vorschein kommt, der sich in die Gewässer des Sees ergießt.

Unfern der Höhle, vor der wir jetzt standen, wohnt eine »Donna del Lago«[22], welche die Berechtigung, Fremden das *pigeon-hole* zu zeigen, dem Gutsherrn mit 4 Pf. Sterl. jährlich bezahlen muß. Sie paßte vortrefflich zu der Hüterin eines solchen Eingangs in die Unterwelt, und die ganze Szene konnte nicht besser, wie die Engländer sagen *in character* sein. Wir waren schon im Dunkeln die Stufen hinabgeklommen, und hörten des Flusses Rauschen, ohne ihn noch zu sehen, als die riesengroße, hagere Alte, einen scharlachroten Mantel um sich geworfen, mit langen, flatternden weißen Haaren und zwei lodernden Feuerbränden in den Händen, herabkam – das leibhaftige Original zu W. Scotts Meg Merrili.[23] Es war ein merkwürdiger Anblick, wie ihre hin und her schwankenden Fackeln die Wellen des Stroms, die hohen, von Stalaktiten gezackten Gewölbe und die blassen zerlumpten Gestalten unter ihnen grell erleuchteten, jetzt aber die Alte, unter Reden, welche wie eine Beschwörungsformel klangen, in den Fluß brennende Strohbündel warf, die, schnell dahinschwimmend, immer neue Grotten, immer groteskere Formen enthüllten, bis sie endlich, gleich kleinen Lichtern, nach hundert Windungen, in der Ferne verschwanden. Wir folgten ihnen, über die schlüpfrigen Steine kletternd, so weit wir konnten, und entdeckten zuweilen große Forellen in dem eiskalten Wasser, welche das Eigentümliche haben sollen, daß, welche Lockspeise man ihnen auch biete, doch noch nie ein Versuch sie zu fangen gelungen sei. Das Volk hält sie daher für verzaubert.

Wenn man aus der Dunkelheit wieder an die Stelle zurückkehrt, wo das Tageslicht schwach, wie in einen Schacht, hineinbricht, sieht man Efeu und Schlingpflanzen in höchst malerischen *festons*[24] und Girlanden über die Felsen herabhängen. Hier halten die wilden Tauben in großer Menge ihre Nachtruhe, wovon sich die Benennung der Höhle herschreibt. Der Aberglaube des Volks erlaubt keinem Jäger, sie an diesem Orte zu beunruhigen, weshalb sie auch ohne Furcht sind, wie in einem Taubenschlage.

Aus diesen düstern Regionen, wo alles beschränkt und eingeschlossen ist, wandelten wir nun dem weiten meerartigen See zu, wo alles sich ins Unendliche zu verlieren scheint. Die majestätische Wassermasse des Corrib füllt ein Becken von zwölf deutschen Meilen Länge und in der größten Ausdehnung drei deutschen Meilen Breite. Ein sonderbares Zusammentreffen ist es zu nennen, daß der See gerade soviel Inseln, als das Jahr Tage, zählt, nämlich 365. So behaupten wenigstens die Einwohner, gezählt habe ich sie nicht. Auf zwei Seiten begrenzt ihn das hohe Gebürge von Connemara, auf den andern verschwimmen seine Gewässer fast mit der *plain.*[25] Die Einfahrt, den Bergen gegenüber, war daher ungleich schöner als die Rückkehr. Im ganzen soll die Schiffahrt auf diesem See, wegen der vielen Klippen und Inseln, wie den oft plötzlich sich erhebenden Stürmen sehr gefährlich sein, und erst kürzlich meldeten uns die Zeitungen, daß ein Marktschiff, auf welchem Fleischer sich mit ihren Hammeln eingeschifft, mit Menschen und Tieren ein Raub der erzürnten Seenixe geworden sei. Wir hatten einen sehr stillen, aber nicht immer heitern Tag. Als wir wieder gelandet, ließ ich meinen Begleiter vorausgehen, um die nötigen Bestellungen zu machen, und besah noch, bei Sonnenuntergang, die am Ufer liegenden Ruinen einer Abtei, die einige schöne Überreste alter Baukunst und Skulptur darbot. Irland wimmelt von Ruinen alter Schlösser und Klöster, mehr als irgendeine andere Gegend Europas, wiewohl diese Überbleibsel keine so ungeheure Massen darbieten als z. B. in England. Diese alten Ruinen (denn leider findet man hier auch gar viel neue) werden vom Volk überall als Kirchhöfe benutzt, eine poetische Idee, die, glaube ich, nur diesem Volke eigen ist. Da man nirgends darin, wie in den englischen Kirchen, geschmacklose moderne Monumente aufstellt, sondern nur die Erde aufreißt, oder höchstens einen Stein auf das Grab legt, so wird durch diesen Gebrauch das ergreifende Bild irdischer Vergänglichkeit nur erhöht, nicht entweiht. Was aber den Eindruck oft bis zum Grausenhaften steigert, ist die wenige Rücksicht, welche die späteren Totengräber auf die früher Begrabnen nehmen, deren Gerippe sie, sobald der Platz fehlt, ohne Umstände herauswerfen. Daher sind alle diese Ruinen mehr oder weniger mit Haufen von wild untereinander gewürfelten Schädeln und Gebeinen angefüllt, die nur zuweilen teilweise von den Kindern, als Spielwerk, in Pyramiden oder andere Formen aufgestellt werden. Ich erstieg, über solche Steine und Knochen mich emporarbeitend, ein verfallnes Gemach des zweiten Stockes, und weidete mich an dem fremdartigen romantischen Gemälde. Zu meiner Linken war die Mauer hinabgesunken, und öffnete dem Blick die schöne Landschaft, die den See umgibt, mit hellgrünem Vorgrunde, dem Gebürge in der Ferne, und seitwärts dem Schlosse und den hohen Bäumen des Parkes der MacNamaras, welche hier residieren. Vor mir stand noch ganz wohlerhalten ein vortrefflich gearbeitetes, wie mit *point d'Alençon*[26] eingefaßtes Fenster; über ihm hingen, unzugänglich auf der freistehenden Mauer, ganze Trauben schwarzblauer Brombeeren von den üppig wuchernden Sträuchern herab. Rechts, wo die Wand des Gemachs ganz intakt geblieben war, sah man eine niedrige, mit der Hand leicht zu erreichende Nische, in der sich sonst wahrscheinlich ein Heiliger befunden, jetzt aber nur ein Totenschädel stand, mit den leeren Augenhöhlen gerade auf die schöne Aussicht gerichtet, die sich ihm gegenüber ausbreitete, als erfreue ihr Glanz und frisches Leben selbst den Toten noch. Indem auch ich derselben Richtung von neuem folgte, entdeckte ich, dicht über dem Boden, ein bisher übersehenes Gitterfenster, das einen weiten Keller erleuchtete, und sah in diesem nun eine unermeßliche Anhäufung von Gebeinen, alle auf die erwähnte Weise in mannigfaltige Formen geordnet. Die sonnige Landschaft oben, die dunkeln Knochenhaufen unten, wo die Jugend mit dem Tode gespielt – es war ein Blick in Leben und Grab zugleich, die Freude des einen wie die teilnahmlose Ruhe des zweiten versinnlichend; tröstend aber vergoldeten die rosenfarbnen Strahlen der untergehenden Sonne Lebende und Tode, gleich Boten einer schönern Welt. –

Unsere Rückfahrt in der schwarzen Nacht bei fortwährendem Regen war schwierig und unangenehm. Wir brachen nochmals eine Feder am Wagen, und hatten allerhand anderes Ungemach auszustehen. Als wir endlich nach Mitternacht in B... anlangten, fanden wir, zu meinem wahren Schrecken, den guten alten Kapitän mit der ganzen Familie noch auf, um uns mit dem Essen zu erwarten. Die überhäuften Attentionen, und die große Herzensgüte dieser Leute beschämt mich täglich, und ich bewundere oft, wie ihre leidenschaftliche Gastfreiheit, auch nie durch die geringste Spur von Ostentation[27] verunstaltet wird.

Damit mein Brief nicht zu stark werde, und zuviel Porto koste (denn gewöhnlich muß ich für diese voluminösen Pakete einige L. St. bis an die englische Grenze bezahlen) schließe ich ihn, noch vor meiner Abreise von B...m. Du weißt mich hier wenigstens gut aufgehoben, und der Pflege von Leuten übergeben, die Dein Herz haben, wenn sie Dir auch an Geist und Bildung nicht gleichkommen. Der Himmel segne und behüte Dich!

Dein treuster L...

Zweiunddreißigster Brief

B...m, den 14. Sept. 1828

Geliebte Freundin!

All' Dein Belehren hilft nichts, gute Julie, – Deine Rede ist schön, Deine Gründe mögen triftig sein, aber ich glaube einmal das Gegenteil, und Glaube ist, wie Du weißt, ein Ding, das nicht nur Berge versetzt, sondern sich auch oft welche aufbaut, über die es nicht mehr hinwegsehen kann. Deswegen hilft auch in der Welt alles Bekehren, es mag sein in welcher Hinsicht es wolle, nicht eher, als bis der entgegengesetzte Glaube schon wankend geworden ist. Vorher sprich mit der Weisheit Platos, und handle mit der Reinheit Jesu – jeder bleibt dennoch bei seinem Glauben, auf den Vernunft und Verstand in der Regel den wenigsten Einfluß haben.* Wer die Menschen plötzlich ändern will, ehe sie selbst Lust haben: eine neue Facette zum Abschleifen der Weltgeschichte zuzukehren, wird stets, entweder als ein Narr zu Hause geschickt, oder als ein Märtyrer gesteinigt und gekreuzigt werden. Die Geschichte lehrt dies auf jeder Seite. Was hier auf das Allgemeine Anwendung findet, ist aber auch der Fall mit dem Einzelnen, und nach alle dem – *parlez moi raison, si vous l'osez*[1]. Doch muß ich eins im Ernste sagen. Wer einmal zu freimütig geboren ist, und selbst die allgemeine Meinung wenig achtet, wenn sie nur eine gemeine ist – der bleibe ja sein ganzes Leben so. Die Folgen einer solchen Denkungsart, und die Anfeindungen, denen sie ausgesetzt, werden nur dann schmerzlich empfunden, und zuletzt gefährlich, wenn man, schwach geworden, aufhört selbständig zu sein, und statt, wie bisher, fremde Meinung zu

* Höchstens nimmt der Bekehrte den Namen an, statt der Tat.

verachten, sich davor zu fürchten anfängt. So etwas merkt die Menge schnell, und verfolgt dann erst mit Konsequenz das vor ihr laufende Wild, über das sie früher, so lange es ihr Stand hielt, und keck in die Augen sah, nur erfolglose Glossen zu machen wagte. Für die Welt gibt es überhaupt keine bessere Lehre als: *Bouche riante et front d'airain, et vous passez partout*[2]. Wir Deutsche sind fast immer zu ernst, wie zu timide, und nur imstande momentane *efforts*[3] gegen diese Fehler zu machen, bei welchen Versuchen wir überdies auch das Ziel leicht überschießen. Aus diesem Grunde hauptsächlich lieben wir wohl so die Zurückgezogenheit, und verkehren am liebsten bloß mit unserer Phantasie, als treuer Gesellschafterin – souveräne Herren im Reiche der Luft, – wie Frau v. Staël sagt. Die große Welt, wie sie ist, gefällt uns nicht, und ebensowenig verstehen wir dieser Welt zu gefallen. Drum wählen wir lieber – Zurückgezogenheit, und in dieser Freiheit!

Wir erlebten heute ein sonderbares Eintreffen von Prophezeiungen. Miss Kitty, die artigste der Töchter meines Wirts, hatte gestern auf unserm Spaziergang sich von Zigeunern wahrsagen lassen, und ich selbst hörte mit an, wie die Frau ihr, unter vielen andern gewöhnlichen Dingen, ankündigte: »daß sie auf ihrer Hut sein möchte, denn ehe vierundzwanzig Stunden vergingen, würde in ihre Fenster geschossen werden, und dann ihres Bleibens nicht langt mehr in B...m sein«. Wir fanden die Prophezeiung etwas bedenklich, und teilten sie daher mit, als wir zu Haus kamen, wurden aber darüber nur geneckt und ausgelacht. Den andern Morgen, ziemlich früh, entstand indes wirklich Alarm über zwei Schüsse, die man hörte, und Miss Kitty stürzte sich, halb angezogen und fast ohnmächtig vor Schreck, die Treppen herunter, worauf alles hinzulief, um zu untersuchen, was es denn eigentlich gäbe. Es fand sich nun, daß zwei der jüngern Brüder Kittys, welche sich zum Besuch bei Mistress M...

befanden, ganz unerwartet heut früh zurückgekommen waren, um ihre Schwester ebenfalls dorthin abzuholen, wobei sie, obgleich ganz unbekannt mit der Vorhersagung der Zigeunerin, den albernen Spaß gemacht hatten, zwei Schlüsselbüchsen[4] vor dem Fenster abzufeuern, dies aber noch dazu so ungeschickt ausgeführt, daß einige Glasscheiben beschädigt wurden. Sie erhielten eine derbe Merkuriale, und fuhren dann mit Kitty ab, so daß alles pünktlich eintraf, wie die Alte es, der Himmel weiß auf welche Weise, in den Linien der Hand gelesen.

Den 15ten

Ich war gestern ein wenig hypochondrisch, meine Seele war matt – *mais j'ai pris médecine, elle a opérée*[5], und die Seele ist wieder kuriert worden. Ich bin von neuem heiter und daher von viel menschenfreundlicheren Gesinnungen, tugendhaft überdies, *faute d'occasion de pécher*[6], und lustig, indem ich über mich selbst lache, *faute de trouver quelque chose de plus ridicule*[7].

Unterdessen hat sich die Szene hier geändert. Die schöne Afrikanerin ist angekommen – und wir haben schon einen gemeinschaftlichen Spazierritt, zehn Personen stark, unternommen, wobei uns der alte Hauptmann seine Bruchkulturen und Bewässerungen mit der Liebhaberei eines Jünglings, zeigte. Er war von seinen Kartoffelbeeten nicht weniger entzückt, als ich von meiner Begleiterin. In der trostlosesten Gegend auf ein gut wachsendes Knollenfeld hinweisend, rief er mit Enthusiasmus: »Ist das nicht ein prachtvoller Anblick?« Und gewiß kam es ihm nicht in den Sinn, daß wir an andere Dinge denken könnten, und ihm nur aus Höflichkeit beipflichteten. Ich warb nachher einige Bauern für meinen Kolonisations-Plan an. Sie drängen sich alle zum Auswandern, aber leider haben sie auch nicht einen Heller darauf zu verwenden. Übrigens kann man ihnen leicht alles besser versprechen, als sie es hier haben, wo ein Mensch von einem halben Morgen Land leben muß, und wenn er noch so gern auswärts arbeiten will, doch keine Arbeit findet. Die Wohlhabendsten wohnen in Gebäuden, die unsern Bauern als Stall zu schlecht dünken würden. Ich besuchte ein solches, und fand es aufgeführt aus Mauern von ungesprengten Feldsteinen, mit Moos ausgestopft, und einem Dach von Stangen, das halb mit Stroh, halb mit Rasen belegt war. Der Boden bestand aus der blanken Erde, und eine Stubendecke unter dem erwähnten, halb durchsichtigen Dach, gab es nicht. Schornsteine schienen hier auch unnütze Luxusartikel. Der Rauch ging vom freistehenden Herde zu den Fensterlöchern heraus, woran ihn keine Glasscheiben verhinderten. Ein niedriger Verschlag rechts teilte die Schlafstelle der Familie ab, die alle zusammen ruhen – ein anderer links, begrenzte Schwein und Kuh. So stand das Häuschen mitten im Felde, ohne Garten, noch irgend eine Bequemlichkeit – und dies nannten alle eine vortreffliche Wohnung.

Als wir zu Hause kamen, waren unserm hübschen Gast beinahe die Hände, mitten im Sommer, erfroren. Sie waren wirklich völlig weiß, und gefühllos geworden, und wir mußten sie mehr als eine Viertelstunde reiben, ehe wieder Blut und Leben in sie zurückkam. *C'est le sang africain*[8]. Recht behaglich befindet sie sich nur an der Gluthitze des Torf-Kamins, wo wir anderen halb gebraten werden, und nicht eher auch gelangt sie zu aller ihrer kindlichen Ausgelassenheit, die selbst mich zuweilen mit ansteckt. Sie scheint es wirklich ein wenig auf mich abgesehn zu haben, und diesen lieblichen Neckereien ist schwer zu widerstehen. Wenn sie ihre rabenschwarzen Haare voneinander scheitelt, und mit den dunkelblauen Feueraugen so durchdringend blickt, als könnte sie einem in der Seele lesen; dann sie schalkhaft niederschlägt, als habe sie nur zu wohl die stumme Sprache der gegenüberstehenden verstanden, und wenige Momente nachher, in holder Verwirrung, durch einen zärtlichen Streifblick, wie mit elektrischen Funken das Herz berührt – so ist es nicht immer leicht, seine Fassung zu behalten, und gleich wieder Possen mit zu treiben, wenn ihre bewegliche Kindernatur, schon den Augenblick darauf, vor Lachen ersticken will, entweder über das ernsthafte komische Gesicht, was man ihrer Behauptung nach mache, oder irgendeine andere Torheit, die ihr eben ins Köpfchen gekommen ist. Ja liebe Julie, es ist ein verführerisches Spiel, das sehe ich wohl ein – aber das Gift ist zu süß!

Den 16ten

Mein Freund James fängt an, etwas eifersüchtig auf mich zu werden, und unterhält mich nicht mehr so viel von den reizenden Eigenschaften der Mistress L... und ihrem *temper*. Ich gebe ihr jetzt Unterricht im Pistolenschießen. Als sie das erstemal losdrückte, erschrak sie so kindisch, daß sie mir fast ohnmächtig in die Arme sank, und bitterlich zu weinen anfing. James kam in diesem kritischen Augenblick hinzu, und schien nichts weniger als erbaut davon zu sein. Ich gab ihm indes schnell die Pistole in die Hand, proponierte[9] eine kleine Wette zur Unterhaltung unsrer Freundin, bis sie sich wieder vom gehabten Schreck erholt haben würde. Der arme James konnte aber nichts treffen, während ich, mit eingeübter Sicherheit, ein ziemlich leserliches H auf die Scheibe zeichnete – denn ihr Name ist Henriette – »Harriet« wie sie hier genannt wird. Besser ans Feuer gewöhnt – schoß sie nachher selbst recht gut, und beschämte die jungen Männer, welche sich alle ziemlich ungeschickt dabei anstellten.

Nachher ritten wir aus, sie und ich, Miss Kitty und einer ihrer Brüder. Wir waren ein wenig voraus, und sprachen von englischer Literatur. Sie erwähnte eines bekannten anmutigen Liedes von Moore, wo der Dichter abwechselnd sich bald für die schwarzen, bald für die blauen Augen erklärt, und frug mich neckend, welcher Art ich denn den Vorzug gäbe? »Ach«, rief ich, »den blauen unter schwarzem Haar, denn diese vereinigen das südlich blitzende Feuer der einen, mit der süßen Milde der andern.« – *»O nonsense!«* lachte sie, »Sie haben das Lied ja ganz vergessen – der Dichter gibt den Augen den Vorzug, die, von welcher Farbe sie auch seien, ihn am zärtlichsten anblicken...« – »Nun dann«, erwiderte ich, »ist alles, was ich wünsche, daß Sie derselben Meinung sein mögen.« – »Wieso?« frug sie zerstreut. »Daß Sie die Augen lieben möchten, welche Sie mit der größten Zärtlichkeit anblicken« – ich ergriff zugleich ihre Hand, und wollte ihr noch mehr zuflüstern, als sie, wie eine kleine Hexe, die sie ist, lachend und scherzend und mit ganz unnötigem Geschrei Miss Kitty um Hilfe rief, weil ihr Pferd, wie sie behauptete, hätte durchgehen wollen. –

Als ich mich nachher, nur einen Augenblick, wieder allein neben ihr befand, sagte sie, tief Atem schöpfend, mit leiser Stimme zu mir: *»Now I declare, you are a great rogue and never more I'll be alone with you.«**

O Afrika! deine Töchter, sehe ich wohl, verstehen die Koketterie ebensogut als die Schönen Europas. –

Abends hatten wir viel Scherz mit Henriettens fünfzehnjähriger Tochter, auch ein hübsches frisches Mädchen, doch mit der Mutter nicht zu vergleichen. Die Kreuzung mit dem englischen Blut hatte diesmal nicht vorteilhaft gewirkt, und das Feuer des Prometheus sich wieder in Kieselstein verborgen.

Wir durchsuchten ihr *album*, oder *sketchbook*, wo wir unter den Stellen, die sie aus verschiedenen Büchern abgeschrie-

* Beim Himmel, Sie sind ein rechter Spitzbube und nie will ich mit Ihnen mehr allein sein.

ben, auch folgendes irländische Gedicht fanden, das sie gewiß mit großer Unschuld exzerpiert hatte, aber jetzt viel darüber leiden mußte. Es lautete folgendermaßen:

…And pray, how was the devil dressed?
Oh! he was in his Sundays best,
His coat was black, and his breeches steelblue
And a hole behind, that his tail went through.
And over the hill and over the dale
He rambled far over the plain,
And backwards and forwards he switched his tail
*As a gentleman switches his cane**

Alle, selbst die Mädchen, mußten herzlich über den balancierenden Teufel lachen – denn es waren unschuldige Naturkinder, und keine *prûde* unter ihnen, die Sittenlosigkeit, keine Neufromme, die gottlosen Spott darin auffand. Eine Frau aus dem Konventikel[10] würde freilich die Augen gen Himmel verdreht, und die Stube verlassen haben, entweder – um ihrem *amant* ein Rendezvous im Tiergarten zu geben, oder einer guten Freundin die Ehre abzuschneiden, denn solche Dinge sind unschuldig!

* Die Übersetzung würde ohngefähr so lauten: / … Und bitte, was hatte der Teufel an? / Oh! er war sonntäglich angetan, / An Rock und Hosen des Feuers Spur / Und hinten ein Loch, wo der Schwanz durchfuhr. / Und über das Tal und der Berge Kranz, / Verfolgt man so seine Fährte, / Und vorwärts und rückwärts balanciert er den Schwanz / Wie ein Gentleman spielt mit der Gerte.

Ob diese Toilette die richtige ist, wird Frau von Sexaginta[11] beurteilen können.

Den 17ten

Heute langte Herr L... hier an. Wie sonderbar sind doch die Güter dieser Welt verteilt! Das schönste lieblichste Weib mußte die Beute des widerwärtigsten Menschen werden, der den Reichtum ihrer Natur weder zu erwidern fähig ist, noch zu schätzen versteht! Ein häßlicher, alter, in Galle getauchter Pedant, in allem gerade der Antipode seiner Frau. Seine *conversation* verdarb zum erstenmal die Heiterkeit, ja ich möchte sagen, die Unschuld unsres bisherigen Lebens. Er ist ein heftiger *Orangeman*[12] (beiläufig gesagt, ist auch *Orange* seine natürliche Farbe) und es war zu vermuten, daß ein Charakter seiner Art, sich auch auf der Seite des Unrechts und der Parteiwut befinden würde, aber mit welchen Grundsätzen! Da dies zugleich eine Probe davon gibt, wie hoch hier der Parteigeist gestiegen, und wie er sich öffentlich zu äußern nicht schämt, will ich Dir die Quintessenz seiner Reden mitteilen.

»Ich habe«, sagte er, »meinem König dreißig Jahre lang in fast allen Weltteilen gedient, und bedarf der Ruhe. Dennoch ist mein sehnlichster Wunsch, um dessen Erfüllung ich Gott täglich bitte, eine ›*sound-rebellion*‹ (eine gründliche Rebellion) in Irland zu erleben. Dann soll mein Dienst denselben Tag wieder angehen, und sollte ich auch mein eignes Leben darin mit verlieren, ich gebe es gern hin, wenn mit meinem Blute zugleich das von fünf Millionen Katholiken fließt – Rebellion – dahin will ich sie haben, da erwarte ich sie, und dahin muß man sie führen, um auf einmal mit ihnen zu enden; denn ohne die gänzliche Vernichtung dieser *race*[13] kann es keine Ruhe mehr in Irland geben, und nur eine offene Rebellion und eine englische Armee, die sie zerdrückt, kann dies Resultat herbeiführen.«

Sollte man einen so boshaften Narren nicht einsperren – und seine Frau einem andern geben? *Qu'en dites-vous,* Julie?[14]

Die jugendlichen Seelen der Söhne meines Wirts wurden gleich mir empört, und bestritten männlich solche diabolischen Grundsätze, erbosten aber den wahnsinnigen *Orangemen* nur immer mehr, bis endlich alles schwieg, und mehrere einzeln vom Tisch aufstanden, um dem widrigen Gespräch ganz zu entgehen.

Den 18ten

Glücklicherweise hat Herrn L...s Visite nur einen Tag gedauert, und wir sind wieder – unter uns. Die gewonnene Freiheit wurde sogleich benutzt, um eine zwanzig Meilen weite Exkursion nach Mount B... zu machen, dem schönen Besitztum eines Landedelmanns, und spät in der Nacht erst fuhren wir wieder zurück, wo mir in meinem Reisewagen Henriettens Gesellschaft, welche die kalte Luft nicht vertragen konnte, zuteil wurde – *mais honni soit qui mal y pense*[15]. Der Park in Mount B... bietet ein wahres Studium für die sinnreiche Anlegung großer Wasserpartien an, denen gehörige Bedeutung und Natürlichkeit zu geben, so schwer ist. Man muß, für die Details, die Formen der Natur studieren, die Hauptsache ist aber, nie die ganze Wassermasse übersehen zu lassen, und das Wasser muß sich auch sichtlich nach und nach, und wo möglich an mehreren Stellen zugleich, verlieren, um der Phantasie gehörigen Spielraum zu geben – die wahre Kunst bei allen landschaftlichen Anlagen.[16]

Der Hausherr, welcher reich ist, besitzt auch eine recht zahlreiche Bildergalerie mit einigen vortrefflichen Gemälden. Unter andern eine Winterlandschaft von Ruisdael, die einzige dieser Art, die ich mich erinnere von diesem Meister gesehen zu haben. Der Ausdruck der kalten, nebligen Luft und des knisternden Schnees waren so treu, daß man fast Frostschauer zu empfinden glaubte, wenigstens das flakkernde Kaminfeuer darunter mit doppelter Behaglichkeit anblickte. Ein schöner und unzweifelhafter Rubens, den Fischzug Petri vorstellend, zeichnete sich durch eine Seltsamkeit aus. Der in ein grünes Gewand gekleidete Petrus trägt nämlich eine scharlachrote Perücke, und dennoch stört sie den Totaleindruck nicht. Sie wirkt wie eine Glorie, das Licht um sich verteilend. Es scheint ein Kunststück des Malers, vielleicht in Folge eines Scherzes unternommen, *pour prouver la difficulté vaincue*[17]. Eine sehr fleißige Landschaft auf Holz, von unbekannter Hand, befand sich früher in der Privatsammlung Karl I., dessen Chiffre und Namen, mit der Krone darüber, man auf der Rückseite noch deutlich eingebrannt sieht. Als den Juwel der ganzen Sammlung betrachte ich aber ein Gemälde Rembrandts, wie man glaubt, das Portrait eines asiatischen Juden, aber zugleich das Ideal eines solchen darstellend. Die Wirklichkeit dieser Augen, und das Sengende ihres Blickes, ist fast erschreckend; das Unheimliche und doch Erhabne des Ganzen wird noch durch die nachgedunkelte Schwärze des übrigen Bildes vermehrt, aus welchem der glühäugige Kopf, mit dem satanisch lächelnden Munde, wie aus ägyptischer Nacht scheuchend herausschaut.* Nach dem Frühstück produzierte man mehrere Jagd- und Rennpferde, wo wir uns mit Reiterexerzitien vor den Damen sehen ließen. Die hiesigen Jagdpferde sind vielleicht nicht so schnell als die besten englischen, aber unübertreffbare Springer, wozu man sie von Jugend auf anhält. Sie nahen sich einer Mauer mit der größten Ruhe, und setzen während des Sprungs mit den Vorder- und Hinterfüßen, gleich den Hunden, auf. Ist noch ein Graben auf der andern Seite, so überspringen sie auch diesen, indem sie sich auf der Höhe der Mauer, oder des Walls, einen neuen *élan* geben. Man läßt ihnen dabei in der Regel nicht viel Luft mit dem

* Wenn einer der Rothschilde so aussähe, würde er gewiß König von Jerusalem, und Salomos Thron stünde nicht mehr leer.

Zügel, und tut überhaupt am besten, einem gut dressierten Pferde dieser Art so wenig Hilfe als möglich zu geben, sondern nur mit steter leichter Anlegung an den Zügel, ihm die Sache ganz selbst zu überlassen.

Ich weiß nicht ob diese Reitdetails sehr unterrichtend für Dich sein werden, aber da meine Briefe an Dich zugleich mein Tagebuch sind (denn wo sollte ich die Zeit zu dem andern noch hernehmen) so mußt Du Dir gefallen lassen, von allem unterhalten zu werden, was Dir, oder auch mir selbst, Interesse zu gewähren imstande ist.

Galway, den 19ten abends

Du weißt, meine Entschlüsse sind oft sehr plötzlicher Natur – Du pflegst sie meine Pistolenschüsse zu nennen. Einen solchen habe ich eben ausgeführt. Ich fürchtete mich vor Capuas Verweichlichung[18], und vor afrikanischer Sklaverei. *J'aime à effleurer les choses, mais pas les approfondir.*[19] Ich bin also, wichtige Nachrichten vorschützend, geflohen. Daß ich nicht ohne Rührung von so herzlichen Freunden, von so reizenden Freundinnen, mich losreißen konnte, magst Du Dir wohl denken, es geschah aber mit Standhaftigkeit. Da ich auf die Postpferde, die aus der nahen Stadt erst geholt werden mußten, nicht warten mochte, so ritt ich mit James, der mich, glaube ich, recht vergnügt begleitete, zum letztenmal auf dem Doctor, seinem vortrefflichen Jagdpferde, nach Tuam, meinem Kammerdiener die Sorge für das übrige überlassend. In Tuam wollte ich mit der *mail* weiterreisen, es war aber nicht ihr Tag, und kein andres Fuhrwerk nach Galway zu bekommen, als die ordinäre Briefpost, ein bloßer auf zwei Rädern stehender, offner Karren, mit einem Pferde bespannt, und Platz für zwei Passagiere, außer dem Kutscher. Ich besann mich nicht lange, sondern sprang, James zum letztenmal die Hand drückend, herzhaft in das zerbrechliche

Vehikel, und *clopin-clopant*[20] rasselte der alte Gaul damit über die Straße. Der andere Passagier war ein junger, rüstiger Mann, in ziemlich eleganter Kleidung, mit dem ich bald in eine interessante Unterhaltung, über die Sehenswürdigkeiten seines Vaterlandes, und den Charakter seiner Landsleute, geriet. Von der Herzlichkeit und Dienstfertigkeit dieser, gab er mir sogleich selbst einen Beweis. Ich war sehr leicht angezogen, dabei warm vom Reiten, so daß mir der kalte Wind sehr beschwerlich wurde. Ich bot also dem Kutscher ein Trinkgeld, für Überlassung seines Mantels. Dieser erschien aber bei näherer Besichtigung so furchtbar schmutzig und ekelhaft, daß ich mich nicht entschließen konnte, mich desselben zu bedienen. Sogleich zog der junge Mann seinen stattlichen, weiten Reiseüberrock aus, und zwang mich beinah ihn umzunehmen, indem er mit dem größten Eifer versicherte, daß er sich nie verkälte, und die Nacht im Wasser schlafen könne, wenn es sein müsse – den Überrock selbst aber nur angezogen, weil er nicht gewußt, wo er ihn lassen solle. Wir wurden, durch diese freundliche Hilfe von seiner Seite, schnell bekannter, als es sonst wohl der Fall gewesen wäre, und die Zeit verging uns, unter mancherlei Geplauder, weit geschwinder, als ich hoffen durfte – denn die Distanz war sechs deutsche Meilen, der Weg sehr holpricht, die Equipage die schlechteste, der Sitz unbequem, die Gegend einförmig und kahl. Kein Hügel, kein Baum, nur ein Netz von Mauern über das Ganze gezogen. Jedes Feld ist auf diese Art eingefaßt, die Mauer nur von Feldsteinen, ohne Kalk, aufgesetzt, aber doch so, daß sie sich, ohne gewaltsames Einstoßen, gut halten können. Viele Ruinen alter Schlösser, wurden zwar auch in dieser Gegend sichtbar, konnten aber in so flacher, öder Flur, ohne auch nur einen unterbrechenden Strauch, keinen romantischen Effekt hervorbringen. Überall aber fanden wir das zerlumpte, Kartoffeln essende Volk gleich lustig und vergnügt. Es bettelt zwar beständig, aber unter Lachen, mit Laune, Witz und drolligen Worten, ohne Zudringlichkeit, wie ohne *rancune*[21], wenn es nichts erhält. Auffallend ist gewiß, bei dieser großen Armut, die ebenso große Ehrlichkeit dieser Menschen – vielleicht entsteht eben eine aus der andern – denn der Luxus macht erst begehrlich, und der Arme entbehrt das Notwendige oft leichter, als der Reiche das Überflüssige.

Wir sahen eine Menge Arbeiter, an der Chaussee auf den Steinhaufen sitzend, wo sie die Steine zerschlugen und *à mesure*[22], daß diese Arbeit fortschritt, erhöhte sich ihr Sitz. Mein Reisegefährte sagte: »Das sind Erorberer – sie zertrümmern nur, und steigen, doch durch Zerstörung.« Indem stieß unser Kutscher in sein Horn, ein Zeichen der Briefpost, dem, wie bei uns, ausgewichen werden muß; der Ton kam aber so schwierig heraus, und klang so jämmerlich, daß alles darüber lachte. Ein hübscher, wie Glück und Freude aussehender, obgleich fast nackter zwölfjähriger Knabe, der auf einem der Steinhaufen, auch hämmernd, saß, jauchzte vor Mutwillen auf, und rief dem sich vergebens ärgernden Kutscher nach: »Oho Freund! Eure Trompete muß den Schnupfen bekommen haben, sie ist ja so heiser, wie meine alte Großmutter. Kuriert sie schnell mit einem Glase Potheen, oder sie stirbt Euch an der Auszehrung, noch ehe Ihr Galway erreicht.« Ein schallendes Gelächter aller Arbeiter folgte als Chorus. »Sehen Sie, das ist unser Volk«, rief mein Begleiter: »Hungern und Lachen – das ist ihr Los. Glauben Sie, daß bei der Menge der Arbeiter und der Seltenheit der Arbeit, keiner von diesen so viel verdient, um sich satt zu essen? Demohngeachtet wird jeder noch etwas erübrigen, um es seinem Priester zu geben, und wenn sie in seine Hütte kommen, wird er die letzte Kartoffel mit ihnen teilen, und einen Scherz dazu machen.«

Jetzt näherten wir uns Galways Hügeln, über denen die Sonne prachtvoll unterging. Nie kann ich dieses Schauspiel unbewegt ansehen – immer entzückt es mich, und läßt ein Gefühl von Ruhe und Sicherheit, mit der Gewißheit in mir zurück, daß diese Sprache, die Gott selbst zu uns redet, nicht lügen kann – wenn Menschenoffenbarung auch nur Stückwerk wäre, von jedem anders verstanden, und nur zu oft von List und Eigennutz gemißbraucht.

Wir stiegen in demselben Gasthofe ab, den ich beim Pferderennen kennengelernt, und um meinem jungen Freunde auch eine Artigkeit zu erweisen, lud ich ihn ein, mit mir zu Abend zu essen. Spät erst schieden wir, wahrscheinlich auf immer, aber grade solche Bekanntschaften liebe ich – sie lassen nicht Zeit zur Verstellung; unbekannt mit den Verhältnissen, sieht jeder, und schätzt am andern: nur den Menschen. Was jeder vom andern an guter Meinung erlangt, hat er sich dann wenigstens selbst zu verdanken.

Den 20sten früh

Ich hatte gehofft, mein Wagen würde während der Nacht anlangen, er ist aber bis jetzt noch nicht hier, und ich benutzte daher die Muße, um die altertümliche Stadt noch genauer zu besehen, als es mir das erstemal möglich war. Sehr nützlich ist mir dabei die Anleitung einer alten Chronik gewesen, deren Fragmente ich zufällig in einem Gewürzladen entdeckte, wo ich mich nach den Cross-Bones (die gekreuzten Knochen) erkundigte. Es steht nämlich in einem abgelegenen Winkel hier ein uraltes Haus, über dessen Türe man, in recht guter Arbeit, einen Totenkopf über zwei gekreuzten Knochen, in schwarzem Marmor ausgehauen, sieht. Dieses Haus nennt man The Cross-Bones, und folgendes erzählt von ihm die tragische Geschichte.

Im 15. Jahrhundert ward James Lynch, ein Mann von alter Familie und großem Reichtum, für seine Lebenszeit zum *Maire*[23] von Galway erwählt, damals eine Würde, die fast der eines Souveräns an Einfluß und Macht gleichkam. Er war besonders angesehen und verehrt wegen seiner unerschütterlichen Gerechtigkeitsliebe, aber auch wegen seiner Herablassung und milden Sitten. Doch beliebter noch, ja das Idol der Bürger, wie ihrer schönen Frauen, war sein Sohn, der Chronik nach, einer der ausgezeichnetsten jungen Männer seiner Zeit. Mit vollendeter Schönheit, und dem edelsten Anstand des Körpers, verband er jene stets heitere Laune, jene immer überlegene Familiarität, die unterjocht, indem sie zu schmeicheln scheint – und die verbindliche Grazie der Manieren, welche, ohne Anstrengung, bloß durch die Lieblichkeit ihrer eignen Erscheinung, alle Herzen erobert. Auf der andern Seite gewann ihm seine oft erprobte Vaterlandsliebe, seine edle Freigebigkeit, seine romantische Tapferkeit, und eine für jene Jahrhunderte seltene Bildung, wie die höchste Meisterschaft in allen Waffenübungen, die Dauer einer Hochachtung, welche sein erstes Erscheinen unwillkürlich gebot. Soviel Licht war indessen nicht ohne Schatten. – Tiefe, glühende Leidenschaften, Hochmut, Eifersucht auf jedes rivalisierende Verdienst, und ein wilder Hang zum schönen Geschlecht, den keine Schranke aufhielt, machten alle seine Vorzüge zu ebensoviel Gefahren für ihn selbst und andere. Oft hatte sein strenger Vater, obgleich stolz auf einen solchen Sohn und Erben, Ursache zu bitterem Tadel, und noch ängstlicherer Besorgnis für die Zukunft, doch unwiderstehlich, selbst für ihn, schien die Liebenswürdigkeit des ebenso schnell bereuenden, als fehlenden Jünglings, der dem Vater wenigstens, stets gleiche Liebe und Unterwürfigkeit zeigte. Nach dem ersten Zorn erschienen ihm daher, wie jedem andern, die gerügten Mängel nur als leichte Flecken in der Sonne. Noch mehr beruhigte ihn aber bald darauf die ebenso heftige als zärtliche Neigung, welche sein Sohn für Anna Blake, die Tochter seines besten Freundes, und ein in jeder Hinsicht liebenswertes Mädchen faßte – von dieser Verbindung die Erfüllung aller seiner sehnlichsten Wünsche mit Zuversicht erwartend. Doch die dunkeln Schicksalsmächte hatten es anders beschlossen!

Während der junge Lynch mehr Schwierigkeiten fand, das Herz seiner neuen Geliebten zu rühren, als er bisher anzutreffen gewohnt gewesen war, sah sich sein Vater zu einer nicht länger aufzuschiebenden Handelsreise nach Cadix genötigt, denn der Adel Galways hatte, gleich dem anderer bedeutender Seestädte des Mittelalters, von jeher, den Handel im Großen, als kein eines Edelmanns unwürdiges Geschäft betrachtet. Galway war aber damals so mächtig und weit bekannt, daß die Chronik erzählt, ein arabischer Kaufmann, der aus dem Orient lange nach diesen Küsten gehandelt, habe einst um Auskunft gebeten, in welchem Teile von Galway Irland läge?

Nachdem James Lynch, für die Zeit seiner Abwesenheit, das Ruder des Staats in sichere Hände gelegt, und alles zur weiten Reise bereitet, segnete er mit überwallendem Vaterherzen seinen Sohn, wünschte seinem jetzigen Streben das beste Gedeihen – und segelte wohlgemut seiner Bestimmung zu. Überall krönte der beste Erfolg jede seiner Unternehmungen. Einen großen Teil trugen hierzu die freundschaftlichen Dienste eines spanischen Kaufmanns, mit Namen Gomez bei, welcher dadurch in dem edlen Herzen des *Maire's* von Galway die lebhafteste Dankbarkeit erweckte. Auch Gomez hatte einen Sohn, der, gleich Edward Lynch, der Abgott seiner Familie und der Liebling der Stadt war, jedoch im Charakter, wie im Äußern, von jenem ganz verschieden. Schön waren beide, doch Edward mehr dem Apollo, Gonzalvo mehr dem Johannes zu vergleichen. Der eine erschien wie ein Felsen mit Blumen bekränzt, der andere wie ein duftender Rosenhügel, vom Sturme bedroht. Heidnische Tugenden schmückten jenen, christliche Demut diesen. Die üppige Gestalt verriet mehr Weichheit als Tatkraft, die schmachtenden dunkelblauen Augen mehr Sehnsucht und Liebe, als Kühnheit und Stolz; sanfte Melancholie überschattete sein Gesicht, und ein Zug wollüstigen Leidens zuckte um den schwellenden Mund, den nur selten ein halb verschämtes Lächeln umspielte, wie eine laue Welle über Korallen und Perlen gleitet. Diesen Formen entsprechend war auch sein Inneres, liebend und duldend, von ernster und schwermütiger Heiterkeit; stets mehr nach innen als außen gewandt, zog er Einsamkeit dem Geräusch und Gewühl der Menschen vor, schloß sich aber mit der tiefsten Innigkeit denjenigen an, welche ihm Wohlwollen und Freundschaft bewiesen. So war er im Innersten seines Gemüts von einem Feuer erwärmt, das, gleich dem eines Vulkans, der für verheerenden Ausbruch zu tief liegt, nur der darüber gebreiteten Erde größere Fruchtbarkeit verleiht, und sie schöner als jeden andern Ort in zartes Grün und brennende Blumenfarben kleidet. – Verführerisch, und leicht zu verführen – war es ein Wunder, daß solch ein Jüngling selbst Edward Lynch unwillkürlich die Palme aus der Hand wand? Nichts von dem jedoch ahnete Edwards Vater. Voll Dankbarkeit für seinen Freund, voll Wohlgefallens an dessen hoffnungsvollem Sohn, beschloß er für letzteren dem alten Gomez seine Tochter anzubieten. Der Antrag war zu schmeichelhaft, um ihn von der Hand gewiesen zu sehen. Bald kamen die Väter überein, und es ward bestimmt, daß Gonzalvo sogleich seinen Gönner nach Irlands Küsten begleiten, und, wenn die Neigung der jungen Leute dem gefaßten Plan entspräche, die Verbindung beider mit der Edwards zu gleicher Zeit stattfinden, dann aber das vereinte Paar nach Spanien zurückkehren sollte. Der 19jährige Gomez selbst folgte dem ehrwürdigen Freunde seines Vaters mit Freuden. Sein frisches, romantisches Gemüt genoß im voraus, still entzückt, die mannigfaltigen Szenen fremder Länder, die er zu sehen, die Wunder des Meeres, die er zu betrachten, das neue Leben ihm unbekannter Völker, dem er sich anzuschließen im Begriff stand, und sein warmes Herz umfing schon mit Liebe das Mädchen, von deren Reizen der Vater, vielleicht keine ganz unparteiische Beschreibung gemacht.

Jeder Augenblick der langen Seefahrt, die damals mit größeren Gefahren verbunden war, und mehr Zeit erforderte, als es jetzt der Fall ist, vermehrte die Vertraulichkeit und gegenseitige Zuneigung der Reisenden, und als sie endlich Galways Hafen erblickten, glaubte der alte Lynch nicht nur, daß ihm Gott auf dieser Reise einen zweiten Sohn geschenkt, sondern rechnete auch mit Zuversicht darauf, daß die nie sich verleugnende Sanftmut und Milde des liebenswürdigen Jünglings, den heilsamsten Einfluß auf die wilderen und dunkleren Eigenschaften seines Edwards ausüben würden.

Diese Hoffnung schien auch durchgängig in Erfüllung zu gehen.

Edward, der in Gomez alles fand, was ihm fehlte, fühlte dadurch seine eigne Natur wie vervollständigt, und da er ihn überdies, nach den Eröffnungen des Vaters, schon als seinen Bruder ansah, gewann ihre Freundschaft bald das Ansehn der innigsten und unzertrennlichsten Neigung.

Doch schon nach wenig Monden trübten in Edwards Seele unangenehme Empfindungen diese frühere Harmonie, Gonzalvo war unterdes der Gemahl seiner Schwester geworden, hatte aber seine Rückreise auf unbestimmte Zeit verschoben. Alles trug ihn auf den Händen, jeder beeiferte sich, ihm zuvorkommende Liebe zu zeigen. Edward schien sich nicht so glücklich – zum erstenmal vernachlässigt, konnte er sich nicht verbergen, in seiner allgemeinen Popularität einen gefährlichen Nebenbuhler gefunden zu haben – was ihn aber weit mehr erschütterte, sein Herz eben so sehr verwundete, als es seiner Eitelkeit, vielleicht dem mächtigsten seiner Gefühle –, unerträgliche, und rastlose Qualen bereitete, war die Bemerkung, die jeden Tag einen neuen Zuwachs erhielt: daß

Anna, die er als die S e i n e ansah, obgleich sie dies zu erklären noch immer zögerte – daß s e i n e Anna, seit der Ankunft des schönen Fremden, immer kälter gegen ihn geworden – ja schien es ihm nicht, als habe er selbst schon in unbewachten Augenblicken ihr seelenvolles Auge gedankenschwer auf Gomez' holden Zügen ruhen, und ihre vorher blassen Wangen dann in sanfter Röte erblühen sehen, – traf aber s e i n Blick den ihrigen in solchen Momenten, dann war das Rosenrot sogleich zur Fieberglut geworden. Ja gewiß, ihr ganzes Benehmen war verändert! Unregelmäßig, launig, ohne Ruhe, bald von tiefer Schwermut ergriffen, bald sich mit Wildheit ausgelassener Lustigkeit hingebend, schien sie von dem besonnenen, klaren, stets gleich freundlichen Mädchen, das sie früher war, nur noch die äußern Züge beibehalten zu haben. Alles verriet dem scharfsehenden Auge der Eifersucht, daß eine tiefe Leidenschaft sie ergriffen, und für wen konnte sie glühen – als für Gomez? Für ihn, der allein, er mochte kommen oder gehen, den Saiten ihrer Seele die veränderte Stimmung gab.

Ein alter Weiser sagt: Liebe ist zum größten Teil dem Hasse näher verwandt, als der Zuneigung – und in Edwards Busen zeigte sich jetzt die Wahrheit dieses Ausspruchs. Sein einziger Genuß war fortan, der Geliebten, die er allein für schuldig hielt, wehe zu tun. Wo die Gelegenheit sich darbot, suchte er sie zu demütigen, sie in Verlegenheit zu setzen, mit wegwerfendem Stolze zu kränken, oder mit tiefbeleidigenden Vorwürfen zu überhäufen, bis – der geheimen Schuld sich bewußt – Scham und Empörung die Ärmste überwältigten, und sie in Tränenströme ausbrach, deren Anblick allein ihm eine Labung gab, wie sie den Verdammten während ihrer Qualen zuteil werden mag. Doch keine wohltuende Versöhnung folgte auf diese Szenen, und löste, wie bei Liebenden, die Dissonanz in selige Harmonie auf – jede derselben steigerte nur immer mehr seine Wut, bis zum Rande der Verzweiflung. Als er aber nun auch in dem, der Verstellung so wenig fähigen Gomez, dasselbe Feuer auflodern sah, das in Annas Augen brannte, als er seine Schwester schon vernachlässigt, sich selbst aber, wie er meinte, von einer im Busen genährten Schlange verraten fand – da erreichte sein Zustand jenen Grad menschlicher Gebrechlichkeit, von dem nur der Allwissende entscheidet, ob er schon Wahnsinn, oder noch der Zurechnung fähig sei.

An demselben Abend, wo der Argwohn Edward ruhelos von seinem Lager in die Nacht hinaustrieb, scheint es, daß die Liebenden, vielleicht zum erstenmal, eine heimliche Zusammenkunft gehabt. – Der spätern Aussage Edwards nach, erblickte er, selbst hinter einem Pfeiler verborgen, mit schüchternen Schritten Gomez, in seinen Mantel gehüllt, aus dem Blake'schen Hause schleichen – aus einer wohlbekannten Seitenpforte, die zu Annas Zimmern führte. – Bei dieser schrecklichen Gewißheit nahm die Hölle Besitz von seiner Seele. Seine Augen starrten aus ihren Höhlen, Furien wühlten in seinem Busen, das Blut tobte zersprengend gegen seine Pulse, und wie ein Verschmachteter lechzt nach einem Trunke kühlenden Wassers, so lechzte sein ganzes Wesen nach dem Blute der Rache. Einem reißenden Tiger gleich, stürzte er auf den unglücklichen Jüngling zu, der, ihn erkennend, vergebens entfloh. In wenig Augenblicken war er erreicht, und hundertmal seinen Dolch, mit der Schnelle des Blitzes, in dem zuckenden Körper begrabend, zerfleischte der Rasende mit satanischer Wut die Reize, welche ihm die Geliebte, und die Ruhe des Lebens geraubt. Nur als der Mond jetzt hell hinter einer schwarzen Wolke hervortrat, und jählings das gräßliche Schauspiel erleuchtete, die entstellte Masse vor ihm, kaum noch einen Zug des gemordeten Freundes mehr an sich trug, und ein Strom schon gerinnenden Blutes ihn, den Toten, und die Erde um sie her bedeckte – da erwachte er mit furchtbarem Entsetzen, wie aus einem höllischen Traume. Doch die Tat war geschehen, und das Gericht begann.

Dem Instinkt der Selbsterhaltung folgend, rannte er, gleich Kain, fliehend in den nahen Wald – wie lange er dort umhergeirrt, war nachher seiner Erinnerung entschwunden, Angst, Verzweiflung, Liebe, Reue, und Wahnsinn zuletzt, mochten, als soviel schauderhafte Begleiter, ihn verfolgt, und endlich der Besinnung beraubt haben, in lindernder Vergessenheit die Schrecken des Vergangenen eine Zeitlang verscheuchend – denn unerträgliche Leiden der Seele, wie des Körpers, heilt die liebende Natur, durch Ohnmacht oder Tod.

Unterdessen war in der Stadt der Mord bereits entdeckt, und das grausenerregende Ende des sanften Jünglings, der, ein Fremder, sich ihrer Gastfreundschaft vertraut, von allen Klassen mit Schmerz und Empörung vernommen worden. Man hatte einen Dolch neben dem herabgefallenen Samtbarret des Spaniers, in Blut getaucht, gefunden, und nicht weit davon einen Hut, mit einer Agraffe aus Edelsteinen und mit bunten Federn geschmückt, auch die frische Spur eines Menschen ausgemittelt, der in der Richtung des Waldes seine Rettung gesucht zu haben schien. Der Hut wurde sogleich für den des jungen Lynch erkannt, und da er selbst nirgends aufzufinden war, fing man auch für sein Leben zu fürchten an, ihn mit dem Freunde zugleich ermordet glaubend. Der bestürzte Vater bestieg sein Pferd, und von dem racherufenden Volke begleitet, schwur er: daß nichts den Mörder retten solle, müßte er ihn auch selbst am Galgen aufknüpfen. – Man denke sich, erst das Freudejauchzen, dann der Schauder der Menge, und die Gefühle des Vaters, als man bei Tagesanbruch Edward Lynch, unter einem Baume gesunken, lebend, und obgleich voll Blut, doch, wie es schien, ohne gefährliche Verletzung, auffand – gleich darauf aber ihn selbst, seines Vaters Knie umfassend, sich als den Mörder Gonzalvos anklagen, und seine Bestrafung dringend verlangen hörte.

Gefesselt ward er zurückgebracht, und in voller Sitzung des Magistrats, von seinem eignen Vater, zum Tode verurteilt. Aber das Volk wollte seinen Liebling nicht verlieren. Wie die Wogen des vom Sturm erregten Meeres erfüllte es Markt und Straßen, die Schuld des Sohnes über der grausamen Gerechtigkeit des Vaters vergessend, mit drohendem Toben verlangte es die Öffnung des Gefängnisses, und die Begnadigung des Verbrechers. Nur mit Mühe konnten in der darauffolgenden Nacht, durch verdoppelte Wachen, die immer erhitzter werdenden Empörer vom gewaltsamen Einbruch zurückgehalten werden. Gegen Morgen aber meldete man dem *Maire,* daß bald aller Widerstand vergeblich sein würde, da auch ein Teil der Soldaten sich auf des Volkes Seite geschlagen, nur die fremden Söldner noch aushielten, und alles mit wütendem Geschrei des jungen Mannes Auslieferung augenblicklich verlange. Da faßte der unerschütterliche Mann einen Entschluß, den viele unmenschlich nennen werden, dessen furchtbare Selbstüberwindung aber gewiß zu den seltensten Beispielen stoischer Festigkeit gehört. Von einem Priester begleitet, begab er sich durch einen geheimen Gang in das Gefängnis seines Sohnes, und als dieser, mit neu erwachter Lebenslust, ihm zu Füßen sank, und durch die Teilnahme seiner Mitbürger wieder erhoben, zagend frug, ob er ihm Gnade und Verzeihung bringe, erwiderte mit fester Stimme der alte Mann: »Nein, mein Sohn, auf dieser Welt gibt es keine Gnade mehr für Dich – Dein Leben ist unwiederbringlich dem Gesetz verfallen, und mit Aufgang der Sonne mußt Du sterben! Ich habe zweiundzwanzig Jahre für Deine irdische Glückseligkeit gebetet, doch das ist vorüber – richte Deine Gedanken nur noch auf die Ewigkeit, und ist dort noch Hoffnung, so laß uns jetzt gemeinschaftlich die Allmacht anflehen, um Gnade für Dich jenseits – dann aber hoffe ich, wird mein Sohn, obgleich er nicht seines Vaters würdig leben konnte, wenigstens seiner würdig zu sterben wissen.« Bei diesen Worten erwachte noch einmal des einst kühnen Jünglings edler Stolz, und mit heldenmäßiger Resignation ergab er sich, nach kurzem Gebet, in des Vaters erbarmungslosen Willen.

Als das Volk, und der größte Teil der Krieger in seine Reihen gemischt, unter immer wilder werdenden Drohungen sich eben anschickte, das Haus zu stürmen, erschien in dem hohen Bogenfenster des Gefängnisses James Lynch, seinen Sohn mit um den Hals geschlungenen Strick an seiner Seite, vor der erstaunten Menge. »Ich habe geschworen«, rief er, »daß Gonzalvos Mörder sterben müsse, und sollte ich selbst das Amt des Henkers an ihm verrichten. Die Vorsicht nimmt mich beim Wort, und Ihr, betörtes Volk! lernt von dem unglücklichsten der Väter, daß nichts den Gang des Gesetzes aufhalten darf, und selbst die Bande der Natur vor ihm sich lösen müssen.« Während dieser Worte hatte er die Schlinge an einen aus der Mauer ragenden, eisernen Bolzen befestigt, und jetzt, schnell seinen Sohn hinausstoßend, vollendete er die grause Tat. – Nicht eher verließ er seinen Platz, bis das letzte konvulsivische Zucken des bejammernswerten Opfers die Gewißheit seines Todes gab. –

Wie vom Donner gerührt hatte das vorher tobende Volk in leichenähnlicher Stille dem entsetzlichen Schauspiele zugesehen, und betäubt schlich dann ein jeder schweigend seiner Wohnung zu. Der *Maire* von Galway aber entsagte von demselben Augenblick an allen seinen Ämtern und Geschäften, und niemand, außer den Mitgliedern seiner Familie, hat ihn je wieder gesehen, noch verließ er sein Haus, bis man ihn zu Grabe trug. Anna Blake starb im Kloster, beide Familien verschwanden endlich, im Lauf der Zeiten, von der Erde, aber immer noch zeigen die Knochen und der Totenschädel die Stelle an, wo einst so Gräßliches geschah.

Limerick, den 21sten

Um 10 Uhr langte endlich mein Wagen an, und ich verließ sogleich Galway. Solange die Gegend eintönig blieb, brachte ich meine Zeit mit Lesen hin. Bei Gort wird aber das Land wieder interessanter und ein Fluß strömt unweit davon, der sich, wie bei Cong, mehrmals in die Erde verliert. Einer der tiefsten Kessel, die er bildet, wird von den Einwohnern The Punch-Bowl genannt. Um solche Bowlen zu füllen, bedürfte man noch größerer Fässer als das Heidelberger. Man beginnt nun sich den Bergen von Clare zu nähern, und die Natur bekleidet sich immer mehr mit ihren malerischen Gewändern. Ein schöner Park, dem Lord Gort gehörig, überraschte mich durch eine prachtvolle Szene. Er schließt sich nämlich an einen weiten See mit dreizehn schön bewaldeten Inseln an, die, mit dem Gebürge im Hintergrunde, und der nirgends ganz zu übersehenden Wassermasse davor, eine grandiose Wirkung hervorbringen. Eins der elenden Postpferde schien mein Wohlgefallen an diesem Orte so sehr zu teilen, daß es nicht mehr davon wegzubringen war. Nach vielen vergeblichen Versuchen, es aus der gefaßten Position zu treiben, wobei der Postillon immer versicherte, es sei nur dieser Fleck, den es so liebe, hätten wir es einmal darüber hinweg, so ginge es wie der leibhaftige Teufel – mußten wir es endlich ausspannen, da es auch zu schlagen und das morsche Geschirr zu zerreißen begann. Gegen das irländische Postwesen sind die weiland sächsischen Posteinrichtungen noch vortrefflich zu nennen. Blutende Skelette, überall gedrückt, und aufgezogen, verhungert und über das Greisenalter hinaus, werden an vermodertem Geschirr vor Deinen Wagen gespannt, und wenn Du den mit wenigen Lumpen bekleideten Postillon frägst, ob er glaube, daß solche Tiere nur eine Meile, geschweige denn eine Station von zwölf oder fünfzehn, mit dem schweren Wagen und Gepäck fortkommen könnten, so erwidert er sehr ernsthaft: Eine bessere Equipage gäbe es in ganz England nicht, und er werde Dich in weniger als nichts an den Ort Deiner Bestimmung bringen. Kaum hast Du aber zwanzig Schritte zurückgelegt, so ist schon etwas zerrissen, ein Pferd wird stätig, und das andere fällt wohl gar ermattet hin; aber das dekontenanciert[24] ihn nicht im geringsten, er hat immer eine vortreffliche Ausflucht bei der Hand, und am letzten Ende, wenn nichts mehr hilft, erklärt er sich für behext.

So ging es auch heute, wo wir im Park von Gort wahrscheinlich hätten übernachten müssen, wenn uns nicht sehr gastfreundlich vom Schlosse aus Hilfe und Vorspann geschickt worden wäre. Demohngeachtet hatte der Aufenthalt so lange gedauert, daß ich erst um zehn Uhr abends in Limerick anlangte. James Lynch hat meinen Brief so dick gemacht, daß ich ihn absenden muß, ehe seine Korpulenz *impayable*[25] wird. Vor vierzehn Tagen wirst Du schwerlich wieder Nachricht von mir bekommen, da ich gesonnen bin, mich in die wildesten Gegenden zu vertiefen, die des Fremden Fuß kaum noch betreten hat. Bete also für eine glückliche Reise, und vor allem – liebe mich immer mit gleicher Zärtlichkeit.

Dein treuer L...

Dreiunddreißigster Brief

Limerick, den 22sten Septbr. 1828

Liebe Entfernte!

Limerick ist die dritte Stadt in Irland, und von einer Art, wie ich Städte liebe – alt und ehrwürdig, mit gotischen Kirchen, bemoosten Schloßruinen geziert; mit dunkeln, engen Straßen, und kuriosen Häusern aus verschiedenen Zeitaltern; einem weiten Fluß, der sie der ganzen Länge nach durchströmt, und über den mehrere altertümliche Brükken führen; endlich wohlbelebten Marktplätzen, und einer freundlichen Umgebung. Eine solche Stadt hat für mich etwas Ähnliches mit einem natürlichen Walde, dessen dunkle Schatten auch, bald hohe, bald niedrige, vielfach gestaltete Baumgassen darbieten, und oft ein Laubdach, gleich einer gotischen Kirche, bilden. Dagegen gleichen moderne regelmäßige Städte mehr einem verschnittenen französischen Garten. Jedenfalls sagen sie meinem romantischen Geschmacke weniger zu.

Ich war nicht wohl, und kehrte daher, nach einem kleinen Spaziergang in den Straßen, bald wieder nach meinem Gasthof zurück. Hier fand ich einen katholischen Kirchendiener auf mich warten, der mir ankündigte: man habe soeben mit den Glocken für mich geläutet, sobald man nur meine Ankunft erfahren. Er erbat sich dafür zehn Schilling. *Je l'envoyai promener*[1], bald darauf ließ sich ein Protestant bei mir melden. Ich frug was er wolle. »Bloß *Your Royal Highness*«[2] (denn mit Titeln ist man hier freigebig, sobald jemand mit Extrapost und vier Pferden ankömmt) »warnen, vor den Impositionen der Katholiken, die auf eine schamlose Weise Fremde behelligen, und ich bitte Euer Hoheit, ihnen ja nichts zu geben; – zugleich nehme ich mir jedoch die Freiheit, um eine kleine Beisteuer für das protestantische Armenhaus zu ersuchen.« – »*Go to the d... protestants and catholics*[3]«, rief ich entrüstet, und warf meine Türe zu. Es war aber schon eine andere, förmliche Deputation der Katholiken davor, aus dem französischen Konsul (einem Irländer), ferner einem Verwandten und Namensvetter O'Connells und noch einigen andern bestehend, die mich haranguierten[4] und mir sogar den Liberator-Orden erteilen wollten. Ich hatte alle Mühe, diesem und einer Einladung zum Mittagessen in ihrem *club* zu entgehen, mußte aber nachgeben, mich wenigstens von zweien aus ihrer Mitte durch die Stadt begleiten zu lassen, um mir die Merkwürdigkeiten derselben zu zeigen.

Ich ließ mich also gutwillig zuerst nach der Kathedrale bringen, ein sehr altes Gebäude, mehr im Stil einer Festung als einer Kirche, ebenso solide als roh aufgeführt, aber imposant durch seine Massen. Im Innern bewunderte ich fünfhundert Jahre alte, wunderschön gearbeitete Sitze, von *bogwood* (Sumpfholz) geschnitzt, das durch das Alter schwarz wie Ebenholz geworden war. Die reichen Verzierungen bestanden aus köstlichen Arabesken und höchst charakteristischen Masken, die bei jedem Sitze verschieden waren. Das Grab der Thomonds, Könige von Ulster und Limerick, obgleich verstümmelt und durch moderne Zusätze geschändet, ist dennoch ein interessantes Monument geblieben. Abkömmlinge des Geschlechts existieren noch jetzt, deren Chef den Titel eines Marquis von Thomond führt, ein Name, den Du in meinen Briefen aus London zuweilen erwähnt gefunden haben wirst, denn der Besitzer desselben gab dort gute *dîner*. Man findet überhaupt in Irland sehr alte Häuser, die stolz darauf sind, ihre Familie nie durch eine *mésalliance*[5] entweiht zu haben, was, des Geldes wegen, der englische und französische Adel so häufig tat, weshalb auch reines stiftsfähiges Blut, wie es in Deutschland hieß, dort gar nicht zu finden ist.[6] Die französischen Großen nannten solche Heiraten scherzweise, aber nicht sehr schmeichelhaft für die Braut: *mettre du fumier sur ses terres*[7], und gar mancher englische Lord dankt gleichfalls solchem *fumier* den jetzigen Glanz seiner Familie.

Als wir die Kirche verließen, um den Felsen am Shannon zu besehen, auf dem der Traktat von Limerick mit den Engländern, nach der Schlacht von Boyne, unterzeichnet, aber von diesen nicht zum besten gehalten wurde[8] – hatte sich ein ungeheures Gefolge von Volk um uns versammelt, das wie eine Lawine noch immer mehr anwuchs, uns aber mit ebensoviel Bescheidenheit als Enthusiasmus folgte. Plötzlich rief man: »Es lebe Napoleon und Marschall...!«

»Mein Gott«, frug ich, »für wen hält man mich denn eigentlich hier? Als ganz anspruchsloser Fremder begreife ich gar nicht, weshalb man mir so viel Ehre anzutun scheint.« – »War Ihr Herr Vater«, erwiderte O'Connell, »nicht der Fürst von...?« – »Nichts weniger«, versicherte ich, »mein Vater war zwar ein etwas älterer Edelmann, aber lange nicht so berühmt.« – »Dann müssen Sie verzeihen«, fuhr Herr O'Connell ungläubig fort, »aufrichtig gesagt, hält man Sie für einen natürlichen Sohn Napoleons, da dessen Vorliebe für Ihre Frau Mutter bekannt ist.« – »Sie scherzen«, sagte ich lachend, »ich bin wenigstens zehn Jahre zu alt, um der Sohn des großen Kaisers und der schönen Fürstin zu sein.« Er schüttelte aber mit dem Kopf, und unter wiederholtem Vivatrufen erreichte ich endlich meine Wohnung, die ich von nun an verschloß, und heute nicht mehr verließ. Das Volk nahm aber geduldig Posto vor meinen Fenstern und zerstreute sich erst mit einbrechender Dunkelheit.

Die Kathedrale von Limerick

Tralee, den 23sten

Diesen Morgen empfing mich wieder der Ruf: *»Long life to Napoleon and to Your Honour!«*[9], und während mein Wagen, mit meinem Kammerdiener darin, den man diesmal für Napoleons Sohn nahm, unter Vivatgeschrei abfuhr, schlich ich mich heimlich mit dem Hausknecht, der meinen Nachtsack trug, zur Hintertür hinaus, um einen Platz auf der Diligence[10] zu nehmen, die mich nach dem See von Killarney bringen sollte. Meine Leute hatten Befehl, mich in Cashel zu erwarten, wo ich in 14 Tagen sie einzuholen denke.

In meinem jetzigen einfachen Aufzug fiel es keinem Menschen mehr ein, mir mit Ehrenbezeugungen beschwerlich zu fallen, und ich konnte nicht umhin, bei Gelegenheit dieser offenbaren Farce darüber zu philosophieren, daß aller Ehrgeiz doch auch nur zu einer verdeckten führt. Gewiß von allen Träumen dieses Lebens ist dieses der schattenartigste! Liebe befriedigt zuweilen, Wissenschaft beruhigt, Kunst erfreut, aber Ehrgeiz – Ehrgeiz gibt nur den qualvollen Genuß eines Hungers, den nichts stillen kann, oder gleicht der Jagd nach einem Phantom, das immer unerreichbar bleibt.

Nach einer Viertelstunde war ich ganz bequem in meiner Diligence etabliert. Außer den Passagieren auf der Imperiale, bestand die Gesellschaft aus einer dicken jovialen Frau, einer andern, sehr magern, einer dritten, recht hübsch und wohlproportionierten, und einem magisterartig aussehenden Herrn, mit langem Gesicht und noch längerer Nase. Ich saß im Fond zwischen den zwei schmächtigen Damen, und unterhielt mich mit der korpulenten, die sehr gesprächig war. Sie erzählte unter anderm, als ich eben ein Fenster herunterließ, wie sie neulich auch in diesem Wagen gefahren, und beinahe seekrank darin geworden wäre, denn eine ihr gegenübersitzende kränkliche Dame hätte durchaus nicht zugeben wollen, daß man ein Fenster öffne. Sie habe sich aber nicht abschrecken lassen, und nach einer Viertelstunde

Zuredens sei es ihr auch gelungen, die Dame zu vermögen, einen Zollbreit Luft hereinzulassen, eine Viertelstunde später einen andern Zoll, dann wieder einen, und so habe sie endlich das ganze Fenster heruntermanövriert. »Vortrefflich«, sagte ich, »das ist gerade die Art, wie Weiber alles zu erlangen wissen – erst e i n e n Zoll, und dann so viel als deren zu haben sind. Ein französischer Geistlicher erzählt hiervon auch eine sehr erbauliche Geschichte.«* (Der Mann mit der langen Nase verzog hier sein Gesicht wie ein Satyr.) »Wie verschieden agieren aber in gleichen Lagen die Männer!« fuhr ich fort. »Ein englischer Schriftsteller in seinem Handbuch für Reisende, empfiehlt: wenn in der *mail* jemand darauf bestehen sollte, alle Fenster zuzuhalten, solle man sich ja in kein *pourparler* mit dieser Person einlassen, sondern sofort, wie durch Ungeschicklichkeit ein Fenster einschlagen, dann um Verzeihung bitten, und sich ruhig der hereindringenden Kühle erfreuen.«

Die Ruinen von Adair erregten jetzt unsere Aufmerksamkeit, und unterbrachen die *conversation*. Später gewährte der Shannon einen imposanten Anblick. Er ist an manchen Stellen, gleich einem amerikanischen Fluß, bis über neun Meilen breit, und seine Ufer herrlich bewachsen. In Listowel, einem kleinen Ort, wo wir Mittag machten, versammelten sich, wie gewöhnlich, hundert Bettler um den Wagen; was mir aber neu vorkam, waren kleine Holzschalen an langen Stäben, die sie, wie Klingelbeutel, in den Wagen hereinreichten, um auf diese Art bequemer zu den sollizitierten[11] Pences zu gelangen. Ein andrer Bettler hatte sich an der Straße ein Schilderhaus von losen Steinen erbaut, in welchem er für immer zu biwakieren schien.

Ich muß schließen, da die *mail* in wenig Stunden wieder abfährt, und ich einiger Ruhe bedürftig bin. Morgen mehr.

* Gricourt

Killarney, den 24sten

An dem heutigen Tage sah ich nach und nach zwölf Regenbogen, ein übles Omen für die Beständigkeit des Wetters, aber für mich nehme ich es als ein gutes an. Es verspricht mir eine bunte Reise.

Die bisherige Gesellschaft war einzeln, da und dort, wie reife Früchte abgefallen, und ich befand mich mit einem irländischen *gentleman,* einem Fabrikanten aus dem Norden, allein, als ich in dem freundlichen Killarney ankam, wo der unaufhörliche Besuch englischer Touristen, den Gasthöfen auch beinahe englische Eleganz – und Preise verliehen hat. Wir erkundigten uns sogleich nach Booten und der besten Art den See zu sehen, erhielten aber zur Antwort, daß es bei diesem Sturme unmöglich sei, ihn zu beschiffen; kein Boot könnte heute auf dem See »leben«, wie sich die Schiffer ausdrückten. Ein englischer *dandy* indessen, der sich uns während dem Frühstück angeschlossen hatte, ridikülisierte[12] diese Beteuerungen, und da ich, wie Du weißt, auch nicht sehr an Unmöglichkeiten glaube, so überstimmten wir den Fabrikanten, welcher sehr wenig Lust zu der Fahrt bezeigte, und embarkierten[13] uns, *malgré vent et marée*[14], bei Ross Castle, einer alten Ruine, nicht weit von Killarney.

Wir hatten ein exzellentes Fahrzeug, einen alten, charakteristisch aussehenden, eisgrauen Steuermann, und vier tüchtige Ruderer. Der Himmel aber war wie zerrissen – an wenigen Orten nur blau, an andern grau in grau schattiert, an den meisten aber rabenschwarz, und Wolken aller Formen tummelten sich darin umher, von Zeit zu Zeit durch einen Regenbogen gefärbt, oder durch ein fahles Sonnenlicht erleuchtet. Die hohen Berge dämmerten kaum durch die trüben Schleier, auf dem See aber war alles Nacht. Die schwarzen Wellen wühlten geschäftig unter sich, hie und da nur kräuselte sich blendend weißer Schaum auf ihrem Rükken. Da die Wogen fast so hoch gingen wie im Meere, bekam ich eine leichte Anwandlung von Seekrankheit. Der Fabrikant erblaßte vor der Gefahr, der junge Engländer aber, stolz auf seine Amphibiennatur, lachte uns beide aus. Der Sturm pfiff indessen so laut, daß wir uns kaum verstehen konnten und als ich den alten Steuermann fragte, wohin wir zuerst fahren würden, antwortete er: »Nach der Abtei, wenn wir anders hinkommen!« Dies klang nicht sehr encourageant[15], auch tanzte unser Boot (das einzige auf dem See, denn selbst die Fischer hatten sich nicht herausgewagt) so schrecklich auf und nieder, ohne doch mit aller Anstrengung der Ruderer avancieren zu können, daß der Fabrikant an Weib, Kind und Fabrik zu denken anfing, und peremptorisch[16] die Rückfahrt verlangte, da er nicht die Absicht habe, auf einer Erholungsreise sein Leben zu verlieren. Der *dandy* wollte sich dagegen vor Lachen ausschütten, versicherte, er sei ein Mitglied des Yacht-Clubs und habe ganz andere Dinge erlebt, wobei er den Ruderern, die ebenfalls lieber zu Haus gewesen wären, Geld über Geld versprach, um auszuhalten. Was mich betraf, so folgte ich der Maxime des Generals Yermoloff: »Weder zu rasch noch zu furchtsam«, mischte mich gar nicht in den Streit, sondern erwartete, dicht in meinen Mantel gehüllt, ruhig den Ausgang. Ich genoß übrigens, wie es schien, allein die Schönheit der Szene, da den einen meiner Begleiter die Furcht daran verhinderte, den andern sein Wohlgefallen an sich selbst. Eine Weile kämpften wir noch gegen die Strömung der Wellen, auf denen wir, wie Wasservögel, in Sturm und Dunkelheit dahinfluteten, bis uns, aus einer gegenüberliegenden Bergschlucht, so heftige Windstöße faßten, daß es nun selbst dem Mitgliede des Yacht-Clubs zu bedenklich ward, und er den Bitten des Steuermanns nachgab, mit dem Winde zurückzurudern, und an einer Insel anzulegen, bis der Sturm etwas nachließe, was gewöhnlich gegen Mittag der Fall sei.

Dies traf auch ein, und nachdem wir einige Stunden auf

der Insel Inishfallen, einem lieblichen Eilande, mit schönen Baumgruppen und Ruinen, kampiert, waren wir imstande, unsre Fahrt gemächlicher fortzusetzen. Alle Inseln dieses Sees, bis auf die kleinste, nur ein paar Ellen lange, welche »die Maus« genannt wird, sind dicht mit Arbutus und anderm Immergrün bewachsen, welche hier wild gedeihen, und deren Blüten und Früchte Winter und Sommer in bunten Farben prangen. Viele dieser kleinen Eilande bieten ebenso seltsame Formen dar, als ihre Namen eigentümlich sind. Meistens sind sie nach O'Donoghue benannt. Hier ist es O'Donoghues White Horse (weißes Roß), an dessen Felsenhufen sich die Brandung bricht, dort seine Library (Bibliothek), weiterhin sein Pigeon-House, oder sein Flower-Garden (Taubenschlag und Blumengarten) u. s. w. Doch Du weißt vielleicht nicht, wie der See von Killarney entstand? Also höre!

O'Donoghue war der mächtigste *chieftain* eines Clans[17], der hier, wo jetzt der See seine Wellen rollt, eine große und reiche Stadt bewohnte. Alles war dort im Überfluß – nur Wasser fehlte – und die Sage ging, daß selbst der einzige kleine Brunnen, den die Stadt besaß, nur das Geschenk eines mächtigen Zauberers sei, der ihn einst, auf Bitten einer schönen Jungfrau, hervorgerufen, aber dabei streng gewarnt: daß man nie vergessen möge, ihn jeden Abend mit einem großen silbernen Deckel zu schließen, den er zu diesem Ende zurücklasse. Die seltsame Form und Verzierungen desselben schienen die wunderbare Sage zu bestätigen – auch wurde der uralte Gebrauch nie vernachlässigt.

O'Donoghue aber, ein mächtiger und unerschrockener Krieger (vielleicht auch, wie Talbot, ein Ungläubiger) machte sich über dieses Märchen, wie er es nannte, nur lustig, und eines Tages, als er beim wilden Gelage vom viel genossenen Weine mehr als gewöhnlich erhitzt war, befahl er, zum Schrecken aller Anwesenden, den silbernen Brunnendeckel in sein Haus zu bringen, wo er, wie er spottend meinte, eine vortreffliche Badewanne für ihn abgeben solle. Vergebens blieben alle Vorstellungen. – O'Donoghue war gewohnt, sich Gehorsam zu verschaffen, und als mit Wehklagen die geängstigten Diener endlich das schwere Gefäß herbeischleppten, rief er lachend: »Seid unbesorgt, die Kühle der Nacht wird dem Wasser gar gut bekommen, und morgen werdet ihr alle es frischer finden!« Aber die, welche dem silbernen Deckel zunächst standen, wandten sich mit Grausen davon, denn es deuchte ihnen, als bewegten sich die verworrenen Charaktere darauf, wie ein Knäuel ineinander sich verschlingender Würmer, und ein schauerlicher Laut schien klagend daraus hervorzutönen, wie einst aus dem Koloß zu Theben. Voll Sorge legten sich alle zur Ruhe, nur einer floh in das nahe Gebürge. Als nun der Morgen anbrach und dieser Mann wieder hinab in das Tal blickte – da rieb er sich vergebens die Augen, und glaubte noch zu träumen – Stadt und Land waren verschwunden, die reichen Fluren nicht mehr vorhanden, und der kleine Brunnen, aus der Erde Klüfte schwellend fort und fort, hatte einen unabsehbaren See geboren. – Geschehen war, was O'Donoghue prophezeit: Kühler war in einer Nacht für alle das Wasser geworden, und das letzte Bad hatte ihm die neue Wanne bereitet.

Nur bei ganz hellem klaren Wetter haben, wie die Fischer behaupten, manche noch jetzt auf des Sees »tiefunterstem Grunde« Paläste und Türme, wie durch Glas schimmern gesehen, aber viele schon erblickten, wenn ein Sturm dem Ausbruche nahe war, O'Donoghues riesige Gestalt, auf weißem schnaubendem Roß auf den Wogen reitend, oder in gespenstiger Gondel mit der Schnelle des Falken über die Wasser gleiten.

Einer unsrer Bootsleute, ein Mann von ohngefähr fünfzig Jahren, mit langem, schwarzen Haar, das der Wind um seine Schläfe trieb, von ernstem und stillem, aber phantastischem

Ansehen, wurde mir von den andern verstohlen mit dem Finger gezeigt, indem sie mir zuflüsterten: »Der ist ihm begegnet.« –

Du kannst denken, daß ich mich schnell mit ihm in ein Gespräch einließ, und ihn zutraulich zu machen suchte, da ich weiß, daß diese Leute, wo sie Unglauben und Neckerei voraussetzen, hartnäckig schweigen. Im Anfang war auch er zurückhaltend, bald aber geriet er in Feuer, und nun schwor er bei St. Patrick und der Jungfrau, daß, was er erzähle, die reinste Wahrheit sei. Seiner Aussage nach, begegnete er O'Donoghue bei einbrechender Dämmerung, kurz vor dem Wüten eines der fürchterlichsten Stürme, den er je erlebt. Er hatte sich beim Fischen verspätet, den ganzen Tag war der Regen schon in Strömen herabgeflossen, es war schneidend kalt, und ohne seine *whiskey-bottle* hätte er es kaum länger aushalten können. Auch war lange bereits kein lebendiges Wesen mehr auf dem ganzen See zu sehen gewesen. Mit einem Male segelte, wie aus den Wolken gefallen, ein Boot auf ihn zu, die Ruder arbeiteten mit Blitzesschnelle, und doch war kein Ruderer dabei zu erblicken, hinten aber saß unbeweglich ein riesengroßer Mann. Sein Anzug war scharlachrot und gold, und auf dem Kopf trug er einen dreieckigen Hut mit breiter Tresse. So flog das Geisterboot heran. Paddy sah mit starrem Blick darauf hin – als aber jetzt die lange Gestalt ihm fast gegenübersaß und aus dem roten Mantel zwei große schwarze Augen wie Kohlen ihn anbrannten – da fiel ihm die Branntweinflasche aus der Hand, und er kam nicht eher wieder zu sich, als bis die unsanften Karessen seiner Ehehälfte ihn weckten, die, voller Zorn ihn einen Trunkenbold über den andern schalt, und sich einbilden mochte, der Whiskey habe ihn so zugerichtet – aber Paddy wußte es besser! –

Ist es nicht sonderbar, daß das eben beschriebene Kostüm so gut mit unserm deutschen Teufel im vorigen Jahrhundert übereinstimmt, der jetzt wieder so beliebt ist? Vom Freischützen hatte Paddy aber doch gewiß noch nichts gehört. Fast scheint es, als hätte die Hölle auch ihr Mode-Journal. Sehr belustigend war mir des Alten Reue und Angst nach der Erzählung. Er tadelte sich mehrmals laut darüber, bekreuzte sich und wiederholte beständig: O'Donoghue habe, obgleich schrecklich, doch ganz wie ein echter *gentleman* ausgesehen, »denn«, setzte er, sich schüchtern umsehend, hinzu, »ein *perfect gentleman* ist er immer gewesen, ist es jetzt, und wird es immer bleiben.« Die jüngeren Bootsleute waren nicht ganz so starkgläubig, und schienen nicht übel Lust zu haben, den Geisterseher ein wenig zu necken, dessen Ernst und Zorn ihnen aber doch sogleich wieder imponierte. Einer dieser Menschen war ein wahres Modell für einen jungen Herkules. Mit aller Lustigkeit eines ganz kerngesunden Körpers, trieb er unaufhörlich Possen, und arbeitete dabei für drei.

Wir landeten nun bei der Abtei von Muckross, in dem Park des Herrn Herbert gelegen, aber dennoch reichlich mit Schädeln und Gerippen ausgestattet. Die Ruinen sind von bedeutendem Umfang, und voll interessanter Einzelheiten. So steht z. B. im Klosterhofe einer der größten Taxusbäume, die es vielleicht in der Welt gibt, denn er überragt nicht nur alle Gebäude, sondern beschattet und verdunkelt mit seinen Ästen den ganzen Hof, wie ein darübergespanntes Zelt. Im zweiten Stockwerk bemerkte ich einen Kamin, an dem zwei Efeustämme, einer auf jeder Seite, die schönste regelmäßige Verzierung bildeten, während ihre Blätter die darüber stehende Feueresse so dicht umlaubten, daß sie einem Baume glich. Unser Führer erzählte uns hier ein merkwürdiges Beispiel von der unumschränkten Gewalt der katholischen Priester über das hiesige gemeine Volk. Zwei Parteien, die Moynihans, und die O'Donoghues genannt, waren schon seit einem halben Jahrhundert in permanenter Fehde begriffen.

Wo sie sich daher in gehöriger Anzahl begegneten, entstand sogleich ein Shillelagh-Kampf[18], bei welchem manches Leben verloren ging. Da es nun, seit dem Bestehen der katholischen Association[19], das Interesse der Priester erheischt, Friede und Eintracht unter ihrer Herde zustande zu bringen, so verordneten sie voriges Jahr, bei der letzten Schlägerei dieser Art, als Strafe für alle Teile: daß die Moynihans zwölf Meilen nordwärts marschieren, und dort ein Bußgebet verrichten; die O'Donoghues dasselbe südwärts ausführen; sämtliche teilnehmende Zuschauer aber sechs Meilen nach andern Orten wallfahrten sollten; im Wiederbetretungsfalle jedoch würde die doppelte Strafe eintreten. Alles wurde mit religiöser Genauigkeit befolgt, und der Krieg hatte seitdem ein Ende.

Nach einer Stunde erreichten wir am jenseitigen Ufer des Sees, an einer dicht bewaldeten Küste, den Wasserfall O'Sullivans, der, vom Regen angeschwellt, doppelt reich erschien. Die Üppigkeit der Bäume und rankenden Pflanzen, die ihn malerisch überhängen, sowie die Höhle, in der man gegenüber trockenen Fußes die schäumend stürzenden Wasser betrachtet, vermehren das Originelle der Szene. Hier gibt es herrliche einsame Promenaden, die auf der andern Seite des Bergrückens zu einem, von der ganzen Welt abgeschiedenen, mitten im tiefen Walde liegenden Dorfe führen. Da aber die Sonne noch immer mit den Wolken kämpfte, und wir uns hinlänglich durchnäßt (vom Himmel und vom See, dessen Wellen uns mehr als einmal übergossen hatten) und ermüdet fühlten, so beschlossen wir, für heute die *tour* zu beschließen und über die freundliche Villa der Lady Kenmare zurückzukehren.

Als wir noch ungefähr vier Meilen zu schiffen hatten, erbot sich der hübsche junge Mann, welcher beiläufig gesagt, ohngeachtet seiner athletischen Gestalt, im Gesicht eine merkwürdige Ähnlichkeit mit der berühmten Mamsell Sontag hatte – uns, wenn wir drei Schilling mit ihm wetten wollten, in einer halben Stunde zu Haus zu bringen. Der alte Geisterseher wollte nicht daran, sich einer solchen Anstrengung zu unterziehen, das junge Sonntagskind versicherte aber, für ihn mitrudern zu wollen. Wir nahmen daher die Wette an, und flogen von nun an, wie ein Pfeil über den See. Nie sah ich eine größere Darlegung von Kraft und Ausdauer, unter fortwährendem Singen, Possen und Scherzen. Demohngeachtet gewannen die Ruderer ihre Wette nur um eine halbe Minute, erhielten aber von uns mehr als das Doppelte des Betrags, was sie, in großer Freude, alle noch dieselbe Nacht zu vertrinken versprachen. Zu guter Letzt hielten sie eine drollige, schon darauf eingerichtete, *conversation* mit dem Echo der Mauern von Ross Castle, dessen Antwort immer einen scherzhaften Sinn hatte, z. B.: *shall we have to night a good bed?* (werden wir diese Nacht ein gutes Bett bekommen? Antwort: *bad* (schlecht) u. s. w.

Den 25sten

Unglücklicherweise kamen heute zwei mir bekannte Engländer hier an, die sich sogleich zu uns gesellten, was mich um mein liebes Inkognito brachte, denn obgleich ich kein großer Herr bin, finde ich doch eben so viel Vergnügen daran. Als Unbekannter entgeht man immer etwas *gêne*[20] mehr, und gewinnt etwas mehr Freiheit, man sei auch noch so unbedeutend. Da ich es jedoch diesmal nicht ändern konnte, so richtete ich es wenigstens so ein, daß ich die Hälfte der heutigen *tour* mit meinem ehrlichen Fabrikanten zu Lande machte, und die drei Engländer vorderhand allein auf dem Boote fahren ließ. Es war dasselbe, welches wir gestern gehabt, und dort auf heute gleich wieder gemietet hatten.

Der Pony, der mir zuteil wurde, hatte den hochklingenden Namen: Ritter von der Schlucht (Knight of the Gap), war aber ein ausgearteter Ritter, den nur Schläge und Sporen in

A street in Killarney

Bewegung setzen konnten. Ehe wir an die große Schlucht kamen, von der er seinen Namen führt, hatten wir von einem Hügel in der Ebene eine sehr schöne Ansicht des Gebürges, in welcher Berge, Wasser und Bäume so glücklich verteilt erschienen, daß die wohltuendste Harmonie daraus entstand. Desto wilder und einförmiger ist die lange Schlucht – im Geschmacke von Wales, doch weniger grandios. An einer Stelle derselben hat sich vor mehreren Jahren ein großes Felsstück losgerissen, und ist, in zwei Hälften geborsten, mitten über den Weg gestürzt. Ein Mann kam auf den Einfall, diese Felsenstücke zu einer Einsiedelei auszuhöhlen, blieb jedoch dieser neuen Wohnung nur drei Monate getreu, weshalb sie jetzt von dem energisch sich ausdrückenden Volke, nach ihm The Madman's Rock (der Narren-Felsen) genannt wird. Ein paar tausend Schritt weiter fanden wir eine alte Frau, kauernd am Wege liegen, deren Anblick alles übertraf, was man der Art in Märchen erfunden. Nie sah ich etwas Abscheuerregenderes! Man erzählte mir, sie sei schon 110 Jahre alt, und habe alle ihre Kinder und Enkel überlebt. Obgleich in intellektueller Hinsicht gänzlich zum Tier geworden, hatte sie doch alle ihre Sinne noch leidlich erhalten. Ihre Gestalt sah aber weder Tier noch Menschen mehr, sondern nur einem wieder ausgegrabenen und von neuem belebten Leichnam ähnlich. Als wir vorbeiritten, stieß sie ein klägliches Gewimmer aus, und schien dann zufrieden, als wir ihr einiges Geld hinwarfen, griff aber nicht darnach, sondern verfiel sogleich wieder in Stumpfsinn und Apathie. Alle Furchen ihres grünen Gesichts waren mit schwarzem Schmutze angefüllt, die Augen schienen zu eitern, die Lippen waren weißlichblau – *enfin, Fanfreluche*[21] muß ein Engel dagegen gewesen sein.

Bei Brandon Castle, einer bewohnbar gemachten Ruine mit einem hohen Turm und einigen vernachlässigten Parkanlagen, durch deren Wasserpartien uns die Führer (denn die Pferde wurden hier zurückgeschickt) auf dem Rücken hindurchtrugen, stießen wir wieder mit dem Boote zusammen. Es kam *à point nommé*[22], grade um die verdeckende Landspitze hergesegelt, als wir das Ufer erreichten, und war, außer den Engländern, noch mit dem besten *bugleman* von Killarney bemannt. Diese Künstler blasen eine Art Alpenhorn mit viel Geschicklichkeit, und rufen dadurch an manchen Stellen herrliche Echos hervor. Im Verfolg unsers Wegs passierten wir einen Brückenbogen, wo, bei angeschwollenem Wasser, zuweilen Boote verunglückt sind. Unser *bugleman* erzählte, daß er selbst schon zweimal hier umgeschlagen, und das letztemal beinahe ertrunken sei. Er wollte daher auch heute landen, und die bedenkliche Stelle, den Felsen entlang, klettern; der alte Steuermann gab es aber nicht zu, und meinte, wenn die fremden Herren im Schiff blieben, gezieme es ihm auch, mit zu ersaufen. Es ging aber alles ganz gefahrlos ab.

Schön, und von imposanter Form ist der Felsen, The Eagle's Nest (Adlernest) genannt, wo auch fast immer Adler horsten. Nicht weit davon sieht man Colemans Sprung, zwei weit voneinander aus dem Wasser ragende Felsen, auf denen die Spuren von Füßen, 3-4 Zoll tief, deutlich eingegraben sind. Solche Sprünge und Fußstapfen wiederholen sich fast in allen Gebürgen.

Unser Schiff war voll Viktualien zu einem brillanten *dîner* (Engländer pflegen so etwas nicht leicht zu vergessen), und als wir eine höchst romantisch gelegene *cottage* unter hohen Kastanien erspähten, beschlossen wir hier zu landen, und Mittag zu machen. Wir würden dort auch ein sehr angenehmes Mahl gehalten haben, wenn es nicht der *dandy*, durch seine Affektation, Mangel an allem Sinn für die Schönheit der umgebenden Natur, und ungütiger Persiflage des, freilich weniger abgeschliffenen, aber vielleicht doch wertvolleren Irländers, verdorben hätte. Er gab ihm den Spottnamen des Schauspielers Liston (der besonders in dummen Rollen glänzt) und machte den armen Teufel, ohne daß er es merkte, eine so burleske Rolle spielen, daß ich zwar selbst zuweilen wider Willen lachen mußte, aber das Ganze dennoch völlig *hors de saison*[23], und von schlechtem Geschmack fand. Es ist aber möglich, daß der Irländer sich nur dumm stellte, und der pfiffigste war, wenigstens sprach er dem Essen und Trinken, während die andern lachten, mit so unermüdlicher Beharrlichkeit zu, daß wenig für jene übrigblieb. Ich kann nicht leugnen, daß ich ihn darin gut unterstützte, besonders fand ich, daß der eben gefangene fette Lachs, an Arbutus-Stöcken über dem Feuer geröstet, ein ganz vortreffliches Nationalgericht sei.

Bei des Mondes Silberschein fuhren wir langsam zurück, während des *bugleman's* Horn Echo nach Echo aus dem Schlafe rief. Es war eine entzückende Nacht, und von Gedanken zu Gedanken, geriet ich in eine Stimmung, wo ich auch hätte Geister sehen können! Die Menschen neben mir kamen mir bloß wie Puppen vor; nur die Natur, die Milde und Pracht, die mich umgab, erschien mir als wirklich. – Woher, dachte ich, kommt es, daß deinem liebenden Herzen doch die Geselligkeit fehlt, daß die Menschen im allgemeinen dir nur so wenig gelten! Ist deine Seele noch zu klein für die Verhältnisse der geistigen Welt, noch zu nah mit Pflanzen und Tieren verwandt, oder hast du die hiesigen Formen schon in früherem Dasein ausgewachsen, und fühlst dich unbehaglich in dem zu engen Gewande? Wenn dann auf dem stillen See der melancholische Klang des Bugleman-Hornes wieder in leisen Tönen über den Wellen zitterte, und meinen Phantasien, wie durch unsichtbare Geisterstimme, die Worte einer fremden Sprache gab – da war mir's oft wie Goethes Fischer[24] zumute, und als sollte ich jetzt sanft hinabgleiten, um O'Donoghue in seinen Korallengrotten aufzusuchen.

Ehe wir landeten, fand noch eine eigentümliche Zeremonie statt. Die Bootsleute, der junge »Sontag« an ihrer Spitze, welcher mich wegen eines reichlicher von mir erhaltenen Trinkgeldes immer »seinen *gentleman*« nannte, baten um Erlaubnis, an einer kleinen Insel anlegen, und diese nach mir taufen zu dürfen, welches nur bei Mondenschein stattfinden könne. Ich mußte mich hierauf auf einen vorragenden Felsen stellen, die sechs Bootsmänner auf ihre Ruder gestützt, bildeten einen Zirkel um mich, und der Alte sagte feierlich eine Beschwörungsformel in einer Art Rhythmus her, was in der wilden Umgebung und Nacht ganz schauerlich klang. Dann brach Sontag einen großen Arbutuszweig ab, und erst mir, dann jedem der im Schiff Sitzenden, einen Büschel reichend, den wir an unsre Hüte befestigten, teilte er die übrigen an seine Kameraden aus, und fragte nun ehrerbietig und ernst, welchen Namen die Insel mit O'Donoghues Erlaubnis künftig führen solle? »Julie«, sagte ich mit lauter Stimme, worauf mit donnerndem Hurra dieser Name, obgleich nicht allzu korrekt ausgesprochen, dreimal wiederholt wurde. Nun ergriff ein Dritter, der Poet der Gesellschaft, eine mit Wasser gefüllte Flasche, und hielt eine kurze Anrede in Versen an O'Donoghue, worauf er mit aller Gewalt die Flasche gegen einen aus dem Wasser stehenden Stein warf, daß sie in tausend Atome zerschellte. Zuletzt wurde eine zweite Flasche, aber mit Whiskey gefüllt, auf meine Gesundheit ausgetrunken, und der Insel Julie nochmals ein dreifaches Hurra gebracht. Die Bootsleute hielten diesen fremdklingenden Namen für den meinigen und nannten mich seitdem nicht anders als Master Julie, was ich ganz wehmütig mit anhörte.

Deine Domänen haben sich also um eine Insel auf den romantischen Seen zu Killarney vermehrt – schade nur, daß die nächste Gesellschaft, die an demselben Flecke landet, sie Dir wieder entziehen wird, denn wahrscheinlich tauft man hier, so oft Paten sich einfinden, da das eigentliche Kind, die Whiskey-Bouteille, immer bei der Hand ist. Einstweilen lege ich indessen diesem Briefe ein Arbutusblatt, vom identischen Zweige, der auf meinem Hute prangte, bei, damit wenigstens etwas von der Insel unbestritten Dein Eigentum bleibe.

Glengarriff, den 26sten

Beste Julie, Dir heute zu schreiben, ist wirklich ein *effort*[25], der einer Belohnung wert ist, denn ich bin übermäßig ermüdet, und habe, wie mein Vater Napoleon, beständig Kaffee trinken müssen, um wach bleiben zu können.*

Um neun Uhr früh verließ ich Killarney in einem *cart* (Karren) von der schlechtesten Beschaffenheit, und folgte der neuen Chaussee, die längs des mittlern und obern Sees nach der Bay von Kenmare führt. Diese Straße entwickelt mehr Schönheiten, als man auf den Seen selbst findet, da diese den großen Nachteil haben, an den meisten Stellen nur auf der einen Seite eine malerische Aussicht zu gewähren, auf der andern aber bloß flaches Land darbieten. Hier auf der Straße hingegen, welche am Abhange der Berge durch den Wald führt, bilden sich bei jeder Wendung geschlossenere, und eben deshalb schönere Gemälde. Ich finde überhaupt, daß Aussichten, vom freien Wasserspiegel aus gesehen, immer verlieren, weil ihnen eine Hauptsache, der Vorgrund, fehlt.

Neben einer hübschen Kaskade, und in der reizendsten Wildnis, hat sich, nahe der Straße, ein Kaufmann Garten und Park mit einer ländlichen Villa erbaut. Die Kosten dieser Anlage müssen wenigstens 5-6000 L. St. betragen haben, viel-

* Der *maître d'hôtel*[26], welcher neulich auch über Napoleons Leben Memoiren herausgegeben, hat den Kaiser von dieser Beschuldigung mit Indignation losgesprochen. Diese Memoiren sind gewiß die schmeichelhaftesten für den großen Mann, denn sie beweisen: *qu'il est resté héros, même pour son valet de chambre!*[27] *A. d. H.*

leicht weit mehr, dennoch steht der Grund und Boden nur 99 Jahre der Familie des jetzigen Nutznießers zur Disposition; nach dieser Zeit fällt er, mit allem was darauf erbaut ist und was im vollkommen baulichen Zustande übergeben werden muß, den Grundherren, den Lords von Kenmare wieder zu. Kein Deutscher möchte Lust haben, unter solchen Bedingungen sein Vermögen auf Verschönerungs-Anlagen zu verwenden; in England aber, wo fast aller Grund und Boden entweder der Regierung, der Kirche oder der mächtigen Aristokratie gehört und daher sich nur selten Gelegenheit darbietet, solchen frei zu akquirieren; auf der andern Seite aber auch Industrie, durch ein weises Gouvernement, im richtigen Verhältnis neben dem Ackerbau befördert, den Handels- und Mittelstand ebenfalls reich gemacht hat, – kommen dergleichen Kontrakte alltäglich vor, und verhindern fast alle Nachteile des zu großen Landbesitzes, ohne seinen großen Nutzen für den Staat zu schmälern.

Wir stiegen nun immer steiler heran, und befanden uns bald zwischen den kahlen Höhen, denn Pflanzungen werden hier fast immer nur bis zur Mitte der höheren Berge angetroffen; es ist nicht wie in der Schweiz, wo die üppige Vegetation sich überall fast bis an die Schneeregion erstreckt. Doch den Maßstab der Schweiz überhaupt hier anlegen zu wollen, würde unpassend sein. Beide Länder bieten romantische Schönheiten von ganz verschiedener Art dar, aber beide erwecken Bewunderung und Staunen über die erhabnen Werke der Natur, wenngleich in der Schweiz vieles noch kolossaler erscheint.[28] Der Weg war so gewunden gebaut, daß wir uns nach einer halben Stunde grade wieder, hoch oben, über der erwähnten *cottage* befanden, die mit ihrem grauen, glatten Strohdach, in solcher Tiefe wie ein Mäuschen aussah, das sich im grünen Grase sonnt – denn die Sonne war endlich nach dem langen Kampf unumschränkte Herrin des Himmels geworden. Acht Meilen von Killarney erreicht man den

Glengarriff

höchsten Punkt der Straße, wo ein einzelnes Wirtshaus liegt. Hier steht man vor der weiten Bergschlucht, die den größten Teil der drei Seen in ihrem Schoße beherbergt, so daß man sie alle mit einem Blick übersieht.

Von nun an sinkt der Weg wieder, durch baumlose aber kühn geformte Berge führend, dem Meere zu. Als ich in Kenmare ankam, konnte ich, denn es war Markt daselbst, kaum das Menschengewühl mit meinem Einspänner durchdringen, besonders der vielen Betrunkenen wegen, die weder ausweichen wollten, noch vielleicht konnten. Der eine fiel, infolge dieser Weigerung, mit dem Kopf so heftig auf das Pflaster, daß er bewußtlos fortgetragen werden mußte, was jedoch, als etwas ganz Gewöhnliches, gar nicht beachtet wurde. Die Hirnschädel der Irländer scheinen überhaupt von einer festern Masse als bei andern Nationen, wahrscheinlich weil sie von Jugend auf an die Schläge des Shillelagh gewöhnt sind. Während ich im Gasthof zu Mittag aß, hatte ich auch wieder von neuem Gelegenheit, mehreren solchen Kämpfen zuzusehen. Erst ballt sich gewöhnlich ein Haufen, schreiend und lärmend, immer dichter zusammen – dann im Nu schwirren hundert Shillelaghs in der Luft, und nun hört man die Püffe, welche größtenteils auf den Kopf appliziert werden, wie entferntes Gewehrfeuer bollern und knacken, bis eine Partei den Sieg errungen hat. Da ich mich hier an der Quelle befand, kaufte ich mir, durch Vermittlung des Wirts, eines der schönsten Exemplare dieser Waffe, noch warm vom Gefecht. Sie ist so hart wie Eisen und um ja den Zweck nicht zu verfehlen, überdies am Ende noch mit Blei ausgegossen.

Der berühmte O'Connell residiert jetzt, ohngefähr 30 Meilen von hier, auf seiner einsamen Veste, in der wüstesten Gegend Irlands. Da ich lange gewünscht habe, ihn kennenzulernen, schickte ich einen Boten, mit der nötigen Nachfrage, von hier an ihn ab, und beschloß, bis die Antwort eintreffen könne, unterdes eine Exkursion nach Glengarriff Bay zu machen, wohin ich mich auch nach dem Essen sogleich aufmachte.

Das Fahren hat nun gänzlich aufgehört, fortan ist nur auf Berg-Ponys, oder zu Fuß, weiterzukommen. Ein solcher Pony trug mein Gepäck, der Führer und ich gingen daneben her, und war einer von uns müde, so mußte das gute Pferdchen ihn ebenfalls tragen. Die Sonne ging bald unter, aber der Mond schien hell. Die Gegend war nicht ohne Interesse, der Weg aber abscheulich, und führte oft durch Sümpfe und reißende Bäche, ohne Brücke noch Steg. Über alle Vorstellung beschwerlich, ward er aber nach sechs bis acht Meilen, wo wir einen hohen Berg fast perpendikulär[29] hinaufklimmen mußten, nur auf loses und spitzes Gerölle tretend, auf welchem man jeden Augenblick halb so weit herabrutschte, als man vorher hinangeklettert war. Noch schlimmer beinah ging es auf der andern Seite hinab, besonders wenn ein vortretender Berg den Mond auslöschte. Ich konnte vor Müdigkeit nicht weiter gehen, und setzte mich daher auf den Pony. Dieses Tier zeigt wahren Menschenverstand. Bergauf half er sich mit der Nase, und den Zähnen selbst, glaube ich, wie mit einem fünften Beine, und bergunter spann er sich, mit unaufhörlichen Drehungen des Körpers, wie eine Spinne herab. Kam er an einen Sumpf, in dem, statt des Steges, nur von Schritt zu Schritt einige Steine hineingeworfen waren, so kroch er mit der Langsamkeit eines Faultiers hindurch, immer erst mit dem Fuße probierend, ob der Stein auch ihn und seine Last zu tragen imstande sei. Die ganze Szene war höchst seltsam. Man sah bei der großen Helle weit um sich her, aber nichts, durchaus nichts als Felsen an Felsen gereiht, von jeder Art und Gestalt, und durch den Mondschein in noch riesenhaftere, abenteuerlichere, scharf sich gegen den Himmel abschneidende Formen gegossen. Kein lebendiges Wesen, und kein Busch war zu entdecken, nur unsre

Schatten zogen langsam neben uns hin, kein Laut ertönte, als unsere Stimmen, und zuweilen das ferne Rauschen eines Bergbachs, oder seltner das melancholisch tönende Horn eines Hirten, die in diesen ungemessenen Einöden, welche nur aus Felsen, Moos und Heidekraut bestehen, das frei umherirrende Vieh durch diese Musik zusammenhalten. Einmal nur sahen wir eine solche Kuh, welche, wie die Bergschafe in Wales, die Flüchtigkeit des Wildes angenommen haben, mitten im Wege liegen, aber bei unserer Annäherung, wie ein schwarzer Geist, brausend über die Felsen springen, wo sie bald im Dunkel verschwand.

Eine Stunde vor Glengarriff Bay wird die Landschaft ebenso üppig und parkähnlich, als sie vorher kahl und wild ist. Hier ragen die Felsen in den allerwunderlichsten Formen, aus hesperischen Gebüschen von Arbutus, portugiesischem Lorbeer und andern lieblichen, süß duftenden Sträuchern hervor. Manche dieser Felsen erheben sich, gleich Palästen glatt wie Marmor, ohne Fugen und Unebenheit, andere bilden spitze Pyramiden, oder lange fortlaufende Mauern. In dem Talgrunde glänzten einzelne Lichter, und ein leiser Wind bewegte die Kronen hoher Eichen, Eschen und Birken, mit schönem *holly* untermischt, dessen hochrote Beeren selbst im Mondlicht sichtbar wurden. Die prächtige Bay aber schimmerte, von den zitternden Mondesstrahlen durchwebt, schon in der Nähe, und ich glaubte mich wirklich im Paradiese, als ich kurz darauf ihre Ufer erreichte, und mich an der Tür des freundlichsten Gasthauses glücklich angelangt fand. So heiter dieses aber auch aussah – in ihm war dennoch Trauer! Wirt und Wirtin, sehr anständige Leute, kamen mir in tiefes Schwarz gekleidet, entgegen. Die Schwester der Frau, so erzählten sie mir, auf meine Frage, das schönste Mädchen in Kerry, nur 18 Jahre alt, und bisher das Bild der Gesundheit, war erst gestern an einem Gehirnfieber, oder vielmehr an der Unwissenheit des Dorfarztes, verschieden – in der achttägigen Krankheit aber, wie die arme Frau weinend hinzusetzte, zu 40 Jahren gealtert, so daß niemand den Leichnam des blühenden Mädchens mehr erkennen wolle, diese holden Züge, welche noch vor so kurzer Zeit der Stolz ihrer Eltern und die Bewunderung aller jungen Männer der Umgegend waren.

Sie ruht neben meiner Schlafstube, gute Julie, nur durch eine Bretterwand von mir geschieden. Vier Schritte von ihr steht der Tisch, an dem ich Dir schreibe. Das ist die Welt! Leben und Tod, Freude und Kummer reichen sich überall die Hand.

Kenmare, den 27sten

Um 6 Uhr war ich munter, und um 7 Uhr in dem herrlichen Park des C..l W..., Bruder des Lords B..., welcher Familie die ganze Umgegend der Bayen von Bantry und Glengarriff, vielleicht des schönsten Punktes in ganz Irland, gehört. Der Umfang dieser Besitzungen ist fürstlich, wiewohl in pekuniärer Hinsicht nicht so bedeutend; da der größte Teil des Terrains aus Felsen und unbebautem Gebürge besteht, das seine Renten nur in romantischen Schönheiten und prachtvollen Aussichten bezahlt. Mr. W...s Park ist gewiß eine der gelungensten Schöpfungen dieser Art, und hat des Besitzers Ausdauer und gutem Geschmack allein sein Dasein zu verdanken. Freilich konnte er auch nirgends einen dankbareren Erdfleck für sein Wirken auffinden, aber selten geschieht es, daß Kunst und Natur sich so vollständig die Hand bieten. Es sei genug, zu sagen, daß die erste sich nur durch die vollständigste Harmonie bemerklich macht, übrigens in der Natur ganz aufgegangen zu sein scheint: – daher kein Baum noch Busch mehr wie absichtlich hingepflanzt sich zeigt; die Aussichten nur nach und nach, mit weiser Ökonomie benutzt, sich wie notwendig darbieten; jeder Weg so geführt ist, daß er gar keine andre Richtung, ohne Zwang, nehmen zu können scheint; der herrlichste Effekt von Wald und Pflanzungen durch geschickte Behandlung, durch Kontrastieren der Massen, durch Abhauen einiger, Lichten anderer, Aufputzen, oder Niedrighalten der Äste, erlangt worden ist – so daß der Blick bald tief in das Walddunkel hinein, bald unter, bald über den Zweigen hingezogen, und jede mögliche Varietät im Gebiet des Schönen hervorgebracht wird, ohne doch irgendwo diese Schönheit nackt vorzulegen, sondern immer verschleiert genug, um der Einbildungskraft ihren nötigen Spielraum zu lassen; – denn ein vollkommner Park, oder mit andern Worten: eine durch Kunst idealisierte Gegend soll gleich einem guten Buche, wenigstens ebensoviel neue Gedanken und Gefühle erwecken, als es ausspricht.[30]

Das Wohnhaus, durch einzelne Bäume und Gruppen malerisch unterbrochen, und nicht eher sichtbar, als bis man eine ihm gegenüberliegende Anhöhe erreicht, wo es auf einmal aus den Waldmassen, mit Efeu, wildem Wein und Rosen überrankt, hervorbricht – ist ebenfalls von dem Besitzer nach eignen Plänen erbaut. Es ist weniger im gotischen, als in einem altertümlich-pittoresken, eigentümlichen Stile aufgeführt, den ein feiner Takt sich ganz der Gegend gemäß ausdachte. Auch die Ausführung ist vortrefflich, denn es ahmt wahres Altertum täuschend nach. Die Zierate sind so sparsam und passend angebracht, das Ganze so wohnlich und zweckmäßig gehalten, und dem, scheinbar ältesten Teile, das Ansehn von Vernachlässigung und Unbewohntheit so gut gegeben, daß ich wenigstens vollkommen der Absicht des Erbauers entsprach, indem ich die Gebäude für jetzt erst wieder bewohnbar gemachte, und soweit als es unsere Gewohnheiten verlangen, modernisierte Überreste einer alten Abtei ansah.[31] Die Rückseite des Wohnhauses nehmen Pflanzenhäuser, und ein höchst nett gehaltner, umschlossener Blumengarten ein, die beide mit den Zimmern zusammenhängen, so daß man fortwährend unter Blumen, tropischen Gewächsen und reifenden Früchten lebt, ohne deshalb das Haus verlassen zu dürfen. Auch das Klima ist das günstigste, was man sich für Vegetation wünschen kann; feucht, und so warm, daß nicht nur, wie in England, Azalien, Rhododendron und alle Sorten Immergrün, sondern selbst Kamelien, in einer vorteilhaften Lage, hier im Freien durchgewintert werden können. Daturen, Granaten, Magnolien, Lyriodendron etc. erreichen die größte Schönheit, und die letztern drei werden nie bedeckt. Die Gegend bietet große Ferne, außerordentliche Varietät, und dennoch ein am Horizont von Bergkolossen wohlgeschlossenes Ganze dar. Die Bays von Bantry und Glengarriff zeigen ein Meer im Kleinen, dessen Küsten, sich durch- und übereinanderschiebend, die Leere des großen Ozeans nie erblicken lassen; landeinwärts aber scheint das wogende Gebürge fast ohne Ende. Die kleinere Bay von Glengarriff, welche sich vor dem Wohnhause ausbreitet, hat neun Meilen, die andere fünfzig im Umfang. Unter den dem Parke gerade gegenüberliegenden Bergen ragt wieder ein Zuckerhut hervor, und an seinem Fuß erstreckt sich ein schmales Vorgebürge bis mitten in die Bay, wo ein verlassenes *fort* malerisch seine Spitze bezeichnet. Der Park selbst nimmt die ganze eine Seite der Bay ein, und begrenzt an seinem schmalen Ende die von Bantry, wo das Schloß des Lord B... am jenseitigen Ufer den Hauptaussichtspunkt bildet. Nur zur Hälfte vollendet und bepflanzt, ist die ganze Anlage überhaupt erst seit 40 Jahren aus dem Nichts hervorgerufen worden. Ein solches Wirken verdient auch seine Kronen, und der würdige Mann, der mit nur geringen Mitteln, aber großem Talent, und gleich größerer Ausdauer, es schuf, sollte den irländischen Grundbesitzern, die ihre Schätze im Ausland vergeuden, als ein hoch zu ehrendes Muster aufgestellt werden! Auch hörte ich mit wahrer Genugtuung, daß, auf seinen und Lord B...s Domänen, Parteihaß unbekannt ist. Beide sind Protestanten, alle ihre

Untertanen, oder *tenants* [32], Katholiken; demohngeachtet ist die freiwillig anerkannte Autorität der Herren über sie grenzenlos, ja, Mr. W ... lebt wie ein Patriarch unter ihnen, wie ich von den gemeinen Leuten selbst erfuhr, und schlichtet alle ihre Streitigkeiten, ohne daß Rechtsverdrehern ein Heller in diesen abgeschiedenen Bergen zugewendet zu werden braucht.

Daß ich wünschen mußte, einen so braven Mann kennenzulernen, magst Du voraussetzen. Es war daher eine wahre Gunst des Schicksals, daß ich ihm, seine Arbeiter inspizierend, im Parke begegnete. Unser Gespräch nahm bald eine interessante, für mich höchst lehrreiche Wendung. Eine Einladung, mit ihm und seiner Familie zu frühstücken, schlug ich nicht ab, und fand in seiner Gemahlin eine flüchtige Bekannte aus dem Londner *trouble.* Sie nahm das unerwartete Wiedersehen herzlich auf und präsentierte mir zwei Töchter von 18 und 17 Jahren, die noch nicht *brought out*[33] waren, denn wie ich Dir schon neulich schrieb, während man in England die Pferde *(sans comparaison)*[34] zu früh ausbringt, nämlich im zweiten Jahr schon Wette laufen läßt, müssen die armen Mädchen fast alt werden, ehe man ihnen das Gängelband löst, um sie in die böse Welt zu lancieren.

Die Familie erschöpfte alle Artigkeit und Freundschaft an mir, und da mich die Damen so leidenschaftlich für schöne Natur eingenommen sahen, baten sie mich dringend, einige Tage hier zu bleiben, um so manche Merkwürdigkeit, namentlich den berühmten Wasserfall und Aussicht von Hungryhill, mit ihnen zu besuchen. Es war mir unmöglich, jetzt mich länger aufzuhalten, da ich mich bei H. O'Connell angesagt, gewiß aber werde ich auf meiner Weiterreise nach Cork von einer so lieben Einladung Gebrauch machen, denn solche Gesellschaft gehört nicht zu denen, die ich scheue.

Ich begnügte mich also, vorderhand, mit der ganzen Familie eine lange Spazierfahrt zu machen, erst der Bay entlang, um eine Generalansicht des Parks und Schlosses zu gewinnen, dann nach einem Waldrevier, in der Direktion meines Rückwegs gelegen, wo Lord B... eine *shooting lodge* (Jagdhaus) besitzt. Dies ist eine Gegend wie für einen Roman erfunden! Was die abgeschiedenste Einsamkeit, die schönste Vegetation, das frischeste Wiesengrün, von Bergen und Felsen umschlossen, Täler, an deren Seiten sich zuweilen 1000 Fuß hohe, steile Wände erheben, dick bewaldete Schluchten, ein über Felsenblöcke rauschender Fluß mit malerischen Brücken von Ästen und Stämmen, sonndurchglänzte Haine, in denen die kühlen Wellen tausende von Waldblumen mit ihrer stets klaren Flut erfrischen, zutraulich gewöhntes Wild, horstende Adler, und buntgefiederte Singvögel – alles durch die süßeste Heimlichkeit dem Dichterherzen lieb gemacht – was solche Elemente bieten mögen, ist hier in reichem Maße vereint, um mit einer gleichgestimmten Seele alle Glückseligkeit genießen zu können, der diese Erde fähig ist. Mit wehmütigem Schmerz verließ ich diese reizende Phantasie unsrer lieben Mutter Erde, und riß mich nur mit Mühe los, als wir am ländlichen Tore ankamen, wo Führer und Pony schon meiner harrten. So wie ich Abschied von den neuen Freunden genommen, und dem lieblichen Tale den Rücken gekehrt, umzog sich auch der Himmel, und nahm, bei dem Eintritte in das schauerliche Steinreich, das ich Dir gestern beschrieb, die Farbe an, die zu meiner Stimmung, wie zur Umgebung, am besten paßte. Ich wünschte, noch des langsamen Reitens vom vorigen Tage her überdrüssig, zu gehen, als ich aber, der Nässe wegen, meine hohen Überschuhe verlangte, fand es sich, daß der Führer einen derselben verloren, ein häusliches Unglück, das wichtig genug für mich war, um es hier zu erwähnen, denn, wie man zu sagen pflegt: »Ohne Bacchus friert Venus«, so wird auch eine romantische Gegend weit besser mit trockenen Füßen als mit nassen genossen. Ich beschloß daher den Mann zurückzuschicken, um, wo möglich, wenigstens für die nächsten Tage, meiner trauernden Galosche ihre so lange treue Gefährtin wiederzuschaffen, für heute aber den ganzen Weg, durch dick und dünn, zu Fuß zurückzulegen.

Es fing sanft an zu regnen, ein Berg nach dem andern verschleierte sich, und ich wanderte melancholisch, sehnsüchtig nach dem verlornen Paradies, den Regionen zu, wo die Erde, gleich einem Gerippe, nur ihre Knochen erblikken läßt. Unterdessen ward der Regen immer stärker, und einzelne Windstöße verkündeten bald ein ernstliches Unwetter. Ich hatte den hohen Berg zu erklimmen, der inmitten der ersten Wegehälfte von hier aus liegt, und schon kamen mir Ströme Wassers entgegen, die gleich kleinen Kaskaden, in allen Bergfurchen herabschossen. Da ich den Luxus so badeartiger Durchnässung im Freien selten genieße, so wadete ich, mit wahrem Wohlbehagen, in dem flüssigen Element umher, mich gewissermaßen in das Seelenvergnügen einer Ente versetzend. Der Beweglichkeit meiner Phantasie ist, wie Du weißt, nichts der Art unmöglich; wie aber das Wetter immer finsterer und wilder ward, nahm auch meine Stimmung allmählich immer einen unheimlicheren, ja ich möchte fast sagen, höhnischen, modern-diabolischen Charakter an. Der Aberglaube der Berge umfing mich, ich konnte ihm nicht länger widerstehen, dachte fortan nur an Rübezahl, den böhmischen Jäger, die *fairies*[35] und den Bösen, an Beschwörungsformeln und Erscheinungen, so daß mir immer gespenstiger zumut ward, und ich mich zuletzt lautdenkend ausrufen hörte: »Warum sollte mir der Teufel nicht ebensogut als andern ehrlichen Leuten erscheinen können?« Mit diesen Worten war ich auf der höchsten Spitze des steilen Berges angekommen. Das Unwetter hatte jetzt seinen höchsten Grad erreicht, der Sturm heulte fürchterlich, Wasser goß in Fluten vom Himmel, und der tiefe Felsenkessel, unter mir, erschien, wie hinter schwarzen Vorhängen nur augenblicklich auftauchend, dann wieder verschwindend in den rollenden Nebeln und der einbrechenden Dämmerung. Da fiel mir jene Beschwörungsformel ein, nach welcher, wenn man sich dreimal laut lachend in einer Kirche um Mitternacht selbst gerufen, eine Erscheinung verheißen wird, die niemand auszuhalten imstande sein soll. Was in einer Kirche um Mitternacht stattfindet, dachte ich, mag hier im Aufruhr der Elemente, in der schauerlichen Felsschlucht, bei eintretender Nacht auch geschehen können; – und so, mich fest gegen den Sturm stemmend, den Regenschirm, den ich bisher nur als Stock gebraucht, wie einen Mantel über den Kopf ziehend, und starr in den tiefen Bergkessel hinabschauend, rief ich, von Gespensterschauern ergriffen, der Vorschrift gemäß, mit fremder laut schrillender Stimme meinen vollen Namen:*

....

Dann wie verwundert: Wer ruft mich?

– Dumpfes halberstickes Gelächter. –

Lauter meinen Namen von neuem:

....

Erschüttert: Wer ruft mich?

– Wildes Lachen. –

Mit donnernder Stimme meinen Namen zum drittenmal:

....

Voll Grausen: Wer ruft mich?

– Augenblickliche Stille – dann ein leises, doch helles und triumphierendes Lachen, welches das Echo spottend wiederholt.

* Jeder braucht hier nur seinen eigenen Namen, wenn er den Versuch zu machen wünscht, einzuschalten. *A. d. H.*

Soweit hatte ich die Komödie allein gespielt – aber jedesmal, wenn ich selbst: Wer ruft mich? rief – schien es, als wenn von außen her schwache Blitze den Kessel unter mir durchzuckten, was ich mir nur durch die Windstöße erklären konnte, die der seidnen Decke des Regenschirms, welche ich des Sturms wegen nahe am Gesicht festhalten mußte, eine zitternde Bewegung gaben, und so eine blitzähnliche Wirkung auf das Auge hervorbrachten. Als aber das letzte Lachen kaum verschollen war – schlug sich plötzlich das Dach des Regenschirms um, was mich selbst beinahe umwarf, und ganz der Empfindung glich, als ergriffe mich von hinten eine übermächtige Riesenfaust – es war freilich, ohne Zweifel, nur ein jählinger Windstoß – ich drehte mich indes nach dem ersten Schreck doch langsam um … und sah … nichts, in der Tat! – Aber wie? regt sich dort nicht etwas um die Ecke? – beim Himmel das ist … mein Erstaunen war wahrlich nicht gering, als ich jetzt in der Entfernung von zwanzig Schritten, soweit als ich notdürftig in Dunkelheit und Regen noch unterscheiden konnte, eine vom Kopf bis zum Fuß schwarz verhüllte Gestalt, mit einer Scharlachmütze auf dem Kopfe, nachlässig, und – ich täuschte mich nicht – hinkend, auf mich zukommen sah …

Nun liebe Julie, *est-ce le diable ou moi, qui écrira le reste?*[36] – oder glaubst Du wohl gar, ich amüsiere mich, Dir ein Märchen zu erzählen? *Point du tout*[37] – Dichtung und Wahrheit ist meine Devise. Aber meinen Brief wenigstens hier zu schließen, ist billig. Ich darf hoffen, daß der nächste nicht ganz ohne Ungeduld erwartet wird. Also bis dahin – *adieu.*

Ganz Dein L …

[s. a. Nachlaß-Briefe S. 302]

* * *

Ende des ersten Teils

Nachlaß-Briefe
Teil I

Die hier zur Ergänzung beigefügte Auswahl von Briefen stammt aus dem Nachlaß Pücklers. Sie wurden von Pückler selbst oder von Varnhagen von Ense 1830 nicht zur Publikation gegeben, sondern, nach dem Tod Pücklers, von Ludmilla Assing-Grimelli, einer Nichte Varnhagens, aufbewahrt. Die in dieser Ausgabe chronologisch den entsprechenden Teilen zugeordnete Auswahl der Nachlaß-Briefe verdeutlicht u. a. das inhaltliche Redigieren Pücklers und schließt Lükken in der Korrespondenz.

Zum besseren Verständnis der Vorbereitungen zu Pücklers Englandreise, sowie deren Ausgang in bezug auf erste Publikumsreaktionen, enthält die Auswahl zusätzlich Nachlaß-Briefe die nicht in den Kontext der *Briefe eines Verstorbenen* gehören.

Wo nicht anders angemerkt, sind die Nachlaß-Briefe an Lucie von Hardenberg gerichtet. Französisch und englisch geschriebene Briefe sind ins Deutsche übersetzt, wobei französische Satzteile in englisch geschriebenen Briefen als solche übernommen wurden. (Anm.: engl. bzw. franz. über dem Datum)

Bangor, den 15. Juli 1828

Meine guten Eigenschaften tun mir in der Welt mehr Schaden als meine schlimmen – ich meine, in moralischer Hinsicht gut und schlimm, nicht in weltlicher, denn eben Weltklugheit geht mir ganz ab, und ich bin ihrer unfähig, weil ich zu wahrhaft einmal – und dann zu poetisch bin.

Bangor, den 16. Juli 1828

Die Menschen müssen hier weniger eitel sein als in England, denn in keiner Stube findet man hier Spiegel in den Gasthöfen, außer einem kleinen auf der Toilette im Schlafzimmer. Das wird sehr unbequem von Deinem Lou gefunden, der, wie Du weißt, sein altes Gesicht gern als Zeitvertreib im Spiegel erblickt, zu sehen, wie der Schnurrbart sitzt, ob die Augen klar sind, oder ob die Haare gut fallen. Apropos, Du wirst mich wohl für einen Juden ansehen, denn ich habe einen weit schöneren Bart als Clanwilliam jetzt. Rundherum, einen halben Finger lang, und rabenschwarz. Auch der Schnurrbart ist weit länger und größer als Du ihn gekannt hast, und alles zusammen macht einen sehr schönen Effekt, *au moins je me l'imagine, et cela suffit.*[1] Da es überdem Mode ist, so muß es gefallen.

[engl.]

Bangor, den 27. Juli 1828

Dear Lady Darnley,

Ich gab Ihnen zwar jedwedes Vertrauen hinsichtlich aller möglichen Qualitäten, habe aber nicht gewußt, daß jene die Gabe der Voraussage mit einschließen. Unglücklicherweise sind Sie so treu wie Cassandra, und der nasse Sommer den Sie ankündigen so furchtbar, daß, nachdem ich den Snowdon bei Sturm und Regen bestiegen, ohne mehr von seinem Gipfel aus zu sehen als von meiner Bett-Kammer, ich jetzt beinahe eine Woche lang in den Armen von Penrhyn festsitze, gespannt aber vergeblich auf einen einzigen Ihrer Sonnenstrahlen wartend, welcher zweifelsohne der prüdeste in England ist, *et c'est beaucoup dire.*[2]

Aber mein Zorn soll mich nicht vergessen machen Ihnen, verehrte Lady Darnley, für Ihren freundlichen Brief und die beigelegte Empfehlung an Lord Anglesea zu danken. Entschlossen etwas von Wales zu sehen, einige weite Aussichten von einem der Gipfel der Forked Mountains, möchte ich diese Grafschaft nicht eher verlassen als sich das Wetter gebessert hat – sobald ich aber Irland erreicht habe, werde ich bestimmt nicht Lord und Lady Meath vergessen und die reizende Theodosia, die ich sehr gern habe. Nebenbei bemerkt, möchten Sie nicht, verehrte Lady Darnley, mich mit einem kleinen *billet doux*[3] für Lady Theodosia beglücken? Ich wünsche sehr für etwa eine Woche nach Kilkenny eingeladen zu werden, und wenn Sie dies durch die Blume erwähnen würden, wäre Lady Theodosia vielleicht artig genug um es zu arrangieren. Bin ich nicht zu impertinent Ihnen soviel Umstände zuzumuten? Ich verlasse mich auf Ihre Güte. Noch immer müßte ich, wenn ich es dürfte, mit Ihnen schelten. Es ist wirklich nicht besonders zuvorkommend, daß Sie es völlig versäumt haben mir zu sagen, wie die famose Nische gelungen ist, die wir mit so viel Eifer und Geist gerade kreiert hatten, als ich Sie und das entzückende Cobham Hall verließ. Ich muß gestehen, daß, seit ich geholfen habe diese Nische zu schneiden und vorschlug eine neue Ordnung in das Gehölz zu bringen, ich mir einbilde einen Anteil an der Erhabenheit Ihrer Verbesserungen zu besitzen, und wenn demnach mein ›*drive*‹ (ich hoffe Sie werden es so nennen) in die Tat umgesetzt worden ist, würde ich mich, neben Ihnen, wirklich unsterblich gedenken, wie eine kleine Fliege, die auf dem Flügel eines Adlers sitzt und mit ihm zur Sonne aufsteigt.

Ich muß dieses sehr poetische Bild schließen, da ich

fürchte, daß der schreckliche Regen, der gegen mein Fenster schlägt, mich heute nicht zu etwas Höherem anregt, aber wenn Sie nicht allzusehr von der Länge dieses Briefes gelangweilt sind, werde ich mir die Freiheit nehmen, Ihnen wieder vom Rock of Merlin oder aus der Burg des großen Llywelyn zu schreiben. *En attendant*[4], glauben Sie mir, verehrte Lady Darnley,

very faithfully yours
H. Pückler

Dublin, den 30. August 1828

Liebste Mutter,
Ich habe Dir nie eine Unwahrheit gesagt, gute Mutter, und begreife nicht, woher Dein ewiges Mißtrauen kömmt. *On est bien malheureux croyez-moi, quand on veut être trop fin, et suppose être les autres de même.*[5]

Sei nicht immer so argwöhnisch, es ist der unrichtige Weg mit mir. Nimm darin ein Beispiel an meiner lieben Lucie, die mir durch Sonnenschein und Ungewitter wie einem Felsen vertraut, und nicht mit einem Gedanken habe ich noch je dieses völlige Vertrauen zu Schanden werden lassen, noch ist dies je möglich. Vor allen Dingen liegt Verstellung am wenigsten in meinem Charakter, und wird mir selbst, wo sie nötig wäre, auf die Länge unmöglich – ohne eine große Beweglichkeit und folglich wirkliche Veränderlichkeit und Inkonsequenz in manchen Dingen. Dies scheint den Menschen, die mich nicht kennen, Verstellung, sie supponieren Gott weiß was für geheime Pläne, die kein Mensch erraten noch begreifen kann, während ich so unbefangen wie ein Kind und oft ebenso leichtsinnig, *il faut l'avouer, le jour la journée*[6] lebe, und wirklich das auch immer denke was ich sage. Aber was ich sage, wird selten recht verstanden, das ist gewiß, *et j'ignore à qui en est la faute.*[7] Jedenfalls aber solltest Du, gute Matscha, die mich verfertigt hat, ihr eigenes sonderbares Opus besser kennen. Wo zwei solch' heterogene Elemente als Callenbergisches und Pücklerisches Blut zusammenkommen, mußte ein verzweifeltes Ferment entstehen, und ich glaube, es wird nie wieder zu der Ruhe des Weins noch Essigs kommen, sondern immer ein unbestimmter Most bleiben. Dies Gleichnis bringt mich auf natürlichem Wege zu Deiner Traubenkur, und daß ich von Dir geerbt habe *malade imaginaire*[8] zu sein, und jeden Monat eine verschiedene Kur anzufangen. Mit wahrem Schrecken habe ich in Deinem Briefe gelesen, daß Du Anfang Oktober Allaix schon verlassen willst. Wie ist es möglich, wenn man den Winter in diesem schönen Lande zubringen kann, mit gutem *comfort* im eigenen Hause, daß man daran denken kann, alle Beschwerden, Entbehrungen und neue Rheumatismen *dans les glaçons du nord*[9] aufzusuchen. Du bist die wandernde Christin, gute Matscha, *there is no doubt.*[10] Wisse also, daß mein steter Plan war, wenn die Geschäfte mich zu einem Abstecher nach Muskau zwängen, zwar dorthinzueilen, im Oktober aber, und zwar spätestens zu meinem Geburtstage, in Allaix zu sein, meine beiden englischen Pferde nebst dem kleinen zweirädrigen Wagen schon vorher hinzuschicken, meine Winterquartiere bei Dir aufzuschlagen (und zwar *en payant*[11] wie ehemals beim Staatskanzler), und im Frühjahr die neue Campagne zur Eroberung einer Frau mit meiner Matscha gemeinschaftlich zu unternehmen. Alles dies, dachte ich, sollte Dich angenehm überraschen, *car je vous jure, ma société vaut quelque chose*[12], wenn ich mich jemand widme, *et vous ne la connaissez presque pas, pauvre*[13] Matscha, – und nun wirft ein Wort, wenn es u n a b ä n d e r l i c h ist, alle meine Pläne über den Haufen.

Ich würde Dich zerstreuen, gute Matscha, und Dir in Deinen Häuslichkeiten nützlich sein, *enfin*, bis die junge Frau gefunden ist, würde ich mich mit Dir verheiraten, und Dir vielleicht lieber werden, als Du glaubst, da Deine anderen

Kinder alle das Hauptinteresse eigener Familie haben, ich aber nur zwei Mütter, wovon die eine mich zwar weit mehr liebt als die andere, diese aber mir das Leben gegeben hat, ohne das ich gar nicht da wäre, *et c'est quelque chose.*[14] Wenn es also möglich, *et le cœur vous en dit*[15], so arrangiere Deine Pläne anders, und ich engagiere mich fest für das Gesagte. Antworte mir auch bald, damit ich mich darnach einrichte.

Der Grund, warum ich Deinem Rat, in England zu bleiben, nicht folgen kann, ist, weil ich die unvermeidlichen hiesigen Depensen nicht mehr bestreiten kann, und nach vielem Schwanken endlich fest entschlossen bin, nur eine große Partie oder gar keine zu machen. Ich habe dergleichen mehrere vor mir, und Irland, sehe ich, nicht England, ist das wahre Land dazu. Sobald wieder einige neue Kräfte gesammelt sind, müssen wir daher auch hier wieder die Campagne eröffnen. Jetzt aber muß ich sie abbrechen. Dein Raisonnement über Pücklers Benehmen ist merkwürdig. Indessen der Himmel wird mich vielleicht nicht verlassen, und die, welche ohne Mitleid mich quälen, es vielleicht in späteren Zeiten bitter bereuen lassen.

In unserer Familie hast Du großmütig gegen Deine Kinder gehandelt, und es ist mehr, als Du glaubst, zu Deinem eigenen Vorteil ausgeschlagen, ich selbst habe großmütig gegen meine Schwestern gehandelt, sie schlecht gegen mich, und mein Vater erbärmlich für uns alle. M e i n e Kinder sollen entweder nie existieren, oder ihren Vater segnen, dessen bin ich gewiß. Ich habe ein zu klares Beispiel, wie die Väter n i c h t handeln sollen, und der Himmel verzeihe mir's, aber bei diesem Kapitel läuft mir jedesmal die Galle über. Was für ein Verdienst hat der Actus, der ein Kind erzeugt, wenn man nachher alles zu seinem Guten unterläßt, und positiv Dinge zu seinem Verderben tut? Doch genug hiervon, die Menschen sind, wie sie Gott werden läßt, und mancher hat auch über mich bitter zu klagen, wenn gleich keiner, der mich wahrhaft lieb gehabt hat, und mein Herz war von Kindheit an offen für Liebe für den, der sich Mühe darum gab. Ich liebe den guten Tamm noch zärtlich, wie er in seiner blau und braungestreiften seidenen Weste vor mir steht, und ebenso meinen Großvater Callenberg, ja, auch den alten Pückler halte ich in Ehren, die ersten beiden liebten mich, und der letzte hat mir nie absichtlich zu schaden noch ein Bein zu stellen gesucht. Meine alte Matscha ist mir ein bißchen fremd geblieben, obgleich ich in früherer Zeit gar manche sehnsüchtige Träne um ihretwillen vergossen habe – aber stets hat sie gut gegen mich gehandelt, und ein redliches Mutterherz gezeigt. Glaube, gute Matscha, die Dankbarkeit dafür ruht fest in meiner Seele und wird nie verlöschen, wenn sie sich auch nicht so oft in Worten ausdrückt, als die Callenbergs gern haben.

Wird diese Matscha mir nun ihre unruhigen Reiseprojekte aufopfern? Wird sie nicht wieder glauben, alles Gesagte sei nur eine Finte zu einem unbekannten geheimen Zweck? *En tout cas, j'attends le résultat avec impatience.*[16]

Wirklich, Herzens-Matscha, es wäre doch gut, wenn wir uns endlich ein bißchen kennenlernten! Wir hatten bisher zufällig keine rechte Gelegenheit dazu, denn von meinem siebenten Jahre an sind wir getrennt, und dann glaube ich nie mehr als vierzehn Tage zusammen, und auch dann weder allein noch in gemeinschaftlichen Verhältnissen, sondern ohne Berührungspunkte fast wie Fremde. Jetzt bietet sich eine wahre Gelegenheit dar, wir sind beide schon weit über des Lebens Mitte hinaus, laß sie uns nicht versäumen, damit wir im Himmel nicht genötigt sind, uns mit der Lorgnette zu fixieren und auszurufen: ›*Pardon, n'ai-je pas eu l'honneur de vous connaître là-bas, ne seriez-vous pas par hazard mon fils, ma mère?*‹

Mais trêve de plaisanterie, la chose est sérieuse et me tient à cœur. Adieu Matcha, cette fois-ci vous trouverez ma lettre assez longue. Répondez-moi de suite.[17] Ich komme nach Allaix als

Dein Sohn, folglich fürchte nicht, daß ich den Diffizilen oder Egoisten in irgend etwas zeigen werde.

C'est vous qui serez le soleil comme de raison, et moi le plus soumis de vos planètes, et si vous le voulez, je serai votre Intendant, maître d'hôtel, cocher et même votre femme de chambre.[18]

[Daniel O'Connell an Pückler; engl.]
Darrinane Abbey
27. Sept. 1828

Mr. O'Connell hatte die Ehre einen Brief vom Fürsten Pückler-Muskau zu erhalten, der jedoch, unglücklicherweise durch einen Unfall des Boten, sich in der Zustellung verspätete. Das Pferd des Boten, so scheint es, brach unter ihm zusammen und verrenkte dessen Schulter.

Mr. O'Connell fühlt sich hoch geehrt die Bekanntschaft des Fürsten Pückler-Muskau zu machen und wird sehr erfreut sein über dessen Einverständnis, die bescheidene Gastlichkeit seiner Berg-Hütte inmitten dieser Wildnis anzunehmen, wo ein Fremder etwas mehr erwarten darf als nur die Anordnung ihm Beachtung zu schenken – diese Anordnung wird der Fürst in der herzlichsten Art und Weise finden und als Soldat und Reisender möchte Er – so hoffen Wir – die Freundlichkeit besitzen, die Abgeschiedenheit zu entschuldigen.

Briefe eines Verstorbenen
Zweiter Teil

Ein fragmentarisches Tagebuch
aus Irland, England
und Frankreich,
geschrieben in den Jahren
1828 und 1829

S. 303 Kenilworth: The priory

Inhaltsverzeichnis
des zweiten Teils

* * *

Vierunddreißigster Brief

Kenmare, den 28sten September 1828

Geliebte Freundin!

War es also der Teufel oder nicht? fragst Du. *Ma foi, je n'en sais rien.*[1] Jedenfalls hatte er in dem erwähnten Augenblick eine sehr *recommendable*[2], wenngleich gefährliche, Gestalt erwählt, nämlich die eines hübschen Mädchens, die in ihrem dunkelblauen, vom Regen noch schwärzer gemachten, langen Mantel eingehüllt, und der roten Mütze von Kerry auf dem Kopfe, barfuß, und vor Kälte schauernd, bei mir vorbeigehen wollte, als ich sie anhielt, und frug, warum sie hinke, und wie sie in diesem Wetter hier so allein umher irre? »Ach«, rief sie, in halb verständlichem *patois*[3], auf ihren verbundenen Fuß zeigend, »ich gehe bloß nach dem nächsten Dorfe, habe mich verspätet, bin bei dem abscheulichen Wetter gefallen, und habe mir recht wehe getan!« Hierbei sah sie ganz schalkhaft und lose aus (am Ende war doch etwas nicht ganz Geheures dabei) und zeigte so viel von dem schön gerundeten, verwundeten Bein, daß meine Laune abermals wechselte, *et je crois que le diable n'y perdit rien.*[4] – Wir teilten von nun an die Beschwerden des Wegs, halfen uns gegenseitig, und fanden endlich im Tal, zuerst besseres Wetter, dann ein erholendes Obdach, und endlich einen labenden Trunk frischer Milch.

Neu gestärkt wanderte ich in der Nacht weiter, und als ich in Kenmare anlangte, hatte ich die vier deutschen Meilen in etwas über sechs Stunden zurückgelegt. Aber ich war auch herzlich müde, und sobald ich in mein Schlafzimmer trat, sprach ich mit Pathos, und Wallenstein: Ich denke einen langen Schlaf zu tun![5]

Derrinane Abbey, den 29sten

Dies geschah denn auch, und ich hatte Zeit dazu, denn das Wetter war so abscheulich, daß ich bis 5 Uhr nachmittags auf besseres wartete, aber leider vergebens. Ich hatte, den Abend vorher, den zu Herrn O'Connell abgeschickten, und unbesonnener Weise, vorausbezahlten Boten, ohne Antwort und mit zerbrochenem Schlüsselbein im Gasthof wieder vorgefunden, denn da er Geld in seiner Tasche gefühlt, so hat er auch dem Whiskey nicht länger widerstehen können, infolgedessen er mit seinem Pferde in der Nacht einen Felsen herabgestürzt war! Er hatte indes doch den verständigen Einfall gehabt, einen guten Freund unterwegs weiter zu expedieren[6], und bei meinem Erwachen fand ich daher eine sehr artige Einladung des großen Agitators glücklich vor.

Ich habe bereits gesagt, daß ich mich erst um drei Uhr auf den Weg machte, und obgleich ich sieben Stunden lang im heftigsten Regen, mit dem Winde im Gesicht, reiten mußte, und in dieser Wüste, wo nicht einmal das Obdach eines Baumes anzutreffen ist, nach der ersten halben Stunde schon kein Faden meiner Kleidung mehr trocken war – so möchte ich doch um vieles nicht den heutigen, so beschwerlichen Tag, in meinem Lebensbuche missen.

Der Anfang war allerdings schwer. Zuerst konnte ich lange keine Pferde bekommen, denn das nach Glengarriff gebrauchte hatte sich den Fuß verstaucht. Endlich erschien ein alter schwarzer Karrengaul, der für mich bestimmt war, und ein katzenartiges Tierchen, das der Führer bestieg. Auch mit meiner Toilette war ich brouilliert.[7] Die entwichene Galosche war nicht wieder gefunden worden, und der Regenschirm schon auf dem Hexenberge aus seinen Fugen gewichen. Ich ersetzte den ersten durch einen großen Pantoffel des Wirts, den zweiten band ich, so gut es gehen wollte, zusammen, und ihn dann, gleich einem Schilde vorhaltend, die Tuchmütze, mit einem Stücke Wachsleinwand bedeckt, auf dem Kopfe, galoppierte ich, Don Quixotte nicht unähnlich, und obendrein mit einem echten Sancho Pansa versehen, neuen Abenteuern zu.

Schon eine Viertelmeile von der Stadt machte ein zerstörender Windstoß dem Regenschirm, einst die Zierde New Bond Streets, und der seitdem so manches Ungemach mit mir getragen, ein klägliches Ende! Alle seine Bande lösten sich, und ließen nur ein zerrissenes Stück Taft, und ein Bündel Fischbein in meiner Hand zurück. Ich gab dem Führer die Reste, und m i c h fortan dem Wetter sorglos preis, mit der besten Laune tragend, was nicht zu ändern war.

Solange wir die Bay von Kenmare cotoyierten[8], ritten wir so schnell als möglich, da der Weg ganz leidlich war. Bald aber wurde es schwieriger. Den Eintritt in das rauhere Gebürge bezeichnete eine hundert Fuß hohe und pittoreske Brücke *The Blackwater's Bridge* (Brücke der schwarzen Wasser) genannt. Hier war eine mit Eichen besetzte Schlucht, die letzten Bäume, die ich seitdem gesehen. Ich bemerkte, daß mein Mantelsack, den der Führer auf seinem Pferde vor sich aufgebunden hatte, ebenfalls gänzlich durchnäßt zu werden anfing, und befahl daher dem Manne, sich in einer nahgelegenen Hütte womöglich eine Decke oder Matte zu verschaffen, um sie darüber zu breiten. Diese Unvorsichtigkeit hatte ich nachher Ursache, recht sehr zu bereuen, denn wahrscheinlich mochte auch ihn der Whiskey dort gefesselt haben, wenigstens bekam ich ihn, obgleich öfters anhaltend, um ihn zu erwarten, erst kurz vor Ende der Reise wieder zu sehen, welches mich später einer großen Verlegenheit aussetzte. Der nun allmählig immer mehr sich verschlimmernde Weg führte größtenteils am Meer, das der Sturm prachtvoll durchwühlte, entlang; bald über öde Moorflächen, bald an Schluchten und tiefen Abgründen hin, oder durch weite chaotische Gefilde, wo die Felsen so phantastisch übereinandergeworfen sind, daß man glauben sollte:

hier sei es, wo die Giganten den Himmel gestürmt. Zuweilen erscheinen Gebilde, die gleich einem versteinten Spiel der Wolken, Menschen und Tieren ähnliche Figuren aufstellen. Als ganz besonders zierlich fiel mir, mitten in der allgemeinen Wildheit, eine Felsenwand auf, die durch ihre Fugen in vollkommen regelmäßige Quadrate, wie ein Schachbrett, abgeteilt war. Dreierlei Arten Erica, gelbe, hochrote und violette waren in den Spalten gewachsen, und markierten die scharfen Linien auf das überraschendste.

Nur selten begegnete ich von Zeit zu Zeit einem einsamen zerlumpten Wanderer, und konnte manchmal nicht umhin, daran zu denken, wie leicht es sei, mich in dieser Gegend anzufallen und zu berauben, ohne daß ein Mensch davon Notiz nehmen würde – denn mein ganzes Reisevermögen ruht in der Brusttasche meines Rockes – wie der griechische Weise führte ich *omnia mea*[9] mit mir. Doch weit entfernt von räuberischen Gedanken, grüßte das gutmütige, arme Volk mich immer ehrerbietig, obgleich mein Aufzug nichts weniger als imponierend war, und in England keinen *gentleman* verraten haben würde. Mehrmal war ich in großer Ungewißheit, welchen der halb unsichtbaren Stege ich einschlagen sollte, wählte aber glücklicherweise, mich dem Meere stets so nahe als möglich haltend, keinen ganz unrechten, wenngleich wahrscheinlich nicht immer den nächsten. Indessen die Zeit verging – und wenn ich in langen Intervallen einem menschlichen Wesen wieder begegnete und frug: »Wie weit noch zu Mr. O'Connell?«, so segneten sie zwar immer den Vorsatz dieses Besuchs mit: *»God bless Your Honour«*, die Meilenzahl schien sich aber eher zu vermehren als zu vermindern. Dies ward mir erst nachher begreiflich, als ich erfuhr, daß ich dennoch einen, mehrere Meilen abkürzenden, Weg verfehlt, und dadurch einen unnützen Zeitverlust erlitten hatte.

So fing es endlich an zu dunkeln, als ich einen Teil der

Küste betrat, der gewiß wenig seinesgleichen hat. Fremde Reisende sind wahrscheinlich noch nie in diesen verlassenen Winkel der Erde verschlagen worden, welcher Eulen und Seemöven mehr als den Menschen angehört, von dessen furchtbarer Wildnis es aber schwer ist, einen genügenden Begriff zu geben. Gewundene, zerrissene, kohlschwarze Felsen mit tiefen Höhlen, in welche das Meer unaufhörlich donnernd einbricht, und seinen weißen Schaum turmhoch wieder daraus hervorsprüht, der nachher an vielen Stellen trocknet, und dann vom Winde, wie wollene kompakte Flokken aussehend, bis auf die höchsten Punkte des Gebürges geschleudert wird; das klägliche, gellend den Sturm durchtönende Geschrei der ängstlich umherflatternden Seevögel; das unaufhörliche Geheul und Brausen der unterminierenden Wogen, die zuweilen bis an meines Pferdes Huf jählings heranklommen und dann zischend wieder hinabsanken; die trostlose Abgeschiedenheit endlich von aller menschlichen Hilfe; dazu der rastlos fallende Regen, und die einbrechende Nacht auf ungewissem, gänzlich unbekanntem Wege – es fing mir wirklich an unheimlich zumute zu werden – ganz ernstlich – nicht im halben Scherz wie am Tage vorher. Die Sucht nach dem Romantischen wird Dir diesmal wahrscheinlich ebenso schlecht bekommen, als dem berühmten Ritter, dachte ich ganz bedenklich, und trieb mein müdes Pferd zu möglichster Eile. Es stolperte jeden Augenblick über die losen Steine, und mit großer Mühe brachte ich es endlich in einen schwerfälligen Trab. Meine Besorgnis vermehrte sich durch die Erinnerung an O'Connells Brief, der mir geschrieben: daß der eigentliche Zugang zu seinem Besitztum von der Seite von Killarney her stattfinde, Wagen jedoch nur zu Wasser ganz herankommen könnten, der Weg von Kenmare aber der schwierigste sei, und ich daher ja einen sichern Führer mitnehmen möchte, um keinen Unfall zu erleben. Auch fiel mir, wie es denn geht, wenn man einmal eine Gedankenrichtung angestrengt verfolgt, ein kürzlich gelesenes Volksmärchen von Croker[10] ein, wo es heißt: »Kein Land besser als die Küste von Iveragh, um im Meere zu ersaufen, oder, wenn man das vorziehen sollte, den Hals zu Lande zu brechen!« Noch dacht ich's ... da stutzte plötzlich mein Pferd, und drehte, scheuend, mit einem Satze um, den ich der alten Mähre kaum zugetraut hätte. – Ich befand mich in einer engen Schlucht, es war noch hell genug, mehrere Schritte ganz deutlich vor mir zu sehen, und ich konnte nicht begreifen, was die Ursache dieses panischen Schreckens meines Gaules war. Widerstrebend, und nur durch den gekauften Shillelagh bezwungen, ging er endlich wieder vorwärts; nach wenigen Schritten sah ich aber schon mit Staunen, daß der hier ziemlich gebahnte Weg mitten im Meer aufhörte, und beinahe glitt mir der Zügel aus der Hand, als eine schäumende Welle, vom Sturm gejagt, jetzt auf mich wie ein Ungeheuer zufuhr, und weit hinein die enge Schlucht mit ihrem weißen Geifer bespritzte. Hier war guter Rat teuer! Schroffe ungangbare Klippen starrten mich auf allen Seiten an, vor mir brauste die See... es blieb nur der Rückweg offen. Aber war ich verirrt, wie ich vermuten mußte, so konnte ich, selbst beim Zurückreiten, nicht darauf rechnen, meinen Führer wieder anzutreffen, und wo dann die Nacht zubringen? Außer O'Connells unfindbarem alten Felsenschloß war auf zwanzig Meilen keine Spur eines Obdaches zu erwarten, ich fieberte jetzt schon vor Nässe und Kälte, gewiß hielt meine Natur den Biwak einer solchen Nacht nicht aus – ich hatte in der Tat Ursache, bestürzt zu sein. Was half jedoch alles Sinnen, ich mußte zurück, das war klar, und zwar so schnell als möglich. Mein Pferd schien dieselben Reflexionen gemacht zu haben, denn, wie mit neuen Kräften begabt, trug es mich, fast galoppierend, davon. Aber, glaubst Du es wohl, eine schwarze Gestalt war abermals bestimmt, mir aus der Verlegenheit zu helfen. *Vous direz que c'en est trop – mais ce n'est pas ma faute.*

Le vrai souvent n'est pas vraisemblable.[11] Kurzum, ich sah eine schwarze Gestalt wie einen undeutlichen Schatten über den Weg gleiten, und sich hinter den Felsen verlieren. Mein Rufen, meine Bitten, meine Versprechungen blieben vergeblich, – war es ein Schmuggler, die an dieser Küste besonders ihr Wesen treiben sollen, oder ein abergläubischer Bauer, der mich ärmsten *revenant*[12] für einen Geist ansah? – jedenfalls schien er sich nicht herauswagen zu wollen, und ich verzweifelte fast schon an der gehofften Hilfe – als sein Kopf plötzlich dicht neben mir aus einer Steinspalte hervorlugte. Nun gelang es mir bald, ihn zu beruhigen; auch erklärte er mir das Rätsel des im Meere aufhörenden Weges. Dieser war nämlich nur für die Dauer der Ebbe eingerichtet – »um diese Zeit«, sagte er, »ist die halbe Flut schon heran, eine Viertelstunde später ist der Durchgang unmöglich, jetzt aber will ich Sie für ein gutes Trinkgeld noch hinüberzubringen versuchen, doch dürfen wir keinen Augenblick verlieren.« Mit diesen Worten war er mit einem Satze hinter mir auf dem Pferde, und was es vermochte, eilten wir der, mit jedem Moment höher schwellenden Flut wieder zu. Es war mir doch ganz sonderbar zumute, als wir uns jetzt in die stürmische See förmlich zu versenken schienen, und durch die weißen Wogen und Felsen, die bei dem matten Zwielicht sich gleich Gespenstern aufrichteten, uns mühsam Bahn brechen mußten. – Auch hatten wir die größte Not mit dem Pferde; der schwarze Mann kannte aber das Terrain so genau, daß wir, obgleich bis fast unter die Arme im Salzwasser gebadet, unversehrt die gegenüberstehende Küste erreichten. Unglücklicherweise scheute sich hier noch einmal das geängstete Tier vor einer hervorstehenden Klippe, und brach beide morsche Sattelgurten mitten entzwei, so daß der Schaden hier nicht mehr zu reparieren war. Ich hatte, nach allen ausgestandenen Nöten, nun noch die angenehme Perspektive vor mir, die letzten sechs Meilen, auf losem Sattel balancierend, weiterreiten zu müssen. Der Schwarze hatte mich zwar für die Fortsetzung der Reise bestens instruiert, aber es ward bald so dunkel, daß man kein Merkzeichen mehr erblicken konnte. Der Weg ging, wie mir schien, durch ein weites Moor, und war anfänglich recht eben. Nach einer halben Stunde holprigen Trabens, nach Möglichkeit die Knie zusammenschließend, um den Sattel nicht zwischen den Beinen zu verlieren, bemerkte ich, daß sich die Straße wieder rechts in das höhere Gebürge wandte, denn das Steigen ward immer steiler und anhaltender. Hier fand ich eine Frau, die bei ihren Schweinen oder Ziegen die Nacht zubrachte. Der Weg teilte sich in zwei Arme, und ich frug, welchen ich einschlagen müsse, um nach Derrinane zu kommen! »O! beide führen dahin«, sagte sie, »der linke ist aber zwei Meilen näher.« Natürlich schlug ich diesen ein, überzeugte mich aber bald zu meinem Schaden, daß er nur für Ziegen gangbar sei. Ich verwünschte die alte Hexe und ihre trügerische Auskunft, vergebens mattete sich das Pferd ab, durch die Steinblöcke zu klimmen, und halb stolpernd, halb fallend warf es endlich Sattel und mich zugleich ab. Auch war es nicht möglich, den Sattel allein darauf zu erhalten, er rutschte immer von neuem herunter, und ich mußte mich zuletzt bequemen, ihn selbst auf die Schultern zu laden, und das Pferd dazu zu führen. Bis hierher hatte ich mich noch ziemlich guter Dinge erhalten, der Geist war auch jetzt noch willig, aber das Fleisch fing an schwach zu werden – der Mann am Meere hatte gesagt: »sechs Meilen noch, und Sie sind da«, und nachdem ich eine halbe Stunde scharf geritten, war die vorher befragte Frau dennoch wieder dabei geblieben, es seien noch sechs Meilen auf dem kürzesten Wege bis Derrinane. Ich fing an zu fürchten, daß dieses gespenstige Bergschloß gar nicht zu erreichen sein möchte, und ein Kobold mich nur dem andern zuwerfe. Ganz mutlos setzte ich mich auf einen Stein, von Hitze und Frost gleich peinlich durchschauert, als, wie die tröstende Stimme des Engels in der Wüste, ein Ruf meines Führers erschallte, und ich bald darauf den Hufschlag seines Pferdes vernahm. Er hatte einen ganz andern Weg durch das innere Gebürge eingeschlagen, bei dem die Seepassage vermieden ward, und glücklicherweise von der Frau erfahren, welche Direktion ich genommen. Im kostbaren Gefühl der nunmehrigen Sicherheit, vergaß ich alles Schmälen, belud den Rettungsengel mit meinem Sattel und nassen Mantel, übergab ihm das nackte Pferd, und setzte mich auf das seinige, zu möglichster Eile antreibend. Wir hatten wirklich noch fünf Meilen zu reiten, und zwar, wie mir der Führer sagte, durch einen mit Abgründen eingefaßten Bergpaß – ich kann jedoch nichts weiter über den zurückgelegten Weg berichten. Die Dunkelheit war so groß, daß ich nur mit der äußersten Anstrengung der Figur des Mannes vor mir, wie einem undeutlichen Schatten, folgen konnte. Ich merkte wohl an dem häufigen Stolpern der Pferde, daß wir uns auf unebnem Boden befanden, ich fühlte, daß es unaufhörlich steil bergauf oder hinunter ging, daß wir zwei Bergströme durch tiefe Furten passierten – aber das war auch alles, – nur zuweilen ahnete ich mehr, als ich sah, daß eine schroffe Felswand mir zur Seite stand, oder das tiefere Schwarz unter mir verriet, daß ein jäher Abhang nahe war – das Ganze aber vergegenwärtigte mir so lebhaft Mistress Ann Radcliffes Romane[13], daß ich mich beinah für einen ihrer Helden gehalten hätte, der eben im Begriff sei, Udolphos Geheimnisse zu entdecken. Endlich! endlich – brach heller Lichtschimmer durch das Dunkel – der Weg ward ebner, ein paar Spuren von Hecken wurden sichtbar, und in wenigen Minuten hielten wir vor einem alten Gebäude, das auf dem felsigen Seeufer stand, und freundliche goldne Lichter durch die Nacht strahlte. Es schlug auf dem Turm grade 11 Uhr, und ich gestehe es, mir ward schon bange für mein *dîner*, als ich nichts Lebendes, außer am obern Fenster einen Mann im

Schlafrocke, erblickte. Bald indes wurde es geräuschvoller im Haus, ein eleganter Bedienter erschien mit silbernen Leuchtern, und öffnete mir seitwärts eine Türe, wo ich mit Verwunderung eine Gesellschaft von fünfzehn bis zwanzig Personen an einer langen Tafel, beim Wein und Dessert sitzen sah. Ein schöner großer Mann, von freundlichem Ansehen, kam mir entgegen, entschuldigte sich, daß er so spät mich nicht mehr erwartet hätte, bedauerte meine Reise in so furchtbarem Wetter, präsentierte mich vorläufig seiner Familie, die mehr als die Hälfte der Gesellschaft ausmachte, und führte mich dann in mein Schlafzimmer. Dies war der große O'Connell. – Eine kurze Toilette restaurierte mich schnell, während man unten für meine, allerdings nach solcher *tour* nicht zu verschmähende, Beköstigung sorgte.

Als ich wieder in den Saal trat, fand ich noch den größten Teil der Gesellschaft versammelt. Man bewirtete mich sehr gut, und es wäre undankbar, nicht Herrn O'Connells alten Wein zu loben, der in Wahrheit vortrefflich war. Nachdem die Damen uns verlassen hatten, setzte er sich zu mir, und es konnte nicht fehlen, daß Irland der Gegenstand des Gesprächs werden mußte. »Sahen Sie schon viele seiner Merkwürdigkeiten?« frug er; »waren Sie schon im Norden, um den *Giant's Causeway* (der Riesensteg) zu bewundern?« – »O nein«, erwiderte ich lächelnd, »ehe ich Irlands Riesensteg besuche, wünschte ich zuerst Irlands Riesen zu sehen«, und damit trank ich ihm und seinem hohen Beginnen von Herzen ein Glas seines guten Clarets zu.

Daniel O'Connell ist wahrlich kein gemeiner Mann, wenngleich der Mann des Volks.[14] Seine Gewalt in Irland ist so groß, daß es in diesem Augenblick unbedingt nur von ihm abhängen würde, von einem Ende der Insel zum andern, die Fahne der Empörung aufzupflanzen, wenn er nicht viel zu scharfsichtig, viel zu sehr seiner Sache auf gefahrlosere Art sicher wäre, um einen solchen Ausgang herbeiführen zu wollen. Gewiß hat er auf eine merkwürdige Weise, im Angesicht der Regierung, und auf gesetzlichem offenkundigem Wege, geschickt den Moment und die Stimmung der Nation benutzend, sich diese Macht über dieselbe verschafft, welche ohne Armee und Waffen, dennoch der eines Königs gleicht, ja sie gewiß in vielen Dingen noch übertrifft – denn wie wäre es z. B. je Sr. M. Georg dem IV.[15] möglich gewesen, vierzigtausend seiner treuen Irländer drei Tage vom Whiskey-Trinken abzuhalten, wie es doch O'Connell, bei der denkwürdigen Wahl für Clare[16], zu bewerkstelligen gewußt hat. Der Enthusiasmus erreichte dort einen solchen Grad, daß das Volk selbst, unter sich, eine Strafe auf das Betrunkensein setzte. Diese bestand darin, daß der Delinquent in eine seichte Stelle des Flusses geworfen, und dort zwei Stunden, mit mehrmaligem Untertauchen, festgehalten wurde.

Am andern Tage hatte ich noch mehr Gelegenheit, O'Connell zu beobachten. Im Ganzen übertraf er meine Erwartung. Sein Äußeres ist einnehmend, und der Ausdruck von geistvoller Güte in seinem Gesicht, mit Entschlossenheit und Klugheit gepaart, äußerst gewinnend. Er hat vielleicht noch mehr Suada[17], als wahre großartige Beredsamkeit, und man bemerkt oft zuviel Absicht und Manier in seinen Worten, demohngeachtet muß man der Kraft seiner Argumente mit Interesse folgen, an seinem martialischen Anstand Gefallen finden, und oft über seinen Witz lachen. Gewiß ist es, daß er weit eher einem General aus Napoleons Regime, als einem Dubliner Advokaten ähnlich sieht. Diese Ähnlichkeit wird dadurch noch auffallender, daß er vortrefflich französisch spricht, denn er ist in den Jesuiter-Collegien zu Douai und St. Omer erzogen[18]. Seine Familie ist alt, und wahrscheinlich früher sehr bedeutend im Lande gewesen. Seine Freunde behaupten sogar, er stamme von den ehemaligen Königen von Kerry[19] ab, und beim Volke vermehrt dies ohne Zweifel sein Ansehen. Er selbst erzählte mir, nicht ganz ohne Prätention[20], daß einer seiner Vettern Comte O'Connell und Cordon Rouge[21] in Frankreich sei, der andere, Baron in Österreich, General und kaiserlicher Kammerherr, er aber sei der Chef der Familie. Soviel ich sehen konnte, wurde er von den anwesenden Mitgliedern dieser, fast mit religiösem Enthusiasmus verehrt. Er ist jetzt ohngefähr 50 Jahre alt und sehr wohl konserviert, obgleich er eine blonde Perücke trägt. Übrigens hat er eine ziemlich geräuschvolle Jugend durchlebt. Unter anderm machte ihn ein Duell, schon vor 10 Jahren, gewissermaßen berühmt. Die Protestanten hatten gegen ihn, dessen Talente ihnen bereits gefährlich wurden, einen gewissen d'Esterre, einen Schläger und *bretteur*[22] von Profession aufgestellt, der durch alle Gassen Dublins mit einer Jagdpeitsche ritt, um, wie er sagte, diese einmal an des Königs von Kerry Schulter zu legen. Die natürliche Folge war eine Zusammenkunft am nächsten Morgen, wo O'Connell seine Kugel in d'Esterres Herz niederlegte, während dessen Schuß ihm nur den Hut durchlöcherte. Dies war sein erster Sieg über die *orangemen*[23], denen so viele wichtigere gefolgt sind, und noch hoffentlich folgen werden. Sein Ehrgeiz schien mir unbegrenzt, und sollte er die Emanzipation durchsetzen, woran ich nicht zweifle, so wird er damit seine Karriere keineswegs schließen, sondern sie wahrscheinlich dann erst recht beginnen. Übrigens liegt auch das Übel in Irland, und überhaupt in der ganzen Verfassung Großbritanniens, zu tief, um durch die große Emanzipation der Katholiken gründlich gehoben werden zu können. Doch dies würde mich zu weit führen. Auf O'Connell zurückzukommen, muß ich noch erwähnen, daß er auch von der Natur das für ein Parteihaupt wertvolle Geschenk eines herrlichen Organs verliehen erhalten hat, verbunden mit einer guten Lunge und einer starken Konstitution. Sein Verstand ist scharf und schnell, und seine Kenntnisse, auch außer seinem Fach, nicht unbedeutend. Dabei sind, wie schon gesagt, seine Formen gewinnend und populär, obgleich etwas vom Schauspieler darin bemerkbar ist, und bei einer sichtbaren großen Meinung von sich selbst, zuweilen auch ein wenig, was die Engländer *vulgarity*[24] nennen, mitunterläuft. Wo wäre ein Gemälde ganz ohne Schatten!

Noch ein andrer interessanter Mann, und ebenfalls ein (wiewohl mehr im stillen wirkendes) Haupt der Katholiken, war hier gegenwärtig, derselbe Mann, den ich bei meiner Ankunft im Schlafrocke gesehen – Vater Lestrange, ein katholischer *friar*[25], der zugleich O'Connells Beichtvater ist. Er kann als der eigentliche Stifter jener *Catholic-Association*[26] angesehen werden, über die man in England soviel gespottet hat, und die dennoch, sozusagen, bloß mit negativen Kräften, durch gewandte Tätigkeit im Verborgenen, durch allmähliche Organisierung und Bildung des Volkes zu einem bestimmen Zweck*, eine unumschränkte Autorität über dasselbe erlangt hat, die fast der Hierarchie im Mittelalter gleicht, nur mit dem Unterschiede, daß diese dort für Sklaverei und Dunkel, jene hier für Freiheit und Licht benutzt wird. Es ist auch dies einer der Ausbrüche jener zweiten großen Revolution, welche bloß und allein durch intellektuelle Mittel, ohne irgendeine Beimischung von physischer Gewalt, bewerkstelligt zu werden anfängt, und deren fast einzige, aber unwiderstehliche Waffen, die Rednerbühne und die Druckerpresse sind. Lestrange ist ein Mann von philosophischem Geist, und unerschütterlicher Ruhe. Seine Formen sind die eines vollendeten Weltmanns, der in mannich-

* Alle katholischen Kinder in Irland werden sorgfältig unterrichtet, und können wenigstens lesen, während die protestantischen oft höchst unwissend sind. Überhaupt ist der moralische Ruf der katholischen Geistlichkeit in Irland überall exemplarisch, wie einst der verfolgten Reformierten in Frankreich. Die unterdrückte Kirche scheint überall die Tugendhafteste zu werden, und die Gründe sind leicht aufzufinden. *A. d. H.*

fachen Geschäften Europa durchreist hat, die Menschen gründlich kennt, und bei aller Sanftmut doch einen scharfen Zug von großer Schlauheit nicht immer ganz verbergen kann. Ich möchte ihn das Ideal eines wohlmeinenden Jesuiten nennen.

Da O'Connell beschäftigt war, machte ich früh mit dem *friar* eine Promenade nach einer wüsten Insel, trocknen Fußes über den, von der Ebbe entblößten, glatten Meersand schreitend. Hier stehen die eigentlichen Ruinen der alten Abtei Derrinane, wovon O'Connells Haus nur ein Appendix[27] ist. Sie soll einst von der Familie wieder hergestellt werden, wahrscheinlich wenn gewisse Hoffnungen erst erfüllt sind.

Als wir zurückkamen, fanden wir O'Connell, wie einen *chieftain*[28], auf der Schloß-Terrasse, von seinen Vasallen und andern Volksgruppen umringt, die sich Verhaltungsbefehle holten, oder denen er Recht sprach. Da er Jurist und Advokat ist, wird ihm dies um so leichter. – Niemand würde es aber auch wagen, gegen seine Entscheidungen zu appellieren. O'Connell und der Papst sind hier gleich *infaillible*[29]. Prozesse existieren daher nie in seinem Bereich, und dies dehnt sich nicht bloß auf seine eigenen *tenants*[30], sondern, wie ich glaube, auch auf die ganze Umgegend aus. Ich verwunderte mich nachher, sowohl O'Connell als Lestrange in religiöser Hinsicht ohne alle Bigotterie, ja mit sehr philosophischen und toleranten Ansichten zu finden, ohne deshalb aufhören zu wollen, gläubige Katholiken zu sein! Ich wünschte, ich hätte einige jener wütenden *imbéciles*[31] unter den englischen Protestanten, wie z. B. Herrn L..., hierherzaubern können, welche die Katholiken für so unvernünftig und bigott ausschreien, während sie selbst allein, im wahren Sinne des Worts, dem fanatischen Glauben ihrer politisch-religiösen Partei anhängen, und im voraus fest entschlossen sind: vor Vernunft und Menschlichkeit stets ihre langen Ohren zu verschließen.

Im Lauf des Tages sollte eine Parforce-Jagd auf Hasen stattfinden, (denn Hr. O'Connell hält eine kleine Meute) die in den Bergen, und an den weiten kahlen Abhängen hin, gewiß ein sehr malerisches Schauspiel abgegeben haben würde; die schlechte Witterung ließ es aber nicht dazu kommen. Mir behagte auch Ruhe, und die höchst interessante Gesellschaft, der ich gar manche lehrreiche Berichtigung verdankte, weit besser.

Kenmare, den 30sten

Obgleich man mich, mit echt irländischer Gastfreiheit, dringend einlud, noch eine Woche bis zu einem großen Feste, das bereitet wurde, und zu dem man noch viele Gäste erwartete, hier zu bleiben, glaubte ich doch dies nicht ganz *à la lettre*[32] nehmen zu dürfen, und sehnte mich auch zu sehr nach Glengarriff, um länger, als es für meinen Zweck nötig war, hier zu verweilen. Ich empfahl mich daher an diesem Morgen der Familie, mit dem aufrichtigsten Danke für ihre freundliche Aufnahme. Herr O'Connell gab mir das Geleit, bis an die Grenze seiner Domänen, und ritt einen schönen großen Schimmel, auf dem er sich noch militärischer als in seinem Hause ausnahm. Der rauhe Weg, obgleich ganz von Vegetation entblößt, bot doch viele erhabne Aussichten dar, teils auf die Felsen landeinwärts, teils auf das Meer voller Klippen und Inseln, von denen einige ganz isoliert, als hohe, spitze Berge aus dem Wasser steil emporsteigen. Herr O'Connell machte mich auf eine derselben aufmerksam, und erzählte, daß er vor einigen Jahren einen Ochsen dort hinschiffen und aussetzen ließ, damit er sich auf der guten und ungestörten Weide recht fett mästen möge. Dies Tier nahm aber schon nach einigen Tagen so dezidierten[33] Besitz von der Insel, daß es wütend ward, sobald irgend jemand den Versuch machte, dort zu landen, und selbst die Fischer, die ihre Netze am Ufer aufstellen wollten, attackierte und verjagte. Oft sah man es, gleich Jupiter in Stiergestalt, mit erhobenem Schweif und feuersprühenden Augen, im wilden Lauf, die Runde seiner Domäne machen, rekognoszierend, ob irgendeiner sich noch zu nahen wage. Der emanzipierte Ochse wurde zuletzt so unbequem und gefährlich, daß man ihn totschießen mußte. Dies schien mir eine ganz gute Satire auf die Freiheitsliebe überhaupt, die mit erlangter Macht gewöhnlich sofort wieder in Herrschsucht ausartet, und die Ideen-Assoziation mußte daher gerade jetzt wider Willen komische Bilder in mir erwecken.

Später kamen wir an eine merkwürdige Ruine, eins der sogenannten ›dänischen Forts‹ an der Küste, die wohl nicht den Dänen, sondern der Verteidigung gegen die Dänen ihren Ursprung verdanken. Sie sind über tausend Jahr alt, und die untern Mauern, obgleich ohne Mörtel zusammengefügt, dennoch sehr wohl erhalten und fest. Bei einer, von einem angeschwollenen Bergstrom zertrümmerten Brücke, hielt O'Connell an, um mir das letzte Lebewohl zu sagen, und ich konnte nicht umhin, dem Kämpfer für die Rechte seiner Mitbürger zu wünschen, daß, wenn wir einst uns wiedersähen, das Zwangs-Gebäude englischer Intoleranz ebenso durch ihn und seine Gehilfen zertrümmert sein möge, als jene morschen Mauern, durch den sich Bahn brechenden Strom. So schieden wir.*

Da ich größtenteils denselben Weg wieder zurückkehrte, den ich gekommen, kann ich nicht viel Neues darüber sagen, ausgenommen, daß er mich, ohngeachtet der Tag schön war, doppelt so sehr ermüdete, als das erstemal – wahrscheinlich weil der Geist sich in geringerer Spannung befand. Nicht weit von Kenmare begegnete ich mehreren Transporten von Stei-

* Zum Teil ist der Wunsch meines seligen Freundes ja nun schon erfüllt worden, und mit vielem geht noch die Zukunft schwanger! *A. d. H.*

nen, Brettern, Bohlen, Bier und Butter. Alles wurde zu Pferde fortgeschafft. Die Irländer sind sehr ingeniös in Transportmitteln. Ihre vortrefflichen *carts*[34], mit denen ein Pferd so bequem fünf bis sechs Personen fortbringt, habe ich Dir schon beschrieben – ebenso zweckmäßig sind ihre Transportkarren für Heu, Holz etc., wo auch ein Pferd dieselbe Arbeit tut, zu der bei uns drei gebraucht werden. Das Gleichgewicht, in welchem die Last, sozusagen, balanciert wird, macht dies allein möglich. Ein Karren wird, z. B. mit langem Bauholz, so aufgeladen, daß man das Pferd kaum sehen kann, welches ganz vom Holze eingehüllt ist, dessen Stämme viele Ellen hinter dem Wagen und vor dem Pferde hinausragen. Die Verteilung des Gewichts auf beiden Seiten ist dadurch so vollkommen hervorgebracht, daß die Stämme nur auf einem Punkte aufliegen, und daher das Pferd nur wenig im Verhältnis zu ziehen hat. Bergauf und herab hilft der Führer leicht nach, durch Heben oder Niederdrücken der Enden, welche die geringste Kraft schon in Bewegung setzt. Ebenso werden fünf bis sechs schwere eichne Bohlen auf plattem Sattel über ein Pferd gelegt, das sie, wie eine Balancierstange, ohne große Beschwerde fortträgt, obgleich es unter derselben Last, in einem andern Volumen, z. B. in einer Kiste enthalten, erliegen müßte. Auch um Steine, über dem Sattel hängend, zu transportieren, haben sie eine sinnreiche Vorrichtung, gleich hölzernen Körben, die auf einer dicken Strohunterlage über des Pferdes Rücken befestigt werden.

Die frohe Laune und gutmütige Höflichkeit der Leute, denen ich begegnete, fand ich sehr einnehmend. Kein Volk, das ich kenne, erscheint in seinen untern Klassen weniger egoistisch, und dabei dankbarer für das geringste freundliche Wort, dessen ein *gentleman* es würdigt, ohne damit die mindeste Idee von Interesse zu verbinden. Ich wüßte daher auch wirklich kein Land, wo ich lieber ein großer Grundbesitzer sein möchte, als hier. So würde ich z. B. mit dem, was ich am andern Orte getan, und dafür nur Undank geerntet, und Hinderung aller Art gefunden – mir hier gewiß nicht nur 10-12000 Untergebne auf Leib und Leben zu eigen gemacht, sondern ich würde auch, mit weit geringeren Kosten und Zeit, ein unendlich höheres Resultat gewonnen haben, da hier mit Natur und Menschen alles, überhaupt Ausführbares, zu erreichen ist. Das Volk vereinigt im allgemeinen, bei aller seiner Roheit, die Biederkeit und poetische Gemütlichkeit der Deutschen, mit der Lebhaftigkeit und schnellen Konzeption der Franzosen, und besitzt als Zugabe, alle Natürlichkeit und Unterwürfigkeit der Italiäner. Man kann mit vollem Recht von ihm sagen, daß es seine Fehler nur andern, seine Tugenden aber allein sich selbst zu verdanken hat. Ich muß in dieser Hinsicht noch eine, an sich unbedeutende, Begebenheit erzählen, die ich früher überging, die aber als ein nationeller[35] Zug doch der Erwähnung verdient.

Als ich vor vier Tagen von Killarney nach Kenmare fuhr, begegneten mir fortwährend Leute, die auf dem Markt im letzten Ort Vieh gekauft hatten, und es jetzt nach Hause trieben. Sie ritten gewöhnlich auf, ebenfalls erst gekauften, Füllen, ohne Zügel, und da Menschen und Vieh sich einander noch fremd waren, so konnten sie ihre Tiere nur schlecht regieren. Wir wurden dadurch mehreremal gezwungen, stillzuhalten. Dies langweilte mich endlich, und bei der dritten oder vierten *rencontre*[36] dieser Art, rief ich den Leuten barsch zu: ich hätte nicht Zeit, ihrer Ungeschicklichkeit wegen, den halben Tag auf der Straße zuzubringen, und befahl, etwas übereilt, dem Kutscher, nur darauflos zu fahren. Sogleich machten zwei Füllen mit ihren Reitern links um, vor dem Wagen hergaloppierend, und die ganze Herde zerteilte sich scheu in die Berge. Meine Raschheit tat mir jetzt leid, und ich ließ sogleich wieder anhalten. Es waren im ganzen vier bis fünf Treiber, die ich so deroutiert[37] hatte, alles rüstige junge Kerle, und der Streich, den ich ihnen gespielt, gewiß einer der unangenehmsten, da vorauszusehen war, daß sie wenigstens eine halbe Stunde brauchen würden, um ihr zersprengtes Vieh wieder zu sammeln. Deutsche, Engländer oder Franzosen würden einem Reisenden, der mit einem zerlumpten Kutscher, in einem elenden Einspänner fuhr, und ihnen unbesonnen dies bot, gewiß mit gehöriger Grobheit zugesetzt, und vielleicht ihn gar festzunehmen versucht haben, um den etwaigen Schaden zu ersetzen. Ganz anders war das Betragen dieser guten Leute, witzig und respektvoll zugleich. *»O murther, o murther!«*[38] schrie der eine, während das widerspenstige Füllen noch einen Versuch machte, den Berg hinanzuspringen, und ihn beinahe abwarf: *»God bless Your Honour, but every gentleman in England and Ireland get's out of the way of cattle! O for God's sake stop now, Your Honour, stop!«* (O Mord, Mord!* Gott segne Euer Ehren, aber jeder *gentleman* in England und Irland geht doch Vieh aus dem Wege! – O um Gottes willen, haltet an, Euer Ehren, haltet an!) Als ich nun angehalten hatte, und die armen Teufel die größte Mühe gehabt, einen Teil des am weitesten zurückgelaufnen Viehs wieder einzuholen, kamen sie nochmals an meinen Wagen, um mir mit abgezogener Mütze und *»Longe life to Your Honour!«* für meine Güte zu danken, worauf sie lustig das Einfangen, und ich meinen Weg fortsetzte. Ich mußte mir selbst gestehen, daß ihr Betragen lobenswerter war als das meine, und verbesserte es, so gut ich konnte, durch ein ansehnliches Trinkgeld.

Den 1sten Oktober früh

Obgleich peinlich müde, konnte ich gestern abend doch nicht einschlafen, und frug daher beim Wirt an: ob er irgend ein Buch besitze? Man brachte mir eine alte englische Über-

* Ein irländischer Lieblingsschwur.

setzung von Werthers Leiden. Du weißt wie hoch und innig ich unsern Dichterfürsten verehre, und wirst mir es daher kaum glauben wollen, wenn ich Dir sage: daß ich dieses berühmte Buch nie gelesen. – Der Grund möchte auch vielen sehr kindisch vorkommen. Als ich es nämlich zuerst in die Hände bekam, erweckte mir die Stelle, gleich im Anfang, wo Charlotte dem Buben »die Rotznase wischt« einen solchen Ekel, daß ich nicht weiterlesen konnte, und dieser unangenehme Eindruck blieb mir immer gegenwärtig. Diesmal machte ich mich jedoch ernstlich an die Lektüre, und fand es dabei seltsam, Werther zum erstenmal, in fremder Sprache, mitten in den wüstesten Gebürgen von Irland zu lesen. Ich konnte aber auch hier, aufrichtig gestanden, den veralteten Leiden keinen rechten Geschmack mehr abgewinnen – das viele Butterbrot, die kleinstädtischen, nicht mehr üblichen Sitten und selbst die, (gleich den zu Gassenhauern herabgesunkenen schönen Mozartschen Melodien) jetzt auch Gemeinplätze gewordenen Ideen, die damals neu waren – endlich die unwillkürliche Erinnerung an Potiers[39] köstliche Parodie – es war mir nicht möglich, in die rechte Kommunionsstimmung, wie Hr. v. Frömmel sagt[40], hineinzukommen. Aber soviel habe ich, Scherz bei Seite, wenigstens eingesehen, daß das Buch einst Furore machen mußte – denn es ist eine echt deutsche Stimmung, an der Werther untergeht, und deutsche Gemütlichkeit fing damals eben an, sich in dem zu materiell gewordnen Europa Bahn zu brechen. Freilich durchschritt es ›Meister‹, und viel mehr nachher noch ›Faust‹ mit ganz andern Riesenschritten! Der Werther-Periode sind wir, glaube ich, entwachsen, an dem Faust aber kaum herangekommen, und kein Zeitalter wird, solange es Menschen gibt, ihm entwachsen können.

In der Tragödie ›Faust‹ ist wie in Shakespeare des Menschen ganzes Innere abgespiegelt und in der Hauptfigur nur der Menschheit ewiges rätselhaftes Sehnen personifiziert, das nach einem unbekannten Etwas rastlos ringt, welches dennoch hier nie erreicht werden kann; daher auch das Drama offenbar nie ein völlig abschließendes Ende haben könnte, wenn es auch noch durch viele Akte ausgedehnt würde. Wie aber eben der edlere Menschengeist hier eine schwindelnde Straße betritt, gleich der Brücke des Koran, so ist er auch auf ihr dem bodenlosen Falle jeden Augenblick näher, als der Tiermensch, der ruhig auf der sichern Ebne – weidet.

Ein Vetter des Herrn O'Connell, der Parforce-Jagden am See von Killarney hält, hatte mir eine solche für morgen versprochen, – ich habe aber eine wahre Antipathie, etwas schon Gesehenes wieder zu besuchen, so lange ich noch Neues vor mir habe, und eine sehr große Veränderung können Hunde und Jäger der mir bereits bekannten Szene doch nicht geben. Dagegen erwarteten mich in Glengarriff liebenswerte Menschen, und gar viel Neues; – ich zog also das letztere vor, ritt wieder über den Teufelsberg, diesmal bei Tage, und befinde mich seit einer Stunde hier, in einem niedlichen Zimmer etabliert, und alle Pracht der Bay vor meinem Fenster ausgebreitet. Ehe ich Kenmare verließ, wurde meine Eitelkeit noch auf eine empfindliche Probe gesetzt. Die irländische Naivität der Wirtstochter hatte mich, beim jedesmaligen Zurückkommen nach ihres Vaters Gasthof, so angenehm angesprochen, daß ich mich fast allein mit ihr unterhielt, und dadurch ihre Gunst gewann. Sie hatte ihre Berge nie verlassen, und war so unbekannt mit der Welt, als es nur denkbar ist. Scherzend frug ich sie, ob sie mich wohl nach Cork begleiten wolle? »Ach nein«, rief sie, »da würde ich mich doch fürchten, so weit mit Ihnen zu gehen! Sagen Sie mir nur, wer Sie eigentlich sind? Daß Sie ein Jude sind, weiß ich schon.« – »Was, bist Du toll, woher soll ich denn ein Jude sein?« – »Nun das werden Sie doch nicht leugnen, haben Sie nicht einen langen schwarzen Bart rund um's

Kinn, und fünf bis sechs goldne Ringe an den Fingern? Und waschen Sie sich nicht immer früh eine Stunde lang, und machen Zeremonien dabei, wie ich sie doch sonst noch nie von einem Christenmenschen gesehn habe! Nicht wahr, gestehen Sie es nur, Sie sind ein Jude?« – Mein Depreziеren[41] half nichts, sie blieb dabei; endlich meinte sie doch gutmütig, wenn ich denn durchaus keiner sein wolle, so wünsche sie mir wenigstens, *to become as rich as a jew* (so reich zu werden wie ein Jude, eine englische Redensart). Dies bekräftigte ich gern mit einem christlichen: Amen!

Den 2ten Oktober

Eben komme ich von einer sechzehnmeiligen Promenade mit C...l W... zurück, nach Hungryhill, einem erhabnen Bergfelsen am Ende von Bantry Bay, merkwürdig durch seinen Wasserfall, und durch Thomas O'Rourkes Reise nach dem Monde[42], auf des Adlers Rücken, die von hier aus stattfand, und seitdem in Prosa und Versen so vielfach besungen wurde. Auch in Deutschland ist das amüsante Märchen wiederholt übersetzt worden, wo es Dir vielleicht vorgekommen sein mag. Der Held der Geschichte ist ein fast immer betrunkener *garde-chasse*[43] des Lord B... der noch lebt, und den mir Mr. W... beim Zuhausefahren, im Gasthofe präsentierte. Er ist jetzt sehr stolz auf seine Berühmtheit, und schien mir, als ich ihn sah, gerade wieder im Begriff, eine Mondreise anzutreten.

Für die Wasserfälle ist der viele Regen dieser Tage sehr vorteilhaft gewesen. Der Fall am Hungryhill verschwindet fast ganz in trocknem Wetter, übertrifft aber, nach heftigen Regengüssen, auf einige Stunden, den Staubbach und Terni. Hungryhill (der Hungerberg) ist gegen 2000 Fuß hoch, und eine fast ganz kahle ungeheure Felsenmasse. Von der Landseite bildet er zwei steile Absätze, zwischen welchen sich, auf dem Plateau, ein See befindet, den man natürlich von unten nicht sieht, wo das Ganze nur die fortlaufende Linie zwei kolossaler Terrassen darbietet. Die obere besteht aus ganz kahlem Stein, und wird in der Mitte, durch eine vertikale, wie von der Kunst tief gegrabene Rinne getrennt; die untere Terrasse, obgleich auch ohne sehr sichtbare Unebenheit, ist doch an ihrem Abhang mit Heide und grobem Grase bedeckt, wo gewöhnlich Hunderte von Ziegen weiden.

In der erwähnten obern Rinne nun, ergießt sich, von der höchsten Spitze des Bergs, die Wassermasse herab, fällt in den, auf dem Absatz befindlichen, See, und stürzt sich dann, diesen überfüllend in vier getrennten Fällen von neuem, in so großen Bogen, auf die Talwiese nieder, daß die Ziegen ruhig darunter fortweiden können, während die Wasserströme das Wiesental in der Tiefe bald auch in einen temporären See verwandeln.

Da man unten stehend, die Trennung des obern und der unteren Fälle, nebst dem zwischenliegenden See, wie schon bemerkt, nicht sehen kann, erscheint dem Auge das Ganze, nur wie ein ungeheurer Sturz, dessen Wirkung alle Beschreibung übersteigt. Obrist W... versicherte mich, bei höchstem Wasserstande die Bogen des Falles so weit abgeschleudert gesehen zu haben, daß, nach seinem eignen Ausdruck, ein Regiment darunter hätte aufmarschiert stehen können, ohne benetzt zu werden, wozu der betäubende Lärm, wie er sagte, nahen Kanonendonner gut dargestellt hätte.

In einer der Schluchten nebenan fand die in Irlands fabelhafter Geschichte merkwürdige Schlacht, zwischen dem großen O'Sullivan und O'Donnivan, statt, und man zeigt noch die Überreste eines uralten Arbutus-Stammes, an welchem, der Sage nach, O'Donnivan aufgehangen wurde. Geld und Kostbarkeiten sind wirklich in diesem Bezirk noch vor kurzem, tief in der Erde vergraben, aufgefunden worden.

Die Adler dieser Gebürge, welche auf ganz unzugänglichen

Felsen horsten, spielen eine große Rolle in allen Märchen des Volks. Sie sind außerordentlich groß und stark, und es ist erwiesen, daß sie zuweilen selbst Kinder rauben. Vor einiger Zeit entführte ein solches Raubtier einen dreijährigen Knaben, und deponierte ihn, weil er ihm doch wahrscheinlich zu schwer ward, fast unversehrt, wenigstens lebend, auf einem Felsenabsatz, wohin man sogleich nachkletterte, und den Knaben glücklich rettete. Der neue Ganymedes – als *corpus delicti*[44] – existiert noch im besten Wohlsein. Ein ähnlicher Fall dieser Art trug sich erst vor wenig Monaten zu. Der Adler nahm ein ganz kleines Mädchen, vor des Vaters Augen, vom Boden auf, und verschwand mit ihm in den Felsen, ohne daß man die geringste Spur von dem armen Kinde mehr hat auffinden können.

Den 3ten

Col. W... ist ein ebenso großer Parkomane als ich, aber nicht ganz so *gourmet, et sa câve s'en ressent un peu.*[45] Dagegen verschafft die Jagd, zu Lande und zu Wasser, der Tafel mehrere Delikatessen. Die Berghühner sind unter andern vortrefflich, und die Austerbank im Park liefert tellergroße, und besonders schmackhafte Geschöpfe dieser Art. Übrigens wimmelt die Bay von Fischen und Seehunden. Ein solcher saß heut früh auf einer hervorragenden Klippe, grade meinem Fenster gegenüber, und schien mit großem Vergnügen und fast tanzender Bewegung, der Musik eines *piper*[46] zuzuhören, dessen *bagpipe*[47] vom nahen Gasthof herüberschallte. Diese Tiere sollen die Musik so leidenschaftlich lieben, daß sie, bei Wasserpartien auf der Bay, den Booten der Musikanten zu 20 bis 30 folgen, und sich auch vom Jäger auf diese Weise überall hinlocken lassen. Es ist wirklich grausam, ihren Kunstsinn so zu mißbrauchen!

Leider regnete es heute den ganzen Tag, so daß ich gezwungen war, zu Haus zu bleiben. Früh wohnte ich dem täglichen Privatgottesdienst der Familie bei, deren weibliches Personal zwar etwas bigott in der Form, aber, wie mir schien, doch auch echt fromm in der Tat ist. Wir setzten uns alle im Kreise hin, dann las die Mutter einen Satz aus dem englischen *prayer-book*[48], die älteste Tochter den nächsten, und so fortdauernd *vice versa*[49], Prediger und Küster in der Kirche nachahmend. Hierauf begann die Tochter, welche etwas Verschlossenes und Schwärmerisches hat, ein besonderes, sehr langes Gebet, das wohl eine Viertelstunde dauerte, während welchem alle anderen (ich natürlich auch) sich schamhaft gegen die Wand kehren, vor ihrem Stuhl auf die Knie fallen, und das Gesicht in die Hände legen mußten. Die Mutter seufzte und stöhnte, der Hausherr schien ein wenig ennuyiert[50], die jüngste Tochter (ein allerliebstes Mädchen, die ein gutes Teil mondäner als die älteste gesinnt ist) hatte hie und da Zerstreuungen, der Sohn aber es gar für besser gehalten, sich ganz zu absentieren. Ich, bei dem jeder nach innen gerichtete Gedanke zu jeder Tageszeit ein Gebet zu Gott ist, glaubte, ohne unfromm zu sein, hier ein wenig nach außen beobachten zu dürfen.

Nachdem die Gesellschaft wieder aufgestanden war, die Knie abgewischt, und die Röcke heruntergezupft hatte, denn der englische Enthusiasmus vergißt sich nicht so leicht, wurde eine Geschichte aus dem Evangelium von der Mutter gelesen. Man hatte diesmal die Mahlzeit gewählt, wo 6000 Mann mit zwei Fischen und drei Broten, wenn ich nicht irre, gesättigt wurden, und noch gar viel übrig blieb.

Glücklicherweise wurde uns das Mittagsessen nicht mit gleicher Sparsamkeit zugemessen, und die Gottesgaben dabei durch die heiterste Unterhaltung gewürzt. Einmal beging ich jedoch einen unwillkürlichen Verstoß. Ich sprach nämlich scherzend von dem Kometen im Jahre 32, der der Erde oder Erdbahn näher als die bisher bekannten kommen soll, und bemerkte, daß nach Lalandes[51] Berechnung ein Komet, der sich auf 50000 Meilen der Erde näherte, eine solche Attraktionskraft auf sie ausüben müßte, daß er die Meeresfluten bis über die Spitze des Chimborasso ziehen würde. »Kommt der Zweiunddreißiger uns so nahe«, setzte ich hinzu, »so ertrinken wir wenigstens alle auf einmal.« – »Verzeihen Sie, das ist jedenfalls unmöglich«, erwiderte Mistress W... sehr ernsthaft, »denn das wäre ja eine zweite Sündflut und Sie scheinen ganz vergessen zu haben, daß uns in der Bibel versprochen ist, eine zweite Sündflut solle nicht stattfinden, aber zum letztenmal die Erde durch Feuer zerstört werden.« – *(Il faut avouer, que la faveur n'est pas grande.)*[52] – »Daß diese Zerstörung aber wohl nahe sein mag«, fuhr sie seufzend fort, »glaube ich selbst, denn die Unterrichtetsten unserer heiligen Männer kommen jetzt darin überein, daß wir uns wahrscheinlich im siebenten Reich der Offenbarung Johannis befinden, in welcher der Welt Ende prophezeit ist, und wo unser Heiland kommen wird, uns zu richten.« Wie sonderbar sind nun die Frommen! Über diese Äußerung gerieten Mutter und Tochter in so heftigen und zuletzt erbitterten Streit, daß ich unwürdiger Laie mich für ihre Versöhnung bemühen mußte. Dieser Streit entspann sich darüber, ob bei der erwähnten Katastrophe die Menschen sofort gerichtet und dann verbrannt, oder erst verbrannt und dann gerichtet werden würden. Die Tochter fragte entrüstet *(et je vous jure que je ne brodé pas)*[53] ob unser Heiland, wenn er käme, mit dem Richten erst warten solle, bis die Welt verbrannt sei? Es stünde deutlich in der Schrift: daß er kommen würde, zu richten über die Lebenden und die Toten, was nicht möglich sei, wenn vorher alle schon verbrannt worden wären! Die Welt würde also offenbar erst nachher, wenn alle gerichtet wären, verbrannt. Die Mutter erklärte dies, ebenso heftig, als einen wahren *nonsense*, Menschen müßten notwendig erst sterben, ehe sie selig oder verdammt werden könnten, und die angeführte Stelle bezöge sich, wo sie von Lebenden und

Toten spräche, nur eines Teils auf die, welche bei der Ankunft des Feuers noch lebten, und andrerseits auf die, schon längst vorher im Grabe Liegenden. Sie blieb also dabei: erst verbrannt und dann gerichtet! Beide wünschten nun meine Meinung zu wissen, um sich durch meinen Beitritt, im Kampfe zu verstärken. Ich wagte zu antworten: daß ich in diesen Details nicht allzugut bewandert wäre, und daß mir ihr Streit fast so vorkäme, als der, bei Madame du Deffand[54], über den heiligen Dionysius: ob dieser nämlich eine oder sechs Meilen ohne Kopf gegangen sei? Worauf Frau von Deffand bekanntlich entschied: *dans ces sortes de choses, il n'y a que le premier pas qui coûte.*[55]

Übrigens hätte ich mich selbst in der Christuslehre immer am meisten an die Vorschriften der Pflichterfüllung, Zuversicht auf Gott, Sanftmut und Nächstenliebe zu halten gesucht, obgleich es mir leider nur zu selten damit nach Wunsch gelungen – glaubte aber doch, infolgedessen, unbekümmert darüber sein zu können, ob wir erst gerichtet und dann verbrannt, oder erst verbrannt, und dann gerichtet würden. Alles was Gott tue, sei jedenfalls wohlgetan. Ich müßte aber gestehen, daß ich mich während meines hiesigen Lebens ebenso gut in Gottes Hand, und ebenso nahe seiner Macht, betrachte, als nach meinem irdischen Ende, oder selbst nach dem Ende der kleinen Erde, die wir Welt zu nennen pflegen. Das Weltgericht daure, meiner Meinung nach, ewig, gleich dem Weltengeist. – Diese Erklärung versöhnte die Kämpfenden glücklich, – indem sie sie beide gegen mich vereinigte. Doch gelang mir noch zuletzt ein geschickter Rückzug, ohne ganz ihre Gunst zu verlieren.

Gegen Abend hatten wir, zwischen Streifregen, Dämmerung und Sonnenuntergang, noch eine herrliche Beleuchtung. Unser Wasserfall im Park war so angeschwollen, daß er sich auch etwas zu donnern erlaubte, und Gras und Busch hatte sich gar artig mit bunten Sonnenstrahlen illuminiert.

Wir spazierten bis in die Nacht umher, sahen den hohen Sugarloaf nach und nach vom Dunkelblau in's Rosa übergehen, und ergötzten uns am klaren Spiegel des Meers, am Hüpfen der Fische auf seiner Oberfläche, und den friedlichen Spielen der Fischottern, bis die grausamen Fischerlichter in der Bay das Fest mit einem allgemeinen Kriegstanz beschlossen.

Alles ist hier schön, selbst die Luft, welche wegen ihrer Salubrität[56] berühmt ist.* Insekten plagen die Menschen auch nicht, da die Bay eine solche Tiefe hat, daß die Ebbe fast nirgends den Boden entblößt, und der stete, sanfte Luftzug des Tals ihnen wahrscheinlich auch nicht behaglich ist. Das Klima bleibt sich fast immer gleich, weder zu warm noch zu kalt, und die Vegetation ist so üppig, daß nur eine Sache mehr, und eine weniger da zu sein brauchte, um den größten Teil der kahlen Berge, und auch die Felsen, in ihren Zwischenräumen, mit den schönsten, Wäldern zu bekleiden, nämlich – Pflanzer und Ziegen. Den ersten fehlt es an Geld zur Auslage, oder an der Lust, es hier anzulegen, die zweiten lassen nichts, das nicht doppelte Mauern schützen, aufkommen. Ehemals sollen die meisten dieser Gebürge mit Hochwald bedeckt gewesen sein, aber die Engländer, welche immer nur daran dachten, so viel Geld als möglich in Irland zu machen, schlugen alles nieder, zum Verkohlen und zum Gebrauch der Eisenhämmer, die seitdem eingehen mußten, deren Rudera[57] man aber noch an mehreren Orten findet. Ein anderer Vorzug dieser Gegend ist, nach meinem Geschmack, ihre Abgeschiedenheit. Ein Wagen kann sie kaum erreichen, und, wenige neugierige Reisende von meiner Art ausgenommen, wird keiner versucht, die schwierigen Approchen[58] zu besiegen. Ein gutmütiges Volk wohnt hier, nicht in Dörfern vereinigt, sondern einzeln im Gebürge zerstreut, und führt, unverdorben vom Gewühl der Städte, ein patriar-

* Bis jetzt wird noch keine Taxe davon erhoben. *A. d. H.*

chalisches Leben. Es ist auch nicht so widerlich arm, als in andern Teilen des Landes. Die Bedürfnisse dieser Leute sind gering; Torf zum Feuern dürfen sie holen, wo es ihnen gut dünkt, Gras für ihre Kühe ebenfalls in den Sümpfen, und Fische zur Nahrung liefert ihnen das Meer, mehr als sie bedürfen. Für den mit Schaffungslust ausgerüsteten Besitzer eröffnet sich hier ein unerschöpfliches Feld. Wäre ich ein Kapitalist, hier ließe ich mich nieder.

Mein freundlicher Wirt sorgt für die schnelle Beförderung dieses Briefes. Der Himmel gebe, daß er, in froher Stimmung geschrieben, auch Dich in froher Stimmung antreffe. Erinnere Dich immer des Wahlspruchs meiner Ahnfrau: *Cœur content, grand talent!*[59]

Dein treu ergebener L…

Fünfunddreißigster Brief

Glengarriff, den 4ten Oktober 1828

Liebe Julie!

Morgen reise ich ab, *et bien à regret.*[1] Ich nehme aber ein liebes Andenken mit mir, eins der wenigen durchaus freundlichen Bilder meiner Lebenswanderung.

Auf meinem Morgenspaziergang fand ich heute so luxuröse Eriken von den Felsen herabhängen, daß eine Staude derselben zehn Fuß in der Länge maß. Der Gärtner, der mich begleitete, machte mich noch auf eine andere Merkwürdigkeit aufmerksam. An einem verborgenen Ort, nicht weit von der hübschen, ganz ländlichen *dairy*[2], hatten Bienen in freier Luft große Honigkämme, bloß an Brombeerästen hängend, im Dickicht gebaut. Die Schwere des Honigs bog den Strauch bis auf die Erde, und sie arbeiteten noch rüstig darin, als ich sie betrachtete. Die *dairy* ist mit Erde und roter, darauf angewachsener, Heide gedeckt, und das Dach von unten in sechs Spitzen ausgeschnitten, was nicht übel aussieht. Ein klarer Quell fließt mitten hindurch, an dessen Ufern der ägyptische Lotus vortrefflich gedeiht, und den Winter auch aushält.

Nachmittags ritt ich mit Col. W... aus, um ein Adlernest zu besehen. Zuerst passierten wir den Bezirk, in welchem Lord B...s schönes Jagdhaus steht, durchwateten dann dreimal den angeschwollenen Fluß, und erreichten nach einigen Stunden Weges eine wilde Einöde, wo, unter einer senkrechten Felsenwand, zwei einzelne Hütten stehen. Ohngefähr 500 Fuß über diesen, horsten die Adler, in einer mit Efeu überrankten Spalte. Zu der Zeit, wenn sie Junge haben, sieht man sie fleißig mit Hühnern, Hasen, Lämmern usw. angeflogen kommen, um den häuslichen Tisch zu versorgen; ein sonderbarer Instinkt aber ist es, der sie lehrt, nie etwas von den beiden unter ihnen wohnenden Familien zu rauben, und dadurch gleichsam die Gastfreundschaft zu ehren, welche jene ihnen beweisen. Ich bin sehr unzufrieden, daß noch keiner dieser Felsenkönige mir die *attention*[3] bewies, sich sehen zu lassen; auch heute waren beide entfernt.

Über die Höhlen des Sugarloafs kehrten wir zurück. Hier gibt es einen wilden Jäger, und kein *tally-ho*[4] der Menschen darf da erklingen, wo sein Jagdrevier angeht. Sonst stürmt er mit dem ganzen wilden Heer herbei, und reißt in dessen Wirbel die Unvorsichtigen mit sich fort. Bei alledem ist er von ganz anderer Natur, als sein deutscher Kamerad. Es ist ein Elfenkönig, klein wie Däumling, in Smaragdgrün prächtig gekleidet, und von einem Gefolge begleitet, das auf Pferden, nicht größer wie Ratten, über die Felsen, wie über das Meer, mit Windesschnelle galoppiert. Sugarloaf selbst ist der große Sammelplatz aller irländischen Feen. Die Höhlen sind voller Seemuscheln und phantastischer Steingestaltungen, welche die Neugierde des Besuchers reizen, in denen aber, für alle Schätze der Welt, kein Eingeborner die Nacht zubringen würde. – Von der Spitze des Berges, oder besser Felsen, bis gegen diese Höhlen herab, unterscheidet man bei klarem Wetter ein eignes Naturspiel: zwei gewundene, aber stets in gleicher Weite laufende Rinnen, die in der Ferne vollkommen einem Wagengeleise gleichen. Was könnte dies anders sein, als die Spur von der *fairy*-Königin[5] Wagen? Worin sie auch mancher alte Bergbewohner bei Sonnenauf- oder -untergang in überirdischem Pomp hinauffahren sah, um das Jahresfest mit ihrer Gegenwart zu schmücken. Gewiß wird der Alte bereit sein, mit jedem beliebigen Schwur die Wahrheit seiner Aussage zu bekräftigen, denn er glaubt daran, und das eben gibt den Märchen dieses Volks einen so verführerischen Reiz, daß man selbst davon angesteckt wird.

Col. W..., der früher ein leidenschaftlicher Jäger war, kennt Fuß und Gipfel eines jeden Berges im ganzen Distrikt genau, und erzählte mir, *chemin faisant*[6], so viel Interessantes davon, daß mein Brief nicht enden würde, wenn ich ein getreues Echo aller dieser Geschichten aus ihm machen wollte. Hier ist die Jagd noch mit Gefahren verbunden, und diese wahrlich keine Kleinigkeit! Mancher verliert sein Leben dabei. Sie sind dreierlei Art: zuerst, mitten in den Felsen von einem jener Winternebel überfallen zu werden, welche hier öfters stattfinden, und fast plötzlich den Wanderer mit dunkler Nacht und eisiger Kälte umfangen, wo ihm dann, wenn er den Ausweg nicht findet, nur die Alternative bevorsteht, das Leben durch Erstarrung (denn oft halten die Nebel ganze Tage und Nächte in den Schluchten fest) oder durch den Sturz in unsichtbare Abgründe zu verlieren. Wollen ihm die *fairies* wohl, so kömmt er irgendwo glücklich wieder an's Licht, wehe aber denen, die sich ihre Ungnade zugezogen haben; – zerschmettert oder erfroren finden sie sicher die Freunde am nächsten Morgen. Die zweite Gefahr ist von ganz anderer Art. Auf den weiten, unabsehbaren Bergebenen, die, gleich dem Meere, mit dem Horizont zusammenfließen, ohne daß auch nur der kleinste Busch ihre erhabene Einförmigkeit unterbricht, sind weite Sümpfe, welche das verfolgte Wild (die *grouse*, eine Art Feld- oder Birkhuhn, den englischen Inseln eigentümlich) als Lieblingsaufenthalt wählt. Diese Sümpfe sind voll kleiner Erhöhungen, die durch Heidekraut gebildet werden und, so wie Maulwurfshügel, in geringer Entfernung voneinander darin verteilt sind. Nur, indem man von einer dieser Erhöhungen auf die andere springt, kann man den Sumpf passieren. Verfehlt man sie in der Hitze der Jagd, und findet nicht gleich eine andere in der Nähe, so ist man sicher, in dem grundlosen Moraste zu versinken. Das einzige Rettungsmittel bleibt zuletzt noch, schnell die Arme auszubreiten, oder sich mit dem horizontalliegenden Gewehr zu halten, bis endlich Hilfe kommt, oder es einem gelingt, den nächsten Hügel zu erfassen.

Schlimmer und gefährlicher als alles dies aber ist es, von einem der fast wild zu nennenden Stiere des Gebürges attakkiert zu werden. In diesem Falle befand sich Herr W... öfters, entkam jedoch immer glücklich, wiewohl auf verschiedene Weise. Einigemal erschossen er selbst oder seine Begleiter den Bullen, ehe er noch nahe kam, ein anderesmal rettete er sich in einen der eben beschriebenen Sümpfe, wohin das wütende Tier zwar nicht folgen konnte, ihn aber doch länger als eine Stunde förmlich darin belagerte. Die Geschichte des letzten Anfalls aber schien mir besonders merkwürdig, und beweist, daß ein Mensch, mit Kraft, Mut und Gewandtheit ausgerüstet, wohl jedem andern lebenden Geschöpfe, allein widerstehen mag. Obrist W... war nur von einem Freunde und einem Eingebornen begleitet, welcher den Hund führte, und mit einem langen weißen Stabe, wie sie hier gebräuchlich sind, versehen war. Des Obristen Freund schoß eine *grouse*, und in demselben Moment sahen sie, in der Distanz von ohngefähr achtzig Schritt, einen Stier mit Wut auf sie zustürzen. W... rief seinem Freunde zu, schnell zu laden, während er den ersten Schuß tue, und legte an, als der Spürer rief: »Versprecht ihr mir ein Glas Whiskey extra zu geben, so will ich allein mit dem Stier fertig werden.« Indem drückte W... sein Gewehr ab, fehlte aber, sein Freund war noch nicht mit Laden fertig, und kaum hatte er Zeit, dem Manne zuzurufen: »Ein Dutzend Flaschen sollst Du haben« – als sie diesen Helden der Berge auch schon, in demselben Tempo, mit dem der Stier auf sie zustürzte, ihm selbst entgegenrennen sahen. Im Nu waren beide aneinander. Mit der größten Gewandtheit ergriff der junge Mann eines der Hörner des Bullen, dessen Kopf die Erde streifte, schwenkte sich einen Schritt seitwärts, und denselben Schritt dann während des Sprungs seines Gegners mit Blitzesschnelle wieder zurücktuend, faßte er mit beiden Händen des Bullen Schweif, ohne deshalb seinen weißen Stock fahren zu lassen. Alles dies war mit der Geschwindigkeit des Gedankens verrichtet worden – und nun begann der seltsamste Wettlauf den man je gesehen. Der Stier wandte alles an, die an seinem Schweif hängende Last abzuschütteln, aber vergebens. Bergauf, bergab, über Felsen und Waldbäche rannte er, wie rasend, umher, doch sein Begleiter, gleich einem Kobold, schwang sich mit ihm über jedes Hindernis, oft an des Schweifes Spitze mehr in der Luft schwebend, als laufend. In kurzer Zeit ward das Tier von Angst und Rennen ermattet, und sank endlich am Fuße eines weiten Rasenabhanges, grade unter dem Orte, wo Mr. W... und sein Freund erstaunt dem Ausgange entgegensahen, völlig erschöpft und kraftlos nieder. Jetzt aber begann erst seine regelmäßige Strafe, und wahrscheinlich ward dieses Individuum an dem Tage für immer von seiner wilden Laune kuriert. Denn nun gebrauchte der Hirt seinen, mit Blei ausgegossenen und mit einer Eisenspitze versehenen Stab, den er zu diesem Ende wohlweislich beibehalten hatte, als Korrektionsmittel, und damit den widerspenstigen Bullen fast lebendig gerbend, zwang er ihn, den Berg sich wieder hinanzuschleppen, wo er zuletzt, zu Mr. W...s Füßen, die Zunge weit aus dem Halse streckend, zum zweitenmale lechzend niedersank, und in diesem Zustande gänzlicher Machtlosigkeit von ihnen verlassen wurde. Der junge Bauer, den Mr. W... als ein Wunder jugendlicher Kraft und Agilität beschrieb, schien seinerseits nicht im geringsten von der Jagd ermüdet, noch eitel auf seine Tat, sondern ruhig den weggeworfenen Pulversack und die Hundeleine wieder aufsuchend, verlor er kein Wort weiter über das Vergangene, als dem Obristen, indem er vergnügt mit den Augen winkte, zuzurufen: *»Now, Master, don't forget the bottles!«* (Nun Herr, vergeßt die Flaschen nicht!)

Herrlich muß eine Hetzjagd sich in diesen Felsen ausnehmen! Bald auf der Höhe oder an ihren Seiten hinstürmend, bald Fuchs und Hunde über Abgründe setzend, oder alles plötzlich, wie ein Schattenbild, in der Bergschlucht verschwindend. Col. W... sah einst eine solche auf Hungryhill, wo die ganze Meute unter dem Wasserfall durchjagte, ihr Heulen und Bellen mit dem Brausen der Wasser wild vermischend – bis zuletzt Reinecke dasselbe Schicksal hatte, welches drei bis vier Hunde schon vorher betroffen, nämlich, von den glatten Felsen abzuglitschen, und unter der Jäger Gejubel, die unten im Wiesenkessel auf einem vorstehenden Felsen der Jagd bequem zusahen, viele hundert Fuß zu ihren Füßen herabzustürzen, wo alle seine List und alle seine Not ein Ende fand.

Soll ich nun noch mehr erzählen?

Wohlan – noch einmal Hexen! Sattelt mir den Pony – und dann *valet*[7] dem Lande der Märchen, der Felsen und der seit Jahrtausenden an ihnen nagenden, noch immer ihre weißen Zähne fletschenden Wogen. –

Sitze dann auf mit mir, Julie! *En croupe*[8] wie ein irländisches Mädchen, und folge mir schnell durch die Lüfte, zurück nach Iveragh, der Wildnis O'Connells. Freilich ist es ein Land der Adler und Geier, stürmender Wellen und abgerissener Felsen! aber dennoch gibt es dort einen Platz in Ballingskelligs-Bay, ohnfern O'Connells Schloßabtei, wo in alter Zeit mancher Tanz getanzt, und manche Heirat geschlossen wurde. Denn ruhig und lieblich war der einsame Fleck, mit seinem samtnen Boden, hohe Felswände schützten ihn vor dem Sturm, und glatter Sand, wie Atlas[9], senkte sich bei der Ebbe nach dem Meere hinab, das in der hellen Mondscheinnacht, gleich dem Reste der Schöpfung, zu schlummern schien, seine kleinsten Wellen nur selten vom Hauch des Zephyrs[10] berührt, wie im Traume sich regend und kräuselnd.

In einer solchen Nacht war es, daß Maurice Adair, der *pi-*

*per** seinem Dudelsack die einladendsten Töne entlockte, und die Jugend von Iveragh das Fest ihres Heiligen, lustiger als je, mit Tanz und Frohsinn feierte. Maurice war ein schöner und rüstiger junger Bursche – aber blind. Der Ärmste hatte nie der Sonne Licht gesehen, und Tag und Nacht war ihm gleich. Seiner Phantasie schwebten aber dennoch undeutliche Bilder von Schönheit und herzbewegenden Reizen vor, wenn sein Ohr die süßen Stimmen der Mädchen vernahm, oder seine Hand einen weichen Schwanenhals fühlte, oder auch, gleich Blumenduft, ein rosiger Atem seine Wange berührte. Maurice war verliebt, aber noch ohne Gegenstand – und sein Sehnen wußte sich nur in Melodien zu ergießen, die im einsamen Gesang, oder den Lauten seiner *bagpipe*** gar anmutig ertönten. Maurices Musik aber konnte noch weit mehr bewirken. Er hatte in seinem Instrumente einen Ton – der wundervolle Ton genannt, und wie man glaubte, von einem Elfen erst hineingebannt – einen Ton, den gleich Hüons Horn[11] und gewiß von derselben Abstammung, niemand hören konnte, ohne sogleich seine Tanzlust zur unwiderstehlichen Leidenschaft anwachsen zu fühlen. Wie manches junge Mädchen in der Stadt, das eben ihrem ersten Balle beiwohnt, und keinen solchen Stimulus bedarf, würde doch viel darum geben, im Besitz jenes Tones zu sein, um die trägen *dandies* zu ermuntern, von denen einer nach dem andern sich wegschleicht, oder auf dem Sofa liegt, dem *dolce far niente*[12] hingegeben, statt sich mit ihr im Kotillon[13] herumzudrehen. Hier, auf der mondbeglänzten Wiese, bedurften jedoch die aufgeweckten Bauerburschen keines fremden, unwiderstehlichen Reizes. Hinlänglich war die Anregung ihrer eignen Lust, und Maurice, unermüdlich aufspielend, er-

* Adair wird ›Adehr‹, *piper* ›Peiper‹ ausgesprochen.

** Ausgesprochen: ›Begpeip‹, der Dudelsack der Irländer, dem sie jedoch weit kompliziertere Eigenschaften zu geben und sanftere Töne zu entlocken wissen, als die Wenden, Polen etc. dem ihrigen. *A. d. H.*

götzte sich selbst, in seinen lüsternen Gedanken, an dem, was die andern in der Wirklichkeit, und deshalb vielleicht weniger innig genossen. Doch fing auch er endlich an, sich nach einiger Realität zu sehnen, und da Musikanten nicht nur verliebter, sondern auch durstiger Natur zu sein pflegen, irländische Musikanten aber ohne Zweifel beide Bedürfnisse in doppeltem Maße empfinden, so versäumte Maurice nicht, die angenehmen Bilder seiner Phantasie gar fleißig mit heißem Whiskeypunsch zu erfrischen. Bald schien es ihm, als drehe sein Kopf sich noch schneller als die wirbelnden Paare, ja ganz Iveragh schaukelte unter seinen Füßen. »O, noch ein Glas, Kitty! und einen Kuß dazu«, rief er stammelnd – aber Kitty, bange für des Tanzes Ende, wenn der Whiskey die *bagpipe* des *piper's* Händen entrisse, versagte standhaft den Labetrank. Immer heftiger bestand dieser auf seinem Begehren – doch Kitty blieb unerbittlich. »Wer soviel trinkt, braucht nicht zu küssen, und überdem mußt Du spielen«, sagte sie, »damit wir tanzen, und kaum kannst du ja mehr die Finger rühren.« – »Ich nicht mehr die Finger rühren?« schrie Maurice entrüstet – »nun sollst Du, und ihr alle, tanzen, bis ihr genug habt, und Euch mehr nach einem Tropfen Wasser sehnt, als ich jetzt nach einem Glase gesegneten Whiskeypunsches!« Im Zorne hierauf die *bagpipe* an sich drückend, erschallte laut und schmetternd – der wunderbare Ton – und augenblicklich im wilden Getümmel, wirbelte alt und jung durcheinander. Aber sieh! Das schlafende Meer selbst erwacht, und hervor kommen Krabben und Seekrebse, ein zierliches Menuett auf dem glatten Sande exekutierend. Die Meerspinne tanzt vor, unnachahmliche *pas*[14] mit ihren langen Beinen vollbringend, und *cod-fish*[15] und Steinbutt, Schellfisch und *sole*[16] balancieren auf ihren Schwänzen mit aller Grazie, die ihnen zu Gebote steht. Seehunde selbst versuchen den neuesten Galoppwalzer, und Austern ihre Schalen öffnend, gleiten dahin, mit dem Anstand einer Pariserin, die, die Ellenbogen ründend, beide Seiten ihrer Robe zierlich emporhebt. Staunend wurden diese ganz neuen Tänzer tanzend empfangen, unter denen sich Maurice, fortwährend blasend, und nichts von allem gewahrend, schadenfroh mit herumdrehte. Doch, da teilten sich nochmals die Fluten, und hervor schwebt, in wollüstig reizendem Tanz, die schönste der Meerjungfrauen. – Frisch wie der junge Morgen war ihr Antlitz, ihr langes Haar strömte herab über den schneeweißen Busen, gleich durchsichtigen Wellen, röter blühten die Lippen als des Ozeans feurigste Korallen, blendender glänzten die Zähne als seine kostbarsten Perlen. Ihr silbernes Gewand aber schien gewebt aus dem Schaume der Wogen, mit unbekannten Seeblumen geschmückt, reicher schimmernd in brennenden Farben als Indiens funkelndster Edelstein.

Man sah ihr an, daß Damen, unter wie über dem Wasser, viel Sorge auf ihre Toilette verwenden, besonders wenn sie eine Eroberung beabsichtigen. Der Aussage der Augenzeugen nach, hatte man nie einen verführerischeren, koketterern Anzug gesehen, als den ihrigen, der so gut Schönes zu enthüllen, und noch viel besser erraten zu lassen wußte. Nur der arme Maurice sah von alledem nichts, und doch war er es, auf den allein die Seekönigin es abgesehen hatte, denn wenige Augenblicke nur waren vergangen, als in der Verwirrung des Tanzes, ihre Arme ihn sanft umfingen, und eine melodische Stimme in süßen Tönen ihm zurief:

Mein Reich ist das Meer,
Und prachtvoll mein Schloß
Komm Maurice Adair,
Komm Schwing dich auf's Roß.
Das Seepferd, horch! schnaubet,
Und harret auf dich,
Der das Herz mir geraubet,
Nun herrscht über mich!

So komm denn, und eile,
Geschmückt ist der Saal, –
Nicht länger mehr weile –
Und sei mein Gemahl! –

Es scheint, daß Maurice dieser eindringenden Einladung mit nicht weniger *empressement*[17] entgegenkam, denn, obgleich seine alte Mutter, die ebenfalls seit einer halben Stunde wie rasend umherspringen mußte und schon beide Holzschuhe, nebst mehreren der wesentlichsten Kleidungsstücke, verloren hatte – ihren letzten Atem anstrengte, ihm kläglich nachzurufen, doch um Gottes und St. Patricks willen keinen Fisch zu heiraten, – obgleich sie, als letztes Argument, selbst anführte, daß sie ja künftig nicht einmal mehr Stockfisch mit zerlassener Butter essen könne, ohne fürchten zu müssen, vielleicht ihren eignen Enkel zu verspeisen – so war doch alles umsonst! – »halb zog sie ihn, halb sank er hin«[18] und als der wundervolle Ton verhallte, und alle Tänzer ermattet Luft schöpften, hatte bereits eine hohe Welle, welche während der ganzen Zeit hinter ihnen gestanden (wahrscheinlich das erwähnte Leibroß der Königin) beide verschlungen, und nur ein leises: »Lebewohl Mutter!« das der Wind herübertrug, war der letzte Laut – den man je von Maurice dem *piper* vernahm.

Auch mein Brief schließt hiermit, liebe Julie; noch weiß ich nicht, woher ich Dir den nächsten adressieren werde, aber wenn Du meiner gedenkst, so sage Dir nur, daß ich mich nie wohler und froher befand.

Dein ewig treuer L...

Sechsunddreißigster Brief

Macroom, den 5ten Oktober 1828

Geliebte Teure!

Das Scheiden ward mir schwer – Du jedoch, die mich ganz wo anders hinwünschest, wirst gewiß sagen, daß ich schon viel zu lange geblieben – und so riß ich mich denn los, von den guten Leuten, und ihrem romantischen Wohnsitz. Es war grade Sonntag, und die alte Dame konnte sich nicht enthalten, ohngeachtet ihrer sichtlichen Herzlichkeit für mich, strafend auszurufen: »Aber wie ist es möglich, daß ein guter Mensch, wie Sie, an einem Sonntag eine Reise antreten kann!« Du weißt, daß die englischen Protestanten schon von Jakob des I. Zeiten[1] an, wo diese Vergötterung des Sonntags anfing, und bald wütende Parteisache wurde, jetzt fast allgemein diesen Tag zu einem wahren Totentage gestempelt haben, an dem Tanz, Musik und Gesang verpönt sind, so daß ganz Fromme selbst die Kanarienvögel verhängen, damit ihnen kein Singlaut in der heiligen Zeit entfahre. Auch darf kein Brot gebacken und kein nützliches Geschäft überhaupt verrichtet werden, – wohl aber mögen Trinken und andere Laster noch üppiger als an Wochentagen blühen, denn niemals liegen die Straßen mehr voller Betrunkenen als am Sonntag, und niemals sind, den Polizeiaussagen nach, gewisse Häuser voller mit Besuchern angefüllt. Viele Engländer halten das Tanzen am Sonntag unbedingt für eine größere Sünde, als bloß etwas zu stehlen oder dergleichen, und ich las sogar in einer Geschichte von Whitby gedruckt, daß die dortige einst reiche Abtei habe untergehen müssen, weil die Mönche nicht nur jedes Laster, Mord und Notzucht nicht ausgenommen, sich erlaubt, sondern ihr verbrecherischer Abt, selbst am heiligen Sonntage habe arbeiten, und den Bau des Klosters fortsetzen lassen.

Von diesem Wahne war denn auch die gute Mistress W... angesteckt, und es ward mir ziemlich schwer, die begangene Sünde mit der dringendsten Notwendigkeit zu entschuldigen. Um sie jedoch völlig zu besänftigen, fuhr ich vorher noch mit der ganzen Familie, auf der Bay, zur Kirche nach B..., welche nicht sehr außer meinem Wege lag. Ich erzählte ihnen bei dieser Gelegenheit die seltsame Vision eines der Söhne meines früheren gütigen Wirtes, des Capitain B..., der dadurch zum Übergang zu der katholischen Kirche vermocht wurde. Er war, wie er mir selbst sagte, ein ebenso eifriger Protestant, als *Orangeman*[2], und ging eines Tags, in Dublin, in die katholische Kirche, mehr um sich über die dort stattfindenden Zeremonien lustig zu machen, als aus einem andern Grunde. Dennoch rührte ihn wider Willen die schöne Musik, und als er jetzt den Blick auf den Hochaltar zurückwarf, siehe – da stand der Erlöser selbst leibhaftig vor ihm, mit Engelsmilde das Auge fest auf ihn gerichtet, lächelte ihn freundlich an, winkte mit der Hand, und schwebte dann langsam, ihn fortwährend fest anblickend, zur Kuppel empor, bis er dort, von Engeln getragen, verschwand. Von diesem Augenblick an war B... überzeugt, ein besonderer Liebling Gottes zu sein, und wenige Tage darauf trat er zu einer andern allein seligmachenden Kirche über (denn die orthodoxe englisch-protestantische glaubt dieses Privilegium auch zu besitzen). Wie philosophisch urteilten meine gläubigen Freunde über diese Bekehrung! »Ist es möglich«, riefen sie, »welcher grasse Aberglaube!« – Gewiß, das war entweder eine Fieberphantasie, oder der Mensch ist ein Heuchler und hatte andere Gründe; entweder ist er toll, oder er erfand das Märchen nur zu seinem Vorteil.

O Menschen, Menschen! wie recht hat Christus, wenn er sagt: Ihr seht den Splitter im fremden Auge, und den Balken im eignen nicht! Gewiß, es geht uns allen so, mehr oder weniger, und ich nehme sicherlich Deinen armen Freund nicht von der allgemeinen Regel aus.

Wir trennten uns endlich, nicht ohne gegenseitige Rührung; worauf mich (dessen exzentrische Art zu reisen übrigens den jungen Damen sehr gefiel) ein Bergkarren aufnahm, mit einem Gaule bespannt, der keineswegs eine glänzende *apparence*[3] hatte. Die bestimmte Tagesreise betrug 30 Meilen, und begann äußerst langsam. Nach einiger Zeit ward das elende Pferd beim Bergsteigen sogar stätig[4], was mich einigemal zwang, den Wagen zu verlassen, um nicht etwa in irgendeinem Abgrund begraben zu werden. Das entêtierte[5] Tier mußte nun fortwährend am Zaume geführt werden, oder es weigerte sich einen Schritt weiterzugehen. Eine ganze Weile trabte der Kutscher rüstig daneben her, konnte es aber am Ende nicht länger aushalten, und der Himmel weiß, was aus uns geworden wäre, wenn wir nicht zum Glück einem Reiter begegnet wären, der einwilligte, sein Pferd statt des unsrigen einzuspannen, mit welchem ich denn Macroom erst spätabends erreichte. Unterwegs stieß mir nichts Merkwürdiges auf, als der sogenannte *Glen*, ein langer und tiefer Felsenpaß, in dem, zu der Zeit der Verschwörung der *Whiteboys*[6], Lord B... und Col. W... von diesen, welche die Höhen besetzt hatten, überfallen wurden, und ihnen nur mit knapper Not entgingen. Die *Whiteboys* hatten ihre Maßregeln sehr gut getroffen, und während der Nacht einen großen Felsblock abgelöst, den sie beim Anmarsch der Truppen plötzlich mitten in den Weg herabrollen ließen, wodurch das gegen sie gesendete Cavallerie-Détachement[7] nicht nur unvermutet am weitern Vordringen gehindert wurde, sondern sich zugleich, von hinten abgeschnitten, in einer verzweiflungsvollen Lage sah. Sehr viele kamen dabei um, die beiden genannten *gentlemen* aber, welche vortreffliche *hunters*[8] ritten, entkamen glücklich durch ihre

Hilfe, indem sie sich einen fast impractikabeln Weg an den Felsabhängen bahnten, während ein ununterbrochener Kugelregen auf sie herabsauste. Obrist W... wurde jedoch nur leicht am Arme verwundet, Lord B... blieb ganz unversehrt.

In der überaus wilden Gegend liegt, ohnfern von hier, ein großer See mit einer bebuschten Insel in seiner Mitte. Hier steht eine heilige Kapelle, zu der alljährlich große Wallfahrten angestellt werden. Die vorgerückte Tageszeit erlaubte mir jedoch nicht, sie näher zu besichtigen.

Macroom ist ein recht freundlicher Ort, mit einem schönen Schloß, dem Onkel der reizenden Afrikanerin (dem ihres Mannes eigentlich) gehörig. Sie hatte mir einen Brief an ihn mitgegeben, ich machte aber keinen Gebrauch davon, um nicht noch mehr Zeit zu verlieren.

Cork, den 6ten

Sehr früh verließ ich Macroom, in einem *Gingle*, eine Art bedeckter Diligence[9] mit zwei Pferden. Es regnete und stürmte wieder; denn, gute Julie, ich befinde mich überhaupt nicht mehr, wie die Irländer hübsch sagen: »an der Sonnenseite des Lebens«.

Drei Frauenzimmer waren mit mir im Wagen, und ein fünfjähriger großer Bengel, der sich sehr unnütz machte, und von seiner sonst recht hübschen und lebhaften Mama entsetzlich verzogen wurde. Obgleich er eine große Semmel und ein gleiches Stück Kuchen vor sich hatte, an denen er fortwährend speiste und den Wagen mit Krummen und Brocken anfüllte, wurde doch seine üble Laune bei jeder Gelegenheit rege. Das Geschrei, welches er dann erhob, und das Getrampel seiner Füße, das er oft, ganz unbekümmert, auf den meinigen spielen ließ; die Begütigungen der Mutter und ihr Zu-Hilfe-Rufen des Mannes, der auf der Imperiale[10] saß;

dann ihre beständigen Bitten, doch einen Augenblick anzuhalten, weil dem armen Wurme vom Fahren übel geworden sei, oder weil er trinken, oder noch etwas anders tun müsse; zuletzt gar eine sich verbreitende mefitische Luft, welche die Mama selbst zwang die Fenster zu öffnen, die sie bisher, aus Furcht, der Kleine möchte sich ohngeachtet seines Pelzes, erkälten, stets hermetisch zugehalten hatte; – es war eine wahre Geduldsprobe! Auch für sich schien die junge Frau ebenso ängstlich als für ihr Kind, denn so oft der Wagen etwas auf die Seite hing, fing sie an zu schreien, und klammerte sich, mir fast um den Hals fallend, mit beiden Händen an mich an. Dies war noch das erträglichste meiner Leiden, und es belustigte mich deshalb, ihre Angst oft ein wenig zu vermehren. In den Zwischenakten erklärte sie mir mit vielem Patriotismus die Merkwürdigkeiten der Gegend, machte mich auf die schönen Ruinen aufmerksam, und erzählte mir ihre Geschichte. Zuletzt zeigte sie mir einen, mitten im Felde stehenden, spitzen und turmartigen Stein, und sagte, daß diesen ein Dänenkönig von dort über den See geworfen habe, um seine Stärke zu zeigen. Auch ihr Mann mußte von der Imperiale herunter, um diesen Stein zu bewundern, wobei sie ihm spottend verwies, daß die jetzigen Männer, wie er z. B., nur elende Schwächlinge gegen jene Riesen wären. Zugleich übergab sie ihm den Jungen, um ihn beiseite zu tragen. Der Ärmste machte ein langes Gesicht, zog die Nachtmütze über die Ohren und folgte geduldig dem Befehl.

Das Land wird jetzt sehr fruchtbar, voll reicher Feldfluren; hie und da sieht man stattliche Landsitze. Cork selbst liegt in einer tiefen Schlucht, höchst malerisch, am Meer. Es hat ein altertümliches Ansehn, welches noch origineller durch die Bekleidung vieler Häuser über und über mit schuppenartigen Schieferpanzern wird. Prachtvolle Gebäude sind die beiden neuen Gefängnisse, das der Stadt, und das der Grafschaft, wovon das eine im antiken Geschmack, das andere im gotischen Stil aufgeführt ist, und einer großen Festung ähnlich sieht.

Nachdem ich gefrühstückt und mehrere kleine Häuslichkeiten besorgt hatte, mietete ich ein sogenanntes Walfischboot (schmal und spitz an beiden Enden, und daher sicherer und schneller als andere) und segelte bei gutem Winde, in der Bay, welche *The River of Cork* genannt wird, noch Cobh, wo ich mir vornahm, zu Mittag zu speisen. Ein Teil dieser, ohngefähr eine Viertelstunde breiten Bucht, bildet für Cork, von der Meerseite, eine der schönsten *entrées* in der Welt! Beide Ufer bestehen aus sehr hohen Hügeln, die mit Palästen, Villen, Landhäusern, Parks und Gärten bedeckt sind. Auf jeder Seite bilden sie, in ungleicher Höhe sich erhebend, die reichste, stets abwechselnde Einfassung. Nach und nach tritt dann, in der Mitte des Gemäldes, die Stadt langsam hervor, und endet auf dem höchsten Berge, der den Horizont zugleich schließt, mit der imponierenden Masse der Militärbaracken. So ist der Anblick von der See aus. Nach Cobh zu verändert er sich öfters, nachdem die Krümmungen des Kanals die Gegenstände anders vorschieben. Die eine dieser Aussichten schloß sich ungemein schön mit einem gotischen Schloß, das auf den, hier weit hervorspringenden Felsen, mit vielem Geschmack von der Stadtkommune erbaut worden ist. Durch die vortreffliche Lage gewinnt es nicht nur an Bedeutung, sondern es erscheint, wenn ich mich so ausdrükken darf, wie natürlich dort, während dergleichen, an andern Orten, so oft nur als ein unangenehmes *hors d'œuvre*[11] auffällt. Obwohl ich glaube, daß wir den Engländern in der edlern Baukunst überlegen sind, so fehlen wir doch darin, daß wir bei unsern Gebäuden viel zu wenig die Umgebung und die Landschaft umher berücksichtigen. Diese aber ist es grade, welche größtenteils für den zu wählenden Stil entscheiden sollte.

Die Burg hier schien für irgendeinen alten Seehelden bestimmt, denn der Eingang war bloß vom Meer aus angebracht. Ein kolossales Tor, mit Wappen verziert, in das die Fluten bis an den Fuß der Treppe drangen, wölbte sich über der schwarzen Öffnung. Ich dachte mir Folko mit den Geierflügeln, wie er eben von einem gewonnenen Seetreffen hierher zurückkehrt, und belebte mir das Meer mit Phantasiebildern aus Fouqués ›Zauberring‹.[12]

Wir segelten hierauf mit gutem Winde bei Passage, einem Fischerdorf, und Monkstown vorbei, das seinen Namen (Mönchstadt) von einer, im Wald darüber liegenden, Klosterruine herschreibt. Hier fing der, eine Zeitlang unterbrochene Regen, wieder an, gab aber diesmal Gelegenheit zu einer herrlichen Naturszene. Wir wandten uns, bei der Insel Arboulen, in die enge Bay von Cobh, die einen sehr schönen Anblick gewährte, denn ihren Eingang bildet links eine hohe Küste mit Häusern und Gärten, rechts die genannte Berginsel, auf der ein Fort, weitläuftige Marinegebäude und Storehäuser stehen, die das Material für die Seemacht enthalten; vor uns aber, in der Bay selbst, lagen mehrere Linienschiffe und Fregatten der königlichen Flotte, nebst einem zweiten Deportiertenschiff vor Anker, und hinter diesen erhob sich die Stadt Cobh, stufenweise am Berge aufgebaut. Indem wir dies alles eben ansichtig wurden, trat, an einem feuergelben Fleck des Himmels hinter uns, die dem Untergehen nahe Sonne unter den regnenden Wolken hervor, während vorn sich ein Regenbogen, so vollständig und tiefgefärbt, als ich ihn nie mich erinnere gesehen zu haben, über den Eingang der Bay spannte, aus dem Meere emporwachsend und wieder in dasselbe herabsinkend, gleich einer Blumenpforte, Himmel und Erde zu verbinden bestimmt. Innerhalb seines riesenhaften Halbkreises erschien das Meer und die Schiffe, die ein Berg in unserm Rücken schon vor der Sonne deckte, ganz schwarz, wogegen die abendlichen Strahlen über das höhere Amphitheater von Cobh eine solche Glorie von Licht ergos-

Cork

sen, daß die darin schwebenden Seemöwen wie klares Silber schimmerten, und jedes Fenster in der, den Felsen hinansteigenden, Stadt, wie glitzerndes Gold erglänzte. Dieser unbeschreiblich schöne Anblick hielt nicht nur in derselben Beleuchtung aus, während wir einfuhren, sondern, kurz vor dem Landen, verdoppelte sich der Regenbogen sogar, beide Bogen in gleicher Schönheit der Farben brennend, worauf aber auch beide, als wir noch kaum den Fuß ans Ufer gesetzt, fast im Augenblick verschwanden.

Ich etablierte mich nun sehr vergnügt am Fenster des kleinen Gasthofs, in der Hoffnung, eine vortreffliche Fastenmahlzeit mit den delikatesten frischen Fischen zu machen. Es blieb aber bloß beim Fasten, denn auch nicht ein Fisch, noch Auster, oder Muschel war zu bekommen. In den kleinen Fischerorten am Meer begegnet dies häufiger als man glaubt, weil alles Disponible sogleich zum Verkauf in die großen Städte gebracht wird. In dieser Hinsicht war also mein Zweck schlecht erreicht, und ich mußte mich mit den gewöhnlichen, in englischen Gasthäusern unsterblichen *mutton-chops*[13] begnügen. Doch ließ ich mir meine Laune dadurch nicht verderben, las ein paar alte Zeitungen, deren ich lange nicht gesehen, zum kärglichen Mahle, und trat, nach schon eingebrochener Dunkelheit, meinen Rückweg zu Land an. Ein offner Karren mit Strohsitz war alles, was ich mir verschaffen konnte; der Wind blies kalt und heftig, und ich war genötigt, mich dicht in meinen Mantel zu hüllen. Wir cotoyierten[14] das Meer in ziemlicher Höhe, und die vielen Lichter der Schiffe und Marinegebäude unter uns, glichen einer reichen Illumination. Fünf flackernde Flammen tanzten wie Irrwische auf dem schwarzen Schiffe der Deportierten, und ein Kanonenschuß, der vom Wachschiff gefeuert wurde, donnerte dumpftönend durch die Stille der Nacht.

Als diese Aussicht verschwand, wendete ich meine Aufmerksamkeit erst auf den ungemein klaren Sternhimmel.

Wer kann lange in die hehre Pracht dieser flimmernden Weltkörper blicken, ohne von den tiefsten und süßesten Gefühlen durchdrungen zu werden! Es sind die Charaktere, mit denen Gott von jeher am deutlichsten mit den Menschenseelen gesprochen hat. Und doch hatte ich der himmlischen Lichter nicht gedacht, so lange noch die irdischen glänzten! Aber so geht es immer auf der Erde – erst wo diese uns verläßt, suchen wir den Himmel auf. Sie liegt uns ja auch näher, und ihre Autorität bleibt für uns die mächtigste – grade wie der Bauer mehr von der Person des Amtmanns, als der des Königs, in Zaum gehalten wird; der Soldat sich mehr vor seinem Lieutenant fürchtet, als dem General *en chef*; der Hofmann mehr dem Günstling, als dem Monarchen die Cour macht, und endlich der Fromme... doch, wir wollen darüber nicht weiter philosophieren, liebe Julie, denn Dir brauche ich es ja nicht zu wiederholen: *qu'il ne faut pas prendre le valet pour le roi.*[15] –

Den 7ten

Wie ich aus den Zeitungen sehe, trübt sich der politische Himmel immer mehr. O, wäre ich jetzt dort! in jenen von den unsern so verschiedenen Regionen, mitkämpfend in den Reihen der bisherigen *arrière-garde*[16] der Zivilisation, welche sich nun umdreht, um als *avantgarde* sie den Barbaren mit dem Schwert in der Faust zuzubringen, und im Lehren immer besser selbst lernend, vielleicht sich bald an die Spitze des ganzen alternden Weltteils stellen wird. Nicht zu berechnende Folgen, kann, m u ß dieser Krieg haben. – Es ist kein gewöhnlicher Türkenkrieg mehr.[17] Alle Zeichen verkünden in ihm den Beginn einer neuen Weltepoche, und sollte auch das europäische Interesse schwerlich jetzt schon eine Hauptkrisis gestatten, so wird es doch der erste der magnetischen Stiche sein (das *baquet*[18] bilden die russischen Kanonen) von denen der, seit so vielen Jahrhunderten wie im unbeweglichen Grabe schlummernde, Orient zum Hellsehen zu erwachen bestimmt ist. Wie unermüdlich wird hier Wirkung und Wechselwirkung sein, und welche Geheimnisse wird der Magnetisierte dem Magnetiseur verraten!

In Europa aber nimmt Kultur und Politik einen solchen Weg, daß hier der letzte Akt des Dramas unsrer Zeit sich wahrscheinlich nur mit einem allgemeinen kommerziellen Kampf gegen England schließen kann, dem stolzen England, dessen Handels-Universal-Monarchie schwereren Tribut von uns erhebt, als aller militärische Druck weiland Napoleons. Gewiß hatte dieser Heros bei seinem Kontinental-Systeme die richtige Ansicht gefaßt, woran es eigentlich Europa not tue. Er glich nur einem zu gewaltsamen Arzte, der vorläufig seinem Patienten Hände und Füße bindet, um ihm die, seiner Meinung nach, heilsame Medizin sofort *bon gré, mal gré*[19] einzuflößen. Es war daher sehr natürlich, daß sich der Patient, sobald er konnte, losgerissen, und den Arzt zur Türe hinausgeworfen hat – ob er aber dennoch in der Folge die Kur nicht auf diese oder jene Art von neuem und freiwillig wird wieder anfangen müssen, ist eine andere Frage. England hat uns in der Zivilisation vorgeleuchtet, und ist dadurch größer und mächtiger als alle geworden, aber grade deshalb trägt es auch, nach den unwandelbaren Gesetzen der Natur, die hier Vollkommenheit des Einzelnen nicht gestattet, wieder den Keim früheren Verwelkens in sich. Unverträgliche alte und neue Elemente von gleicher Gewalt, die sich in ihm bekämpfen, müssen es über kurz oder lang von dem Gipfel herabziehen, auf dem es jetzt noch glänzt. Es wird dann, im Laufe der Zivilisation, andern zum Schemel dienen, (ja vielleicht geschah es schon) die nächste Stufe zu erklimmen, nachdem es lange selbst auf der höchsten wohnte, denn alles Irdische hat seine zugemessene Zeit. Ist der Kulminationspunkt einmal erreicht, so geht unfehlbar die Rückkehr an – und fast scheint es, als sei die Epoche von

Waterloo und der Sturz Napoleons ein solcher für England gewesen.

Sonderbar bleibt es immer, daß von jenen Inseln her die mächtigste Quelle der Freiheit und Aufklärung uns zuströmte, und wir dennoch fremde Despotie grade dort zuletzt werden bekämpfen müssen. Diese scheinbare Undankbarkeit herrscht aber fast überall in der Geschichte. Einiges Nachdenken erklärt und rechtfertigt sie.

Mitchelstown, den 9ten früh

Um vier Uhr nachmittags verließ ich gestern Cork, in der *mail*, neben dem Kutscher sitzend, dessen vier Pferde ich gelegentlich dirigierte. Bis eine Stunde von der Stadt ist die Gegend pittoresk, nachher schien sie ziemlich uninteressant, auch ward es bald dunkel. Nach einigen Stationen verließen uns die meisten Passagiere, und ich setzte mich in den Wagen, wo mir ein dreistündiges *tête à tête* mit einer Dame beschert wurde – leider war sie indessen siebenzig Jahre alt, und eine Puritanerin, aber wie es schien keine Puristin. Diese unangenehme Gesellschaft, sowie die Lobeserhebungen, welche ein früherer Reisegefährte mir von dem neu erbauten gotischen Schlosse zu Mitchelstown gemacht, bewogen mich, mitten in der Nacht, die *mail* zu verlassen, und hier den Morgen zu erwarten. Um 7 Uhr weckte man mich, um das gepriesene Wunderwerk in Augenschein zu nehmen. Ich fand mich aber sehr getäuscht, so wie einige andere Fremde, die derselbe Zweck hierher geführt hatte. Man zeigte uns allerdings einen großen und kostbaren Steinhaufen, der dem Besitzer 50 000 Pf. St. aufzuführen gekostet hatte, eine Hauptingredienz war aber dabei vergessen worden, nämlich guter Geschmack. Das Gebäude ist erstens viel zu hoch für seine Ausdehnung, hat nur Konfusion im Stil, ohne Varietät, eine schwerfällige Außenlinie, und machte überhaupt einen kleinen Effekt mit großer Masse. Dazu stand es kahl auf dem Rasen, ohne irgendeine malerische Unterbrechung, welche Schlösser im gotischen oder verwandten Stil grade am meisten bedürfen; auch der unansehnliche Park besaß weder eine schöne Baumgruppe, noch eine erwähnungswerte Aussicht.

Ich habe so viel Worte über dieses manquierte[20] Werk verloren, weil es, des Namens des Besitzers, und der großen Kosten seines Baues wegen, eine gewisse Reputation in Irland hat. Wie unendlich überlegen ist ihm jedoch die, vielleicht mit dem achten Teil dieser Mittel ausgeführte Anlage meines guten Col. W..., welche niemand kennt.

Die innere Verzierung des Schlosses glich seinem Äußern; in fünf Minuten hatten wir völlig genug daran, und da man zwar von einer schönen Aussicht auf der Höhe des Turmes sprach, aber den Schlüssel dazu nicht finden konnte, so kehrten wir alle verdrüßlich in den Gasthof zurück. Hier erzählte mir beim Frühstück einer der Fremden allerlei Interessantes über die hiesige Gegend und Menschen. Lord K..., sagte er, unter anderm, hat selbst und in seiner Familie ungewöhnliche Avanturen erlebt. Er ist jetzt als einer der eifrigsten *Orangemen* mehr gefürchtet als geliebt. Sein Vater wurde, erst zwölf Jahr alt, mit der zehnjährigen Erbin alles des jetzt von der Familie besessenen Vermögens vermählt, wobei Hofmeister und Gouvernante die Instruktion erhielten, die jungen Eheleute wohl bewachen und vor jedem *tête à tête* bewahren zu lassen. Indessen, *somehow or other*[21], wie mein Irländer sagte, kamen sie drei Jahr später dennoch einmal zusammen, und der jetzige Lord war das Resultat dieser kleinen *équipée.*[22] In der Folge bekamen sie noch mehrere Kinder, von denen ich, beiläufig gesagt, einen Sohn in Wien kannte. Er war ein ausgezeichnet schöner Mann, und berühmt durch seine *bonnes fortunes*[23]; damals der erklärte Liebhaber der Herzogin von ..., die er mit so wenig *gêne*[24] behandelte, daß, als er mich einst in dem Hotel, wo beide wohnten, zum Frühstück eingeladen hatte, ich die Herzogin allein dort antraf, während er selbst erst später, aus seiner oder ihrer Schlafstube, ich weiß nicht welcher, im Schlafrock und Pantoffeln eintrat.

Das jüngste Kind des Lords war eins der reizensten Mädchen in Irland geworden. Sie zählte erst sechzehn Jahr, als sich ein Vetter von mütterlicher Seite, ein verheirateter Mann, mit Namen F..., ebenfalls in dem Ruf, ein unwiderstehlicher Weiberverführer zu sein, in sie verliebte, und auch diesen Ruf so glänzend bei ihr bestätigte, daß er sie, die angebetete Tochter des mächtigen Grafen, vermochte – nicht nur ihm ihre Unschuld zu opfern, sondern sogar als förmliche Maitresse nach England zu begleiten, wo er beinah ein Jahr lang, erst verborgen, mit ihr lebte, zuletzt aber die *effronterie*[25] hatte, sie nach einem der besuchtesten Badeörter zu bringen. Hier wurde natürlich ihr Aufenthalt entdeckt, und sie zum zweitenmal, aber diesmal auf Befehl ihres Vaters, entführt und im Norden Englands in sichern Verwahrsam gebracht. F..., vielleicht nur durch den erfahrenen Widerstand der Familie angeregt, beschloß, sie, es koste was es wolle, wieder in seine Gewalt zu bekommen, und da er glaubte, man habe sie auf die väterlichen Besitzungen zurückgebracht, eilte er unverzüglich, durch eine Verkleidung gänzlich entstellt, nach Irland. Hier logierte er sich in demselben Gasthof ein, in dem wir jetzt eben frühstückten, und suchte den Aufenthalt seiner Geliebten zu erspähen. Seine gelegentlichen Erkundigungen, sein ganzes geheimnisvolle Benehmen, und der unglückliche Umstand, daß ein früherer Bekannter von ihm äußerte, er habe nie eine größere Ähnlichkeit gesehen, als zwischen dem Fremden und dem berüchtigten F... stattfinde – erweckten den Argwohn des Wirts, welcher sogleich sich aufmachte, um Lord K... seinen Verdacht mitzuteilen. Dieser empfing die Mitteilung scheinbar ganz gelassen, und empfahl dem Angeber bloß die größte Verschwiegenheit. Dann frug er, zu welcher Zeit der bewußte Fremde gewöhnlich aufzustehen pflege, und als er vernahm, daß dies nie vor acht Uhr der Fall sei – entließ er den Wirt mit einem Geschenk, und setzte hinzu, daß er morgen früh um sechs Uhr selbst die Sache untersuchen werde, wo er ihn bäte, seiner allein zu warten. Der Morgen kam, und mit ihm pünktlich der Graf. Ohne weitere Umstände stieg er, in Begleitung des Wirts, die Treppe hinan, und verlangte von des Fremden Diener, ihm augenblicklich das Zimmer seines Herrn zu öffnen; als dieser sich weigerte, brach er selbst die Tür mit einem kräftigen Fußstoße ein, ging dann zum Bette, wo F..., vom Lärm aufgeschreckt, sich eben aufrichtete, sah ihn fest an, zog, als er an seiner Identität keinen Zweifel mehr hegte, eine Pistole aus der Tasche – und zerschmetterte ganz ruhig dem modernen Don Juan den Kopf, dessen Leichnam ohne einen Laut in das Bett zurücksank. – Die Folge beweist, wie leicht es in England die Gesetze einem Vornehmen und Mächtigen machen, sich ihnen zu entziehen, wenn kein noch Größerer da ist, der ein Interesse hat, Rechenschaft von ihm zu fordern. Lord K... wurde zwar in Untersuchung gezogen – da er aber Sorge getragen, sich mit den einzigen beiden Zeugen zu arrangieren und sie infolgedessen zu entfernen, so ward er, wegen Mangel eines Klägers und Beweises, freigesprochen. Für dieselbe Sache darf nun in England niemand, der einmal *acquitted* (freigesprochen) ist, von neuem in Anspruch genommen werden. Es war daher von diesem Augenblick an, ohngeachtet des ganz offenkundigen Mordes, alle Gefahr einer Bestrafung für den Grafen vorüber. Das junge Mädchen soll bald nachher ganz verschollen oder gestorben sein, Lord K... überlebte sie aber lange, im späten Alter noch dafür berüchtigt, die schönsten Maitressen zu haben, von denen er auf jeder seiner Besitzungen eine hielt. Die Folge dieser Unregelmäßigkeiten war endlich eine Trennung von seiner Gemahlin, und die erbittertesten Streitigkeiten zwischen ihm und ihr, die bis zu seinem Tode dauerten. Unterdessen hatte sein ältester Sohn, der jetzige *Earl*, sich, gegen des Vaters Willen, noch unmündig, in Sizilien verheiratet, bereits drei Kinder mit seiner jungen Frau gezeugt, und gänzlich von seinem Vaterlande getrennt, als plötzlich eine höchst liebreiche Einladung des alten Lords, die alles Vergangene zu vergeben und zu vergessen versprach, bei ihm eintraf und ihn mit seiner ganzen Familie zur Rückkehr bewog. Kaum angekommen indes, ward durch seines Vaters Einfluß seine Ehe für ungültig erklärt und kassiert, die Mutter zu Hause geschickt und über die Kinder, als uneheliche, in England disponiert. Der Sohn scheint sich, wider Erwarten, ohne viele Mühe den Ansichten seines Vaters gefügt zu haben, denn nicht lange darauf heiratete er gleichfalls eine reiche Erbin und führte, nach des alten Grafen Tode, einen noch erbitterteren Prozeß mit seiner Mutter als jener, um sogleich in den, ihm von ihr verweigerten Besitz ihrer Güter zu treten. Er konnte jedoch seinen Willen hierin nicht durchsetzen, ebensowenig wie sie später den ihrigen, ihn gänzlich zu enterben.

Welches Sittengemälde der Vornehmen des achtzehnten Jahrhunderts!

Cashel, spätabends

Der kommunikative Fremde setzte die Reise mit mir bis Cashel fort. Das Wetter war leidlich, d. h. es regnete nicht – und das war in diesem nassen Lande hinlänglich, den guten Freund neben mir einmal über das andere ausrufen zu machen: *»What a delightful day! What lovely weather!«** Ich zog vor, einen Teil des Wegs zu Fuß zu gehen, wobei ein großer, achtzehnjähriger, *comme de raison*[26], zerlumpter Bursche,

* Welcher himmlische Tag, welch' liebliches Wetter! *A. d. H.*

mir zum Führer diente. Er ging sehr beschwerlich, in einer Art Pantoffeln, und schien an den Füßen verwundet, als ich ihn aber deshalb befragte, antwortete er: »O nein, ich habe bloß Schuhe angezogen, weil ich Militär werden will, und ich mich daher sachte daran gewöhnen muß, Schuhe zu tragen. Es geht sich aber so verzweifelt schlecht in den Dingern, daß ich gar nicht fortkommen kann!«

Nach meiner Art, die keine Auskunft verschmäht, oft aber, selbst in der Unterhaltung mit dem Gemeinsten, einige brauchbare Ähren aufliest, erkundigte ich mich bei meinem Führer nach dem jetzigen Zustande der Provinz. »Ja«, sagte er, »hier ist es noch ruhig, aber in Tipperary, wo wir jetzt bald hinkommen werden, besonders weiter hin nach Norden, da wissen sie den *Orangemen* wohl die Spitze zu bieten. Dort haben uns O'Connell und die *association* ordentlich wie Truppen organisiert. Ich gehöre auch dazu, und habe auch zu Hause meine Uniform. Wenn Ihr mich so sähet, würdet Ihr mich kaum wiedererkennen; vor drei Wochen waren wir alle dort, über 40000 Mann zusammen, um Revue über uns halten zu lassen. Wir hatten alle grüne Jacken an, die sich jeder anschaffen muß, so gut er kann, und mit der Inschrift auf dem Arm: ›*King George and O'Connell.*‹ Unsere Offiziere haben wir selbst gewählt; die exercieren uns, und wir können schon marschieren und schwenken wie die Rotröcke. Waffen hatten wir freilich nicht, aber... die würden sich auch wohl finden – wenn O'Connell nur wollte. Fahnen hatten wir, und wer sie verließ, oder sich betrank, den warfen wir ins Wasser, bis er wieder nüchtern wurde. So was ist aber selten vorgekommen. Man nennt uns nur O'Connells Miliz.«

Das Gouvernement hat seitdem weislich diese Heerschau verboten, und mein angehender Volkssoldat war wütend auf Lord K..., der alle seine *tenants* (kleine Pächter, die in Irland, fast mehr als Leibeigne von ihren Lords abhängig sind) welche bei der Revue gegenwärtig gewesen waren, hatte arretieren lassen. »Aber«, fügte er hinzu, »jede Stunde, die sie im Gefängnis sitzen, soll dem Tyrannen bezahlt werden, den wir lieber tot als lebendig sähen. Wären sie hier in Cork nur nicht solche zahme Schafe! in Tipperary hätten sie ihm längst das Handwerk gelegt. O'Connell kömmt auch nie hier durch, wenn es auch sein nächster Weg ist, denn er kann Lord K...'s Gesicht nicht vor seinen Augen leiden.«

So arbeitet überall der Parteigeist, und so wohl unterrichtet von seinen Affären ist das bettelnde Volk!

Die Fahrt bis Caher war von geringem Interesse. Die Straße führt zwar zwischen zwei Bergketten hin, den Galty- und den Knockmealdown-Mountains, da aber die weite Ebne, welche sie trennt, nur wenig Bäume und Abwechselung bietet, so sind die Aussichten ohne Reiz. Mein Reisegefährte zeigte mir einen hohen *peak*[27] der Galty-Mts., wo man den renommiertesten *sportsman** der Gegend mit seinem Hunde und seiner Flinte auf dem höchsten Gipfel begraben hat. Nicht weit davon sind unterirdische Höhlen, voller Stalaktiten, die eine noch unergründete Ausdehnung haben sollen. Sie werden aber nur in der heißesten Jahreszeit besucht, da sie während den übrigen zu sehr mit Wasser angefüllt sind.

In Caher, dem Lord Glengall gehörig, welchem die Londner Karikaturen voriges Jahr so übel mitspielten, ist ein sehr schöner Park. Er beginnt mit der imposanten Ruine eines Schlosses König Johanns, auf dessen verfallnem Turm Lord Glengall jetzt seine Fahne hat aufstecken lassen. Am andern Ende des Parks findet man den Kontrast zur Ruine, nämlich eine *cottage orné*[28], in welcher der Besitzer, wenn er hier ist,

* Sportsmann, *sport*, ist ebenso unübersetzbar, wie *gentleman*; es heißt keineswegs bloß »Jäger«, sondern benennt einen Mann, der alle Vergnügungen dieser Art, oder auch nur mehrere davon, mit Leidenschaft und Geschick treibt. Boxen, Pferderennen, Entenschießen, Fuchshetzen, Hahnenkämpfe etc., alles ist *sport*. *A. d. H.*

wohnt. Die Lage dieser *cottage* ist so reizend, und gut gewählt, daß sie eine etwas nähere Beschreibung verdient. Der ganze Park wird nämlich, von der Stadt und Johanns-Schloß anfangend, durch ein sehr langes, und verhältnismäßig nicht breites Tal gebildet, mit einem Flusse, der sich durch die Wiesen windet. Baumgruppen und Wäldchen wechseln auf diesen letztern lieblich miteinander ab, und zwei Wege führen an beiden Seiten den Fluß entlang. Die das Tal einschließenden Bergrücken sind ganz mit Wald bewachsen, in welchem ebenfalls Wege angebracht sind. Gegen das Ende des Parkes, der ohngefähr eine Stunde lang ist, öffnet sich die Schlucht, und erschließt eine schöne Aussicht auf das höhere Galty-Gebürge. Bevor man aber dahin gelangt, steht, gerade in der Mitte des Tals, ein isolierter langer Hügel auf dem Wiesengrunde. Auf diesen ist die *cottage* erbaut, mehr als zwei Drittel derselben vom Walde verborgen, welcher den ganzen Berg bedeckt. In diesen Gebüschen ist der *pleasure-ground** und alle Gärten angebracht, nebst blumenreichen Promenaden, die auf beiden Seiten die schönsten Aussichten des Tales entfalten. Auf den entfernten hohen Bergen werden mehrere Schloß- und Abteiruinen sichtbar, in der Nähe aber ist alles Ruhe, ländliche Stille und freundlicher Blüten-Schmuck, selbst noch im Winter.

Als ich zum Essen in den Gasthof zurückkehrte, erzählte mir der Wirt, als eine große Neuigkeit, daß in Cashel der Wagen eines fremden Prinzen mit seinen Leuten schon seit 14 Tagen auf ihn warte, der Prinz aber eine geheime Reise, man sage, zu O'Connell, angetreten, und daß die ganze Gegend in Aufruhr und voller Neugierde deshalb sei. Viele meinten, er sei vom Könige von Frankreich mit geheimen

* *Pleasure-ground* (Vergnügungs-Grund) ist eine von Barrieren eingeschlossene, sorgfältig gepflegte, und mit Blumen geschmückte Partie des Parks, das Mittel zwischen dem Park und den eigentlichen Gärten haltend. *A. d. H.*

Aufträgen an O'Connell geschickt, einige aber hatten ihn selbst schon in Limerick gesehen, und behaupteten, es sei ein Sohn von Napoleon.

Während der Wirt dieses und noch mehreren Unsinn dieser Art debitierte[29], ohne zu ahnen, daß er mit der *personnage*[30] selbst spräche, die eben auf einem Karren angekommen war, meldete er mir zugleich, daß der zweite Karren, (die einzige Art hier fortzukommen) eben angespannt werde, um mich weiter zu befördern. Ich machte mich also auf, und hatte bald nachher Gelegenheit zu neuen philosophischen Betrachtungen, indem ich an dem Pferde, das mich zog, die wunderbare Macht der Gewohnheit studierte. Es war ein sehr williges und gutes Tier, aber sobald es den Ort erreichte, wo es seit 15 Jahren getränkt wird, hielt es an der bestimmten Stelle plötzlich von selbst an, und Feuer hätte es nicht eher zu einem Schritt weiter vermocht, bis es seinen Trunk Wasser erhalten hatte. Dann bedurfte es keiner weitern Antreibung, dasselbe Manöver wiederholte es später, als wir dem Retourkarren begegneten, wo immer angehalten zu werden pflegt, um Nachrichten auszutauschen. Wie plötzlich gelähmt, parierte es auf der Stelle, und ging sogleich von selbst weiter, sobald die Kutscher sich hinter ihm die Hände geschüttelt. Wirklich, dies ist das ganze große Geheimnis der Erziehung bei Menschen und Vieh – Gewohnheit, *voilà tout.*[31] Die Chinesen sind ein Beispiel davon, und ich erinnere mich, daß mir einmal in London der bekannte Ambassadeur[32] einer großen Nation sehr weitläuftig auseinandersetzte, daß diese chinesische Staatsverfassung eigentlich die beste und zweckmäßigste sei, weil dort stets alles beim alten bliebe. *C'est plus commode pour ceux qui règnent, il n'y a pas de doute.*[33]

Um sieben Uhr erreichte ich Cashel und passierte vorher den Suir, einen Fluß, der ›die Blume Irlands‹ genannt wird, denn an seinen Ufern liegen die reichsten Fluren, und die schönsten Landgüter. Ich fand im Gasthofe einen entsetzlichen *trouble*[34], weil eben einer der liberalen Clubs *meeting* und folglich auch *dinner* hatte*. Man ließ mir kaum Zeit, meine Stube zu betreten, als auch schon der Präsident *in propria persona*[35] nebst einer Deputation ankam, um mich einzuladen, dem *dinner* beizuwohnen. Ich bat inständig, mich mit der Ermüdung von der Reise und einem heftigen Kopfweh zu entschuldigen, versprach aber beim Dessert zu erscheinen, weil ich selbst neugierig war, ihr Treiben von nahem zu sehen. Der Club hatte einer recht vernünftigen Absicht sein Entstehen zu verdanken, denn er war aus Katholiken und Protestanten zugleich zusammengesetzt, die sich vorgenommen, an der Versöhnung beider Teile zu arbeiten, und zugleich für Erlangung der *emancipation* nach Kräften mitzuwirken. Als ich eintrat, fand ich ohngefähr 80-100 Personen an einer langen Tafel sitzend, die alle aufstanden, während der Präsident mich an die Spitze des Tisches führte. Ich hielt ihnen eine dankende kleine Anrede, worauf auf meine Gesundheit getrunken wurde, was ich erwiderte.[36] Unzählige andere folgten, immer von Reden begleitet. Die Beredsamkeit der Sprechenden war jedoch nicht sehr ausgezeichnet, und dieselben Gemeinplätze wurden fortwährend, nur mit andern Worten, wiederholt. Nach einer halben Stunde nahm ich daher einen günstigen Moment wahr, um mich zu beurlauben. Gestatte mir dasselbe, da ich sehr ermüdet bin. Von Dir habe ich nun schon sehr lange nichts mehr gehört, und finde Deine Briefe erst wieder in Dublin. Bleibe nur gesund, das ist die Hauptsache für Dich – und höre nicht auf, mich zu lieben, denn das ist die Hauptsache für mich. –

Dein treuester L...

* Ohne *dinner* geschieht nichts irgend Feierliches, in England, es mag nun religiöser, politischer, belletristischer oder irgend anderer Natur sein, vom königlichen Gastmahl bis zur Henkersmahlzeit herab. *A. d. H.*

Siebenunddreißigster Brief

Cashel, den 10ten Oktober 1828

Geliebte Gute!

Der *Rock of Cashel* mit seiner berühmten, herrlichen Ruine ist einer der größten *»lions«** von Irland, und war mir nebst der Abtei von Holycross, von Walter Scott selbst, als das Sehenswerteste in Irland empfohlen worden. Es ist ein ganz frei stehender Felsen, mitten in der Ebne. Seltsam genug sieht man von dem Kamme einer der fernen Berge ein Stück, von derselben Größe als der Felsen, wie ausgebissen – der Legende nach: ein Biß, den der Teufel tat, aus Ärger über eine Seele, die ihm beim Transport nach der Hölle entwischte. Als er hierauf über die Gegend von Cashel flog, spuckte er dort das abgebissene Stück wieder aus. Später erbaute darauf MacCarnell, König und Erzbischof von Cashel sein Schloß mit einer Kapelle, welche beide noch merkwürdig wohlerhalten sind. Mit ihnen vereinigte sich die Kirche und Abtei, welche im 12ten Sec.[4], glaube ich, von Domhnall O'Brien hinzugefügt wurde. Das Ganze bildet die prachtvollste Ruine, in der besonders alle Details der altsächsischen Baukunst mit großem Interesse studiert werden können. Dies ist seit einigen Monaten, durch die Bemühungen des Schwiegersohnes des jetzigen Erzbischofs, Dr. Cotton, noch sehr erleichtert worden, indem dieser erst

* *»Lions«*[1] ist ein Modeausdruck, und bedeutet das Erste, Berühmteste, oder das, was grade im Augenblick am meisten *en vogue* ist. Das entgegenstehende, gemeinere, heißt *»tiger«*. So nennt man z. B. die jungen *dandies* in ihren Cabriolets in der Hauptstadt *»lions«*, die kleinen Jungen aber, welche hinten aufstehen, *»tigers«*.[2] Auch Stutzer der geringeren Sozietät werden mit dem letzten Namen bezeichnet.

C'est tout bête comme vous voyez![3] *A. d. H.*

MacCarnells Kapelle völlig von Schutt, Schmutz und spätern Übertünchungen hat reinigen, und überhaupt, nicht ohne Kosten, die ganze Ruine besuchbarer hat machen lassen. Nichts kann fremdartiger, ich möchte sagen, barbarisch-eleganter sein, als diese barocken[5], phantastischen, oft aber meisterhaft ausgeführten Zierate. Viele der im Schutt und unter dem Boden aufgefundenen Sarkophage und Monumente, bieten interessante Rätsel dar. Man möchte glauben, daß die furchtbaren Fratzen, den indischen Göttern gleich, einem früheren Götzendienst angehört haben müßten, wenn man nicht wüßte, daß nur sehr langsam und schwer das Heidentum dem Christentum wich, und noch weicht! So besitze ich selbst eine Klingel, die einer meiner Vorfahren aus den Gefängnissen der Inquisition entführte, und auf der die heilige Maria, statt Engeln, von Affen umgeben ist, deren einige die Violine spielen, während andere sich dazu mit Burzelbäumen in den Wolken überschlagen.

Ich besah alles sehr gründlich, und war noch auf der höchsten accessiblen[6] Turmspitze, als die Sonne über dem Teufelsbisse unterging. Der Erzbischof hatte die Güte gehabt, mir seinen Bibliothekar zu schicken, um mir die Ruine zu zeigen. Von diesem erfuhr ich, daß der berühmte, oft zitierte, in irischer Sprache geschriebene Psalter, der in jedem *guide des voyageurs*[7] als stehende Merkwürdigkeit Cashels aufgeführt wird, eine bloße Fabel sei, wenigstens hier nie existiert habe. Dies interessierte mich jedoch wenig, aber wahrhaft erschreckt ward ich, als ich hörte, daß die Katholiken mit der Idee umgingen, die Kirche wiederherzustellen und neu auszubauen, wenn sie das Grundstück zu akquirieren imstande wären. Der Himmel beschütze doch vor diesen Frommen die heilige Ruine!

Auf dem freien Platze vor der Kirche ruht St. Patricks mutilierte[8] uralte Statue, auf einem Piedestal von Granit. Neben diesem sah man sonst den Krönungssessel, der angeblich aus Portugal hierher gebracht, dann zur Krönung des schottischen Königs Fergus nach Scone gesendet wurde, von wo ihn zuletzt Edward I. nach Westminster entführte. Dort befindet er sich noch jetzt.

Am Fuße des Rocks of Cashel stehen die ebenfalls sehr sehenswerten Ruinen von Hore Abbey, die, wie man sagt, früher durch einen unterirdischen Gang mit dem Schloß zusammenhing. Man bewundert hier vorzüglich die schönen Proportionen und vollendeten Zierate eines großen Fensters, das die Kapelle beleuchtet.

Den 11ten

Einer der *gentlemen*, die ich gestern kennengelernt, Capt. S…, ein Mann von angesehener Familie und verbindlichem Benehmen, bot mir seine Pferde an, um die Ruinen der Abtei von Athassel und des reichen Earl of Landaff Park und Schloß zu besehen. Die vortrefflichen *hunters* brachten uns bald an Ort und Stelle, die Gegenstände blieben aber unter meiner Erwartung. Die Abtei ist zwar an sich eine schöne und weitläuftige Ruine, aber ihre Lage, in einem Sumpfe mitten im bebauten Felde, ohne Baum und Strauch, zu unvorteilhaft, um einen malerischen Effekt machen zu können. Der Park des Lords ist ebenfalls, zwar von außerordentlichem Umfang, nämlich 2800 *acres* groß, aber ohne irgend etwas Ausgezeichnetes. Der Baumwuchs ist nicht der beste, Wasser fehlt so gut wie ganz, und das modern gotische, lichtblau angestrichene Schloß schien mir abscheulich. Der Besitzer selbst ist ein, noch im siebzigsten Jahre schöner, und interessanter Mann, der das in Irland so große Verdienst hat, oft in seinem Eigentum zu residieren. Wir fanden ihn, der in der Welt durch ein in der Fremde poliertes Betragen zu glänzen weiß, hier als echten Landmann, in Wasserstiefeln und *waterproof*-Mantel, im Regen stehen, und seine Arbeiter anweisen, was mir wohl gefiel, und du errätst leicht warum. –

›tigers‹, die auf ihre ›lions‹ warten

Auf dem Rückweg teilte mir Capt. S... mehrere interessante Details über die wirklich himmelschreiende Unterdrückung mit, unter der die Katholiken hier seufzen, ein Zustand, welcher, die örtlichen Verhältnisse gehörig in Betracht gezogen, härter ist als die Sklaverei, welche die Türken über die Griechen verhängen. Die Katholiken dürfen z.B. ihre Gotteshäuser nicht Kirchen, sondern nur Kapellen nennen, keine Glocken darin haben – an sich unbedeutende, aber in der Meinung entehrende Dinge. Kein Katholik kann bekanntlich im Parlament sitzen, noch General in der Armee, noch Minister des Königs, Richter usw. werden*. Ihre Priester dürfen keine Ehe einsegnen, wo ein Teil protestantisch ist, und ihre Titel werden vom Gesetz nicht anerkannt. Das Schlimmste aber ist, daß die Katholiken den protestantischen Klerus ungeheuer bezahlen, den ihrigen aber, von dem der Staat keine Notiz nimmt, noch außerdem unterhalten müssen, ein Hauptgrund der bodenlosen Armut des Volks. Wie unverträglich muß dies schon in einem Lande wie Irland erscheinen, wo mehr als Zweidrittel der Einwohner im allgemeinen der katholischen Religion mit dem größten Eifer zugetan sind. Im Süden ist das Verhältnis jedoch noch viel ungleicher. In der Grafschaft Tipperary befinden sich ohngefähr 400000 Katholiken und nur 10000 Protestanten. Demohngeachtet kostet den Einwohnern die protestantische Geistlichkeit jährlich folgende Summen: 1) Der Erzbischof 25000 L. St.; 2) der *dean*[9] 4000; 3) für ohngefähr fünfzig *parishes*[10] (Pfarren) im Durchschnitt jede 1500 L. St., welche Ausgaben fast alle den Katholiken allein zur Last fallen. Die meisten dieser Pfründner leben gar nicht einmal in Irland, sondern stellen arme Teufel mit 40-50 L. St. jährlich hier an (die berühmten *vicars*) die ihre Geschäfte verrichten; eine Sache, die bald abgetan ist, da es hier Gemeinden gibt, die

* Dies ist nun bekanntlich erstritten worden. *A. d. H.*

nicht mehr als zehn Mitglieder zählen, ja in einer *parish* gar kein Protestant vorhanden ist – auch keine Kirche, sondern nur eine alte Ruine, wo jährlich die *farce* einer Predigt für leere Wände abgespielt wird, und wobei ein gemieteter Katholik den Küsterdienst versieht! Währenddem tritt der Geistliche jahraus jahrein das Londner und Pariser Pflaster, und führt ein so ungeistliches Leben als möglich. So las ich z. B. noch neulich in einer englischen Zeitung selbst, daß ein englischer Geistlicher in Boulogne, eine große Summe im Spiel verloren, darauf Händel bekommen, und seinen Gegner im Duell erschossen habe, weshalb er genötigt gewesen sei, den Ort schnell zu verlassen, um sich auf seine Pfründe zurückzuziehen. Selbst die höheren Geistlichen, die wenigstens zum Teil auf ihren Bischofs- und Erzbischofs-Sitzen gegenwärtig sein müssen, lassen nichts von dem Sündengeld (denn man muß es unter solchen Umständen wohl so nennen) wieder unter die armen Leute kommen, da sie größtenteils nach Kräften sparen, um ihre Familien zu bereichern. Zu diesem Ende ist sogar eine Art Betrug in der englischen Kirche gesetzlich geworden (ebenso wie der Verkauf der Stellen durch die im Besitz des Verleihungsrechts sich befindenden Adeligen, der öfters ganz öffentlich stattfindet, denn umsonst vergeben werden die Pfründe nur im politischen oder Familien-Interesse). Es ist nämlich gestattet, daß diejenigen, welche Kirchengüter benützen, im voraus, und ehe der Termin zur neuen Verpachtung derselben eintritt, sich ein für allemal mit einem Pauschquantum von den Inhabern bis dahin abfinden lassen dürfen, was natürlich, wenn der Geistliche bald darauf stirbt, seinen Nachfolger um das ihm Gebührende bringt. Kann man sich wundern, daß solche Institutionen schon mehrmals das unglückliche Volk zur Verzweiflung und Empörung brachten! jedesmal indessen sind ihre Ketten nur schärfer angezogen und blutiger ins Fleisch schneidend geworden. Wo man ein schönes Gut und fruchtbares Land sieht und sich nach dem Besitzer erkundigt, heißt es gewöhnlich, *this is forfeited land* (verwirktes Eigentum), immer einst den Katholiken, jetzt den Protestanten zugehörig. O'Connell sagte mir, daß, noch vor nicht gar langer Zeit, ein Gesetz in Gültigkeit war, des Inhalts: daß kein Katholik in Irland Landeigentum haben dürfe, und könne ein Protestant bei einem Gerichtshofe beweisen, daß dies dennoch irgendwo der Fall sei, so habe ihm der Richter dieses Eigentum zuzusprechen. Das einzige Mittel blieben nun Scheinkäufe; demohngeachtet wurden, nach O'Connells Versicherung, Millionen an Wert auf diese Weise in die Hände der Protestanten gebracht. Ist es nicht merkwürdig, daß Protestanten, die von den Katholiken, eben wegen ihrer Habsucht und Intoleranz in einer barbarischen Zeit, abfielen, jetzt in der aufgeklärtesten, in demselben Fehler beharren und dadurch verhältnismäßig eine größere Schuld auf sich laden, als sie früher tragen mußten! Wird denn, möchte man fragen, dieses Religionsungeheuer* (Geburt der Despotie und Heuchelei) welches von der Welt so lange mit Blut und Tränen gefüttert werden mußte, nie von erleuchteteren Generationen vernichtet werden? Wahrscheinlich wird man dann auf die jetzigen Zeiten mit eben dem Mitleid blicken, als wir auf das Dunkel des Mittelalters.

Nachmittags besuchte mich der katholische *dean*, ein höchst liebenswürdiger Mann, der lange auf dem Kontinent gelebt, und Kaplan des vorigen Papstes gewesen ist. Seine ebenso freie als aufgeklärte Sprache setzte mich in Verwunderung, weil wir immer zu denken pflegen: ein Katholik müsse auch ein Abergläubiger sein. Er sagte mir unter anderm: »Glauben Sie mir, dieses Land ist dem Unglück geweiht. Hier gibt es fast keine Christen mehr, Katholiken und

* Daß hier nur von falscher und After-Religion[11] die Rede sein kann, versteht sich wohl von selbst. *A. d. H.*

Protestanten haben nur eine und dieselbe Religion – die des Hasses!«

Einige Zeit später brachte mir Capt. S... die letzte Zeitung, worin bereits mein Besuch in der beschriebenen Versammlung, und die von mir dort gesagten Worte nebst den übrigen Reden, mit aller der in England üblichen Charlatanerie, drei oder vier Seiten füllten. Um Dir eine *échantillon*[12] von diesem Genre zu geben, und zugleich mit meiner eignen Beredtsamkeit gegen Dich ein wenig zu prunken, übersetze ich den Anfang des mich betreffenden Artikels, wo ich in eben dem Ton angepriesen werde, wie ein Wurm-Doktor seinen Pillen oder ein Roßkamm seinen Pferden nie besessene Eigenschaften andichtet. Höre:

»Sobald man die Ankunft des ... erfahren hatte, begab sich der Präsident mit einer Deputation auf des ... Zimmer, um denselben einzuladen, unser Fest mit seiner Gegenwart zu beehren etc. Bald darauf trat der ... ins Zimmer. Sein Ansehen ist befehlend und graziös *(commanding and graceful)*. Er trug einen Schnurbart, und obgleich von sehr blasser Farbe, ist doch sein Gesicht außerordentlich gefällig und ausdrucksvoll *(exceedingly pleasing and expressive)*. Er nahm seinen Platz am obern Ende der Tafel, und sich gegen die Gesellschaft verneigend, sprach er deutlich, und mit allem gehörigen Pathos *(with proper emphasis)* aber etwas fremdem Akzent, folgende Worte: ›*Gentlemen!* Obgleich krank und sehr ermüdet, fühle ich mich doch zu sehr durch Ihre gütige Einladung geschmeichelt, um sie nicht mit Dank anzunehmen, und Ihnen persönlich auszudrücken, welchen lebhaften Anteil ich an Ihrem Bestreben für das Wohl Ihres Vaterlandes nehme. Möge Gott diesen schönen und reichbegabten Teil der Erde segnen, der jedem gefühlvollen Fremden so vielfachen Genuß darbietet, in dem ich aber besonders, mit tiefer Dankbarkeit, die Güte und Gastfreundschaft anerkennen muß, die mir überall zuteil ward. Möge der Himmel, sage ich, dieses schwergeprüfte Land segnen, wie jeden echten Irländer, er sei Katholik oder Protestant, der, fern von Parteigeist, nur das Wohlsein seines Vaterlandes wünscht – ein Wohlsein, das nur erreichbar sein kann, durch Friede, Duldung und bürgerliche wie religiöse Freiheit (*civil and religious liberty*, das große Stichwort der *association*). *Gentlemen!* Füllen Sie Ihre Gläser, und erlauben Sie mir, Ihnen einen *toast* zu geben. Es lebe der König, und ›*Erin go Bragh!*‹ (Dies ist das altirische Motto, welches auch auf der Medaille des Liberator-Ordens steht, und bedeutet: Heil Erin!)[13]

Der Präsident: ›*Gentlemen!* Teilen Sie meine Gefühle, und empfangen Sie den Ausdruck des folgenden von mir. Möge unser erlauchter Gast *(illustrious guest)*, auf dessen Wohl wir jetzt unsre Gläser füllen, sollte er je zu uns zurückkehren, uns im Genuß gleicher Gesetze und gleicher Privilegien finden, und im Besitz jenes Landfriedens im Innern, den zu erlangen wir allein uns vereint haben. Dreimal Drei.‹

Der . . .: – ›Ich wiederhole Ihnen meinen Dank für die Ehre, die Sie mir eben durch das Trinken meiner Gesundheit erzeigt haben. Nichts könnte mich glücklicher machen, als selbst noch einmal Augenzeuge von der Erfüllung aller Ihrer und meiner Wünsche, in diesem Lande sein zu können, das ich wie mein eignes Vaterland liebe, und nur mit innigem Bedauern verlasse etc.«

Nun liebe Julie, wie rezensierst Du mich – kann ich nicht Gemeinplätze, so gut wie ein anderer, aneinanderreihen, wenn es sein muß? Der Wahrheit bin ich übrigens in nichts zu nahe getreten. Was aber kein Gemeinplatz ist, wenn er sich auch am Ende jedes meiner Briefe wiederholt, ist die Versicherung meiner zärtlichsten Liebe für Dich, mit der ich jetzt bin und ewig sein werde

Dein Freund L . . .

Achtunddreißigster Brief

Cashel, den 12. Oktober 1828

Teuerste Freundin!

Warum schreibe ich Dir so gern? Gewiß, weil ich denke, daß es Dir Freude macht, aus der Ferne von mir zu hören – aber auch, weil Du nur mich immer verstandest, und niemand sonst! Dies allein wäre hinreichend, mich auf immer an Dich zu fesseln, denn ich lebe, mitten in der Welt, doch nur mit Dir – so einsam als auf einer wüsten Insel. Tausende von andern Geschöpfen wimmeln zwar um mich her – sprechen kann ich aber nur mit Dir. Versuche ich es mit andern, so bekömmt mir schon die Gewohnheit und Neigung, immer wahr zu sein, oft teuer zu stehen! Oder ich stoße durch etwas anderes an – denn Lebensklugheit wurde meiner Natur eben so bestimmt und unerreichbar versagt, als es dem Schwane, der im Winter auf dem See vor Deinem Fenster[1] schwerfällig hinwatschelt, unmöglich ist, mit den vorbeigleitenden Schlittschuhfahrern Wette zu laufen, aber – seine Zeit kömmt auch, wenn er mit stolz gekrümmtem Halse die Fluten zerteilt, oder im blauen Äther allein und majestätisch durch die Lüfte schwebt. Dann erst ist er, er selbst.

Doch zurück zu Cashel. Ich benützte heute meines guten Freundes Pferde, die mir täglich zu Gebote stehen, zu einer zweiten Exkursion, nach der sechs Meilen entfernten Ruine von Holycross (Heiligen-Kreuz) der würdigen Rivalin des Teufels-Felsens. Zuerst belustigten wir uns, querfeldein zu reiten, und einige Mauern zu überspringen, dann gelangten wir auf eine Anhöhe, von der sich der *›rock‹*, wie er hier kurzweg genannt wird, am imponierendsten ausnimmt. Der Kranz entfernter blauer Berge, die sich rund um den, einzeln in der fruchtbaren Ebene stehenden, Felsen lagern, Burg,

Abtei und Kathedrale, die, ein großes Ganze bildend, stumm und großartig, von ihm herab die Geschichte aufeinanderfolgender Jahrhunderte, verkünden, und endlich die Stadt am Fuße, so ärmlich, obgleich sie der Sitz zweier Erzbischöfe (eines protestantischen und katholischen) ist, die auch eine stumme Sprache spricht, über die jetzige Zeit! erwecken gar mancherlei widersprechende Gefühle. –

Von ganz anderem Charakter ist Holycross. Cashel steht in einsamer Größe da; alles Felsen und Steine; alles kahl und schwarz, – nur hie und da scheint ein verlornes Efeupflänzchen schüchtern an einer Spalte hinanzukriechen. – Holycross dagegen liegt im Tal, an den Ufern der Suir, in Laubholz begraben, und von solchen wuchernden Efeustämmen umschlungen und umrankt, daß man kaum eine Mauer vor ihnen erblicken kann; und selbst das hohe Kreuz, das letzte, welches der Abtei noch übrig bleibt*, ist so inbrünstig von ihnen umklammert, als wollten sie es vor jeder profanen Berührung schützen. Im Innern sieht man mehrere prachtvolle gewölbte Decken, das zierliche Monument auf dem Grabe Donough O'Briens, Königs von Limerick, der im Anfang des zwölften Jahrhunderts die Abtei erbaute, und einen wunderschön gearbeiteten Steinbaldachin, unter welchem die Leichen der gestorbenen Äbte ausgestellt wurden – sämtlich so gut erhalten, daß ihnen mit wenig Ausbesserung das Ansehen der Neuheit gegeben werden könnte. Die Aussicht vom Turme ist sehr freundlich. Man ist hier dem Teufelsbiß ganz nahe, dessen groteske Form freilich zu auffallend war, als daß die Irländer sie nicht hätten zu einer Legende benutzen sollen, sie, die für jede Naturseltenheit ihr Märchen stets bereit haben.

Wir eilten früher zurück als mir lieb war, da mich der ka-

* Es wurde hier ein Teil des wahren Kreuzes Christi aufbewahrt, der dem Kloster den Namen gab, und auch jedes einzelne Gebäude war deshalb mit einem hohen Steinkreuze geschmückt, von denen nur eins noch sich erhalten hat. *A. d. H.*

tholische *dean*[2] zu einem *dinner* eingeladen hatte, bei dem ich nicht zu spät eintreffen durfte. Ich sollte den Erzbischof und sechzehn andere Geistliche dort antreffen; kein Laie, außer mir, war zugegen. Das *dinner* machte übrigens einem Kaplane des römischen Pontifex[3] Ehre. »Sie haben wohl niemals einer Mahlzeit beigewohnt«, sagte der Erzbischof zu mir, »wo die Gäste aus lauter Geistlichen bestanden?« – »Doch, Mylord«, erwiderte ich, »und was noch mehr ist, ich war selbst vor kurzem noch eine Art Bischof.« – »Wie ist das möglich?« rief er verwundert. Ich erklärte ihm, daß ich ....

....

....

»Wir sind also«, fuhr ich fort, »hier achtzehn Geistliche, ganz unter uns, und dabei kann ich noch versichern, daß ich keinen Unterschied zwischen Katholiken und Protestanten mache, sondern in beiden nur Christen sehe.«

Mit großer Freiheit und Parteilosigkeit wurde nachher über religiöse Gegenstände gesprochen, nirgends bemerkte ich die geringste Spur von Bigotterie, noch der widrigen Affectation des Heiligtuens. Beim Dessert gaben sogar mehrere, die gut sangen, Nationallieder zum besten, deren Inhalt zuweilen nichts weniger als devot war. Als der neben mir Sitzende eine leichte Verwunderung darüber bei mir bemerkte, sagte er mir in's Ohr: »Hier vergessen wir jetzt den fremden..., den Erzbischof und die Geistlichen – hier bei Tisch sind wir alle *gentlemen*, und freuen uns des Lebens.« Dieser Mann war der unbestrittene Abkömmling eines alten irischen Königgeschlechts, und obgleich es ihm jetzt keine Auszeichnung mehr verlieh, so war er doch nicht wenig stolz darauf. »Eine seltsame Wohnung habe ich dazu für einen Geistlichen«, sagte er zu mir. »Wenn Sie Irland je wieder besuchen, gönnen Sie mir vielleicht die Ehre, Ihnen die *honneurs*[4] davon zu machen. Sie liegt gerade unter dem Teufelsbiß – und eine schönere Aussicht als von diesem Biß bietet ganz Irland nicht.« Er machte nachher noch die Bemerkung, daß katholisch zu sein, in diesem Königreich schon für ein Adelsdiplom gelten könne, denn nur neue Familien seien protestantisch, die Katholiken müßten notwendig alt sein, da sie, schon seit der Reformation, keine Proselyten[5] mehr machten. Die Melodien der Lieder, welche man sang, hatten eine auffallende Ähnlichkeit mit denen der Wenden, wie ich überhaupt zwischen beiden Völkern viel gleiche Beziehungen finde.[6] Beide fabrizieren und lieben ausschließlich reinen Kornbranntwein (Whiskey), und leben fast allein von Kartoffeln: beider Nationalmusik kennt nur den Dudelsack, sie lieben leidenschaftlich Gesang und Tanz, und doch sind ihre Melodien stets melancholisch; beide sind unterdrückt durch eine fremde Nation, und sprechen eine immer mehr sich verlierende Sprache, die reich und poetisch ist, ohne daß sie doch eine Literatur in derselben besitzen; beide verehren unter sich noch immer die Abkömmlinge ihrer alten Fürsten, und haben den Grundsatz, daß: was nicht aufgegeben ist, auch noch nicht ganz verloren sei; beide sind abergläubisch, schlau, und in ihren Erzählungen zur Übertreibung geneigt, revolutionär wo sie können, aber etwas kriechend gegen dezidierte Macht; beide gehen gern zerlumpt, wenn sie sich auch besser kleiden könnten, und endlich sind beide bei elendem Leben, dennoch großer Anstrengung fähig, obgleich sie am liebsten faulenzen, und dabei auch beide gleich fruchtbarer Natur, welches ein wendisches Sprüchwort »den Braten der armen Leute«, nennt. Die bessern Eigenschaften besitzen die Irländer allein.

Ich benutzte die heute gemachten Bekanntschaften, um mich noch näher von dem hier herrschenden Verhältnis zwischen Katholiken und Protestanten zu unterrichten, wobei ich alles früher Gehörte völlig bestätigt fand, und noch einige Details mehr erhielt. Unter andern, die offizielle Liste eines Teils der gegenwärtigen Pfarreien und Gemeinden in der Diözese von Cashel, die zu merkwürdig ist, um sie Dir nicht mitzuteilen, wenngleich der Gegenstand zu den trocknen gehört, und fast zu pedantisch für unsere Korrespondenz scheinen dürfte.

Thurles hat	12000	Katholiken	250	Protestanten
Cashel	11000	–	700	–
Clonoulty	5142	–	82	–
Cappagh White	2800	–	76	–
Killenaule	7040	–	514	–
Mullinahone	5000	–	25	–
Fethard	7600	–	400	–
Kilcommon	2400	–	–	–
Mickarky	7000	–	80	–
Golden	4000	–	120	–
Anacarty	4000	–	12	–
Doniskeath	5700	–	90	–
Newinn	4500	–	30	–

Auf 13 Distrikte 78182 Katholiken u. 2379 Protestanten (das Militär mit eingeschlossen).

Jeder dieser Distrikte hat nur einen katholischen Pfarrer, aber oft vier bis fünf protestantische Pfründner, so daß im Durchschnitt auf eine protestantische Gemeinde kaum zwanzig Personen kommen. Kilcommon ist eben der angeführte Ort, wo die protestantische Gemeinde gar nicht existiert, und der Gottesdienst, welcher nach dem Gesetz wenigstens einmal im Jahre stattfinden muß, mit Hilfe eines katholischen Küsters in der Ruine abgehalten wird. In einem andern Bezirk, mit Namen Tollamane, wo ebenfalls kein Protestant ist, findet dieselbe *farce* statt; nichtsdestoweniger müssen den abwesenden Pfründnern bei Heller und Pfennig ihre Zehnten und andere Abgaben verabfolgt werden, und nichts wird unerbittlicher eingetrieben als Kirchenrevenuen.[7] Hier findet kein Erbarmen, wenigstens hinsichtlich der Katholiken, statt. Wer den protestantischen Geistlichen den *decuma*[8] oder die Pacht des Kirchenlandes nicht zahlen kann, sieht unabänderlich seine Kuh und Schwein (Möbel, Betten etc. hat er schon längst nicht mehr) verkauft, und sich selbst nebst Frau, und gelegentlich ein Dutzend Kindern, *(par rien n'engendre comme les pommes de terre et la misère)*[9] auf die Straße gezogen, wo er der Gnade Gottes überlassen bleibt, der die Vögel nährt und die Lilien kleidet. *Quelle excellente chose qu'une religion d'état!*[10] Solange dergleichen noch existieren, und nicht, wie in den vereinigten Staaten, jedem erlaubt ist Gott auf die ihm beliebige Art zu verehren, ohne deshalb sich im bürgerlichen Leben zurückgesetzt zu sehen – so lange hat auch das Zeitalter der Barbarei noch nicht aufgehört. Einst muß im Staat das Gesetz allein regieren, wie in der Natur. Religion wird Trost im Unglück, und noch höhere Steigerung des Glücks, nach wie vor, gewähren, aber herrschen und regieren darf sie nicht. Nur das Gesetz übe unabänderlichen Zwang, überall sonst aber walte unbeschränkte Freiheit. Dies kann der gebildete Teil der Menschheit auf der Stufe fordern, auf welcher er angelangt ist, und die er durch so viel Blut und Jammer erkauft hat. Welcher Wahnsinn, den Menschen vorschreiben zu wollen, was selbst nach ihrem Tode aus ihnen werden, oder was sie darüber glauben sollen? Schlimm genug, daß hier auf Erden die besten Institutionen, selbst die weisesten Gesetze, noch mangelhaft bleiben müssen; man lasse wenigstens die unsichtbare Zukunft jeden nach seinem eignen Ermessen sich ausbilden. Und doch haben große, kluge und gute Männer sich zu solchem geistigen Despotismus berechtigt geglaubt! Dies aber ist die menschliche Gebrechlichkeit. Derselbe Mensch kann in elf Dingen erhaben und im zwölften als ein Idiot erfunden werden! Während so z. B. ein großer Krieger in Schlachten, die Europa in Staunen versetzten, den Weltenstürmer bezwang – fürchtete er sich heimlich vor einem jungen Elephanten, mit dem er niederkommen zu müssen glaubte, weshalb seine Adjutanten manchen schweren Moment mit ihm zu verleben hatten. Während der Kardinal Richelieu allen Zeiten das Ideal eines großen und klugen Ministers aufstellte, hatte für ihn nur der Glaube wert, ein großer Dichter zu sein, und er quälte sich, elende Tragödien zu schreiben, die mit seinem Tode zu Makulatur wurden. Der große Ludwig, den man den absoluten König *par excellence* nennen könnte, hatte die unbegreifliche Dummheit, nach der Schlacht von Malplaquet[11], ganz ernsthaft auszurufen: *»Et Dieu a-t-il donc oublié ce que j'ai fait pour lui?«*[12] Cromwell, zugleich Schwärmer und der kühnste wie der listigste Betrüger, nachdem er Mord auf Mord, Zerstörung auf Zerstörung gehäuft, fand sein Gewissen beruhigt, als, auf seine Anfrage, ein Priester ihm versicherte, daß, wer einmal sich nur im Zustande der Gnadenverzückung befunden, selig werden müsse, er möge sonst getan haben was er wolle. »Dann bin ich gerettet«, rief froh der Protector, »denn einmal wenigstens weiß ich es bestimmt, daß ich mich im Zustande der Gnade befunden!« So sind die Menschen, und daher wird mir auch nie eine Menschenautorität imponieren, wenn meine eigene Ansicht ihr, nach reiflichem Nachdenken, so weit es meine Fassungskraft vermag, nicht entspricht – ja wären morgen alle Menschen der entgegengesetzten Meinung, so würde ich doch deshalb die meinige nicht ändern. Gottlob! wir sind alle individuelle Geister, und keine Schafherde, die dem Leithammel folgen muß. Und was ist denn allgemeine Meinung? Man sollte glauben, sie sei nur ein fortlaufender Irrtum, weil sie fast alle Jahrhunderte sich ändert. Von Ort und Zeit scheint sie allein abzuhängen. Bist Du in Konstantinopel geboren, so schwörst Du auf Mohammed, im übrigen Europa auf Christus oder Moses, in Indien auf Brahma. Kamst Du einst, ein Untertan des Augustus, zur Welt, so warst Du ein Heide, im Mittelalter hieltest Du das Faustrecht für das Recht, und heute verlangst Du die Freiheit der Presse*, als eine Sache, ohne die Du nicht mehr existieren zu können glaubst. Du selbst in Deinem kurzen Leben, was denkst und bist Du, als Kind – als Jüngling – als Greis! Herder hat wohl Recht zu sagen: »Kein Wassertropfen gleicht dem andern, und Ihr wollt allen Menschen einen Glauben geben«, und man könnte hinzusetzen: kein Atom bleibt unverändert, und Ihr wollt die Menschheit stillstehen heißen!

Ehe der Erzbischof sich retirierte[14], sagte er noch sehr verbindlich zu mir: »Sie sind wie Sie uns erzählt, ein Bischof, folglich dem Erzbischof Gehorsam schuldig. Ich benutze also diese Autorität zu dem Befehl, morgen wieder mit mir und Ihrem Kollegen, dem Bischof von Limerick, den wir heute erwarten, hier zu speisen, statuiere aber keine Entschuldigung.« Ich erwiderte, den Scherz aufnehmend, daß ich gern zugeben müsse, wie es mir nicht gezieme, der Disziplin der Kirche zu widerstehen: »und da Euer Gnaden«, setzte ich hinzu (*Your Grace* ist der Titel der protestantischen Erzbischöfe in England, den höfliche Leute, aus *courtoisie*[15], auch den katholischen geben, obgleich ihnen, nach dem englischen Gesetz, gar kein Rang zusteht), »und der *dean* die Pflicht so sehr zu versüßen wissen, so submittiere[16] ich mich um so lieber.«

* Ein für sein Land sehr gebildeter Maure, der sich lange in England aufgehalten, sagte zu dem Capt. L…: »Ich möchte nie einem so ohnmächtigen Monarchen dienen, als der König von England ist. Welches andre Gefühl gibt es mir, eines Herrn Diener zu sein, dessen Allmacht Gottes Bild auf Erden ist, und auf dessen Wink tausend Köpfe fliegen müssen, wie Spreu vor dem Winde.« – *Il ne faut donc pas disputer des goûts.*[13] *A. d. H.*

Den Abend brachte ich noch in der Gesellschaft des ... zu. Ich habe nur selten protestantische Geistliche so aufrichtig gefunden, als diesen katholischen. Wir kamen bald darin überein, daß man entweder von Hause aus blindlings das glauben und annehmen müsse, was die Kirche vorschreibe, ohne sich im geringsten in Untersuchungen einzulassen, oder, wenn man dies nicht könne, seine eigene religiöse Ansicht sich ausbilden, als das Resultat individuellen Denkens und individueller Gefühle – was man mit Recht die Religion eines Philosophen nennen möge. Der ... sprach französisch, was ihm am geläufigsten war, ich zitiere ihn daher mit seinen eigenen Worten: *»Heureusement«*, sagte er, *»on peut en quelque sorte combiner l'un et l'autre, car au bout du compte, il faut une religion positive au peuple.« – »Et dites surtout«*, erwiderte ich, *»qu'il en faut une aux rois et aux prêtres – car aux uns, elle fournit le ›par la grâce de Dieu‹ et aux autres de la puissance, des honneurs et des richesses – le* peuple *se contenterait peut-être de bonnes lois et d'un gouvernement libre.«*

»Ah!« unterbrach er mich, *»vous pensez comme Voltaire:*

Les prêtres ne sont pas ce qu'un vain peuple pense.
Et sa crédulité fait toute notre science.«

»Ma foi«, lui dis-je, »si tous les prêtres vous ressemblaient, je penserai bien autrement.«[17]

Den 13ten abends

Ich habe leider meinem freundlichen Amphitryon[18] nicht Wort halten können. Eine Migräne zwang mich, den ganzen Tag das Bett zu hüten. Der Herr Erzbischof ließ mir zwar sagen, daß er mich kurieren wolle, und wenn ich nur festen Glauben mitbrächte, gewiß sei, durch wohl applizierten Exorzismus den Kopfwehteufel auszutreiben – ich mußte ihm aber entgegensetzen, daß dieser Teufel einer der unbezwinglichsten sei, und niemand respektiere als die Natur, die ihn sende und abberufe wie sie Lust habe, welches indes selten vor vierundzwanzig Stunden Leiden stattfinde. Ich muß Dich also, beste Julie, diesen Abend auch nur mit wenigen Worten verabschieden.

Den 14ten

Après la pluie le soleil![19] Der heutige Tag entschädigte mich für den gestrigen. Schon um sieben Uhr saß ich zu Pferde, um mich zum Frühstück auf Capt. S...s Landhaus zu begeben, wo das Jagd-Rendezvous für die heutige Hasenhetze bestimmt war. Ich fand sechs bis sieben rüstige Landjunker dort versammelt, die nicht viel denken, aber ein desto heitereres und sorgenloseres Leben führen. Nachdem wir die heterogensten Dinge, Kaffee, Tee, Whiskey, Wein, Eier, Beefsteaks, Honig, *rognons de mouton*[20], Kuchen und Butterbrot, alles untereinander, hatten einnehmen müssen, setzte sich die Gesellschaft auf zwei große *carts*[21], und nahm ihre Richtung nach den Galty-Bergen, wo, etwa in der Entfernung von acht Meilen, Hunde und Pferde auf uns warten sollten. Das Wetter war schön, und die Fahrt sehr angenehm; einem Bergrücken entlang, mit der vollen Aussicht der fruchtbaren Ebene, vom Gebürge geschlossen, und reich variiert durch eine Menge Landsitze und Ruinen, die über die ganze Fläche zerstreut lagen. Von diesen Schönheiten profitierte ich jedoch wie gewöhnlich, allein; die Jäger hatten nur Jagd und Hasen im Kopfe. Man zeigte mir eine Stelle, wo vor zehn Jahren ein merkwürdiges Naturereignis stattfand. Ein hoch liegender Sumpfmoor, wahrscheinlich durch unterirdische Quellen emporgetrieben, riß sich vom Boden los, und wanderte, in einer Masse von sechzehn Fuß Höhe und drei bis vier Morgen Ausdehnung, davon. Er ging, nach Maßgabe der Gegenstände, denen er begegnete, im fortwährenden Zickzack, und legte so neun Meilen zurück, ehe er den naheliegenden Fluß erreichte, in dem er sich nur langsam auflöste und eine Überschwemmung desselben veranlaßte. Die Schnelligkeit seines Marsches war ohngefähr zwei Meilen in einer Stunde, aber vernichtend für alles was er antraf. Häuser wurden bei seiner Berührung sogleich der Erde gleichgemacht, Bäume sämtlich entwurzelt, die Felder aufgewühlt, und alle Vertiefungen mit Moor angefüllt. Eine unermeßliche Menge Menschen hatten sich gegen das Ende seines Laufs eingefunden, ohne jedoch dem majestätisch verheerenden Natur-Phänomen auch nur den geringsten Widerstand entgegensetzen zu können.

Als wir an der bestimmten Stelle des Jagd-Rendezvous ankamen, waren wohl die Pferde, aber keine Hunde da. Dagegen hatten sich noch mehrere *gentlemen* eingefunden, und anstatt Hasen zu jagen, durchzogen wir nun alle die Felder, in lang ausgedehnter Linie, um, wo möglich die verirrten Hunde aufzusuchen. Von dem Reiten, was hierbei stattfand, macht man sich bei uns kaum einen Begriff. Obgleich die meisten Felder von Mauern umschlossen werden, die drei bis sechs Fuß hoch, und abwechselnd, entweder nur von Feldsteinen lose aufgeschichtet, oder ordentlich mit Kalk gemauert sind, andere aber durch sogenannte *ditches*[22] begrenzt werden – feste Erdwälle von Lehm und Feldsteinen, die oben spitz zulaufen, fünf bis sieben Fuß Höhe haben und noch mit einem Graben auf der andern Seite, zuweilen auf beiden Seiten, versehen sind – so darf dies alles den Reitern doch kein Hindernis sein, ihre Linie zu behaupten. Wie außerordentlich die hiesigen Pferde springen, habe ich Dir schon einmal beschrieben, wenn ich nicht irre; ihre Sagazität[23] ist aber auch zu bewundern, mit der sie sogleich eine lose Mauer von einer festen, einen eben aufgeworfenen weichen Wall von einem durch die Zeit gehärteten zu unterscheiden wissen, die losen mit e i n e m Satz überspringen (›*clear them*‹, wie der Kunstausdruck heißt), bei den festen, es sich bequemer machend, oben noch einmal aufsetzen. Alles dies geschieht eben sowohl im schnellsten Rennen, als auch mit der größten Ruhe im Schritt, oder mit einem nur ganz kurzen Anlauf. Einige Herren stürzten, wurden aber nur ausgelacht, denn wer sich nicht den Hals bei solcher Gelegenheit auf der Stelle bricht, darf, statt Beileid, hier nur auf Verspottung rechnen. Andere stiegen bei üblen Stellen ab, und ihre abgerichteten Pferde sprangen, mit herunterhängendem Zügel, noch vor ihnen leer hinüber und erwarteten dann ihre Reiter, ruhig grasend. Ich kann Dir versichern, daß ich gar oft dachte, diesem Beispiel folgen zu müssen, aber Capt. S..., der sein vortreffliches Pferd, welches ich ritt, kannte, und mir immer zur Seite war, encouragierte[24] mich, stets nur ganz sicher dem Tiere zu vertrauen, so daß ich am Ende des Tages eine wahre Reputation unter den *fox-hunters* erhielt. Gewiß ist es, daß man in Irland nur sieht, was Pferde zu leisten imstande sind, die englischen können es ihnen hierin durchaus nicht gleichtun. Wo ein Mensch hinüber konnte, machte es mein Pferd auch möglich, auf eine oder die andere Manier hinüberspringend, kriechend oder kletternd, selbst durch Sumpfstellen, wo es bis an den Leib hineinsank, arbeitete es sich, ohne die geringste Übereilung, langsam und bedächtig hindurch, wo ein so lebhaftes und ängstliches, wenn auch noch so kräftiges Tier, bestimmt nicht wieder herausgekommen wäre. Ein solches Schlachtroß im Kriege ist unschätzbar, aber nur Abrichtung von frühester Jugend an, verbunden mit der Güte der *race*[25], kann es hervorbringen. Daß aber die Jahrhunderte fortgesetzte Erziehung, auch bei den Tieren, die angezognen Eigenschaften zuletzt fast zu angeborenen, oder zur andern Natur werden läßt, lehrt die Erfahrung. Ich sah in England Hühnerhunde, die, ohne alle Abrichtung, beim ersten Ausgang, vor den Hühnern so fest standen, als wären sie mit dem Korallenhalsband dressiert worden.

Die Preise dieser vortrefflichen Pferde waren, noch vor

einem Jahrzehnt, verhältnismäßig äußerst mäßig, seit aber die Engländer angefangen haben, sie für ihre eigenen Jagden aufzukaufen, hat sich dies ganz verändert, und ein Irländischer *hunter* von der Qualität dessen, den ich heute ritt, wird nicht unter einhundertfünfzig bis zweihundert Guineen verkauft; mischt sich Liebhaberei hinein, so gilt er wohl auch vier- bis fünfhundert. Auf dem Wettrennen bei Galway sah ich einen Vollblut-Schimmelhengst, ein berühmtes Jagdpferd, welches Lord Cl... für diesen Preis gekauft hatte. Dieser Hengst hatte jedes *steeple-chase*[26] gewonnen, die er gelaufen, war ebenso leicht als kräftig, schnell wie der Wind, von einem Kinde zu regieren, und bis jetzt ihm noch keine überspringbare Mauer zu hoch, kein Graben zu breit gewesen.

Endlich fanden wir die Hunde, deren Führer sich total betrunken hatten, und endeten unsere Jagd nicht eher, als bei einbrechender Dunkelheit. Es war empfindlich kalt geworden, und das flackernde Kaminfeuer, mit dem gedeckten Tisch davor, leuchtete uns gar angenehm durch die Fenster entgegen, als wir wieder auf Capt. S...s Landhause ankamen. Ein echtes Jagd- und Junggesellenmahl folgte. Auf Eleganz und Prunk war es nicht abgesehen. Gläser, Schüsseln und Bestecke waren von allen Formen und Zeitaltern vereinigt; einer trank seinen Wein aus Likör-, der andere aus Champagner-, der Durstigste aus Biergläsern; dieser speiste mit des Urgroßvaters Messer und Gabel, jener mit dem neuen grünen Besteck, das der Bediente wahrscheinlich erst gestern auf dem Casheler Markt eingekauft hatte. Hunde waren dabei ebensoviel im Zimmer als Gäste, bedienen tat sich ein jeder selbst, und Essen und Getränke schleppte eine alte Magd und ein plump-fäustiger Reitknecht reichlich herzu. Die Hausmannskost war übrigens gar nicht zu verachten, ebensowenig der Wein und der echte, in den Bergen heimlich bereitete ›Potheen‹, den ich hier zum erstenmal ganz unverfälscht kostete. Um einen Pudding zu zuckern, wurden zwei große Stücke Zucker darübergehalten, und aneinander gerieben, wie die Wilden Feuer zu machen pflegen, indem sie Holz so lange reiben, bis es zu brennen anfängt. Daß dabei ungeheuer getrunken wurde, kann man voraussetzen. Obgleich indes mehrere zuletzt nur noch stammelten, beging doch keiner etwas Unanständiges, und die wenigen vom Wein Bezwungenen, erhöhten die Lustigkeit durch manches gute *bonmot* und drollige Erzählungen. Einer von ihnen, welcher früher lange in England gelebt hatte, behauptete, Augenzeuge von der letzten Erscheinung Georg des III. im Parlament gewesen zu sein, die er folgendermaßen erzählte: »Bevor der letzte König (›hochselige‹ würden wir Deutsche sagen, die selbst im Himmel noch die Seligen ein Titelchen mit einschwärzen lassen) völlig und auf immer von der Geisteskrankheit überwältigt wurde, die ihn nachher so lange unfähig machte, an den Regierungsgeschäften Anteil zu nehmen, trat die Epoche der Eröffnung des Parlaments ein, und der König, welcher zwar bedenkliche Anfälle, aber doch noch mehr *lucida intervalla*[27] hatte, bestand darauf, das Parlament in Person zu eröffnen, und die übliche Rede selbst abzulesen, welche immer mit den Worten anfängt: ›*Mylords, and Gentlemen of the House of Commons!*‹[28] Der König schien ganz vernünftig, und die Minister, obgleich nicht wenig besorgt, mußten sich seinem so bestimmt ausgesprochenen Willen fügen. Man mag sich aber ihren Schrecken vorstellen, als der König, die Gesellschaft lange und verwirrt fixierend, mit großem Pathos deutlich so anfing: ›*Mylords and woodcocks, with their tails cocked up*...‹ (Mylords und Waldschnepfen, die ihr den Schweif emporreckt) hierauf aber, ohne weitere Zeichen von Gestörtheit, die Ablesung seiner Rede mit dem besten Anstand fortsetzte. Dieser Kontrast«, fügte der Erzähler hinzu, »war das Lächerlichste, und die Mienen der Parlamentsglieder, die nicht wußten, ob sie ihren

Ohren trauen durften, oder geträumt hätten, das unterdrückte Lachen einiger, und das Staunen anderer, die mit offenem Munde stehenblieben, war für den Zuschauer ein höchst amüsantes Schauspiel. Als man, nach dieser Erfahrung, Seine Majestät glücklich nach Hause gebracht, ward keine weitere Probe gestattet und er bis nach seinem Tode dem *publico*[29] nicht mehr gezeigt.«

Die große Zuvorkommenheit, ja ich könnte sagen, den Enthusiasmus, mit dem man mich hier aufnimmt, habe ich allein meinem Besuch bei dem »Manne des Volks« zu verdanken, mit dem man mich, bloß Neugierigen, in Gott weiß welchem Rapport glaubt. Wo ich durch ein Dorf reite, wird mir ein »Hurrah« gebracht, und in Cashel ist jeden Tag der Markt, an dem ich wohne, früh schon mit Menschen angefüllt, um mich, sobald ich ausgehe, mit einem gleichen Geschrei zu empfangen. Mehrere drängen sich dabei herzu und bitten, mir die Hand (verzweifelt derb) schütteln zu dürfen, ganz glücklich, wenn sie dies bewerkstelligt haben.

Sehr spät brachen wir erst von Tisch auf, worauf ich, bei eiskaltem Nebel, mit noch einem Herrn in des Wirts *cart* eingepackt wurde, um nach Cashel zurückzukehren. Alles lief mit hinaus, um mir behilflich zu sein. Der eine zog mir ein paar Filzschuhe über, der andere gab mir einen Pelz um, der dritte band mir einen Foulard[30] um den Hals, jeder wollte wenigstens e i n e n kleinen Dienst leisten, und mit vielen: *»God bless His Highness«*, ward ich endlich entlassen. Der *gentleman* neben mir, Mr. O. R..., war von allen der Originellste und auch der Betrunkenste. Von gleich guter Meinung für mich, wie die übrigen, beseelt, wollte er mir stets etwas helfen, indem er das Übel immer ärger machte; bald knöpfte er mir den Pelz auf, statt zu, riß mir das Tuch ab, statt es fester zuzubinden und fiel mir auf den Schoß, wenn er mir mehr Platz machen wollte. Seine poetische Gemütlichkeit zeigte sich eben charakteristisch, als wir uns dem *rock* von

Cashel näherten. Es war entsetzlich kalt, und der wolkenlose Sternenhimmel blinkte und flimmerte, wie soviel Diamanten; zwischen der Straße aber und dem *rock* hatte sich ein dichter Nebel auf die Erde gelagert, der auch die ganze Umgegend verhüllte, sich aber nicht höher, als bis zum Fuß der Ruine erstreckte. Diese erschien nun, da ihre Basis unsichtbar war, wie auf einer Wolke gebaut, im blauen Äther, mitten unter den Sternen, stehend. Ich hatte schon eine geraume Zeit dies Schauspiel still bewundert, als mein Nachbar, den ich schlafend glaubte, plötzlich laut aufschrie: *»Ah! there is my glorious rock! look – how grand! and above all! sacred place, where all my ancestors repose, and where I too shall lie in peace!«* – (Ha! da ist mein erhabner Felsen! sieh – wie grandios! und erhaben über alles! heiliger Ort! wo alle meine Vorfahren ruhen, und wo auch ich einst im Frieden liegen werde!) – Nach einer Pause versuchte er, in erhöhter Extase, aufzustehen, worüber er indes, ohne mich, wahrscheinlich vom Wagen gefallen wäre. Als er festen Fuß gefaßt, nahm er den Hut tief ab und mit einer rührenden, wenn gleich burlesken, Frömmigkeit, rief er mit Tränen im Auge: *»God bless almighty God, and glory to him!«* (Gott segne den allmächtigen Gott, und Glorie sei ihm!) Ohngeachtet des Unsinns, den die verdoppelnde Kraft des Rausches ohne Zweifel verursachte (Gott segne Gott) so ergriff mich doch auch das innige G e f ü h l, und diesem wenigstens stimmte ich von ganzer Seele bei.

Den 15ten

Lord H…, den ich in London gekannt, und der eine schöne Besitzung hier in der Nähe hat, lud mich ein, einige Tage bei ihm zuzubringen, was ich nicht annehmen mochte, aber heute bei ihm zu Mittag speiste. Der gutgehaltene *pleasure-ground*, und das Ausgraben eines Sees, mit dem man eben beschäftigt war, erinnerten mich zu lebhaft an das Schloß, wo

Du meine Teure jetzt hausest, um ohne Bewegung darauf blicken zu können. Wann werden wir uns dort wiedersehen, wann wieder unter den drei Linden häuslich mit den Schwänen frühstücken, die uns so zutraulich ihr Futter aus der Hand nahmen, während zahme Tauben die Brosamen auflasen, und der kleine Coco, verwundert und eifersüchtig, die zudringlichen Vögel mit den klugen Augen anblinzelte – ländliches Bild, über das der verknorpelte Weltmann höhnend die Achseln zuckt, das uns aber in aller seiner Einfachheit das Herz bewegt![31]

Lord H... ist einer von den irländischen Vornehmen, die zwar ihre Revenuen nicht ganz ihrem Vaterlande entziehen, und zuweilen daselbst residieren, aber doch ihren eigenen Vorteil so übel verstehen, daß sie sich mit dem Volk in Opposition setzen, statt sich an seine Spitze zu stellen. Der Erfolg bleibt nicht aus. Der *Earl of Landaff*, auch ein Protestant, ist geliebt, Lord H... gehaßt, obgleich er persönlich es mir durchaus nicht zu verdienen scheint. Man erzählte mir zwar viel von seinen, gegen Katholiken ausgeübten, Grausamkeiten, und ich war selbst Zeuge seiner leidenschaftlichen Stimmung in dieser Hinsicht, glaube aber, daß hier, wie so oft in der Welt, eine bloße Änderung der eigenen Ansicht auch die ganzen Verhältnisse verändern würde. Dies ist eine Hauptregel praktischer Lebensphilosophie, und der Effekt sicher, denn die Objekte sind nur Stoff; wie sie das Subjekt versteht und formt, darauf kömmt alles an. Wie manche Lage kann man auf diese Weise aus schwarz in rosenrot übergehen sehen, sobald man nur durch Willenskraft entweder die schwarze Brille abnimmt, oder die rosenrote aufsetzt. – Mit welcher Brille wirst Du meinen Brief lesen? – ich höre die Antwort von hier, und küsse Dich dafür. Der Himmel behüte Dich, und erhalte Dir diese Gesinnungen.

Dein treu ergebener L...

Neununddreißigster Brief

B..., den 17. Oktob. 1828

Liebste Julie!

Seit gestern befinde ich mich zum Besuch in einem hübschen gotischen Schlößlein, am Fuß des Gebürges. Aus einem Fenster sehe ich fruchtbare Fluren, aus dem andern Wald, See und Felsen. Der Hausherr ist Mr. O. R... s Bruder, und, außer seinem Schloß, auch der Besitzer einer sehr hübschen Frau, der ich ein wenig die Cour[1] mache, denn die Herren jagen und trinken mir doch zu viel. Das Familiengut hätte eigentlich meinem drolligen Freunde gebührt, weil er aber stets ein lockerer Zeisig war, der von Jugend auf Whiskeypunsch und gutem Leben ergeben schien, so vermachte der Vater, der die Disposition hatte, das Gut dem jüngsten Sohne. Beide Brüder sind dennoch die besten Freunde, und die harmlose, gutmütige Natur des älteren findet durchaus keinen Wermut in dem Wein, den er bei seinem Bruder trinkt; so wie auch auf der andern Seite der jüngere das Unglück ehrt, und seinen ebenso herzensguten und amüsanten, als alle Abend betrunkenen Senior, es an nichts fehlen läßt. Ein solches Verhältnis macht beiden Ehre, um so mehr, da, bei des Vaters Tode, die Advokaten meinten, daß der Fall sich gar sehr zum Prozesse eigne. Beide haben gewiß ebenso klug als gut getan, ihn zu unterlassen, und die Auster für sich zu behalten, statt sie wie in der Karikatur, vom Advokaten verzehren und sich selbst mit den beiden Schalen abspeisen zu lassen.

Wir brachten den ganzen Tag mit Spazierengehen in den herrlichen Bergpromenaden, andere mit Schnepfenschießen zu, und saßen abends bis zwei Uhr morgens beim Mittags-Tisch. Gleich nach aufgestelltem Dessert verließen uns, nach alter Art, die Damen, und nun ging das Weintrinken an. Dann wurde ganz spät der Kaffee bei Tisch gereicht, und ihm folgte, fast auf dem Fuße, ein exzitierendes[2] Souper, aus *devils** aller Art, frischen Austern und *pickles* bestehend. Diese bildeten das Präludium zum Potheenpunsch, von dem mancher 12-16 große *tumblers*[5] zu sich nahm, während O. R... die ganze Gesellschaft mit unerschöpflichem Witz und Narrenspossen, in einem *»roar of laughter«*[6] erhielt. Überdies mußte jeder ein Lied singen, auch ich ein deutsches, von dem zwar niemand etwas verstand, alle aber höchlichst erbaut waren. Um 2 Uhr retirierte[7] ich mich, die andern blieben aber noch alle, und lange konnte ich vor ihrem Lärm und Lachen, in meiner unglücklicherweise grade über ihnen liegenden Stube, nicht einschlafen.

Den 18ten

Du wirst Dich über das etwas gemeine Leben verwundern, das ich hier führe – und aufrichtig gestanden, ich selbst wundere mich darüber, aber es ist *genuine*, d. h. bei den Leuten echt natürlich, und nicht etwas Angenommenes – das hat immer eine Art Reiz, wenigstens für mich. Überdem ist die Frau vom Hause wirklich allerliebst, lebhaft und graziös, wie eine Französin, und einem Füßchen, wie Zephyr[8], das ich schon oft geküßt, wenn ich ihr, während die andern tafelten, eine kurze Abendvisite machte und mich anstellen durfte, als sei mir der ungewöhnte Punsch ein wenig zu Kopfe gestiegen.

Diesen Morgen hetzten wir Hasen, wobei wieder mancher kühne Sprung gemacht werden mußte, und abends produ-

* Diese werden, wie mein seliger Freund oft rühmte, in Irland besonders gut zubereitet, und bestehen aus Geflügel, das man teils trocken, mit Cayenne-Pfeffer grilliert, teils mit einer brennend starken *sauce, en sauté*[3], serviert. *A. d. H.* für etwanige Gourmands[+] unter den Lesern.

zierte man uns den berühmtesten *piper* Irlands, Keans Fitzpatrick, der König der *piper* genannt, den auch ›*His Gracious Majesty, King George the Fourth*‹, mit seinem Beifall beehrt hat. In der Tat sind die Melodien, die er seinem sonderbaren Instrumente abgewinnt, oft ebenso überraschend als angenehm und seine Fertigkeit, wie der höchst gebildete und noble Anstand des blinden Mannes, eines Virtuosen würdig. Diese *pipers*, welche fast alle blind sind und sich aus weitem Altertum herschreiben, fangen jetzt an, immer mehr zusammenzuschmelzen, denn das Alte – muß vergehen.

Den 19ten

Im Laufe des Tages begegneten wir heute zwei Leuten, von sehr verdächtigem Äußern im Walde, die meine Begleiter mir ganz unbefangen als bekannte Räuber designierten, die sich, teils durch List, teils durch die Furcht, die sie einflößen, bis jetzt immer frei zu erhalten gewußt hätten; ein Zeichen mehr, wie mangelhaft das Gouvernement und ganz verdorben der Zustand der Gesellschaft hier ist, zwei Dinge, wodurch leider Irland charakterisiert wird. Beide Leute, die sich Pächter *(farmers)* nennen, weil sie ein Stück Kartoffelfeld in Pacht genommen, waren von höchst auffallendem und recht nationalem Ansehen. Der eine, ein schlanker, etwa 40jähriger, schöner Mann, mit einer wilden, aber imponierenden Physiognomie, stellte, selbst in seinen Lumpen, noch ein höchst pittoreskes Bild dar. Verachtung jeder Gefahr war auf seiner edlen Stirn ausgedrückt, Gleichgültigkeit gegen jede Schande spielte höhnisch um den frechen Mund. Seine Geschichte bestätigte diese Sprache seiner Züge. Er trug drei bis vier Militär-Medaillen, die er als Soldat in Spanien und Frankreich erworben. Wegen vielfach bewiesener Tapferkeit hatte man ihn schon einmal zum Unteroffizier avanciert, wegen lüderlicher Streiche aber wieder degradiert; darauf hatte er zum zweitenmale gedient, sich wieder ausgezeichnet, war aber auch von neuem aus demselben Grunde verabschiedet worden, ohne daß man jedoch imstande gewesen, ihn eines Kapital-Verbrechens zu überführen. Jetzt hat man ihn im strengsten Verdacht, der Anführer der Räuberbanden zu sein, welche das Galty-Gebürge so sehr beunruhigen und bereits verschiedene Mordtaten begangen haben. Sein Gefährte war äußerlich ganz das Gegenteil – für einen irländischen Farmer selten »wohl gekleidet« d. h. nichts Zerrissenes tragend, 60 Jahre alt, kurz und untersetzt, und im Benehmen fast einem Quäker ähnlich. In den scheinheiligen Zügen lauschte aber dennoch ein solcher Grad von List und schonungsloser Entschlossenheit, daß er viel furchtbarer noch als der andere erschien. Vor zwei Jahren wurde dieser Mann der Verfertigung falscher Banknoten angeklagt und war bereits so gut als überwiesen, als ein geschickter Rabulist[9], dem er sich vertraute, ihn, gegen das Versprechen einer reichen Belohnung, noch glücklich vom Galgen befreite. Tränen der Dankbarkeit vergießend, steckte er seinem Erretter 50 Pfund in die Hand, ihn schluchzend um die übliche Quittung bittend. Diese wurde ausgestellt, und vergnügt über das gute Geschäft, füllte der Advokat seine Brieftasche. Wie groß war aber sein Ärger, als er, bei näherer Untersuchung, sich überzeugen mußte, das ihn Paddi mit ähnlichen falschen Noten bezahlt, für deren Verfertigung er dem Galgen schon anheim gefallen war. Wenn die Irländer sich auf die schlechte Seite wenden (und zu verwundern ist es, daß sie es nicht alle tun), so sind sie gefährlicher, als andere, weil ihre hervorstechenden Eigenschaften, Mut, Leichtsinn und Schlauheit, ihnen mehr als zu behilflich sind, alles zu wagen, und vieles mit Erfolg auszuführen.

Während wir beim Souper unsre Austern verzehrten, die an der westlichen und Südküste Irlands vortrefflich sind, gab uns ein Herr aus dieser Gegend, der selbst Austernzucht auf seinem Gute übt, einige Details über ihre Behandlung und Naturgeschichte, die mir ganz neu waren. *Je vous les communique, même au risque de vous ennuyer.*[10] Für's erste mußt Du also wissen: daß dreijährige Austern zum Essen die besten sind, weil sie dann erst, völlig ausgewachsen, die gehörige Größe und Korpulenz erreichen; später aber werden sie *coriace.*[11] Der geschickte Austernökonom hat Bänke von jedem Alter und, nach Beschaffenheit des Bodens, Austern von verschiedenem Geschmack und *flavour.*[12] In den von der Kunst ungestörten Plätzen, wo sich die Austern im Naturzustande vermehren, erreichen sie nie die höchste Vollkommenheit. Auf folgende Art kömmt man ihnen zu Hilfe. Man fischt die Jungen, wenn sie nicht größer sind, als ein Viergroschen-Stück, und säet sie, wie Korn, in eine nicht zu weit vom Ufer entfernte Stelle des Meeres, deren Boden ein weicher Schlamm sein muß, und die nicht mehr als höchstens 14 Fuß Tiefe haben darf. Nach drei Jahren fischt man sie wieder heraus, und säet dann von neuem andere aus der Mutterbank. Natürlich hat man mehrere solche Schlammbänke im Gange, um jedes Jahr eine reif gewordene leeren zu können. Es scheint, daß die Austern sehr alt sein müssen, ehe sie sich vermehren, da in den eben beschriebenen artifiziellen Kolonien nie neue Geburten stattfinden. Die Art dieser Geburt ist übrigens sonderbar, ein neues Beispiel der unendlichen Mannichfaltigkeit der Natur. Wahrscheinlich ist die Auster ein Hermaphrodit[13], da keine Verschiedenheit des Geschlechts bemerkt werden kann, und sie sich nur dadurch fortpflanzt, daß, außerhalb ihrer Schale, sich 15-16 kleine Austern, wie Warzen, bilden, und wenn sie gehörige Konsistenz erlangt haben, abfallen. Die Hervorbringung dieser 16 Kinder greift die alte Mama-Auster dergestalt an, daß, wenn man sie nachher aufmacht, nichts wie ein wenig schlammiges Wasser in ihr gefunden wird, und gleich, nachdem die Kleinen abgefallen sind, gräbt sie sich 6-7 Zoll unter den

Schlamm ein. Hier bringt sie ein ganzes Jahr zu, ehe sie sich genug erholt hat, um von neuem an's Zeugen zu denken. Deshalb kann man in dieser Zeit die Jungen bequem fischen, ohne den Alten zu nahe zu kommen, die ruhig in der Tiefe schlafen oder träumen! Das Fischen der Austern geschieht vermöge eines Instruments, denen ähnlich, mit welchen man Schlamm aus den Flüssen heraufbringt, und beim Säen werden sie in ein Segeltuch geworfen, und, wie schon gesagt, wie Getreide ausgesäet. Sehr alte Mütter werden endlich unfruchtbar, indem ihre Schale eine solche Dicke erreicht, daß Liebe nicht mehr durchdringen kann – grade wie die Menschenherzen.

Cashel, den 20ten

Nachmittags fuhren wir hierher zurück, nach einigen, recht lustig, wiewohl nicht eben geistig, verlebten Tagen. Um meine intellektuellen Kräfte nicht ganz einschlafen zu lassen, will ich mich bemühen, Dir ein Volksmärchen genießbar zu machen, das mir eine alte Frau in Holycross erzählt hat.

Johnny Curtin war ein armer Schüler, einer dunkeln Sage nach, der Abkömmling eines in alter Zeit hohen und mächtigen Geschlechts, dessen Glanz indes längst verloschen, dessen Reichtümer verschwunden und dessen Nachkommen, immer tiefer hinabsinkend, seit vielen Jahren, ihres eignen Ursprungs ungewiß, genötigt gewesen waren, das Handwerk »mit goldnem Boden« zu ergreifen, das zuletzt immer sicher, wenn auch nicht reichlich nährt. Johnnys Vater und Mutter aber hatte der Tod hingerafft, ehe er selbst für sich zu sorgen imstande war, und eine hülflose Waise, lebte er nun allein von der Großmut seines Verwandten, eines Pächters in der Nähe der Ruinen von Holycross, wo er jetzt eben auch die Schulferien zubrachte; denn Johnny war fleißig und wißbegierig, und der Oheim gutmütig genug, ihn bei der Arbeit oft zu entbehren, um ihm Zeit zu lassen, auf der Schule zu erlernen, was dort zu erlernen war.

Lernen und Wissen erweitert unsere Existenz, gebiert aber auch manche Sorge, manches nur eingebildete Übel, das im einfacheren Wirkungskreise unbekannt bleibt. Johnny kannte die Geschichte seines Vaterlandes, wußte, wie die alte Größe fast überall gebeugt worden war, und die eigentlichen Fürsten des Bodens Fremdlingen weichen mußten, die, wie Pilze aufgeschossen, den edleren Pflanzen die Nahrung entzogen, bis die unerbittliche Zeit endlich alles verwandelte und die, deren Vorfahren Könige waren, zu nichts Besserem als Sklaven gestempelt hatte. Er selbst sah sich in vollem Maße für einen solchen an, und die geringen Freuden, deren seine Lage fähig war, wurden nur zu oft durch selbstpeinigende Gedanken dieser Art getrübt.

In dieser Stimmung waren die stolzen Überreste verhallter Jahrhunderte, die Tipperarys Fluren, gleich einem großen Kirchhof, bedecken, das gewöhnliche Ziel seiner einsamen Wanderungen, und der Lieblingsaufenthalt des schwärmenden Jünglings. Manche Sommernacht brachte er in der verwitterten Kathedrale zu, die auf Cashels Felsen, in nackter Erhabenheit, thront, durchirrte in der Mittagssonne die sumpfigen Wiesen, in die seit acht Jahrhunderten Athassils Abtei immer tiefer versinkt, oder ruhte im Schatten des Raubschlosses von Golden, dessen zehn Fuß dicke Mauern der Zeit noch trotzten, wie sie so lange manchem Feinde getrotzt. Doch vor allem teuer waren ihm die prächtigen, von Efeu eingehüllten, Ruinen des Klosters von Holycross, wo der Fremde noch jetzt das wunderbar erhalt'ne Grab des großen O'Briens, Königs von Limerick, bewundert, und wo auch, im bescheidnen Winkel, Johnnys Eltern schliefen. Vor seiner Phantasie aber bevölkerte es sich noch mit andern wunderbaren Gestalten, unter denen die Geister seiner großen Vorfahren, die, wie er oft gehört, ihre Ruhestätte hier gefunden, den ersten Rang einnahmen. Möglich, daß seine Vermutung ihn nicht betrog, denn, der poetischen Sitte seines Volks gemäß, wird nicht der Platz um die ärmliche Kapelle, in der die Bedrückten jetzt ihren kaum geduldeten Gottesdienst feiern, gewählt, sondern die erhabnen Ruinen ihrer alten Kirchen und Klöster vertreten die Stelle zum Begräbnis für hoch und niedrig, daher sieht man hier den Boden auch überall von aufrechtstehenden Grabsteinen wimmeln, untermischt mit Knochenhaufen und Schädeln, die, um den neuen Ankömmlingen Platz zu machen, sorglos ausgeschaufelt wurden. Hier, in einer Fensternische sitzend, verträumte Johnny Stunden auf Stunden, bis die Sonne über dem majestätischen Galty-Gebürge herabsank, dessen dunkle Riesen allein unverändert jedes Jahrhundert und jede Umwälzung überlebt hatten.

Eines Abends, wo er sich mehr bewegt, als je gefühlt, sehnsüchtig in die Vergangenheit und trostlos in die Zukunft geblickt, und ihm endlich gedeucht, daß immer hörbarer die Geister der Abgeschiednen in seiner Nähe gerauscht – versank er, die Augen noch von wehmütigen Tränen naß, in einen tiefen Schlummer. Wie lange er geschlafen, wußte er nicht; ob er nachher geträumt, oder wirklich gesehen, was ihm erschienen, blieb ein nie mehr zu enthüllendes Rätsel. Genug, er glaubte mitten in der Nacht zu erwachen und jeden Raum in der weiten Kirche, bis in die entferntesten Winkel, von einem überirdischen Lichte erleuchtet zu sehen, das mit der Klarheit des Tages den Silberschein des Mondes und den rosigen Schimmer der Abendröte verband. Vor ihm aber stand ein weibliches Wesen, in ein schlohweißes Gewand, wie eine wallende Wolke, gehüllt, und zwei Augen funkelten ihm aus der Wolke entgegen, gleich Sternen in einer Dezembernacht. Eine Stimme, deren Ton Johnny nie genügend beschreiben konnte, deren Zaubermelodie aber jeden Nerv zu stärken, jede Furcht zu beschwichtigen, und frohen Lebensmut, wie Feuer, in jede Ader zu strömen schien, rief ihm freundlich, in sanft verhallenden Tönen zu: »Mein Sohn! weißt Du, wo Du bist?« – »Wo ich bin« –, erwiderte Johnny, sich die Augen reibend. »Gewiß – in Holycross.« – »Weißt Du auch, daß hier im grauen Altertume Deine Väter herrschten, und alles Land, was Deine Augen oft von jenem Turme überblickten, einst ihr Eigentum war?« – »Ha! ich ahnte es – o! warum konnten sie es nicht besser bewahren, auf daß ihr Enkel nicht heute in Armut und Sorge sein saures Brot von fremder Gnade betteln müßte.« – »Johnny!« fuhr die Stimme fort, »laß die Vergangenheit ruhen – von Dir allein wird es abhängen, so groß zu werden, als unsre Voreltern waren, wenn Du Mut mit Klugheit verbindest. Dein Glücksstern brachte Dich grade diese Nacht in die Mauern der Abtei, wo ich, die einst hier gebot, jetzt alle hundert Jahre nur einmal noch erscheinen darf. Wisse denn – daß ein unermeßlicher Schatz, unsrer Familie angehörig, hier vergraben liegt, der, wenn Du ihn erhebst, Dich reicher als einen König machen wird. Doch, John Curtin! merke wohl auf, was ich Dir sage, denn ich kam heute zu Deinem Heil, wenn Du es zu nützen verstehst; aber nie siehst Du mich auf dieser Welt wieder. – Du kennst den Hügel über der Abtei, den gesegneten Fleck, wo der Splitter des heiligen Kreuzes bei der Abteiglocke süßem Klange herabfiel, und wo die gute Alte ihrem Sohn begegnete, als er von Jerusalem zurückkam. Du kennst den uralten Taxus-Baum, der dort einsam steht, nahe am Wege, auf der Erhöhung von Erde und Steinen. Dort grabe 6 Fuß weit vom Baum, in der graden Linie des Abteiturms, und grabe 6 Fuß tief. Das Werk muß in der toten Stunde der Nacht vollbracht, und – sei dessen wohl eingedenk! – kein Wort dabei gesprochen werden, oder wehe denen, die es unternahmen!«

Hier schien ein lichter Blitz durch die Kirche zu zucken, und ein heiseres Lachen an sein Ohr zu schlagen; Johnny fuhr auf wie aus einem Traume, aber tiefe Dunkelheit umfing ihn, und unüberwindliche Schlafsucht drückte ihm von neuem die Augen zu. Als er erwachte, war er nicht wenig erstaunt, sich auf seinem Strohlager bei Dick Cassidy, seinem Vetter, zu finden, ohne alle Erinnerung, wie er zu Hause gekommen. Hatte er wirklich nur geträumt? War alles bloß ein Gaukelspiel seiner erhitzten Phantasie? – Es mußte wohl so sein, denn der Wahrheit zu Ehren darf man nicht verbergen, daß Johnny, ehe er seiner Lieblings-Ruine zuwandelte, bei einem guten Kameraden den Mittag verbracht, und den Whiskey-Punsch nicht geschont hatte, ja Bridget, die Hausmagd, behauptete sogar, sie habe, als Johnny so spät zu Hause kam, gleich gemerkt, daß der Potheen-Geist mächtig in ihm sei, und dieser Geist ist manchem schon nachher in den seltsamsten Variationen und Formen wieder erschienen, wenn er einmal mit ihm in Gemeinschaft getreten. So sprach Johnny zu sich selbst, aber die kältere Vernunft mochte anführen, was sie wollte, immer richteten sich seine Schritte nach der Gegend der Abtei, und wenn er den einsamen Taxus-Baum nur von fern erblickte, schlug ihm das Herz stärker, das Blut schoß ihm in die Wangen, und Bilder künftiger Größe gaukelten vor seinem innern Auge, immer bunter und glänzender, umher. Der Dämon der Begehrlichkeit hatte Besitz von seiner Seele genommen. – Er beschloß endlich seinen Verwandten, der ein bedächtiger und verständiger Mann war, zum Vertrauten zu machen, und seinem Ermessen die Sache anheim zu stellen. Wider Vermuten nahm Dick die Eröffnung weit gläubiger auf, als Johnny gehofft, und Habsucht und Aberglauben, von denen auch der Alte nicht frei war, entschieden beide schnell zur Tat. Man kam überein, daß der Versuch so schleunig als möglich gemacht, und der Schatz, sobald er gehoben, treulich unter beide verteilt werden solle.

Nach einem guten Abendessen, und mehr als einem Glase

blessed[14] Whiskey zur Herzstärkung, machten sich Dick und Johnny auf den Weg. Sie mußten nahe unter den Mauern von Holycross vorüber, und der Wind, der sich stürmisch zu erheben begann, schüttelte die Äste der alten Eschen so schaurig, rauschte so hohl und dumpf durch den dicht verschlungenen Efeu und warf mit solcher Gewalt große Steine von den Mauern hinab in ihren Weg, daß beiden immer übler zumute ward. Indes nahmen sie sich zusammen, und schnell über die Brücke eilend, die hier über den Suir führt, richteten sie ihre Schritte eiligst nach dem angezeigten Baum. Sobald sie ihn erreicht, verlor Dick keinen Augenblick länger, warf seinen Rock ab, maß sorgfältig die sechs Schritte vom Erdhaufen nach dem Abteiturm, und begann auf's emsigste zu graben. Johnny folgte schweigend seinem Beispiel, und nachdem so unter manchem innerlichen Stoßgebet und Zeichen des heiligen Kreuzes, eine Stunde verflossen sein mochte, fühlte Dick zuerst seinen Spaten auf etwas Hartes stoßen. Die lose Erde wegschaufelnd, fanden sie, daß ein platter breiter Stein vor ihnen lag. Lange quälten sie sich vergebens, ihn von der Stelle zu bringen, und nur nach unsäglicher Anstrengung gelang es ihnen endlich, denselben ein wenig zu lüften, und dann mit Hilfe eiserner Hebel, die sie vorsichtig mitgenommen, völlig umzukippen. Sie wurden dadurch eine schmale Treppe gewahr, und ermutigt durch die jetzt gewonnene Überzeugung, daß die Erscheinung sie nicht betrogen, zündeten sie ihre Blendlaternen an und stiegen voller Zuversicht, wenngleich nicht ohne einigen Schauer, einer nach dem andern, langsam hinab. Die Stufen führten in eine lange Galerie, an deren Ende ein schweres eisernes Tor allem weitern Vordringen ein Ende zu machen schien. Näher kommend, fanden sie jedoch einen goldnen Schlüssel darin stecken, der es auch mit Leichtigkeit aufschloß. Sie schritten nun in dem sich gleich darauf wendenden Gange kühn weiter, und bemerkten bald ein anderes Tor, über dem, in Brusthöhe, ein durchsichtiges Gitter ihre Blicke auf sich zog. Johnny erhob die Laterne, um Dick hindurchsehen zu lassen, doch kaum hatte dieser einen Blick hineingeworfen, als er voller Freuden aufschrie: »Hurrah, bei Noonans Geist! Wir sind gemachte Leute!« – Das letzte Wort schwebte noch auf seinen Lippen, als ein furchtbarer Donner krachend das Gewölbe zusammenbrach – ein sausender Wirbelwind schlug die Laterne zu Boden, und Johnny, flach auf sein Antlitz stürzend, verlor in unnennbarem Graus Gedächtnis und Besinnung. Als er wieder zu sich kam, lag er unter dem einsamen Taxusbaum und eine hohe Flamme spielte, gleich einem riesigen Irrlicht, auf dem Turme der Abtei. Eine schwarze Figur schien lustig darin zu tanzen, und stärker erscholl, dicht neben ihm, dasselbe heisere Lachen, das er in der Ruine zu hören geglaubt. Wie er aber, von Schrecken bleich, sich nach seinem Vetter umsah, lag, von der Flamme grell erleuchtet, Dick, mit umgedrehtem Halse, neben ihm, die blau geschwollnen Züge schauderhaft verzerrt, und die starren Augen fest auf Johnny gerichtet.

*

Herzens-Julie, ich fürchte, das materielle Leben dieser Tage hat mich ein wenig dumpfsinnig gemacht, und meine Geschichte trägt die Farbe davon. Sie sieht in der Tat, wie der Traum einer Indigestion[15] aus. Nach einigem Fasten produziere ich Dir indes vielleicht eine bessere.

En attendant[16] wünsche ich Dir gute Nacht, und angenehmere Träume als dem armen Johnny.

Den 20ten

Ich hatte die Hospitalität der guten Landjunker hier so oft in Kontribution[17] gesetzt, daß ich *en conscience*[18] sie einmal erwidern mußte, und lud daher vor meiner Abreise heute alle zu einem kleinen Fest bei mir ein. Früh gab ich ihnen ein Hahnengefecht, *car il faut hurler avec les loups*[19], dann Konzert des großen *piper*, einen Spazierritt auf ihren eignen Pferden, und zuletzt *grand festin, grande chair et bon feu.*[20] Während unsres Rittes kamen wir an eine Stelle, wo vor drei Jahren ein Magistrat, mit Namen Baker, erschossen wurde. Dies war ein Charakter, vollkommen dem der Iffländischen Amtmänner[21] gleich, nur leider ohne eine, ihm entgegenarbeitende, edle Seele. Den Tag vor seinem Tode hatte er noch zu einem Manne, den er, auf vorgegebnen Verdacht revolutionärer Umtriebe, sechs Wochen in Ketten legen lassen, indem er ihn endlich frei ließ, ganz öffentlich gesagt: »Vorigen Monat schickte ich zu Euch und verlangte Euch zu sprechen. Ihr kamt nicht, – dafür habe ich Euch jetzt die kleine Lektion gegeben, die Euch künftig, wie ich hoffe, etwas geschmeidiger machen wird. Ist es nicht der Fall, so sollt Ihr in sechs Wochen baumeln, darauf verlaßt Euch!« – Die Grafschaft war nämlich damals, nach einer partiellen Empörung, unter *martial law* (Kriegsgesetz) gestellt, und den Behörden so lange fast unumschränkte Macht eingeräumt, weshalb sie sich alles e r l a u b e n durften. Die Ursache von Bakers Ermordung war von der Art, daß man ihn kaum bemitleiden kann. Er schuldete einem Milchhändler 5000 £ St., teils für gelieferte Ware, teils für bar hergeliehenes Geld, und hatte versprochen, die Summe zu bezahlen, sobald der Mann seine Tochter verheiraten würde, für welche dieselbe als Ausstattung bestimmt war. Der Fall trat nach einigen Jahren ein, und der Milchhändler bat bescheiden um sein Geld. Da indes Baker ihn immer mit Ausflüchten hinhielt, und er nichts als vage Versprechungen von ihm erhalten konnte, drohte er endlich mit einer gerichtlichen Klage, und reiste auch nach Cork, um sich deshalb mit einem Rechtsgelehrten zu besprechen. Diese Abwesenheit benutzend, erschien Baker schon des andern Tages in seinem Hause, von einem Détachement-

Soldaten[22] gefolgt, und frug gleisnerisch[23] die, mit ihrem siebenten Kinde eben schwanger gehende Frau, ob sie etwas von im Hause versteckten Waffen wisse, da eine schwere Anklage gegen ihren Mann gemacht worden sei. Diese versicherte guten Muts, daß so etwas in ihrem Hause gewiß nicht existiere, da ihr Mann nie sich dergleichen Umtriebe zu Schulden kommen lassen, wie er ja selbst, als sein alter Bekannter, am besten wissen müsse. »Gebt wohl acht, was ihr sagt«, rief Baker, »denn findet man etwas und ihr habt es verleugnet, so verurteilt Euch das Gesetz ohne Gnade zur lebenslänglichen Transportation.« Die Frau blieb bei ihrer Aussage. »Nun wohlan, auf Eure Gefahr! Soldaten!« befahl er, »durchsucht Haus und Scheune aufs genauste, und bringt mir Rapport, was ihr gefunden.« Man fand nichts – als aber unter Bakers eigner Anführung eine zweite Nachsuchung gehalten ward, brachte jemand eine geladne Pistole hervor, die angeblich unter dem Stroh versteckt gewesen sein sollte, von der man aber immer vermutet hat, daß Baker sie selbst dahin praktizierte. Die Frau wurde sogleich fortgeschleppt und durch das *corpus delicti*[24] bereits als überführt betrachtet, nach kurzem Prozeß zur Transportation verdammt. Ihr Mann kam wenige Tage darauf zurück und suchte Himmel und Erde für ihre Freiheit zu bewegen. Vergebens flehte er, daß man wenigstens ihn an die Stelle der unglücklichen Frau, einer schwangern Mutter von sechs Kindern, nach Botany Bay[25] schicken möge. Er offerierte auch das Geschenk der 500 £ St. Aber Baker blieb unerbittlich, den Verzweifelnden höhnisch erinnernd, ›daß er dies Geld ja brauche, die Tochter auszustatten, welche‹, setzte er hinzu, ›ihm jetzt die Wirtschaft führen könne, wenn er anders, infolge der eingeleiteten Untersuchung, noch eine Wirtschaft behielte. Für das Reisegeld seiner Frau brauche er aber nicht zu sorgen, denn dies übernähme großmütig das Gouvernement.‹ Das Gesetz hatte wirklich seinen Lauf, die arme Frau wurde transportiert und ist vielleicht noch in Port Jackson. Aber die zur Wut gebrachten Menschen, ihr Mann, Bruder und noch zwei andere, rächten ihr trauriges Schicksal kurze Zeit darauf, durch Bakers grausame Ermordung, den sie mitten im freien Felde anfielen, gleich einem Wilde hetzten, und endlich mit mehrern Schüssen langsam erlegten. Alle wurden ergriffen und gehangen.

Solche Schaudergeschichten waren damals in dem unglücklichen Lande alltäglich, und noch jetzt kommen ähnliche vor. Daß aber ein solcher Kontrast zwischen England und Irland unter demselben Gouvernement stattfinden und so lange fortbestehen kann, ist für jeden Menschenfreund wahrhaft betrübend, um so mehr, wenn man bedenkt, daß nur unbezwingliche Bigotterie und frühere Raubsucht, deren Beute man nicht wieder herausgeben will, die Ursache, 6 000 000 Menschen die Opfer davon sind.

Von meinem Feste sage ich nichts. Es glich den andern, und dauerte mehr als zu lange. Nur zweier Anekdoten will ich erwähnen, aus Venus' und Bacchus' Reiche entlehnt, weil sie mir bemerkenswert und die Sitten gut schildernd erscheinen. Ich bitte im voraus um Verzeihung, wenn die erste Dir ein wenig zu frei vorkömmt, aber man kann ohnmöglich, wie Du weißt, so vielen Gelagen in der Provinz beiwohnen, ohne auch einmal etwas Verfängliches zu hören. Übrigens ist das Ganze eine öffentlich verhandelte Kriminal-Geschichte und insofern wohl auch einem vertrauten Briefe einzuverleiben.

Man neckte einen der Gäste mit seinen Liebesgeschichten, und jemand meinte, er wäre wohl auch imstande, es seinem Cousin R... nachzutun. Ich frug, was dieser Cousin getan, und erhielt folgende Auskunft: »Voriges Jahr«, sagte mein Berichterstatter, »brach der *gentleman*, von dem die Rede ist, den Hals auf einer Fuchsjagd, was gewiß manche Tugend gerettet hat und auch vielleicht ihn selbst vor einem schlimmern Tode bewahrt, dem er schon einmal ganz nahe war. Die Sache hat in unsrer Kriminal-Geschichte nicht wenig Aufsehen gemacht, und möchte nicht so leicht einen Nachahmer finden.

M. R…, schon berühmt durch vielfache Avanturen, stellte lange vergebens der hübschen Tochter eines Pächters nach, ohne daß es ihm gelingen wollte, sie zu einem Rendezvous zu bringen oder sonst allein zu treffen. Endlich begegnete er ihr einmal, ohnfern ihres Vaters Haus, wie sie eben zum Brunnen ging, zwei Wasserkannen über die Schultern gehangen, und sie mit beiden Händen haltend, wie es hier die Landmädchen zu tun pflegen. Eine Weile mit ihr scherzend und allerlei zärtliche Possen treibend, benutzte er plötzlich ihre verteidigungslose Stellung und – *enfin*, es gelang ihm, halb wenigstens gewiß mit Gewalt, alles von ihr zu verlangen, was sie geben konnte. Von den englischen Gesetzen wird so etwas nicht nach Kaiserin Katharines oder Königin Elisabeths Prinzip beurteilt[26], sondern als kriminelle Gewalttätigkeit angesehen, und der Delinquent, wenn er durch Zeugen überführt ist, ohne weiteres gehangen. M. R…s Schreck war also nicht gering, als er, noch das weinende Mädchen tröstend, sich aufrichtete und ihre jüngere Schwester hinter derselben stehen sah, die in der gleichen Absicht Wasser zu holen hergekommen war, und das Ganze mit angesehen zu haben schien. *»Oh, for shame!«* (O, diese Schande!) rief sie entrüstet, »muß ich das von dir erleben, Schwester! Gleich sollen Vater und Mutter alles erfahren!« – Die arme Maria war bei dieser Drohung mehr tot als lebendig, ihr Liebhaber jedoch wußte, mit seltner Fassung und seltner Tatkraft, der Sache eine ganz unerwartete Wendung zu geben. Scheinbar wütend zog er sein Messer und stürzte auf die jüngere Schwester zu, als wolle er ihr augenblicklich den Mund für immer versiegeln. Halb ohnmächtig vor Schreck sank diese, um Erbarmen flehend, kraftlos zu seinen Füßen hin. – Hier ward ihr dasselbe

Schicksal zu teil, das einige Minuten früher ihre Schwester betroffen. Beide hielten nun zwar reinen Mund, beide aber zwang einige Zeit nachher die Natur zum Geständnis, denn beide wurden schwanger, und gebaren einen Knaben und ein Mädchen. Die Eltern machten die Sache anhängig, sie war klar – das jüngste der Mädchen überdies erst 13 Jahr alt, und man hielt Hrn. R... für verloren. Wider alles Vermuten erklärte ihn indes die mitleidige Jury *(que tant de valeur sans doute avait désarmé)*[27] für *no guilty* (nicht schuldig) weil, auf eingefordertes Gutachten, der Stadtarzt gefällig erklärt hätte: daß der Fall unmöglich sei. *Voilà une belle occasion de disputer pour les jurisconsultes et les médecins.*[28] Die *mauvais plaisants*[29] behaupteten, daß vor diesem Prozeß Mr... den Weibern gefährlich gewesen, nachher aber unwiderstehlich geworden sei.

Nun zur zweiten Erzählung:

Vor ohngefähr zehn Jahren gab Lord L..., der damals fast für unüberwindlich *vis-à-vis* einer Batterie Whiskey-Punsch-Gläser gehalten wurde, ein großes *dinner*, dessen Hauptzweck effreniertes[30] Trinken war, eine Mode, die jetzt, im Verhältnis wenigstens, immer mehr abgenommen hat. Es war damals etwas ganz Gewöhnliches, sich mit einem Fasse Wein und einer lustigen Gesellschaft einzuschließen, und das Gemach nicht eher zu verlassen, bis der letzte Tropfen geleert war. Barrington spricht in seinen Memoiren[31] von einer ähnlichen Partie, die in einem Jagdhause stattfand, wo erst den Tag vorher die Wand mit Mörtel bekleidet worden war, der noch nicht zum Trocknen Zeit gehabt hatte. Hier schloß man sich auf diese Weise mit einer Tonne, eben von Frankreich angekommenen Clarets, ein, und als am Morgen die gegen die Wand getaumelten Mitglieder aus ihrem Rausche erwachten, fanden sie sich so fest mit derselben identifiziert, daß sie später davon abgeschnitten werden mußten, einige mit Verlust ihres Haars, andere ihrer Kleider.

Ein *dinner* in ähnlichem Genre, gab auch Lord L... Die sehr zahlreiche Gesellschaft ward bald überaus lustig und geräuschvoll, und nachdem die Augen weniger scharf und die Zungen stammelnder geworden waren, hörte Lord L... mehreremal vom untern Ende der Tafel rufen: *»O Sergeant Scully! that won't do! Fairplay Mr. Scully!«* (O Sergeant Scully, das geht nicht an! Ehrlich' Spiel Herr Scully!) Dieser Scully war Sergeant in dem Milizkorps der Gutsbesitzer, das Lord L... kommandierte, und sonst als ein sehr determinierter[32] Trinker bekannt. Lord L... also, der glaubte, er weigere sich sein Glas weiter zu füllen, ward höchst entrüstet, und rief ihm laut über den Tisch zu: »Schämt Euch Scully! Euch so nötigen zu lassen! *Allons*[33], gleich füllt Euer Glas! Irland für immer.« – »O Mylord«, ertönten hier mehrere klägliche Stimmen, »Euer Herrlichkeit sind ganz im Irrtum. Sergeant Scully hat zwei Gläser vor sich stehen, die er beständig füllt, während wir nur eins erhalten; solche Bevorteilung wollen wir aber nicht länger dulden!«

Seitdem ist es in ganz Irland zum Sprichwort geworden, wenn einer mehr als alle anderen tut, oder doppelten Vorteil aus einer Sache zieht, zu sagen: er nimmt sich ein Beispiel an Sergeant Scully.

Als man keine Anekdoten mehr zu erzählen wußte, wurden allerlei Kunststücke und *tours de force*[34] gemacht, worunter ich eins noch nie gesehen hatte. Es ist nur ein Experiment mit einem Hahn, das jeder nachmachen kann, aber doch ziemlich sonderbar. Das wildeste und böseste Tier dieser Art wird nämlich sogleich bewegungslos, und vermocht, so lange man will, in totenähnlicher Ruhe auf dem Tische liegen zu bleiben, den Schnabel vor sich hingestreckt und die Augen keinen Augenblick von einer weißen Linie verwendend, die vor ihm hingezeichnet ist. Man tut weiter nichts, als diese grade Linie vorher auf dem Tische mit Kreide zu zeichnen, den Hahn dann mit beiden Händen zu fassen und mit dem

Schnabel auf der Linie fortzuschreiben. Dann drückt man ihn auf den Tisch auf, und er wird so lange liegenbleiben, ohne sich zu rühren, bis man ihn wieder wegnimmt. Das Experiment kann jedoch nur bei Licht gemacht werden.

Voilà de grandes bagatelles, mais à la guerre comme à la guerre.[35]

Den 22sten

Da Fitzpatrick der *piper*, den ich für gestern hatte kommen lassen, noch heute in der Stadt blieb, benutzte ich dies, um ihn während des Frühstücks privatim in meiner Stube spielen zu lassen und dabei sein Instrument genauer zu betrachten. Es ist, wie Du schon weißt, Irland eigentümlich, und eine seltsame Mischung alter und neuer Jahrhunderte darin sichtbar. Der ursprüngliche, einfache Dudelsack hat sich in ihm mit der Flöte, der *Hoboe*[36] und einzelnen Orgel- und Bassontönen[37], vermählt. Alles zusammen bildet ein fremdartiges, aber ziemlich vollständiges Konzert. Der kleine elegante Blasebalg, der damit verbunden ist, wird vermöge eines seidenen Bandes am linken Arme befestigt, und der, zwischen ihm und dem Sack kommunizierende, Windschlauch, über den Leib gelegt, während die Hände auf einem, mit Löchern, gleich einem Flageolett[38], versehenen, aufrecht stehenden Rohre spielen, welches das Ende des Instruments bildet, und mit fünf bis sechs andern kürzeren, die einer kolossalen Papagenoflöte[39] ähnlich sind, in Verbindung steht. Während des Spiels geht der rechte Arm unaufhörlich vom Körper ab und zu, um den Blasebalg in Atem zu erhalten. Das Öffnen einer Klappe bringt einen tiefen, summenden Ton hervor, der während dem übrigen Spiel *unisono*[40] mit fortgeht, und dem Forte-Zug[41] des Pianos ähnlich wirkt. Durch das Agitieren des ganzen Körpers, sowie des vorher beschriebenen Rohres, brachte Fitzpatrick Laute hervor, die kein andres Instrument besitzt. Der Anblick des

Ganzen, wozu Du Dir den schönen alten Mann mit einem vollen weißen Lockenkopf hinzudenken mußt, ist wirklich sehr originell, sozusagen: tragikomisch. Seine *bagpipe* war übrigens besonders prächtig verziert, die Röhren aus Ebenholz mit Silber beschlagen, das Band reich gestickt, und der Sack mit feuerfarbner Seide und silbernen Fransen umgeben.

Ich ließ mir die ältesten irländischen Melodien aufspielen, wilde Kompositionen, die gewöhnlich traurig und melancholisch, wie die Gesänge der slawischen Völker, anfangen, zuletzt aber dennoch in einem *jig*[42], dem irländischen Nationaltanz, oder einer kriegerischen Musik endigen. Eine dieser Melodien gab das sehr täuschende *fac simile*[43] einer Fuchsjagd, und eine andere glaubte ich aus dem Jägerchor im Freischützen[44] entlehnt; sie war aber 500 Jahre älter. *Les beaux esprits se rencontrent dans tous les âges.*[45]

Nach einiger Zeit hörte der *piper* plötzlich auf, und sagte lächelnd, mit vieler Anmut: »Es muß Ihnen schon bekannt sein, gnädiger Herr, daß die irländische *bagpipe* nüchtern keinen guten Ton hat – sie verlangt den Abend, oder die Stille der Nacht, heitere Gesellschaft und den lieblichen Duft dampfenden Whiskey-Punsches. Erlauben Sie also, daß ich mich jetzt beurlaube.«

Ich belohnte den guten Alten reichlich, der mir immer als ein wahrer Repräsentant irischer Nationalität vorschweben wird.

Mit Fitzpatrick nehme auch ich Abschied von Dir, liebste Julie, um mich nach der langen *tour* wieder nach Dublin zurückzubegeben, von wo ich meinen nächsten Brief an Dich abzusenden gedenke.

Dein treuer L...

Vierzigster Brief

Dublin, den 24sten Oktober 1828

Gute teure Freundin!

Wenn man so lange ein halbwildes Leben geführt, kommt einem die Zahmheit der Stadt ganz sonderbar vor! Ich kann mir jetzt beinah das Heimweh der Indianer erklären, von denen selbst die Gebildetesten doch am Ende in ihre Wälder wieder zurücklaufen. Die Freiheit hat einen zu großen Reiz!

Gestern nachmittag verließ ich Cashel, und nahm in meinem Wagen den Bruder des Capt. S... mit. Solange es Tag war, sahen wir gewiß an zwanzig verschiedene Ruinen, fern und nah, liegen. Eine der schönsten steht am Fuß eines isolierten Hügels, Killough Hill, der Garten Irlands, genannt, weil auf ihm, der Sage nach, alle in Irland einheimischen Pflanzen wachsen. Der Grund dieser Fruchtbarkeit ist, daß Killough Hill einst der Sommeraufenthalt der Feenkönigin war, deren Gärten hier prangten. Der überirdisch magnetisierte Boden behält daher noch immer einen Teil seiner wunderbaren Kräfte. Die erwähnte Ruine hat abermals einen jener rätselhaften, schmalen, runden Türme ohne Öffnung, die von fern einem, von allen Neunen allein stehen gebliebenen, ungeheuren Königskegel gleichen. Bei einigen wenigen, sieht man zwar die Öffnung einer Türe, aber nicht unten, sondern in der Mitte. Kein romantischeres Schilderhaus hätte für die Wache des Feenhügels gewählt werden können. Das Wetter war außerordentlich mild und schön, und der Vollmond so lichtstrahlend, daß ich bequem in meinem Wagen lesen konnte. Demohngeachtet verschliefen wir einen guten Teil der Nacht.

In Dublin fand ich einen Brief von Dir vor. Tausend Dank

für alles Liebe und Gute, das er für mich enthält. Ängstige Dich aber nicht zu sehr über die Lage Deiner Freundin. Sage ihr, sie solle handeln wie es die Not erfordere, abwenden was möglich sei, unvermeidliches Übel aufschieben, solange sie könne, aber immer ruhig tragen was da sei. Das wenigstens ist meine Philosophie. Deine Zitation aus der Sévigné[1] hat mich sehr amüsiert. Gewiß, diese Briefe sind merkwürdig! Durch viele Bände immer das Nämliche, und an sich ziemlich Leere, mit stets neuen Wendungen unterhaltend, ja oft bezaubernd zu sagen; Hof, Stadt und Land mit gleicher Grazie zu schildern, und eine etwas affektierte Liebe gegen die insignifikanteste Person zum Hauptthema des Ganzen zu wählen, ohne dennoch je dadurch zu ermüden – das waren gewiß Aufgaben, die außer ihr, noch niemand hat lösen können. Sie ist nichts weniger als romantisch, war auch im Leben nicht außerordentlich hervorstechend, aber ohne Zweifel das wohlerzogenste Ideal *du ton le plus parfait.*[2] Gewiß besaß sie auch *»temper«*, von der Natur gegeben, und durch Kunst veredelt und erhöht. Kunst ist wenigstens überall sichtbar, und wahrscheinlich waren auch ihre Briefe, von denen sie wußte: daß viele sie mit Begeisterung lasen – wohl ebensosehr für die Gesellschaft als für ihre Tochter berechnet, ja gefeilt, denn die bewunderungswürdige Leichtigkeit ihres Stils verrät eben weit mehr Sorgfalt als das *épanchement*[3] des Augenblickes gestattet. Das, was am leichtesten aussieht, ist von jeher am schwersten zu erringen gewesen. Die Schilderung damaliger Sitten tut heutzutage das ihrige für das Interesse der Briefe, ich bezweifle aber, daß ähnliche, jetzt geschrieben, gleichen *success*[4] haben würden. Man ist zu ernst und geistig dazu geworden. *Les jolis riens ne suffissent plus.*[5] Das Gemüt auch will erregt, und heftig erregt sein. Wo ein Gigant, wie Lord Byron, auftritt, verschwinden die niedlichen Kleinen.

Eben las ich in seinen Werken (denn noch ging ich nicht

aus). Ich stieß auf die Schilderung einer Szene, wie ich selbst in den letzten Tagen deren so häufig ähnliche erlebt. Wie erhaben fand ich meine Gefühle ausgedrückt! Erlaube mir das Bruchstück Dir in einer poetischen Prosa, so gut ich kann, und so wörtlich als möglich, zu übersetzen.

»Der Himmel wandelt sich! – Welch ein Wechsel! o Nacht –
Und Sturm und Finsternis, wohl seid ihr wundermächtig!
Doch lieblich Eure Macht – dem Lichte gleich.
Das aus dem dunklen Aug' des Weibes bricht. – Weithin
Von Gipfel zu Gipfel, die schmetternden Felsen entlang
Springt der eilende Donner. Nicht die einsame Wolke
allein,
Jeder Berg hat eine Zunge gefunden,
Und Jura sendet durch den Nebelvorhang Antwort
Zurück, dem lauten Zuruf der jubelnden Alpen.
Das ist eine Nacht! – o herrliche Nacht!
Du wurdest nicht gesandt für Schlummer. Laß auch mich
Ein Teilnehmer sein an Deiner wilden, fernhin schallenden
Freude
Ein Teil vom Sturme – und ein Teil meiner selbst –
Wie der See erleuchtet glänzt – gleich dem phosphorischen
Meer!
Und die vollen Regentropfen – wie sie herabtanzen auf
seine Wellen!
Und nun wird alles wieder schwarz – und von neuem
Hallt der Berge Chorus wieder, in lauter Luft,
Als säng' er Triumph über eines jungen Erdbebens Geburt!

Ist das nicht schön, wahrhaft dichterisch gefühlt! Wie schade, daß wir so gar keine guten Übersetzungen seiner Werke haben. Nur Goethe vielleicht wäre fähig, ihn genügend wiederzugeben – wenn e r nicht leichter und lieber, gleich Herrliches selbst schüfe.

Den 25sten

Ich machte gestern dem Lord-Lieutenant[6] meinen Besuch im Phœnixpark, der mich auf heute zu Tische einlud, wo ich eine ziemlich glänzende Gesellschaft antraf. Er ist beliebt in Irland, weil er parteilos verfährt, und die *emancipation*[7] zu wünschen scheint. Seine Taten als Feldherr sind bekannt, niemand aber repräsentiert auch besser, und ein kunstvoller gemachtes falsches Bein als das seine, sah ich auch noch nie. Der Marquis, obgleich nicht mehr jung, ist noch immer sehr schön gewachsen, und das falsche Bein, wie der Fuß, rivalisieren mit dem echten *à s'y méprendre.*[8] Nur beim Gehen bemerkt man einige Schwierigkeit. Im ganzen kenne ich wenig Engländer, die eine so gute *tournure*[9] haben, als der jetzige Lord-Lieutenant Irlands. Wenn er in der Stadt residiert, wird eine ganz strenge Etikette, wie an einem kleinen Hofe aufrecht erhalten, auf dem Lande aber betrachtet er sich als Privatmann. Macht und Ansehen eines Lord-Lieutenants sind ziemlich groß, da er den König repräsentiert, obgleich sie das Ministerium gehörig beschneidet. Er darf unter andern Baronets machen[10], und es ist schon in früheren Zeiten vorgekommen, daß Gastwirten, und noch weniger Qualifizierten, diese Ehre zuteil geworden ist. Hören seine Funktionen auf, so gibt ihm ihre frühere Ausübung keinen fernern erhöhten Rang. Während der Amtsführung beläuft sich die Besoldung des Lord-Lieutenants auf 50 000 Pfd. St. jährlich, und dem frei gehaltenen Hofstaat, so daß er recht gut seine eigenen Revenuen ökonomisieren kann, was jedoch der jetzige nicht tun soll, dessen Haus ich vortrefflich eingerichtet fand. Er ist auch von einigen interessanten Leuten umgeben, die einen sehr guten Ton mit Genialität verbinden, und der politischen Partei der Mäßigung und Vernunft anzuhängen scheinen. Man kann unter solchen Umständen fast voraussetzen, daß Lord Anglesea sich nicht lange hier halten wird, auch hörte ich Anspielungen darauf. Da er an der schmerzlichen Krankheit des *tic douloureux*[11] sehr leidet, empfahl ich ihm H... das sich so *efficace*[12] dagegen gezeigt hat, und übergab seinem Hausarzt das Buch, welches davon handelt. Der Marquis sagte lächelnd: »Urlaub wird man mir wohl nicht verweigern«, indem er seinen konfidentiellen Sekretär[13] bezeichnend dazu anblickte. Dies bestätigte meine eben geäußerte Vermutung; es wäre aber gewiß ein großes Unglück für Irland, das zum erstenmal sich des Segens erfreut, einen Statthalter zu besitzen, der die abgeschmackten Religionshändel mit philosophischem Auge betrachtet.

Ehe ich nach dem Phœnixpark fuhr, wohnte ich dem Gottesdienst in der katholischen Kapelle bei. Es ist dies ein schönes Gebäude. Das Innere, ein großer, ovaler Saal mit einer ringsum laufenden Kolonnade ionischer Säulen, einer schönen Kuppel und einem vortrefflichen Hautrelief[14], in der halben Wölbung der Decke, die sich über dem, am Ende des Saales stehenden Altar befindet. Es stellt des Erlösers Himmelfahrt dar. Vortrefflich ist besonders die Figur und der Ausdruck des Heilands, den man sich so denken muß, wenn auch der Künstler nur aus der Phantasie schuf. Die Katholiken behaupten freilich, wirkliche Portraits von Christus zu besitzen, wie ich auch einmal, in Süddeutschland, eine Sammlung w a h r h a f t e r Abbildungen des heiligen Gottes, angekündigt fand.

Der Hauptaltar steht ganz frei, ist von einfach schöner Form und aus weißem Marmor in Italien verfertigt. Die obere Platte und der Sockel sind von dunklerm Marmor. Die vordere Fassade ist in drei Felder geteilt, worauf, im Mittelfelde, das Bild einer Monstranz von Goldbronce, auf den beiden andern, die Basreliefs zweier anbetenden Engel sich befinden. Oben steht, auf der Mitte des Altars, ein prachtvoller Tempel aus kostbaren Steinen und Gold, in dem die wirkliche Monstranz aufbewahrt wird, und neben ihm zwei ebenso prächtige Goldleuchter. An beiden Seiten des Altars stehen außerdem noch zwei *guéridons*[15] von Bronce, die von Engeln, welche ihre Flügel zusammenschlagen, getragen werden; auf den obern Platten derselben befinden sich die heiligen Oblaten und der Wein. Alle Details sind im besten Geschmack ausgeführt, und die edelste Simplizität überall vorherrschend. Von der Decke hängt an einer schweren silbernen Kette eine antike Lampe von gleichem Metall herab, die fortwährend brennt. Es ist gewiß einer der schönsten katholischen Gebräuche, daß gewisse Kirchen den Gläubigen bei Tag und bei Nacht für das Bedürfnis der Andacht stets offenstehen. In Italien begab ich mich fast nie zur Ruhe, ohne vorher eine solche Kirche besucht und den wunderbaren Effekt betrachtet zu haben, den es hervorbrachte, wenn in der Stille der Nacht die einzelne rötliche Lampe die hohen Gewölbe sparsam und phantastisch erleuchtete. Immer fand ich eine oder die andere betende einsame Gestalt vor einem der Altäre hingeworfen, nur mit ihrem Gott und sich beschäftigt, ohne die mindeste Rücksicht auf das zu nehmen, was um sie her vorging. In einer dieser Kirchen stand das Riesenbild des heiligen Christoph, an den mittelsten Pfeiler gelehnt, und mit dem Kopf an das Gewölbe stoßend; auf seiner Schulter saß das schwere Christuskindlein, und in seiner Hand hielt er als Wanderstab, einen ausgewachsenen Baumstamm, mit frischen grünen Ästen, der monatlich erneuert wurde. Das Licht der hochhängenden Lampe umgab das Kindlein wie mit einer Glorie und warf, wie segnend, einzelne Strahlen herab auf den frommen Riesen.

Wenn ich den hiesigen katholischen Gottesdienst mit dem englisch-protestantischen vergleiche, muß ich dem ersteren unbedingt den Vorzug geben. Mögen gleich einige Zeremonien zu viel, und selbst an's Burleske streifend sein; z. B. das Umherwerfen der Räucherfässer, das fortwährende Anlegen anderer Kleidungsstücke etc., so hat dieser Kultus doch eine Art antiker Größe, welche imponiert und befrie-

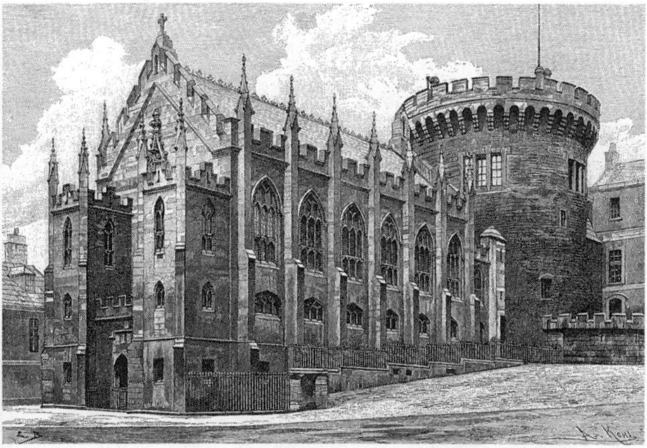

Die Königliche Kapelle im Schloß von Dublin

digt. Die Musik war vortrefflich, sehr gute Sänger, und diese, was den Effekt ungemein vermehrte, unsichtbar. Einige Protestanten nennen das zwar eine Bestechung der Sinne, ich kann aber nicht einsehen, warum das ohrenzerreißende Geschrei einer unmusikalischen lutherischen Gemeinde frömmer sein soll, als die Anhörung guter Musik, von Leuten ausgeführt, die sie auszuführen gelernt haben*. Auch die Betrachtung des Inhalts der Predigt war hier ganz zum Vorteil des katholischen Kultus. Während die englisch-protestantische Gemeinde in Tuam, als ich zugegen war, nur von Wundern, Schweinen und bösen Geistern unterhalten wurde, war hier die Lehre nur rein moralisch und praktisch. Der Redner sprach hauptsächlich vom Neid, und sagte, unter anderm sehr treffend: »Wollt Ihr wissen, ob Ihr von diesem, der Menschenliebe so nachteiligen, und das Individuum selbst so erniedrigenden Laster ganz frei seid, so prüft Euch nur genau, ob Ihr nie, bei der sich immer steigernden Prosperität eines andern, ein unbehagliches Gefühl in Euch entdeckt, oder ob Ihr nie, bei der Nachricht, daß einem Glücklichen etwas mißlang, wie bei diesem oder jenem Unfall anderer, eine leise Befriedigung gefühlt? Dies ist eine ernste Frage, und wenige werden sie sich ohne Nutzen vorlegen.« –

Die Art, wie jeder hier für sich still in seinem Gebetbuch liest, während die herrliche Musik den Geist erhebt und vom irdisch Alltäglichen abzieht, scheint mir auch dem lauten Herleiern und Ablesen der Gebete in jener Kirche weit vorzuziehen. Während dieser Zeit stiller Andacht merkt man nur wenig auf die Zeremonien, Kleiderwechselungen und Räucherungen der Priester am Altar, die einem fast wie eine

* Durch die Einführung der neuen Agende[16] im Königreich Preußen ist z.B. zur Verbesserung, ich möchte fast sagen, Vermenschlichung, der Musik in den Kirchen, sehr viel getan worden, und der Einfluß auf die Gemeinden überall auch sehr wohltätig gewesen. *A. d. H.*

häusliche Toilette vorkommen, um die man sich nicht weiter bekümmert. Aber selbst diese letztere kleine Schattenseite mitgenommen, sieht man in der katholischen Kirche doch immer etwas Ganzes, durch Alter und Konsequenz Ehrwürdiges – in der englisch-protestantischen dagegen nur unzusammenhängendes Stückwerk. Beide mit der deutschen Kirche (aber diese nur im Sinne unsrer Krug und Paulus)[17] könnten auf drei Individuen verglichen werden, die sich an einem prächtigen Ort befanden, der manchen Genuß, manchen wertvollen Unterricht darbot, aber von Gottes Sonne und seiner herrlichen freien Natur durch eine hohe Mauer geschieden war. Der Erste der drei war mit dem Glanz der Juwelen und des Kerzenlichts zufrieden, und sah nie sehnsüchtig nach den wenigen Spalten der Mauer, die eine Ahnung des Tageslichts hineinließen. Die andern Beiden aber wurden unruhig; sie fühlten, es gäbe noch etwas Besseres und Schöneres außerhalb und entschlossen sich endlich, die hohe Mauer, es koste was es wolle, zu übersteigen. Wohlversehen auf lange mit allem was sie nötig zu haben glaubten, begannen sie die große Unternehmung. Viele Gefahr, vieles Ungemach mußten sie ausstehen, – doch endlich erreichten sie glücklich die Höhe. Hier gewahrten sie nun zwar der Sonne glänzendes Gestirn, aber Wolken verbargen es oft, und auch das schöne Grün der Wiesen unter ihnen ward oft unterbrochen durch Unkraut und stachlichtes Gebüsch, wo wilde gefahrvolle Tiere lauschend umherschlichen. Doch nichts konnte den Zweiten der drei entmutigen, noch von seinem Vornehmen abschrecken; die innere Geistesstimme besiegte alle Furcht und jeden Zweifel. Wohlgemut ließ er sich hinab, in die neue Welt, und da er, um ganz ungehindert zu sein, alles Mitgenommene zurückgelassen hatte, verschwand er, leichten Fußes, bald in den heiligen Hain. Aber der Dritte – der sitzt noch immer auf der Mauer, zwischen Himmel und Erde, von der mitgebrachten Nahrung zehrend, und sich an dem mitgebrachten Flitter weidend, von dem er sich nicht losreißen kann, obgleich die Strahlen der Sonne, die jetzt ungehindert auf den falschen Tand[18] fallen, ihn schon weit unscheinlicher gemacht. Wie das Tier der Fabel[19] schwankt er zwischen den zwei Heubündeln, ohne zu wissen, welchem er sich gänzlich zuwenden soll. Zurück kann er nicht mehr, vorwärts fehlt ihm der Mut, oben aber erhalten ihn die Fleischtöpfe Kanaans* – so lange sie dauern werden.

Den 27sten

Wenn ich nicht Allotria treiben will, d.h. von Dingen reden, die meiner Reise und dem hiesigen Aufenthalt nichts angehen, so macht das Leben in der Welt meine Briefe recht leer. Ich könnte ein Schema in Steindruck dazu anfertigen lassen, mit einigen Ausfüllungen *ad libitum*[20], ohngefähr so: »Spät aufgestanden, und verdrießlich. Visiten gegangen, geritten oder gefahren. Diniert bei Lord, oder Mr..., gut oder schlecht. Konversation: Gemeinplätze. Abends eine langweilige Gesellschaft, *rout*[21], Ball oder gar Dilettanten-Konzert. NB.[22]: Die Ohren tun mir noch davon weh!« In London könnte man ein für allemal noch hinzusetzen: »Die *foule*[23] erdrückte mich bald, und die Hitze war ärger wie auf der obersten Bank im russischen Dampfbad. Körperliche Anstrengung war am heutigen Tage = 5 Grad, (eine Fuchsjagd zu 20 gerechnet) geistige Ausbeute = 0. Resultat: *Diem perdidi.*«[24]

Hier ist es nun nicht ganz so arg; man wird in dieser Jahrzeit nicht stärker fatiguiert[25], als in einer deutschen großen Stadt, aber immer noch zuviel eingeladen, ohne daß man es füglich ausschlagen kann. Denn wohl mag ich mit dem engli-

* Brauche ich Dir zu erklären, was ich mit den Fleischtöpfen Kanaans meine? – Die so einträglich gemachte Christuslehre, welche hier gewiß noch besser nährt, als weiland die Fleischtöpfe Ägyptens.

schen Dichter ausrufen: »Wie verschieden sind die Gefühle der Gäste in jener Welt, die man die große und heitere nennt! von allen die melancholischeste und langweiligste, wenn man ihre Heiterkeit nicht teilt.«

Den 28sten

Eben komme ich von einem etwas kleinstädtischen, aber nicht weniger prätentiösen *dîner*, vom Lande zurück. Einiges war komisch, aber das wenige Lachen muß nur immer mit so viel Langerweile erkauft werden! Das Fest fand bei zwei sehr häßlichen und magern, aber wie man sagt, sehr reichen Missis statt. Ist dies der Fall, so müssen sie zugleich sehr geizig sein, denn die Mahlzeit war eine wahre Mystifikation für einen Gourmet[26], und Haus und Park ebenso *mesquin*.[27] Mein guter Stern brachte mich indes bei Tische neben Lord P…, einem berühmten politischen Charakter, der seine Partei auf der edlen und guten Seite genommen hat, und stets der Sache der *emancipation* treu geblieben ist. Es freute mich sehr ihn mit den von mir selbst an Ort und Stelle gefaßten Ansichten so übereinstimmend zu finden. Eine seiner Äußerungen aber frappierte mich ihrer Naivität wegen. Ich bemerkte gegen ihn, daß, nach allem was ich sähe, selbst die *emancipation* hier nicht viel helfen könne, denn das eigentliche Übel bestehe darin, daß der meiste Grund und Boden und alle Reichtümer des Landes einem Adel gehörten, dessen Hauptinteresse ihn immer zwingen würde in England zu leben, hauptsächlich aber in den Summen läge, welche die armen katholischen Irländer jährlich der protestantischen Geistlichkeit opfern müßten. Solange dies nicht geändert würde, könnte auch kein fester und blühender Zustand der Dinge eintreten. »Ja«, erwiderte er, »das zu ändern ist unmöglich; ohne diese Reichtümer würde die englische Geistlichkeit ihr ganzes Ansehen verlieren.« – »Wie könnte das geschehen«, sagte ich lachend, »ist es denkbar, daß Tugend, milde Lehre und frommer Eifer im Amte, auch bei einem nur mäßigen Einkommen, den vornehmsten Priester nicht ehrwürdiger machen sollten, als ein übertriebener weltlicher Luxus, oder sollten wirklich 20000 Pfd. St. Revenuen unumgänglich nötig sein: *to make a Bishop or Archbishop appear decently in society?*« (einen Bischof oder Erzbischof dezent in Gesellschaft zu produzieren). *»My dear Sir«*, antwortete Lord Plun..., *»such a thing may exist, and maintain itself abroad – but will never do in Old England, where above all, money, and* much money *is required and necessary, to obtain respectability and consideration.«* (So etwas könnte vielleicht auf dem Kontinent existieren und sich erhalten, aber nimmer in England, wo über alles, Geld, und viel Geld nötig ist, Respektabilität und Hochachtung zu erlangen.) Die Aristokratie kam bei dieser Bemerkung zwar nicht in *consideration*, aber wahr ist es, daß auch sie, ohne Geld, bald nichts mehr sein würde, obgleich sie jetzt, mit nicht geringem Dünkel, in England die adlige Geburt hoch über bloßen Reichtum gestellt hat.

Lady M..., die auch zugegen war, unterhielt wie gewöhnlich die Gesellschaft mit vielem Witz, nachher erzählte sie mir eine spaßhafte Anekdote von den Wirtinnen selbst. Nur die eine derselben, sagte sie, (ich weiß nicht mehr recht ob die größere oder kleinere) besitzt das große Vermögen, die andre kaum ein Dritteil davon; um aber womöglich beides an den Mann zu bringen, begaben sich die Schwestern vor vielen Jahren schon nach London. Einem fremden Ambassadeur wurde die gute Partie, vielleicht im geheimen Auftrag der Damen selbst, vorgeschlagen, und, wie Fama[28] sagt, soll er seinen Antrag ohne Zaudern gemacht haben. Er wurde mit Verwunderung, aber höchst erfreut angenommen, denn er hatte ganz unerwartet, die Ärmere gewählt und sich schon mehreremal mündlich von ihren Reizen völlig besiegt erklärt. Dies hatte jedoch seinen Grund nur in einem ihm gemachten irrigen Bericht, und ganz kurz vor Torschluß ward ihm erst die Wahrheit kund. Entrüstet über das gefährliche *quid pro quo*[29], schrieb er sogleich den Damen, daß er sich in seinen Gefühlen geirrt, und nach reiflicher Überlegung überzeugt sei, daß nicht die Große, wie er früher geglaubt, sondern nur die Kleine, sein Glück machen könne, um deren Hand er daher hiermit ergebenst bitte. Nach langem Kampf siegte der weibliche Stolz über den konventionellen, und beide deprezierten[30] die hohe Allianz. Seitdem gehen sie nun zwar noch jeden Winter nach London, geben zu essen und zu trinken, überbieten das Pariser Modejournal in ihren Toiletten, sprechen viel von Landgütern und Bankobligationen, wozu die eine Klavier hämmert, die andre ohne Stimme singt – sind aber dennoch bis jetzt ledig geblieben. Überhaupt ist es sonderbar, daß man nirgends, auch nur die Hälfte so viel alter Jungfern antrifft, als in England, und sehr häufig sind sie reich. Die übertriebene Eitelkeit auf ihr Geld, die damit nie Größe und Rang genug zu erlangen glaubt, oder die überspannt romanhafte Erziehung der Mädchen, welche durchaus und allein um ihrer selbst Willen geliebt werden wollen (woran z.B. eine Französin sich gar nicht kehrt, weil sie ganz richtig meint: dies werde schon in der Ehe kommen, wenn überhaupt Stoff dazu da wäre; sei aber dies nicht der Fall, würde es doch nicht bleiben, selbst wenn es der Zukünftige jetzt zu fühlen glaube) – sind die Hauptgründe dieser Erscheinung. Die Engländer halten übrigens, als wahre Türken, ihre Mädchen und Weiber so beschränkt in intellektueller Hinsicht als möglich, weil sie glauben, sich dadurch mehr ihren eigentümlichen Besitz zu verschaffen, und dies gelingt ihnen auch in der Regel vollkommen. Ein Fremder dient den Engländerinnen wohl zur Unterhaltung und Spielsache, aber flößt ihnen dabei immer auch einige Furcht und Scheu ein. Höchst selten werden sie ihm dasselbe Vertrauen als einem Landsmann schenken. Für einen halben Atheisten oder krassen Baals-Anbeter[31] halten sie nun schon einmal jeden Ausländer ganz gewiß – zuweilen amüsiert sie daher auch das Bekehrungsgeschäft. Von den Lond'ner Exklusiven spreche ich hier nicht – diese geben dasselbe Resultat, als wenn man alle Farben zusammenreibt – wo nämlich zuletzt gar keine mehr übrig bleibt.

Den 29sten

Das schöne Wetter lockte mich hinaus ins Freie. Ich ritt den ganzen Tag umher, und sah ein paar merkwürdige Schlösser, Malahide und Howth Castle. Beide haben eine seltne Eigenschaft. Sie sind nämlich seit 900 Jahren immer im Besitz derselben Familien geblieben, was sich, so viel ich weiß, kein einziger Wohnsitz des englischen hohen Adels rühmen kann. Malahide des englischen hohen Adels rühmen kann. Malahide ist auch noch historisch merkwürdig; denn es gehört den Talbots[32], und selbst des berühmten Feldherrn Rüstung, mit einem Partisanen-Stoß in der Brust, wird noch hier aufbewahrt. Die eine Hälfte des Schlosses ist uralt, die andere von Cromwell zerstört, und nachher im Stil des alten wieder neu aufgebaut worden. In dem ersten Teile zeigte man mir 500 Jahre alte Stühle, ja sogar ein Zimmer, in dem die schwarz-eichne, reiche *boiserie*[33], geschnitzte Decke und Boden 700 Jahre zählten. Der neue Schloßteil enthält mehrere interessante Gemälde. Ein Portrait der Herzogin von Portsmouth war so lieblich, daß ich Carl II. noch im Grabe darum beneidet haben würde, sie einst zur Herzogin erheben zu dürfen, wenn ich mich nicht noch zur rechten Zeit der Predigt des katholischen Geistlichen erinnert hätte. Eine alte Abbildung der Maria Stuart, obgleich in reiferem Alter dargestellt, bestätigte mir dennoch die Ähnlichkeit des, in der Grafschaft Wicklow gesehenen, Bildes dieser unglücklichen und schönen Königin, und mit Interesse betrachtete ich eine Szene am Hofe zu Madrid, mit den Portraits des Königs, gravitätisch im roten Scharlachrock dasitzend; Carls I. als Kronprinzen, der ziemlich *légèrement*[34] ein Menuett mit der Infantin[35] tanzt, und des verführerischen Buckingham, der, prächtig gekleidet, eine hübsche Hofdame sehr angelegentlich zu unterhalten scheint.

Howth Castle, der Familie St. Lawrence gehörig, und von Lord Howth bewohnt, (der kein *absentee*[36] ist, sondern wohltätig seine Einkünfte im Lande verzehrt) ist mehr im Laufe der Zeiten modernisiert worden, und zwar nicht glücklich, da ein griechisches Portal sich sonderbar zu den kleinen gotischen Fenstern und hohen Zinnen in *trèfle*-Form ausnimmt. Auch hier wird das Schwert und die Rüstung eines berühmten Vorfahren, mit abenteuerlichem Namen, aufbewahrt. Er hieß Sir Armoricus Tristram, und lieferte, Anno 1000, den Dänen eine Schlacht in dieser Gegend, in der er, glaube ich, auch sein Leben verlor. Die altertümlichen Ställe waren voll herrlicher Jagdpferde, und Lord Howths Hunde *(hounds)* werden ebensosehr gerühmt.

Bei meiner Zurückkunft ging ich ins Theater, wo der englische Franconi – Ducrow[37] – die Equilibristerei[38] veredelt, indem er auf bewunderungswürdige Weise bewegliche Statuen darstellt. Dies ist ein wahrer Kunstgenuß, und den sogenannten Tableaux[39] weit vorzuziehen. Du siehst, wenn der Vorhang aufgeht, in der Mitte der Bühne ein unbewegliches Standbild, auf einem hohen Postamente, stehen. Dies ist Ducrow, und kaum begreiflich, wie Trikot so dicht überall anliegen und so täuschend Marmor, hie und da von einer bläulichen Ader unterbrochen, darstellen kann. Ich glaube auch, daß er größtenteils auf der bloßen Haut gemalt war und nur da, wo unsere Sitten keine Nacktheit erlauben, mit Trikot sich geholfen hatte. Überdem erschien er zuerst als r u h e n d e r Herkules, wo das Löwenfell ihm alle Verlegenheit ersparte. Mit großer Kunst und Präzision ging dann der Mime, allmählig seine Stellung verlassend, in eine andere über, von Gradation[40] zu Gradation, zu immer erhöhter Kraftäußerung fortschreitend, in den Hauptmomenten aber, (wo die berühmtesten Statuen darzustellen waren) plötzlich von neuem, wie zu leblosem Marmor sich versteinernd. Helm, Schwert und Schild, das ihm jetzt gereicht wurde, verwandelte ihn im Augenblick in den zornigen Achilleus, Ajax und andere griechische und trojanische Helden. Dann kam der Schleifer, der Diskus-Werfer u. s. w. an die Reihe, immer gleich gelungen und wahr. Er schloß mit den verschiedenen Stellungen des Fechters; zuletzt der meisterhaften Darstellung des Sterbenden. Dieser Mann müßte ein vortreffliches Modell für Maler und Bildhauer abgeben, da er tadellos gewachsen ist, und jede Stellung mit solcher Leichtigkeit annehmen kann. Auch fiel mir ein, wie sehr das nichtssagende Tanzen veredelt werden könnte, wenn man, statt des unsinnigen Hüpfens und Springens, etwas dem eben Beschriebenen ähnliches, einführte. Es tat mir fast weh, später denselben Künstler (denn diesen Namen verdient er durchaus) in der Reitbahn, als chinesischen Zauberer neun Pferde auf einmal reiten, als russischen Courier zwölf auf einmal fahren, und sich endlich, mit einem Pony, der als alte Frau angezogen war, zu Bette legen zu sehen.

Was das letztere allein betrifft, werde ich übrigens jetzt seinem Beispiele folgen, und sage Dir daher gute Nacht, zugleich *valet*[41] für einige Tage, da morgen früh dieser Brief mit der Post abgeht.

Dein treuster L...

Einundvierzigster Brief

Dublin, den 30sten Oktober 1828[1]

Beste Julie!

O welche Vorwürfe! Aber drei Briefe auf einmal, das macht alles wieder gut. Ich habe mich einmal fast satt an heimischen Nachrichten lesen können! Und weiß Dir meine Dankbarkeit dafür kaum genug auszudrücken...............

....

....

Wohl hast Du Recht, daß ein solcher Bundesgenosse wie Du eine große Wohltat für mich gewesen wäre. Gouvernante Prosa hätte die Poesie besser auf dem Boden erhalten und der nie alternde Elfen-Knabe, dessen Natur es ist, mit bunten Seifenblasen zu spielen, während er sich auf einer Blume schaukelt, würde, vom weisen Mentor gezügelt, vielleicht, statt der farbigen Kugeln, eine konsistentere irdische Frucht zu pflücken versucht und auch wohl erlangt haben. *Mais tout ce qui est – est pour le mieux.*[2] Dieses Axiom laß uns nie vergessen. Voltaire hat Unrecht darüber zu spotten, und Panglos wirklich recht. Nur diese Überzeugung kann über alles trösten, und was mich betrifft, gestehe ich, daß es die Essenz meiner Religion ist.[3]

Dein Brief Nro. 1 ist die Weisheit und Güte selbst – aber gute Julie, in Hinsicht auf die erste, ist, fürchte ich, Hopfen und Malz an mir verloren. Ich bin zu sehr – wie nenn' ichs doch? ... ein Gefühlsmensch, und solche werden nie weise, d.h. lebensklug. Desto mehr wirkt freilich Güte auf mich, nur die Deinige ausgenommen, denn davon ist das Maß schon bei mir so voll, daß auch kein Tropfen mehr in mein Herz kann. Mit diesem vollen Herzen mußt Du Dich nun ein für allemal begnügen – mehr kann Dein armer Freund Dir nicht geben! Ist es aber wohl möglich, daß Du dabei immer noch Befürchtungen Raum geben kannst, als hätten die zwei vergangenen Jahre Abwesenheit mich gegen Dich verändern können! Als würde ich in Dir nicht mehr das finden, was ich früher gefunden u. s. w. Weißt Du, wie die Engländer dergleichen nennen? ›*Nonsense.*‹ – Daß ich übrigens nichts sehnlicher wünschen würde, als Dich wieder zu sehen, solltest Du unversichert schon einem so unermüdeten Korrespondenten zutrauen, doch vergißt Du ganz, daß ....

....

Wie oft habe ich Dir auch nicht schon gesagt, daß ich für die Welt nicht passe. Meine Mängel, wie meine Vorzüge, ja, selbst die geistigere Natur, die Du an mir finden willst, sind nur so viel Steine des Anstoßes in meinem Wege. Geistig, etwas poetisch, gutmütig und wahr – macht in der Regel nur unbehülflich und verdrossen in der Alltagsgesellschaft. Gleichmäßig mit allen denen, wie ein englischer Schriftsteller sagt, deren Gefühle und Neigungen ihr Urteil paralysieren, finde auch ich nie eher als zu spät, wie ich mich mit Klugheit hätte benehmen sollen – ›eine kunstlose Disposition‹, fährt der Engländer fort, ›die übel darauf berechnet ist, mit der Arglist und dem kalten Egoismus der Welt in die Schranken zu treten‹. Ich kenne einen mir hundertfach überlegnen berühmten Mann, dem es in dieser Hinsicht doch beinahe ebenso geht, und der fortwährend bedauert, aus einem Dichter ein Staatsmann geworden zu sein. »Ich hätte mein Leben enden sollen, wie ich es angefangen«, sagte er, »unbekannt in der Welt umherstreifend, und mich ungestört an Gottes Herrlichkeit erfreuend – oder von den Menschen fern, in meiner Stube verschlossen, allein mit meinen Büchern, meiner Phantasie und meinem treuen Hunde«*.

* Wir möchten fast um Verzeihung bitten, solche und andere verwandte Stellen nicht ganz unterdrückt zu haben. Wer aber so weit gelesen, muß

Den 31sten

Ich verbrachte heute einen sehr angenehmen Abend bei Lady M...n. Die Gesellschaft war nur klein, aber geistreich, und belebt durch die Gegenwart zweier sehr hübschen Freundinnen unsrer Wirtin, die mit der besten italienischen Methode sangen. Ich sprach viel mit Lady M...n über mancherlei Gegenstände, und sie hat Geist und Gefühl genug, um durch ihre Unterhaltung immer lebhaft zu interessieren. Im ganzen habe ich Dir in meinem früheren Briefe nicht Gutes genug über sie gesagt. Jedenfalls kannte ich an ihr damals noch nicht die liebenswürdige Eigenschaft: zwei so hübsche Busen-Freundinnen zu besitzen.

Die Konversation kam einmal auf ihre Werke, und sie frug mich, wie mir Salv. R... gefiele? »Den habe ich nicht gelesen«, erwiderte ich, »weil ich«, setzte ich, mich *tant bien que mal*[4] entschuldigend hinzu, »Ihre Fiktionen so liebe, daß ich nichts Geschichtliches von der genialsten Romanen-Dichterin habe lesen mögen.« – »O das ist auch nur ein Roman«, rief sie, »lesen Sie ihn in dieser Hinsicht ohne Gewissensbisse.« – ›Sehr wohl‹, dachte ich, ›wahrscheinlich ebenso wie Ihre Reisebeschreibungen‹, hütete mich aber doch, es zu sagen. »Ach«, meinte sie nachher, »glauben Sie mir, nur der *ennui*[5] bringt alles Schreiben bei mir zuwege, unser Menschen-Los ist so elend in dieser Welt, daß ich es schreibend zu vergessen suche.« (Wahrscheinlich hatte sie der Lord-Lieutenant[6] nicht eingeladen, oder sonst ein Großer ihr *faux bond*[7] gemacht, denn sie war ganz melancholisch.) »Welches schreckliche Rätsel ist die Welt!« fing sie wieder an; »gibt es einen Gott oder keinen? Und wenn er allmächtig ist – und böse wäre! wie furchtbar!« – »Aber um Himmels willen«, sagte ich,

sich doch einigermaßen für oder gegen den Autor interessieren – und in beiden Fällen können diese unbefangenen Urteile über sich selbst, dem Leser, der das Charakteristische liebt, nicht ganz unwillkommen sein. Wer sich nur an die Sachen hält, der überschlägt sie ja leicht.

»wie kann eine geistreiche Frau wie Sie, nehmen Sie mir es nicht übel, solchen Unsinn sprechen?« – »Ach, ich weiß längst alles«, fuhr sie fort, »was Sie mir darüber sagen wollen. Gewißheit gibt mir doch kein Mensch!« Diese Unklarheit bei dem scharfsinnigsten Beobachtungsgeiste war mir, selbst an einer Dame *(ne vous en fâchez point, Julie)*[8] beinahe unbegreiflich. Lady M...s Gemahl, früher Arzt, jetzt Philosoph und unbekannter Schriftsteller, übrigens was man im Französischen *un bon homme*[9] nennt, dabei Gutschmecker und Wichtigtuer, schenkte mir ein Buch von seiner Arbeit, ein ganz materielles philosophisches System enthaltend, das aber dennoch manchen guten Gedanken enthält und mehr wert ist, als ich dem Autor eigentlich zugetraut hätte. Die Lektüre desselben hat mich heute die halbe Nacht beschäftigt, ich merkte aber wohl an der Haltlosigkeit des Ganzen, daß entweder Lady M... ein gutes Teil davon selbst gemacht, oder wenigstens durch diese unverdauten Ansichten so irre und ungewiß geworden ist, daß sie sich einbildete, ›der liebe Gott könnte zufällig wohl böse sein!‹ Die berühmten Leute sind auch Menschen, das weiß der Himmel! Gelehrte wie Staatsmänner – und fast bei jeder neuen Bekanntschaft dieser Art mahnt es mich an Oxenstierna[10], dem sein noch sehr junger Sohn, da er als Gesandter zum Kongreß nach Münster reisen sollte, Bedenklichkeiten äußerte, welche Rolle er, so weisen und großen Männern gegenüber, spielen würde. »Ach mein Sohn«, sagte der Vater lächelnd, »ziehe hin in Frieden, und siehe, welche Menschen es sind, die die Welt regieren!«

Den 1sten November

Les catholiques me font la cour ici.[11] Der E... B... ließ mir heute durch eine Dame sagen, daß ich mich, da ich ihre Kirchenmusik liebe, doch heute in der Kapelle einfinden möge, wo man das Sänger-Personal besonders vollständig gemacht habe; auch werde er selbst fungieren. In der Tat hörte ich eine herrliche Vokalmusik (hier sind auch weibliche Sänger gestattet), nur von einzelnen Tönen der mächtigen Orgel begleitet. Es war ein hoher Genuß, dieser Sphärengesang, der mit süßer Wonne die Seele füllte und auf den Fittichen der Melodie den Sorgen des Alltäglichen enthob, während die ganze Gemeinde andächtig und betend auf den Knien lag.

Du wirst am Ende glauben, liebe Julie, daß ich im Begriffe bin, es dem Herzog von C... nachzumachen, und katholisch zu werden. – Nun so ganz ohne Grund kann ich die Ansicht, die dazu verleitet, nicht finden. Der Protestantismus, wie ihn gar viele ausüben, ist eben nicht viel vernünftiger, und bei weitem weniger poetisch und schön, sinnlich gesprochen. Ich glaube aber immer, ein neuer Luther oder gar ein neuer Christus ist nah und wird uns dann allen über die Mauer helfen; – dann bedarf es kein Rückwärtsblicken mehr; bis dahin jedoch finden manche vielleicht – wenigstens mehr Konsequenz im katholischen Kultus! Es ist kein halber, sondern ein vollständiger Götzendienst, dessen Stufenleiter der göttlich gemachten Geschöpfe mit den Heiligen aufhört, diesen lieben teilnehmenden Heiligen beiderlei Geschlechtes, die uns so nahe stehen, und unsre menschlichen Wünsche, Regungen und Leidenschaften so gut kennen! ......
....
....

Wenn die Priester und Chorjungen, wie ich erwähnt, die Räucherfässer umherwerfen, dem Bischof jeden Augenblick ein anderer gestickter Rock, Kragen oder Tuch umgegeben wird, er selbst vor dem Hochaltar bald fest steht, bald vorwärts, bald rückwärts läuft, sich mit dem Antlitz auf die Erde niederwirft und zuletzt sich mit der Monstranz, wie eine Windfahne, umdreht, und die Augen auf sie, wie auf ein Mikroskop, geheftet hält etc. – so bin ich vollkommen darauf vorbereitet, nachher von 7000 Mann sprechen zu hören, die mit vier Broten und drei Fischen nicht nur satt gemacht worden[12], sondern noch so viele Körbe Krumen und Gräten übrig behalten haben – oder vom jüngsten Tage, und Christi Sitz neben Gott dem Vater, wo er Platz nehmen wird, um alle diejenigen zu ewigen Martern zu verdammen, welche nicht an ihn geglaubt haben. – Wenn aber ein schlichter, sich vernünftig anstellender Mann, mir zuerst von Duldung, Tugend, ewiger Wahrheit und Liebe spricht, dann aber vom Gott der Gerechtigkeit und Liebe und einem seiner edelsten Verkünder auf Erden, dergleichen Märchen und Atrocitäten[13], die den gesunden Menschenverstand beleidigen, erzählt, und sie für etwas Heiliges und Göttliches ausgeben will – so wende ich mich mit Widerwillen von solcher Heuchelei oder Torheit ab. Ein *cagot*[14] wird mir hierauf antworten wollen: ›Euer gesunder Menschenverstand ist kein Maßstab für Gott‹ – worauf ich ihm erwidere: ›Euer Gott ist aber ein Mensch – und unser Verstand und unsere Vernunft ist, mit der Erkenntnis der äußern Natur und daraus abstrahierten Erfahrung, eben die einzige wahre und echte Offenbarung Gottes, deren wir teilhaftig geworden sind, und die niemand bezweifeln kann. Der Mensch ist allerdings seiner Natur nach dazu bestimmt, sich mit diesen Mitteln durch sich selbst immer weiter fortzubilden, und so war das Christentum auch eine Folge dieser fortschreitenden Zivilisation, wie früher (um bei diesem Zweig der Ausbildung stehen zu bleiben) das mosaische Gesetz, später die Reformation, und ihr zweiter Akt, die französische Revolution; endlich die hieraus allgemeiner erwachsende Denk- und Presse-Freiheit, und alles, was sich jetzt ruhiger, aber desto sicherer, durch diese letztere bereitet. – Wir finden also überall nur die Resultate derselben allmählichen Zivilisation, von der niemand wissen kann, wo sie stehen bleiben wird, – aber welchen Grad sie auch erreiche, immer kann und soll sie hier nur menschlich sein und durch menschliche Mittel befördert werden.

Den 2ten

Mein letzter und längster Besuch an diesem Morgen galt den lieblichen Mädchen, die ich bei Lady M... kennengelernt. Ich brachte ihnen italienische Musik mit, die sie sangen wie Nachtigallen, und auch dabei ebenso anspruchslos als natürlich blieben. Ihr Vater ist ein hochgeschätzter Arzt, und wie hier die meisten Doktoren von Bedeutung, Baronet oder Sir, ein Titel, der, beiläufig gesagt, in England gar nicht zum Adel gerechnet wird, obgleich sehr alte und angesehene Familien sich darunter befinden, aber auch Creti und Pleti, wie bei unserm niedrigen Adel. Ein solcher Sir wird gewöhnlich nicht bei seinem Familien-, sondern Vornamen genannt, als z. B. ›Sir Charles‹, ›Sir Anthony‹, wie man in Wien: ›Graf Tinterle‹, ›Fürst Muckerle‹ u. s. w. zu sagen pflegt. Der ärztliche Ritter, von dem ich jetzt spreche, hat diesen Titel für die Anlegung einer sehr guten Badeanstalt erhalten, die sich in seinem Hinterhause befindet, und ist dabei ein interessanter Mann. Noch geistreicher scheint mir seine Frau, die ihrer berühmten Verwandtin in richtigem Takt und Urteil überlegen ist und ein großes Nachahmungs-Talent besitzt, mit dessen komischer Anwendung sie selbst ihre eigene Familie nicht immer verschont. Die Töchter, obgleich ganz verschieden, sind doch beide sehr originell, die eine im sanften, die andere im wilden Genre, weshalb ich sie auch nur: *›Lady M... s wild Irish girl‹*, zu nennen pflege, alle drei aber zeigen eine charakteristische Nationalität*, haben auch Irland nie verlassen.

Abends erzählte mir Lady M..., daß ihr die schlechten,

* Diese ist in der großen Welt hier sehr selten anzutreffen, da die tyrannischen Erfordernisse englischer Bildung sehr allgemein in den drei Inseln wirken, weshalb Du auch bemerkst, daß ich gar oft Irländer und

und oft ganz sinnentstellenden Übersetzungen ihrer Werke viel Verdruß machten. So habe man in ihren Briefen über Italien, wie sie von den Genuesern sagt: *They bought the scorn of all Europe* (wörtlich: sie erkauften sich den Hohn des ganzen Europas) für *›scorn‹*, *›corn‹* (Korn) gelesen, und frischweg übersetzt: *Gênes dans ce temps achetait tout le blé de l'Europe.* Dies ist ein guter Pendant zu der ›Nation der Heid-Schnukken.‹[15] [s. a. Nachlaß-Briefe S. 628-632]

Den 3ten

Als ich früh aufstand, und ans Fenster trat, bot sich meinen Blicken mitten in den Straßen der Hauptstadt wieder einmal eine echt irische Szene dar, wie sie sonst nur das Land zu zeigen pflegt. Mir gegenüber saß eine alte Frau, Äpfel verkaufend, und behaglich ihre Zigarre schmauchend. Näher dem Hause machte ein Mann in Lumpen allerlei Kunststücke, unterstützt von seinem Affen. Ein regelmäßiger Kreis, vier bis fünf Mann hoch, war um ihn geschlossen, und bei jedem neuen Spaß ertönte lauter Jubel, mit einem solchen Demonstrieren, Geschrei und Gestikulieren verbunden, daß man schon glaubte, Streit sei entstanden und auf irgend jemand würde es bald Prügel regnen. Das neue Angehen des Schauspiels brachte aber jedesmal wieder Totenstille hervor. Jetzt konnte indes die Lebhafteste der Gesellschaft sich nicht länger mehr mit bloßem Zuschauen begnügen. Sie muß selbst agieren, und in unbezwinglicher Lustigkeit springt sie in den magischen Kreis, ergreift den erschrockenen Affen und überbietet ihn in Possen, Sprüngen und Grimassen aller Art, die das verdoppelte Lachen und Jauchzen der erfreuten Menge belohnt. Die Darstellungs-Wut wirkt aber ansteckend – meh-

Engländer nur unter dem letzten Namen vereinige. Ich sollte sie eigentlich ›Britten‹, oder nach der neueren Orthographie, ›Briten‹ nennen.

rere gesellen sich zu der ersten Aktrice[16], die bisherige Ordnung fängt an, sich immer mehr in Wirrwarr zu verkehren, der Künstler, besorgt für die Sicherheit seines Affen, oder um ihn nicht durch übles Beispiel verführen zu lassen, bricht schleunigst auf; seine Retirade[17] gleicht schon einer übereilten Flucht, der ganze Haufe stürzt ihm schreiend nach, jeder will der erste hinter ihm sein. Einige schimpfen und verschiedene Shillelaghs[18], die die vorige Lust in der Scheide erhielt, werden sichtbar. Andere nehmen die Partei des fliehenden Künstlers, dieser entwischt indessen, und ehe man sich's versieht, endet die Verfolgung in einem allgemeinen Gefecht der Verfolger.

Ein *garçon-dîner* bei Lord S..., dem ich nachher beiwohnte, endigte beinahe ebenso geräuschvoll, wenn auch nicht so empfindlich, meinen Tag, und hielt mich bis mitten in der Nacht wach. *Voilà tout ce que j'ai à vous conter d'aujourd'hui.*[20]

Den 16ten

Ich bringe fortwährend mein Leben bei den kleinen Nachtigall-Engeln zu, sehe öfters Lady M... und vermeide, so viel ich kann, die übrige Gesellschaft. Die Mädchen führen ein burleskes Journal, wo sie, mit den extravagantesten Zeichnungen daneben, eine Chronik unserer täglichen Fata[21] verfassen, die höchst belustigend ist. Nachher singen, schwatzen wir, oder stellen *tableaux*[22] dar, wobei die Mutter, mit ihrem Schauspielertalent, uns aufs schönste mit den heterogensten Dingen drapiert. Du würdest wenigstens haben lächeln müssen, wenn Du heute gesehen hättest, wie das *wild Irish girl* sich einen Schnurrbart und *favoriser*[23] mit Kohle malte, einen Überrock ihres Vaters anzog, und Schnupftuch und Stöckchen in der Hand, als meine Karikatur hereintrat, um ihrer Schwester, nach meiner Art, wie sie sagte, die Cour zu machen. Diese Mädchen haben eine unerschöpfliche, gar nicht englische, aber echt irländische Grazie und Lustigkeit, und man erlaubt mir glücklicherweise, von der in diesen Ländern üblichen Etikette etwas abgehend, alle Abende hier zuzubringen (sonst darf dies in England nur gebeten geschehen, da Visiten allein vormittags gestattet sind) welches mir den Aufenthalt in Dublin weit angenehmer macht, als ich hoffen durfte. Um Mitternacht werde ich zwar immer sehr geschmält, viel zu lange geblieben zu sein, aber dem Unverbesserlichen wird doch jedesmal nachher wieder verziehen.

Nach den *tableaux* magnetisierte ich die Älteste, welche öfters an Kopfweh leidet. Du weißt, daß mir schon oft diese Kuren gelungen sind. An der Verwandtschaft des Magnetismus und der Elektrizität zweifelte ich wahrlich nicht, wenn ich mit den Fingerspitzen den Saum ihres Kleides berührte, oder über die äußersten Enden ihrer seidnen Locken strich, die knisternde Funken von sich zu sprühen schienen. Diese Älteste, *affligée de 18 ans*[24], hat braune Augen und Haare von einem ganz seltsamen Ausdruck und Beschaffenheit. Die letztern partizipieren vom Feurigen, ohne rot zu sein, und in den ersten ruht eine feuchte Glut, über die sich gleichfalls oft ein wahrer rötlicher Feuerschein hinzieht, doch immer bleibt es nur Glut, kein aufflackerndes Flammenblitzen, wie es die funkelnden Augen der kleinen Wilden oft erleuchtet. Denn bei dieser ist alles Flamme, und unter dem mädchenhaften Erröten bricht oft die Determiniertheit[25] und der Mut eines Knaben hervor. Unvorsichtig und vom Augenblick hingerissen, erlaubt sie sich sogar manchmal zu große Vivazitäten[26], die aber, durch ihr allerliebstes Naturell und ihre unnachahmliche Grazie, den seltnen Reiz des Mädchens nur vermehren. Als man heute meinen Wagen anmeldete, rief ich seufzend: *»Ah! que cette voiture vient mal à propos!«* – *»Eh bien!«* rief sie, noch im Männerkostüm dastehend, wie ein wahrer kleiner Husar: *»Envoyez – la au diable!«*[27] Ein höchst strenger und mißbilligender Blick der Mama, und das Erschrecken der Schwester überzog sogleich alles, was von dem Gesichtchen hinter dem Schnurrbart zu sehen war, mit Scharlach über und über. Sie schlug beschämt die Augen nieder und war dabei so unwiderstehlich hübsch, daß ich... ja was? – gute Julie, fülle Dir die Phrase selbst aus – und damit gute Nacht.

Den 17ten

Lady M... empfing mich heute früh in ihrem Autor-*boudoir*, wo sie im eleganten Kostüm, mit einer Feder aus Perlmutter und Gold in der Hand, nicht ohne Koketterie an ihren Werken schreibt. Sie war mit einem neuen Buch beschäftigt, zu dem sie einen ganz guten Titel erfunden hat: ›Memoiren von mir und für mich.‹ Sie frug, ob sie ›von mir‹ oder ›für mich‹ zuerst setzen sollte? Ich entschied für das erste als folgerechter, weil sie erst schreiben müßte, ehe sie für sich geschrieben haben könnte, worüber wir in einen scherzhaften Streit gerieten, indem sie mir meine deutsche Pedanterie vorwarf, und behauptete, daß von jeher *bonnet blanc* und *blanc bonnet*[28] einerlei gewesen sei, was ich lachend zugeben mußte. Das von ihr gewählte Motto war: *Je n'enseigne pas, je raconte* (Montaigne).[29] Sie las mir einiges vor, was ich vortrefflich fand. Mit der Feder in der Hand wird diese, sonst ziemlich superfiziell[30] erscheinende Frau, ein ganz andres Wesen. Man könnte sagen: der Perlmutter-Feder entfallen echte Perlen, die Mutter bleibt als kalte Schale zurück.

Sie sagte mir, daß sie den Winter nach Paris ginge und von da nach Deutschland reisen möchte, hatte aber eine große Furcht vor der österreichischen Polizei. Ich riet ihr Berlin zu wählen. »Werde ich nicht da auch verfolgt werden?« rief sie lebhaft. »Gott bewahre«, tröstete ich, »in Berlin betet man Talente an, nur rate ich Ihnen wenigstens eine Ihrer hübschen Freundinnen mitzunehmen, die gut und gern tanzt, damit Sie beide auf die Hofbälle gebeten werden und die liebenswürdige militärische Jugend kennenlernen, was der Mühe wert ist, und Ihnen sonst vielleicht nicht zuteil werden würde.« Hier kam der Mann hinzu und bat mich, sein philosophisches Buch doch in Deutschland übersetzen zu lassen, damit er nicht bloß als Adjutant seiner Frau, sondern mit eignen Flügeln angeflogen kommen könne. Ich versprach alles was man wollte, machte jedoch bemerklich, daß dermalen ein neues Gebetbuch mehr Glück machen würde, als ein neues philosophisches System, deren wir ohnehin genug hätten.

Abends nahm ich für die jungen Damen, die noch sehr wenig ausgehen dürfen, eine Loge im Pferde-Theater, wohin ich sie begleitete. Ihr naives Vergnügen an den vielfachen Künsten der Rossebändiger war ergötzlich anzusehen. Die kleine Sechzehnjährige verwandte kein Auge von Ducrows halsbrechenden Manövern, und hielt, vor Angst und Begierde zitternd, die ganze Zeit ihre Händchen fest zusammengeballt; die ältere betrachtete schon still errötend die schönen Formen und üppigen Stellungen der gewandten Reiter.

Es war ein wunderschönes Kind bei der Gesellschaft, welches, erst sieben Jahre alt, bereits auf dem Pferde tanzte, eine Menge Rollen mit ungemeiner Grazie spielte, und besonders, als Napoleon angezogen, wo das winzige Mädchen die schroffen Manieren des Kaisers höchst possierlich nachahmte, immer den rauschendsten Beifall einerntete. Meine jungen Freundinnen wünschten dies Kind von nahem zu sehen, und ich begab mich daher auf's Theater, wo der kleine Engel eben ausgekleidet wurde, und ganz nackt, wie ein leibhaftiger Amor, vor dem Spiegel stand. Ihre Rolle war für heute ausgespielt, und sobald die neue Toilette beendet war, nahm ich sie auf den Arm, und brachte ›*l'enfant prodige*‹[31] wie sie auf dem Zettel genannt wurde, im Triumph herauf. Nach den ersten Liebkosungen ward die Kleine, von uns allen, die aufmerksamste Zuschauerin des Schauspiels, obgleich man hätte glauben sollen, sie habe täglich genug daran. Nur eine Tüte mit Süßigkeiten, die ich ihr präsentierte, konnte sie eine Zeitlang davon abwendig machen, und wir mußten alle über ihr naives und drolliges Benehmen herzlich lachen, als sie, auf Miss S... Schoße sitzend, die Hälfte der Bonbons in ihren Busen schüttete, und dann wieder, mit den Samthändchen darnach langend, der sie Abwehrenden zurief: *»Let me alone, that is my favourite cake«* (Laß mich, das ist mein Lieblings-Bonbon). Miss S..., die über die Äußerung und Beharrlichkeit der Kleinen rot wurde, schob sie endlich mit etwas Übereilung von sich, so daß das Kind sich an einer hervorstehenden Nadel blutig stach. Wir fürchteten sie würde weinen, aber der Diminutiv-Napoleon wurde nur böse, schlug die Beleidigerin so derb als möglich und rief entrüstet: *»Fie, for shame! You stung me like a bee!«* (Pfui schäme Dich, hast mich wie eine Biene gestochen) und damit voltigierte[32] sie auf den Schoß der Schwester, legte ihr Ärmchen über das Logenbrett, und sah von neuem mit ungestörter Aufmerksamkeit der ›Belagerung von Sarogosse‹ zu. Im Entreakt[33] sagte ihr Lady C... (auf das lächerliche *quid pro quo*[34] in Limerick anspielend, das ich ihr erzählt hatte) ich sei Napoleons Sohn. Sie sah mich schnell an, fixierte mich eine Weile, und rief dann mit der ernsthaftesten Grandezza[35]: »O! Ich habe selbst Ihren Herrn Vater mehrmals gespielt und immer außerordentlich Beifall mit ihm erworben.« So natürlich, drollig und ohne alle Verlegenheit machte die liebliche Kleine unser aller Eroberung, und wir sahen mit Bedauern das Ende der Vorstellung heranrücken, wo wir sie wieder abliefern mußten. Sie wollte sich nur von mir wieder hinuntertragen lassen, weil ich sie heraufgebracht, und als ich mit ihr hinter den Kulissen ankam, wo alles voller Pferde stand und ich schon ganz besorgt war, wie ich mich da durchdrängen sollte, schrie sie gleich mit großer Lebhaftigkeit, und ungeduldig auf meinem Arme zappelnd: »Nun fürchtest Du Dich? Nur vorwärts, ich werde die Pferde schon in Ordnung halten!« Und damit teilte sie rechts und links Klapse auf die Nasen der alten Bekannten aus, die auch folgsam wichen, bis wir hindurch waren. »Jetzt laß mich hinunter!« rief sie, und kaum berührten ihre Füße den Boden, als sie mit der Behendigkeit eines Häschens über den Hintergrund der Bühne floh, und schnell im Getümmel verschwand. – Kinder sind gewiß die anmutigsten Geschöpfe, wenn sie nicht durch Verziehung verkrüppelt sind, selten aber mag so viel Natürlichkeit auf den Brettern, noch seltener vielleicht auf dem höhern Theater der großen Welt gedeihen.

Den 18ten

Daß ich O'Connell hier wieder getroffen, vergaß ich Dir zu melden. Ich hörte ihn schon einigemal in der *Catholic-Association,* dem jetzigen irländischen Nationalparlament, welches ich heute zum zweitenmal besuchte. Man empfing mich, als einen gut gesinnten Fremden, mit Applaudieren, und Hr. O'Connell machte mir sogleich Platz, zwischen sich und einem Lord C.... Der Saal ist nicht zu groß und ebenso unreinlich als der des Unterhauses in England. Auch hier behält jeder den Hut auf dem Kopf, ausgenommen wenn er spricht; auch hier gibt es gute und schlechte Redner, aber allerdings zuweilen noch weniger anständige Sitte als dort. Die Hitze war stickend, und ich mußte demohngeachtet 5 Stunden aushalten, die Debatten waren aber so interessant, daß ich die Unbequemlichkeit kaum bemerkte. O'Connell sprach, ohne Zweifel, am besten. Obgleich vom größten Teile vergöttert, ward er doch auch von manchen sehr hart bedrängt, und verteidigte sich mit ebenso vieler Mäßigung als Gewandtheit, dagegen er ohne alle Schonung und meines Erachtens nach mit zu starken Ausdrücken, die Minister und das englische Gouvernement angriff. Daß viel Intrige und fest verbundene, im voraus bestimmte, Parteien, hier so gut wie bei andern Körpern dieser Art herrschen, und daher die Diskussion oft nur Spiegelfechterei bleibt, war leicht zu ersehen; die Führer aber haben wenigstens ihr Handwerk sehr gut einstudiert. Die drei hervorstechendsten Redner sind O'Connell, Shiel und Lawles, auch Mr. Fin und Mr. Ford sprechen gut und mit vielem persönlichen Anstande. Shiel ist ein Mann von Welt, mit noch mehr Unbefangenheit und *aisance*[36] in der Gesellschaft, als O'Connell, aber als Redner erschien er mir viel zu affektiert, zu künstlich und präpariert in dem was er sagte, dabei ganz schauspielermäßig, ohne alles wahre Gefühl in der *delivery* seiner Rede, wie es die Engländer bezeichnend nennen. Es wundert mich nicht, daß er, ohngeachtet seines nicht unbedeutenden Talents, so viel weniger populär ist, als O'Connell. Beide Männer sind sehr eitel – die Eitelkeit O'Connells ist aber offner, vertrauender und bereits zufriedener gestellt, die von Shiel hingegen peinlich, wund und finster. Der eine ist daher, die eigne Partei betreffend, sozusagen, in Honig, der andere in Galle getaucht, und der letztere, obgleich für dieselbe Sache streitend, sichtlich eifersüchtig auf den Kollegen, den er mit Unrecht zu übersehen glaubt. Herr L . . . s dagegen ist nur der Don Quixotte der *Association*. Sein schöner Kopf, sein weißes Haar, sein wilder, aber edler Anstand und ein herrliches Organ, lassen, wenn er auftritt, Außerordentliches erwarten, aber bald löst sich die ernst begonnene Rede in die unglaublichsten Extravaganzen und oft ganz verwirrten Unsinn auf, welcher Freund und Feind mit gleicher Wut angreift. Man achtet ihn daher wenig, lacht ihn oft aus, wenn er, wie König Lear, raset, unachtsam auf das Publikum, oder was um ihn vorgeht. Die dominierende Partei gebraucht ihn aber, wo nötig, als Schreier. Heute verflog er sich so sehr, mit unaufhaltsamem Schwunge, daß er plötzlich mitten in der katholischen und archikatholischen *Association*, die Fahne des Deismus[37] aufpflanzte, vielleicht auch nur um O'Connell Gelegenheit zu geben, ihn mit Indignation zur Ordnung zu rufen, und dabei eine fromme Tirade[38] anbringen zu können; denn auf der Rednerbühne, wie auf dem Böttgerfaß, auf dem Throne, wie auf der Marionettenbude – gehört Klappern zum Handwerk.

Am gewöhnlichen Orte ruhte ich abends aus. *tableaux* waren wieder an der Tagesordnung. Nacheinander mußte ich als Brutus, orientalischer Jude, *François Premier*[39], oder Saladin erscheinen. Miss J... war als ›Student von Alkala‹ ein verführerischer Wildfang, und ihre ältere Schwester, als ›Sklavin des Serails‹, eine willkommene Gefährtin für Saladin, und als ›die schöne Rebekka‹ Walter Scotts auch nicht übel mit dem ›orientalischen Juden‹ gepaart. Alle diese Metamorphosen bewerkstelligte die Mutter nur mit vier Lichtern, zwei Spiegeln, einigen *shawls*[40], bunten Tüchern, einem am Licht gefärbten Korkstöpsel, einem Schminktopf und verschiedenen Haartouren. Dennoch hätte Talma den Brutus nicht besser drapieren können und täuschender die Physiognomien verändern, als diese geringen Mittel es, unter der geschickten Leitung von Lady C..., vermochten. Zuletzt wurden Karikaturen gezeichnet, und auf meine Bitte versuchte jede Schwester das Portrait der andern zu malen. Beide gelangen sehr gut und befinden sich bereits in der Galerie meiner Lebensbilder.

Den 19ten

Ich sah mich heute zu etwas Unangenehmen genötigt, was ich schon lange aufgeschoben, und mußte endlich mein großes Mittel anwenden, um meine Abneigung zu besiegen. Du wirst lachen, wenn ich Dir es nenne, aber mir hilft es, für Großes und Kleines. In der Tat gibt es wenig Menschen, die nicht zuweilen leichtsinnig, noch öfter *schwankend* wären. Da es mir nicht besser geht, so habe ich ein eignes Mittel erfunden, mir in Dingen, die mir schwer ankommen, künstlich Entscheidung, und *den* Halt zu verschaffen, der mir sonst vielleicht fehlen könnte, und den der Mensch einmal durch irgend etwas außerhalb Hingestelltes bedarf*. Ich gebe nämlich in solchem speziellen Falle ganz feierlich *mir selbst* mein *Ehren*wort darauf, dies oder jenes zu tun oder zu lassen. Ich bin natürlich sehr vorsichtig damit, und überlege nach Kräften, ehe ich mich dazu entschließe, ist es aber einmal geschehen, und hätte ich mich dann auch geirrt oder übereilt, so halte ich es *bestimmt*, wäre selbst gewisser Untergang die Folge. Und ich befinde mich sehr wohl und ruhig dabei, einem so unabänderlichen Gesetz unterworfen zu sein. Könnte ich es brechen, so würde ich, nach dem einmal hineingelegten Sinn, von dem Moment an, alle Achtung für mich selbst verlieren, und welcher denkende Mensch müßte, bei einer solchen Alternative, nicht unbedenklich den Tod vorziehen. Denn *sterben* ist doch nur eine Naturnotwendigkeit, und folglich nichts Übles – es scheint uns nur so, in bezug auf unsre hiesige Existenz, d.h. der Selbsterhaltungstrieb muß den Tod fürchten, die Vernunft aber, die ewig ist, sieht ihn in seiner wahren Gestalt, als einen bloßen Übergang von einem Zustand zum andern – *sich aber von eigner, unbesiegbarer Schwäche überzeugen*, ist ein Gefühl, dessen Stachel wenigstens dieses Leben fortwährend verbittern müßte! Daher ist es jedenfalls besser, im Kollisionsfall, mit innerm Triumph für diesmal aufzuhören, als im Seelen-Lazarett fortzuvegetieren. Ich werde also keineswegs abhängig durch dieses Wort, sondern grade durch

* Selbst Religion und Moralität reichen in dem verwickelten Zustande der menschlichen Gesellschaft nicht für alle Fälle aus – Beweis: die konventionelle Ehre, welche oft gegen beide streitet, und deren Gesetze doch von den besten befolgt werden.

dasselbe bleibe ich unabhängig. Solange meine Überzeugung nicht ganz fest steht, wird, wie schon gesagt, die mysteriöse Formel ohnedies nicht ausgesprochen, dann aber darf, für das Heil meiner Seele, keine Veränderung der Ansicht, nichts mehr meinen Willen brechen, als die physische Unmöglichkeit. Indem ich mir aber hierdurch in den äußersten Fällen eine sichere Stütze schaffe, siehst Du ein, daß ich zugleich eine furchtbare Waffe zum Angriff erhalte, wenn ich gezwungen würde, sie anzuwenden, so kleinlich auch das Mittel manchem dünken mag. Ich dagegen finde es schön, daß der Mensch solche Dinge sich aus nichts, oder dem Trivialsten, selbst schaffen kann, nur durch seinen hierin wahrhaft allmächtig zu nennenden Willen!

Ob Du, gute Julie, dies Raisonnement nicht verwegen und tadelnswert finden wirst, mag ich nicht verbürgen, ja für ein Weib wäre es auch nicht gemacht, und ein ganz kräftiger Geist hätte es vielleicht ebensowenig nötig. Jeder muß sich aber nach seiner Natur einrichten, und so wie noch niemand das Geheimnis erfand, ein Rohr wie eine Eiche, oder einen Kohlkopf wie eine Ananas wachsen zu lassen, so werden auch Menschen sich immer, wie das gemeine, aber gute Sprüchwort sagt: ›nach ihrer Decke strecken müssen‹. Wohl dem, der sich nicht mehr zutraut, als er kann! Ohne es übrigens so tragisch zu nehmen, dient das große Mittel auch ganz vortrefflich bei Kleinigkeiten. Z. B. unerträglich langweilige Gesellschaftspflichten als gelassenes Opfer zu erfüllen – die Faulheit zu besiegen, um eine immer aufgeschobene Arbeit endlich gewaltsam zu erledigen – sich eine wohltätige Enthaltsamkeit aufzulegen um nachher desto besser zu genießen – und viel, viel dergleichen mehr, wie es das zuweilen erhabne, und noch öfter kindische Leben darbietet.

Nachmittags ritt ich, die Grillen zu vertreiben, weit in das Land hinein, dem Gebürge zu. Nach ohngefähr zwölf Meilen kam ich in eine ganz kahle Gegend wellenliniger Torfmoore ohne Ende, die sich nach allen Richtungen ausdehnten. Man hätte sich hundert Meilen von einer Hauptstadt entfernt geglaubt. Der Eindruck war nicht wild, nicht ganz so öde wie Sandflächen, aber schauerlich leer, einsam und monoton. Eine einzige elende Hütte stand darauf, aber in Ruinen, ohne Bewohner, und wie ein großer Wurm schlängelte sich ein weißer Fußweg an ihr hin, sich mühsam durch das braune Heidekraut windend. Das Ganze war mit ein wenig Schnee gepudert, und der Wind auf den kahlen Höhen eisig kalt. Demohngeachtet zog mich das Melancholische der Szene so an, daß ich nur notgedrungen mein Pferd wieder rückwärts wendete. Näher an Dublin fand ich auf einer isolierten Bergspitze eine eigne Spielerei ausgeführt, nämlich ein Haus, das in Gestalt eines nachgemachten Felsen gebaut war, so täuschend in der Tat, daß man es für einen wirklichen ansah, bis man vor dem Eingang stand. Erst bei Mondschein langte ich, mit von der scharfen Luft brennendem Gesicht, in meinem Gasthofe zum Mittagsessen an, zu dem ich Vater Lestrange gebeten hatte, *car j'aime les prêtres, comme Voltaire la Bible, malgré tout ce que j'en dis.*[41]

Ich fand auch einen Brief von Dir, klage aber, daß Du mir zu wenig Details schreibst! Bedenke doch, daß jede Kleinigkeit von dort mir wert ist. Ob mein Lieblingspferd wohl ist, meine süße Freundin (die *perruche*)[42] noch zuweilen meinen Namen ruft, Dein Haustyrann ›Fancy‹ mehr oder weniger unartig, die Papageien *in good spirits*[43], die neuen Pflanzungen gut gewachsen, die Badegäste fröhlich gewesen sind[44], alles das hat, ein paar hundert Meilen weit, bedeutendes Interesse. Um aber davon etwas zu erfahren, sehe ich wohl ein, daß ich Dich einmal, wenn auch nur auf einen Tag lang, überraschen muß. Du weißt, ich hasse Szenen und Feierliches, also auch geräuschvollen Empfang, wie alles Abschiednehmen – *un beau matin*[45] also, wirst Du mich in Deinem Frühstücks-Salon etabliert finden, wo ich Dich scherzend und neckend empfangen will, als sei die lange Reise nur ein Traum gewesen, *et toute la vie hélas! est-elle autre chose?*[46] Ganz im Ernst, man sollte alle solche Dinge weit gleichgültiger und behaglicher nehmen, als man tun zu können glaubt. Ein englischer *dandy* diene Dir darin zum Muster. Sein bester Freund und Regimentskamerad ging nach Indien, und als dieser gerührt von ihm Abschied nehmend, in hoher Bewegung seine beiden Hände ergreifen wollte, um sie zum letztenmal vielleicht zu schütteln, hielt der *incroyable*[47] ihm, halb abwehrend, nur die Fingerspitzen hin, indem er lächelnd lispelte: »Sonderbare und höchst fatiguante[48] englische Gewohnheit, sich gegenseitig die Körper zu pumpen, indem man ihre Schwengel auf und ab bewegt!«

Dein Portrait hat mir nicht so viel Freude gemacht als es sollte. Die Züge sind viel zu hart, und müssen erst gesanftet *(softed)* werden, ehe ich sie als Stellvertreter des Originals gelten lassen kann, dessen Bild übrigens lebhaft genug in meinem Herz lebt, um daß es keines andern zur Auffrischung bei mir bedarf.

Dein ewig treuer L...

Zweiundvierzigster Brief

Dublin, den 20sten November 1828

Geliebte Freundin!

Ich sehe hier oft einen Mann, B... H..., dessen Gesellschaft von hohem Interesse für mich wurde. Er ist, obgleich geistlichen Standes, einer von den wenigen unabhängigen Denkern, die fähig sind, die Tyrannei früherer Eindrücke und alter Gewohnheiten abzuschütteln, und beim Lichte der Vernunft, oder mit andern Worten, der göttlichen Offenbarung, allein zu sehen. Auch seiner Meinung nach ist eine *crisis* in dem Gebiete der Religion nicht allzufern. »Die religiösen Gebäude, wie sie noch größtenteils bestehen«, sagte er heute, »sind offenbar die seltsamsten Mißgeburten von Erhabenem und Lächerlichem, von ewiger Wahrheit und dunkler Unwissenheit, von echter Philosophie und Götzendienst. Je mehr die Menschen lernen, je mehr die Wissenschaft uns die Natur außer uns und die unsres eigenen Wesens durch ergründete Tatsachen verstehen lehrt, je milder, je moralischer werden unsere Sitten, wie unsere Regierungen. Langsamer folgen die Religionen! Selbst die christliche, obgleich in ihrem Ursprung einer der mächtigsten Schritte, den tiefes Denken und gründliche Erkenntnis des reinsten Herzens getan, hat doch seitdem, wie uns die Geschichte ihrer Kirche fast auf jeder Seite zeigt, hundertmal die Welt mit Blut getränkt und den wahnwitzigsten Unsinn fortwährend geboren und auch wieder begraben, während Philosophie und Wissenschaft stets, gleich mildernd, fortwirkten, ohne je ähnliche Opfer zu verlangen, noch ähnliche Verstöße zu begehen. Es ist die Frage, ob Newton, als er das Geheimnis der Himmel aufdeckte, die Erfinder des Kompasses und der Buchdruckerkunst, der Menschheit nicht mehr genutzt haben, das heißt, ihre Zivilisation mehr befördert, als soviel Stifter von Religionen, die verlangen, daß man zu ihrer Fahne ausschließlich schwöre. Ja, es könnte wohl einmal eine Zeit kommen, wo Religion und Poesie als Schwestern betrachtet würden und man es ebenso lächerlich fände – eine Staatsreligion als eine Staatspoesie zu haben? Wäre ich ein Türke, so würde ich mir sagen: Es ist gewiß unendlich schwer, die Vorurteile der Kindheit und den Aberglauben früherer Lehre so gänzlich loszuwerden, um auch die Überzeugung von Millionen mit fester Seele als töricht anzuerkennen. Demohngeachtet will ich, da ich es eingesehen, kein Türke bleiben. Als Christ aber sage ich: An die reine Lehre will ich mich halten, die meine Vernunft verehren kann, den unpoetischen Märchenwust aber, sowie alle Entstellungen damaliger Zeit, und noch mehr das blutige und gehässige Heidentum der Nachfolger, will ich den Mut haben, wegzuwerfen, wenn es auch 200000000 auf fremde Autorität wirklich im Innersten für heilig annähmen. Aus demselben Prinzip handelte Luther, als er den ersten Schritt der Reform tat, aber das Licht, das er damals gereinigt, bedarf wahrlich des Putzens von neuem gar sehr, und Ehre dem Mann der Kirche, der groß genug sein wird, zu diesem Amte sich berufen zu fühlen und es ohne Rücksicht und Menschenfurcht auszuführen, wenngleich viel Zeter über ihn geschrien werden wird, denn daß er nichts anderes erwarten darf, das lehrt ihm zu deutlich die Geschichte. Waren es nicht immer grade die wenigen nur, die das Bessere und Wahre anerkannten, und die sie verfolgten die Menge? War es etwa die fanatische Herde, die Sokrates den Giftbecher reichte, oder die, welche Christus kreuzigte, oder die, welche Huß verbrannte, auf deren Seite die Wahrheit stand? Nein, erst nach Jahrhunderten nahm diese Menge selbst der Geopferten Meinung an, und versteinerte sich von neuem ebenso orthodox für dieselbe als früher dagegen. Das religiöse Bedürfnis ist gewiß eins der stärksten im Menschen, besonders wo noch Gesetze und Institutionen in der Kindheit sind. Wer es sich daher selbst nicht gestalten kann, muß die Form von andern entnehmen. Wenige sind in dem ersten, die Mehrheit stets im andern Falle. Dies erklärt leicht, wie sich die Macht der Kirche und Priester bilden mußte, und daß auf diese Weise Menschen Jahrhunderte, ja jahrtausendelang am Gängelbande gleich Kindern geführt werden können. Aber wenn dies gelingen soll, muß das Wissen zugleich zu Gunsten des Glaubens unterdrückt werden. Wo die Forschung frei wird, da verschwindet endlich, wenngleich langsam, ein Betrug nach dem andern, das Licht erleuchtet zuletzt auch den entferntesten Winkel. Ist ein solches Ziel aber einmal erreicht, so hört auch der Gewissenszwang auf, und ein jeder verlangt unbeschränktes Feld für seinen Glauben, wie für sein Recht. Freilich absolute Sultane, fette Derwische, und stolze Satrapen[1] fallen dann miteinander zu Boden, wie der tote Satz im edlen Wein! Wie jämmerlich nehmen sich aber, bei der Morgendämmerung einer so herannahenden Zeit, diejenigen aus, welche die Sonne am Aufgang verhindern zu können glauben, indem sie ihr den Rücken kehren und ihrem Glanze den veralteten, morschen und wurmstichigen Schirm vorhalten, der selbst dem Mondlichte nicht mehr widerstehen könnte. Im Trüben zu fischen wird ihnen noch eine Weile dabei gelingen, aber aufhalten können sie das Gestirn des Tages nicht – im Gegenteil, ihre ebenso leidenschaftliche als schwache Reaktion, ist der sicherste Vorbote seiner gewissen Annäherung.«[2]

*

In vielem muß ich B... H... beistimmen, ob aber seine sanguinischen[3] Hoffnungen sich sobald, oder überhaupt auf dieser Erde realisieren möchten, ist eine andere Frage. Daß jesuitische Grundsätze nicht mehr die Welt regieren werden, und daß Freiheit der Presse, wenn sie erhalten wird, unberechenbare Wunder tut und tun muß – das bin ich wohl überzeugt, aber Menschen werden dennoch Menschen bleiben, und folglich die Mächte der Gewalt und List immer, fürchte ich, allgemeiner herrschen, als die Kraft der Vernunft.

Mit Vater Lestrange besuche ich vormittags die Gerichtshöfe, um den militärischen O'Connell in der gepuderten Allonge-Perücke[4], schwarzem Talar und Beffchen[5] plädieren zu sehen, und ging nachher in die *Association*[6], um dort den großen Agitator wieder in einer ganz andern Gestalt zu beobachten. Die Sitzung war heute sehr stürmisch. Herr L...s sprach wie ein Verwirrter und griff selbst O'Connell so stark an, daß dieser fast seine gewohnte Dignität[7] darüber verlor. Er hielt dann zwar eine vortreffliche Gegenrede, haschte jedoch zu sehr nach Witz, der zuweilen auch nicht vom besten Geschmack war. Später sprachen zehne zugleich, der Sekretär rief zur Ordnung, hatte aber nicht Autorität genug, sich Gehorsam zu verschaffen. Kurzum, die Szene ward etwas unschicklich, bis zuletzt ein hübscher junger Mann, mit ungeheuerm Bart und in outrierter[8] Kleidung (der *dandy* der *Association*, wie L...s ihr Don Quixotte), auf einen Tisch sprang, eine fulminante Rede hielt, die großen Applaus erlangte, und so die Ruhe wieder herstellte.

Bei Lady M... aß ich zu Mittag. Sie hatte mich durch ein Billett eingeladen, wie ich deren wohl ein Dutzend während meines Aufenthalts von ihr bekam, und die ich als charakteristisch anführen muß, da ich nie in meinem Leben von einer Dame kalligraphisch[9] schlechter geschriebene und im Stil vernachlässigtere Billetts gesehen habe. Offenbar zeigte sich hier die Absichtlichkeit der großen Schriftstellerin, die möglichste *insouciance*[10], den vollständigsten *abandon*[11] im gewöhnlichen Leben zu bekunden, wie die großen Solotänzer in Paris, während dem pantomimischen Teil ihres Auftretens, affektieren[12], einwärts zu gehen, um den Tänzer von Profession nicht zu verraten. Bei Tische machte Lady M... mit ihrem schon erwähnten Adjutanten C... Cl... die Hauptfrais[13] alles obligaten Witzes, auch Herr Shiel zeigte sich *aimable*[14] und als Mann von Welt. Am amüsantesten aber fand ich Lady M... und ihre Schwester abends im Sprüchwörterspiel, das beide vortrefflich in französischer Sprache extemporierten.[15] So stellten sie unter andern, ›*Love me, love my dog*‹ (Liebst Du mich so liebst Du meinen Hund), folgendermaßen dar. Personen: Lady M..., eine alte Kokette, Lady C... ein irländischer *fortune-hunter* (Glücksjäger), ihre älteste Tochter die französische Kammerjungfer, und die jüngste Tochter ein Garde-Capitaine, Liebhaber der alten Dame. Zuerst sieht man Lady M... mit ihrem Kammermädchen bei der Toilette. Vertraulicher Rat Josephinens, verschiedene lächerliche Toiletten-Geheimnisse betreffend; Jammer der Kokette über die ankommenden Runzeln; endlich Versicherungen der *abigail*[16], daß, bei Abend, dennoch niemand schöner sei. Als Beweis werden die verschiedenen Anbeter angeführt, und Liebesgeschichten alter Zeiten erzählt. *La comtesse convient de ses conquêtes,* und macht mit vieler Laune ein Gemälde ihrer Triumphe. »*Shut!*« ruft die Kammerjungfer, »*j'entends le capitaine.*«[17] Dieser, ein *exclusive*[18], erscheint mit *fracas*[19], einen kleinen Hund im Arme haltend, und erklärt nach einigen zärtlichen Komplimenten, daß er, genötigt sich zu seinem Regimente zu begeben, ihr *Fidèle* zurücklassen wolle, damit die schöne Gräfin nie vergesse, ihm *fidèle*[20] zu bleiben. Burleske Beteurungen, Schluchzen, Umarmung, Abschied. Kaum ist der Capitaine fort, so erscheint der Irländer, und bringt sogleich einen Heiratskontrakt mit, indem die Gräfin ihr ganzes Vermögen ihm verschreiben soll. Als guter Weiberkenner behandelt er sie rüde und doch leidenschaftlich, so daß, nach schwacher Verteidigung und einer kleinen Szene, beide endlich einig werden. Indem bemerkt der Irländer den fremden Hund, und frägt befremdet, wo dieser her sei? Man stottert verlegen einige Entschuldigungen her. O'Connor MacFarlane spielt nun den in Wut geratenen Eifersüchtigen. Vergebens suchen die Weiber ihn zu beruhigen – er tobt, und besteht auf augenblicklicher Entfernung des Eindringlings. Die Gräfin versucht in Ohnmacht zu fallen, aber alles ist vergebens; selbst Josephine, die schon vorher, bei Gelegenheit des Ehekontrakts, eine volle Börse hinter dem Rücken ihrer Gebieterin erhielt, nimmt die Partei des Bramarbas[21], und dieser, mit der einen Hand seine Dame zurückhaltend, ergreift endlich mit der andern den kleinen Unglücklichen, und wirft ihn zur Türe hinaus. Aber, wo weh! In demselben Augenblicke kommt der Capitaine noch einmal zurück, um das vergessene Halsband zu bringen, und *Fidèle* fliegt in seine Arme. Die erschrockenen Damen ergreifen die Flucht, die Männer messen sich mit den Augen, O'Connor MacFarlane stößt schreckliche Drohungen aus, aber der Capitaine zieht den Degen, und Bramarbas springt zum Fenster hinaus. Dies Skelett ist mager; aber Lustigkeit, Laune und Witz machten es höchst unterhaltend. Die Unvollkommenheit der Kostüme vermehrten das Pikante, denn die Damen z. B. waren nur bis zur Mitte Männer, der Rest blieb Dame, d. h. sie hatten bloß Rock und Weste über ihre Kleider gezogen, und einen Hut aufgesetzt: ihr Degen war eine Reitgerte, und *Fidèle* ein Muff.

Lady M… erzählte mir nachher viel interessante Details über die bekannte Miss O'Neill, die ich, wie Du weißt, für das größte dramatische Talent halte, das ich je zu bewundern Gelegenheit gehabt. Sie sagte, daß diese, von Anfang an, mit dem erhabensten Genie begabte Künstlerin, am hiesigen Theater, wo sie lange spielte, ganz vernachlässigt blieb, ja fast für nichts geachtet wurde! Dabei war sie so arm, daß sie, wenn sie, nach angestrengtem Spiel, abends zu Haus kam, dort nichts zur Erfrischung, als eine Schüssel Kartoffeln fand und ein elendes Bett, das sie mit drei Geschwistern teilte. Lady M... besuchte sie einmal und fand das arme Mädchen ihre zwei Paar alten Strümpfe stopfen, die sie täglich wusch, um darin reinlich auf dem Theater erscheinen zu können. Lady M... verschaffte ihr hierauf allerlei Kleidungsstücke und nahm sich überhaupt ein wenig ihrer Toilette an, die bisher in allen Stücken, wo sie spielte, ganz vernachlässigt worden war. Seitdem erhielt sie etwas mehr, doch nur geringen Beifall. Um diese Zeit kam zufällig einer der Direktoren der Londoner Theater nach Dublin, sah sie, und engagierte sie, als ein besserer Kenner, sogleich für die Hauptstadt. Hier machte sie schon beim ersten Erscheinen *furore* und ward im Augenblick, von einem ungekannten armen Schauspielermädchen, das, ganz England überstrahlende, erste Gestirn an seinem Theaterhimmel. Noch immer erinnere ich mich mit Entzücken ihrer Darstellungen in London.[22] Nie habe ich seitdem die Rolle der Juliet[23], von einer andern Schauspielerin, selbst unsern besten, ertragen können. Alles schien mir nur Manier, Affektation, Unnatur. Man mußte sehen, wie in den wenigen Stunden sich das ganze Leben der Shakespear'schen Juliet – so naturwahr vor den Zuschauern abspann. Zuerst erblickte man allein das harmlose, jugendlich fröhliche, unbefangene tändelnde Kind; dann, wie die Liebe erwachte, schien eine neue Sonne über sie aufzugehen, alle ihre Bewegungen wurden üppiger, ihre Miene strahlender, es war die, mit allem Feuer des Südens, sich ganz dem Geliebten hingebende Jungfrau. So erschloß sie sich in der lieblichsten, reichsten Blüte – aber Sorge und Unglück reifte bald vor unsern Augen die edle Frucht. Imposante Würde, die höchste Zärtlichkeit für den Gemahl, der festeste Entschluß in der Not, nahm jetzt die Stelle der glühenden Leidenschaft ein, des leichten, genußbegierigen Sinns – und wie ward die Verzweiflung dargestellt, am Ende – als alles verloren! – Wie furchtbar, wie herzzerreißend, wie wahr, und dennoch immer schön, wußte sie hier bis zum letzten Moment zu steigern! Ihrer Sache gewiß, erlaubte sie sich zuweilen bis an die äußerste Grenze des Darstellungsfähigen zu streifen, was keine andere hätte wagen dürfen, ohne in das Lächerliche zu fallen. Bei ihr wirkten jedoch grade diese Effekte, wie ein elektrischer Schlag. Ihr Wahnsinn und Sterben als Belvedeira unter andern* hatte eine so schaudervolle physische Wahrheit, daß der Anblick kaum zu ertragen war, und doch blieb es immer nur der Seelenschmerz, durch den körperlichen auf's höchste veranschaulicht, der so mächtig, ja vernichtend auf den Zuschauer wirkte. Ich wenigstens erinnere mich wohl, daß ich mich nach jenem Abend lange keinem sinnlichen Eindruck mehr überlassen konnte**, und noch den andern Morgen, als ich erwachte, heiße Tränen über Belvedeiras Schicksal vergoß. Ich war allerdings damals sehr jung, aber viele teilten mein Gefühl, und es war auffallend, daß Deutsche, wie Franzosen und Italiener, gleich enthusiastisch über sie urteilten, da man sich doch sonst immer erst an das Nationelle[25] etwas gewöhnen muß, um von einem Schauspieler sich ganz befriedigt zu fühlen. Sie hatte aber keine Spur von Manier[26], es war nur das echte und edelste Menschenbild, das wieder zum innersten Menschen sprach. Man konnte sie eigentlich nicht ›schön‹ nennen, obgleich sie eine edle Gestalt, herrliche Schultern und Arme und schönes Haar hatte. Ihr Gesicht besaß aber jenen undefinierbaren tragischen Ausdruck, der beim ersten Anblick die tiefsten Gefühle der Seele aufwühlt. Man glaubt in solchen Zügen die Spur aller Leidenschaften zu lesen, über welche dennoch überirdische Ruhe, wie eine Eisdecke über den Vulkan, gebreitet ist.

Gegen so viel Genie und Talent waren die Dubliner blind

* In: *Venice Preserved* von Otway.[24] *A. d. H.*

** So erkläre ich mir das Wunder der Speisung der 6000 Mann, besser wie Paulus (ich meine den Konsistorialrat).[27] *A. d. H.*

geblieben – als aber das Jahr darauf, die berühmte, gefeierte, vergötterte Miss O'Neill von London zurückkam, um einige Gastrollen zu geben – war auch sogleich der durch sie verbreitete Zauber so groß, daß nicht nur das ganze Publikum sich wie im Rausch und Taumel befand, sondern mehrere Damen ohnmächtig hinausgetragen werden mußten, und eine, über den Anblick der Raserei Belvedeiras wirklich närrisch wurde, und im Tollhause starb*. Wahrlich, bei solchen Erfahrungen wird einem der Enthusiasmus der Menge fast ekelhaft!

Diese große Schauspielerin zeichnete sich auch immer durch einen höchst liebenswürdigen Charakter aus und erhielt fortwährend allein ihre Familie, selbst zur Zeit ihrer größten Dürftigkeit. Auf einem kleinen Privattheater in der Provinz war sie zum erstenmal aufgetreten. Dieses sollte geschlossen und dabei noch eine feierliche Vorstellung, von den vorzüglichsten Dilettanten[28], gegeben werden, deren Ertrag für die Armen der Provinz bestimmt war. Man schrieb an Miss O'Neill nach England und bat sie, die hier zuerst ihre Kräfte versuchte, auch die letzte Darstellung durch ihre, jetzt von allen drei Königreichen bewunderte, Kunst zu verherrlichen; jede Bedingung, die sie mache, werde man eingehen. Miss O'Neill erwiderte, daß sie sich ungemein von dem Antrage geschmeichelt und geehrt fühle, aber weit entfernt, eine Belohnung für sich anzunehmen, werde sie mit Freuden eine Gelegenheit ergreifen, der Wiege ihres schwachen Talents den schuldigen Tribut zu bringen. Nur unter dieser Bedingung, und daß es ihr freistehen möge, auch ihren Beitrag für ihre armen Landsleute beifügen zu dürfen, würde sie am bestimmten Tage eintreffen. Augenzeugen haben mich versichert, daß sie nie eine vollendetere Darstellung gese-

* Ohne Zweifel als Opfer der Nemesis[29], für den früheren Stumpfsinn der übrigen. *A. d. H.*

hen, als die von Shakespeares unsterblichem Meisterstück an diesem Tage. Nie wäre Miss O'Neill besser unterstützt worden, und nie habe sie sich selbst mehr übertroffen. Eine eigne Schickung war es, daß sich an demselben Tage ein sehr reicher junger Baronet in sie verliebte, und sie ganz kurze Zeit darauf heiratete. Er beging einen großen Raub am Publikum, aber wer kann ihn deshalb verdammen! Miss O'Neill hat jetzt mehrere Kinder, ist noch immer reizend, wie man behauptet, lebt glücklich auf dem Landgute ihres Mannes, hat aber nie mehr, weder eine öffentliche, noch eine Privatbühne betreten.

[s. a. Nachlaß-Briefe S. 632-636]

(Der Schluß dieses Briefes, welcher, wie aus dem Anfang des Folgenden scheint, die Schilderung einiger öffentlichen Feste und Vorfälle dabei enthielt, ist abhanden gekommen.)

A. d. H.

Dreiundvierzigster Brief

Dublin, den 7. Dezember 1828

Liebe Julie!

Die Schilderungen der *public dinners* und der albernen Perfidie des Sir Charles M... haben nun ein Ende, und ich führe Dich dafür zu einem Frühstück auf die Post, wo uns, nebst einer Menge eleganter Damen, der Chef, der es gab, ein sehr gebildeter und artiger Mann, Sir Edward Lee, vorher in den verschiedenen *bureaux* herumführte, *pour nous faire gagner de l'appetit.*[1] In einem derselben, das der ›*dead letters*‹ (toten Briefe) genannt, ereignete sich während unsers Daseins ein sonderbarer Vorfall. Alle Briefe nämlich, auf denen die Adresse ganz unverständlich ist, oder wo die Personen, an die sie gerichtet sind, nicht ausgemittelt werden können, kommen in dieses *bureau*, wo sie schon nach vierzehn Tagen aufgemacht, und wenn sie nichts Wichtiges enthalten, verbrannt werden. Mir scheint dies eine ziemlich barbarische Mode, da wohl ein Herz davon zugrunde gehen könnte, was einem Postoffizianten doch ohne Wichtigkeit schiene. Es ist aber einmal so, und wir fanden drei Leute fleißig mit der Operation beschäftigt. Mehrere von uns ergriffen neugierig einige dieser zum Opfer bestimmten Briefe, und durchblätterten sie, als der Beamte, neben dem ich stand, ein ziemlich starkes Schreiben in die Hand bekam, auf dem sich gar keine Adresse befand, sondern bloß der Poststempel einer irländischen Provinzialstadt. Wie groß war aber seine und aller Verwunderung, als er beim Aufmachen zwar keine Buchstaben, aber 2700 Pf. St. Banknoten *in natura* darin fand. Dies wenigstens schien allen wichtig, und es wurde sogleich *ordre* gegeben, nach jener Stadt zu schreiben, um die Sache aufzuklären.

Als ich abends meine Nachtigallen besuchen wollte, fand ich sie ausgeflogen, und nur den Herrn Vater zu Hause, mit dem ich mich daher, *faute de mieux*[2], wissenschaftlich unterhielt. Er zeigte mir mehrere interessante, neu erfundene Instrumente, unter andern eins, das sehr genau den Kraftgrad der Lunge angibt, und daher zur Erkenntnis schwindsüchtiger Krankheiten unschätzbar sein soll. Ein vornehmer hiesiger Beamter, erzählte Sir A..., war an unheilbarer Lungensucht im vorigen Jahr von allen Ärzten Dublins aufgegeben worden. Seiner nahen Auflösung selbst entgegensehend, war er im Begriffe, sein Amt aufzugeben, und nach Montpellier abzureisen, um wo möglich den unvermeidlichen Tod noch einige Monate aufzuschieben. Sir A... wurde zuletzt auch noch konsultiert, und kam auf den Gedanken, hier seine, eben von London angekommene, Maschine zu versuchen. Kaum traute er seinen Augen, als er bei diesem Experiment fand, daß des Kranken Lunge zwei Grade mehr Kraft zeige als seine eigne, die sich doch ungemein wohl befindet. Man erkannte nun eine Leber krankheit, mit allen Symptomen des letzten Grades der Schwindsucht, und der Patient war in vier Monaten gänzlich geheilt, mit Beibehaltung seines reichlich besoldeten Amtes, das er aufzuopfern schon im Begriff gewesen war. Eine andere sehr kompakte kleine Maschine diente zum Aderlassen und Scarifizieren[3], als Magenpumpe, Ohrspritze und Kl... Spr...[4] alles zu gleicher Zeit. Man muß gestehen, daß man das Kompendiöse[5] nicht weiter treiben kann! Die übrigen Marter-Instrumente will ich Dir nicht beschreiben, *tant pis pour l'humanité, qu'il en faut tant!*[6] Anmutiger erschien mir ein Barometer, durch die Figur einer Dame dargestellt, die, bei Annäherung des schlechten Wetters, ihren Parapluie[7] ergreift, bei starkem Regen ihn aufspannt, und bei beständiger Schönheit der Witterung ihn als Spazierstock gebraucht. Eine Dame als stets wechselnden Wetterpropheten zu gebrauchen! *Quelle insolence!*[8]

Den 8ten

Sir A…, der eine Stelle bei der Bank bekleidet, zeigte mir diese am heutigen Morgen. Das Lokal ist schön, und diente ehemals zum Versammlungsort der beiden Häuser des so sehr zurückgewünschten irländischen Parlaments. Am sehenswertesten ist die Druckerei der Banknoten. Eine prächtige Dampfmaschine treibt das Ganze, und eine zweite kleinere daneben füllt auch die Kessel mit Wasser und die Öfen mit Kohlen, so daß hier für Menschen beinahe nichts zu tun übrig bleibt. Im ersten Zimmer wird die Druckerschwärze bereitet, in den nächsten Sälen erhalten die Banknoten, mit großer Schnelligkeit, ihre verschiedenen Ornamente und Zeichen. Nur e i n Mann ist bei jeder Druckmaschine beschäftigt, und während er die leeren Papiere, eins nach dem andern, unter den Stempel bringt, markiert sich in einer verschlossenen Büchse daneben die Quantität der bedruckten Noten. Im nächsten Saale werden sie numeriert. Dies geschieht auf einem kleinen Kasten, und die Maschinerie in diesem Behältnis numeriert von selbst, wie durch unsichtbare Hände, von 1-100000. Der dabei beschäftigte Arbeiter hat nichts weiter zu tun, als die hervorkommenden Zahlen mit Druckerschwärze zu betupfen und die Noten in gehörige Ordnung zu legen. Das Übrige verrichtet die Maschine allein.

Jede Note, die nach der Ausgabe wieder zur Bank zurückkehrt, wird sogleich zerrissen, und dann noch sieben Jahre aufgehoben, ehe man sie verbrennt. Bei dieser letzten Operation bildet sich, aus dem Papier und der eigens komponierten Druckerschwärze, ein Residuum[9] von Indigo, Kupfer- und dem Papierstoff, welches wie Metall aussieht und glänzend alle Farben des Regenbogens spielt. Natürlich gehören viele Zentner Noten zu einem Lot dieser Substanz, von der ich mir ein schönes Stück verschaffte.

Nachher stiegen wir noch auf die, eine Welt im kleinen bildenden, Zinkdächer des großen Gebäudes hinauf, wo wir treppauf treppab, gleich dem *diable boiteux*[10], zwar in verschiedene andre Häuser hineinsehen konnten, uns aber zuletzt selbst so verirrten, daß wir kaum ohne Ariadnes Faden[11] wieder hinausgekommen wären. Ich gelangte deshalb zu spät auf einem großen *dinner* bei Sir E... L... an, eine Sache, die man in Irland indes nicht so übel aufnimmt, als bei uns.

Den 9ten

Lord Howth hatte mich zu einer Hirschjagd eingeladen, von der ich, so befriedigt als ermüdet, eben zurückgekommen bin. Meine Lektionen in Cashel kamen mir heute gut zu statten, denn Lord Howth ist einer der besten und determiniertesten[12] Reiter in England. Man hatte mir ein sehr gutes Pferd gegeben und ohngeachtet ich zweimal stürzte, was Lord Howth auch einmal arrivierte[13], folgte ich ihm so gut auf dem Fuße, daß ich unsrer Kavallerie keine Schande gemacht zu haben glaube. Zuletzt waren von den fünfzig Rotröcken mehr als Zweidritteil verlorengegangen. Bemerkenswert schien mir ein Offizier, der nur noch einen Arm hatte und dennoch stets unter den ersten war, ohne daß sein vortreffliches Pferd auch nur einen Sprung versagt, oder mankiert[14] hätte.

Von Zeit zu Zeit ist diese Jagd ein hübsches Vergnügen; wie man aber jedes Jahr sechs Monate hindurch und wöchentlich dreimal, sich dieser doch sehr geistarmen Unterhaltung widmen und sie immer mit gleicher Leidenschaft treiben kann, bleibt mir unbegreiflich. Was überdem die Hirschjagd in England für mich weit weniger angenehm macht, als anderswo, ist, daß die dazu gebrauchten Hirsche nur zahme sind, die man wie Rennpferde völlig dazu trainiert. In einen Kasten gesperrt, werden sie auf den Platz des Jagd-Rendezvous gebracht, und dort erst herausgelassen. Wenn sie einen gehörigen Vorsprung haben, geht die Jagd an, und ehe man sie endigt, werden die Hunde abgerufen, und das Tier wieder im Kasten aufbewahrt. Ist das nicht entsetzlich prosaisch, und kaum durch das *agrément*[15] aufgewogen, daß man sich den Hals über einen breiten Graben brechen, oder den Kopf an einer hohen Mauer einstoßen kann?

Den 10ten

Seit einigen Wochen besuche ich oft die gymnastische Akademie, eine Belustigung, die in Großbritannien und Irland sehr Mode geworden ist. Gewiß, für die Erziehung der Jugend sind diese Übungen unschätzbar – es ist ein sehr potenziertes Turnen, aber ohne Politik.[16] Wenn man bedenkt, welche Mittel jetzt für physische wie geistige Erziehung zu Gebote stehen, wie selbst die Mißgestaltetsten, in Eisenschienen gespannt, zu Apollos umgeschaffen, wie Nasen und Ohren kreiert und täglich in den Zeitungen Erziehungsanstalten angepriesen werden, wo man die gründlichsten Gelehrten in drei Jahren zu bilden verspricht*, so möchte man gleich selbst wieder ein Kind werden, um auch seinen Teil davon zu bekommen. Es scheint, das Gesetz der Schwerkraft wirke im Moralischen wie im Physischen, und die Kultur *(the march of intellect)*[17] vermehre sich jetzt in steigender Progression, wie die Schnelligkeit einer fallenden Kugel. Nur noch ein paar politische Umwälzungen in Europa, gänzliche Vervollkommnung des Dampfwesens für Seele und Körper, und Gott weiß wo wir, selbst ohne die Direktion des Luftballons gefunden zu haben, noch hingelangen? Doch um auf das Gymnasium zurückzukommen, so ist dessen Nützlichkeit wenigstens unbezweifelt. Es kräftigt die Natur so sehr, und

* Bildet doch das preußische Landwehr-System auch vollkommene Soldaten zu Roß und zu Fuß in zwei Jahren. *A. d. H.*

verschafft dem Körper solche Gewandtheit, daß man dadurch seine Existenz wahrhaft verdoppelt, und verdreifacht. Selbst im wörtlichen Sinne genommen, ist das wahr, denn ich sah einen jungen Mann, dessen Brust, nach ununterbrochen fortgesetzter dreimonatlicher Übung, sieben Zoll in ihrer Wölbung zugenommen hatte. Die Muskeln der Arme und Schenkel treten dabei wie hartes Eisen in dreifachem Volumen hervor. Aber auch ältere, ja sechzigjährige Leute, wenn sie gleich nicht dieselben Vorteile erlangen können, sind immer noch imstande, sich durch mäßige Übung im Gymnasio sehr bedeutend zu kräftigen. Ich fand täglich mehrere von diesem Alter, die es sehr gut mit den Jüngern aufnahmen, welche erst kurze Zeit den Unterricht genossen hatten. Es gehört aber einige Ausdauer dazu, denn je älter man ist, je schmerzlicher und ermüdender ist der Anfang. Manche fühlen sich monatelang davon wie gerädert, oder wie mit einem allgemeinen Rheumatismus behaftet. Ein Franzose dirigiert jetzt das Ganze, nachdem sein Vorgänger sich vor drei Jahren *pro patria*[18] geopfert hatte. Dieser Mann, mit Namen Beaujeu, wollte zweien Damen (denn auch für weibliche Gymnasten dient die Anstalt) zeigen, wie leicht das Exercitium Nr. 7 sei. Die Stange brach, und er beim Herabfallen das Rückgrat. Schon nach wenigen Stunden starb er, und mit einer Begeisterung, die einer größeren Sache würdig gewesen wäre, stieß er bloß die klagenden Worte aus: *»Voilà le coup de grâce pour la gymnastique en Irlande!«*[19] Seine Befürchtung ist jedoch nicht in Erfüllung gegangen, denn Herren und Damen sind gymnastischer gesinnt als je.

Den 9ten[20]

Da ich diese Tage über unwohl war, und nicht ausgehen konnte, so bin ich nicht imstande, Dir irgend etwas Interessanteres zu melden. Nimm daher mit einigen detachierten[21]

Gedanken vorlieb, wie sie die Einsamkeit gebiert, oder laß sie auch, wenn sie Dich langweilen, ungelesen.

Stuben-Philosophie

Was ist Glück und Unglück? Da mir das erste nicht viel zuteil ward, so habe ich mir die Frage oft aufgeworfen. Blind und zufällig ist es gewiß nicht, sondern notwendig und folgerecht, wie alles andere in der Welt, obgleich die Ursachen desselben nicht *immer* von uns abhängen. Inwiefern wir aber es wirklich selbst herbeiführen, wäre für jeden eine sehr heilsame Untersuchung. Glückliche und unglückliche Gelegenheiten bieten sich im Laufe des Lebens wohl jedem dar, und diese geschickt zu benutzen oder abzuwenden, ist, in der Regel, das, was dem Menschen überhaupt den Ruf eines Glücklichen oder Unglücklichen verschafft, aber man kann doch nicht leugnen, daß bei manchen Menschen, durch das, was wir Zufall nennen, fortwährend die kräftigsten und klügsten Kombinationen scheitern, ja es gibt sogar eine gewisse Ahnung, die uns im voraus, entweder beim Verwickeltsten Zutrauen, oder auch beim anscheinbar Leichtesten schon das dunkle Gefühl gibt, daß es dennoch nicht gelingen werde. Manchmal bin ich versucht, zu glauben, daß Glück und Unglück bloß eine Art subjektiver Eigenschaften sind, die man mit auf die Welt bringt, wie Gesundheit, Körperstärke, besser organisiertes Gehirn u. s. w. und dessen überwiegender Kraft sich, wo es da ist, die Umstände magnetisch fügen müssen. Wie alle Eigenschaften, kann man auch diese ausbilden oder schlafen lassen, vermehren oder vermindern. Der Wille tut dabei viel – drum sagt man: wagen gewinnt, und Kühnheit gehört zum Glück. Man bemerkt zugleich, daß das Glück in der Regel, wie andere Sinne, mit den Jahren, d. h. mit der Kräftigkeit des Materiellen abnimmt. Es ist dies durchaus nicht immer die Folge von schwächeren oder ungeschickteren geistigen Maßregeln, sondern scheint wirklich das Ergebnis einer geheimnisvollen Fähigkeit an sich zu sein, die, so lange sie jung und stark ist, das Glück bannt, später aber es nicht mehr zu halten imstande ist. Beim großen Spiel macht man hierüber sehr gute Studien, und es ist dies zugleich die einzige poetische Seite dieser gefährlichen Leidenschaft, die oft sehr anziehen kann, da nichts ein so treues Bild des Lebens gibt, als das hohe Hazard-Spiel, nichts sogar eine bessere Maßgabe für den Beobachter, um seinen eignen und den Charakter anderer zu ergründen. Alle Regeln, die im Kampf des Lebens gelten, gelten auch in diesem, und die Einsicht, mit Charakter-Stärke verbunden, ist jedenfalls sicher: wenn nicht zu siegen, doch sich mit Erfolg zu verteidigen. Ist sie aber mit der Glücksfähigkeit gepaart, so wird ein Spiel-Napoleon daraus, ein Eroberer am Pharao-Tische![22] Von den *filous, qui corrigent la fortune*[23], spreche ich nicht. Aber auch hier bleibt das Gleichnis treu, denn wie oft begegnest Du nicht in der Welt solchen, die das Glück bannen durch Betrug – beiläufig gesagt, die unglücklichsten aller Spekulanten. Ihre Beschäftigung ist das wahre Wasserschöpfen mit einem Sieb, das Aufsammeln stets leerer Nüsse. Denn was ist Genuß ohne Sicherheit, und wie kann äußeres Glück helfen, wo das innere Gleichgewicht fehlt!

*

Es gibt Menschen, die, obgleich mit ausgezeichneten Geisteseigenschaften begabt, doch damit nicht in der Welt fortzukommen wissen, wenn sie nicht durch das Schicksal von Hause aus an ihren wahren Platz gestellt worden sind. Mit eignen Kräften wissen sie diesen nie zu erreichen, weil eine zu weibliche Phantasie, in die sich fortwährend fremde Formen eindrücken, sie verhindert, die Wirklichkeit zu sehen, wie sie ist und sie ewig nur unter schwankenden Bildern leben läßt. Mit Feuer und Geschick beginnen sie zwar ihre Pläne, aber noch schneller verfolgt dieselben ihre Phantasie auf dichterischem Roß und führt sie ohne Verzug im Traumreiche so glänzend und genügend an das Ziel, daß sie die langsamen Mühseligkeitien des wirklichen Weges nachher nicht mehr überstehen mögen. So lassen sie denn ein Projekt nach dem andern freiwillig fallen, ehe es zur Reife gediehe. Wie alles in der Welt hat jedoch auch dieser nachteilige Zustand seine Kehrseite. Er verhindert zwar daran, sein Glück zu machen, wie man es zu nennen pflegt, gibt aber einen unermeßlichen Trost im Unglück und eine Elastizität des Gemüts, die nichts ganz vernichten kann, denn das Reich genußspendender Phantasie-Bilder bleibt zu jeder Zeit unerschöpflich. Eine ganze Stadt spanischer Schlösser steht Sterblichen dieser Art immer zu Gebot, und sie genießen in der Hoffnung, im ewigen Wechsel, unzählige Wirklichkeiten im voraus. Solche Leute können bei alle dem, für andere, Besonnenere, mehr Praktische, oft als die größten Hülfsmittel dienen, wenn diese den Enthusiasmus jener zu erregen verstehen. Ihr Scharfsinn enthält dann durch eine positive, sie beherrschende Zuneigung, und daraus entstehendem Zwang, die Ausdauer, welche das eigne Interesse ihnen nicht geben kann, und ihr Eifer ist bleibender für andere als für sich. Aus demselben Grunde wird, wenn eine höhere Macht sie gleich anfangs auf des Berges Spitze gestellt, auch Großes von ihnen selbst ausgehen können, denn in diesem Falle ist ihnen der mannigfaltigste großartige Stoff, und mit ihm der Enthusiasmus, dessen sie bedürfen, schon gegeben und fixiert. Es ist auch nichts völlig Neues, Schwankendes, Ungewisses erst zu gründen, das unter ihnen Liegende nur mit künstlerischem Scharfsinn auf's höchste zu benutzen, zu verbessern, zu erheben, zu verschönern. – Hier wird dann ihr genialer Blick, von tausend ausführenden Köpfen und Händen unterstützt, und durch das innere poetische Auge gekräftigt, von der Höhe, ihrem eigentlichen Element, weiter tragen, als der gewöhnlicher Naturen. – Am Fuße und Rande des Berges aber hilft ihnen die Schärfe dieses Blickes nichts, weil ihr Horizont dort verdeckt ist, und hinauf, zum mühvollen Klimmen, tragen die indolenten[24] Glieder sie nicht, noch können sie den gaukelnden Gestalten widerstehen, die sie unterwegs bald dahin, bald dorthin, von ihrem Pfade verlokken. Sie leben und sterben daher am Berge, ohne je seinen Gipfel zu erreichen, folglich ihrer eignen Kraft ganz innegeworden zu sein. Bei einem Menschen dieser Art kann man das bekannte Wort umdrehen, und mit Recht sagen: *Tel qui brille au* premier *rang, qui s'eclipse au* second.[25]

*

So schön und herrlich die Worte ›Moral‹ und ›Tugend‹ lauten, praktisch heilsam für das irdische Wohl der menschlichen Gesellschaft wird doch nur die allgemeine klare Erkenntnis derselben als das Nützliche sein. Wer wirklich einsieht, daß der Sündigende dem Wilden gleicht, welcher den ganzen Baum umhaut, um zu einer einzigen, oft sauren, Frucht zu gelangen, der Tugendhafte aber, wie der verständige Gärtner handelt, der, die Reife abwartend, die süßen Früchte alle pflückt, mit dem frohen Bewußtsein, daß er deshalb den Baum an keiner folgenden Ernte verhindert habe – dessen Tugend wird wahrscheinlich die sicherste bleiben. Je erleuchteter also die Menschen im allgemeinen über das sind, was ihnen frommt[26], desto frommer, d.h. besser und milder müssen auch ihre Sitten, unter- und gegeneinander selbst, werden. Dann wird auch bald die Wechselwirkung im wohltätigen Zirkel gehen – nämlich aufgeklärtere Individuen eine bessere Verfassung und Regierung gründen, und diese wiederum die Aufklärung der einzelnen vermehren. Käme es nun endlich dahin, daß eine solche vernunftgemäße höhere Erziehung uns von den Chimären[27] unklarer Zeiten gänzlich befreite, Religionszwang unter die Absurditäten verwiese, Liebe und Tugend aber, als eine zur glücklichen Existenz der menschlichen Gesellschaft innern und äußern Notwendigkeit, klar erkennen ließe, zugleich aber durch weise und feste politische Institutionen, aus dieser Überzeugung entsprossen, auch zur fortwährenden Beibehaltung derselben durch heilsame Gewohnheit, gewissermaßen zwänge – so wäre das Paradies gefunden.

Die bloßen Strafgesetze für hier und dort, ohne diese innere Überzeugung, alle weltliche Politik, im Sinne geschickter Gauner; alle Propheten, göttlich-menschliche Extra-Offenbarungen, Himmel, Hölle und Priester werden es aber schwerlich so weit bringen, – ja so lange diese in den Speichen hängen, möchte das Rad der Aufklärung sich nur gar schwierig und langsam umdrehen*. Daher arbeiten auch so viele mit allen Kräften einem solchen Resultat entgegen, ja selbst Protestanten protestieren rückwärts, und manche möchten sogar eine neue Kontinental-Sperre[28] etablieren, gegen fremde Lichtstrahlen.

Übrigens kann man niemand verdenken, *qu'il prêche pour sa paroisse.*[29] Von einem englischen Erzbischof mit 50000 L. St. Revenuen z. B. zu verlangen, daß er aufgeklärt sein solle, wäre ebenso abgeschmackt, als vom Schah von Persien zu erwarten, daß er sich aus eigner Neigung zum konstitutionellen Monarchen umschaffe. Wenige Individuen werden freiwillig verschmähen, eine reiche und prachtvolle Sinecure[30] zu genießen, bei der nichts weiter von ihnen verlangt wird, als den Leuten ein wenig Staub in die Augen zu streuen, oder ein Despot sein zu dürfen, der bloß nach seiner Laune Millionen dirigiert. Die Sache der menschlichen Gesellschaft ist es aber, es wo möglich so einzurichten, daß wir alle, auch mit dem besten Willen dazu, eine solche Sine-

* Es ist der Bemerkung wert, daß zu der Zeit, als ewige Höllenstrafen am aufrichtigsten geglaubt wurden, es mit der Moralität am schlechtesten stand, und die Zahl grober Verbrecher gegen jetzt tausendfältig war. *A. d. H.*

cure weder erlangen, noch solche Despoten werden können.

Sonst als Kind, geschah es mir oft, daß ich keine Ruhe über das Schicksal Hannibals finden konnte, oder in Verzweiflung über die Schlacht von Poltawa war[31]; heute jammerte ich über Columbus! Wir sind dem geistreichen Amerikaner Washington Irving[32] viel Dank für diese Geschichte schuldig. Es ist ein schöner Tribut, dem großen Seefahrer aus dem Lande dargebracht, das er der zivilisierten Welt geschenkt, und das bestimmt scheint, die letzte Station zu sein, die der Zyklus menschlicher Perfektibilität durchläuft.

Welch ein Mann, dieser erhabne Dulder! Der zu groß für seine Zeit, ihr vierzig Jahre lang nur als ein Narr erschien und den Rest seines Lebens ihrer Feindschaft preisgegeben war, der er auch zuletzt in Not und Kummer unterliegen mußte! Aber so ist die Welt, und es wäre darüber selbst närrisch zu werden, wenn man sich nur beim Einzelnen aufhielte und uns Nachdenken nicht bald belehrte: daß für die weise Natur, das Individuum nichts, die Spezies alles ist. Wir leben für und durch die Menschheit und in ihrem großen Ganzen kompensiert sich auch alles. Dies kann jeden Vernünftigen vollkommen beruhigen, denn jede Saat geht auf, wenn gleich nicht immer für dieselbe Hand, die sie in die Erde legte, doch schlimme wie gute, der Menschheit geht keine verloren. Und was ist der Zweck von allem? Leben – ewig alt und ewig neu, an dem auch wir immer fort teilhaben. Darum behaupte ich: was ist, kann nur vollkommen und notwendig sein, sonst wäre es nicht. Was geschieht, muß geschehen, nicht weil es Willkür so vorher bestimmt, wie die Fatalisten annehmen, sondern weil die Kette der Folgen notwendig aus der Kette der Ursachen entspringen muß. Relativ und in den einzelnen Verhältnissen des Weltall-Lebens entschwindet jedoch diese eiserne Notwendigkeit dem Auge und gibt tausend ungewissen Beziehungen Raum, ohne die das ganze Lebensspiel ja gleich zusammenfiele. Es hat dies die größte Ähnlichkeit mit den Werken der Kunst, oder ist vielmehr ihr Vorbild. ›Lear‹ auf dem Theater[33], jeder Held, den der wahre Dichter uns vorführt, ergreift uns tief und vielleicht mehr als er es in der Wirklichkeit tun würde, und doch wissen wir, alles was wir sehen und hören, sei Täuschung. Der Ausdruck: das Theater der Welt, hat einen tiefern Sinn, als man sich gewöhnlich dabei denkt, und alles was lebt, spielt in Wahrheit: eine göttliche Komödie![34]

Daß eine gewisse, nötige Täuschung unser wirkliches Element sei, wenigstens die Bedingung unsres irdischen Lebens, zeigt sich in allem. Wir sehnen uns nach der Vergangenheit, schwelgen in Bilder der Zukunft und kennen keine Gegenwart. Das einzig Wahre – der Geist – bildet freilich den unsichtbaren Kern, und an ihm bildet sich die bunte Scheinfrucht des Lebens aus. So bleibt es bei Goethes tiefem Wort »Wahrheit und Dichtung« – Geist und Erscheinung.

*

Was mich oft und bitter verdrießen kann, ist, die Leute über das elende Leben hier klagen, und die Welt ein Jammertal nennen zu hören. Dies ist nicht nur die himmelschreiendste Undankbarkeit (menschlich gesprochen) sondern auch die wahre Sünde gegen den heiligen Geist. Ist nicht offenbar Genuß und Wohlsein durch die ganze Welt der positive Normal-Zustand, Leiden, Böses, Verkrüppeltes nur die negative Schattenseite? Ist nicht das Leben ein ewiges Fest für das gesunde Auge, im Anschauen dessen und seiner Herrlichkeit, man anbetend selig werden kann! Und wäre es nur der tägliche Anblick der Sonne und der mächtigen Sterne Glanz, der Bäume Grünen und Blühen[35], und der tausend Blumen Schmelz, der Vögel Jubelgesang und aller Geschöpfe üppige

Fülle und reiche Sinnenlust – es wäre schon viel, um sich des Lebens zu freuen – aber welches mehr wunderbare Reich entfaltet in unerschöpflichen Schätzen unser eignes Gemüt, welche Fundgruben öffnet Liebe, Kunst, Wissenschaft, die Beobachtung und die Geschichte unsres eignen Geschlechts, und in der tiefsten Tiefe, das fromme, ahnende Anschauen Gottes und seines Weltalls! Wahrlich, wir wären nicht so undankbar, wenn wir weniger glücklich wären, und Leiden bedürfen wir oft nur zu sehr, um dies recht gewahr zu werden. Man könnte die Disposition dazu unsern sechsten Sinn nennen, durch den wir das Glück erkennen. Wer davon recht überzeugt ist, der wird zwar immer noch zuweilen klagen, gleich andern unbesonnenen Kindern, schneller aber zur Besinnung kommen, denn das innige Gefühl des Glückes: zu leben, ruht wie ein rosiger Grund in seinem Innern, von dem auch die schwärzesten Figuren, welche das Schicksal darauf erscheinen läßt, wie die Adern vom Blute, sanft durchschimmert werden.

Paradoxien meines Freundes B... H...

»Ja gewiß, der Geist waltet in uns, und wir in ihm, und ist ewig, und derselbe, der durch alle Welten waltet – aber das, was wir unsre menschliche Seele nennen, das schaffen wir hier uns selbst. Das scheinbare Doppelwesen ist uns, wovon das eine dem Sinnen-Impuls folgen will, das andere darüber reflektiert und jenes zurückhält, entsteht schon ganz natürlich aus der, sozusagen, doppelten Natur und Bestimmung des Menschen nämlich, indem er zugleich als Individuum, und auch als ein integrierender Teil der Gesellschaft leben soll und muß. Zur letztern Existenz war die Gabe der Sprache nötig, oder sie konnte gar nicht ins Leben treten, nicht werden. Der einzelne Mensch, isoliert hingestellt, ist durchaus, und bleibt, nichts als das mit dem besten Intellekt begabte

Tier; er hat nicht mehr Seele als dieses. Der Versuch kann noch täglich wiederholt werden. So wie dieser Mensch aber gemeinschaftlich mit andern zu leben anfängt, und durch Sprache ein Austausch von Wahrnehmungen möglich wird, erkennt er bald, daß der Einzelne sich zu seinem eignen Besten dem Ganzen, der Gesellschaft, zu der er mitgehört, unterordnen, für deren Bestehen Opfer bringen muß, und hier erst, könnte man sagen, entsteht die Essenz der Seele, das Moralprinzip. Das Gefühl seiner Schwäche und Unwissenheit gebiert zugleich die Religion, das Gefühl andrer zu bedürfen, die Liebe. Eigennutz und Humanität treten nun in jenen fortwährenden Antagonismus, den man, ich weiß nicht warum, ›das unerforschliche Rätsel des Lebens‹ nennt, da mir der ausgesprochenen Ansicht gemäß, nichts folgerechter und natürlicher erscheint. Die Aufgabe für den Menschen wird demnach nur sein, zwischen beiden Polen das gehörige Gleichgewicht herzustellen. Je vollständiger dies erreicht wird, je wohler befindet sich fortan der Mensch, die Familie, der Staat. Das Extrem, auf einer oder der andern Seite, ist nachteilig. Das Individuum, welches sich egoistisch allein gelten lassen will, unterliegt der Gewalt der Mehrheit – die romanhafte Schwärmerei, welche selbst verhungert um andere zu ernähren, wird zwar von den Menschen, die jedes ihnen gebrachte Opfer billig bewundern, zuweilen aber auch nur belachen, edel oder närrisch genannt werden, demohngeachtet aber nicht allgemein zu bestehen imstande sein, und daher auch nie eine Norm der Nachahmung, eine Pflicht werden können. Märtyrer, die sich für die heilige Zahl ›drei‹ braten, oder zur Ehre Bramas, die Nägel der einen Hand durch die andere wachsen lassen, gehören zu derselben Klasse, wiewohl zu der niedrigsten Stufe derselben, und erhalten ebenfalls, nach der Beschaffenheit der jedesmaligen Ansicht, die verschiedenen Namen von Heiligen oder Wahnsinnigen, bleiben aber, in jedem Fall, nur Abnormitäten. Nicht daß ich damit in Abrede stellen wollte, daß eine vernunftgemäße Verleugnung und das Opfer seiner selbst zum Besten andrer, etwas Schönes und Erhabnes sein könne. Keineswegs, es ist dann allerdings ein schönes, d. h. ein der Menschheit wohltätiges, Beispiel vom Siege des gesellschaftlichen Prinzips über das individuelle, welches ebensogut vorkommen muß, als sein nur allzu häufiger Gegensatz in denen, die nur sich im Auge behalten wollen, und so endlich schonungs- und mitleidslose Verbrecher werden, die der Gesellschaft einen ewigen Krieg erklären. Da wir indessen, von Hause aus, uns selbst immer ein wenig näher stehen als der Gesellschaft (weil zu unserm Bestehen das Naturgesetz der Selbsterhaltung das stärkste sein muß), so sind Egoisten häufiger als Humane, mehr Sünder wie Tugendhafte. Die ersteren sind die wahrhaft Rohen, die zweiten nur, die Gebildeten (beiläufig eine Lehre für alle Regierungen, die im Dunkeln herrschen wollen). Da aber auch bei dem Gebildetsten immer noch eine rohe Unterlage bleiben muß, gleich wie der bestpolierteste Marmor, wenn er unter der Politur abgebrochen wird, wieder grobes Korn zeigt, so kann auch die Humanität selbst nicht verleugnen, daß sie aus Egoismus hervorgewachsen, ja eigentlich nichts ist, als ein auf die ganze Menschheit ausgedehnter Egoismus. Wo sich dieser letztere daher, selbst einseitig, d. h. in bezug auf den Nutzen des Individuums allein, auf eine sehr großartige Weise ausbildet, erzwingen solche Sterbliche, große Männer und Eroberer genannt, die Bewunderung selbst derjenigen, die ihr Verfahren mißbilligen; ja die Erfahrung lehrt uns, daß sie, deren Nichtachtung des Wohles anderer eine ungeheure Zahl von irdischen Leiden ihren Mitbrüdern aufbürdete, dennoch, weil sie dabei eine sehr große und überwiegende, vom Glück begünstigte, herrschende Kraft an den Tag legten, stets hoch von der durch sie leidenden Menschheit verehrt wurden. Hier zeigt sich also wieder, was ich früher sagte, daß Notwendigkeit und Furcht die ersten Keime in der menschlichen Gesellschaft sind, daher auch die mächtigsten Hebel in allen Verhältnissen bleiben, und Kraft zuletzt immer am allermeisten imponiert. Alexander und Cäsar erscheinen größer in der Geschichte als Hor. Cocles und Regulus[36], wenn auch die Geschichten des letzteren keine Fabeln wären. Uneigennützigkeit, Freundschaft, Nächstenliebe, Großmut, entwickeln sich in der Regel erst später, und als seltnere Blumen mit feinerem, und schon raffinierterem Duft, ebenso wie für die Spekulation sich zuletzt die höchste Kraft nur im Ideal des Guten zeigt, und Aufopferung zuletzt für das Individuum selbst, höchster Genuß wird. Ein anderer, wie mir deucht, schlagender Beweis, daß, was wir Moral nennen, nur aus dem Gesellschaftsleben hervorgehe, ist meines Erachtens, daß wir noch heute kein solches Prinzip, in bezug auf andere Geschöpfe anzuerkennen scheinen. Wir würden, wenn wir könnten, zum Behuf unsrer Wissenschaft, uns unbedenklich einen Stern zur Inspektion herunterlangen, und mit einem Engel in unsrer Gewalt nicht viel Umstände machen, sobald wir ihn nicht mehr zu fürchten hätten. Daß wir mit den Tieren (zum Teil auch noch mit den Negern) ganz als Egoisten umgehen und schon ein hoher Grad von Kultur dazu gehört, um sie nur nicht unnütz zu quälen, oder leiden zu lassen, liegt am Tage. Ja, was noch mehr ist, Menschen unter sich selbst, heben sofort das positive Moralprinzip auf, sobald eine, von ihnen für kompetent angesehene Macht, das Gesellschaftsverhältnis partiell aufhebt. Sowie der Krieg erklärt ist, mordet der tugendhafteste Soldat seinen Mitbruder *ex officio*[37], wäre es auch nur im gezwungenen Dienst eines Despoten, den er im Herzen für einen Abschaum der Menschheit ansieht. Oder – der Papst entbindet, Kraft der Religion der Liebe, von allen Gefühlen der Treue, des Rechts, und der Menschlichkeit. Sofort brennt, sengt, mordet, lügt der Fromme *con amore*[38], und stirbt zufrieden und selig, mitten in der Erfüllung seiner Pflicht, und zu Gottes Ehre!

Das Tier, welches nur für sich zu leben bestimmt ist, kennt keine Tugend, und hat daher keine Seele, sagt man mit Recht, dennoch bemerkt man im Haustiere, ohngeachtet des schwachen Grades seines Denkvermögens, infolge seiner Erziehung und der Art von Geselligkeit, in der es mit dem Menschen lebt, auch schon eine sehr sichtliche Spur von Moralität, und wie nach und nach ein deutliches Gefühl für Recht und Unrecht bei ihm entsteht. Man sieht es uneigennützige Liebe fühlen, ja sogar Opfer, ohne das Motiv der Furcht, bringen. Kurzum, es fängt an ganz denselben Weg, wie der Mensch, zu gehen, seine Seele beginnt zu tagen, und hätten die Tiere die Fakultät der Sprache, so wäre es wohl möglich, daß sie ebensoweit wie wir kämen. Da sie uns aber an physischen Kräften überlegen sind, so würde wahrscheinlich der erste Gebrauch, den sie von ihrer neu erlangten Seele machten – unsre Vernichtung sein.

Das Beste für uns wäre, dahin zu kommen, uns zu sehen wie wir sind, und warum wir so sind – ohne Hypothesen und Überschwenglichkeiten – dies ist das einzige Mittel zu wahrer und dauernder Aufklärung und folglich zum wahren Glück. Hat die deutsche Philosophie nicht einen etwas zu poetischen Weg gewählt, und gleicht sie nicht, statt einem wohltätig erleuchtenden und erwärmenden Feuer, mehr einer Girandole, die prachtvoll in tausend Glühfunken bis zum Himmel emporsteigt, sich den Sternen zu assimilieren scheint, bald aber unter ihnen in Nichts verschwindet. Wie viel exzentrische Systeme dieser Art haben, seit Kant bis Hegel, einen Augenblick dort geglänzt und sind dann entweder schnell verstorben, oder leben in Stücke geschnitten, wie der Regenwurm, einzeln fortwuchernd weiter. Es ist sehr problematisch, ob sie der Gesellschaft so viel praktischen Nutzen gewährt haben, als die jetzt so sehr geringgeschätzten französischen Philosophen, die sich an's Nächste hielten, und mit ihrem scharfen Operationsmesser für's erste der positiv existierenden Boa des kirchlichen Aberglaubens den Hauptnerv so ausschnitten, daß sie seitdem nur noch entkräftet umherschleichen kann. Ja, auch der Philosoph soll durch seine Lehren in's Leben eingreifen (der Größte von allen Weisen war ebenso praktisch als allgemein verständlich) und Männer, welche auf diese Weise aufklären, stehen gewiß in der Geschichte höher, als die wunderbarsten der erwähnten Feuerwerker.

Der wirkliche und einzige Gegenstand der Philosophie ist ohne Zweifel Erforschung der Wahrheit, NB. solcher Wahrheit, die zu erforschen ist, denn dieses Bestreben kann nur Früchte bringen. Etwas Unerforschliches suchen, heißt leeres Stroh dreschen. Der richtigste Weg, auf welchem man aber zu der auffindbaren Wahrheit gelangen mag, wird, meines Erachtens, heute noch wie zur Zeit des Aristoteles, nur der der Erfahrung und Wissenschaft bleiben. Später kann man wohl dahin gelangen, mit Recht sagen zu dürfen: Weil das Gesetz so ist, muß die Erfahrung meine Folgerung bestätigen, aber nur auf dem Wege früherer Erfahrung hatte man doch erst dieses Gesetz gefunden. Lalande[39] konnte daher sehr wohl *a priori*[40] behaupten, daß es sich mit den Verhältnissen gewisser Sterne so und nicht anders verhalten müsse, obgleich dem Ansehen nach richtige Beobachtungen das Gegenteil zu beweisen schienen, weil er die unwandelbare Regel schon wußte, aber ohne Newtons fallenden Apfel u. s. w., d. h. ohne die frühere und fortgesetzte Beobachtung einzelner Erscheinungen der Natur, und hierdurch gefundene Wahrheiten, wären die Geheimnisse des Himmels uns noch ein Buch mit sieben Siegeln.

Soll nun die Philosophie die Wahrheit erforschen, so muß sie es gewiß vor allem in bezug auf den Menschen versuchen. Geschichte der Menschheit im weitesten Sinne, und was dar-

Dublin

aus zum Behuf der Gegenwart und Zukunft abzuleiten ist, wird also immer ihr Hauptvorwurf sein. Nur in dieser Richtung mag es uns dann fort und fort glücken, aus dem was geschah und ist, zu der Erkenntnis der Ursachen zu kommen, warum die Dinge sich so und nicht anders gestalteten, und von Factum zu Factum zurückgehend, den Grund-Gesetzen uns zu nähern, hieraus aber auch die Norm für die Folge aufzufinden. Muß nun auch die erste Ursache alles Seins unerforschlich bleiben, so wäre es ja wohl hinlänglich, wenn wir nur klar und deutlich ergründeten, was die Kräfte unsres Wesens ursprünglich waren, was sie schon geworden, und welcher Richtung sie beim fernern Werden nachzustreben haben. Hier wird sich nun vor allem der Gedanke aufdringen, daß nur im Element der Freiheit, beim ungehinderten Austausch der Ideen weitere Ausbildung gedeihen kann. Zu diesem Behuf war ohne Zweifel die glücklichste Erfindung, von und für uns, die der Buchdruckerkunst, lebendig geboren, weil die schon hinlänglich gereifte Stimmung der Menschheit sich sogleich des unermeßlichen Hülfsmittels zu den größten Zwecken bedienen konnte. Sie allein hat es seitdem möglich gemacht, jene ungeheure Macht in's Leben zu rufen, der auf die Länge nichts mehr wird widerstehen können: die allgemeine Meinung. Unter dieser verstehe ich nicht: den Wahn vieler, sondern die Meinung der Besten, die sich, indem sie ein Organ gefunden zu allen zu dringen, am Ende Bahn brechen muß, um jeden Wahn zu zerstören. Ohne die Buchdruckerkunst gab es keinen Luther – und hat denn wirklich das Christentum bis zu dieser Epoche sich Bahn brechen können, hatte es zur Zeit des dreißigjährigen Krieges, zur Zeit der englischen Maria[41], die schwangere Weiber verbrennen ließ, welche in den Flammen niederkamen, zur Zeit der Inquisition, *horribile dictu!*[42] schon die Sitten gemildert, die Menschen barmherziger, sittlicher, liebender gemacht? Ich sehe wenig Spuren davon.

Freiheit der Presse war der große Schritt, der uns dem Zwecke allgemeiner Aufklärung in neuern Zeiten unendlich näher gebracht, und den Begebenheiten einen solchen Schwung gegeben hat, daß wir in einem Jahrzehend jetzt mehr erleben, als unsre Vorfahren in einem Jahrhundert. Nur die Masse der Einsicht, die hierdurch endlich herbeigeführt werden muß, kann der Menschheit wahrhaft nützen. Zu jeder Zeit hat es große, vielleicht unübertreffbare einzelne Menschen gegeben, und obgleich ihre Wirkung auf das Ganze nicht verloren war, konnten sie doch gewöhnlich nur, gleich einem Meteor, eine momentane und partielle Helle verbreiten, die im Laufe der Zeiten schnell wieder verblich. Man nehme nur gleich das höchste Beispiel, Christus, der noch obendrein unter den möglichst günstigsten Umständen erschien, wie unser Gibbon[43] so klar gezeigt hat. Wie viel Millionen nannten und nennen sich nur nach ihm, und wieviel davon sind wahre Christen? Er der freisinnigste und liberalste der Menschen, mußte dem Despotismus, der Verfolgung, der Lüge nun bald Jahrtausende zum Schilde dienen, und einem neuen Heidentume seinen hohen Namen leihen!

Also nur die Masse der Erkenntnis sage ich, die Intelligenz, welche eine ganze Nation durchdrungen hat, ist imstande, bleibende, solid und gesund erwachsene Institutionen zu begründen, durch die die Gesamtheit wie der Einzelne besser und glücklicher werden soll. Dahin aber eben strebt jetzt die Welt. Politik in höchster Bedeutung ist die Religion unsrer Tage. Für sie blüht der Enthusiasmus der Menschheit, und soll es neue Kreuzzüge geben, für sie allein werden sie stattfinden. Die Vorstellung konstitutioneller Kammern elektrisiert heutzutage mehr als die einer regierenden Kirche, und selbst der Ruhm des Kriegers fängt an, vor dem des großen Staatsbürgers zu erbleichen.«

Prüfet alles, und nur das Beste behaltet![44]

Aber nun *trêve de bavardage.*[45] In den Bergen hätte ich Dich nicht mit so viel davon ennuyiert[46], in den düstern Stadtmauern geht es mir wie Faust in seiner Studierstube. Indessen ein bißchen Feuerluft ist schon fertig. Ich breite den Mantel aus, und von morgen an, soll wieder frischerer Wind meine Segel schwellen. Doch überall, im Kerker wie unter dem blauen Himmel, bin und bleibe ich ewig

Dein treuer herzergebener L…

P. S. Dies ist mein letzter Brief aus Dublin. Ich habe meinen Wagen einpacken, und nach S… schicken lassen, meine Engländer verabschiedet, und werde mit einem ehrlichen irländischen Bedienten, unter dem bekannten *nom de guerre*[47], jetzt ›romantisch‹ über Bath nach Paris gehen, ohne mich zu übereilen, noch länger als nötig aufzuhalten. Der Abschied von Freunden und Freundinnen – immer der schwerste – ist schon genommen, und nichts hält mich mehr zurück.

Vierundvierzigster Brief

Holyhead, den 15ten Dezember 1828

Teure und Treue!

Du nanntest mich manchmal ›kindlich‹, und kein Lobspruch gilt mir höher. Ja, dem Himmel sei Dank, liebe Julie, Kinder werden wir beide bleiben, solange wir atmen, und wenn auch schon hundert Runzeln uns bedeckten. Kinder aber spielen gern, sind zuweilen ein wenig inkonsequent und haschen dabei immer nach Freude. *C'est là l'essentiel.*[1] So mußt Du mich beurteilen, und nie viel mehr von mir erwarten. Wirf mir also auch nicht vor, daß ich ohne Zweck umherirre – du lieber Himmel! Hat doch Parry mit seinem Zweck dreimal vergebens nach dem Nordpol segeln müssen, ohne seinen Zweck zu erreichen[2], hat doch Napoleon zwanzig Jahre lang Siege auf Siege gehäuft, um zuletzt in St. Helena zu verkümmern, weil er seinen Zweck früher zu gut erreicht hatte! Und was ist überhaupt der Zweck der Menschen? Keiner kann's eigentlich recht genau abgegrenzt angeben. Der ostensible[3] ist immer nur ein Teil davon, oft nur das Mittel zum Zweck, und der wahre selbst ändert und motiviert sich gar vielfach im Verfolg desselben. So ging es auch mir. Man hat aber auch Nebenzwecke, und oft werden diese, weil sie besser munden, die Hauptsache. So ging es abermals mir. *Au bout du compte*[4] bin ich zufrieden, und was kann man mehr erreichen!

Neptun muß mich besonders lieb haben, denn er hält mich jedesmal, wenn er mich in seine Gewalt bekommt, so lange darin zurück als er kann. Der Wind war uns wieder grade entgegen, und blies mit der erbittertsten Heftigkeit. Auf dem Wasser und auf den hohen Bergen wirkt meine Glücksfähigkeit sehr schwach, denn fast noch nie hatte ich günstigen

Wind auf dem Meer, und gar selten einen klaren Himmel, wenn ich ihm so viel tausend Fuß näher kam.

Gestern abend um elf Uhr verließ ich Dublin in einer Postchaise, bei einer schönen hellen Mondnacht; die Luft war lau und milde wie im Sommer. Ich rekapitulierte ein wenig die vergangenen zwei Jahre, und ließ alles von neuem die Revue passieren. Das Resultat mißfiel mir nicht. Ich habe zwar hie und da geirrt, aber finde mich im ganzen fester und klarer geworden. Im einzelnen habe ich auch einiges gewonnen und gelernt, meine physische Maschine dabei nicht verschlechtert, und endlich im Lebensatlas eine Menge interessanter Erinnerungsbilder niedergelegt. Frischen Mut und Lebenslust aber fühle ich zehnfach gekräftigt gegen den schwächlichen Seelenzustand gehalten, indem ich Dich verließ, und da dies mehr wert ist, als äußere Dinge, so sah ich, nach vollendetem Selbstverhör, der unbekannten Zukunft heiter entgegen und ergötzte mich sogleich behaglich an der Gegenwart. Diese bestand vorderhand in dem vollsten Jagen des halbbetrunkenen Postillons; denn einem hohen Meerdamme entlang, im blassen Mondenlicht, gings ›hop, hop, hop, dahin im sausenden Galopp‹, bis wir einen sehr eleganten Gasthof in Howth erreichten, wo ich die Nacht schlief. Ein schöner, ungeheurer New Foundland-Hund leistete mir abends beim Teetrinken Gesellschaft und frühstückte am andern Morgen desgleichen mit mir. Ganz weiß, mit einer schwarzen Schnauze, sah das kolossale Tier einem Eisbär ganz ähnlich, der (wie im ›Bär und Bassa‹)[5] aus Distraktion[6] den schwarzen Kopf eines Landbären aufgesetzt hat. Ich wollte ihn kaufen, er war aber dem Wirt durchaus nicht feil. [s. a. Nachlaß-Briefe S. 636]

In der Nacht hatte ich einen sonderbaren Traum. Ich fand mich in politische Affairen verwickelt, infolge deren man meiner Person nachstellte und mein Leben auf alle Weise bedrohte. Zuerst entging ich auf einer großen Jagd mit genauer Not dem Tode, indem vier bis fünf verkleidete Jäger mich mitten im dichtesten Walde anfielen und ihre Büchsen auf mich abfeuerten, ohne mich jedoch treffen zu können. Nachher versuchte man mich zu vergiften, und schon hatte ich das grüne Pulver, welches mir als Medizin gegeben worden war, verschluckt, als der Herzog von Wellington hereintrat, um mir ganz kaltblütig zu sagen: Es sei nichts von Bedeutung, er habe eben dasselbe bekommen, hier sei das Gegengift. Nach diesem Genuß begann die gewöhnliche Operation der Gegengifte, (wahrscheinlich schon die Antizipation im Traume des morgenden Zustandes auf der See) – in kurzem ward mir jedoch wohler als je. Alles ging überdem in meinen Geschäften nach Wunsch, ich reiste ab und war bereits dem Ziele in jeder Hinsicht nahe. Da überfallen mich Räuber, reißen mich aus dem Wagen und schleppen mich durch Gestrüpp und Ruinen auf eine turmhohe schmale Mauer, auf der wir hastig fortschreiten, während sie, vom Alter zerbröckelt, unter unsern Füßen zu wanken scheint. Der Marsch will kein Ende finden, und außer der Angst quält mich, wie die Räuber gleichfalls, ein nagender Hunger. Sie rufen mir endlich wütend zu, ich solle ihnen Nahrung schaffen, oder sie würden mich selbst schlachten. In dieser Not deucht es mir, eine leise Stimme zu hören, die mir zuruft: ›Weise ihnen jene Tür.‹ Ich blicke auf, und erblicke ein hohes klosterartiges Gebäude, mit Efeu überwachsen, an welches schwarze Tannen sich schmiegen, ohne Fenster noch Türe, ausgenommen eine verschlossene *porte cochère*[7] von Bronce, hoch genug um ein Haus hineinzuschieben. Schnell gefaßt, rufe ich nun den Räubern zu: ›Ihr Narren, was verlangt ihr von mir Nahrung, wenn das große Magazin gerade vor euch liegt!‹ – ›Wo?‹ brüllt der Hauptmann? – ›Öffnet dieses Tor‹, erwiderte ich spöttisch. Als würde die ganze Bande es erst jetzt gewahr, stürzt nun alles darauf los, der Hauptmann voran – doch ehe er es noch berührt, öffnen sich schon schweigend und langsam die ungeheuren Pforten. Ein seltsamer Anblick erschließt sich. Wir sehen in einen tiefen, tiefen Saal hinein, der uns endlos dünkt; in schwindelnder Höhe wölbt sich die Decke; prachtvoll ist alles verziert mit farbigem transparentem Gold, kunstvollen Basreliefs[8] und Gemälden, die alle Leben und Bewegung zu haben scheinen. Auf beiden Seiten aber erstreckt sich an den Wänden hin eine unabsehbare Reihe grimmig aussehender Holzfiguren, mit grob gemalten Gesichtern, in Gold und Stahl gekleidet, Schwert und Lanze gezückt und auf ausgestopften Pferden reitend. In der Mitte schließt die Perspektive ein schwarzes Riesenroß, das einen Ritter trägt, dreimal größer und dreimal furchtbarer als die übrigen. Vom Scheitel bis zur Zehe ist auch er in schwarzes Eisen gehüllt. – Wie inspiriert rufe ich aus: ›Ha, Rüdiger[9], du bist's, ehrwürdiger Ahnherr, rette mich!‹ Die Worte hallten, wie lauter Donner, hundertfach in den Gewölben wieder, und wir glaubten die Holzfiguren wie ihre Pferdebälge die Augen gräßlich verdrehen zu sehen. Alle schauderten – da plötzlich schleudert der Riese sein furchtbares Schlachtschwert, wie einen Blitz in die Höhe, und schon ist uns sein Roß, in entsetzlichen Sätzen vorwärts springend, ganz nahe, als eine Glocke mit dröhnenden Schlägen ertönt, und der Riese wieder felsenfest vor uns steht. Wir aber, von Grausen überwältigt, flohen insgesamt, so schnell uns unsre Beine tragen wollten. Ich muß zu meiner Schande gestehen, daß ich nicht zurückblieb. Ich war indes unter altes Gemäuer geraten, die Angst machte meine Gebeine zu Blei. Jetzt erblickte ich eine Seitentüre, und will eben hindurch, als eine gellende Stimme mir dicht in's Ohr schreit: ›*half past seven!*‹ (halb acht Uhr). Vor Schreck bin ich im Begriff zu Boden zu sinken, eine starke Hand erfaßt mich – ich schlage betäubt die Augen auf und – mein irländischer Bedienter steht vor mir – bloß um zu melden, daß, wenn ich nicht bald aufstünde, das Dampfboot ohnfehlbar ohne mich absegeln werde. Du siehst, Julie, sowie ich mich auf die Reise begebe, stellen sich auch wieder kleine Abenteuer ein, wäre es auch nur im Schlafe.

Auf dem Schiff fand ich die Leute noch beschäftigt, einen schönen, und fast noch mit mehr Überflüssigkeiten und Bequemlichkeiten bepackten Wagen, als ich mit mir führe, wenn ich auf diese Art reise, einzuschiffen. Der Kammerdiener und Bediente waren emsig und respektvoll dabei beschäftigt, während ein kleiner Mensch mit einem blonden sorgfältig gekräuselten Lockenkopf, ganz schwarz, aber sehr elegant gekleidet und ohngefähr zwanzig Jahre alt, mit aller Indolenz eines englischen *fashionable*[10], auf dem Verdeck hin und her schlenkerte, ohne von seinem Eigentum und der Mühe seiner Leute die geringste Notiz zu nehmen. Wie ich nachher erfuhr, war er eben zu einer Erbschaft in Irland von 20000 Pfd. Sterl. Revenuen gelangt, und nun im Begriff, es unter die Leute zu bringen. Er eilte nach Neapel und schien so guter Dinge, daß selbst die Seekrankheit seine gute Laune nicht verdarb. Indem ich mit ihm sprach, dachte ich mir, uns beide innerlich betrachtend: *Voilà le commencement et la fin!*[11] Einen den die Welt aussendet und zu ihm sagt: Genieße mich – und einen den sie zu Hause schickt, und zu ihm sagt: Verdaue mich. – Der Himmel erhalte mir nur meinen guten Magen dazu! Doch diese melancholischen Ansichten entstanden nur aus den *qualms*[12] des Dampfkessels und der Seekrankheit, und nach einiger Überlegung freute ich mich an dem Anblick der hoffnungsreichen Jugend, als wenn ich es selbst wäre, dem sie noch Illusionen machte.

Heute abend gedenke ich mit der *mail* weiterzugehen und hoffe, daß ein gutes *dinner* der Ekelkur ein Ende machen wird, welche die Nachwehen der Überfahrt noch zurückgelassen hat.

Shrewsbury, den 16ten abends

Es ging mir nicht ganz so wohl als ich erwartete. Das *dinner* war keineswegs gut, sondern sehr schlecht, und die Folgen der See gaben mir Migraine, mit der ich um Mitternacht abfahren mußte. Glücklicherweise waren wir nur zwei Personen in dem bequemen, viersitzigen Wagen, so daß jeder eine ganze Seite einnehmen konnte. Ich schlief daher leidlich, und die Luft, wie die sanfte Bewegung, wirkten so wohltätig, daß gegen sieben Uhr, als ich erwachte, das Kopfweh ziemlich vergangen war. Die Holyhead-Mail muß, allen Aufenthalt mit eingerechnet, zwei deutsche Meilen in der Stunde zurücklegen, daher nie Schritt, meistens Galopp gefahren wird*. Zum Frühstück trafen wir schon hier ein, wo ich blieb, um mir die Stadt zu besehen. Ich besuchte zuerst das Schloß, größtenteils ein uraltes Gebäude, von roten Sandsteinquadern aufgeführt, inwendig aber etwas modernisiert. Die Aussicht von dem alten *keep*[13], wo jetzt ein Sommerhäuschen steht, über den Fluß, und eine üppig bewachsene und fruchtbare Gegend ist sehr freundlich. Nahe dabei ist das Stadtgefängnis, wo ich die armen Teufel in der Tretmühle[14] arbeiten sah. Sie waren alle in gelbes Tuch gekleidet, soviel sächsischen Postillonen ähnlich, deren Phlegma eine gleiche Aufregung manchmal zu gönnen wäre. Von dieser neumodischen Erziehungsanstalt, wanderte ich (mich schnell achthundert Jahre zurückversetzend) nach den Überresten der alten Abtei, von der nur noch die schöne Kirche erhalten und im Gebrauch ist. Die Glasfenster darin sind, wie überall in England, von den verrückten Fanatikern unter Cromwell zerstört, aber hier mit neugemaltem Glas außerordentlich gut restauriert worden. Der Erbauer dieser Abtei, Roger Mont-

* Unsre Eilkutschen werden nur dann den englischen gleich kommen, wenn einmal die Post ganz frei gegeben wird, dann aber auch eine gleiche Konkurrenz von Reisenden angeschafft. Beides steht nicht zu erwarten. *A. d. H.*

gomery, erster Graf von Shrewsbury und einer der Feldherren Wilhelm des Eroberers, liegt in der Kirche, unter einem schönen Monumente begraben. Daneben ein *Templer*[15], ganz dem in Worcester ähnlich, nur nicht in Farben. Er liegt auch mit überschlagenen Beinen auf dem Steine ausgestreckt, wie jener, welche besondere Stellung eine Eigentümlichkeit auf den Gräbern der Templer gewesen zu sein scheint. Der Graf von Shrewsbury baute nicht nur die Abtei und dotierte sie, sondern starb auch selbst als Mönch darin, um seine Sünden zu büßen. So wußte die Elastizität des menschlichen Verstandes der rohen Gewalt der Ritter mit überlegener Schlauheit bald geistlichen Zaum und Gebiß anzulegen.

Die Stadt ist sehr merkwürdig wegen der Menge ihrer alten Privathäuser, alle von der seltsamsten Form und Bauart. Ich blieb oft in den Straßen stehen, um einige auf meiner Schreibtafel abzuzeichnen, was immer eine Menge Volks um mich versammelte, das mir verwundert zusah – und mich nicht selten störte. Die Engländer dürfen sich also nicht so sehr wundern, wenn es ihnen in der Türkei und Ägypten ebenso ergeht.

Hereford, den 17ten

Es ist nicht zu leugnen, daß man, nach einiger Zeit der Entbehrung, den englischen *comfort* immer mit Vergnügen wieder findet. Abwechselung ist überhaupt die Seele des Lebens, und gibt jedem Dinge *dans son tour*[16], wieder erneuten Wert. Die guten Gasthöfe, die reinlich servierten *breakfasts* und *dinners*, die geräumigen, und sorgfältig gewärmten Betten, die höflichen und gewandten Kellner – fielen mir, nach dem irländischen Mangel, sehr angenehm auf, und versöhnten mich bald mit den höheren Preisen. Um zehn Uhr früh verließ ich Shrewsbury, wiederum mit der *mail*, und erreichte Hereford um acht Uhr abends. Da es nicht kalt war, saß ich außerhalb, und zedierte[17] meinem Bedienten den

Platz in der Kutsche. Zwei bis drei unbedeutende Männer und ein hübscher, aufgeweckter Knabe von elf Jahren formierten meine Gesellschaft auf der Imperiale[18], wo gewaltig politisiert wurde. Der Knabe war der Sohn wohlhabender Gutsbesitzer, der von seiner hundert Meilen entfernten, Erziehungsanstalt zur *Christmas* ganz allein zu Hause reiste. Diese Gewohnheit Kinder so früh schon, auf ihre eignen Kräfte anzuweisen, gibt ihnen gewiß für das folgende Leben die vermehrte Selbständigkeit und Sicherheit, welche die Engländer vor andern Nationen, namentlich den Deutschen, voraushaben. Die Freude und bewegliche Unruhe des Kindes, je mehr es sich dem väterlichen Hause näherte, rührte und ergötzte mich. Es war so etwas Natürliches und Inniges darin, das mich unwillkürlich an meine eigne Kinderjahre erinnerte – dies unschätzbare und zu seiner Zeit ungeschätzte Glück, das wir nur im Rückblick zu erkennen imstande sind!

Monmouth, den 18ten

Gute Julie, heute habe ich wieder einen jener romantischen Tage erlebt, die ich lange entbehrt, einen von den Tagen, deren mannigfache Bilder, wie Feenmärchen in der Kindheit, erfreuen. Der berühmten Szenerie des Flusses Wye verdanke ich sie, die, selbst im Winter, auf den Namen einer der schönsten Gegenden Englands Anspruch machen kann.

Ehe ich Hereford verließ, besah ich noch sehr früh die Kathedrale, die, außer einem schönen Portikus[19], nicht viel Sehenswertes darbietet, hätte aber bald darüber die *mail* versäumt, welche in England auf niemand wartet. Sie war bereits im vollen Trabe, und ich fing sie wörtlich im Fluge auf. Nur für die dreizehn Meilen bis Ross, die wir außerordentlich schnell, obgleich mit vier blinden Pferden, zurücklegten, bediente ich mich des Wagens, dann nahm ich ein Boot, schickte es fünf Meilen voraus nach dem alten Schloß Goderich[20], und schlug selbst meinen Weg dahin zu Fuß ein. Er führte mich zuerst auf einen hochgelegenen Kirchhof mit prachtvoller Aussicht, dann durch eine üppige Gegend, wie am Luganer See, bis zur Ruine, wo ich das kleine Boot mit zwei Ruderern und meinem Irländer schon vorfand. Ich mußte über den Fluß setzen, der hier ziemlich reißend ist, um zu dem, mit der alten Burg gekrönten, Berg zu gelangen. Das Steigen auf dem schlüpfrigen Rasen war ziemlich beschwerlich. Als ich in den hohen Torweg trat, nahm mir ein Luftstoß die Mütze vom Kopfe, als wolle der Berggeist mir mehr Respekt für die Schatten der verblichenen Ritter einflößen. Die Ehrfurcht und Bewunderung konnte aber nicht vermehrt werden, mit der ich die dunklen Gänge, die geräumigen Höfe durchirrte, und auf die verfallenen Treppen hinaufkletterte. Im Sommer und Herbst wird der River Wye von Reisenden nicht leer, da aber wahrscheinlich nie ein methodischer Engländer die Reise auch im Winter unternahm, so sind auch die Leute nicht darauf eingerichtet, und ich fand den ganzen Tag lang nirgends weder Führer noch irgend eine Sorgfalt zum Behuf der Touristen. So war auch die Leiter, welche nötig ist um zu der abgebrochenen Treppe des Hauptturms zu gelangen, nicht vorhanden, sondern bereits in die Winterquartiere gebracht. Mit Hilfe der Bootsleute und meines Dieners, etablierte ich jedoch eine Jakobsleiter[21], auf deren Rücken ich mich hinaufschwang. Man übersieht von der Zinne eine unermeßliche Strecke Landes, und die Raubritter, wenn es solche hier gab, konnten Reisende von hier schon meilenweit ankommen sehen. Nachdem ich alles gehörig durchkrochen hatte und den Berg auf der andern Seite wieder hinabgestiegen, frühstückte ich behaglich im Boote, während dieses geschäftig von den schnell strömenden Wellen fortgetragen wurde. Das Wetter war schön, die Sonne schien hell, ein sehr seltner Fall in dieser Jahreszeit, und die Luft war so warm, wie an einem angenehmen Apriltag bei uns. Die Bäume hatten freilich kein Laub, da sie aber ungemein dicht in Ästen, auch mit vielem Immergrün untermischt waren und das Gras dabei weit grüner und heller glänzte als im Sommer, so verlor die Landschaft durch die Jahreszeit weit weniger als man erwartet hätte. Der Boden ist ungemein fruchtbar, die sanften Hügel von oben bis unten bewachsen, wenig Felder, meistens Wiesen zwischen den Büschen, und jeden Augenblick erscheint ein Turm, Dorf oder Schloß, welche die fortwährenden Krümmungen des Flusses in den verschiedenartigsten Ansichten zeigen. Eine Zeitlang schwammen wir an den Grenzen dreier Grafschaften hin, Monmouth zur rechten, Hereford zur linken, und Gloucester vor uns. An einer malerischen Stelle, Eisenhämmern gegenüber, deren Flammen auch bei Tage sichtbar waren, erhebt sich ein Landsitz, der halb den neuen Stempel unserer Zeit, halb den des grauen Altertums trägt – dies ist die Wiege Heinrichs des V., denn hier verbrachte er seine Kindheit unter Aufsicht der Gräfin von Salisbury. Tiefer unten im Tal steht noch dieselbe unansehnliche kleine Kirche, in der er getauft, und seine Pflegerin begraben ward. Azincourt[22] und Falstaff, Mittelalter und Shakespeare wurden lebendig vor meiner Phantasie, bis die noch ältere und größere Natur selbst, mich bald alles übrige vergessen ließ. Denn nun gleitete unser Kahn in die Felsenregion hinein, wo der schäumende Fluß, und seine kühnen Umgebungen den imposantesten Charakter annehmen. Es sind verwitterte und zerbröckelte Sandsteinwände, von riesenhaften Dimensionen, alle schroff und perpendikulär[23] abfallend, aus Eichenwäldern hervorstehend, und mit hundertfachen *festons*[24] von Efeu überhangen. Die Regen und Stürme vieler Jahrtausende haben die weiche Masse in so phantastische Formen verwaschen und gemodelt, daß man künstliches Menschenwerk zu sehen glaubt. Schlösser und Türme, Amphitheater und Mauern, Zinnen und Obelisken, äffen den Wanderer, der sich in die Ruinen einer Dämonenstadt versetzt wähnt. Oft lösen sich einzelne dieser Gebilde bei Unwettern ab und stürzen verheerend, von Felsen zu Felsen abprallend, mit Donnergetöse in die unergründliche Tiefe des Stroms. Man zeigte mir die Überbleibsel eines dieser Blöcke, und das Monument des armen Portugiesen, den er in seinem Falle begrub. Diese seltsame Felsenformation erstreckt sich, fast acht Meilen weit, bis eine Stunde vor Monmouth, wo sie mit einem einzeln stehenden Kolosse schließt, welcher der ›Kopf des Druiden‹ genannt wird. Von einem gewissen Punkte gesehen, zeigt er nämlich das schöne, antike Profil eines Greises, der in tiefem Schlaf versunken scheint. – Als wir vorbeifuhren, stieg eben der Mond über ihn empor und gab ihm einen ergreifenden Ausdruck. Wie lange, dachte ich, sind dieses Schläfers Augen schon geschlossen, wie oft mag seitdem der Mond sein bleiches Antlitz bestrahlt, und was mag in uralten Zeiten sein Auge gesehen haben, wenn es je offen stand! Ich zweifelte daran in diesem Augenblick gar nicht, der Glaube war über mich gekommen und hatte mich selig gemacht, denn der heilige Augustin hat ganz recht, wenn er sagt: ›Eben deswegen glaube ich es, weil es kindisch und unmöglich ist!‹[25] Ja, es war so, der tote Stein hatte für mich mehr Leben gewonnen, als alle wirklich lebenden Figuren um mich her.

Eine kurze Zeitlang fuhren wir nun zwischen verengten, dicht vom Wasser bis zur Spitze bewaldeten Ufern, hin, bis eine große kahle Felsenplatte sichtbar wurde, die ›König Arthurs Ebne‹ genannt wird, weil der fabelhafte Held hier sein Lager aufgeschlagen haben soll. Eine halbe Stunde darauf langten wir in Monmouth an, einer kleinen altertümlichen Stadt, in der Heinrich der V. geboren wurde. Seine hohe Statue prangt auf dem Dache des Rathauses; von dem Schlosse aber, in dem er das Licht der Welt zuerst erblickte, ist nur noch ein gotisch verziertes Fenster und ein Hof übrig, in dem Truthühner, Gänse und Enten gemästet werden. Dies paßte freilich besser zum Geburtsort Falstaffs.

Um einen schriftlichen Wegweiser zu kaufen, ging ich in einen Buchladen, wo ich unerwartet die Bekanntschaft einer sehr liebenswürdigen Familie machte. Sie bestand aus dem alten Buchhändler, seiner Frau, und zwei hübschen Töchtern, die unschuldigsten Landmädchen, die mir je vorgekommen. Ich traf sie bei ihrem Abendtee, und der Vater, ein gutmütiger, aber für einen Engländer seltsam sprachseliger Schwätzer, nahm mich förmlich fest und gefangen, um mir die sonderbarsten Fragen über den Kontinent und die Politik vorzulegen. Die Töchter, die mich, wahrscheinlich aus Erfahrung, bedauerten, wollten ihn abhalten – ich ließ ihn aber gewähren, und gab mich *de bonne grâce*[26] eine halbe Stunde preis, wodurch ich die Gewogenheit der ganzen Familie in solchem Grade gewann, daß alle mich auf das dringendste einluden, doch einige Tage hier in der schönen Gegend zu verweilen und bei ihnen zu wohnen. Als ich endlich ging, wollten sie für das gekaufte Buch durchaus nichts annehmen, und ich mußte es *bon gré mal gré*[27] als Geschenk behalten.

Solche schlichte Eroberungen freuen mich, weil ihre Ergebnisse nur vom Herzen kommen können.

Chepstow, den 19ten

Als ich früh angezogen war und nach schnell genommenem Frühstück abreisen wollte, bemerkte ich, nicht ohne unangenehme Überraschung, daß mir meine Börse und Taschenbuch fehlten, die ich immer bei mir zu tragen pflege. Ich erinnerte mich ganz genau, sie gestern abend, als ich im *coffeeroom*, wo ich mich ganz allein befand, gegessen und an Dich geschrieben hatte, vor mir hingelegt zu haben, weil ich aus dem Taschenbuch Noten für meinen Brief entnahm und die Börse gebrauchte, um die Schiffer zu bezahlen. Ohne Zweifel hatte ich sie dort liegen lassen, und der Kellner sie sich zu Gemüte geführt. Ich ließ ihn sogleich rufen, rekapitulierte das angegebne Factum und fragte, ihn scharf dabei ansehend, ob er wirklich nichts gefunden? Der Mensch ward blaß und verlegen, und stammelte, er habe nichts gesehen, als ein einzelnes beschriebenes Blatt Papier, was, wie er glaube, noch unter dem Tische liege. Ich sah nach und fand es in der Tat an der bezeichneten Stelle. Alles dies schien mir immer verdächtiger, ich machte daher dem Wirt, einem höchst widrig aussehenden baumlangen Kerl, Vorstellungen, die zugleich einige Drohungen enthielten, er aber antwortete kurz: Er kenne seine Leute, ein Diebstahl sei bei ihm seit dreißig Jahren nicht vorgefallen, mein Vorgeben sei ihm daher höchst auffallend – er werde zwar, wenn ich es wolle, sogleich nach einem Magistrat schicken, alle seine Leute schwören, sein ganzes Haus untersuchen lassen – »dann aber«, setzte er höhnisch hinzu, »vergessen Sie nicht, daß auch Ihre Sachen bis auf die größte Kleinigkeit untersucht werden müssen, und wenn man bei uns nichts findet Sie die Kosten, und mir Entschädigung bezahlen werden«. *Qu'allais-je faire dans cette galère!*[28] dachte ich, und sah wohl, das Beste sei, meinen Verlust, von ohngefähr zehn Pfund, zu verschmerzen, und abzuziehen. Ich nahm daher frische Noten aus meinem Mantelsack, bezahlte die ziemlich billige Rechnung, und glaubte bei dem mir herausgegebenen Gelde ganz deutlich einen meiner eignen Sovereigns[29] wiederzuerkennen, der einen kleinen Riß über dem allerhöchsten Auge Georg des IV. hatte. Überzeugt, daß Wirt und Kellner unter eine Decke steckten, schüttelte ich den Staub von meinen Füßen und hatte, als ich das Haus in einer Postchaise verließ, das Gefühl eines Menschen, der eben einer Räuberhöhle entronnen ist.

Um aber doch künftigen Reisenden einen Dienst zu erzeigen, ließ ich den Wagen, sowie ich um die Ecke war, halten, und ging zu Fuß zu dem gestern erwähnten Buchhändler, ihm mein Mißgeschick mitzuteilen. Das Erstaunen und Bedauern aller war gleich groß – bald darauf fingen die Töchter indes an mit der Mutter zu zischeln, machten sich Zeichen, nahmen dann den Vater bei Seite, und nach kurzer Deliberation[30] kam die jüngste wieder verlegen auf mich zu, und fragte errötend: ob der eben gehabte Verlust mir nicht vielleicht ›*a temporary embarrassment*‹[31] verursachte, und ob ich nicht ein Darlehn von fünf Pfund annehmen wolle, was ich ihnen bei meiner Rückkehr wiedererstatten könne? Dabei wollte sie mir die Note gleich in die Hand stecken. – Diese Güte rührte mich wirklich tief – sie hatte etwas so Zartes und Uneigennütziges, daß die größte Wohltat mir vielleicht, unter andern Umständen, weniger Dank eingeflößt haben würde, als dieser gute Wille. Du kannst denken, wie herzlich ich dankte. Gewiß, sagte ich, würde ich, wenn ich es im geringsten nötig hätte, nicht zu stolz gewesen sein, ein so gut gemeintes Darlehen anzunehmen, da dies aber in keiner Art der Fall sei, so würde ich ihren Großmut auf eine andere Weise in Anspruch nehmen, und bäte mir daher aus, von jeder der zwei hübschen Monmoutherinnen einen Kuß mit nach dem Kontinent nehmen zu dürfen. Dies geschah unter vielem Lachen und mit freundlicher Hingebung, worauf ich, so befrachtet, meinen Wagen wieder aufsuchte. Da ich gestern auf dem Wasser geschifft, zog ich heute den Weg zu Land vor, der ebenfalls immer längs des Flusses nach Chepstow führt. Die Gegend bleibt von derselben Art; reich, dunkelwaldig und wiesengrün, hier aber noch vielfach durch Hochöfen, Zinn- und Eisenwerke belebt, deren Feuer in gelb, rot, blau und grünlichen Farben spielen und aus turmhohen Feueressen lodern, wo sie zuweilen ganz die Form großer glühender Blumen annehmen, wenn Feuer und Rauch, von der Atmosphäre niedergedrückt, lange Zeit in dichter unbeweglicher Masse verweilen. Ich stieg aus, um eines der Zinnwerke zu besehen. Es wurde nicht, wie gewöhnlich, von einer Dampfmaschine, sondern von einem ungeheuern haushohen Wasserrade getrieben, das wiederum drei oder vier kleinere in Bewegung setzte. Dieses Rad hatte die Kraft von achtzig Pferden, und die reißende Geschwindigkeit, mit der es sich drehte, der grausende Lärm, der im Moment, wo es angelassen ward, ertönte, die funkensprühenden Feuerherde rund umher, wo das Eisen glühte, und die halb nackten schwarzen Figuren dazwischen, die mit Hämmern und Keulen wild hantierten, und die rotzischenden Tafeln umherwarfen – es paßte alles vortrefflich zu einem Bilde der Schmiede Vulkans.

Die Manipulation beginnt damit, daß geschmiedete Eisenbarren oder Stäbe von einem halben Zoll Dicke und acht Fuß Länge, unter ein selbst agierendes Messer gehalten werden, das sie in fußlange Stücke schneidet, mit einer Grazie und Leichtigkeit, als leisteten sie nicht mehr Widerstand, wie frische Butter. Das abgeschnittene Stück wird sogleich einem andern Arbeiter zugeworfen, der es in ein höllisches Feuer schiebt, wo es in wenigen Augenblicken glühend wird. Er holt es dann mit einer Zange wieder heraus und wirft es, eine Station weiter, auf den sandigen Boden. Hier hebt es ein Dritter auf und schiebt es unter einer Walze, die es nach mehrmaligem schnellen Umdrehen in eine viermal größere und ebensoviel dünnere Platte verwandelt. Diese Platte geht nun denselben Weg wieder in's Feuer zurück, wird dann von neuem gewalzt und so fort, bis sie so dünn wie Papier ist. Nun werden die Platten erst in die ihnen bestimmte definitive Form geschnitten, hierauf geschlagen und gereinigt, welches noch einmal Feuer, nebst gewissen andern Zutaten, erfordert. Dann kommen sie in ein zweites Haus, wo sie in Vitriol und Sand gewaschen, nachher in das mit Fett flüssig erhaltne

Zink getaucht, und zuletzt von Weibern mit Kleie sauber gereinigt und so schön poliert werden, daß man sich darin spiegeln kann. Eine solche Fabrik ist wie eine Welt im kleinen. Man sieht, hier wie dort, das Höchste und Niedrigste zugleich bestehen, und doch auch den mühsamen Durchgang eines jeden durch alle Grade, und wie nach und nach das Grobe zum Feinsten wird.

Auf halbem Wege verwandelte sich, wie gestern, die freundliche Gegend, in ernstere Felsen, und da, wo sich ein tiefer Kessel verschieden geformter Berge bildet, erblickten wir in dessen Mittelpunkt, hart über dem silbernen Strome sich erhebend, die berühmte Ruine von Tintern Abbey. Eine vorteilhaftere Lage und imposantere Überreste eines weiten, alten Klosters, lassen sich kaum denken, ja der Eintritt in dieselben gleicht ganz einer phantastischen Theaterdekoration. Die große Kirche steht fast noch ganz erhalten, nur einige ihrer Pfeiler und das Dach fehlen. Die Gebäude sind von menschlicher Hand grade so weit unterstützt, als es alle Ruinen sein sollten – nämlich der unmalerische und das bequeme Besehen derselben verhindernde Schutt ist aufgeräumt, ohne doch irgend etwas auszubessern, noch angewandte Sorgfalt zu viel bemerken zu lassen. Ein schöner ebner Rosenteppich deckt den Boden, und großblättrige Wucherpflanzen wachsen aus dem Gestein. Die herabgefallnen Zierrate sind zum Teil wieder zu künstlerischer Unordnung benutzt, und eine vollkommene Doppelallee von dicken Efeustämmen (ich kann es nicht anders nennen) klimmt an den Pfeilern empor und bildet ein wundervolles Laubdach in der Höhe. Um die Ruine besser zu sichern, hat man ein neues, mit Eisen beschlagnes Eingangstor im Stil des alten hergestellt, welches, plötzlich vor einem geöffnet, den überraschendsten Eindruck hervorbringt. Man steht, ganz unerwartet, auf einmal in der erwähnten Pfeiler- und Efeuallee, und sieht sie, dreihundert Schritt weit vor sich, perspektivisch zusammentreten und durch ein prächtiges achtzig Fuß hohes und dreißig Fuß breites Fenster geschlossen, hinter dessen durchwundnen Steinzierden man einen spitzen, dichtbewaldeten Berg erblickt, aus dem hie und da schroffe Felsenmassen heraustreten. Oben in der Höhe weht der Wind mit den Efeugirlanden, und Wolken werden am tiefblauen Himmel sichtbar, die eilend hindurchziehen. Gelangt man in die Mitte der Kirche, wo man das Kreuz übersieht, so bieten die Fenster der Seitenflügel, fast mit dem Mittelfenster von gleicher Größe, ähnlich schöne und doch sehr verschiedne Aussichten dar, alle aber in dem wilden und erhabnen Stil, der der Ruine zusagt. Die nächste Umgebung der Kirche ist ein üppiger Obstgarten, was im Frühjahr einen reizenden Effekt hervorbringen muß, wenn die alten schwarzen Mauern aus dem duftenden Blütenmeere emporsteigen. Ein vandalischer Lord und Lord-Lieutenant der Provinz ging, wie ich hörte, mit dem frommen Gedanken um, die Kirche wiederherzustellen. Glücklicherweise nahm ihn der Himmel vor der Ausführung zu sich.

Von Tintern Abbey an steigt die Straße ununterbrochen bis hoch über den Fluß hinan, den man jedoch nie ganz aus den Augen verliert. Die Gegend selbst erreicht den höchsten Grad ihrer Schönheit nach drei oder vier Meilen, bei einer Villa des Herzogs von Beaufort, das ›Mooshaus‹ genannt; hier sind reizende Anlagen, welche durch wilden Wald und immergrüne Sträucher, bald am Rande tiefer Felsenwände, bald durch die dunklen Höhlen, die die Natur selbst gebildet, oder auf offne Platten heraustretend, in vielfachen Windungen bis zur höchsten Spitze des Gebürges, der ›Windcliff‹ (Sturmklippe) getauft, führen, wo man eine der größten Aussichten Englands, und zwar im erhabensten Stil, genießt.

Ohngefähr achthundert Fuß tief, zeigt der ziemlich jähe Abhang unter Dir, teils einzeln hervorstehende Felsen, teils eine grüne, bebuschte schroff abfallende Fläche. An ihrem

Fuße verfolgt das Auge mehrere Meilen weit den Lauf des Flusses Wye, der links aus einer Wald- und Bergschlucht hervorbricht, sich in einem weiten Bogen nähert, eine Gärten ähnliche grüne Halbinsel, die einen mit Bosketts[32] bedeckten Hügel bildet, umfließt; dann rechts an einer ungeheuern Felsmauer, die mit einem Standpunkt fast gleiche Höhe hat, sich schäumend durcharbeitet, und zuletzt bei der, einer verfallnen Stadt ähnlichen, Ruine des Schlosses von Chepstow, sich in den Kanal von Bristol ergießt, wo alles im Ozean in nebelhafter Ferne verdämmert.

Jenseits des Flusses, vor Dir, erstreckt sich, fast durch die ganze zu übersehende Gegend hin, der scharfe Kamm eines langen Bergrückens, mit dichtem Walde bedeckt, aus dessen Baumgewühl eine fortlaufende, mit Efeu festonierte Felswand malerisch hervorbricht. Über diesem Gebürgskamm siehst Du von neuem Wasser, die 5 Meilen breite Severn, welche von hundert weißen Segeln wimmelt, und an ihren jenseitigen Ufern erblickst Du noch zwei sich übereinander lagernde blaue Hügelreihen voll Fruchtbarkeit und reichem Anbau.

Die Gruppierung dieser Aussicht bildet ein vollendetes Ideal, und ich kenne keine schönere. Unerschöpflich an Details, von unabsehbarem Umfang, und dennoch von so hervorstechenden, grandiosen Hauptzügen, daß dadurch die Verwirrung und Leere, welche ein sehr weit umfassender Horizont gewöhnlich verursacht, gänzlich vermieden wird. Der Park von Piercefield, der von Windcliff bis Chepstow die Fels- und Bergrücken einnimmt, ist daher ohne Zweifel einer der herrlichsten in England, wenigstens was seine Lage betrifft. Er besitzt alles, was die Natur nur geben kann, hohen Wald, prächtige Felsen, den fruchtbarsten Boden, ein mildes günstiges Klima für Vegetationen aller Art, einen reißend strömenden Fluß, das nahe Meer, Einsamkeit, und aus ihrer Ruhe die Aussicht in diese reiche Gegend, die ich geschildert, gehoben vom Anblick einer der erhabensten Burgruinen, welche nur des Malers Pinsel erfinden könnte, ich meine das über dem Fluß hängende, mehr als 6 Morgen Landes bedeckende Schloß von Chepstow, welches nach der Stadt zu den Park begrenzt, obgleich es nicht als Eigentum dazu gehört.

Fast alle Schloßruinen in England verdanken wir Cromwell, so wie die zerstörten Kirchen und Klöster Heinrich dem Achten. Die erstern wurden mit Feuer und Schwert verheert, die andern bloß aufgehoben und dem nagenden Zahne der Zeit, wie dem Eigennutze der Menschen überlassen. Beide Potenzen haben vollkommen gleich gewirkt, und die beiden großen Männer dadurch einen Effekt hervorgebracht, den sie freilich nicht bezweckten, der aber dem gleich ist, den ihre Personen selbst in der Geschichte zurückgelassen, nämlich ein pittoresker. Ich wanderte durch den Park zu Fuß und ließ den Wagen auf der Landstraße folgen. Erst bei halber Dämmerung erreichte ich die Ruine, was ihren großartigen Eindruck auf mich nur noch vermehrte. Das Schloß hat vier weitläuftige Höfe nebst einer Kapelle, und ist zum Teil noch gut erhalten. Hohe Nuß- und Taxus-Bäume, Obstplantagen und schöner Rasen zieren das Innere, wilde Wein- und Schlingpflanzen aller Art bedecken die Mauern. In dem am besten konservierten Teile des Schlosses wohnt eine Frau mit ihrer Familie, die dem Besitzer, dem Herzog von Beaufort, eine Rente für die Erlaubnis zahlt, die Ruine Fremden zu zeigen, welche einen Schilling dafür erlegen müssen. Du siehst, *qu'en Angleterre on fait flêche de tout bois*[33], und daß ein dortiger Herzog mit 60 000 Pf. St. Einkünfte weder den Heller der Witwen verschmäht, noch sich scheut, Fremde regelmäßig in Kontribution setzen zu lassen. Es gibt zwar leider deutsche Souverainchen, die es nicht anders machen.

Ebensowohl mit meinem durchlebten Tage zufrieden, als müde vom Klettern, und durchnäßt vom Regen, der sich in der letzten Stunde wieder eingestellt hatte, eilte ich in den Gasthof, in mein Negligé, und zum Eßtisch. Da fühlte ich etwas Ungewöhnliches in der Tasche meines Schlafrocks – verwundert brachte ich es heraus, und beschämt betrachtete ich es – die gestohlen geglaubte Börse nebst Taschenbuch! Jetzt erst fiel es mir bei, daß ich sie am vorigen Abend an diesen ungewöhnlichen Ort verwahrt, aus Besorgnis, sie später auf dem Tische zu vergessen. Dies soll mir wenigstens eine Lehre sein, nicht mehr zu leicht auf den bloßen Schein hin, und auf die Verlegenheit des Angeklagten zu verdammen, denn bei Menschen von reizbarem Nervensystem und regem Ehrgefühl bringt leicht der bloße Gedanke: daß andere einen solchen Verdacht haben könnten – dieselben Symptome, wie bei Sündern das Bewußtsein der Schuld hervor. Meinem guten Herzen wirst Du zutrauen, daß ich sogleich einen Brief an meinen Freund, den Buchhändler, expedierte, um Wirt und Kellner zu disculpieren[34], und als Schmerzensgeld für den letzteren zugleich zwei Pfund beilegte, die ich an ihn, mit meiner Bitte um Verzeihung, abzugeben ersuchte. Hierauf schmeckte mir in Wahrheit das Essen noch besser, da ich nach Kräften Übles wieder gut gemacht.

Dein treuer L...

Fünfundvierzigster Brief

Bristol, den 20sten Dezember 1828

Gute Julie!

Ich hoffe, Du folgst mir auf der Karte, was Dir meine Briefe besser versinnlichen wird, wenn Du auch dort keine der schönen Aussichten mitgenießen kannst, welche ich sah, die ich Dir aber alle in meinen Lebens- und Erinnerungs-Bildern in getreuer Kopie mitbringe.

Ich besuchte früh noch einmal das herrliche Schloß, wo mich diesen Morgen ein blühendes Mädchen herumführte, die einen sehr anmutigen Kontrast mit den verbrannten Türmen, dem schauerlichen Gefängnisse des Königmörders Martin und dem dunklen Burgverlies abgab, in das wir zusammen viele Stufen hinabstiegen. Dann besuchte ich eine Kirche mit besonders zierlichem altsächsischem Portal[1] und einem sehr schön gearbeiteten Taufbecken in demselben Stil. Hier liegt auch der arme Martin begraben. Er war einer der Richter Carls I. und saß 40 Jahre im Schlosse zu Chepstow gefangen, ohne doch je, wie man behauptet, dort seine gute Laune ganz zu verlieren. Nach den ersten Jahren scheint überhaupt seine Haft milder geworden zu sein, und man ihn auch nach und nach immer etwas besser logiert zu haben, denn Carl II. war nicht grausam. Wenigstens zeigte mir das Mädchen heute früh drei Gemächer, wovon das unterste freilich ein schauderhaftes Loch war, und ciceronisierte[2] dabei in folgenden Worten: »Hier streckte man Martin zuerst hinein, als er noch böse war; da er aber nachher in sich ging, kam er einen Stock höher, und endlich, als er religiös wurde, bekam er das Zimmer mit der schönen Aussicht oben.«

Um zwei Uhr fuhr ich mit einer sehr vollen *stage-coach*[3], wo ich, ohngeachtet des heftigen Regens, nur mit Mühe noch einen Platz auf dem Bocke bekam, nach Bristol. Wir passierten den Fluß auf einer schönen Brücke, die zugleich den besten Standpunkt zur Ansicht des Schlosses bietet, welches sich unmittelbar über den senkrecht nach dem River Wye herabfallenden Felsen erhebt, und besonders dadurch einen so äußerst malerischen Anblick gewährt. Wir behielten dann noch lange den Park von Piercefield und seine Felsenwände, jenseits des Flusses, im Angesicht. Ich sagte zu dem Herrn der *stage,* der selbst fuhr, der Besitzer dieses schönen Parks müsse ein glücklicher Mann sein! »Keineswegs« erwiderte er, »der arme Teufel ist voller Schulden, hat eine zahlreiche Familie, und wünscht gar sehr, einen guten Käufer für Piercefield zu finden. Vor drei Monaten war schon alles richtig mit einem reichen Kaufmann aus Liverpool, der das schöne Gut für seinen jüngsten Sohn bestimmte. Doch ehe noch abgeschlossen wurde, verheiratet sich dieser Sohn heimlich mit einer Schauspielerin, der Vater enterbte ihn, und so wurde der Kauf rückgängig.« Das hätte wahrlich Stoff zu einigen moralischen Betrachtungen gegeben! Das Wetter wurde unterdessen immer abscheulicher, und artete zuletzt in einen völligen Sturm aus. Wir hatten ihn zwar im Rücken, dennoch war die Fahrt über den Channel[4] höchst unangenehm. Die vier Pferde, alles Gepäck, und die Passagiere wurden *pêlemêle*[5] in ein kleines Boot gepackt, so voll und gepreßt, daß man sich kaum darin rühren konnte. Der Posten neben den Pferden war wirklich gefährlich, da sie sich zuweilen vor den Segeln scheuten, besonders wenn diese gewandt wurden. Ein Herr fiel bei einer solchen Gelegenheit, samt der Kiste, auf der er saß, grade unter sie, wurde aber von den gutmütigen Tieren nur ein wenig getreten, glücklicherweise aber nicht geschlagen, wie es ihm leicht hätte arrivieren[6] können. Das Boot, heftig vom Sturm getrieben, lag ganz auf einer Seite, und unaufhörlich spritzten die Wellen über, und durchnäßten uns von Kopf bis zum Fuß. Als wir endlich anlangten, war das Debarkieren[7] auch ebenso mühsam als schmutzig, und ich verlor dabei, zu meinem großen Mißvergnügen, einen Teil der Werke Lord Byrons. Man sagte mir, daß diese Überfahrt, der häufigen Stürme, des seichten Grunds und der vielen Klippen wegen, oft Unglücksfälle herbeiführe. Vor sechs Monaten scheiterte das Schiff mit der *mail*, und mehrere Personen verloren das Leben dabei. Wir konnten das gewöhnliche Landungshaus auch diesmal nicht erreichen, und mußten daher an der Küste debarkieren, von wo wir, auf einem Strand von rot- und weißgestreiftem Marmor, bis zum Gasthof zu Fuß gingen. Hier bestiegen wir eine andere *stage* oder Landboot, mit zwanzig Personen gefüllt, und fuhren (aber nicht so schnell als mit der *mail*) nach Bristol, von dessen gepriesener Lage ich für heute nur die hellen Gaslaternen[8] und wohl versehenen, bunten Läden gewahr wurde.

Bath, den 21sten abends

Wenn ich in der Erinnerung aufsuche, was den River Wye so schön macht, und vor so vielen andern Flüssen den Vorzug gibt, so finde ich, daß es vorzüglich seine bestimmt gezeichneten Ufer sind, die sich nie in undeutliche Linien verflachen, noch eine nichtssagende Mannichfaltigkeit ohne Charakter darbieten, ferner, daß ihn fast immer Wald, Felsen oder Wiesen, durch Gebäude belebt, selten nur Felder und bebaute Fluren begrenzen, denn diese letztern sind zwar eine nützliche Sache, aber nicht malerisch. Die vielen und kühnen Krümmungen machen, daß auch die Ufer sich unaufhörlich verschieben, und so aus denselben Gegenständen hundert verschiedne Schönheiten sich entfalten, wie die Stimme, nach mehreren Seiten gewandt, ein vielfaches Echo hervorruft. Beiläufig gesagt, ist dies auch der Hauptgrund, warum Landschaftsgärtner gekrümmte Wege den graden vorzogen. Diesen Gedanken hatten die Maler; nur die Pinsel

Stage-coach *auf der Fahrt durch die* country

machten gewundene Korkenzieher daraus, indem sie glaubten, daß ihre imaginäre Schönheitslinie, nicht die verschiedene Ansicht der Landschaft, damit bezweckt werde.

Da die Gegenstände, die sich den River Wye entlang darbieten, fast immer nur wenige in großen Massen sind, so bilden sie schöne Gemälde, weil Gemälde eine kürzere Abgrenzung verlangen. Die Natur schafft nach einem Maßstabe, den wir, in seinem Totaleffekt, gar nicht beurteilen können, dessen höchste Harmonie uns daher verloren gehen muß – die Kunst also strebt darnach, nur einen Teil derselben als ein für Menschen verständliches Ganze idealisch zu formen, und dies ist meines Erachtens die auch der Landschaftsgärtnerei zum Grunde liegende Idee. Doch die Natur selbst bietet für diesen Zweck oft schon einzeln vollendete Muster dar, einen landschaftlichen Mikrokosmus[9], und selten findet man deren in kurzen Räumen mehr vereinigt als auf dieser Fahrt, wo jede neue Wendung des Flusses, sozusagen, einen neuen Kunst-Genuß darbietet; Pope[10] singt irgendwo schön von dieser Gegend:

›*Pleas d'Vaga echoes thro its winding bounds,*
And rapid Severn hoarse applause resounds.‹[11]

Die deutsche Sprache hat, bei allem ihrem Reichtum, etwas Unbehilfliches für die Übersetzung, besonders bei Übertragungen aus dem Englischen, der dagegen ihre Zusammensetzung aus so vielen Sprachen eine ganz eigentümliche Leichtigkeit gibt, fremde Gedanken auszudrücken. Mir ist daher auch die erwähnte Strophe fast unübersetzbar erschienen. So oft ich es versuchte, verlor der Gedanke seine Grazie, vielleicht war aber auch meine eigne Unbehilflichkeit daran Schuld.

Daß zwei der schönsten Ruinen in der Welt am River

Wye liegen, ist ebenfalls kein kleiner Vorzug, und nie wurde es mir klarer als hier, daß Propheten in ihrem Vaterlande nichts gelten, denn wie würden sonst so viel tausend Engländer weit hinwegziehen, um oft über viel geringere Schönheiten in Enthusiasmus zu geraten, als ihr eignes Vaterland darbietet. Noch eine Frage möchte ich aufwerfen, warum überhaupt Ruinen so viel mehr die menschliche Seele ergreifen, als es kaum die höchsten vollendeten architektonischen Kunstwerke vermögen? Es scheint fast, als ob diese Menschenwerke erst ihre Vollkommenheit erreichten, wenn die Natur sie wieder korrigiert hat – und noch ist es gut, wenn zuletzt der Mensch nochmals eingreift, in den Zeitpunkt, wo die Natur anfängt, seine Spur gänzlich zu verwischen. Eine grandiose und wohl erhaltne Ruine ist darum das schönste Gebäude.

Ich erwähnte schon, daß die Umgegend von Bristol ebenfalls, und mit Recht, einen hohen Ruf hat. An Reichtum, Üppigkeit der Vegetation und Fruchtbarkeit, kann sie von keiner übertroffen werden, an malerischen Schönheiten gewiß nicht von vielen. *C'est comme la terre promise*[12]; alles was man sieht, (und als Gourmand[13] setze ich hinzu) auch alles was man genießt, ist in hoher Vollkommenheit.

Bristol, eine Stadt von 100 000 Einwohnern, liegt in einem tiefen Tal; Clifton, das sich am Berge terrassenförmig unmittelbar darüber erhebt, scheint nur ein anderer Teil derselben Stadt. Daß durch diese Lage außerordentliche Effekte hervorgebracht werden müssen, kann man sich leicht vorstellen. Aus dem verworrenen Gewühl der Häusermasse der alten Hauptstadt im Tale ragen drei verwitterte gotische Kirchen empor. Gleich stolzen Überresten der Feudal- und Mönchsherrschaft (denn beide gingen, obgleich als feindliche Brüder, Hand in Hand) scheinen sie, im Gefühl der alten Größe, noch ihre greisen Häupter nicht beugen zu wollen vor dem aufgeschoßnen Pflanzendickicht neuerer

Zeit. Besonders eine derselben, Radcliffe Church, ist ein ganz wunderbarer Bau; leider hat der Sandstein, aus dem sie aufgeführt ist, so sehr von der Zeit gelitten, daß alle Zierrate wie angenagt erscheinen. Ich trat während des Orgelspiels hinein, und obgleich ich, mit schuldiger Schicklichkeit, und großer Ehrerbietung, mich nur in eine Ecke stellte, von wo ich das Innere verstohlen überblicken konnte, wollte mir doch die Illiberalität des englisch-protestantischen Kultus dies nicht gönnen, und der Prediger sendete eine alte Frau an mich ab, um mir anzudeuten, daß ich mich setzen müsse. Da man in katholischen Kirchen die Gläubigen nicht so leicht stört, selbst wenn man, ohne alle Rücksicht, nur hineingeht, um die Sehenswürdigkeiten zu betrachten, und sich gar nicht an den Kultus kehrt, so wunderte ich mich mit Recht, daß die englisch-protestantische Frömmigkeit ihrer eignen Schwäche so wenig zutraue, um sozusagen von einem Hauch schon umgeblasen zu werden – man löste mir aber nachher das Rätsel. Ich hätte für den Sitz bezahlen müssen, und der halbe Schilling war das eigentliche fromme Motiv. Ich hatte indes schon genug gesehen, und verließ die Mummerei*, ohne zu bezahlen.

In den Gasthof zurückgekehrt, ließ ich nun schnell eine Postchaise anspannen, setzte mich auf den Bock, (nicht als den höchsten Ehrenplatz, wie der Kaiser von China, sondern als höchster Aussichtsplatz) – und begann meine Exkursionen in der Umgegend. Zuerst besah ich die warmen Bäder der Stadt, wo an den Ufern des Severn ein felsiges Tal beginnt, das viel Ähnliches mit dem Plauischen Grunde bei Dresden hat, nur daß die Felsen höher, und die Wassermasse weit reicher ist. Wir begegneten hier dem *Maire*[14], in seiner Staatsequipage, prachtvoller als die unsrer Könige auf dem

* Mummerei *(popish mummery)* nennen die englischen Protestanten den katholischen Kultus, der ihrige verdient aber vollkommen denselben Namen. *A. d. H.*

Kontinent. Sie stach sonderbar mit der einsamen Felsengegend ab. Als sie eben vorbeikam, zeigte mir der Postillon einen entfernten verfallenen Turm, ›Cook's Folly‹ genannt, auch eines *Maire* und reichen Kaufmanns Besitzung, der sich damit ruinierte, und in einer Ruine nun fortlebt. Das gotische Schloß, das er in einer der herrlichsten Lagen aufbauen wollte, konnte er nicht vollenden. Es blieb aber in diesem Stande wahrscheinlich nur eine desto größere Zierde der Gegend. Aus dem Felsengrund wieder emporsteigend, gelangten wir auf eine weite Bergebene, die zu den hiesigen Wettrennen dient, und von hier, durch strotzendes Land, zu Lord Cliffords Park, dessen *entrée* sehr schön ist.[15] Man fährt nämlich, über eine halbe Stunde Wegs, an einer hohen Berglehne in einer gewundnen Allee uralter Eichen hin, die weit genug voneinander gepflanzt sind, um sich vollkommen nach allen Seiten ausbreiten zu können, ehe sie sich erreichen. Unter ihren Ästen enthüllen sich die herrlichsten Aussichtspunkte auf das reiche Tal von Bristol, so daß, gleich einer Bildergalerie, fast unter jedem Baum ein neues Gemälde erscheint. Rechts aber zeigt sich, an dem ansteigenden Berge, der dunkle Saum des *pleasure-ground* hinter der Wiesenfläche, wo Pflanzungen von Lorbeer, Arbutus und anderm Immergrün den Weg begrenzen, bis bei einer Biegung Schloß und Blumengarten plötzlich mit geschmücktem Glanz hervortreten! Am Ende dieses Parks liegt ein grünes Vorgebürge, auf dessen schmalem Kamm man eine Weile hinfährt, und dann eine schöne Seeaussicht findet. Hier lag eben eine kleine russische Flottille zu unsern Füßen vor Anker, die, nach dem Mittelmeere bestimmt, in den Stürmen der vorigen Woche dem Scheitern hier nur mit großer Not entgangen. Den Engländern nach sollte bloß die Unwissenheit der Mannschaft daran Schuld gewesen sein. Ich machte später die persönliche Bekanntschaft des Capitains und fünf anderer Offiziere. Sie sprachen zu meiner Verwunderung durchaus keine fremde Sprache, nur russisch, weshalb sich unsre Unterhaltung auch auf bloße Zeichen beschränken mußte. Es schienen sonst artige und zivilisierte Leute.

Nicht weit von dem erwähnten Park befindet sich ein interessantes Etablissement, *the cottages* genannt. Hier hat der Besitzer, Mr. Harford, das Ideal eines Dörfchens zu realisieren gesucht.[16] Ein schöner grüner Platz, mitten im Walde, ist von einem rings umher geschlängelten Wege umgeben und neun Wohnungen daran gelehnt, alle von verschiedener Form, und aus verschiednem Material erbaut; eine aus Feldsteinen, die andere aus Quadern, diese aus Ziegeln, jene von Holz u. s. w., eine mit Stroh, die andre mit Schindeln, Schiefer u. s. w. gedeckt; jede mit andern Bäumen umpflanzt, und von verschiednen Sorten Clematis, Rosen, Jelängerjelieber oder Wein umrankt. Die abgesonderten, und doch zu einem Ganzen verbundenen Wohnungen haben auch ihre besondern Gärten, und einen gemeinschaftlichen Brunnen, der auf der Mitte des Rasenplatzes steht und den mehrere alte Baumgruppen beschatten. Die durch niedliche Zäune getrennten Gärten bilden so einen frischen Gemüse- und Blumenkranz um das ganze Dörfchen; die Bewohner aber bestehen, was der ganzen Anlage die Krone aufsetzt, nur aus armen Familien, denen die Häuser von dem großmütigen Besitzer unentgeltlich überlassen worden sind. Kein anmutigerer, kein passenderer Fleck konnte dem Unglücke eingeräumt werden; die völlige Abgeschiedenheit und Heimlichkeit desselben atmet nur Ruhe und Vergessenheit der Welt.

Bloß dem Walde gegenüber ragte von fern, aus alten Eichen, ein modernes gotisches Schloß stattlich hervor. Ich wollte es, so wie den umliegenden Park, besichtigen, erhielt aber keinen Einlaß. Wenn an einem englischen Park die Landstraße vorüberführt, ist immer ein Teil der Mauer durch ein Aha[17], oder durchsichtiges Eisengitter ersetzt, damit man den demütig neugierigen Blick in die verbotne Herrlichkeit werfen möge. Aber hiermit ist auch die Liberalität des englischen Besitzers erschöpft. Da es nun heute überdies noch Sonntag war, so gab ich gleich alle Hoffnung auf, den mürrischen Portier zur Ausnahme zu bewegen, denn auf seiner Stirn war deutlich Dantes umgekehrte Höllen-Inschrift zu lesen: *Voi che venite – di entrare lasciate ogni speranza!*[18]

Meinen Rückweg nahm ich über die Bergstadt Clifton, aus der man Bristol, wie in einem Abgrunde, unter sich liegen sieht. Die Szene wurde überdem sehr heiter staffiert durch die, in bunten Farben schillernde, Menge der Kirchgänger beiderlei Geschlechts, welcher ich auf allen Gassen begegnete. Stark kontrastierte dagegen ein großes, ganz schwarz angestrichenes Haus mit weißen Fenstern, einem unermeßlichen Katafalke ähnlich. Man sagte mir, es sei das Stadthospital, und ein Herr erbot sich, es mir zu zeigen. Das Innere war weit anziehender als der äußere Anstrich. Große Geräumigkeit, freundliche Säle, und die ausgezeichnetste Reinlichkeit, müssen es zu einem sehr trostreichen Aufenthalt für Kranke machen. Nirgends auch spürte ich den mindesten üblen Geruch, außer in der Apotheke, nach Pillen und Rhabarber. Die rechte Seite des Hauses nahmen die männlichen, die linke die weiblichen Patienten ein, und in diesen beiden, den untern Teil diejenigen Kranken, welche des Arztes, den obern, die des Chirurgus bedurften. Das Operationszimmer war besonders elegant, und mit mehreren *robinets*[19] in den Wänden und darunterstehenden Marmorbecken versehen, um auf allen Seiten das Blut sogleich abwaschen zu können. Eine Mahagoni-Stellage in der Mitte, mit Saffiankissen[20], ist für die zu Schneidenden bestimmt. Es war in der Tat alles für Liebhaber so einladend als möglich gemacht. So wohltätig übrigens dieses Handwerk ist, so werden doch in der Regel die Chirurgen dadurch ein wenig fühllos. Der, welcher mich begleitete, machte davon keine Ausnahme. So bemerkte ich unter andern in einem der Säle eine Frau, die sich ganz mit einem Tuche zugedeckt hatte, und frug ihn leise, was ihr fehle? »O«, erwiderte er ganz laut, »die ist inkurabel an einer Pulsadergeschwulst; sobald diese berstet, muß sie sterben.« An dem Zucken und leisen Stöhnen unter dem Tuche konnte ich wohl abnehmen, wie schmerzlich die Nachricht wirkte, und bereuete meine Frage. Als wir nachher zu den Männern kamen, sah ich einen davon, schlohweiß und völlig wie eine Marmorstatue, im Bette liegen, und da wir diesmal noch weit entfernt waren, erkundigte ich mich abermals nach der Beschaffenheit dieser Krankheit. »Ich weiß es selbst nicht«, rief er, »werde ihn aber gleich fragen.« – »Um Himmelswillen nicht«, bat ich, er war aber schon fort, fühlte des Mannes Hand, der sich nicht rührte, und kam dann lachend wieder, indem er sagte: »der ist kuriert, denn er ist tot«.

Gegen Abend fuhr ich, in einer der kleinen Kutschen, die nur zwischen Bath und Bristol gehen, nach ersterem Orte. Ich war allein, und schlief den ganzen Weg über. Als ich von der Siesta erwachte, erblickte ich beim Mondschein einen weitläuftigen, erleuchteten Palast, auf einer ganz kahlen Höhe, und erfuhr auf meine Frage, daß dies die milde Stiftung eines bloßen Privatmannes sei, und für fünfzig arme Witwen bestimmt, die hier in Wohlhabenheit, ja Überfluß, leben. Bald darauf erglänzten am Horizont noch vielfache andere Lichterreihen, und in wenigen Minuten rollten wir über das Pflaster von Bath.

Bath, den 22sten

Seit dem Tage, wo ich Dir die wichtige Begebenheit meldete, daß die Sonne geschienen – habe ich die Wohltätige nicht wieder gesehen. Doch trotz Nebel und Regen wanderte ich den ganzen Tag in dieser wunderbaren Stadt herum, die, im

Grunde des tiefen und schmalen Bergkessels erbaut, nach und nach alle seine hohen Ränder erstiegen hat. Die Pracht der Paläste, Gärten, Straßen, Terrassen und halbmondförmigen Plätze, *crescents* genannt, die von diesen Bergabhängen herabglänzen, ist imponierend und englischen Reichtums würdig. Dessen ohngeachtet, und obgleich auch die Natur hier schön ist, hat die Mode dennoch Bath verlassen, um sich dem nichtssagenden, baumlosen und überprosaischen Brighton mit fieberhafter Wut hinzugeben. Deshalb ist jedoch Bath keineswegs von Badegästen verlassen, und schon die 40000 wohlhabenden Einwohner machen es lebendig – nur die *fashionable* Welt sieht man nicht mehr hier. Der sonst so berühmte ›König von Bath‹ ehemals der *far-famed* Nash[21], hat von seinem Nimbus noch mehr verloren, als seine übrigen Kollegen. Der, welcher jetzt sein Amt verrichtet, geht, statt sich nie anders als mit sechs Pferden und einem Gefolge von Dienern, wie jener, öffentlich zu zeigen, sehr bescheiden zu Fuß, und wird keine Herzogin von Queensbury mehr vom Balle schicken, weil sie nicht probemäßig angezogen war.

Einen großen Eindruck machte auf mich die alte Abteikirche. Ich sah sie zuerst prächtig erleuchtet, welches den eigentümlichen Anblick ihres Innern freilich noch sehr erhöhte. Ich habe schon öfters erwähnt, daß alle englischen alten Kirchen durch einzelne moderne Monumente entstellt sind, hier aber sind deren so viele, und mit einer solchen originellen Art von Symmetrie aufgestellt, daß der volle Kontrast mit der einfachen und erhabnen Architektur einen ganz eignen neuen Genre von malerischem Effekt hervorbringt. Denke Dir eine herrliche, schlanke gotische Kirche mit den schönsten Verhältnissen, hell erleuchtet, und in der Mitte durch einen roten, herabgelassenen Vorhang in zwei Hälften geteilt. Die Hälfte, welche Du übersiehst, bietet einen ganz leeren Raum, ohne Stuhl, Bank, noch Altar, nur der Boden bildet ein fortlaufendes Mosaik eingelassener Grabsteine mit

Inschriften, und ebenso sind die Wände, bis zu einer gewissen Höhe, wo eine horizontale Linie abschneidet, dicht und ohne Zwischenraum, mit Büsten, Statuen, eingelassenen Marmortafeln und Monumenten aller Art bedeckt, bald von glänzend schwarzem oder weißem Marmor, bald aus Porphyr, Granit oder andern bunten Steinarten gefertigt – das Ganze dem Aussehen eines Saales gleich, den ein Kunstliebhaber, wie ein Museum, dekoriert, und die Wände mit allerlei verschiedenen Gegenständen bedeckt hat. Bis zu der Linie, mit der die Monumente abschneiden, war alles im hellsten Licht, weiter oben verlor sich die Helle nach und nach, und unter dem Laubwerk der Gewölbe ward sie zur undeutlichen Dämmerung. Ich und der Küster waren ganz allein in diesem Raum, während noch größerer Lichtglanz hinter dem rotglühenden Vorhang zu schimmern schien, und von dort, aus der andern Hälfte der Kirche, der gedämpfte Gesang der Gemeinde, wie aus unsichtbarem Heiligtume, zu uns herübertönte.

Viele interessante Leute liegen hier begraben, unter andern auch der berühmte Witzling Quin, für den Garrick eine Marmorbüste und poetische Inschrift hergeliefert hat. Am Monumente Wallers fehlt die Nase, und man behauptet, Jakob II. habe sie selbst mit seinem Degen in einer Anwandlung von Bigotterie abgeschlagen, als er die Kirche kurz nach seiner Krönung besuchte.

Den 23sten

Hast Du wohl von dem Sonderling Beckford je gehört, eine Art Lord Byron in Prosa, der das prachtvollste Schloß in England baute, seinen Park aber mit zwölf Fuß hohen Mauern umgeben ließ, und ebenso viele Jahre lang niemand den Eintritt darin verstattete? Nun dieser Mann verauktionierte plötzlich jenes Wunderhaus, Fonthill Abbey, (dessen großer

Turm, an dem man die Nächte durch bei Fackelschein gemauert, bald darauf einfiel), mit allem was darin war*, und zog nach Bath, wo er ebenso einsam lebt. In der Nähe der Stadt hat er abermals einen sonderbaren Turm, mitten im Felde, gebaut, dem als Dach eine genaue Kopie, Diminutiv des Tempels in Athen, den man ›die Laterne des Diogenes‹ nennt, (Denkmal des Lysicrates) aufgesetzt ist. Dahin fuhr ich heute und konnte mir wohl denken, daß auf diesem Platze die gerühmte Aussicht merkwürdig sein müsse, Einlaß wurde mir jedoch nicht, und ich war genötigt, bloß mit meinem Phantasiebilde derselben wieder umzukehren. Der Turm ist noch unvollendet, sehr hoch, und steht in der offnen, grenzenlosen Einsamkeit einer Bergebne, wie ein Gespenst da! Der Besitzer soll früher ein Vermögen von drei Millionen Pfund besessen haben und noch sehr reich sein. Man erzählte mir von ihm, daß er sich nur sehr selten sehen lasse, wenn er aber zuweilen ausreite, geschehe es folgendermaßen: Ein eisgrauer Haushofmeister reite voran. Zwei Reitknechte mit langen Hetzpeitschen hinter ihm. Dann folgt er selbst, von fünf bis sechs Hunden umgeben. Den Schluß machen wiederum zwei Reitknechte, mit Peitschen versehen. Sowie, während des Rittes, einer der Hunde sich unfolgsam zeigt, hält die ganze Karawane an, und die Strafe wird sogleich mit der Hetzpeitsche appliziert – dieser Edukationskursus aber während der ganzen Promenade fortgesetzt, bis man wieder zu Hause angelangt ist. Früher hat Herr Beckford einen zwar sehr seltsamen, aber doch geistreichen Roman in französischer Sprache geschrieben, der auch mit vielem Beifall in's E n g l i s c h e übersetzt worden ist. Ein großer Turm spielt auch d a r i n eine Hauptrolle, und der Teufel holt zuletzt alles.

* Die Auktion dauerte mehrere Monate, und nie sah man bei ähnlicher Gelegenheit eine reichere Sammlung der kostbarsten und geschmackvollsten Seltenheiten. *A. d. H.*

Noch eine andere drollige Anekdote von diesem Beckford. Als er in Fonthill wohnte, plagte die Neugierde dies zu sehen einen benachbarten Lord so sehr, daß er in der Nacht eine Leiter an die hohe Parkmauer legen ließ, und darauf hineinstieg. Er wurde jedoch bald entdeckt, und vor Herrn Beckford gebracht, der ihn, nach Nennung seines Namens, wider Vermuten, sehr artig aufnahm, selbst am Morgen überall herumführte, hierauf fürstlich bewirten ließ, und dann erst sich zurückzog, indem er beim Abschied sich dem Lord noch auf das verbindlichste empfahl. Dieser wollte nun, ganz vergnügt, über den so wohl gelungenen Zweck, zu Hause eilen, fand aber alle Tore verschlossen und niemand da, sie zu öffnen. Als er deshalb zurückkehren mußte, und sich im Schlosse Hilfe erbat, sagte man ihm, Herr Beckford ließe ihn ersuchen, da hinauszugehen, wo er hereingekommen wäre, die Leiter stand noch am bewußten Orte angelehnt. Der Lord äußerte sich zwar sehr anzüglich, es half aber nichts, er mußte sich bequemen, die Stelle seiner verbotnen *entrée* wieder aufzusuchen, und die Leiter wieder hinauf zu klettern. Unter Verwünschungen des boshaften Menschenfeindes verließ er, für immer von der Neugierde Fonthill zu besuchen geheilt, das verbotne Paradies.

Als Fonthill verkauft worden war, hielt sich Herr Beckford eine Zeitlang in London auf, wo er in einer Vorstadt verborgen wohnte. In seiner Nähe befand sich der Garten eines seiner Blumenzucht wegen berühmten Handelsgärtners. Dort ging er täglich spazieren und bezahlte wöchentlich fünfzig Guineen für die Erlaubnis, während seiner Spaziergänge so viel Blumen abzupflücken, als ihm beliebte.

Abends besuchte ich das Theater und fand ein recht hübsches Haus, darin aber ein desto schlechteres Schauspiel. Man gab ›Rienzi‹, eine elende, moderne Tragödie, die, bei der Übertreibung und Unbeholfenheit der Spieler, weder Weinen noch Lachen, sondern nur Widerwillen und Langeweile erregte. Ich verließ daher Melpomenes[22] entweihten Tempel bald, und besuchte meinen Freund, den Abteiküster, um mir die Erlaubnis zu erbitten, die Kirche bei Mondschein zu besehen. Sobald er sie mir geöffnet, schickte ich ihn fort, und wie ein einsamer Schatten unter den Pfeilern und Gräbern noch lange umherschwärmend, ließ ich die ernstere Tragödie des Lebens vor mir aufsteigen, von den Schauern der Nacht und des Todes umweht.

Den 24sten

Das Wetter ist noch immer so schlecht, und hängt eine solche Draperie über alle entfernte Dinge, daß ich keine Exkursionen machen kann und mich auf die Stadt beschränken muß, die sich indes, durch die Menge und Mannigfaltigkeit ihrer Prospekte, ganz zu den interessantesten Promenaden eignet. Mit meiner Lieblings-Grabeskirche fange ich jedesmal an, und höre damit auf – wie das Menschenleben – das auch vom Tode ausgeht und damit endet. Der Architekt, welcher diesen prächtigen Dom baute, hat in Zierraten und Verhältnissen sich ganz vom Gewöhnlichen entfernt. So steigen z. B., von außen neben dem Portal, zwei Jakobsleitern[23] mit hinanklimmenden Engeln, bis an das Dach empor, wo sich die Kleinen hinter den Giebeln verlieren. Gar lieblich sind die emsigen Himmelsstürmer anzusehen, und wie mich dünkt, ganz im Geiste jener phantasiereichen Architektur erfunden, die das Kindlichste mit dem Erhabensten, den ausgeführtesten Schmuck mit dem grandiosesten Effekt der Massen zu verbinden wußte, und sozusagen die ganze irdische Natur mit Wald-Kolossen und Blumen, mit Felsen und Edelsteinen (die bunten Fenster) mit Menschen und Tieren abbilden wollte, hierdurch aber am sichersten die heilige Stimmung nach jenseits hervorrief. – Mir ist sie immer als die echt romantische, i. e. echt deutsche, Bauart vorgekommen, aus unserm eigensten Gemüt entsprossen. Doch glaube ich, sind wir ihr jetzt entfremdet, da eine mehr schwärmerische Zeit dazu gehört. Wir können sie wohl noch einzeln bewundern und lieben, aber nichts mehr der Art schaffen, was nicht den nüchternsten Stempel der Nachahmung trüge. Dampfmaschinen und Konstitutionen geraten dagegen jetzt besser, als überhaupt alle Kunst. Jedem Zeitalter das Seine. –

Da ich die Kontraste liebe, so begab ich mich heute abend, aus dem inhaltsschweren Tempel, unmittelbar auf den, in andrer Art ebenso wohlgefüllten und gleich stark illuminierten, Stadtmarkt – wo unter bedeckten Galerien alle Arten Viktualien verkauft werden. Alles ist hier einladend und elegant, der Gegenstand für tausend Meisterstücke flämischer Pinsel, und ein genußreicher Anblick für den Gastronomen, der hier seine Naturschönheiten bewundert. Enormere Stücke *beef*, saftrot in goldnem Fette zitternd, besser gemästetes, wie mit Eiderdaun gestopftes Geflügel, stolzeres Gemüse, schöngelbere Butter, saftigere Früchte und einladendere Fische sah mein erstauntes Auge nie! Alles war vom Glanze hundert bunter Lichter verherrlicht und mit Lorbeer und rotbeerigem Holly[24] aufgeputzt. Statt eines Weihnachttisches, waren hundert aufgestellt, und die Karikaturen der verkaufenden Weiber glichen vortrefflich den Pfefferkuchenpuppen, wir Käufer aber den neugierigen und erstaunten Kindern. Schwerlich hätte die brillanteste Gesellschaft mich besser amüsieren können. Wenn ich einen gravitätischen Schöps[25] ansah, der in jeder Pfote ein Inseltlicht[26] hielt, und sich so selbst erleuchtete, oder eine hängende Poularde[27], der man einen roten Wachsstock auf die Kehrseite gepflanzt hatte, einen Kalbskopf mit einer Laterne zwischen den Zähnen, neben einem großen Gänserich, dem zwei Kirchenlichter vorleuchteten, oder einen Ochsenschwanz, durch den eine Gasröhre ging, die prätentiös im Flammenbüschel endigte – so machte ich mir die ergötzlichsten Vergleiche mit meiner *assamblée*[28] in der Heimat, und fand die Ähnlichkeiten oft frappanter als die Portraits der berühmten Maler W... und S....

Man lebt hier weit wohlfeiler als in andern Städten Englands, besonders in den sogenannten *boarding-houses*[29], wo man für zwei oder drei Guineen wöchentlich, ganz vortrefflich bewirtet, und gut logiert wird, auch eine angenehme und ungenierende Gesellschaft findet. *Equipage* braucht man nicht, da *portechaisen* üblich sind.

Den 25sten

Achtundvierzig Stunden haben endlich den Himmel versöhnt, und der heutige Tag war, was man hier ›*a glorious day*‹ nennt, nämlich ein solcher, an dem zuweilen die Sonne hinter den Wolken hervortritt. Du ahnest ohne Zweifel, daß ich ihn nicht unbenutzt ließ. Ich erstieg einen Berg neben der Stadt, von dem man das ganze Weichbild derselben und fast jedes einzelne Haus übersehen kann. Die Abteikirche liegt, wie der Kern, in der Mitte; nach allen Seiten steigen die Straßen gleich Strahlen in die Höhe, und im tiefsten Grunde schlängelt sich das Silberband des Avon durch sie hin. Hierauf setzte ich meinen Weg, auf einer schönen Promenade, bis Prior Park fort, eine große und ehemals glänzende Besitzung, die ein stolzer Lord erbaut hat, jetzt aber ein demütiger Quäker inne hat, der das Schloß leer stehen läßt, und, der Konsequenz seiner Lehre getreu, im alten Stalle wohnt.

So ging der Vormittag hin; bei Dämmerung und Mondschein richtete ich einen zweiten Spaziergang nach der andern Seite der Stadt und fand dort den Anblick in der Stille der hellen Nacht noch prachtvoller. Der Himmel schimmerte in blaßgrüner Farbe, und an der rechten Hälfte derselben waren Massen schwarzer, tief ausgezackter Wolken gelagert. Die gegenüberliegenden Berge schnitten dagegen ihre sanft gerundeten Linien, unter dem Mondlicht, scharf gegen den klaren Himmel ab, während das ganze Tal ein blauer Nebel füllte, durch den man nur Tausende von Gaslampen flimmern sah, ohne die Häuser selbst zu erblicken. Es schien ein Dunstmeer, aus dem sich unzählige Sterne in verdoppeltem Feuer widerspiegelten.

Ich beschloß den Tag mit einem heißen Bade in der Haupt-Badeanstalt und fand die Einrichtung überall sehr bequem, reinlich und selbst wohlfeil, auch die Bedienung prompt und bescheiden.

Den 26sten

Die üble Angewohnheit, im Bett zu lesen, hat mir diese Nacht ein lächerliches Unglück zugezogen. Mein Haar nämlich fing unbemerkt Feuer, und ich mußte den Kopf in die Bettdecken wickeln, um es zu löschen. Schrecklich ist der angerichtete Schaden, denn die ganze eine Kopfhaarhälfte ist vernichtet, so daß ich mich über und über fast kahl habe scheren lassen müssen. Glücklicherweise besteht meine Stärke nicht in den Haaren.

Ein Brief von Dir tröstete mich beim Erwachen. Deine Fabel von der Nachtigall ist herrlich. Hätte L... das bedacht, und sich im zwanzigsten Jahre gesagt: Sei tot für die Welt bis zu Deinem fünfunddreißigsten, wie glänzend und glücklich könnte er jetzt (NB. nach dem Maßstabe der Welt) darin auftreten! Auch ich habe im Lauf dieser Zeit und noch jetzt oft die Welt und andere angeklagt, aber bei Licht besehen*, ist dies doch ebenso töricht als ungerecht. Die Welt ist und bleibt einmal die Welt, und ihr alles Üble, das uns daraus entgegenkommt, zurechnen zu wollen, ist deim Kinde zu vergleichen, welches das Feuer bestrafen will, weil es sich die

* Es scheint, die Feuersbrunst direkt am Haupt, hat mich mehr als gewöhnlich erleuchtet.

Finger daran verbrannt hat. L... soll also nichts bereuen, denn hätte er fünfzehn Jahre als Murmeltier vegetiert, so hätte er diese Zeit eben nicht gelebt, und folglich nicht erkannt. Es bleibt immer dabei: *›que tout est pour le mieux dans ce meilleur des mondes‹*.[30]

Indem ich Dir herzlich wünsche, dies gleichfalls immer einzusehen, empfehle ich mich Dir für diesmal zärtlichst, und bin wie immer

Dein treuer L...

Sechsundvierzigster Brief

Salisbury, den 27sten Dezember 1828

Geliebte Freundin!

Gestern abend sieben Uhr verließ ich Bath, wiederum mit der *mail,* für Salisbury. Ich fand mich allein im Wagen mit einer Witwe in tiefer Trauer, demohngeachtet hatte sie sich schon wieder einen Liebhaber angeschafft, der vor dem Tore, als blinder Passagier, (aber kein Amor, sondern echter John Bull)[1] Einlaß erhielt. Er unterhielt uns, wenn er nicht von der Landwirtschaft sprach, mit gräßlichen Tagesneuigkeiten, die die Engländer so sehr lieben, daß ihre Zeitungskolonnen täglich damit angefüllt sind. Zwei junge Leute, erzählte er unter andern, Arbeiter in einer Tuchfabrik in Exeter, fielen vor acht Tagen, miteinander schäkernd und sich jagend, in eine kochende Masse, welche viele Grade heißer als hochsiedendes Wasser ist. Obgleich beide nach vorwärts fielen, sprangen doch auch beide im Nu wieder heraus, rannten aber, wie wahnsinnig, gegen die vorstehende Wand, wo sie in Konvulsionen[2] verschieden. Ihr Anblick sollte, nach Aussage der Augenzeugen, über alle Beschreibung furchtbar gewesen sein, weil in der ungeheuern Hitze alles von den Kleidern ungeschützte Fleisch, im Augenblicke gänzlich konsumiert worden war, und sie daher mit noch lebenden Totenschädeln auf den Schultern aus der Pfanne hervorstürzten. Vielleicht war auch der Mann, der uns solche furchtbaren Dinge mitteilte, nur ein *accident-maker*[3], denn er hörte nicht auf mit Schreckensgeschichten und behauptete nachher, die *Holyhead-mail,* dieselbe, mit der ich gekommen, sei einige Tage darauf bei einem Wolkenbruch weggeschwemmt worden, und Pferde und Kutscher nebst einem der Passagiere dabei ertrunken. Ist es wahr, so freue ich mich allerdings, eine so viel passendere Zeit zu ihrem Gebrauch gewählt zu haben. Nach einigen Stunden verließ mich das zärtliche Paar in einem Orte, wo die Witwe einen Gasthof besaß (wahrscheinlich der wirkliche Gegenstand von John Bulls Zärtlichkeit), und ich blieb nun ganz allein. Es dauerte aber nicht lange, so bat ein sehr hübsches junges Mädchen, das wir in der Dunkelheit einholten, sie bis Salisbury mitzunehmen, da sie sonst die Nacht im nächsten Dorfe zubringen müsse. Ich erteilte die Erlaubnis sehr gern und versprach sogar dem Kutscher die Bezahlung zu übernehmen, worauf ich von der Dankbaren vernahm, daß sie eine Putzmacherin sei, und zur *Christmas* sich bei ihren Eltern etwas über die Zeit verspätet, aber gleich auf die Durchfahrt der *mail* gerechnet habe. Die Unterhaltung war jedenfalls angenehmer, als neulich mit der siebenzigjährigen Puritanerin, so daß ich die Zeit sehr kurz vergangen fand, als wir um Mitternacht die Stadt erreichten, wo ich ein gutes Souper, dann aber nur ein rauchendes und kaltes Schlafzimmer zur Nachtruhe erhielt.

Den 28sten

Schon früh am Morgen weckte mich das eintönige Geplätscher eines sanften Landregens, so daß ich noch immer (es ist bereits Mittag) lesend beim Frühstück sitze. Ein gutes Buch ist doch eine wahre Elektrisiermaschine! Die eignen Gedanken sprühen dabei auch manchmal wie ein Feuerwerk; sie verlöschen aber gewöhnlich ebenso schnell, denn wollte man die Funken gleich mit Feder und Tinte fixieren, so hörte der Genuß auf, und, wie beim Traume, wäre es nachher der Mühe doch vielleicht nicht wert. Das Buch, von dem ich mich heute magnetisieren ließ, ist eine sehr ingeniöse, und admirabel[4] zum Selbstunterricht eingerichtete, fortlaufende Verbindung von Geschichte, Geographie und Astronomie, in ihren Grundzügen. Diese kleinen Enzyklopädien sind eine große Bequemlichkeit unsrer Zeit. Freilich kommt wahrer Nutzen immer erst mit dem Studium des Details, indessen müssen die Mauern doch erst hergestellt sein, ehe man die Gemächer ausschmücken kann. Bei einem wie dem andern Studium aber, halte ich Selbstunterricht für den erfolgreichsten, wenigstens war er es bei mir – gewiß ist es jedoch, daß manche Menschen überhaupt und auf keine Art etwas wahrhaft lernen können. Studieren sie z. B. Geschichte, so macht sie ihnen nie das Ewige und Wahre anschaulich; es bleibt für sie nur eine Chronik, die ihr vortreffliches Gedächtnis an den Fingern abzählt. Jede andre Wissenschaft wird von ihnen ebenfalls nur mechanisch erlernt und bleibt bloßes Buchstabenwerk. Dennoch wird in der Regel grade dies gründliches Wissen genannt, ja die meisten Examinatoren von Profession verlangen nichts mehr. Das Unwesen, das in dieser Hinsicht noch an manchen Orten getrieben wird, würde zu ergötzlichen Anekdoten Anlaß geben, wenn man es näher beleuchtete. Ich kenne unter andern einen jungen Mann, dem, im diplomatischen Examen, welches erst kürzlich in einer gewissen Residenz eingeführt worden war, die Frage vorgelegt wurde: ›wieviel wiegt ein Kubikfuß Holz?‹ – Schade, daß er nicht antwortete: ›wieviel wiegt ein Goldstück‹, oder ›wieviel Gehirn hat ein Dummkopf?‹ Einen andern vom Militärfach frug man daselbst: welches die merkwürdigste Belagerung sei? Ohne zu stocken erwiderte dieser (ein in Deutschland nationalisierter Ausländer): ›die Belagerung von Jericho, weil die Mauern mit Trompeten eingeblasen wurden‹. Man könnte *conundrums*[5] davon machen, und ich glaube fast, daß diese langweilige Spielerei sich von dergleichen Examinierungen herschreibt. Viele Geistliche fragen jetzt wieder: ›Glauben Sie an den Teufel?‹ Ein *mauvais plaisant*[6], der sich vor dem Repuls nicht eben allzusehr fürchtete, antwortete neulich: ›Samiel hilf!‹

Abends

Gegen drei Uhr klärte sich der Himmel ein wenig auf und da ich nur darauf gewartet, eilte ich in den schon im voraus besprochenen *gig*[7] zu steigen, und fuhr mit einem alten *hunter* im Galopp nach Stonehenge, dem großen Druidentempel, Grabmal, oder Opferalter. Die Gegend um Salisbury ist sehr fruchtbar, aber leer von Bäumen, und in keiner Art pittoresk. Auch das wunderbare Stonehenge steht nur auf einem weit ausgedehnten kahlen Wiesenhügel. Die feuerrote Sonnenkugel ohne Wolken berührte in demselben Augenblick den Horizont, als ich, erstaunt über das unerklärliche Denkmal, das vor mir lag, an den ersten Druidenstein trat, den die untergehenden Strahlen mit schönem Rosa färbten. Kein Wunder ist es, daß dieses Monument vom Volke dämonischen Kräften zugeschrieben wird, denn kaum würde, selbst in unsern Zeiten, mit allen Hilfsmitteln der Mechanik, ein solches Werk zum zweitenmal zustande zu bringen sein. Wie wurde es also einem fast wilden Volke möglich, solche Massen aufzurichten, und dreißig Meilen weit (denn näher befindet sich kein Steinbruch) herzutransportieren? Das Ganze bildet einen unregelmäßigen Kranz, teils noch aufrecht stehender, teils umgeworfner, halb in die Erde wieder versunkner Cromlechs[8] (zwei aufgerichtete Steine, über die ein dritter gelegt ist). Mehrere von diesen bestehen aus einzelnen Steinen von fünfundzwanzig Fuß Länge und zehn Fuß Breite, wahre Felsen, so daß manche behauptet haben, Stonehenge sei nur ein Spiel der Natur, was jedoch keinem Augenzeugen zu glauben einfallen wird. Ich war nicht der einzige Beschauer. Ein einsamer Fremder wurde mehrmals sichtbar, der, ohne von mir Notiz zu nehmen, schon seit einer Viertelstunde beständig zählend unter den Steinen umherging und sehr ungeduldig etwas zu betrachten schien. Ich nahm mir daher die Freiheit, ihn, als er eben wieder hervortrat, mit einer Frage über sein sonderbares Benehmen zu stören, worauf er mir auch sogleich höflich erwiderte, man habe ihm gesagt, niemand könne diese Steine richtig zählen, jedesmal käme eine andere Zahl heraus, und dies sei ein *trick* (Schabernack), den Satanas, der Erbauer dieses Werks, den Neugierigen spiele. Er habe nun schon siebenmal, seit zwei Stunden, die Erfahrung bestätigt gefunden und werde gewiß noch närrisch werden, wenn er sie weiter fortsetze. Ich riet ihm daher, lieber davon abzustehen, und sich zu Hause zu begeben, da es ohnehin dunkel werde, sonst könne ihm am Ende Satanas einen noch viel üblern Streich vorbehalten haben. Er fixierte mich satyrisch, mit ganz unheimlichen Augen, sah sich wie nach jemand um, rief dann mit einemmal: *»Good bye Sir«*, und zog ohne Schatten wie Schlemihl[9] (die Sonne war freilich untergegangen) mit wahren Siebenmeilen-Schritten über die Wiese, wo er unter dem Hügel plötzlich verschwand. Ich eilte nun auch von meiner Seite, mich zur Rückkehr zu rüsten, und trabte bald dem hohen Turme von Salisbury wieder zu, den schon die Dämmerung verdeckte. Kaum war ich indes eine Meile scharf gefahren, als der morsche, hohe *gig* zusammenbrach und der Kutscher wie ich selbst, ziemlich unsanft auf den Rasen geworfen wurden. Der alte Gaul aber lief mit der abgelösten Gabel, lustig wiehernd, und in verstärkterem Tempo der Chaussee und Stadt zu. Während wir uns mühsam aufrichteten, hörten wir auch Pferdegetrappel hinter uns – es war der Fremde, der auf einem schönen, schwarzen Roß vorbeigaloppierte, und mir lächelnd zurief: »Der Teufel läßt schönstens grüßen, verehrter Herr! *Au revoir!*« – und damit sprengte er, wie ein Wirbelwind, davon. Dieser Hohn war wirklich ärgerlich. »O, Sie unzeitiger Spaßmacher«, schrie ich ihm scheltend nach, »helfen Sie uns lieber, statt Ihrer Fadaisen!«[10] Aber nur das Echo seiner Hufschläge antwortete uns durch die einbrechende Dunkelheit. Mein Kutscher lief zwar dem entflohenen Klepper eine Meile nach, kam aber bald unverrichteter

Sache zurück. Es half nichts, wir mußten uns entschließen, da auch nicht eine Hütte sich auf unserm Wege befand, die übrigen sechs Meilen zu Fuße zu gehen. Nie schien mir ein Weg langweiliger, und wenig nur entschädigten mich die Wundergeschichten, die mir der Kutscher unterwegs von seinem *hunter* erzählte, als derselbe vor zwanzig Jahren noch der *leader* (Anführer) der Salisburyschen *hunt* gewesen sei.

Den 29sten

Ich benutzte den heutigen Tag sehr gut, trug aber, wahrscheinlich noch als Nachwehen von der gestrigen Nachtpartie, abends ein derbes Kopfweh davon. Da es indessen nur rheumatischer Natur ist, kehre ich mich nicht daran, setze meine Füße in Senf, Salz und heißes Wasser, und beginne.

Salisburys weitberühmte Kathedrale rühmt sich des höchsten Turms in Europa. Er ist vierhundertundzehn Fuß hoch, welches fünf Fuß höher ist, als der Straßburger Münster, wenn ich nicht irre[11], doch ist jener wenigstens weit schöner. Das Äußere des großen Doms zeichnet sich vorzüglich durch ein auffallendes Ansehen von Neuheit und Nettigkeit aus, sowie durch seine gänzliche Vollendung in jedem Detail. Er verdankt dies zwei Hauptreparaturen, die im Laufe der Zeit mit ihm vorgenommen wurden, die erste unter Christoph Wren, die zweite unter Wyatts Aufsicht. Auch die Lage dieser Kirche ist eigentümlich, da sie, wie ein Modell, ganz frei auf einem schöngehaltenen Platze kurzen Rasens steht, den auf der einen Seite des Bischofs Palast und die Cloisters[12], auf der andern hohe Linden umgeben. Der Turm endet in einer obeliskenartigen Spitze mit einem Kreuze, auf dem, ominös genug, eine Wetterfahne befestigt ist. Dieser geschmacklose Gebrauch schändet die meisten gotischen Kirchen in England. Der Turm steht fünfundzwanzig Zoll aus dem Lot, ohne daß man es jedoch bemerkt, nur im Innern sieht man die weichende Biegung der Pfeiler, die zu seiner Stütze bestimmt sind. Dies Innere des hehren Tempels ist äußerst imposant und von Wyatts Genie noch mehr hervorgehoben. Eine vortreffliche Idee war es, die merkwürdigen alten Monumente von den Wänden und Winkeln abzulösen und frei zwischen die prachtvolle doppelte Pfeilerallee aufzustellen, deren, durch nichts unterbrochne, schlanke Höhe fast Schwindel erregt. Nichts kann sich schöner ausnehmen, als diese lange Reihe von gotischen Sarkophagen, auf denen die Riesenfiguren der Ritter und geistlichen Fürsten ausgestreckt in ihrem ewigen Schlafe liegen, während die Stein- und Metallrüstungen von den bunten Glasfenstern mit allen Regenbogenfarben überglänzt werden. Unter Templern[13] und anderen Rittern liegt hier auch ›Richard Langschwert‹ begraben, der mit dem Eroberer nach England kam; neben ihm eine Riesengestalt in Alabaster, der Schwertträger Heinrich des VII., der bei Bosworth Field[14] blieb und stets mit zwei langen Schwertern, eins rechts, eins links, focht, mit denen er auch hier abgebildet ist.

Die Klöster sind ebenfalls sehr schön. Lange, kunstreiche Galerien führen im Viereck, um den Kapitelsaal, welchen letztern nur eine einzige Säule in der Mitte stützt, wie den Remter in Marienburg.[15] Die Basreliefs, die in breiten Bändern den Saal umgaben, scheinen von sehr guter Arbeit zu sein, sind aber zu Cromwells Zeit halb zerstört worden. In der Mitte steht noch ein halb vermoderter Tisch von Eichenholz aus dem 13ten Jahrhundert, auf dem, nach ziemlich glaubwürdigen Nachrichten, die Arbeiter am Kirchbau jeden Abend ausgezahlt worden sein sollen, und dies zwar damals mit einem Pfennig pro Tag. Die Besteigung des Turms ist sehr beschwerlich. Die letzte Hälfte muß man, wie beim Stephansturme in Wien, auf schmalen Leitern hinanklimmen. Endlich kommt man an eine kleine Dachtüre, dreißig Fuß unter dem Kopfe. Aus dieser Türe steigt der Mann, welcher die Turmfahne wöchentlich ölt, auf eine so gefährliche Art hinaus, daß es beinahe unbegreiflich scheint, wie der siebzigjährige Greis, der diesen Posten bekleidet, es auszuführen imstande ist. Über dem Fenster hat, wie gesagt, die schmale Turmspitze noch dreißig Fuß Höhe, wo nichts als eiserne Klammern außerhalb zum Hinaufklettern befestigt sind. Der Alte muß nun rückwärts aus der kleinen Luke steigen, sich, wegen des Regendaches, mit dem Oberleibe tief aus derselben hinabbiegen, und so nach der ersten Klammer darüber tappen, ohne sie noch sehen zu können. Hat er sie durch das Gefühl endlich erreicht und fest gefaßt, so schwingt er sich, an ihr in der Luft hängend, daran hinauf, und sucht, während dem, mit den Füßen das Regendach zu gewinnen, von dem er dann von Klammer zu Klammer hinaufsteigt. Gewiß wäre es leicht, eine bequemere und weniger gefährliche Vorrichtung anzubringen, aber der Türmer ist es einmal so von seiner Kindheit an gewöhnt und will es nicht anders haben. Selbst bei Nacht ist er schon diesen halsbrechenden Weg gegangen und freut sich, daß nur selten ein Fremder, selbst Matrosen, die sonst überall hinklettern, es gewagt hat, ihm zu folgen.

Als wir zur ersten, frei um den Turm führenden, Galerie wieder hinabkamen, zeigte mir der Führer einen Habicht, der nur zwanzig bis dreißig Fuß über uns schwebte. »Seit vielen Jahren«, sagte er, »hält sich ein Paar dieser Vögel auf dem Turme auf, und nährt sich von des Herrn Bischofs Tauben. – Ich sehe oft einen oder den andern«, fuhr er fort, »über dem Kreuz sich wiegen und dann plötzlich auf die Vögel unten stoßen; manchmal läßt er sie auch auf das Kirchdach oder die Galerie wieder herabfallen, geht aber nie ein zweitesmal nach einer so verlornen Beute und läßt sie gewiß dort verfaulen, wenn ich sie nicht weghole.« Des Bischofs Palast und Gärten breiteten sich malerisch unter uns aus, und alle Schornsteine rauchten freudig, denn *His Lordship* waren eben angekommen, präparierten sich aber auch schon wieder zu einer neuen Badereise. In der Kirche, meinte mein Führer, sähe man den Herrn Bischof kaum zwei bis dreimal des Jahres. Predigen täten Hochdieselben nie. Ihr heiliges Geschäft bestehe bloß darin, 15000 Pf. Sterl. mit so viel Geschmack zu verzehren, als Ihnen der liebe Gott verliehen habe – die Arbeit aber werde hinlänglich von Subalternen verrichtet. Diese schöne Einrichtung ist das einzige, was uns noch auf dem Kontinent fehlt, um ganz glücklich zu sein, das einzige, was der Mühe wert wäre, aus England nachzuahmen. Auf dem Rückwege spazierte ich in dem dämmernden Dom noch eine Weile, unter den herrlichen Monumenten und den alten Rittern umher, die meine Einbildungskraft von neuem aus ihren Gräbern auferstehen ließ – denn alles dies, gute Julie, haben wir ja auch früher miterlebt, und betrachten jetzt mit Verwunderung unsre eignen alten Bilder, wie wir einst als Nachkommen, in tausend Jahren, wieder die jetzigen anstaunen werden. –

Ich hatte Sorge getragen mir für heute einen solideren Wagen als den gestrigen zu verschaffen, und fuhr nun in diesem recht gemächlich nach Wilton, dem schönen Schlosse des Grafen Pembroke. Hier ist eine wertvolle Antiken-Sammlung, die von dem verstorbenen, kunstliebenden Grafen sehr geschmackvoll aufgestellt worden ist. Sie befindet sich in einer breiten, rund um den innern Schloßhof laufenden Galerie, die mit sämtlichen Appartements des ersten Stockes kommuniziert, und ihr reichliches Licht nur von einer Seite erhält. Winter und Sommer gewährt sie daher den interessantesten Spaziergang, und wird mit wenigen Schritten aus jedem Zimmer erreicht. In den Fenstern hat man die bunten Wappen aller Familien angebracht, mit denen die Pembrokes im Laufe der Zeiten durch Heirat alliiert wurden, eine reiche Sammlung, unter der sich auch das Königlich Englische Wappen befindet. In der Halle aber sind die Rüstungen der alten Kriegshelden aus der eignen Familie aufgestellt, und die ihrer vornehmsten Gefangenen, als der Konnetabel[16] von Montmorency, ein französischer Prinz von Geblüt, und mehrere andere. Gewiß, diese alten Erinnerungen einer hohen und mächtigen Aristokratie haben ihre poetische Seite.

Die Kastellanin, welche mich herumführte, schien selbst aus einer jener kolossalen Rüstungen hervorgekrochen zu sein, denn sie war ihre volle sechs Fuß hoch und mit einem Schnurrbart geschmückt, dessen sich der alte Konnetabel nicht zu schämen gebraucht hätte. Auch konnte man nicht besser in der Geschichte des Mittelalters bewandert sein; dagegen mißhandelte sie die Namen römischer Kaiser und griechischer Philosophen auf eine barbarische Weise, erklärte aber ohne Scheu einige sehr leichtfertige Darstellungen ganz richtig und mit sehr drolligen Kennerausdrükken.

Einer der anstoßenden Säle ist abermals mit Familien-Portraits angefüllt, die jedoch mehr Glanz durch Holbein und Van Dyck, als durch die dargestellten Personen erhalten. Nach einiger Zeit überstrahlt in der Regel der Kunstadel den angebornen, *comme de raison.*[17] Das Schloß enthält außerdem noch mehrere Bilder von Bedeutung, unter denen mir eine Grablegung von Albrecht Dürer, mit großem Detail in Wasserfarben ausgeführt, am auffallendsten war. Ein Garten der Gräfin, auf den sich die Bibliothek-Türen öffnen, ist im altfranzösischen Geschmack angelegt und wird durch einen kleinen, sehr reichlich verzierten Tempel geschlossen, der eine besondere Merkwürdigkeit an sich trägt. Es ist nämlich vom Maler Holbein erbaut, darum aber um nichts geschmackvoller, sondern im Gegenteil ein häßlich überladnes Monument. Desto niedlicher ist der Garten, und es gereicht den englischen Frauen von Rang zur Ehre, daß sich die meisten durch eine ganz überlegne Kunstfertigkeit in dieser

Hinsicht auszeichnen. Man würde sich sehr irren, wenn man hoffte, daß irgendein englischer Gärtner imstande wäre, Meisterstücke von Gartenausschmückung, wie ich Dir in meinen früheren Briefen viele geschrieben* anzulegen. Diese verdanken alle ihr Dasein nur dem Kunstsinne und der liebenswürdigen Häuslichkeit der Besitzerinnen.

Ich hätte dieses Schloß nicht zu sehen bekommen, da es durchaus verboten war, irgend einen Fremden, ohne eine schriftliche Erlaubnis des Besitzers, einzulassen, wenn ich nicht die unschuldige List gebraucht hätte (welche der Herr des Hauses, wenn er es erfahren, mir nun wohl verziehen haben wird) mich bei der ritterlichen Kastellanin für einen russischen Verwandten der Familie auszugeben, mit einem für sie unlesbaren und unaussprechbaren Namen. Es ist zu unangenehm 4 Meilen gefahren zu sein, eines solchen Zwekkes halber, und dann unverrichteter Sache wieder zurückkehren zu müssen, daher lade ich meine Notlüge auf die Schuld der inhumanen englischen Sitten, denn bei uns ist man nicht so grausam, und nie wird hier einem Engländer mit gleicher Illiberalität vergolten.

Auf der andern Seite der Stadt liegt eine zweite interessante Besitzung, Longford, dem Grafen Radnor gehörig, ein weiter Park und sehr altes Schloß, von sonderbarer dreiekkiger Form mit ungeheuer dicken Türmen, deren Mauern Mosaik nachahmten. In unansehnlichen, niedrigen und schlecht möblierten Zimmern fand ich hier eine der kostbarsten Gemälde-Sammlungen, ausgesuchte Bilder der größten Meister, wie es deren so viele bei englischen Privatpersonen gibt, verborgene Schätze, die niemand sieht und niemand kennt. Ein Sonnenauf- und -untergang von Claude Lorrain steht oben an. Der Morgen zeigt uns Äneas mit seinem Ge-

* Diese Briefe gehören den ersten Teilen an, die noch nicht publiziert werden konnten. *A. d. H.*

folge am glücklichen Strande Italiens landend, und man beneidet die Ankömmlinge um das Landschaftsparadies, das sich vor ihnen erschließt. Auf dem Abendbilde vergoldet die sinkende Sonne prächtige Ruinen verwachsener Tempel und Paläste, die eine einsame, verwilderte Gegend umgibt. Auf- und Untergang des römischen Reichs sollten dadurch allegorisch dargestellt werden. Wasser, Wolken, Himmel, Bäume, die durchsichtige zitternde Sonnenatmosphäre – es ist, wie immer bei Claude, die Natur selbst, die man nur wie neu geschaffen sieht. Es ist gewiß schwer zu begreifen, wie ein Mann im fünfunddreißigsten Jahre noch Koch und Farbenreiber sein, und im fünfundvierzigsten die Welt mit solchen nie erreichten Meisterstücken beschenken konnte! Der wunderschöne Kopf einer Magdalena von Guido, deren tränende Augen, und heißer, bald geöffneter Rosenmund freilich mehr zu tausend Küssen als zur Reue einladen, eine in aller Pracht des Kolorits glänzende *Santa Familia* von Andrea del Sarto, und mehrere andere Meisterstücke andrer gefeierter Meister hielten mich noch mehrere Stunden hier fest. Ein Portrait des Grafen Egmont hätte schlecht zum Titelkupfer vor Goethes Tragödie gepaßt, denn der lebenslustige Schwärmer erschien hier als ein ziemlich korpulenter Vierziger mit einer Platte auf dem Kopf, und einer wahren Alltags-Physiognomie auf dem Gesicht. Ein ganz anders geistvolles Antlitz zeigte sein neben ihm hängender Freund von Oranien. Zwischen beiden saß der finstere, die Grausamkeit als Luxus treibende, Alba[18] zu Pferde.

Außer den Gemälden und einigen Antiken enthält das Schloß noch eine andre seltne Kostbarkeit, einen Stuhl oder Thron von Stahl, den die Stadt Augsburg dem Kaiser Rudolf II. schenkte, die Schweden unter Gustav Adolph erbeuteten, und ein Vorfahr des Grafen Radnor in Stockholm kaufte. Die Arbeit ist bewunderungswürdig. Wie schwinden vor diesem Kunstwerke alle Zierlichkeiten unsrer Tage, von Birmingham, der Berliner Eisenfabrik etc., zu elenden Spielereien und wahrem Tand![19] Man glaubt ein Werk Benvenuto Cellinis vor sich zu sehen, und weiß nicht, was man mehr bewundern soll, ob die herrliche Ausführung und Grazie des Details, oder die geschmackvolle und künstlerische Anordnung des Ganzen?

London, den 31sten

Den gestrigen Tag mußte ich meinem Erbfeinde, der Migraine, opfern; heute reiste ich in fortwährendem Regenwetter nach der Metropolis, und setze morgen früh meinen Weg nach Frankreich fort. Die Gegend bot wenig Anziehendes dar, desto animierter war das Gespräch auf unsrer Imperiale[20] und roulierte, fast den ganzen Tag, über ein berühmtes *boxing-match*, wobei, wie es schien, ein Yankee den John Bull angeführt und durch Bestechung des Haupt-Boxers, wie man sagte, 10000 Pf. St. gewonnen hatte. Diese Betrügereien bei allen Arten von Sport, sind so gang und gäbe in England, unter den niedrigsten wie den höchsten Klassen, geworden, wie es das falsche Spiel zu den Zeiten des Grafen von Gramont war. Viele rühmen sich fast öffentlich damit und ich habe nie gefunden, daß solche, die als die *most knowing-ones** bekannt sind, dadurch an ihrer Reputation in der Gesellschaft gelitten hätten – *au contraire*[21], sie passierten für geistreicher als die übrigen, und man warnte nur hier und da lächelnd, sich vor denen in acht zu nehmen. Einige der ersten Mitglieder der Aristokratie sind in dieser Hinsicht ganz notorisch, und ich weiß, daß der Vater eines solchen *nobleman*, dem man die Besorgnis äußerte, daß sein Sohn doch einmal von einem *blackleg* (Betrüger) angeführt werden

* Solche, die andere am pfiffigsten anzuführen verstehen. *A. d. H.*

könne, antwortete: »Ich bin dabei weit mehr für die *blacklegs*, als für meinen Sohn besorgt!« – Ländlich, sittlich! Was auch, wiewohl auf einer untern Stufe, England charakterisierte, war, daß der Kutscher, der uns fuhr, in dem besagten unglücklichen *match* ebenfalls 200 Pf. St. verloren hatte, und darüber nur lachte, indem er zu verstehen gab, er würde schon einen anderen *dupe* finden, der es ihm mit *intérêts*[22] wieder einbrächte! Wie weit wird der *march of intellect*[23] auf dem Kontinent noch wandern müssen, ehe die Postillone des Fürsten von Thurn und Taxis und die Eilwagenführer des Herrn von Nagler dergleichen Wetten mit den Reisenden unternehmen können.

Einige Stunden von Windsor kamen wir durch eine in England seltene Gegend, die bloß aus Sand und Kiefern besteht. Hier hat man ein prachtvolles Palais mit Park und Gärten erbaut, die neue Militärschule, welche mit allem Luxus einer fürstlichen Besitzung ausgestattet ist. Die Kiefern erschienen mir heimatlich, der Palast nicht. Während ich noch mit den ersten liebäugelte, *car à toute âme bien née la patrie est chère*[24], erblickten wir einen altersgrauen Fuchs, der mit nachschleppender Rute, über das Heidekraut hergaloppiert kam. Der wettlustige Kutscher sah ihn zuerst, und schrie: *»By God a fox, a fox!«* – *»It's a dog«*, behauptete ein anderer. *»I bet You five pounds to four, it is a fox!«* erwiderte der Rossebändiger. *»Done!«*[25] rief der Zweifler, und mußte gleich darauf zahlen, denn es war wirklich ein nicht mehr zu bezweifelnder Fuchs, wiewohl von seltner Größe. Jetzt erschienen mehrere verlaufene Jagdhunde, die die Spur verloren hatten, und auch einzelne Rotröcke wurden in dem Kieferdickicht sichtbar. Alles schrie ihnen von der *mail* zu, wohin der Fuchs gelaufen, ohne es ihnen jedoch verständlich machen zu können. Die Zeit der *mail* ist streng gemessen, und jeder unnötige Aufenthalt verpönt, aber hier war ein nationales Unglück im Spiel – denn die Meute und Jäger hatten den

Fuchs verloren! Der Kutscher hielt an, und mehrere sprangen herab, dem Troß, der nun sich mit jedem Augenblick vermehrte, den rechten Weg zu zeigen. Nicht eher wurden wir wieder flott, bis wir von neuem die Jagd in vollem Gange sahen, wozu wir die Hüte schwenkten und ›Tallyho!‹ riefen. Sobald unser Gewissen hiernach gänzlich beruhigt war, und der Fuchs in der *plain* seinem unvermeidlichen Schicksal überliefert, peitschte der Kutscher in die Pferde, die Versäumnis nachzuholen, und den Rest des Weges jagten wir im sausenden Galopp davon, als wenn der wilde Jäger selbst hinter uns wäre.

Aber 12 Uhr hat's geschlagen und bald hätte ich vergessen, nach guter alter Sitte, Dir zu gratulieren – denn

Ein neues Jahr beginnt,
Schon Sand auf Sandkorn rinnt,
Wird's Glück bedeuten,
Oder Unheil bereiten?

Im wachenden Traume erscheint mir das Bild meines rätselvollen Lebens –

Die Wolken zieh'n, die Stürme sausen,
Der Donner rollt, die Fluten brausen,
Gefahrvoll ist das Schiff zu schauen,
Wer mag dem falschen Meere trauen!

Doch hinter jenem schwarzen Schleier
Erhellt die Nacht ein goldner Blick –
Ist es der Mond in sanfter Feier,
Oder der Sonne Abschiedsblick!

Dover, den 1sten Januar

Der Bock der *mail* ist mein Thron geworden, von dem ich auch zuweilen regiere, und die Zügel vier rasender Rosse sehr gut zu führen weiß. Stolz überschaue ich dann das Land, flüchtig eile ich vorwärts, (was nicht alle Regierer von sich rühmen können) und dennoch wünsche ich mir manchmal Flügel – um noch schneller bei Dir zu sein.

In London tat ich den ganzen Morgen nichts als, Deinem Befehl gemäß, eine würdige Gemahlin – für Francis aufzusuchen, aber die echten Blenheim-Spaniels sind verzweifelt rar. Was ich auch sah, es paßte nicht. – Entweder waren die Ohren zu lang, oder zu kurz; die Beine zu krumm, oder zu auswärts; das Fell zu bunt, oder nicht reich genug gefleckt; der Humor zu bissig, oder zu schläfrig – kurzum, ich mußte bald von der unnützen Jagd abstehen.

Als ich in Canterbury ankam, flaggten alle Türme zum Neujahrstage, ich aber feierte ihn noch herrlicher in der stolzesten und schönsten aller englischen Kathedralen. Dieser romantische Bau, der von den Sachsen angefangen, von den Normannen fortgesetzt, und neuerlich mit Verstand restauriert worden ist, bildet eigentlich drei ganz verschiedene, aber zusammenhängende Kirchen, mit vielen unregelmäßigen Seitenkapellen und Treppen, auf und niedersteigendem schwarz und weiß gegatterten Steinboden, und einem Wald von Pfeilern darauf, in harmonischer Verwirrung. Auch die gelbliche Farbe des Sandsteins wirkt sehr vorteilhaft, besonders in dem normännischen Teil der Kirche, wo er mit schwarzen Marmorsäulen abwechselt. Hier liegt das Bild in Erz des Schwarzen Prinzen[26] auf seinem Stein-Sarkophage. Über ihm hängt ein halb vermoderter Handschuh, nebst dem Schwerte und Schild von Poitiers. Eine Menge anderer Monumente zieren außerdem die Kirche, unter andern das Heinrichs des IV. und des Thomas Becket, welcher in einer der Steinkapellen ermordet ward. Ein großer Teil der alten bunten Fenster ist erhalten, und von ungemeiner Schönheit der Farben. Einige bieten bloße Muster und Arabesken, gleich durchsichtigen Samttapeten, dar, andere scheinen, wie Juwelierarbeit, aus Edelsteinen aller Farben zusammengesetzt. Historische Gemälde stellen nur wenige dar. Was diesem grandiosen Dom einen besondern Vorzug vor den übrigen in England gibt, ist, daß hier der störende Schirm in der Mitte nicht existiert, und man die ganze Ausdehnung des Schiffes von 4-500 Schritt Länge mit einem Blicke übersieht. Die Orgel ist in einer der obern Galeriebögen versteckt angebracht und macht von da aus, wenn sie ertönt, einen zauberischen Effekt. Ich traf es so glücklich, daß eben als ich gehen wollte, schon halb im Dunkeln die Sänger und Musiker eine Übungsstunde hielten, und ihre schönen, unsichtbaren Himmels-Chöre zu gleicher Zeit den Dom erfüllten, als die letzten Sonnenstrahlen im Saphir-Blau und Rubin-Rot der Fenster erglühten. Der Erzbischof von Canterbury ist Primas von England und der einzige Untertan, in Großbritannien, der, außer dem Königlichen Blut, die Fürstenwürde hat, jedoch nur in seinem Erzbischofs-Sitz, nicht in London, so viel ich weiß. Dieser protestantische Geistliche, hat 60 000 Pf. St. Revenuen und darf heiraten. Weiter wüßte ich eben nichts, was ihn von den katholischen Kirchenfürsten unterschiede.

Calais, den 2ten

Endlich sehe ich mich wieder in dem geliebten Frankreich! So wenig vorteilhaft auch der erste Kontrast auffällt, doch begrüßte ich, fast mit dem Gefühl eines aus langer Gefangenschaft Zurückgekehrten, den halb heimischen Boden, die reinere Luft, die ungezwungenere, freundlichere, vertraulichere Sitte.

Um 3 Uhr waren wir schon in Dover geweckt worden, und

hatten in völliger Dunkelheit das Paketboot erklettert. Wir wandelten bereits eine halbe Stunde darin auf und ab, ohne daß man Miene zum Absegeln machte. Mit einemmal verbreitete sich das Gerücht, der Boiler (Dampfkessel) sei schadhaft geworden. Die Furchtsamsten retteten sich sogleich auf den Quai, die übrigen schrien nach dem Capitain, dieser war aber nirgends zu finden; endlich schickte er jemand, der uns ankündigte, man könne ohne Gefahr nicht segeln, und die Sachen würden auf einen französischen Steamer gebracht werden, der um 8 Uhr abginge. Ich benutzte daher diesen Zwischenraum, um die Sonne von dem Fort aufgehen zu sehen, das die hohen Kalkfelsen über der Stadt krönt. Die Engländer, welche Geld genug besitzen, um jeden nützlichen Plan auszuführen, haben, statt eines äußern Weges, ein Tunnel durch den Felsen gesprengt, der eine Art Trichter bildet, in welchem zwei Wendeltreppen 240 Fuß hoch hinaufführen. Der Anblick von oben ist höchst pittoresk, und die Sonne stieg über die weite Aussicht, fast wolkenlos, aus dem Meer empor. Ich hätte indes über die Extase, der ich mich überließ, bald die Abfahrt des Schiffes versäumt, das wirklich grade mit dem Moment meiner Ankunft absegelte. In 2 ½ Stunden warf uns der heftige Wind hinüber. Diesmal war die Seekrankheit zu ertragen und ein vortreffliches *dîner*, wie es kein englischer Gasthof bietet, restaurierte mich in Calais vollkommen. Dies Hotel (Bourbon) ist aber auch, was die Küche betrifft, eins der besten Frankreichs.

Als wir die, überall gehässigen, Paß- und Polizei-Geschäfte beseitigt hatten, und dem Innern der Stadt zueilten, war ich Zeuge einer lächerlichen Szene, die mich gleich, *in medias res*[27], nach Frankreich versetzte. (Verzeih' die *naturalia*, weil sie *non sunt turpia*[28], was Dir der Superintendent übersetzen wird.) Also mein Begleiter, ein Engländer, trat aus einer leicht zu erratenden Ursache, in einen nichts weniger als reinlichen Seitenhof. Kaum war er indes dort geschäftig, als eine sehr gut gekleidete junge Dame aus der Türe sprang, und anstatt, wie eine Engländerin in gleichem Fall getan haben würde, erschrocken und mit vor dem Gesicht gehaltenen Händen eine schnelle Flucht zu ergreifen, sogleich der Gefahr in die Augen sah, höchst erzürnt auf den Eindringling losging und ihm mit der eigentümlichen französischen Volubilität[29] zurief: »*Comment Monsieur, quelle insolence de p... dans notre maison! Est-ce que la rue n'est pas assez grande pour cela? Vous êtes un grand polisson! Maman, Maman, voilà un Monsieur qui p... dans notre maison!*«[30] Der Zorn der kleinen Virago[31], und die Konfusion des bestürzten Engländers waren malerisch, erreichten aber den höchsten Grad, als nun auch die herbeigerufene *Maman,* eine würdige Matrone, erschien, sich ebenfalls vor den Unglücklichen hinstellte, die Arme übereinander schlug, ihn, ohne sich an den Zustand seiner Toilette zu kehren, von oben bis unten mit durchdringenden Blicken maß, und dann mit bedächtiger und ernster Miene ironisch fragte: »*Eh bien Monsieur, est-ce que vous ne finirez point? – Monsieur, permettez-moi de vous dire qu'on ne p... pas ainsi chez les personnes, on p... dans la rue Monsieur.*« – »*Vraiment, je crois, qu'il se moque de nous Maman*« – unterbrach sie die Tochter jetzt halb weinend, »*l'insolent, il ne bouge pas.*«[32] – Was weiter daraus geworden ist, weiß ich nicht, denn ich überließ, von Herzen lachend, den die beiden Damen noch immer anstierenden Engländer seinem Schicksal und jene den jetzt schwierig hergestammelten Entschuldigungen des verblüfften Sünders.

Den 3ten

Der erste Morgen-Spaziergang in Frankreich behagte mir köstlich. Dieser permanente Sonnenschein, der klare Himmel, den ich lange nicht mehr gesehen, und endlich wieder eine Stadt, deren Häuser und Dächer man von keinem Nebel und Kohlenrauch getrübt, klar in der Luft sich abschneiden sehen konnte. – Alles wurde von mir wahrhaft angestaunt. Ich fühlte mich wieder zu Haus und wandelte jetzt nach dem Hafen, um den letzten Abschied vom Meere zu nehmen. Da lag's vor mir, spiegelglatt und blau, endlos überall, außer an der englischen Küste, deren Dasein ein schwarzes Wolkengebirge, (wahrscheinlich die kompakt gewordenen Nebel jener Insel) verriet. Ich folgte der *jettée* (einer Art Holzdamm), die wohl eine Viertelstunde in die See hineinführt, und fand mich am Ende derselben bald ganz allein, nichts Lebendes mehr erblickend als einen Wasservogel, der mit Blitzesschnelle vor mir in der Silberflut umherschwamm, oft plötzlich untertauchte und dann, erst nach Minuten, an einer weit entferntern Stelle wieder zum Vorschein kam. Das Spiel setzte er lange fort, und so gewandt und lustig war das Tier dabei, daß man hätte glauben sollen, es wolle mir absichtlich alle seine Künste vormachen. Ich war schon im Begriff, allerhand Phantasien an dies Schauspiel zu knüpfen – da hörte ich aber die Tritte und das Gespräch einer englischen Familie hinter mir, und schnell entflohen wir beide, der Vogel und ich.

Auf dem Stadtwall begegnete ich einem französischen Hausmädchen mit zwei wunderhübschen englischen Kindern, sehr elegant in *coquelicot-cachemire*[33] und weiß gekleidet. Die Kleinste hatte sich fest an einen Baum geklammert; und refüsierte[34], mit englischer Freiheitsliebe, auf das bestimmteste, zu Hause zu gehen. Die arme Französin radebrechte umsonst alle englische Schmeicheleien und Drohungen, deren sie nur habhaft werden konnte, alles blieb vergebens: *»Mon darling come allons«*, rief sie wehmütig. *»I won't«*[35] – war die lakonische Antwort. Der kleine Trotzkopf interessierte mich so sehr, daß ich gefällig mich selbst zum Baume begab, um ebenfalls mein Heil bei ihr zu versuchen.

Es gelang mir auch besser, denn nach einigen englischen Späßen folgte sie mir glücklich, und ich führte sie triumphierend der *bonne*[36] zu. Als ich mich aber nun selbst entfernen wollte, packte mich der kleine Dämon mit allen Kräften beim Rock und sagte laut lachend: *»No, no, You shan't go now. You forced me away from the tree, and I'll force You to remain with us.«*[37] Und ich kam wirklich nicht eher fort, immer streng festgehalten, bis wir unter Schäkern und Streiten beim Hause der Eltern angelangt waren. *»Now I have done with You«* [38], schrie die Kleine, indem sie mich losließ, und jubelnd ins Haus rannte. *»O You little flirt!«*[39] rief ich ihr nach – »an Dir wird die französische Erziehung auch wenig Früchte bringen«.

In die Stadt zurückgekehrt, besuchte ich den berühmten Br.... Ich sehe, Du schlägst vergebens den *Dictionaire Historique* und *des Contemporains* auf, und kannst diesen berühmten Namen nicht finden. Hat er sich in der Revolution, oder einer *Contre*-Revolution ausgezeichnet, ist es ein Krieger, ein Staatsmann? *Vous n'y êtes pas.*[40] – Er ist viel mehr und viel weniger, wie man es ansehen will. – Mit einem Wort, es ist einer der berühmtesten und seiner Zeit mächtigsten *dandies*, die London je gekannt. Br... beherrschte einst durch den Schnitt seines Rockes eine ganze Generation, und lederne Beinkleider kamen außer Gebrauch, weil ein jeder verzweifelte, sie in der Vollkommenheit der seinigen nachahmen zu können. Als er aber aus wichtigen Gründen endlich Großbritannien den Rücken kehrte, hinterließ er seinem Vaterlande noch, als letztes Geschenk, das unsterbliche Geheimnis der mit Stärke gesteiften Halsbinden, dessen Unergründlichkeit vorher die *elegants* der Hauptstadt so gequält hatte, daß, nach der ›Literary Gazette‹, zwei davon aus Verzweiflung wirklich selbst Hand an sich gelegt haben sollen, und ein junger Herzog vor Kummer darüber an einem *›broken heart‹* jämmerlich verstarb. Der Anfang dieser Krankheit war jedoch schon früher bei ihm dadurch gelegt worden, daß er, bei einer feierlichen Gelegenheit Br... schüchtern um sein Urteil über den eben anhabenden Rock gebeten; dieser aber, ihn nur flüchtig anblickend, mit Verwunderung gefragt hatte: *»Do You call this thing a coat?«* (Nennt Ihr das Ding einen Rock?) Sein Ehrgefühl blieb hierdurch unwiederbringlich verletzt.

Obgleich nun heutzutage es die Kleidung nicht mehr ist, womit man in London den Ton angibt, so ist doch nur das Vehikel, die Sache selbst aber keineswegs geändert. Den Einfluß, welchen Br..., ohne Vermögen und Geburt, ohne eine schöne Gestalt, oder hervorstechenden Geist, bloß durch eine edle Dreistigkeit, einige drollige Originalität, Lust an der Geselligkeit und Talent im Anzug, in London viele Jahre lang auszuüben wußte, gibt noch immer einen vortrefflichen Maßstab für das Wesen jener Gesellschaft, und da ich Dir in meinen vorigen Briefen diejenigen hinlänglich geschildert habe, welche jetzt (wiewohl mit weit geringerer Machtvollkommenheit) Br...s Stelle einnehmen, so wirst Du vielleicht mit mir einverstanden sein, daß er derselben immer noch mit mehr Genialität sowohl als größerer Unschuld der Sitten vorstand. Es war eine freiere, mehr ein originelles und zugleich harmloseres Ganze bildende, Torheit, die sich zu der jetzigen ohngefähr so verhält, wie die Komik und Moralität in Holbergs Lustspielen zu denen des Kotzebue.

Der Gewalt der Mode kann man es freilich nur zuschreiben, wenn man es witzig fand, daß Br... einem Landjunker, der ihn fragte: *»Do You like green peas?«* antwortete: *»I once ate one.«*[41] Ergötzlicher aber sind seine Streitigkeiten mit dem Prinzen von W..., dem er, zuerst von ihm in die Mode eingeführt, nachher den Szepter derselben aus der Hand wand, und sogar später seinen Vorsatz: *to cut the Prince*[42], mit großem Erfolg ausführte. Lange hatte sich Br... der höchsten Gunst dieser erlauchten Person erfreut, behandelte sie aber zuletzt mit so wenig *égard*[43], daß dadurch ein Bruch herbeigeführt wurde. Eines Tags nämlich vergaß er sich so weit, dem Prinzen nach Tisch zuzurufen: »*Pray G..., will You ring the bell for me!*«[44] (Bitte G... klingeln!) Der Prinz von dem indiskreten Lachen der Gesellschaft, wie der impertinenten Familiarität des *avanturiers*[45] tief beleidigt, stand gelassen auf und klingelte – als aber der Diener hereintrat, sagte er, mit den Fingern auf Br... weisend: »*This person wants his carriage*« (diese Person verlangt ihren Wagen). Br... verlor die Fassung nicht, sondern erwiderte lachend: »*Capital G...y!*« (Bravo kleiner G...!) »aber bei Gott, ich vergaß ganz, daß die schöne Herzogin auf mich wartet! Ich mache also aus Spaß Ernst und verlasse Euch. *So good-bye to Y. R. H.*«[46] Von diesem Augenblick sah ihn der Prinz nicht mehr in seinem Hause. Dies tat jedoch ihm selbst in der fashionablen Welt der damaligen Zeit beinahe mehr Schaden als Br..., der die Sache zu tournieren wußte, als habe er mit dem Prinzen gebrochen. Er pflegte zu seinen intimen Freunden zu sagen: ›*That fellow has first ruined me in champagne, won my money afterwards, and now he thinks he can cut me!*‹ (Der Bursche hat mich erst in Champagner ruiniert, mir dann mein Geld im Spiel abgewonnen, und nun denkt er, er kann tun als kenne er mich nicht.) Einige Tage darauf wollte es der Zufall, daß Br... dem Prinzen mit einigen berühmten Modeherrn in New Bond Street begegnete. Dieser tat als wenn er ihn nicht sehe, Br... aber näherte sich, mit aller ihm eigenen *aisance* und *effronterie*[47], dem Obristen P..., einem der Gesellschaft, und zugleich einem der damaligen Koryphäen der eleganten Welt, und indem er ihm mit jener impertinenten Herablassung, in der er Meister war, die Hand geschüttelt, ergriff er sein *quizzing-glass*[48], und den Prinzen damit fixierend, flüsterte er dem Obristen allgemein verständlich zu: »*Who the devil, Colonel, is Your fat old friend, You were just talking to?*« (Wer Teufel, Obrister, ist Euer alter fetter Freund dort, mit dem Ihr eben spracht?) Hiermit ließ er die konsternierte Gesellschaft stehen, bestieg sein Pferd, und ritt lachend davon. Diese Anekdoten wurden mir aus ganz authentischer Quelle von einem Augenzeugen mitgeteilt, weniger gewiß weiß ich ob es wahr ist, daß früher, wie man erzählt, bei einem *dîner* wo man schon über das Maß getrunken hatte, der Prinz auf eine sarkastische Bemerkung des neben ihm sitzenden Br..., diesem, im halben Rausche, ein Glas Wein ins Gesicht goß. Br..., der solches an der Person des Prinzen nicht erwidern konnte, ergriff sogleich mit großer Geistesgegenwart sein eignes Glas, und es dem andern Nachbar über den Rock schüttend, rief er mit Laune: »der Prinz hat befohlen, daß es links weiter gehen soll!«

Noch lange fuhr Br... nachher fort, in London zu regieren und seinen hohen Antagonisten zu verdunkeln, ja in dieser seiner Zeit war es, wo sein Genie den höchsten Flug nahm, und er, um dem Prinzen, der dafür berühmt war sein Halstuch in einen unnachahmlichen Knoten zu knüpfen, den empfindlichsten Stoß zu versetzen – den Gebrauch der Stärke und Hausenblase[49] für die Krawatten erfand. Von diesem memorablen Augenblick an war Br...s Sieg entschieden, und jahrelang marterten sich, wie schon erwähnt, die *dandies* vergeblich ab, die Halsbinde wie er zu tragen. Endlich vollbrachte das Spiel, was dem Prinzen mißglückt war, nämlich Br... aus der exklusiven Gesellschaft zu verdrängen. Br... verlor Hab und Gut, und mußte flüchten – auf seinem Schreibtisch aber hinterließ er dem Vaterland ein versiegeltes Paket. Als man es aufmachte, fand man nichts als folgende, mit großen Buchstaben geschriebene, Worte darin: ›*My friends! Starch is the thing.*‹ – (Freunde! Stärke ist das Ding. –)

Und wie große Männer in ihren Werken noch fortleben, wenn sie selbst auch längst verschollen sind, so bleibt auch Br...s Stärke[50] noch immer am Halse jedes *fashionable* sichtbar und verkündet seinen hohen Genius. Er selbst aber lebt seitdem in Calais, wohin seiner Gläubiger Autorität nicht reicht, und jeder Zugvogel aus der großen Welt, der seinen Weg hierdurch nimmt, trägt dem ehemaligen Patriarchen den Tribut einer Visite, oder der Einladung zu einem *dîner* pflichtschuldigst ab.

Dies tat auch ich, wiewohl unter einem angenommenen Namen. Leider war mir hinsichtlich des *dîner* schon ein andrer Fremder zuvorgekommen, und ich kann daher nicht einmal davon urteilen, wie ein *coat* eigentlich aussehen müsse, oder ob der lange Aufenthalt in Calais, nebst dem herannahenden Alter, den Anzug des ehemaligen Königs der Mode weniger klassisch gemacht haben – denn ich fand ihn bei meinem Besuch noch bei der zweiten Toilette (drei sind deren früh nötig) im geblümten Schlafrocke, einer Samtmütze mit Goldquasten auf dem Kopf und türkischen Pantoffeln an den Füßen, sich selbst rasierend und nachher, mit den beliebten roten Wurzelstückchen, sorgfältig die Reste seiner Zähne putzend. Das *ameublement* um ihn her war ziemlich elegant, ja zum Teil noch ganz reich zu nennen, wiewohl bedeutend faniert[51], und ich kann nicht leugnen, sein ganzes Benehmen schien mir damit übereinzustimmen. Obgleich gedrückt von seiner jetzigen Lage, zeigte er indes noch immer einen ziemlichen Fonds von Humor und Gutmütigkeit. Sein Benehmen war das der guten Gesellschaft, einfach und natürlich und von größerer Urbanität, als die jetzigen *dandies* aufzuweisen imstande sind. Lächelnd zeigte er mir seine Pariser Perücke, die er sehr auf Kosten der englischen rühmte, und nannte sich selbst: *le ci-devant jeune homme, qui passe sa vie* entre Paris et Londres.[51] Er schien hinsichtlich meiner etwas neugierig, frug mich über gesellschaftliche Verhältnisse in London aus, ohne jedoch die gute Lebensart durch irgendeine Art von Zudringlichkeit irgend zu verleugnen, und ließ es sich dann sichtlich angelegen sein, mich zu überzeugen, daß er noch immer von allem, was in der englischen Modewelt wie der politischen vorginge, sehr wohl unterrichtet sei. *»Je suis au fait de tout«*, rief er, *»mais à quoi cela me sert-il? On me laisse mourir de faim ici. – J'espère pourtant que mon ancien ami, le Duc de W..., enverra un beau jour le Consul d'ici à la Chine, et qu' ensuite il me nommera à sa place. Alors je suis sauvé...«*[52] und wirklich die englische Nation sollte billig etwas für den tun, der die gestärkten Halsbinden erfand! Wie manche sah ich in London, mit schwerwiegenden Sinecuren[53], die weit weniger für ihr Vaterland getan haben. –

Als ich Abschied nahm und die Treppe hinunter ging, rief er mir noch, die Türe öffnend, nach: *»J'espère que vous trouverez votre chemin, mon suisse n'est pas là, je crains.« – Helas!* dachte ich, *point d'argent, point de suisse.*[54] –

Um Dich nicht zu lange ohne Nachricht zu lassen, sende ich diesen Brief von hier ab. Vielleicht folge ich ihm bald selbst. Jedenfalls will ich mich jedoch vierzehn Tage in Paris aufhalten und auch dort alle Deine Aufträge besorgen. Gedenke mein indessen stets mit der alten Liebe.

Dein treuer L...

Siebenundvierzigster Brief

Paris, den 5ten Januar 1829

Meine teure, geliebte Freundin!

Ich konnte Dir gestern nicht schreiben, da die Diligence[1] von Calais bis Paris zwei Tage und eine Nacht braucht, und sich alle zwölf Stunden nur eine halbe zum Essen aufhält. Die Fahrt ist nicht die angenehmste. Etwas tot, etwas elend und schmutzig kommt einem allerdings das ganze Land, wie auch die Hauptstadt, gegen den wogenden Wirrwarr, den Glanz und die Nettigkeit Englands vor. Der Kontrast ist, in so geringer Entfernung, doppelt auffallend. Wenn man auf der Reise die groteske Maschine betrachtet, in der man sitzt, die schlecht geschirrten Karrengäule, von denen man langsam fortgeschleppt wird, und sich der zierlich leichten Kutschen, der schönen, mit blankem Messing und Glanzleder-Geschirr geschmückten Postzüge der englischen Eilwagen erinnert, so denkt man im Traume 1000 Meilen weiter versetzt worden zu sein. Die schlechten Straßen, dürftigen und unreinlichen Städte erwecken dasselbe Gefühl, dagegen sind vier Dinge dennoch im Volksleben offenbar besser: Klima, Küche und Keller, Wohlfeilheit und Geselligkeit. *Mais commençons par le commencement.*[2]

Nachdem ich meinen Inkognitopaß gegen einen gleichen provisorischen, und nur bis Paris gültigen, auf der *mairie*[3] umgetauscht, wobei ich, auf Befragen, wie ich hieße, mich meines neuen Namen beinahe nicht erinnert hätte, näherte ich mich dem wunderbaren Bau, den man in Frankreich eine Diligence nennt! Das Ungetüm hatte die Länge eines Hauses, und bestand eigentlich aus vier verschiedenen, wie aneinander gewachsenen Wagen, die *berline*[4] in der Mitte, eine Kutsche nebst Gepäckkorb hinten, ein *coupé* vorn, und an diesem noch das Cabriolet, wo der *conducteur* sitzt, und neben welchem auch ich meinen Platz genommen hatte. Dieser Kondukteur, ein alter Soldat der Napoleonischen Garde, war, wie ein Kärrner, in eine blaue Bluse gekleidet, mit einer gestickten Mütze aus demselben Zeuge auf dem Kopf; der Postillon sah aber noch origineller aus, und wirklich halb einem Wilden ähnlich. Auch er trug zwar eine Bluse, mit ungeheuren, über und über mit Kot bespritzten Stiefeln darunter, aber zugleich auch eine Schürze von schwarzen Schaffellen, die auf beiden Seiten über seine Schenkel herabhing. Er dirigierte allein 6 Pferde zu 3 und 3 gespannt, und diese zogen ohngefähr 6000 Pfund *baggage*, auf einer sehr schlecht unterhaltnen Chaussee. Die ganze Straße von Calais nach Paris ist überhaupt eine der traurigsten und uninteressantesten, die man sehen kann. Ich würde also meine meiste Zeit mit Lesen zugebracht haben, wenn mich nicht die Unterhaltung des Kondukteurs noch besser schadlos gehalten hätte. Seine und der Garden Heldentaten gaben ihm ein unerschöpfliches Thema, und unbedenklich versicherte er: *que les trente mille hommes, dont il faisait partie ›dans le temps‹*, wie er sich ausdrückte, *auraient été plus que suffisants pour conquérir toutes les nations de la terre, et que les autres, n'avaient fait que gâter l'affaire.* Er seufzte jedesmal, wenn er seines *empereur* gedachte. *»Mais c'est sa faute«*, rief er, *»ah s... d... il serait encore empereur si, dans les cent jours, il avait seulement voulu employer* de jeunes gens, qui désiraient faire fortune, *au lieu de ces vieux maréchaux qui etaient trop riches, et qui avaient tous peur de leurs femmes. N'étaient-ils pas tous gros et gras comme des monstres? ah ... parlez-moi d'un jeune Colonel, comme nous en avions! Celui-là vous aurait flanqué ça de la jolie manière. – Mais après tout, l'Empereur aurait dû se faire tuer à Waterloo, comme notre Colonel. Eh bien Monsieur, ce brave Colonel avait reçu trois coups de feu, un à la jambe et deux dans le corps, et pourtant il*

Palais Royal

nous menait encore à l'attaque, porté par deux grenadiers. Mais quand tout fut en vain, et tout fini pour nous – ›Camerades‹, dit il, ›j'ai fait ce que j'ai pu, mais nous voilà ... Je ne puis plus rendre service à l'Empereur, à quoi bon de vivre plus longtemps? Adieu donc mes camerades – vive l'Empereur!‹ – et le voilà qu'il tire son pistolet, et le décharge dans sa bouche. C'est ainsi, ma foi, que l'Empereur aurait dû finir aussi.«[5]

Hier wurden wir durch ein hübsches Mädchen unterbrochen, die aus einem unansehnlichen Hause an den Wagen sprang und nach uns herauf rief (denn wir saßen wenigstens 8 Ellen vom Boden): *»Ah, ça Monsieur le conducteur! Oubliez-vous les crêpes?« – »Oho! es tu là mon enfant?«*[6] ... und schnell kletterte er die gewohnte, sonst halsbrechende Hühnersteige hinab, ließ den Postillon halten und verschwand im Hause. Nach wenigen Minuten kam er indes schon wieder mit einem Paket heraus, ließ sich neben mir behaglich niederfallen und entfaltete eine reichliche Quantität noch heiß dampfender deutscher Plinsen[7], ein Gericht, das er, wie er mir erzählte, in Deutschland kennengelernt und so lieb gewonnen habe, daß er es in sein Vaterland eingeführt. Man sieht also, daß Eroberungen doch auch zu etwas gut sind. Mit französischer Artigkeit bot er mir sogleich an, sein *goûter*[8], wie er es nannte, zu teilen, und schon aus Vaterlandsliebe nahm ich es mit Vergnügen an, mußte auch gestehen, daß kein Pächter oder Bauer in Deutschland seine National-Speise besser zubereiten könne. Wir verzehrten sie auf Napoleons Wohl, wo er auch sein möge!

Viel Not verursachte dem sonst sehr kräftigen Manne eine sonderbare Maschine, die sich, ohngefähr in der Form einer Pumpe, neben seinem Sitze befand, und mit der er sich ewig zu schaffen machte, bald aus Leibeskräften daran pumpend, sie richtend, schraubend, oder vor- und rückwärts drehend. Auf meine Frage erfuhr ich, dies sei eine ganz vortreffliche neu erfundene Maschinerie, welche dazu diene, die Diligence-Arche beim Hinabfahren ohne Hemmschuh zu retardieren[9] und bergauf ihren Lauf zu beschleunigen. Der Kondukteur war äußerst stolz auf diese Vorrichtung, nannte sie nie anders als *sa mécanique*[10], und behandelte sie mit ebensoviel Liebe als Wichtigkeit. Unglücklicherweise brach jedoch dieses Wunderwerk schon am ersten Tage entzwei, und da wir uns deshalb noch langsamer fortschleppten als bisher, mußte der arme Krieger von den Passagieren viel Neckereien wegen seiner schadhaften *mécanique* ausstehen, so wie über den Namen seines unermeßlichen Wagens, der *l'Hirondelle*[11] hieß, und freilich diese Benennung nur der bittersten Ironie zu verdanken schien.

Es war sehr drollig, bei jedem neuen *relais*[12] den armen Teufel zu hören, wie er den Postillon regelmäßig von dem geschehenen Unglück avertierte[13], welches mit wenig Abänderung stets folgenden Dialog hervorbrachte: *»Mon enfant, il faut que tu saches que je n'ai plus de mécanique.« – »Comment s... d... plus de mécanique?« – »Ma mécanique fait encore un peu, vois-tu mais c'est bien peu de chose, le principal brancheron est au diable.« – »Ah, diable!«*[14]

Man konnte nicht schlechter sitzen, nicht unbequemer und langsamer fortkommen, als hier in meinem himmelhohen Cabriolet; überhaupt war es nun schon eine geraume Zeit, daß ich der meisten gewohnten Bequemlichkeit entbehrte. Demohngeachtet war nie, weder meine Stimmung noch meine Gesundheit, besser als auf dieser ganzen Reise. Ich bin ununterbrochen heiter und zufrieden gewesen, weil ich immer ganz frei war. O großes Gut der Freiheit! Dich schätzen wir noch lange nicht genug! Wenn sich jeder Mensch nur recht deutlich machen wollte, was er gerade mit seiner Individualität eigentlich zumn Glück und zur Zufriedenheit braucht, und nun unbedingt das wählte, was diesem Zweck am meisten entspräche, das andere aber herzhaft wegwürfe (denn alles kann man doch einmal auf der Welt nicht zusammen haben) – wieviel Mißgriffe würden erspart, wieviel kleinlicher Ehrgeiz beseitigt, wieviel wahrer Frohsinn befördert werden! Alle würden ein großes Übermaß von Wohlsein im Leben finden, statt bis ans Grab sich mit Unlust und Unzufriedenheit zu quälen. –

Ich will Dich mit keinen ferneren Details unsrer so wenig interessanten Reise ermüden. Sie glich dem Melodram ›Ein Uhr‹, und war ebenso langweilig, denn nachdem wir früh Calais verlassen, machten wir um ein Uhr Halt zum Essen, um ein Uhr in der Nacht soupierten wir; den andern Tag ward ebenfalls Frühstück und *dîner* um ein Uhr in Beauvais vereinigt, wo uns ein hübsches Mädchen, die servierte, und ein Freund Bolivars, der uns viel von der Uneigennützigkeit des Befreiers erzählte, die schnelle Abreise regrettieren[15] machten – und wiederum um ein Uhr in der Nacht hatten wir endlich auf der Douane in Paris um unsre Sachen zu kämpfen. Mein Bedienter lud dann die meinigen auf eine Charette[16], die ein Mensch vor uns herzog, und uns zugleich durch die dunkeln und schmutzigen Straßen den Weg nach dem Hotel St. Maurice zeigte, wo ich jetzt in einer kleinen Stube schreibe, die ich mir bescheiden gewählt, und wo der kalte Wind durch alle Türen und Fenster saust, so daß das lodernde Kaminfeuer mich nur auf einer Seite erwärmen kann. Die seidnen Tapeten, sowie der sie bedeckende Schmutz, die vielen Spiegel und die großen Holzstücken am Kamin aufgeschichtet, sowie das Ziegel-Parkett – alles erinnert mich lebhaft, daß ich in Frankreich und nicht mehr in England bin.

Ein paar Tage will ich mich hier ausruhen und meine Empletten[17] machen, dann eile ich in Deine Arme, ohne wo möglich hier auch nur einen Bekannten zu sehen, *car cela m'entraînerait trop.*[18] Erwarte daher auch nichts Neues von mir über das alte Paris zu hören. Ein paar detachierte[19] Tagebuch-Bemerkungen wird alles sein, was ich Dir bieten kann.

Den 6ten

Um der heftigen Kälte einigermaßen zu begegnen, die ich von jeher in Frankreich und Italien wegen Mangels an Vorkehrungen dagegen am empfindlichsten fand, mußte ich heut früh alle Spalten meines kleinen Logis mit *bourrelets*[20] garnieren lassen. Dann eilte ich hinaus, den gewöhnlichen ersten Spaziergang der Fremden, nach den Boulevards, Palais Royal, Tuilerien etc., denn ich war doch neugierig zu sehen, was sich seit sieben Jahren dort geändert haben möge. Auf den Boulevards fand ich alles beim alten, im Palais Royal hat der Herzog von Orleans, dieser in jeder Hinsicht ausgezeichnete Prinz, angefangen, die schmählichen Holzgalerien und andere Winkel durch neue Steingebäude und einen eleganten Glasgang zu ersetzen, welches, wenn alles erst ganz fertig ist, gewiß dies Palais zu einem der ansehnlichsten machen wird, wie es bereits eins der eigentümlichsten und auffallendsten ist, vielleicht schon der Seltenheit wegen, einen königlichen Prinzen dasselbe Haus mit mehreren hundert F... Mädchen nebst ebensoviel Krämern bewohnen, und von diesen, wie von Spiel und *boutiques*[21], soviel Revenuen beziehen zu sehen, um mehr als seine *menus plaisirs*[22], damit decken zu können. In England würde ein Edelmann dergleichen sich in seinem Hause nicht als möglich denken können, wäre es aber der Fall, so würde man wenigstens gewiß dafür sorgen, es reinlicher zu halten – denn man muß gestehen, die Götzen Venus und Merkur sind hier, bei allem Prunk des Ausgehängten, gar schmutzig umgeben.

Am Palast der Tuilerien und der nebenan laufenden Straße Rivoli waren ziemlich alle angefangenen Bauwerke noch in demselben Zustande, wie sie Napoleon verlassen. In dieser Hinsicht hat Paris an der kaiserlichen Dynastie verloren, die es in zwanzig Jahren zu einer wahren Prachtstadt umgeschaffen haben würde, welchem Luxus des Schönen die Reinlichkeit wohl auch endlich hätte folgen müssen. Auch auf

Palais des Tuileries

dem Place de Louis XV., stehen noch immer die Gerüste um die projektierte Statue, der Triumphbogen de l'Etoile, wird, wie der Turm zu Babel, abwechselnd aufgebaut und niedergerissen, der Temple de la Victoire, jetzt unendlich passender für die siegende Kirche bestimmt, ist auch noch nicht fertig, und auf dem Pont de Louis XVI. möchte man wünschen, daß nichts geschehen wäre, da die lächerlich theatralischen, und im Verhältnis zur Brücke wenigstens doppelt zu großen Statuen, die man dort auf die Pfeiler postiert hat, welche sie eindrücken zu wollen scheinen, mehr schlechten *acteurs de province*[23], als den französischen Helden gleichen, die sie darstellen sollen.

Da Köche auch zu den französischen Helden gehören, einmal wegen ihrer unübertroffenen Geschicklichkeit, zweitens auch wegen ihres Ehrgefühls (erinnere Dich nur an den Koch Peregrine Pickles, und Vatel, der sich wegen nicht angekommener Fische erstach) so komme ich hier ganz natürlich auf die Pariser Restaurateurs, die mir, wenn ich nach dem Beliebtesten, den ich heute besuchte, urteilen darf, etwas degeneriert scheinen. Ihre schon sonst ziemlich langen Karten haben sich zwar seitdem in elegant gebundne Bücher verwandelt, aber die Qualität der Gerichte und Weine hat in demselben Maße abgenommen. Ich eilte nach dieser traurigen Erfahrung zu dem ehemals berühmten ›Rocher de Cancale‹. Aber auch ›Baleine‹ ist ins Meer der Ewigkeit zurückgeschwommen, und wer sich künftig auf den Cancalischen Felsen verläßt, hat auf Sand gebaut. *Sic transit gloria mundi!*[24]

Alles Lob mußte ich dagegen dem Théâtre de Madame spenden, wo ich meinen Abend zubrachte. Leontine Fay ist eine allerliebste Schauspielerin, und ein besseres Ensemble kann nirgends gefunden werden. Da ich gerade von England kam, so frappierte mich um so mehr die Natürlichkeit, mit der Leontine Fay, in ›Malvina‹, die in England erzogne Französin meisterhaft wiedergab, ohne daß durch diese Nuance dem übrigen Charakter der mindeste Abbruch geschah. In ihrem künstlerischen Spiel ist keine Kopie der Mademoiselle Mars zu entdecken und dennoch sieht man, auf andre Weise, ein ebenso treues und zartes Naturbild dargestellt. Das zweite Stück, eine Posse, wo ein provinzieller Onkel seine kleine Stadt, in der er eben zum Mitgliede eines Tugendvereins aufgenommen werden soll, schleunig verläßt, um seinen Neffen in Paris, über den er die beunruhigendsten Nachrichten erhalten, von einer liederlichen Lebensart zu kurieren, statt dem aber, von dessen angestellten Freunden, selbst zu allen möglichen Leichtfertigkeiten verführt wird, ward ebenfalls mit aller komischen Laune und Gewandtheit dargestellt, die diese französischen *riens*[25] so anmutig und amüsant in Paris, so leer und abgeschmackt in der deutschen Übersetzung erscheinen lassen. Denn so albern es eigentlich ist, wenn, nachdem Mamsell Minette den alten Martin, gleich im Anfang des Stücks, durch ihre Koketterien dahin gebracht hat, ihr einen Kuß zu geben, und in dem Augenblick ihr Liebhaber, der Kellner, mit einem Schweinskopf hereintritt, dieser sprachlos stehen bleibt, und indem er ruft: *»N'y-a-t'il pas de quoi perdre la tête!«*[26] die Schüssel mit dem Schweinskopf langsam aus den Händen gleiten läßt, so muß man doch sehr stoisch gesinnt sein, um bei dem vortrefflich natürlichen Spiel nicht von Herzen mit zu lachen. Die Folge ist ebenso ergötzlich. Martin, voller Schreck, auf einer solchen Avanture ertappt worden zu sein, tröstet sich am Ende damit, daß man ihn ja hier nicht kenne, und nimmt, in seiner *embarras*[27], des dazu gekommenen Dorvals Einladung zu einem *déjeuner*[28] sogleich an, welches auch bald darauf auf dem Theater stattfindet. Im Anfang bleibt Martin sehr mäßig, die Trüffeln und Delikatessen tentieren[29] ihn jedoch zuletzt, *et puis il faut absolument les arroser d'un peu de Champagne.*[30] Nach vielem Nötigen entschließt er sich endlich, immer noch moralisierend, ein Glas *à la vertu*[31] zu trinken. *Hélas! il n'y-a que le premier pas qui coûte.*[32] Ein zweites Glas wird der *piété*[33] getrunken, ein drittes der *miséricorde*[34], und ehe die Gäste aufstehen, hören wir Martin betrunken und jubelnd in den Toast einstimmen: *Vivent les femmes et le vin!*[35] Spiel kommt nun auch an die Reihe. Er will sich jedoch nur zu einer Partie Piquett verstehen, wobei er einige drollige Couplets singt, die mit dem Refrain endigen: ›*L'amour s'envole, mais le piquet dure*‹.[36] Um es kurz zu machen, Martin wird vom Piquett zum Ecarter und endlich zum Hazard-Spiel verleitet[37], verliert eine große Summe, und erfährt zuletzt, *pour le combler de confusion*[38], daß er und sein Plan von Hause aus verraten worden, und sein Neffe ihn geprüft habe, statt sich von ihm prüfen zu lassen, wobei er ihn aber leider viel zu leicht befunden. Er akkordiert[39] mit Freuden alles, was man will, *pourvu qu'on lui garde le secret*[40], und das Stück schließt, indem sein alter Freund mit Extrapost ankommt, um ihm zu melden, daß Martin gestern, unter allgemeinem Hurrah, zum Präsidenten des Tugendbundes in seiner Vaterstadt gewählt worden sei.

Den 7ten

Ohngeachtet der *bourrelets* und eines brennenden Scheiterhaufens im Kamin, fahre ich dennoch fort, in meinem *entresol*[41] recht empfindlich zu frieren. Dabei herrscht darin ein fortwährendes *clair-obscur*[42], so daß ich die Schriftzüge vor mir nur wie hinter einem Schleier sehe. Die kleinen Fenster und hohen gegenüberliegenden Häuser lassen es nicht anders zu, so daß ich um Verzeihung bitten muß, wenn ich noch unleserlicher als gewöhnlich schreibe. Du wirst übrigens bemerkt haben, daß das zu *choquant* teure Porto in England auch mich gelehrt hat, sorgfältiger und besonders enger, zu schreiben, so daß jetzt ein Schriftlavater[43] aus meinen Briefen an Dich einen großen Teil meines Charakters studieren könnte, bloß durch's Ansehen, meine ich, ohne sie zu lesen. Es geht darin wie im Leben selbst her, wo ebenfalls oft mit guten Vorsätzen der Verengung – i. e. Beschränkung aller Art – angefangen und eine Weile fortgefahren wird, bald aber die Zeilen wieder unwillkürlich weiter werden, und ehe man es sich versieht, die unmerklich wirkende Macht der Gewohnheit zur alten Latitude wieder zurückführte.

Ich habe Dir schon gesagt, daß die Karten der Restaurateurs sich in Bücher verwandelt haben, von der Dicke eines Fingers, und reich in Maroquin[44] und Gold eingebunden. Einem englischen Offizier, den ich heute im Café Anglais fand, imponierte dies so sehr, daß er mehrmals vom erstaunten *garçon*, ›*la charte*‹, statt ›*la carte*‹ verlangte[45], vielleicht in der Meinung, daß im liberalen Frankreich eine solche, auch für die Cafés, eingeführt worden sei. Obgleich die Franzosen selten auf die Sprache-*quidproquos*[46] der Fremden achten, so schien dieses Alarmwort doch nicht ohne ein Lächeln von mehreren vernommen zu werden, ich aber dachte: wie gern würden manche es umdrehen, und den Franzosen statt der *charte* wieder Karten – zum Spielen geben.

Sehr überrascht wurde ich abends in der französischen Oper, die ich noch als eine Art Tollhaus verlassen hatte, wo einige Rasende in Verzückungen schrien, als wenn sie am Spieße steckten – und jetzt dort süßen Gesang, die beste italienische Methode und schöne Stimmen mit sehr gutem Spiele vereinigt fand. Rossini, der, wie ein zweiter Orpheus, die Oper also gezähmt, ist hierdurch der wahre Wohltäter musikalischer Ohren geworden, und Einheimische wie Fremde danken ihm gerührt ihr Heil.

Ich ziehe dieses Schauspiel hier, obgleich es weniger Mode ist, unbedenklich der italienischen Oper vor, da es fast alles vereinigt, was man sich nur vom Theater wünschen kann – nämlich außer dem genannten guten Gesang und Spiel, prächtige und frische Dekorationen, und das beste Ballett in der Welt. Wären die Operntexte auch Meisterstücke, so wüßte ich nicht, was noch verlangt werden möchte, aber schon wie sie sind, kann man z. B. mit der ›Muette de Portici‹, die ich heute sah, recht sehr zufrieden sein. Mademoiselle Noblet ist eine noble Stumme, Grazie und Leben in ihrem Spiel, ohne alle Übertreibung, und Nourrit der Ältere ein vortrefflicher Masaniello, obgleich er allein noch zuweilen etwas zu sehr schreit. Die Kostüme waren musterhaft, aber der feuerspeiende Vesuv mißriet, und die Rauchwolken, welche in die Erde versanken, statt daraus hervorzusteigen, waren ein Phänomen, das ich wenigstens nicht so glücklich gewesen bin zu erleben, als ich dem wirklichen Ausbruch des Vesuvs beiwohnte.[47] [s. a. Nachlaß-Briefe S. 637]

Den 8ten

Ein französischer Schriftsteller sagt irgendwo: ›*L'on dit que nous sommes des enfants – oui, pour les faiblesses, mais pas pour le bonheur.*‹[48] Das kann ich gottlob von mir keineswegs sagen. *Je le suis pour l'un et pour l'autre*[49], ohngeachtet der überstiegenen drei Dutzend Jahre. So amüsiere ich mich hier, in der Einsamkeit der großen Stadt, außerordentlich gut, und kann mir noch ganz wie ein Jüngling einbilden, ich träte eben in die Welt und alles dies sei mir noch neu. Des Morgens besehe ich Merkwürdigkeiten, wandle im Museum auf und ab, oder gehe *shopping* (dies Wort bedeutet in den Buden umherlaufen und Bagatellen kaufen, deren der Luxus in Paris und in London fortwährend neu erfindet). Hundert kleine Geschenke habe ich Dir dort bereits gesammelt, so daß mein hiesiges, so wenig geräumiges, Logis sie kaum zu fassen imstande ist, und dennoch kaum achtzig Pfund dafür ausgegeben, denn in England ist die Teuerkeit kostbar, hier verführt nur die Wohlfeilheit, und ich muß manchmal lachen, wenn ich sehe, daß ein pfiffiger französischer Kaufmann einen der steifen Insulaner tüchtig angeführt zu haben glaubt und dieser bloß erstaunt hinausgeht, dieselbe Ware grade sechsmal wohlfeiler als in London gekauft zu haben.

Mittags fahre ich in der wissenschaftlichen Prüfung der Restaurateurs fort, und abends in der der Theater, obgleich ich weder den Kursus der einen noch der andern gänzlich zu vollenden Zeit haben werde.

Während dem *shopping* bemerkte ich heute im Palais Royal ein Aushängeschild, auf dem die wunderbare Exposition des Todes des Prinzen Poniatowsky[50] bei Leipzig angekündigt war. Dergleichen Nationellem gehe ich nicht gern vorüber und stieg daher, das Wunder zu sehen, eine elende dunkle Treppe hinauf, wo ich in einer noch dunklern Kammer ohne Fenster, einen dürftig gekleideten Mann bei einer halb verlöschten Lampe sitzen fand. Ein großer Tisch, der vor ihm stand, ward von einem schmutzigen Tuche bedeckt. Sobald ich eintrat, eilte er sogleich noch drei andre Lampen anzustecken, die jedoch nicht recht brennen mochten, worauf er laut und heftig zu deklamieren anfing. Ich glaubte, die Explikation beginne schon, und frug, da ich nicht recht acht gegeben, was er gesagt habe? *»Oh rien!«* war die Antwort, *»je parle seulement à mes lampes, qui ne brûlent pas clair.«*[51] Nachdem die Konversation mit den Lampen endlich ihren Zweck erreicht, ward das verdeckende Tuch hinweggezogen und ließ nun ein Kunstwerk erblicken, das einer Nürnberger Spielsache mit kleinen beweglichen Figuren glich, durch die Erklärungen des Besitzers aber reichlich den Eintrittspreis vergütigte. In einem näselnd singenden Tone begann er folgendermaßen: *»Voilà le fameux Prince Poniatowsky, se tournant avec grâce vers les officiers de son corps, en s'écriant!: ›Quand on a tout perdu, et qu'on n'a plus d'espoir, la vie est un opprobre et la mort un devoir.‹ – Remarquez bien Messieurs* (er redete mich immer im Plural an) *comme le cheval blanc du Prince se tourne aussi lestement qu'un cheval véritable? Voyez: pan à droite – pan à gauche – mais le voilà qui s'élance, se cabre se précipite dans la rivière, et disparaît.«*[52] – Dies geschah, indem die Figur an einem Faden unter dem Tische, erst rechts und links, dann vorwärts gezogen wurde, und hierauf durch Hinwegziehung eines, im gemalten Wasser angebrachten Schiebers darunter in einen Schubkasten fiel. *»Ah bien! voilà le Prince Poniatowsky noyé. Il est mort ... C'est la première partie – maintenant, Messieurs, vous allez voir tout à l'heure la chose, la plus surprenante qui ait jamais été montrée en France. Tous ces petits soldats innombrables que vous apercevez devant vous* (es waren ohngefähr sechzig bis siebzig) *sont tous* vraiment *habillés – habits, gibernes, armes, tout peut s'ôter et remettre à volonté. Les canons servent comme des canons véritables, et sont admirés par tous les officiers du génie qui viennent ici.«*[53] Um dies *ad oculos*[54] zu demonstrieren, wurde die vorderste kleine Kanone an der Lafette gehoben, und dem ersten Soldaten sein Degengehänge abgenommen, welches als hinlänglicher Beweis für die gemachte Angabe galt. *»Ah, bien! vous allez maintenant, Messieurs, voir manœuvrer cette petite armée, comme sur le champ de bataille. Chaque soldat, et chaque cheval feront séparément les mouvements propres, voyez...«*[55] Hier geschah nun weiter nichts als daß sämtliche Püppchen, die im ersten Akt wahrscheinlich aus Respekt vor dem Fürsten Poniatowsky, sich nicht gerührt hatten, beim Lärm einer Trommel, die ein kleiner Junge unter dem Tische schlug, nun gemeinschaftlich zwei anhaltende, taktförmige Bewegungen machten, die bei den Soldaten im Heben und wieder Niederfallen ihrer Arme, bei den Pferden im Bäumen und Ausschlagen bestanden. Unterdessen rezitierte der Erklärer mit vermehrtem Pathos das französische Bulletin jener *affaire*, worauf der zweite Akt schloß. Ich glaubte daß es kaum besser kommen könnte, und da unterdessen einige

Zuschauer mehr eingetreten waren, ich auch den üblen Geruch zweier ausgegangenen Lampen nicht länger ertragen mochte, so flüchtete ich für meine Person vom Schlachtfelde, und allen seinen Wundern. Tragisch war es aber doch, dem sich einst so heroisch aufopfernden Helden jetzt so mitspielen zu sehen!

In der Oper vergnügte ich mich sehr am ›Comte Ory›, den der jüngere Nourrit sang. Die Kenner mögen noch so viel gegen Rossini schreien – wahr bleibt es doch, daß auch hier wieder Ströme von Melodie das Ohr entzücken, bald in Liebestönen schmelzend, im Gewitter donnernd, beim Bankett der Ritter jubelnd, oder beim Gebet sich feierlich gen Himmel erhebend. Seltsam genug ist es freilich, daß in dieser, fast mehr als leichtfertigen Oper, das nur als Heuchelei dargestellte Gebet der Ritter dasselbe ist, welches Rossini früher für Karl X. Krönungsfeierlichkeit komponiert hatte. Madame Cinthi sang die Rolle der Gräfin sehr gut, Mademoiselle Javoureck zeigte, als Page des Grafen, sehr schöne Beine, und auch der Bassist war vortrefflich.

Das Ballett, dächte ich, hätte gegen ehemals ein wenig verloren; Albert und Paul werden durch die Jahre nicht leichter, und außer den Damen Noblet und Taglioni zeichnet sich kaum eine Tänzerin aus.

Ich bemerkte während der Oper, daß derselbe Akteur, welcher in der ›Muette‹ eine der Hauptrollen spielt, heute unter dem Corps der Ritter eine ganz unbedeutende Stelle einnahm. Ähnliches geschieht hier oft und ist eine höchst nachahmungswerte Einrichtung, da nur, wenn auch die Besten zum *ensemble* konkurrieren müssen, die Rolle mag groß oder klein sein, ein wahrhaft gutes Ganze hervorgebracht werden kann.

Für dieses *ensemble* wird überhaupt in Frankreich weit mehr als bei uns getan, wo oft die Täuschung an Kleinigkeiten scheitert, welche die Bequemlichkeit der Direktion oder

der Schauspieler vernachlässigt. Der selige Hoffmann (nicht der Seelen Verteilende, sondern der Seelen Ergreifende)[56] pflegte zu sagen, daß von allem Grausenhaften ihm nichts unheimlicher vorgekommen sei, als wenn er, im Berliner Theater, einen Iffländer Geheimrat zuerst so prosaisch sich gehaben, und dann plötzlich statt menschlich durch die Türe abzugehen, wie der leibhaftige *Gott-sei-bei-uns*, durch die Wand fahren gesehen habe, als sei es bloße Luft. –

Den 10ten

Es ist freudig auffallend, das Museum, nach allem was restituiert[57] werden mußte, doch noch so überschwenglich reich zu finden! Die neuen Säle Denons geben nun auch dem größten Teile der Standbilder einen würdigen Aufenthaltsort; es ist nur schade, daß man die alten Säle nicht auch in ähnlichem Stil einrichtet. Zuviel würde, bei Demolierung der Deckengemälde, nicht verloren gehen, da sie an sich keinen großen Wert haben, und Gemälde überhaupt sich in Verbindung mit Statuen so schlecht ausnehmen. Skulptur und Malerei sollte man wohl nie vereinigen.

Ohne mich bei den bekannten Meisterstücken aufzuhalten, laß mich einiger Kunstwerke erwähnen, die mich besonders ansprachen, und die ich mich früher nicht gesehen zu haben erinnere. Erstens eine schöne Venus, in Milo erst vor einigen Jahren gefunden, und vom Duc de Rivière dem Könige geschenkt.[58] Sie ist als *victrix*[59] dargestellt, nach der Meinung der Antiquare, ursprünglich entweder den Apfel vorzeigend, oder mit beiden Händen den Schild des Mars haltend. Da die beiden Arme fehlen, so bleibt dies Hypothese. Aber wie schön ist der vom Gürtel an nackte Körper! Welches Leben, welche zarte Weichheit und reizende Form! Der triumphierende, stolze Ausdruck des Gesichts ist weiblich wahr und doch auch göttlich erhaben.

Zweitens. Eine weibliche, in weite Gewande gehüllte Figur (›*Image de la Providence*‹[60] im Katalog genannt) ein herrliches, ideales Weib, Sanftmut und Güte im Antlitz, himmlische Ruhe in der ganzen Gestalt. Die Draperie ist von höchster Grazie und Vollendung.

Drittens. ›Amor und Psyche‹, aus der Villa Borghese. Die letztere fleht Amors Verzeihung an, auf ihre Knie gesunken, und das süße Lächeln Amors zeigt, daß ihr Flehen schon innerlich erhört sei. Wollüstige Formen und der lieblichste Ausdruck der Gesichter bestechen wenigstens den Laien! Die Gruppe ist so gut erhalten, daß nur die eine Hand des Liebesgottes als restauriert erscheint.

Viertens. Eine schlafende Nymphe. Die Alten, welche alles unter den schönsten Gesichtspunkt zu bringen verstanden, pflegten häufig mit solchen Figuren, als bloßen Emblemen des Todes, ihre Sarkophage zu schmücken. Der Schlaf, sieht man, ist tief – aber die Stellung dennoch beinahe üppig, und reizend die Glieder, an die sich eine schöne Draperie, nur halb verbergend, anschließt. Sie erinnert mehr an neues junges Leben, als an den vorhergehenden Tod*. –

Fünftens. Eine Zigeunerin (angeblich), merkwürdig durch die Mischung von Stein und Bronce. Von letzterem die Figur, von ersterem der lakedämonische[61] Mantel. Der Kopf ist zwar modern, aber von einem höchst gefälligen, schalkhaften Ausdruck, der ganz einer echten Zingarella angehört, wie sie Italien liefert.

Sechstens. Die prächtige Statue einer Anbetenden. Der Kopf und Hals, von weißem Marmor, hat die streng ideale Schönheit der besten Antiken, und der Faltenwurf, vom här-

* So sollten wir alle den Tod betrachten, darstellen und behandeln. Nur falsch verstandenes Christentum, vielleicht der jüdische Untergrund (wahrlich kein Goldgrund) hat den Tod so *lugubre*[62] gemacht, und ebenso grob sinnlich als unpoetisch, Verwesung und Gerippe zu seinem Emblem erwählt. *A. d. H.*

Der Louvre

testen Porphyr, könnte in Samt und Seide nicht leichter und freier fallen.

Siebentens. Die kolossale ›Melpomene‹ gibt einem der neuen Säle den Namen, und unter ihr faßt ein elegantes Broncegeländer ganz vorzüglich gelungene Nachahmungen antiker Mosaike, vom Professor Belloni, ein. Dies ist eine höchst interessante Erfindung, von der es mich wundert, sie von den Reichen noch so wenig benutzt zu sehen.

Achtens. Die Büste des jungen Augustus. Ein schöner, milder, kluger Kopf – sehr verschieden im Ausdruck, wiewohl mit denselben äußern Umrissen der Züge, von der Statue, die den Kaiser in späterem Alter darstellt, wo die Gewalt der Umstände und der Einfluß der Parteien ihn zu so mancher Grausamkeit hinrissen, bis zuletzt doch wieder, mit der unumschränkten Macht, die angeborne sanftere Natur die Oberherrschaft erhielt.

Neuntens. Sein großer Feldherr Agrippa. Nie sah ich eine charakteristischere Physiognomie in edlerer Form! Es ist seltsam, daß die Stirn und das Obere der Augen eine große Ähnlichkeit mit einem Manne zeigen, der auch, obwohl in ganz anderem Wirkungskreise, zu den Großen gehört – ich meine Alexander v. Humboldt. In den andern Teilen des Gesichts verschwindet übrigens diese Ähnlichkeit völlig. Je mehr ich diesen Eisenkopf anschaute, je mehr überzeugte ich mich, daß ein solcher grade dem weichen Augustus nötig war, um Herr der Welt werden zu können, und zu bleiben.

Zehntens. Das Letzte und zugleich Interessanteste für mich war eine Büste Alexanders, nach Denons Ausspruch, die einzige authentische, welche existiert: ein wahres Studium für den Physiognomisten und Kraniologen[63], denn die Treue der alten Künstler bildete mit gleicher Sorgfalt alle Teile, genau nach dem Vorbilde der Natur. Wirklich hat dieser Kopf alle Wahrheit des Portraits, ganz vom Idealisierten entfernt, nicht eben ausgezeichnet schön in den Zügen, aber in seinen merkwürdigen Verhältnissen und Ausdruck, der Geschichte des großen Originals durchaus entsprechend. Den, zuweilen leichtsinnigen, *abandon*[64] des Charakters verrät sehr gut der graziös etwas zur Linken geneigte Hals, wie der wollüstige Zug um den Mund; Stirn und Kinnladen sind auffallend gleich Napoleon, so wie auch die ganze volle Form des Schädels, hinten und vorn (tierisch und intellektuell), sich wie bei Napoleon gleich vollständig ausgebildet zeigt.* Die Stirne ist nicht zu hoch (keinen Ideologen verratend) sondern gedrängt und metallkräftig. Die Züge im allgemeinen sind zwar regelmäßig und wohlgebildet, aber wie schon erwähnt, nicht idealisch schön zu nennen. Um Auge und Nase thront, von einer erhabnen Schlauheit, wenn ich mich so ausdrücken darf, umspielt, Schärfe des Geistes mit dem entschlossensten Mut, und zugleich jener sinnigen Gemütlichkeit der Seele gepaart, die Alexander zu einem ebenso unbesiegbaren, als liebenswürdig poetischen, Jünglingshelden machte, wie er einzig in der Geschichte dasteht. Mit dem gleichen Komplex von Eigenschaften begabt, würden, weder Carl der XII. noch Napoleon, ihren Untergang in Rußland gefunden haben, und jetzt der eine nicht als ein Don Quixotte, der andere als ein bloß tyrannisch berechnender Kraft- und Verstandesmensch angesehen werden. Das Ganze bildet ein Wesen, dessen Anblick in hohem Grade anzieht und, obgleich imponierend, dennoch in dem Beschauer selbst Mut, Liebe und Vertrauen hervorruft. Man fühlt sich, im Widerschein dieser Züge, behaglich und sicher und sieht ein, daß ein solcher Mann in allen Zeiten, in allen Lagen des Lebens, Bewunderung und Enthusiasmus erregen, und mit sich fortreißend habe wirken müssen.

Noch will ich eines lieblichen Basreliefs und eines origi-

* Wie Napoleon von sich selbst sagte: ›*carré, autant de base que de hauteur.*‹[65] *A. d. H.*

nellen Altars erwähnen. Das Basrelief (auch aus der Borghesischen Sammlung, die Frankreich, mit so vielem, Napoleon verdankt) stellt Vulkan vor, wie er den Schild des Äneas schmiedet. Zyklopen um ihn, alle mit wahren Silen- und Faungesichtern, sind sehr ergötzlich abgebildet, gar herzig aber erscheint, mitten unter ihnen, ein kleiner, lieblicher *cupido*[66], der, halb sich hinter einer Türe versteckend, dem einen der Zyklopen die Mütze eskamotiert.[67] Alles in der niedlichen Komposition ist voll Leben, Laune und Bewegung, und die Wahrheit der Formen und Korrektheit der Zeichnung meisterhaft.

Der Altar, zwölf Göttern zugleich gewidmet, sieht einem christlichen Taufbecken ähnlich. Die Hauptreliefs der zwölf Gottheitsbüsten umgeben den Rand des Beckens, gleich einem schönen Kranz. Die Arbeit ist vorzüglich, und die Erhaltung läßt wenig zu wünschen übrig. Die Götter sind in folgender Ordnung gereiht: Jupiter, Minerva, Apollo, Juno, Neptun, Vulkan, Mercur, Vesta, Ceres, Diana, alle einzeln, zuletzt Mars und Venus vereinigt durch Amor. Es wundert mich, daß man diese geschmackvolle Idee noch nicht im Kleinen für die Bazars der Damen, in Alabaster, Porzellan oder Kristall ausgeführt hat, wie die bekannten Tauben und andere Kunstgegenstände. Nichts könnte sich besser dazu eignen, und doch war nicht einmal bei Jaquet, (dem Nachfolger Gettis, *mouleur de musée*)[68] ein Gipsabguß davon zu finden, ebensowenig wie von den meisten der angeführten Werke, bloß weil viele nicht zu den berühmtesten gehören, unter welchen berühmtesten doch einige recht wenig anziehende sind. Die Menschen sind gar zu sehr *comme les moutons de Panurge.*[69] Sie folgen bloß der Autorität und lassen sich von d i e s e r nur vorschreiben, was ihnen gefallen soll.

In der Gemäldegalerie würden die erzwungenen Restitutionen ebenfalls weniger bemerkbar sein, wenn man nicht so viel Gemälde der neueren französischen Schule darin aufgestellt fände, die, ich gestehe es, sehr wenige ausgenommen, oft nur wie halbe Karikaturen auf mich wirken. Diese theatralische Verzerrung, dieser Bretteranstand, welche selbst Davids Figuren nicht selten zur Schau tragen, und die stets übertriebenen Leidenschaften erscheinen schülermäßig gegen die edle Naturwahrheit der Italiener, und lassen auch die gewinnende Gemütlichkeit der deutschen und niederländischen Schule gänzlich vermissen. Unter diesen berühmten Neuern mißfiel mir Girodet am meisten, und gewiß kann kein gesunder Kunstsinn seine Sündflut ohne Widerwillen betrachten, auch Horace Vernet glänzt nur in Genre-Stükken, aber Gérards Einzug Heinrich des IV. scheint mir ein Bild, dessen Ruf dauern wird.

Die vielen Rubens und Le Sueurs, die man, um die Lücken zu decken, aus dem Palais Luxembourg hergebracht hat, ersetzten ebenfalls nur schlecht die verschwundenen Raphaels, Leonardo da Vincis und Van Eycks. Kurz, alles Neue und Alte, seit der Restauration hierhergekommene, macht keinen günstigen Eindruck, wohin die schlechten Malerbüsten auch noch gehören, die man in gewissen Distanzen in der Galerie unter Säulen aufgestellt hat, und die, auch wenn sie besser gearbeitet wären, in einen Gemälde-Saal nie gut passen würden. Wie immer bildet aber auch noch jetzt die prächtige, lange Galerie, den angenehmsten Spaziergang im Winter, und die Liberalität, welche den Zugang stets offen läßt, ist nicht genug zu loben.

Wenn ich bedenke, wie noch erbärmlicher es um die Malerei in England steht, wie Italien und Deutschland ebenfalls nichts Großes mehr bieten*, so möchte man fürchten, daß es mit dieser Kunst bald wie mit der Glasmalerei gehen wird, ja ihr tiefstes Geheimnis wirklich schon verloren gegangen sei.

* Macht hier nicht München eine ruhmvolle Ausnahme, wo ein wahrhaft großer Künstler einen noch größern Kunstbeschützer gefunden hat. *A. d. H.*

Die Fülle, Kraft, Wahrheit und Leben der alten Maler, wie ihre technische Farbenkenntnis – wo werden sie noch angetroffen? Thorwaldsen, Rauch, Dannecker, Canova wetteifern mit der Antike, aber welcher Maler ist auch nur neben die Künstler zweiten Ranges aus der Blütezeit der Malerei zu stellen? Nur die schon erwähnte Genre-Arbeit prosperiert, obgleich auch in ihr die sorgsame, treue Natur-Kopie der Niederländer nie entfernt erreicht wird.

In einem Seitenhofe des Museums steht jetzt der kolossale Sphinx aus Drovettis Sammlung, für den Hof des Louvre bestimmt. Er ist aus rosenfarbnem Granit und von ebenso grandioser Skulptur, als stupender Masse, auch ganz intakt, bis auf die Nase, welche man eben durch eine weiße Gipsnase ersetzte, die noch nicht die letzte *couche*[70] und ihre Farbe erhalten hatte. Dieser Anblick machte mich unwillkürlich lachen, und an die sonderbaren Verkettungen der Umstände denkend, die auch diesen Riesen endlich hierhergebracht, rief ich in meinem Innern: Was willst Du, großer ägyptischer Naseweis, hier im neuen Babylon nach dreitausend Jahren, wo kein Sphinx mehr ein Rätsel verbirgt, und wo die Verschwiegenheit überhaupt nie zu Hause war.

Abends wählte ich mir unter den Theatern die Porte St. Martin, um ›Faust‹ zu sehen, der schon zum 80sten oder 90sten Male die schaulustige Welt anzieht. Der Kulminationspunkt dieses Melodramas[71] ist ein Walzer, den Mephistopheles mit Martha tanzt, und in der Tat, man kann nicht teuflischer walzen! In der noch hübschen Tänzerin sieht man das höllische Feuer bald schreckend, bald die Adern mit Liebesglut erfüllend, deutlich agieren, und beide Motive bringen bei der französischen Martha doch nur wollüstige Bewegungen hervor, eine Sache, welche die südlichen Tänzerinnen aber noch besser verstehen. Dieser Walzer verfehlt nie den rauschendsten Beifall hervorzurufen und verdient es, da die Pantomime durchaus sprechend, anziehend, ja in manchen

Momenten fast ergreifend ist, ohngefähr wie eine mit Possen untermischte Gespenstergeschichte. Mephistopheles, obgleich häßlich, hat doch den Anstand eines vornehmen Mannes, was unsern deutschen Teufeln stets abgeht.

Unter den Dekorationen zeichnet sich der Blocksberg mit seinen Greueln aus, die die Wunder der Wolfsschlucht weit hinter sich zurücklassen. Durch grausende Lichter aller Farben erleuchtet, die hinter schwarzen Tannen und Windbrüchen hervorblitzten, wimmelte es von lebenden Gerippen, schillernden Lindwürmern, furchtbaren Mißgeburten, geköpften oder zerfleischten, blutenden Körpern, gräßlichen Hexen, kolossalen, glühenden Riesenaugen, die aus den Zweigen lugten, menschengroßen Kröten, giftgeschwollenen Schlangen, halbvermoderten Leichnamen und vielen andern lieblichen Bildern dieser Art. Im letzten Akt verstieg sich jedoch die Dekoration zu weit, indem sie Himmel und Hölle zugleich darzustellen sich vermaß. Der Himmel, welcher natürlich den obern Teil der Bühne einnahm, glänzte zwar sehr schön in lichtblauem Brillantfeuer, dies war aber dem *teint* von Gretchens Seele sowohl, als den um sie her pirouettierenden Engeln dergestalt ungünstig, daß sie sämtlich mehr den Leichnamen des Blocksberges als Seligen ähnlich sahen. Ein weit besseres Kolorit hatten dagegen die unmittelbar unter dem hölzernen Himmelsboden tanzenden Teufel, die auch ihre roten Backen durch den Eifer verdienten, mit der sie Fausts Puppe unverdrossen zu zerreißen beschäftigt waren, bis der Vorhang fiel – (Es ist eigentlich hübsch, wenn große Menschen solche Kinder sind!)

Der Saal des Theaters selbst ist geschmackvoll dekoriert: Bunte Malerei und Gold auf einem weißen Atlasgrund. Die farbigen Blumen, Vögel und Schmetterlinge nehmen sich gar freundlich darauf aus. Das Innere der Logen ist lichtblau, und die Brüstung ahmt roten Samt nach. Außer dem störenden Geschrei der Limonadenverkäufer, die für ein deutsches

Ohr die Worte: *orgeat*, *limonade* und *glace*, in so seltsamer Abkürzung ausrufen, wanderte auch ein Jude mit Theater-Lorgnetten umher, die er für 10 Sous das Stück für die Dauer der Vorstellung vermietete – eine *industry*, die ich mich früher nicht bemerkt zu haben erinnere, und die recht bequem dient, wenn man kein eignes Glas bei der Hand hat.

Dieser Brief gelangt wahrscheinlich auf Schlitten zu Dir, denn wir haben, seit ich hier bin, ein ganz russisches Klima, aber leider keine russischen Öfen. Der Himmel verleihe Dir eine bessere Temperatur in B…

Dein treuer L…

Achtundvierzigster Brief

Paris, den 20. Januar 1829

Liebe Julie!

Es ist gewiß eine schöne Sache in Paris, einen solchen Spaziergang, wie das Museum bietet, täglich zu seiner Disposition zu haben, und, um dem Regen oder Schnee zu entgehen, in den Sälen der Götter und unter den Schöpfungen des Genius umher wandeln zu dürfen! *Vive le Roi!* [1] für diese Liberalität gegen alle.

Nachdem ich meinen Vormittag in den Prachtsälen zugebracht, und auch das neue ägyptische Museum gesehen, von dem ich Dich später unterhalten werde, fand ich zufällig, beim Essen, eine interessante Gesellschaft an einem General *de l'Empire* [2], dessen Unterhaltung ich dem Theater heute vorzog. Er erzählte mir als Augen- und Ohrenzeuge eine Menge Anekdoten, die ein lebhafteres Bild, und zum Teil einen tiefern Blick in die ganzen Verhältnisse jener Zeit zuließen, als es Memoiren vermögen, in denen man die Wahrheit nie ganz ohne Schminke entfalten kann. Es würde zu weitläufig sein, Dir hier viel davon erzählen, und obendrein diese Mitteilung des belebenden Kolorits des Worts zu sehr entbehren müssen, weshalb ich das meiste für mündliche Unterhaltung aufbewahre. Nur einige Züge zur Probe.

Es ist nicht zu leugnen, sagte mein Berichterstatter, daß im Innern der Familie Napoleons viele gemeine Verhältnisse stattfanden, welche die *roture* [3] verrieten (worunter keineswegs die nicht vornehme Geburt, sondern eine mangelhafte und würdelose Erziehung zu verstehen ist). Namentlich herrschte der größte Haß und die elendesten gegenseitigen Intrigen zwischen der Familie Napoleons und der Kaiserin Josephine, welche auch zuletzt das Opfer davon ward. Napoleon nahm früher stets die Partei seiner Frau, und wurde von seiner Mutter deshalb oft in's Angesicht mit dem Namen eines Tyrannen, Tiberius, Nero, und noch weniger klassischen Ausdrücken gescholten. Übrigens habe Madame oft gegen ihn geäußert, sagte der General, daß Napoleon schon als kleines Kind stets habe allein herrschen, immer nur sich und das Seinige schätzen wollen. Seine Brüder wären von Anfang an von ihm tyrannisiert worden, nur mit Ausnahme Luciens, der nie die geringste Beleidigung ungerächt gelassen. Es errege daher oft ihr Erstaunen, wie gleich sich, durch die ganze Folgezeit, der beiderseitige Charakter der Brüder geblieben. Der General behauptete, daß Madame Lätitia die feste Überzeugung gehabt, Napoleon werde übel enden, und kein Geheimnis daraus gemacht, daß sie nur für diese Katastrophe spare. Lucien teilte diese Überzeugung und sagte dem General schon 1811 die merkwürdigen Worte: ›*L'ambition de cet homme est insatiable, et vous vivrez peut-être, pour voir sa carcasse et toute sa famille jettées dans les égouts de Paris.*‹[4]

Bei der Krönung Napoleons hatte die Kaiserin Mutter, bei welcher der General, nach verlassenem Militärdienste, eine Hofcharge innehatte, (er sagte mir nicht welche) ihm aufgetragen, genau Achtung zu geben, wie viele *fauteuils*[5], Stühle und *tabourets*[6] für die kaiserliche Familie aufgestellt worden wären und, sowie sie hereinträte, ihr unbemerkt seinen Rapport darüber abzustatten. Der General, damals mit Hofsitten ziemlich unbekannt, wunderte sich über den seltsamen Auftrag, richtete ihn aber pünktlich aus, und meldete, er habe nur zwei *fauteuils*, einen Stuhl und soundso viel *tabourets* gezählt. ›*Ah! je le pensais, bien*‹, rief Madame Mère, rot vor Zorn, ›*la chaise est pour moi – mais ils se trompent dans leur calcul!*‹[7] Schnell auf den ominösen Stuhl zuschreitend, frug sie den diensttuenden Kammerherrn mit bebenden Lippen, wo ihr Sitz sei? Dieser wies mit einer tiefen Verbeugung auf den Stuhl – die *tabourets* waren schon von den Königinnen und Schwestern eingenommen. Den Stuhl ergreifen, ihn dem Kammerherrn auf die Füße stoßen, der vor Schmerz beinahe laut aufschrie, und in das Kabinett eindringen, wo der Kaiser und Josephine warteten, war für die empörte Korsin das Werk eines Augenblicks. Hier folgte nun die indezenteste Szene, während die Kaiserin Mutter in den stärksten Ausdrücken erklärte, daß, wenn ihr nicht augenblicklich ein *fauteuil* gegeben werde, sie den Saal verlassen und vorher laut den Grund ihrer Handlungsweise angeben wolle. Napoleon, obgleich wütend, mußte *bonne mine à mauvais jeu*[8] machen, und half sich dadurch, daß er die ganze Sache den armen Grafen Ségur, als eine *bévue*[9], die von ihm allein herrühre, ausbaden ließ *›et on vit bientôt‹*, setzte der General hinzu, *›le digne Comte arriver tout effaré, et apporter lui-même un fauteuil à sa Majesté l'Impératrice mère‹*.[10] Charakteristisch, und ein Beweis, daß keineswegs Josephine, sondern der Kaiser selbst Schuld an dem Vorfall war, ist, daß bei der Heirat mit Maria Louise sich genau dieselbe Sache wiederholte, und die, nun schon zu sehr eingeschüchterte und gedemütigte Mutter nicht mehr den Mut hatte, zu widerstreben.

Napoleon war bigott erzogen worden, und obgleich zu scharfsichtig, um so zu bleiben, oder es vielleicht je ernstlich zu sein, hatte doch die Gewohnheit wie bei allen, mehr oder weniger, auch auf ihn einen so starken Einfluß, daß er sich von den ersten Eindrücken nie ganz frei machen konnte. Es arrivierte ihm sogar zuweilen, wenn etwas ihn plötzlich frappierte, unwillkürlich das Zeichen des Kreuzes zu machen, eine *geste*, der den skeptischen Kindern der Revolution, bei einem Manne wie dem Kaiser, höchst befremdend vorkam.*

* Mein Freund schrieb auch mir damals von jener Unterredung und erwähnte einer komischen Partikularität, die in den Briefen an eine Dame freilich nicht Platz finden konnte, aber hier in einer Note wohl hazadiert[12]

Nun noch zuletzt ein artiger *trait*[11] Karl des IV., dem man kaum so etwas Zartes zutrauen wird, obgleich die, welche ihn persönlich kannten, wissen, daß dieser unendlich liberale und gute, wenngleich höchst schwache und ungebildete Prinz, als Mensch viel mehr wert war, denn als König.

Als Lucien nach Spanien ging, um dort den Posten eines Ambassadeur der Republik einzunehmen, begleitete ihn der General als Gesandtschafts-Sekretär. Der vorige Gesandte hatte alle Grobheit der republikanischen Sitten, zum höchsten Skandal des etikettenreichsten und förmlichsten Hofes der Welt, affichiert[15], und man fürchtete vom Bruder des französischen Staats-Oberhauptes eine noch größere Arroganz. Lucien hatte indessen *le bon esprit*[16], gerade das Gegenteil zu tun, erschien sogar in Schuhen und Haarbeutel, und erfüllte alle Zeremoniell- und Hofpflichten mit solcher Pünktlichkeit, daß man vor Freuden und Dankbarkeit darüber am Hofe in wahres Entzücken geriet. Lucien wurde nicht nur höchst populär, sondern der wahre Liebling der ganzen königlichen Familie. Er erwiderte, wie mein Erzähler versicherte, diese Freundschaft aufrichtig, und warnte oft den König wie den Friedens-Fürsten ernstlich, ebensosehr vor der Treulosigkeit, als dem unersättlichen

werden darf, da sie zugleich den Ton der Großen jener Zeit und ihres Herrn so gut schildert.* Napoleon machte nämlich, in Gegenwart des Erzählers und mehrerer andern Militärs, dem Marschall Massena scherzhafte Vorwürfe, daß er nie ohne Weiber leben könne. ›Ich begreife dies weibliche Wesen nicht‹, sagte der Kaiser. ›So lange ich in Italien kommandierte, ließ ich mir nie eine Frau zu nahe kommen, um mich nicht von wichtigeren Dingen zu zerstreuen, *mais j'ai ma saison comme les chiens*‹, setzte er hinzu, ›*et j'attends jusque là.*‹[13] Der General versicherte, daß seitdem, wenn man bei Hofe eine besondere Disposition zur Eifersucht bei der Kaiserin Josephine bemerkte, die Höflinge sich lächelnd zuzurufen pflegten: ›*Ah! l'Empereur est dans sa saison.*‹[14] *A. d. H.*

* Damen warne ich jedoch im voraus.

Ehrgeiz seines Bruders, über den er, bei jeder Gelegenheit ganz ohne Rückhalt, sprach. Das Zutrauen des alten Königs *pour son ›grand ami‹*[17], wie er Napoleon nannte, blieb jedoch bis zum letzten Augenblick unerschütterlich.

Vor seinem Abgang setzte Lucien seiner Popularität noch durch ein prachtvolles Fest die Krone auf, desgleichen man in Spanien nie gesehen, und welches gegen 400000 Franken gekostet haben soll. Die höchsten Personen des Hofs, viele *Grande*, und die ganze königliche Familie beehrten es mit ihrer Gegenwart, und letztere namentlich schien dem Ambassadeur nicht genug Verbindliches darüber sagen zu können. Wenige Tage darauf erhielten alle Mitglieder der Gesandtschaft prächtige Geschenke, nur der Ambassadeur ging leer aus, und die republikanische Familiarität erlaubte sich daher, im Palais des Gesandten, mehrere deshalb an ihn gerichtete Neckereien. Indes war die Abschieds-Audienz vorübergegangen, Luciens Abreise auf den nächsten Tag bestimmt, und alle Hoffnung auf das erwartete Präsent nun ganz aufgegeben, als ein Offizier der wallonischen Garden mit Eskorte im Hotel ankam und dem Gesandtschafts-Sekretär ein in eine Kiste gepacktes großes Gemälde, als ein Andenken des Königs für den Bruder Napoleons, überbrachte. Als man Lucien dies meldete, äußerte er, es sei ohne Zweifel die Venus von Titian, die er mehreremal in des Königs Beisein gerühmt, und allerdings ein Gemälde von Wert, indessen sei ihm doch jetzt dieser Transport unbequem und er müsse gestehen, er hätte etwas anderes lieber gesehen. Nichtsdestoweniger ward der Offizier mit großer Artigkeit bedankt und entlassen, bei welcher Gelegenheit ihn Lucien seine eigne kostbare Busennadel anzunehmen bat. Hierauf befahl der Gesandte, daß das Gemälde aus der Kiste genommen, der Rahmen hier gelassen, und es so aufgerollt werde, daß man es auf die Imperiale[18] eines Wagens packen könne. Der Sekretär tat, wie ihm geboten; kaum hatte man aber die umgebende Leinwand weggeschoben, als ihm statt der gepriesenen Venus das, nichts weniger als schöne, Gesicht des Königs freundlich entgegenlächelte. Schon wollte er, schadenfroh über das komische *quid pro quo*[19], zum Gesandten eilen, um es ihm scherzend mitzuteilen, als, beim völligen Hinwegnehmen der *enveloppe*, ihn eine noch viel größere Überraschung zurückhielt. Das ganze Gemälde war nämlich, gleich einer *miniature*, mit großen Diamanten eingefaßt, die Lucien später für 4 000 000 Franken in Paris verkaufte. Dies war doch eine wahrhaft königliche Überraschung, und der Ambassadeur hatte Recht, einen solchen Rahmen nicht, wie er früher befohlen zu Hause zu lassen.

In Badajoz wurde, nach der Behauptung des Generals, Lucien sehr intim mit der Königin von Portugal bekannt, welche ihm dort ein politisches Rendezvous gegeben hatte, und, meinte der, D... M... könne wohl die Frage davon sein. Gewiß ist es, und ich schrieb Dir es bereits von London, daß dieser Prinz Napoleon auffallend gleicht.

Den 13ten

Die *gaieté*[20] kam bei meiner heutigen Theater-Inspektion an die Reihe, und ich wage zu bekennen: daß ich mich sehr gut dort unterhielt. Diese kleinen Melodramen- und Possen-Theater sind jetzt, die Franzosen mögen noch so vornehm dagegen tun, doch ihre eigentlichen National-Bühnen, welche sogar an dem so auffallenden Übergang des Publikums zur Romantik nicht ganz unschuldig sein mögen – denn die Menschen waren der magern Kost herzlich müde geworden, des ... *pathos tragique, qui longtemps ennuya en termes magnifiques.*[21]

Neulich, als ich Dir den Theaterbericht des einen Abends schuldig blieb, geschah es deswegen, weil ich mich im ›Théâtre Français‹ auf eine wahrhaft widrige Weise gelangweilt hatte. Mademoiselle Mars spielte nicht, und ich fand den Schauplatz der einstigen Größe Talmas und Fleurys, zur größten Erbärmlichkeit herabgesunken. Ich will Dir jetzt eine ganz kurze Skizze beider Vorstellungen geben, von dem National- und dem Vorstadt-Theater, und obgleich bei dem letztern nur von einem Melodram, folglich von grob aufgetragenen Farben, leichter Arbeit und *théâtre-coup* die Rede sein kann, so überlasse ich Dir doch zu entscheiden, ob der klassischen oder melodramatischen Vorstellung der Vorzug zu geben sei. Ich fange mit dem Melodram der *gaieté* an, und bemerke nur im allgemeinen voraus, daß die Schauspieler gewandt, die Kostüme zweckmäßig, Dekorationen, sowie alle szenischen Anordnungen, sehr gut, und das *ensemble* (wie fast auf den meisten Pariser Theatern, ausgenommen beim ›Théâtre Français‹) vortrefflich waren.

Das Stück beginnt mit Tanz und Fröhlichkeit. Matrosen und Fabrikarbeiter feiern ein Fest im Garten ihres Prinzipals, des Herrn Vandryk, eines sehr reichen Partikuliers, der seit sechs Jahren, wo er aus der Neuen Welt hier angekommen, der Wohltäter der holländischen Landschaft geworden ist, in der er sich niedergelassen. Man hört jedoch, daß er sich dadurch auch die Eifersucht und den Neid der Regierung zugezogen, deren erster Justiz-Beamter namentlich, verschiedner Demütigungen wegen, die ihm die Liebe des Volks zu Vandryk zugezogen, sein Todfeind geworden sei. Während der Belustigungen erscheint Vandryk selbst mit seiner lieblichen Tochter, welche vom Sohne des Senators und Barons von Steewens, dem jungen Friedrich, geführt wird. Jubel und Vivatrufen empfängt sie, Vandryk teilt Geschenke unter die Verdientesten aus und trägt seiner Tochter mit dem jungen Baron auf, seine Kinder nun zum Gastmahl zu führen, das im Nebenhause bereitet sei. Sinnend bleibt er selbst stehen, und sein Monolog verrät uns, daß alles Glück, alle Ehre und Liebe, die ihn umgäben, den Fluch, der ihn verfolge, doch nicht heben könnten, ja ihn nur noch empfindlicher machten! Er überläßt sich dem tiefsten Kummer, dessen Ursache aber unbekannt bleibt. Sein alter Diener tritt ein, und in einer kurzen Unterhaltung erfährt man, daß dieser allein um alles Vergangene wisse, die Befürchtungen seines Herrn aber für chimärisch halte, indem er ihn mit der Versicherung zu beruhigen sucht, daß sein Geheimnis ja ganz sicher und jede Entdeckung fast unmöglich sei. Die Tochter kehrt jetzt mit ihrer Amme zurück und bittet den Vater um Erlaubnis, auch ihre Freundinnen zum Feste abholen zu dürfen. Eine zärtliche Szene folgt, wo der Vater sich an den so herrlich aufgeblühten Reizen der Tochter weidet und sie endlich mit einer feierlichen Umarmung entläßt, in einer Bewegung, die nur dem alten Diener verständlich ist. Noch in der Türe begegnet sie dem Vater des jungen Barons, der, reich gekleidet und von seinem Gefolge begleitet, erscheint. Vandryk empfängt ihn mit großer Ehrfurcht, die Familiarität und Freundschaft des Barons fast abwehrend, bis dieser seine Lobeserhebungen und Achtungsbezeigungen gegen Vandryk damit beschließt, daß er, obgleich er einer der reichsten und angesehensten Edelleute im Lande ist, für seinen Sohn um Vandryks Tochter anhält. Dieser erklärt in der höchten Agitation, eine solche Verbindung sei unmöglich, und vergebens dringt der Baron in ihn, obgleich er ihn deutlich merken läßt, daß das junge Paar bereits einig und schon durch die innigste Zärtlichkeit verbunden sei. »Dies fehlte noch zu meinem Elend!« ruft Vandryk fast in Verzweiflung aus, als die Türe aufgerissen wird und seine Tochter, mit der Amme an der Hand, atemlos hereinstürzt, verfolgt von einem glänzenden jungen Wüstling, der beim Anblick des Barons und Vandryks zwar einen Augenblick betroffen stehen bleibt, sich aber schnell faßt, und mit der Geistesgegenwart eines Mannes von Welt sein Betragen zu entschuldigen sucht. Der Baron fragt verächtlich, wer er sei? worauf der junge Mann mit stolzem Anstand antwortet: »Mein Name ist Ritter Vathek, erster Sekretär des Rats-Pensionärs von Holland, Grafen von Assefeldt, der soeben hier angekommen ist, um den Zustand der Provinz zu untersuchen.« – »Ist der Graf schon hier?« fragt der Baron, mit mehr Höflichkeit, »dann muß ich ja eilen, ihn zu bewillkommen, da er mir die Ehre erzeigt, bei mir zu wohnen, denn ich bin Baron Steewens und dies Herr Vandryk, der Vater der jungen Dame, die...« – Vathek verbeugt sich unterbrechend und nähert sich Vandryk, um auch ihm seine Entschuldigung zu wiederholen, bleibt aber sprachlos stehen, als er dessen Gesicht erblickt. Doch bezwingt er sich augenblicklich, schiebt seine Verwirrung auf die Verlegenheit seiner Lage und eilt nach einigen Gemeinplätzen davon. In der Türe wendet er sich noch einmal unbemerkt von den übrigen um, wirft einen sorgsamen Blick auf den mit seiner Tochter beschäftigten Vandryk, und mit den Worten: »Beim Himmel, er ist's!« verläßt er das Haus.

Die Szene verändert sich.

Wir sehen ein reiches Gemach, in welches Graf Assefeldt vom Baron geführt wird. Nach einiger Konversation über den Zustand der Provinz, erwähnt der Baron Vandryks, seiner Verdienste um das Land, und fügt hinzu, daß er dessen Tochter erst heute für seinen Sohn verlangt, überzeugt, daß Vandryks Tugend, sein Einfluß, sein Reichtum und die Würde seines Charakters ihn jedem Edelmanne gleichstellen müßten. Man sieht während dieser Äußerung den jungen Sekretär höhnisch lächeln, der jetzt vortritt, um die Behörden der Stadt anzumelden. Diese kommen dem Rats-Pensionär ihre Ehrfurcht zu bezeigen, wobei der Zuschauer zugleich erfährt, daß ihr Chef, jener erwähnte Feind Vandryks, des jungen Ritters Onkel ist. In dem Rapport, den dieser nun dem Grafen Assefeldt macht, beschuldigt er Vandryk öffentlich, nur ein raffinierter Ruhestörer zu sein, der unter der Maske eines Fabrikherrn das Volk zu verführen suche, appuyiert[22] dabei auf die ganz rätselhafte Unbekanntheit seiner Familie, die gänzliche Ungewißheit, woher er selbst komme, wer er, und was seine Endabsicht sei, und gibt endlich zu verstehen, daß er wohl als Spion im Solde einer fremden Macht stehen könne. Graf Assefeldt zeigt sich ruhig und kalt, aber wohlwollend, ermahnt zur Einigkeit und gemeinschaftlichem Eifer für das allgemeine Beste, entläßt die Behörden nebst dem Baron, und wendet sich nun mit Strenge an seinen Sekretär, dem er die Unanständigkeit seines Betragens an diesem Morgen, worüber der Baron Klage geführt, nachdrücklich verweist. Der Ritter bittet, mit verbißnem Ärger, um Verzeihung, fügt aber hinzu, daß sein, allerdings tadelnswertes Betragen dennoch zu einer merkwürdigen Entdekkung geführt habe, nämlich, wer der verehrte Herr Vandryk eigentlich sei. »Nun, und wer ist er?« fragt der Graf gespannt. »Der Henker von Amsterdam.« – Der Graf schlägt erstaunt die Hände zusammen, und der Ritter fährt in seiner Erklärung fort: »Als siebenjähriges Kind«, sagte er, »entwendete ich, in unbewußter Spielerei, meiner Mutter einen kostbaren Diamantring. Er ward lange vergebens gesucht, und um mich nachher für immer von einer so üblen Gewohnheit zu heilen, fiel meine Mutter auf das sonderbare Mittel, den Scharfrichter nebst seinem Erben und gesetzlichen Nachfolger, den ältesten seiner Söhne, kommen zu lassen, beide in ihrer furchtbaren Amtskleidung und dem breiten Schwerte in der Hand. Der Jüngste ergriff mich, und indem er das Schwert schwang, rief er mir zu: dies kalte Eisen würde mir den Tod geben, wenn ich mich je wieder dem schändlichen Verbrechen des Stehlens überließe. Eine wohltätige Ohnmacht befreite mich hier von aller ferneren Angst, aber nie kam mir seitdem das für mich so schreckliche Antlitz des jungen Mannes aus dem Gedächtnis, und selbst nach 20 Jahren erkannte ich es heute, nicht ohne innerliches Schaudern, auf den ersten Blick.«

Der Graf bleibt ungläubig, hebt die Unwahrscheinlichkeit hervor, daß eine Erinnerung der ersten Kindheit nach zwanzig Jahren noch so zuverlässig sein könne, und gebietet seinem Sekretär vorderhand jedenfalls das tiefste Stillschweigen.

Wir werden nun wieder in das Haus Vandryks zurückgeführt, wo seine Tochter ihm ihre Liebe zu Friedrich gesteht, und ehe sie ihn verläßt, dringend um seine Einwilligung fleht. Der Vater teilt in der nächsten Szene alles dem treuen Diener mit, welcher ihm so lange zuredet, und die Unmöglichkeit der Entdeckung seines Geheimnisses so plausibel macht, daß er endlich selbst äußert, sich noch nie beruhigter und sicherer gefühlt zu haben, und mit Tränen väterlicher Liebe den Befehl gibt, das junge Brautpaar zu holen, um ihnen seinen besten Segen zu erteilen. Freude und Glück aller scheint vollkommen, und der alte Baron, der ebenfalls hinzukommt, teilt ihr Entzücken. Er lade Vater und Tochter vorläufig zu einem Feste ein, das er dem Grafen Assefeldt heut gebe, wobei er die beste Gelegenheit finden würde, seine künftige Schwiegertochter und Vandryk dem Rats-Pensionär vorzustellen, und seinem Wohlwollen zu empfehlen.

Alle gehen ab, und das Theater verwandelt sich in eine Bildergalerie mit einem anstoßenden prächtigen Saale, den man von einer zahlreichen Gesellschaft angefüllt, hinter einer Seitengalerie, erblickt. Der Graf im Vordergrunde unterhält sich noch mit den Regierungsbeamten, welche respektvoll Platz machen, als der Baron Steewens erscheint, um die Familie Vandryk vorzustellen, welche er laut ›die Wohltäter der Provinz‹ nennt. Der Graf, sich höflich gegen die Tochter verneigend, sagt mit Bedeutung: »Eine solche Jugend ziert j e d e n«, und den Vater fixierend, setzt er hinzu: – »von welchem Stande er auch sei« – worauf er ihm schnell den Rücken kehrt. Vandryk verrät ängstliche Verlegenheit, während der seitwärts stehende Vathek kein Auge von ihm verwendet und seine Tochter ihn ängstlich fragt, ob ihm nicht wohl sei, da er so plötzlich erblasse? »Nichts, nichts«, stammelt er, »ich folge gleich«, und legt ihre Hand in die Friedrichs, der sie zögernd in den Saal führt. Alle gehen ab, bis auf Vandryk, der, noch halb bewußtlos die Hand an die Stirne gehalten, stehen bleibt, und Vathek, der, in einen Winkel zurückgezogen, wie ein Tiger auf seine Beute zu lauern scheint. Plötzlich tritt der Ritter hervor, drückt den Hut auf den Kopf, und Vandryk auf die Schulter schlagend, ruft er mit lauter Stimme: »Unverschämter! der erste Magistrat Hollands verbietet Euch, sich in seiner Gegenwart zu Tisch zu setzen.« Diese Szene ist von ergreifender Wirkung. Der Unglückliche sinkt außer aller Fassung in die Knie, und ruft: »Gnade!« Doch schon ist Vathek verschwunden, und läßt ihn vernichtet zurück. »Gerechter Gott«, ruft er mit dem Schmerz der Verzweiflung, »ist denn Kains Zeichen auf meiner Stirne eingebrannt, daß Fremde selbst darauf meine Schande lesen müssen!« Jetzt eilt seine Tochter, die ihn nicht aus dem Auge gelassen, aus dem Saale wieder herbei und beschwört ihn, ihr die Ursache seiner unbegreiflichen Bewegung mitzuteilen; doch ehe ihr noch andere folgen können, reißt er sie mit sich fort: »Laß uns fliehen, meine Tochter«, flüstert er ihr ins Ohr, »nur Flucht und Nacht kann uns vor den Menschenaugen verbergen.« Er stürzt mit ihr aus der Tür, und der Vorhang fällt.

Nach den Gesetzen Hollands war das Amt des Scharfrichters zu Amsterdam erblich, und der zu seinem Nachfolger designierte Sohn konnte sich, ohne ein Krüppel zu sein, demselben nicht entziehen. Die Familie wurde als Leibeigene des Staates betrachtet, und ihre Flucht als Felonie[23] betrachtet. Auf Vandryk ruhte also die doppelte Last der damals allgemein angenommenen Unehrlichkeit seines Handwerks, und des Verbrechens, ihm heimlich entflohen zu sein. Durch seltnes Glück in allen seinen Unternehmungen begünstigt, hatte er im Auslande ein großes Vermögen gewonnen, und nach so langer Zeit erst zurückkehrend, gehofft, unerkannt bleiben, und sein Leben im Vaterlande beschließen zu können, doch hatte das Bewußtsein seines Elends* ihm nie einen Augenblick Ruhe gegönnt.

Alle diese Details erfahren wir in einer Unterredung Vandryks mit seinem alten Diener, im verschlossenen Hause, wo er alles zur Flucht vorbereitet. Seine Tochter erscheint in Tränen, und beschwört ihren Vater um Erklärung aller Rätsel, die sie umgeben. Die Szene, welche sehr erschütternd ist, endet mit dem Geständnis, das der Vater nicht auszusprechen Kraft findet und auf ein Blatt Papier schreibt. Mit Zittern ergreift es die Tochter, öffnet es langsam, und das furchtbare Wort lesend, ruft sie erst, seine Füße umklammernd, in Schmerzenstönen, »Vater!« dann zusammensinkend stammelt sie bewußtlos: »Henker!« und fällt ohnmächtig zu Boden. Ihr Vater, der den Anblick nicht ertragen kann, entflieht durch die Tür. Als sie in den Armen des treuen Dieners wieder zu sich kommt, winkt sie ihm, sie allein zu lassen. Sie betet, wirft sich dann auf einen Stuhl, stützt den Kopf in beide Hände, und weint bitterlich. Ein starkes Geräusch am Fenster schreckt sie von neuem auf. Mit Erstaunen sieht sie einen Mann, in einen roten Mantel vermummt, herabspringen. Es ist Vathek. Sie will um Hilfe rufen, doch dieser bittet ehrfurchtsvoll nur um einen Augenblick Gehör, um ihres Vaters willen. Eine feurige Liebeserklärung folgt, er erbietet sich mit ihr zu fliehen, sie und ihren Vater für immer in Sicherheit zu bringen, wenn sie sein werden wolle, droht aber Verderben jeder Art im Verweigerungsfalle. Da er indes

* Gewissen –?

nur mit ebensoviel Kälte als Würde zurückgewiesen wird, sagt er ihr zuletzt mit losbrechender Wut: Er wisse sehr wohl, wer ihm eigentlich im Wege stünde, aber auch Friedrich solle ihm nicht entgehen, und sein Tod, ehe noch wenig Stunden vergingen, ihr Werk sei. Jetzt ruft die Geängstete um Hilfe, Diener und Fabrikarbeiter Vandryks sprengen die Türe, doch Vathek zieht sein Schwert, und den Mantel als Schild gebrauchend gewinnt er, sich durchschlagend, das Freie.

Wir sehen jetzt eine Galerie im Palast des Barons. Es ist Nacht, nur spärlich von einer einsamen Lampe erleuchtet. Friedrich geht unruhig auf und ab, überlegend was er tun solle. Er kann sich die plötzliche Flucht Vandryks und seiner Tochter nicht erklären, und verliert sich in Hypothesen. Indem klopft eine leise Hand an seine Türe. Er öffnet verwundert, und Marias Amme tritt verhüllt ein, mit einer Botschaft ihrer Gebieterin, die Friedrich beschwört, in den Garten herabzukommen, da ein furchtbares Schicksal sie zwinge, alle Rücksichten aus den Augen zu setzen, um ihn noch einmal zu sprechen. Immer mehr erstaunt folgt er der, ebenso befremdenden als lieben, Einladung – die Dekoration verändert sich, und eine schöne Mondbeleuchtung zeigt uns einen sorgfältig unterhaltenen holländischen Garten mit Buchsbaum-Figuren und Blumenbeeten, wo Maria in Reisekleidern ängstlich ihres Bräutigams harrt. Friedrich tritt ein, und nachdem sie unter vielen Tränen und geheimnisvollen Worten auf ewig von ihm Abschied genommen, sagt sie, der Hauptzweck ihres Besuchs sei, ihn vor Vathek zu warnen, der seinen Tod geschworen. Friedrich glaubt jetzt, Vathek sei die Ursache ihrer Trennung, und vielleicht nicht ganz unbegünstigt von der Familie. Er überhäuft die unglückselige Maria noch mit Vorwürfen, und sein Zorn erreicht den höchsten Gipfel, als jetzt Vathek selbst hinter einer Hecke hervortritt, und den Degen ziehend ihm spöttisch zuruft: »Gib Maria auf, oder streite um sie wie ein Ritter!« Maria und ihre Amme schreien um Hilfe, während die Jünglinge auf Tod und Leben kämpfen. Der Baron und Graf Assefeldt in Nachtkleidung, eilen mit einigen Dienern und Fackeln herbei, kommen aber nur in dem Augenblick an, als Vathek, tödlich getroffen, niedersinkt. Sich und seinen Mörder verfluchend, erklärt er noch im Sterben, daß er von Friedrich meuchlings überfallen worden sei, »aber«, schließt er, »Vandryk wird mich an meinem Mörder rächen – Vandryk Polder, der Henker von Amsterdam!« Friedrich und der Baron schaudern entsetzt zurück, Maria liegt ohnmächtig in den Armen ihrer Amme, und Vathek stirbt. Hier fällt der Vorhang zum zweitenmale.

Einige Tage scheinen vergangen. Die Szene zeigt uns einen Gerichtssaal, dessen Türen das Volk belagert. Friedrich wird zum letztenmal verhört, und des Mordes als überwiesen erklärt, worauf ihn die Richter, unter dem Vorsitz von Vatheks Onkel, einstimmig zum Tode verurteilen. Der gegenwärtige Graf Assefeldt kann, obgleich tief betrübt, den Lauf des Gesetzes nicht aufhalten. Das empörte Volk sprengt zwar die Pforten, um Friedrich zu befreien, der Graf bezähmt aber die Meuterer durch eine würdevolle Anrede, bei deren Schluß er ihnen sagt, daß das Gesetz über ihnen allen stehen müsse, daß aber dennoch jede Hoffnung noch nicht verloren sei, da der General-Statthalter das Recht der Begnadigung üben könne, zu welchem er daher auch bereits, von dem Ausgang des Spruches unterrichtet, den Baron Steewens nach dem Haag abgeschickt habe. Vandryks Feind benutzt jedoch den Aufruhr, um die Beschleunigung der Hinrichtung anzuordnen, und setzt den Vorstellungen des Grafen keck seine Pflicht als Magistrat entgegen, die er zu verantworten wissen werde. Hier tritt Vandryk, oder vielmehr Polder ein, und bittet den Grafen fußfällig um Gnade für den unglücklichen und, der Aussage seiner Tochter nach, ebenso unschuldigen Baron. Dieser beklagt jedoch, daß das Zeugnis seiner Tochter unter den obwaltenden Umständen keine Gültigkeit gegen die deutliche Anklage des Sterbenden haben könne, Friedrich jedenfalls, es sei nun auf welche Art es wolle, Vatheks Tod verschulde, und seine, des Grafen, Autorität nicht so weit gehe, den Lauf der Gesetze hemmen zu können. Alles hänge jetzt nur von der ersten Magistrats-Person, dem Onkel des Getöteten, ab, der hier vor ihm stehe. Dieser fixiert den Geängsteten mit teuflischem Lächeln, und als er sich vor ihm niederwirft, sagt er freundlich: »Wohlan, lieber Polder, Ihr erscheint hier, wie gerufen! Ich höre, daß Ihr Euer Meisterstück noch nicht abgelegt habt, und requiriere Euch hiermit im Namen der Regierung und in Ermanglung jedes andern, der Euer Amt verrichten könnte, zu der bevorstehenden Exekution.« Polder, stumm vor Entsetzen und Wut starrt zuerst seinen unmenschlichen Feind lange schweigend an, und bricht dann in glühende Worte aus, die sich einigemal fast zur tragischen Würde erheben. Endlich ruft er: »Ich habe noch nie das Blut eines Nebenmenschen vergossen und werde es nie, aber müßte ich es, so sollte es doch nur das Deinige sein, Unmensch!« Doch, wie plötzlich inspiriert und umgewandelt, setzt er nach einer Pause hinzu: »Verzeiht! Der Schmerz nahm mir die Sinne. Es sei – ich gehorche dem Befehl. Erlaubt mir nur eine kurze Vorbereitung.« Mit Verwunderung und erschüttert sehen ihm beide nach, und folgen ihm schweigend.

Wir finden jetzt Friedrich in seinem Kerker, wo Graf Assefeldt eben eintritt, um den Verurteilten zu fragen, ob er ihm noch in irgend etwas dienen könne? Friedrich verlangt bloß zu wissen, ob eine schnell vollzogene Verbindung mit Maria und ihre Einsetzung zu der Erbin seines Namens und Vermögens, unter den jetzigen Umständen gültig sei? »Allerdings«, antwortet der Graf, »aber – der wahre Name und Stand müssen in dem Dokument deutlich und richtig ausgedrückt sein.« Friedrich schaudert, bleibt aber seinem Vorsatz getreu. Der Graf verläßt ihn um Maria zu rufen, die, ein Bild trostloser Verzweiflung, hereingeführt wird. Hierbei muß ich bemerken, daß die Schauspieler in Frankreich dafür sorgen, bei solchen Gelegenheiten so auszusehen, wie es ihre Gemütsstimmung mit sich bringen muß, und nicht, wie ich es in Deutschland so oft erblickte, in der Todesangst und Verzweiflung mit roten Pausbacken erscheinen, oder gar in diesem blühenden Zustande sterben. Friedrich und Marie bieten ein treues Bild des höchsten Schmerzes dar. Er dringt in sie, ihm zu seiner Beruhigung die Gewährung einer Bitte zuzuschwören. »Sein Wort«, ruft sie eifrig, »sei ihr Gebot!« und fällt weinend auf ihre Knie, um seine Vergebung anzuflehen. Sie aufhebend, sagt er: »Was hätte ich Dir zu verzeihen! Dir allein, Maria, danke ich das wenige Glück, dessen ich genoß! In wenig Minuten wirst Du mein Weib, in wenigen Stunden meine Witwe sein. Vergiß dann die Vergangenheit ganz und lebe ein neues glücklicheres Leben!« Die traurige Zeremonie geht in Gegenwart des Grafen vor sich. Eine Ordonnanz tritt gleich darauf ein, und bringt einen Brief des alten Barons. »Gottlob«, ruft der Graf, auf die Begnadigung des Statthalters hoffend. Im Lesen aber verhüllt er sein Gesicht: »der unglückliche junge Mann«, sagt er, tief seufzend, »jetzt ist er verloren!« denn der Baron schreibt, daß er den Statthalter nicht im Haag gefunden, ihm zwar sogleich nachgereist sei, aber noch nicht wisse, wo er ihn antreffen werde. Er beschwört daher um Aufschub, den der Graf leider nicht imstande ist zu gewähren, ohne die Einwilligung des Onkels Vatheks, welche nicht zu hoffen steht. Die Wache erscheint jetzt, und Friedrich wird abgeführt. Die sich verwandelnde Szene führt uns in eine freie Landschaft mit belebten Kanälen im Hintergrunde. Haufen Volks versammeln sich, die Exekution mit anzusehen, stoßen aber dabei wilde Drohungen gegen die grausamen Richter aus, welche zuletzt in Empörung ausarten. Das Schafott wird gestürmt und zertrümmert, Soldaten rücken an, Tumult und Gefecht füllt das

Theater. Vatheks Onkel, an der Spitze des Militärs, stellt jedoch die Ordnung wieder her, und befiehlt, da das Schafott zertrümmert sei, den Balkon eines nahen Hauses zur Hinrichtung einzurichten. Man hört, seitwärts der Bühne, die Arbeiter beschäftigt, während Graf Assefeldt vergebens seine Bitten um Aufschub mit ernsten Drohungen vermischt. Der Zug erscheint. Friedrich, gefesselt in der Mitte, und Polder im roten Gewande seines Amts, das breite Schwert entblößt in der Hand haltend, ziehen im Hintergrund der Bühne vorüber. Soldaten mit gefälltem Bajonett wehren der empörten Menge. Langsam verschwindet der Zug, der Graf bleibt allein, in höchster Bekümmernis, mit einem Diener zurück. Wie in der ›Jungfrau von Orleans‹, gibt der Diener, der auf eine Erhöhung gestiegen ist, dem Grafen, der sich voll Abscheu abgewendet hat, Nachricht von dem, was vorgeht. Endlich ruft der Späher von oben herab: »Jetzt kniet der junge Herr Baron nieder... sie verbinden ihm die Augen – der Scharfrichter naht sich ihm... O mein Gott!...« und hier hört man einen dumpfen Schlag hinter der Szene, wie von einem Schwert, das auf den Block fällt. Der Graf verhüllt sein Gesicht und tritt schaudernd zurück, als Polder leichenblaß in seinen Mantel gehüllt, von zwei Bürgern unterstützt, herbeigeführt wird, während lautes Getöse hinter der Szene erschallt. »Gerechter Himmel! Was habt Ihr getan!« ruft der Graf. »Seht hier, was ich getan«, erwidert Polder mit schwacher Stimme, und den Mantel aufschlagend, hält er ihm den verbundenen Stumpf seines rechten Armes hin, von dem er sich eben die Hand selbst abgehauen. »Mein junger Freund«, setzte er matt hinzu, »ist nun wenigstens auf mehrere Stunden sicher.« Das Volk strömt in dumpfer Betäubung herbei, aber mit ihnen auch Vatheks Onkel, der wütend befiehlt, den pflichtlosen Scharfrichter sogleich in das tiefste Gefängnis zu werfen. Doch indem er noch spricht, erschallt von fern ein ängstliches Rufen, man hört den Galopp eines Pferdes, und sieht Baron Steewens, vom schäumenden Roß springend, den ›Pardon‹ des Statthalters hoch empor halten, laut: »Gnade! Gnade!« rufen, und dann erschöpft den Umstehenden in die Arme sinken. Graf Assefeldt öffnet das Papier, liest laut die Begnadigung Friedrichs, und kündigt zugleich dem ersten Magistrat vorläufige augenblickliche Dispensation seines Amtes an. Tief gerührt umarmt er den Befreiten, und der Vorhang fällt. –

Ich weiß recht gut, welche lange Litanei Kunstrichter hier hören lassen können, von gemeinen Verhältnissen, *théâtre-coup*, Unwahrscheinlichkeiten u.s.w. Man bedenke, ich wiederhole es, daß nur von einem Melodram die Rede ist, an das man keine großen Forderungen machen darf, aber dennoch bin ich überzeugt, daß kein unbefangner frischer Sinn diese Vorstellung ohne lebhaft erregtes Interesse sehen wird. Laß uns nun zu dem *Théâtre Français* übergehen, das ich, der Bekanntschaft der Stücke wegen, kürzer abfertigen kann.

Nach einem griechisch-französischen Trauerspiel, in dem die antiken Gewänder vergebens Franzosen zu Griechen stempeln sollten, der alte Held der Provinzen, Joanny, vergebens eine schwache Kopie des göttlichen Talma aufzustellen versuchte, und auch die (wahrlich jetzt *au delà de la permission*[24] häßliche) Duchesnois mit weinerlicher, veralteter und versteinerter Manier am Ende jeder Phrase vergebens mit den Händen in der Luft, ebenfalls *à la* Talma, gezittert, die übrigen aber eine wahrhaft trostlose Mittelmäßigkeit abgehaspelt hatten, wurde, zum Schluß, der ›Mercure galant‹ aufgeführt. Die abgetragenen gestickten Seidenkleider verrieten die längst vergangene Zeit, in der dieses Stück spielt, ebensosehr, als es die Unbehilflichkeit tat, mit der diese Tracht von den neuen Schauspielern getragen wurde. Die Damen hatten es sich dagegen bequem gemacht, und waren nach der neuesten heutigen Mode gekleidet. Die Komödie ist ganz ohne Intrige, nur ein damaliges Gelegenheitsstück, das jetzt zu geben fast absurd ist. Als Haupt-pointe erscheint ein alter Herr, der, kurz vor der Hochzeit, das Verhältnis mit seiner jungen Braut abbricht, und als er, vor dem jungen Mädchen und ihrer Freundin, darüber vom Bruder zur Rede gestellt wird, ganz einfach antwortet: *»C'est tout simple, j'ai peur d'être cocu«*[25], worauf er ein paar Hundert Verse rezitiert, die dieses Thema in's grellste Licht setzen. Das Stück schließt mit der Aufgabe eines Rätsels. Niemand kann es erraten, der Autor enthüllt es also selbst. Was ist es? – *un pet. »Ah«*, ruft die junge Dame, *»il fallait avoir bon nez pour deviner cela«*[26] – und mit diesem klassischen Witz fällt der Vorhang. *Ce pauvre pet me semblait, en vérité, le dernier souffle du Théâtre Français!*[27]

Abgerechnet, *que tous les genres sont bon, hors le genre ennuyeus*[28], möchte der Inhalt dieser letzten *pièce* sich doch wohl besser für ein Winkelgäßchen der Vorstadt geschickt haben. Was aber noch merkwürdiger erscheint, ist, daß auf diesem hochtrabenden klassischen National-Theater selbst notgedrungen jetzt auch Melodramen, (wenigstens dem Inhalt nach, wenn auch ohne Musik), gegeben werden, und nur diese noch Zuschauer herbeiziehen, wie das einzige dermalige Kassenstück, ›Der Spion‹, zur Genüge beweist.

So pflanzt ein Theater nach dem andern die romantische Fahne mehr oder weniger glücklich auf, und Tragödien und Schauspiele, *à la* Shakespeare, wie die Franzosen sagen, erscheinen daselbst täglich, die, ohne fernere Gewissensbisse des Autors und Publikums, alle verehrten Einheiten über den Haufen werfen.

Die Revolution hat die Franzosen in jeder Art neu geboren; – auch ihre Poesie wird eine neue werden, und das nimmer neidische Deutschland ruft ihnen freudig zu: Glück auf!

Den 14ten

Ich besah heute einige neue Gebäude, unter andern die, mit stattlichen Kolonnaden umgebene Börse, deren Größe und Totaleindruck imposant ist; doch nehmen sich die langen, schmalen gewölbten Fenster hinter den Säulen sehr häßlich aus. Die modernen Bedürfnisse harmonieren oft gar zu schlecht mit dem antiken Stil. Das Innere ist ebenfalls grandios, und die Täuschung der Deckenmalerei in der Haupthalle vollkommen. Man schwört, darauf Basreliefs zu sehen, aber doch schlechte.

Auf den Boulevards hat man, wie ich heute erst bemerkte, gute Verbesserungen durch Wegnahme mehrerer Häuser bewerkstelligt, und die Porte St. Denis und St. Martin nehmen sich nun weit besser aus als ehemals. Ludwig der XIV. verdient diese Monumente, schon um seiner Verschönerung der Hauptstadt willen, denn in der Tat, was man in Paris Schönes und Großes sieht, Ludwig der XIV. oder Napoleon gründeten es. Die Alleen hat man glücklicherweise sorgfältig geschont, und nicht, wie in Berlin unter den Linden und auf dem Dönhoffsplatz, die großen Bäume abgehauen, um kleine astlose Krüppel statt ihrer hinzupflanzen. Einen seltsamen Anblick gewähren die vielen *dames-blanches* und *Omnibus*, Wagen, die zwanzig bis dreißig Personen halten, die Boulevards fortwährend von einem Ende bis zum andern durchfahren und jeden müden Fußgänger für bestimmte, sehr billige Preise darin aufnehmen. Meldet sich einer, so zieht der hinten sitzende Kondukteur eine Klingel und der Kutscher hält. Eine fliegende Treppe sinkt herab und in wenigen Sekunden geht es wieder vorwärts. Nur drei unglückliche Rosse ziehen diese schweren Wagen, so daß ich, bei der jetzigen Glätte, oft sämtliche Pferde nebeneinander hinstürzen sah. Man sagt, England sei eine Hölle für die Pferde, sollte indes die Metempsychose[29] wahr sein, so bitte ich mir doch jedesmal aus, lieber ein englisches Pferd zu werden als ein französisches. Wie

Die Börse

man diese unglücklichen Tiere hier oft behandelt, ist wahrlich empörend! und es wäre zu wünschen, daß die Polizei sie, wie in England, beschützte. Ich erinnere mich, daß ich einst in London eine ähnliche Mißhandlung eines armen Cabriolet-Pferdes durch einen Fiaker mit ansah. »Kommen Sie«, sagte der mich begleitende Engländer; »wenn Sie eine Stunde Zeit haben, sollen Sie sofort der Bestrafung dieses Menschen beiwohnen.« Er rief den Mann nun ganz gelassen heran, stieg mit mir ein, und befahl ihm auf's Polizei-Bureau zu fahren. Dort brachte er seine Klage an, daß der Kutscher sein Pferd unnütz gepeinigt und gemißhandelt habe. Ich bezeugte es, und der Kerl war genötigt, sogleich eine ziemlich bedeutende Geldstrafe zu erlegen, worauf er uns noch wieder zurückfahren mußte. Du kannst Dir seinen guten Humor dabei vorstellen.

Auch in andern Teilen der Stadt sind solche *Omnibus* im Gange, und die längste *course* kostet doch nur einige Sous. Es ist höchst amüsant, abends dergleichen Fahrten, auch ohne bestimmten Zweck, zu machen, nur der sonderbaren Karikaturen wegen, die man hier antrifft, und der originellen Konversationen, die man mit anhört. Man glaubt oft einer Vorstellung der Varietés beizuwohnen, und findet Brunets und Odrys Originale getreu hier wieder. Du weißt, wie gern ich auf diese Art beobachtend unter Menschen bin, und überhaupt dazu die Mittelstände am meisten liebe, die auch heutzutage allein noch etwas Eigentümliches haben, und auch die glücklichsten sind, denn wahrlich – die Medaille hat sich ganz und gar umgekehrt. Die Mittelstände, bis zum Handwerker herab, sind jetzt die wirklich begünstigten, durch Sitten und Zeitumstände. Die höheren Klassen finden sich mit ihren Rechten oder Prätentionen zu fortwährender Opposition und Demütigung verdammt. Unterstützt hinlängliches Geld ihre Anforderungen, so geht es noch leidlich, obgleich auch hierin, der Ostentation[30] wegen, der Erbsünde der Reichen, wenn es nicht Geiz ist, ihnen Geld weit weniger reellen Genuß gewähren kann, als es ein paar Stufen tiefer verleiht. – Hält aber den Rang kein Vermögen empor, so ist der so Gestellte ganz gewiß von allen seinen Mitbürgern, den Verbrecher ausgenommen, der Beklagenswerteste, unmittelbar nach dem, welcher wirkliche Hungersnot leidet.

Daher sollte jeder, wie ich schon einmal, glaube ich, gegen Dich äußerte, seine Lage in der Welt genau erwägen, und der Ambition oder Eitelkeit (ich schließe hiervon nur die Ambition des wahren Verdienstes aus, welche sich durch ihr Wirken selbst, und nur durch dies allein belohnt findet) nichts aufopfern, denn keine Epoche der Welt war einer solchen weniger günstig. Wir Vornehmen werden jetzt wirklich wohlfeil zu weiser Enthaltsamkeit und praktischer Philosophie jeder Art hingeführt, und dem Himmel sei Dank dafür!

Mit diesen Gedanken, im Innern der *dame-blanche* kam ich bei Franconis Theater an, das auch ein Blinder, nur dem Pferdegeruch nachgehend, schon auffinden kann. Was hier getrieben wird, ist allerdings eine abscheuliche Geschmacklosigkeit, und ein Publikum, das nichts andres zu sehen bekäme, müßte am Ende selbst zu halbem Vieh werden. Ich spreche von den ganz sinnlosen Schauspielen, die hier dargestellt werden – die einzelnen equilibristischen[31] Übungen sind dagegen oft recht sehenswert. Besonders erfreute mich der Seilschwinger, ›Diavolo‹ betitelt, der gewiß alle seine Mitbewerber so sehr überflügelt, als Vestris einst seine Kollegen. Eine schönere Gestalt, größere Gewandtheit, Sicherheit und vollendetere Grazie scheinen in dieser Art kaum denkbar. Er ist der fliegende Mercur, der von neuem eine menschliche Form angenommen hat; die Luft scheint sein wahres Element, und das Seil nur ein Luxusartikel, um sich damit, wie mit einer Girlande, zu drapieren. Im wildesten Schwunge sieht man ihn, haushoch, ganz frei und unangebunden auf dem Seile liegen, jetzt dicht vor den Logen mit dem klassischen Anstand einer Antike vorüberschweben, und gleich darauf, wie eine Marionette, mit dem Kopf unten, und den Beinen nach oben, ein *entrechat*[32] in den Wolken des Theaterhimmels ausführen. Daß er sich wie ein Rad, vor- und rückwärts, mit der Schnelligkeit eines Uhrwerks, umdrehen, unangebunden sich in der Länge des Seils hinlegen, oder nur mit einem Fuß daran hängend umherschwenken kann, versteht sich von selbst. Er verdient seinen Namen durch die Tat. *Il Diavolo non puo far meglio.*[33]

Den 14ten

Als Zugabe zu meinem gestrigen Briefe habe ich Dir schnell eine *dame-blanche*, gefüllt mit – Bonbons gekauft, und als nachfolgendes Weihnachtsgeschenk für Mademoiselle H... eine *bronze-pendule*[34] beigefügt, mit laufendem Springbrunnen am Fuße und einem arbeitenden Telegraphen auf der Spitze. Sage ihr, daß sie den letzten sehr gut gebrauchen möge, um durch seine Hilfe öffentlich Gespräche zu halten, die doch kein Unberufener verstehen könne. An solchen Spielereien ist Paris unerschöpflich, sie sind aber hauptsächlich nur auf die Fremden berechnet, denn die Franzosen kaufen sie selten und finden sie, nicht ganz mit Unrecht, *de mauvais goût.*[35]

Um mit den Theatern zu endigen, besuchte ich heute drei auf einmal. Zuerst im *Théâtre Français* zwei Akte aus der neueren, höchst elenden Tragödie, ›Isabelle de Bavière‹. Auch diesmal fand ich meine früheren Eindrücke bestätigt, und nicht allein die Schauspieler (Joanny ausgenommen, der die Rolle Carl des VI. nicht schlecht spielt, wenn er gleich Talma nicht verglichen werden kann) waren die Mittelmäßigkeit selbst, sondern auch *costumes*, Dekorationen und aller übrige Apparat unter dem letzten Boulevards-Theater. Das

Pariser Volk wurde unter andern durch sieben Männer und zwei Weiber, die Pairs von Frankreich aber durch drei oder vier Statisten, in wahre Lumpen gehüllt und mit goldpapiernen Kronen auf den Köpfen, wie in der Puppen-Komödie, repräsentiert. Der Saal war leer, und die Kälte kaum auszuhalten. Ich fuhr also schnell nach dem *Ambigu Comique*, wo ich ein hübsches neues Haus fand, mit sehr frischen Dekorationen. Man gab zum Zwischenspiele eine Art Ballett, welches die deutsche Landwehr gar nicht übel parodierte, und also wenigstens nicht langweilig war. Es wunderte mich übrigens, daß es den Franzosen nicht mit der Landwehr und den Preußischen Hörnern geht, wie den Burgundern mit den Alpenhörnern der Schweizer, deren Ton sie sich nicht gern zurückrufen ließen, denn, wie die Chronik sagt, ›*à Granson les avoient trop ouïs!*‹[36]

Das italienische Theater beschloß meinen Abend. Hier findet man das gewählteste Publikum, es ist die Modebühne. Der Saal ist sehr artig dekoriert, die Erleuchtung brillant und der Gesang entspricht der Erwartung. Sonderbar bleibt es aber doch, daß selbst ein, ganz aus Italienern bestehendes, Personal im Auslande nie so singt, nie das köstliche Ganze darstellt, wie es in Italien der Fall ist. Ihr Feuer scheint in der fremden Region zu erkalten, ihre Laune zu vertrocknen, da sie wissen, daß sie zwar beklatscht werden, aber mit dem Publikum nicht mehr eine Familie ausmachen, der Buffo wie der erste Sänger doch nur halb verstanden, und wohl auch musikalisch nur halb empfunden werden. In Italien ist die Oper Natur, und ich möchte sagen notwendiges Bedürfnis, in Deutschland, England und Frankreich nur Kunstgenuß und Zeitvertreib.

Madame Malibran García (man gab ›Cenerentola‹) erreicht in dieser Rolle, meines Erachtens, die Sontag nicht; sie hat aber einen ihr eignes *genre*, das immer mehr anzieht, je länger man es hört, und ich zweifle nicht, daß auch sie Rol-

Vue du Pont Neuf

len hat, in denen ihr die Palme vor allen andern gebühren würde. Sie hat einen Amerikaner geheiratet, und auch ihr Gesangstil kam mir ganz amerikanisch vor, d.h. frei, kühn und republikanisch, während die Pasta, wie ein Aristokrat, oder gar ein Autokrat, despotisch mit sich fortreißt, und die Sontag schmelzend und *mezza voce*[37], wie im himmlischen Reiche, flötet. Der Tenor Bordogni hatte die schwere Aufgabe ohne Stimme zu singen, und er tat unter diesen Umständen was er vermochte; Zuchelli war, wie immer, vortrefflich, und Santini sein würdiger Rival. Spiel und Gesang hatten überhaupt, fast durchgängig, Leben, Kraft und Grazie, mehr als auf andern ausländisch-italienischen Bühnen.

Als ich in mein Hotel zurückkam, wurde ich mit einer der Pariser Annehmlichkeiten überrascht, die doch einer solchen Stadt wahrhaft zur Schande gereichen. Ich glaubte, obgleich mein Hotel ein angesehenes ist und im belebtesten Stadtteile liegt, in eine Kloake geraten zu sein, denn man hatte eben das Ausräumen gewisser Fundgruben begonnen, mit welcher Operation die Häuser hier zweimal des Jahres verpestet werden.

Ein Dutzend Pastillen habe ich bereits verbrannt, kann aber immer noch keine gründliche Reaktion erregen.

Den 24sten

Schon früh saß ich heute im Cabriolet, um eine weitere *tournée* als gewöhnlich, und alten Bekannten einen Besuch zu machen. Ich dirigierte den Kutscher zuerst nach Notre-Dame und bedauerte unterwegs, als ich auf der Pont Neuf ankam, daß man der Statue Heinrich des IV. diese Stellen angewiesen hat, wo sie so unzweckmäßig auf die kahle Basis des Obelisken gesetzt ist, welchen Napoleon früher projektiert hatte, und für den der Platz gewiß mit großer Sagazität[38] ausgesucht war, während jetzt, dicht unter den weiten und hohen Häusermassen, welche den Hintergrund der kleinen Statue umgeben und sich in einem kolossalen Dreieck gegen sie schließen, das bäumende Pferd von weitem nur den Effekt eines hüpfenden Insekts macht. Indem ich noch bei mir diese Betrachtungen verfolgte, und was aus Paris geworden wäre, wenn Napoleon fortregiert, rief der Cabriolet-Führer plötzlich: »*Voilà, la morgue.*« Ich ließ halten, *(car j'aime les émotions lugubres)*[39] und betrat das bisher noch nie gesehene Leichenhaus, wo, wie Du weißt, alle unbekannte Totgefundene ausgestellt werden. Hinter einem hölzernen Gitter erblickt man einen kleinen reinlichen Saal, mit acht schwarz angestrichnen hölzernen Bahren in Reihe und Glied gestellt, das Kopfende der Wand zugekehrt, das untere gegen die Zuschauer gerichtet. Die Toten werden nackt daraufgelegt, und die Kleider und Effekten derselben hinter ihnen an der weißen Wand aufgehangen, so daß jeder leicht daraus das ihm Angehörige erkennen mag. Nur ein alter Mann, mit einer echt nationellen Franzosen-Physiognomie, Ringen in den Ohren und am Finger, lag ganz freundlich und lächelnd mit offnen Augen da, täuschend einer Wachsfigur ähnlich, und mit einer Miene, als hätte er eben seinem Nachbar noch eine Prise anbieten wollen, wie ihn der Tod übereilt. Seine Kleider waren gut – *superbes*, wie ein zerlumpter Kerl neben mir sagte, der sie mit sehnsüchtigen Blicken betrachtete. Am Körper war keine gewaltsame Verletzung zu sehen, so daß den Alten wahrscheinlich der Schlag in einem entfernten Teile der Stadt, seinen Verwandten noch unbewußt, getroffen hatte, denn Elend schien hier nicht stattgefunden zu haben. Einer der Wächter erzählte mir ein sonderbares Faktum, nämlich, daß im Winter die sich Ersäufenden, welches in Paris jetzt die *fashionable* Methode ist, sich ums Leben zu bringen, um zwei Drittel seltener sind, als im Sommer. Der Grund kann doch, so lächerlich es klingen mag, kein andrer

Notre-Dame

sein, als weil im Winter das Wasser zu kalt ist (denn zugefroren ist die Seine nur sehr selten). Aber wie die Kleinigkeiten und alltäglichen Dinge die großen Begebenheiten im Leben weit mehr regieren, als man glaubt, so scheinen sie auch noch im Tode ihre Macht auszuüben, und die Verzweiflung selbst bleibt noch *douillet*[40], und von Sinnlichkeit befangen.

Du erinnerst Dich der drei Portale von *Notre-Dame* mit den eichenen Pforten, die mit herrlichen Bronze-Blumen und Arabesken verziert sind, und wie die ganze in ihren Details interessante *façade*, einen originellen Anblick gewähren; aber, gleich dem ehemaligen Tempel zu Jerusalem, wird auch *Notre-Dame* durch Buden und Verkäufer entstellt, die sich bis ins Innere der Kirche eingenistet haben. Dieses Innere, das dem Äußeren überhaupt so wenig entspricht, ist durch einen neuen Anstrich noch unbedeutender geworden.

In der Fortsetzung meiner Promenade stieg ich auch einen Augenblick beim Pantheon aus. Es ist schade, daß die Lage und Umgebung dieses Tempels so sehr unvorteilhaft sind. Auch im Innern erschien er mir immer fast zu einfach und zierlos, was zu diesem Stil nicht paßt, und der neue *plafond* von Girodet ist ohne Theater-Lorgnette kaum zu entdecken. Die Öffnung der Kuppel ist zu klein und hoch, um irgend etwas von dem Gemälde deutlich auffassen zu können. An einem Pfeiler sah ich ein detachiertes Stück Teppich hängen, und erfuhr auf Nachfrage, es sei dies eine Arbeit der unglücklichen Marie Antoinette, und von Madame der Kirche geschenkt worden. Über dem Steinaltar stand: ›*Autel privilégié*‹[41] – d.h. Ablaß erteilend! die Ideen-Assoziation, welche dieser Anblick hervorbrachte, rief mir die nahe Menagerie ins Gedächtnis, und ich fuhr nach dem *Jardin des Plantes*, wo es den Tieren zu kalt geworden war, daher ich auch alle, lebende und tote, verschlossen fand und nur einen großen

Eisbären besuchen konnte. Dieser kehrte, als ich kam, ohne sich stören zu lassen, wie ein Tagelöhner, mit großer Geduld und Ruhe seinen Zwinger mit den Vordertatzen, deren er sich als eines Besens bediente, brachte dann das Stroh und den trocknen Schnee in seine Höhle, um ein weiches Lager daraus zu bereiten, worauf er sich zuletzt auch, behaglich murrend, langsam ausstreckte. Auch sein Nachbar Martin, der Landbär, welcher einst eine Schildwache fraß, befindet sich noch wohl, war aber heute nicht *visible*.[42] Auf dem Rückweg besuchte ich noch eine dritte Kirche, St. Eustache, die im Innern grandioser erscheint als *Notre-Dame* und Pantheon, auch durch einige bunte Fenster und Gemälde belebt wird. Von den letztern war sogar, zu irgendeinem Feste, eine Art Ausstellung in der Kirche veranstaltet, die jedoch den Kunstsinn nicht sonderlich ansprach. Angenehmer war die schöne Musik, bei der mehrere Posaunen ergreifend wirkten. Warum wendet man ein so erhabnes Instrument nicht weit öfter bei unserer Kirchenmusik an?

Als ich über die *Place des Victoires* fuhr, schickte ich einen Stoßseufzer gen Himmel, über die Nichtigkeit des Ruhms und seiner Monumente. Auf diesem Platz stand, wie Du Dich noch erinnern wirst, einst Desaix's Statue, die er wahrlich um Frankreich verdient hatte. Jetzt ist sie weggeworfen, und ein römisch gepanzerter Ludwig der XIV., mit der Allongen-Perücke auf dem Haupte, dessen Roß einem großen hölzernen Steckenpferd ähnlich sieht, hat seine Stelle eingenommen. Mit Mühe tröstete ich mich über die traurigen moralischen Betrachtungen, die dieser Anblick bei mir erweckte, durch sinnlichere Eindrücke im *Salon des Frères Provençaux*, vermöge guter Trüffeln und der Lektüre eines weniger guten Mode-Romans. Ja ich bedurfte einer ganzen *bouteille* Champagner, um endlich mit Salomo ausrufen zu können: ›Alles ist eitel!‹ und dann hinzuzusetzen: ›Drum genießt den Augenblick, ohne zuviel darüber nachzudenken!‹

In dieser guten Stimmung durchstrich ich hierauf zum letztenmal das *Palais Royal*, wo so viel bunte *colifichets*[43], und neue Erfindungen mir aus den hellerleuchteten Buden entgegenglänzten, daß ich am kristallnen Nachthimmel den Vollmond, der, ganz klein und eidottergelb, an einer der Feueressen gegenüber zu hängen schien, beinahe auch für eine ganz neu erfundene Spielsache angesehen, und mich gar nicht sehr gewundert haben würde, wenn der Mondmann, oder Mademoiselle Garnerin daraus hervorgestiegen, und im Innern von Verys Feueresse verschwunden wären. Da aber alles beim alten blieb, so ließ ich mir wenigstens von dem, die dunkeln Öllampen sehr überstrahlenden, Gestirn nach den *Varietés* leuchten, *pour finir ma digestion en riant.*[44] Dieser Zweck gelang auch vollkommen, denn das kleine Theater hat zwar Potier, aber mit ihm nicht allen seinen Lachreiz verloren. Gewonnen hat es dagegen (für die Augen wenigstens) eine allerliebste kleine Schauspielerin, Mademoiselle Valerie, und ein viel besseres und frischeres Äußere als sonst. Zu den glücklichen Neuerungen gehört ess, daß der Vorhang nicht wie gewöhnlich, nur eine gemalte Draperie, sondern von wirklich in Falten drapierten, dunkelblauem Zeuge ist, was sich zu dem *cramoisi*[45], Weiß und Gold des Saales, sehr gut ausnimmt. Er wird nun auch nicht mehr so unbeholfen und steif in die Höhe gerollt, wie die andern, sondern zieht sich graziös, beim Beginn des Spiels, von beiden Seiten zurück. Die größeren Bühnen sollten dies nachahmen.

Den 16ten

Sonst waren die ›Anas‹[46] Mode, jetzt sind es die *›Amas‹*[47], *et le change est pour le mieux*[48], denn die ersten erinnerten unwillkürlich an Esel, die zweiten dagegen an Liebe, obgleich mit den ersten große Männer gemeint waren, und die zweiten nur der Wissenschaft- und Kunst-Liebe angehören. Durch die gewöhnlich darin herrschende ägyptische Finsternis aber gewähren sie doch auch Amor zuweilen einigen Spielraum.

Ich widmete diesen ›Amas‹ den heutigen ganzen Morgen, und fing mit dem ›Ama‹ der Geographie, dem Georama an. Hier sieht man sich auf einmal in der Mitte der Erdkugel, wohin Herr Dr. Nürnberger mit seinem projektierten Schacht noch nicht gelangt ist, wo sich aber sogleich die andere Hypothese eines Lichtmeers im Innern der Erde bestätigte, denn es ist hier so licht, daß die ganze Erdkruste davon transparent wird, und man von innen heraus sogar die politischen Ländergrenzen deutlich erkennen kann. Unglücklicherweise hat man den Nordpol über sich, durch den heute ein so verzweifelt kalter Luftzug hereindrang, daß der kleine eiserne Ofen, unten im Südpol, durchaus mit seiner Wärme nicht durchdringen konnte. Dies schwächte meine Neugierde sehr, weshalb ich Dir auch nur sagen kann, daß kein Globus die Geographie so anschaulich macht, als das Georama, und es zu wünschen wäre, daß alle Lancasterschen Schulen[49] künftig ebenfalls in einem solchen Bauche der Erde angelegt würden, wo man sich bei größerer Gesellschaft, auch *mutuellement*[50] besser wärmen könnte. Die Seen erscheinen hier, wie in der Wirklichkeit, sehr hübsch blau und durchsichtig, die feuerspeienden Berge wie kleine glühende Punkte, und den schwarzen Bergketten folgt man bequem mit den Augen. Als etwas Seltsames fiel es mir auf, daß die großen transparenten Seen in China, zugleich die Umrisse wahrhaft chinesischer Fratzen darstellten, ganz ihren grotesken Götter-Bildern ähnlich. Unter andern erschien der größte, ohne allen *effort*[51] der Einbildungskraft, als das leibhaftigste Bild eines fliegenden Drachen, wie deren so häufig auf den chinesischen Vasen und auf dem Brustlatz der Mandarine abgebildet sind. Auf diese neue Entdekkung tue ich mir etwas zugute, und wer weiß ob sich daraus

Pantheon

nicht ein neues Licht über die chinesische Mythologie verbreitet. Worüber ich mich dagegen sehr entrüstet fühlte, war, daß die neuen (nun schon alten) Entdeckungen am Nordpol, in Afrika und dem Himalaja-Gebürge noch nicht einmal angegeben waren. Es schien überhaupt die ganze Sache etwas *en décadence* zu sein, denn, anstatt daß man sonst in Paris zu allen Vorstellungen dieser Art durch hübsche Weiber, die am *bureau* sitzen, anzulocken sucht, nahm hier eine furchtbare Person, die den ›Lépreux d'Aosta‹[52] glich, die Geldspenden ein.

Das Diorama, eine halbe Stunde weiter auf den Boulevards, gibt eine Ansicht des Gotthards und Venedigs. Die erstere Gegend, auf der italienischen Seite des Gebürges, die ich *in natura* gesehen, war schön und täuschend abgebildet, da aber keine Veränderungen der Beleuchtung dabei stattfinden, wie bei dem, (weit vorzüglicheren) Diorama in London, so gibt der Anblick weniger Abwechslung und Genuß. Venedig war schlecht gemalt und von so gelbem Lichte beschienen, als wenn es, aus gerechtem Ärger über die Franzosen, die einst seine politische Existenz zerstörten, und es dann nicht einmal behielten – die *jaunisse*[53] bekommen hätte.

Beim Neorama sieht man sich in die Mitte der Peterskirche versetzt, – die Täuschung ist aber nur sehr mittelmäßig und die Menge der natürlich unbeweglichen Figuren, bei so viel Prätention zu vollkommner Nachahmung, störend. Nur Schlafende oder Tote sollte man zur Staffage eines solchen Bildes benutzen. Das Fest des heiligen Petrus wird dargestellt. Papst, Kardinäle, Gefolge und die päpstliche *Garde en Haye*[54] füllen die Kirche, und sind dabei so schlecht gemalt, daß seine Heiligkeit der Papst wie ein vor der alten Jupiter-Statue Petris hingeworfener Schlafrock aussahen.

Mit Übergehung der bekannten Panoramas und Kosmoramas, bringe ich Dich endlich in das Uranorama, im neuen

Passage Viviene. Das ist eine sehr ingeniöse Maschine, um den Lauf der Planeten unsers Sonnen-Systems anschaulich zu machen. Ich mag nicht leugnen, daß ich nie vorher eine so klare Idee vom Grunde der Jahreszeiten, der Mondwechsel u.s.w. hatte, als nach einer Stunde, die ich hier verbrachte. Mündlich werde ich Dich näher davon unterrichten, ja, wenn Du 1200 Franken daran wenden willst, kannst Du eine Kopie der ganzen Maschine im kleinen erhalten, die in keiner ansehnlichen Bibliothek fehlen sollte.

Ich hatte also heute früh mit dem Mittelpunkt der Erde angefangen, dann die verschiedenen Herrlichkeiten ihrer Oberfläche bewundert und nach einem flüchtigen Besuch auf sämtlichen Planeten, in der Sonne aufgehört. Es fehlte nichts als ein letztes ›Ama‹, das mir den siebenten Himmel und die Huris[55] gezeigt, so wäre meine Reise ganz vollständig gewesen, und ich hätte mehr in diesem Vormittag gesehen, als der ägyptische Derwisch in den fünf Sekunden, die er mit dem Kopf im Wassereimer zubrachte.

Es ist also wohl das beste, hiermit auch den Vorhang vor meinem fernern Tun und Lassen herabzuziehen. Wenn er sich wieder vor Dir auftut, wird es nur sein, um daß ich Dir selbst daraus entgegentrete – denn schneller wie Briefe eile ich morgen der Heimat wieder zu. Erst, wenn ich dort die Seelenkräfte von neuem mir erfrischt, will ich die alten Pläne vollführen – einen Winter unter Granadas Orangen- und Oleanderblüten verträumen, eine Zeit unter Afrikas Palmen wandeln, und die alternden Wunder Ägyptens zuletzt vom Gipfel seiner Pyramiden betrachten. Bis dahin keinen Brief mehr.

Dein treuester Freund L...

* * *

Ende

Nachlaß-Briefe
Teil II

Die hier zur Ergänzung beigefügte Auswahl von Briefen stammt aus dem Nachlaß Pücklers. Sie wurden von Pückler selbst oder von Varnhagen von Ense 1830 nicht zur Publikation gegeben, sondern, nach dem Tod Pücklers, von Ludmilla Assing-Grimelli, einer Nichte Varnhagens, aufbewahrt. Die in dieser Ausgabe chronologisch den entsprechenden Teilen zugeordnete Auswahl der Nachlaß-Briefe verdeutlichen u. a. das inhaltliche Redigieren Pücklers und schließt Lücken in der Korrespondenz.

Zum besseren Verständnis der Vorbereitungen zu Pücklers Englandreise, sowie deren Ausgang in bezug auf erste Publikumsreaktionen, enthält die Auswahl zusätzlich Nachlaß-Briefe die nicht in den Kontext der *Briefe eines Verstorbenen* gehören.

Wo nicht anders angemerkt, sind die Nachlaß-Briefe an Lucie von Hardenberg gerichtet. Französisch und englisch geschriebene Briefe sind ins deutsche übersetzt, wobei französische Satzteile in englisch geschriebenen Briefen als solche übernommen wurden. (Anm.: engl. bzw. franz. über dem Datum.)

Dublin, den 3. November 1828

Bester Schwager[1],

erst heute erhielt ich drei oder vier verspätete Briefe meiner guten Lucie mit der Nachricht Ihrer Anwesenheit in Muskau, einer animierenden Schilderung Ihrer Liebenswürdigkeit und freundschaftlichen Gesinnung für uns, wie gleichfalls den Wechsel auf 500 Pfund Sterling, die Sie mir vorzuschießen die Güte gehabt haben. Indem ich Ihnen herzlich für diese Gefälligkeit danke, freue ich mich besonders, daß durch Ihre Gegenwart in Muskau und die Bekanntschaft mit meiner treuesten Freundin, unsere künftige nähere Verbindung vorbereitet worden ist, und wir uns schon jetzt auf die Schilderungen einer kompetenten Richterin etwas näher kennengelernt haben. Ich behaupte, Ihnen kein übles Kompliment zu machen, wenn ich sage, daß die Fürstin ungemein sich von Ihnen angezogen fühlte, und ich mache mir selbst ein großes, wenn ich hinzufüge, daß sie zwischen uns beiden viel Ähnlichkeit findet, jedoch mit dem Unterschied, daß sie Ihnen überdies die Eigenschaften zuschreibt, welche mir fehlen und einen solchen Freund an meiner Seite zu sehen wünscht, wodurch – wie sie sich ausdrückt – uns alles gelingen müßte. Es ist sonderbar, daß ich selbst diese Idee schon vorher gehegt, bloß durch Max's[2] Äußerungen darauf gebracht, und aus diesem Lichte allein müssen Sie, lieber Schwager, meine Briefe an Bianca beurteilen. Aufrichtigkeit und Wahrheit ist mein Element. Ich sage vielleicht manchmal mehr als nötig ist, ich sage aber nie etwas, das ich nicht auch denke; und Rückhalt, *double entente*[3], ist weder mit Freunden noch Feinden meine Art. Ich weiß nicht, ob ich mir zuviel einbilde, aber ich hoffe, daß der geliebte Gatte meiner geliebten Bianca und der Freund meines herzensguten Max, auch der meinige werden muß, wenn wir erst einmal Brot und Salz miteinander gegessen haben. Es ist meine Absicht, daß dies bald in München geschehen soll, da meine Gegenwart in der Heimat nötig scheint, und ich, nach einer aus manchen Gründen nicht gelungenen Campagne, einen kleinen Abschnitt zu machen wünsche, ehe ich eine neue beginne. Zu dieser habe ich indessen bereits einen strategischen Grund gelegt, worüber ich mir vorbehalte, mündlich weitläufiger Auskunft zu geben. So viel bin ich fest überzeugt, wenn Sie mir mit Rat und Tat und Ihrer Gegenwart behilflich sein wollen, so ist der Erfolg gewiß, doch, wie gesagt, hierüber mündlich mehr.

Die Pekuliaritäten[4] meines Charakters, die ich nicht ändern kann, die unüberwindliche Scheu Annäherungen zu wagen, wo ich nicht sozusagen des Erfolgs gewiß bin, die Abneigung Fremden Vertrauen zu schenken, vielleicht ein wenig zu viel Stolz und Hochmut auf einer Seite und zuviel Timidität[5] auf der anderen, machen mir die Hilfe eines Dritten in der Person eines zuverlässigen und intelligenten Freundes fast unumgänglich nötig. Übrigens (denn ich spreche mit Ihnen ganz ohne Rückhalt) sind meine Forderungen allerdings gering. Ich hatte hundert Gelegenheiten entweder mittelmäßige Partien zu machen, oder bloß Reiche aber Reizlose zu heiraten. Dies ist nichts für mich – nur einmal fand ich alles vereinigt, Vater und Tochter günstig, aber ein unübersteigliches religiöses Hindernis. Ein Mädchen, mit für Deutschland unermeßlichem Vermögen, gut, liebenswürdig, sanft und nicht ungefällig in ihrem Äußeren, ist mir seitdem vorgekommen – auf diese richten sich meine neuen Pläne, es ist aber nicht möglich, sie ohne Vorbereitungen, und ohne ganz Herr meiner Zeit zu sein, auszuführen. Daher ist der vorhin erwähnte Abschnitt nötig, und vor allem der Alliierte, den ich in Ihnen, lieber Schwager, zu finden hoffe.

Bis dahin also vorderhand *adieu*. Ich lege die unterschriebene Schuldverschreibung bei und bin mit dankbarer Freundschaft und herzlicher Anhänglichkeit

Ihr aufrichtig ergebener H. Pückler

[franz.]

(ohne Datum) Montag

Mit Freude und Dankbarkeit erhielt ich sowohl das schöne Portrait, als auch das Original-Bild des Monsieur le Prince.

Ich bin so leidend, daß ich das Bett hüten muß, um für diesen Abend, an dem ich hoffe dem Fürsten mündlich für sein schönes Geschenk danken zu können, zu genesen. – Einstweilen wird Sie eine bescheidene kleine Künstlerin beehren, in der Hoffnung ein noch besseres Portrait zu malen als jenes, für das ich mein Geld gab. Sie wird die Ehre haben Ihnen diesen kurzen Brief zu überreichen und, mit gütiger Zustimmung von Monsieur le Prince, eine Portrait-Sitzung zu arrangieren. Sydney Morgan

[engl.]

(ohne Datum) Freitag, abends

Dear Lady Morgan,

sollen wir uns morgen treffen und gemeinsam ins Varieté gehen? Ich meine Ihre Schwester Lady Clarke, deren Tochter und mich. Falls Sie es nicht allzu gewöhnlich finden Ducrows Pferde-Vorführung mit Ihrer Eleganz auszuzeichnen, bitte ich Sie zu kommen. Sie wissen, *nous autres Allemands*[6], wir sind einfache Menschen, nicht übertrieben furchtsam *de nous compremettre*[7], gelegentlich sowohl mit einfachen als auch mit Menschen höheren Standes lebend, immer größtmögliches Vergnügen bevorzugend. Ducrows Pferde sind beinahe so gut in Form wie die Londoner Frauen und *dandies* – und auf allen Festlichkeiten sehr amüsant.

Falls Sie sich herablassen werden zu kommen, erlauben Sie mir, Sie pünktlich um 19.00 Uhr abzuholen, um Sie in die Royal Manège zu begleiten; meine Kutsche bietet für drei Personen bequem Platz. H. Pückler

[engl.]

(ohne Datum) Sonnabend, morgens

Dear Prince,

nicht aufgrund meiner Eleganz, sondern wegen einer starken Erkältung, die ich mir gestern während eines Essens auf dem Lande wieder zuzog, und für die das Theater der ungesundeste Platz auf der Welt ist, bin ich verhindert an der reizenden Veranstaltung, die Sie vorschlugen zu besuchen, teilzunehmen. Zur Zeit bin ich zu nichts in der Lage, außer am *coin de feu*[8] zu sitzen, von dem aus ich nun, für Ihr zukünftiges *amusement*, schreibe. Ich wünschte Sie wären letzte Nacht vorbeigekommen; – Sie hätten jemanden getroffen den Sie gerne gesehen hätten.

Sans adieu[9]

Sydney Morgan

[franz.]

Dublin, den 4. November 1828

Dear Lady Morgan,

es ist sicherlich schwer eine Lady Morgan zu vergessen – dennoch muß ich zu meiner Schande gestehen, daß die Nichten mich gestern die Tante vergessen ließen. Falls dies ein Zauber sein sollte, *it is certainly a most powerful one, and therefore I hope you will graciously pardon me.*[10]

Ich füge meinem Schreiben das Portrait bei, das ich Ihnen gestern hätte schicken sollen, obgleich ich mir kaum vorstellen kann, daß Sie es sehr eilig haben es zu erhalten. Ich habe bereits nach Berlin geschrieben, daß man Sie dort im nächsten Winter sehen wird und man alles für Ihren triumphalen Einzug vorbereite. Fürchten Sie im modernen Athen nicht den Einfluß der Barbaren von der Donau: alle Gelehrten, alle Schöngeister und alle geistreichen Menschen werden eine Phalanx um Sie bilden. Bald schon wird man nicht mehr umhinkönnen zu sagen, daß, da Ihr Ansehen so groß ist, der persönliche Umgang mit Ihnen um so reizvoller ist.

Sie ahnen sicher nicht, daß ich ein wenig Ihr Kollege bin, d.h. Autor wie Sie. Ich werde auf jeden Fall mein Privileg gebrauchen um Sie zu preisen, sobald ich in mein Land zurückkehren werde. Einstweilen müssen Sie sich mit der Versicherung meiner großen Verehrung Ihrer Talente und einer ernsthaften Zuneigung für Ihre liebenswerte Person begnügen.

H. Pückler

Dublin, den 28. November 1828

Teuerster Graf[11],

durch eine mir ebenso unbegreifliche als unangenehme Konfusion, habe ich Ihren höchst freundschaftlichen und wichtigen Brief erst heute! drei Monate nach seiner Absendung erhalten. Nehmen Sie für's erste meinen herzlichen Dank für Ihre Teilnahme und seien Sie überzeugt, daß keine Gefälligkeit und keine Freundlichkeit bei mir verloren geht.

Ich will Sie mit keinen unnützen Details ennuyieren[12] und sage daher bloß, daß ich, wenn nicht hier gewisse Aussichten die ich habe, bei näherer Untersuchung ein schleuniges Resultat versprechen, ich sofort Ihrem Rat folgen werde.

Die Fürstin Pückler ist mir Eins in allem, und jeden Augenblick bereit einen anderen Aufenthaltsort als Muskau zu wählen, wenn es erforderlich ist, als sie jetzt auf meine Bitte zur Dirigierung meiner Affären dageblieben ist.

Dem Herrn Raabe die genaueste Auskunft und die genügendste über meine Affären zu geben ist leicht, und es wird nur wenige Tage bedürfen sie schriftlich zu dokumentieren und zu prüfen. Eine Ansicht an Ort und Stelle wird noch vorteilhafter für mich sein.

Also so weit wäre alles gut – es drängt mich aber grade jetzt ein Umstand, der mir in der Tat gefährlich werden kann. Mein eigener Vetter, Graf Pückler, hat mir 35 000 Reichstaler gekündigt, die zu Weihnachten zahlbar sind, und die man bis jetzt nicht hat negoziieren[13] können, weil in meiner Gegend niemand ein solches Kapital zu verborgen hat, und in Berlin aus vielen Ursachen, die ich Ihnen mündlich mitgeteilt, der Kredit der Gutsbesitzer in der preußischen Lausitz schlecht ist, und namentlich den Form-Advokaten der Umstand, daß Muskau im Erbrecht mit meinen Schwestern[14] nur zu einem Wert von 500 000 Reichstalern angeschlagen ist, und sich dennoch 400 000 Reichstaler Schulden darauf eingetragen befinden, nicht einleuchten will. Der Grund von diesem geringen Anschlag, der zu sächsischer Zeit stattfand, war, um der hohen Grundtaxe zu entgehen und ebenso allgemein üblich, als von einem höchst väterlichen Gouvernement geduldet. Hätte man das Preußisch-Werden voraussehen können, so würde man den Wert eher höher als die Realität angenommen haben, und wäre nur eine Million angenommen worden, so wäre dies hinreichend, allen auf Muskau haftenden Hypotheken jetzt pupillarische[15] Sicherheit zu geben.

Eine neue Taxation der Herrschaft wäre ein Mittel gewesen, diesem Mißverhältnis abzuhelfen, da wir aber jährlich, wie die Juden den Messias, mit Bestimmtheit die Einführung des schlesischen Pfandbrief-Systems erwarteten, so blieb es immer beim alten, und nun ist es zu spät.

Meinen Vetter kann nichts bewegen seine Kündigung zurückzunehmen, da er mir wegen gewisser, hier zu weitläufig zu erwähnender Familienverhältnisse, feindlich gesinnt ist, und für die Zurücknahme seiner Kündigung nicht weniger verlangt, als die Überlieferung Muskaus an seinen Sohn, nach meinem Tod ohne Kinder, und im Fall ich selbst einen Sohn habe, eine Entschädigung von 35 000 Reichstalern;

eine so empörende Proposition, daß ich eher alles zu erleiden entschlossen bin, als sie einzugehen.

Ich bin aber ohne Zweifel in einer unangenehmen Lage, und der Eklat, den der Verlauf der Sache mit sich führen wird, muß mir in dem Projekt, für das Sie sich so gütig interessiert haben, natürlich höchst schädlich sein.

Hier ist die Frage: Können Sie mit Ihrem Vermögen und Ihrem Kredit mir vielleicht helfen? Glauben Sie mir, wenn ich nicht die mathematische Gewißheit hätte, daß kein Kapital sicherer stehen kann (obgleich es nicht zu jeder Zeit zu realisieren ist, so lange sich die jetzigen Umstände nicht ändern), ich würde Ihnen die Propositionen nie machen. Sie haben, glaube ich, Gelder zu vier Prozent ausstehen, die ganz gewiß nicht sicher plaziert sind, den Pücklers Kapital steht nach 300000 und wird mit fünf Prozent verzinst. Wäre die plötzliche Versilberung Ihrer eigenen Kapitalien nicht möglich, so wäre es Ihrem Kredit, vielleicht nur Ihrer Bürgschaft für mich, gewiß leicht möglich, das Geld irgendwo zu erhalten, und mit Vergnügen würde ich dem, der es hergibt, ein par hundert Louisd'or und mehr extra geben, da dergleichen Leute nicht mit Unrecht bei außerordentlichen Gelegenheiten einen außerordentlichen Profit erwarten.

Es ist sonderbar, daß ich meinem Vater oft erzählen hörte, daß ihm, als er ein junger Mann, Muskau eben durch die Heirat mit meiner Mutter erhalten, grade auf dieselbe Weise, und aus feindlichen Absichten, 100000 Reichstaler, das Heiratsgut der Tanten meiner Mutter, gekündigt wurden. Es war ihm unmöglich die Summe in der nötigen Frist zu negozieren, und seine Verlegenheit nicht gering. Während dem fiel ihm ein Bekannter ein, der ihm oft Freundschaft bewiesen und reich war, der alte Fürst Sacken. Er ging zu ihm, setzte mit wenigen Worten seine Lage auseinander, und zahlte den anderen Tag die desapointierten[16] Verwandten aus, deren Wunsch ihn zu ruinieren, wie durch einen *deus ex machina*[17], vereitelt wurde. Die Dankbarkeit meines Vaters für diesen ausgezeichneten Dienst hat nie aufgehört, und das Geld wurde bald darauf zurückgezahlt. Gewiß, mein teurer Graf, meine Dankbarkeit würde nicht minder beständig sein und die Rückzahlung des Geldes, wenn verlangt, nicht länger ausbleiben!

Daß übrigens eine Schuldenmasse von 400 000 Reichstalern für Muskau und Branitz nicht übermäßig sein kann, beweist wohl schon die Erfahrung, daß im Jahr 1808 ich sie mit noch ohngefähr 25 000 Reichstalern mehr Schulden übernahm, die Kriegsjahre und schlechten folgenden Zeiten überstanden, alle Branchen in den besten Stand gesetzt, alle Gebäude fast erneuert, das große Alaunwerk verdoppelt, und dabei auf einem großen Fuß in Muskau gelebt, und 200 000 Reichstaler für Verschönerung und die Anlage des Bades ausgegeben habe, ohne einen Pfennig neue Schulden zu machen. Zu allem diesen haben äußere Mittel nur beigetragen: 100 000 Reichstaler meine Frau und 40 000 Reichstaler die Entschädigung des Staates, welche letztere kaum gerechnet werden kann, da ich *de facto* durch das Preußisch-Werden jährlich 5000 Reichstaler Revenuen verloren.

Verzeihen Sie, mein verehrtester Freund, die Anfrage. Ich werde nicht mehr daran denken, wenn Sie sie abweisen; wenn Sie aber denken, daß Sie, ohne sich zu schaden, mir einen außerordentlichen Dienst erweisen können, so tun Sie es und Sie werden es nie bereuen.

Im Fall Sie meine Bitte berücksichtigen können und Information wünschen, wenden Sie sich an die Fürstin Pückler und Geheimen Rat Grävell, da die Korrespondenz mit mir zu langwierig sein müßte. Beide wissen alles, was meine Umstände betrifft, ebensogut als ich.

At all events bleiben Sie mein Freund, und rechnen Sie stets auf meine völlige Ergebenheit. H. Pückler

Holyhead, den 15. Dezember 1828
abends

Abends um 11 Uhr verließ ich Dublin in einer Postchaise, bei einer schönen hellen Mondnacht, die Luft lau wie im Sommer. Du kannst Dir vorstellen, daß ich Stoff zu vielfachem Nachdenken hatte – denn nun erst eigentlich war es entschieden, daß das Opfer zweier Lebensjahre, einer kummervollen Trennung, und der Aufwand einer großen Summe Geldes umsonst gewesen sind – dieser Gedanke war freilich melancholisch! Indessen, ich ließ mich nicht ganz dadurch niederbeugen. Hat doch Parry dreimal vergebens nach dem Nordpol segeln müssen, Napoleon zwanzig Jahre lang Siege auf Siege häufen, um in Helena zu verkümmern; und wie wenige im allgemeinen sind es, deren Pläne ganz nach Wunsch gelingen! Etwas Nutzen fällt doch immer mit ab, und auch ich habe viel in diesen zwei Jahren in anderen Rücksichten profitiert – ich bin in vielem klarer und fester geworden, habe mir viele neue Erinnerungen gewonnen, bin ein perfekter Gärtner geworden und habe ziemlich fließend Englisch sprechen und schreiben gelernt.

Nur meine arme Schnucke hat zu Hause kümmern müssen und keinen anderen Trost gehabt, als daß sie mich sehr lieb hat! Dafür kommt ihr Lou aber auch gerade so wieder, wie er gegangen – älter zwar, fürchte ich, im Aussehen, aber mit einem so jungen Herzen als je, und statt melancholisch zu sein, wozu er Ursache genug hätte, macht ihn die Freude, seine Schnucke bald wiederzusehen, *au fond*[18] heiter und vergnügt.

Paris, den 7. Januar 1829

Ich kann nie an die Epoche meines Liebesfiebers für die Sontag[19] denken, ohne überzeugt zu sein, daß es Liebestränke gibt, oder Dispositionen im menschlichen Leben, wo man an einer momentanen Verrücktheit leidet. Mein Zustand war gewiß nicht was man ›natürlich‹ nennt, und ich habe nie, obgleich gar oft verliebt, etwas Ähnliches empfunden! *C'était d'abord le ciel, et ensuite l'enfer*[20] – ich denke mit Schaudern noch jetzt daran, wiewohl ganz im Traum, dem es an aller Realität fehlt. Es ist wie eine fremde Materie in mein Leben geworfen, die mit dem anderen gar nichts gemein hat, und daher auch in der Erinnerung keine solide Form annehmen kann, gerade wie die dauernde Erinnerung einer temporären Gestörtheit. Mlle. Sontag selbst ist mir dabei vollkommen gleichgültig, und ich könnte jetzt täglich mit ihr leben, ohne im geringsten das Gefühl zu haben, als sei sie dasselbe Wesen aus jener Geburt meiner Phantasie.

* * *

Nach Pücklers Englandreise

Berlin, den 19. August 1830
abends

Eben erhalte ich einen Brief von Dir vom 14. mit sehr hübschen und interessanten Schilderungen. Wehe fast tat mir die von Pappenheim, und wie eine Traumphantasie erschien mir die des unglücklichen Prinzen, der ein besserer Philosoph sein sollte als wir beide.

Daß Du noch keine Briefe von mir hattest begreife ich nicht, doch müssen jetzt beide Episteln in Deinen Händen sein. Ich bin aber wirklich durch das Muskauer Schriftstellern ganz abgespannt, und schreibe mit weniger Zufluß als sonst, bin auch schrecklich faul. Die politischen Begebenheiten absorbieren so sehr alles, daß von meinem Buche noch niemand in unseren Zirkeln Ahnung hat, obgleich es schon stark bei den Buchhändlern verkauft wird, zu 3 Talern 18 Groschen.[21] Geht es gut ab, so muß bei diesem Preise der Mann ungeheuer gewinnen.

Es tut mir leid, Dich so schwermütig in Kissingen zu sehen, und ich kann nicht sagen, daß Erinnerung auf mich einen so trüben Eindruck machte. Oft gibt sie im Gegenteil den Gegenständen einen doppelten Reiz.

Für alles Liebe und Gute danke ich, erwidere es herzlich und gehe mit diesen Gesinnungen, meine gute, treue Schnucke, zu Bette, schicke auch den Brief morgen früh ab, um den Vorwurf nicht mehr zu verdienen, Dich zu lange warten zu lassen.

Dein alter Lou

Berlin, den 31. August 1830

(...) Was mein Buch betrifft, so haben die großen politischen Ereignisse glücklicherweise alle Welt so abgezogen, daß vorderhand noch keine Aufmerksamkeit darauf gerichtet ist. Durch einen Zufall hatte es aber doch Varnhagen in die Hände bekommen und sogleich natürlich, da er die Korrespondenz kennt, mit Evidenz erkannt. Nach allem was er mir sagte, hielt ich es für beinahe albern und zugleich für gefährlich, es ihm länger zu verleugnen, und für ungemein besser, ihm sein Ehrenwort für das Geheimnis abzufordern, da er sonst gleich Lärm geschlagen haben würde; und da unser beiderseitiger Zweck doch vernünftigerweise nur sein kann, den üblen Folgen des Buches möglichst zu begegnen, so glaube ich vollkommen im Sinne meines Dir gegebenen Versprechens gehandelt zu haben. Glücklicherweise hatte Varnhagen noch mit niemand als seiner Frau davon gesprochen, und beiden habe ich einen körperlichen Eid abgenommen, für immer über den Autor zu schweigen, und wo nötig zu widersprechen, daß es von mir sei. Beide sind übrigens auf eine unglaubliche Weise vom Buche eingenommen (s. beiliegendes *billet* der Varnhagen, das ich mir aufzuheben bitte). Varnhagen rezensiert es unter seinem Namen und wird Goethe dafür interessieren, überall aber über den Autor, durch das was er sagt, irre zu führen suchen. Unangenehm ist es, daß Willisen die Briefe vorlesen gehört hat – er allein wird später, wenn die Bombe platzt, wissen woran er ist. *A cela il n'y a pas de remède.*[22] Ich glaube übrigens nicht, daß die Wirkung so übel sein wird als Du fürchtest; und für ein Dutzend Feinde macht es mir gewiß hundert Freunde – doch will ich nicht in Abrede stellen, daß es mir schaden kann – meiner Natur nach, und der Natur der Sache nach, mußte es aber so erscheinen wie es ist, oder ganz unterdrückt werden, *et j'ai mieux aimé courir la chance.*[23] Was mich eigentlich am härtesten getroffen, obgleich ich wenig darüber geäußert, ist, daß es Dir nicht gefallen hat. Sage nicht das Gegenteil aus Gutmütigkeit; denn ich bin überzeugt davon, da ich Dich zu gut kenne.

Bei alledem ist meine kleine Eitelkeit nun schon mit dem übrigen Beifall befriedigt, und ich hätte es ebensogern wieder unter der Erde. Auch habe ich in Berlin noch keine Lust zum Weiterarbeiten in mir verspürt. Es ist eine vorübergegangene Phantasie, *car il faut, que je tâte de tout.*[24]

Es ist wieder lange her, gute Schnucke, daß ich einen Brief von Dir habe – wahrscheinlich gehen die Posten dorthin und -her ein wenig unregelmäßig. Auch von Francis habe ich noch nicht die geringste Nachricht erhalten. Wenn wir nach Berlin gehen, muß er doch mit, daß er sich an die Städte gewöhnt, und mit einem guten Halsbande bekommt man ihn schon wieder, wenn er verloren ginge. *Apropos* von verlieren, vorgestern brachte Louis Pückler[25] bei mir zu und verlor mir beim Ausfahren meinen Stock mit Dr. Syntax' Bildnis, ein Verlust, der mich sehr schmerzt. *Ce garçon ne me portera pas bonheur.*[26]

Adieu, Schnucke, *et que Dieu vous bénisse et vous conserve à*

Votre Lou.[27]

Berlin, den 16. September 1830

Ich habe eine große Genugtuung in literarischer Hinsicht für meinen Freund erhalten. Ich schrieb Dir doch, daß Varnhagen die ›Briefe eines Verstorbenen‹ an Goethe schicken wollte. Denke Dir sein und mein Erstaunen, als er gestern schon von Goethe, der so vornehm auf die neuere Literatur herabblickt, einen Brief mit einer Rezension des erwähnten Buches erhält, die unter seinem Namen in die ›Berliner Kritischen Blätter‹ eingerückt werden soll, und dazu eine höchst vorteilhafte Rezension. Varnhagen sagte, dies wäre ein Zug aus dem Glückstopf für meinen Freund, und eine so seltene Sache bei Goethe, daß er im höchsten Grade davon überrascht gewesen sei.

Eine hübsche (und so ganz ungesuchte) Ehre ist es allerdings, die erste Rezension vom Olymp her, und eine gute, zu bekommen. Diese gibt ohnfehlbar die Richtung in Deutschland. Montag, gute Schnucke, werde ich in Muskau sein, eher wohl nicht; gedulde Dich also nur noch ein bißchen.

Dein treuer Lou.

Muskau, den 14. Oktober 1830

Liebste Schnucke,

hast Du denn mit Varnhagen über mein Buch gesprochen und Goethes Rezension gelesen? Was sagst Du denn dazu? *J'avoue, que ce petit triomphe me fait plus de plaisir, qu'aucun que j'ai remporté, puisque je le dois uniquement à moi-même.*[28]

Im ›Konversationsblatte‹ und im ›Hesperus‹ sollen auch schon Rezensionen stehen. Suche mir sie doch zu verschaffen.

Vor allem aber habe mich lieb; denn einen besseren Lou wie ich für Dich, kriegst Du doch nicht wieder. Du kannst ihn nie verlieren, heirate ich auch noch so viel Weiber, als der Großsultan hat. *En attendant cependant, je ne suis marié qu'avec mon livre,*[29] dessen dritter Teil nun völlig korrigiert und gerundet ist, was ebenso viel Zeit weggenommen hat, als ihn zu machen. Morgen beginne ich den letzten und schwersten, weil er die englische Gesellschaft, das Theater usw. behandeln soll, eine zu ernste Arbeit, um mich sehr dabei zu amüsieren. Diesen denke ich aber durchaus nicht fertig zu machen, sondern mich nur ein wenig in die Materie hineinzuarbeiten. Der dritte schließt mit der Parkreise mit Rehder, wo ich hoffe, daß der Warwick-Artikel einen guten Glanzpunkt abgeben soll. Freilich sind manche Wiederholungen nicht zu vermeiden, und ich gebe diesmal das Manuskript an Varnhagen, um zu streichen was ihm beliebt.

Deine Kinder triumphieren jetzt beide, Adelhaid in der großen Welt, ich in der noch größeren literarischen.

Muskau, den 23. Oktober 1830

Schicke mir doch das Blatt der ›Staatszeitung‹, und auch wenn feindliche Rezensionen kommen oder *propos*,[30] verheimliche sie mir nicht. Ich bin für alles das gewaffnet, und macht man mir's zu arg, so werde ich ein Türke. Meine Elastizität kann nichts Irdisches, nur der Tod unterdrücken. Der Geist ist stark, wenngleich das Fleisch schwach ist; und wenn man die Welt so sehr aus dem großen allgemeinen Gesichtspunkte zu betrachten gewohnt ist, so verliert das Einzelne die Wichtigkeit und affiziert[31] nur im Moment. Fürchte also durchaus nie für mich und suche selbst ein wenig mehr Kühnheit hervor. In ihr ruht in der Welt noch die beste Sicherheit.

Dein Lupus.

*

Sorau, den 10. Juni 1831

Durchlauchtigster Fürst!
Gnädiger Herr!

Ich bin am verwichenen Sonntage in Ew. Durchlaucht freundlichem Muskau gewesen, mir mit der Hoffnung schmeichelnd, Ihnen aufwarten zu können, Sie erschienen aber nicht. Jetzt rufen mich meine Verhältnisse schnell auf mein Gütchen in die Neumark zurück, und ich muß also die Ehre und Freude entbehren, Ihnen meinen gewiß herzlichen und innigen Dank für die Mitteilung Ihres schönen und gehaltreichen Werkes mündlich abzustatten. Die Fürstin Durchlaucht, welche ich darum gebeten hatte, wird diesen Dank in meinem Namen abgestattet haben, und ich bin dieser liebreichen und trefflichen Dame dafür verbunden. Gegen einzelne, von Ihnen mein Fürst! aufgestellte philosophische Behauptungen, würde ich vielleicht Einwendungen erhoben haben; die Lebhaftigkeit mündlicher Erörterung würde Materien ein Interesse verliehen haben, die in der Beschränkung brieflicher Form von ihrer Vielseitigkeit verlieren. Vielleicht kommen Ew. Durchlaucht bei Fortsetzung Ihrer Arbeit darauf zurück, und ich, wie so viele andere Ihre geistreiche Form verehrende Leser, sehen dieser Fortsetzung daher doppelt begierig entgegen.

Mit aufrichtiger Verehrung
Doktor Nürnberger

Weimar, den 5. Januar 1832

Wenn der edle Scheintote auf seinen zurückgelegten Reisewegen freudig von mir begleitet ward, so muß der in's Leben Zurückkehrende mich gewiß auf Schritten und Tritten teilnehmend an seine Seite ziehen.

Leider begegnete ich auf den ersten Schritten mir selbst, und wie man weiß, hat jedes Doppeltsehen, vom Schielen und Schwindel an bis zum *double sight*, immer etwas Apprehensives[32], ja Sinneverwirrendes.

Davon mich wieder herzustellen, so eiligst als möglich, halte ich als Langelebender für Pflicht, um einen freien Dank für die mir übersendeten höchst willkommenen Bände desto heiterer abstatten zu können. Als treusten und bequemsten Reisegefährten indessen hochachtungsvoll sich unterzeichnend allerbestens empfohlen zu sein wünscht.

J. W. Goethe

Anmerkungen Teil I

Die Seitenangaben der Textbezüge zu Pücklers ›Andeutungen über Landschaftsgärtnerei‹ verweisen auf die Ausgabe: it 1024; Frankfurt 1988.

Vorwort

1 ad modum Minellii: lat. nach der Art des Minelli. Jan Minelli (1625-1683) übersetzte lateinische Texte für den Schulgebrauch, wobei er den Schülern sog. ›Eselsbrücken‹ anbot. Zum Kontext s. Nachwort im II. Teil dieser Ausgabe.

Fünfundzwanzigster Brief: 12. Juli 1828

2 à l'anglaise: franz. auf englische Art.
3 con amore: ital. mit Zuneigung (Liebe).
4 Misanthrop: griech. Menschenfeind.
5 Cicerone: lat.-ital. Fremdenführer; scherzhafter Vergleich mit dem röm. Redner Marcus Tullius Cicero (106 v. Chr.-43 v. Chr.).
6 vue: franz. Aussicht.
7 Fortunatos Wünschhütlein: Erlebnissphäre in der Volksdichtung des frühen 15. Jh.s.
8 ribbons: engl. Bänder; gemeint ist hier eine Dachkonstruktion.
9 rigolen: pflügen und umgraben des Bodens bis in eine Tiefe von ca. 60 cm. Dabei Austausch der Bodenschichten. Vgl. a. ›Andeutungen‹ S. 33.
10 Entre la poire et le fromage: franz. Zwischen Birne und Käse (d. h., während des Nachtisches).
11 honneurs: franz. Ehrerbietung (Betreuung).
12 Karessen: Schmeicheleien.
13 faux bond: franz. Wortbruch.
14 Ici aist syr (...): altfranz. Hier ruht Sire Guilleaume de Harcourt, Sohn des Robert de Harcourt und der Isabel de Camvile.
15 abandon: franz. Preisgabe (Offenheit).
16 cotte de mailles: franz. gepanzerte Kleidung.

17 Quant à moi, qui ne suis (...): franz. Was mich betrifft, der ich bislang weder ein Heiliger noch ein Engel bin, gestatte mir, daß ich, um des Abendessens willen, mich von Dir verabschiede.
18 ad libitum: lat. nach Belieben.
19 It is so delightful: engl. Es ist so köstlich.
20 embarras. franz. Umstände.
21 Je dévore déjà un œuf – adieu: franz. Ich verschlinge bereits ein Ei – leb' wohl.
22 Si non, voilà leur histoire: franz. Wenn nicht, nun, hier ist ihre Geschichte. – Es handelt sich um die bekannten ›Ladies of Llangollen‹, Eleanor Butler (?-1829) u. Sarah Ponsonby (?-1831).
23 contenance: franz. Haltung.
24 jupon: franz. Unterrock.
25 grand cordon des Ludwigsordens: Ordensband zum Ludwigsorden.
26 et pour comble de gloire: franz. und um dem Ganzen die Krone aufzusetzen.
27 aisance: franz. Zwanglosigkeit.
28 de l'ancien régime: franz. (wie zur Zeit) der alten Regierung. (Gemeint ist Frankreich vor 1789.)
29 infirm: schwach.
30 Pücklers Großvater: Georg Alexander Heinrich Hermann von Callenberg. Zu Callenberg (IV.) s. a. ›Andeutungen‹ S. 347f.
31 sollizitieren: (um etwas) nachsuchen.
32 Epopöe: Epos (erzählende Versdichtung).
33 belles horreurs: franz. schöne Schrecklichkeiten.
34 Merlin: Zauberer in der Artus-Sage (ca. 500 n. Chr.).
35 tormento: ital. Ärgernis.
36 NB: lat. merke gut!
37 in dubio: lat. im Zweifel.
38 rara avis: lat. seltener Vogel.
39 crème de la bonne société: franz. oberste Schicht der guten Gesellschaft.
40 Themis: griech. Göttin der Sittsamkeit.
41 Cameralist: Staats- u. Wirtschaftsgelehrter.
42 bonhomie: franz. Gutmütigkeit.
43 Isolani: Johann Ludwig Graf von Isolani (1580-1640). Kroaten-General im 30jährigen Krieg. Pücklers Anspielung: Isolani verweigerte Wallenstein den Dienst und erhielt dafür eine hohe Belohnung. S. a. ›Andeutungen‹ S. 346.

44 Avis aux lecteurs!: franz. Hinweis an die Leser!
45 qui ne saurait (...): franz. der die Anzahl seiner Esel nicht zählen kann.
46 gerieren: (sich) benehmen.
47 Starost von Pückling: Bezeichnung f. einen poln. Landeshauptmann; mit ›Pückling‹ meint Pückler sich selbst. Auch die anderen Phantasienamen in diesem Textabschnitt stammen aus dem Briefnachlaß P.s und beziehen sich auf konkrete Personen im Bekanntenkreis P.s
48 Maximilian Karl Friedrich Grävell (1781-1860): ›Der Regent‹.
49 n'importe lequel, et comment.: franz. unwichtig welcher und auf welche Art und Weise.
50 Beati possidentes: lat. Glücklich die Besitzenden.
51 Eheu, iam satis!: lat. Ach, schon genug!
52 Aufgrund der Beschlüsse des Wiener Kongresses (1815) fiel ein Teil der Oberlausitz und damit auch die Standesherrschaft Muskau an Preußen. Pücklers Rechte als Standesherr wurden erheblich eingeschränkt. Die kostspieligen Umstände, die die Bürokratie immer wieder mit sich brachte, veranlaßten Pückler zu zahlreichen kritischen Vergleichen. Über Pückler und seine literarischen Werke gaben preußische Staatsorgane in Geheimberichten über die Jungdeutschen Schriftsteller ein negatives Urteil ab. Pücklers Stand und seine guten Beziehungen zur Administration in Berlin verhinderten jedoch zensorische Eingriffe in seine Schriften. (Vgl. a. ›Andeutungen‹ S. 159).
53 soutenieren: untermauern.
54 Pharao: franz. Kartenspiel.
55 verm. (Leopold) und Elise von Hohenhausen (1789-1857).
56 vogue: franz. Mode.
57 Wilhelm Hauff (1802-1827): ›Mitteilungen aus den Memoiren des Satans‹ (1826).
58 Ephemeren: (Ephemeride) nur einen Tag dauernd; ohne bleibende Wirkung.
59 avec un tel air de famille: franz. mit einer solchen Familienähnlichkeit.
60 vgl. Schiller: ›Shakespeares Schatten‹ (Gedicht).
61 degoutieren: franz. anwidern.
62 Leopold Schefer (1784-1862): Dichter, Jugendfreund und Berater Pücklers. S. a. ›Andeutungen‹ S. 236.
63 coterie: franz. clique (abwertend f. einen best. Personenkreis).
64 old Saxon style: engl. alter Stil der Sachsen.

65 rez-de-chaussée: franz. Erdgeschoß.
66 aboutieren: münden, zusammenlaufen.
67 pièces: franz. Stuben.
68 pantry: engl. Vorratskammer.
69 car c'est comme une bataille: franz. denn das ist wie in einer Schlacht.
70 Pariser Rutschberge: Von russ. Truppen 1814/15 in Paris eingeführte künstliche Rutschbahn aus Holz.
71 echantillon: franz. Probe.
72 Gemeint sind die Berliner u. das auf Sandboden erbaute Berlin.
73 August v. Kotzebue (1761-1819): ›Die deutschen Kleinstädter‹ (Lustspiel, aufg. 1803 am Berliner Schauspielhaus).
74 Gemeint ist die Turnbewegung ausgehend von Friedrich Ludwig Jahn (1778-1852).
75 alterum tantum: lat. mit vielem anderen; doppelt soviel.
76 Bibelgesellschaften: Verein zur Verbreitung der Bibel (gegr. 1804 in London).
77 rektifizieren: berichtigen.
78 A quoi bon tout cela?: franz. Wozu dies alles?
79 Otahiti: alte Bezeichnung für Tahiti.
80 hyperboreische Gegend: (grch.) ›jenseits der Berge‹ liegend; unwirklich.
81 Herrnhuter: von Nikolaus Ludwig Graf von Zinzendorf (1700-1760) 1722 aus den Resten der Böhmischen Brüder u. den dt. Pietisten gegründete Brüdergemeine (Brüderunität); mit Stammort Herrnhut. Pückler wurde, als Kind, den Herrnhutern in Uhyst überlassen.
82 Martini: 11. November.
83 Nemesis: (grch.) Göttin der ausgleichenden Gerechtigkeit.
84 Claurensches Vergißmeinnicht: gemeint ist vermutlich Heinrich Clauren (1771-1854).
85 Hymen: (grch.) Gott der Ehe.
86 idiosynkratisch: überempfindlich.
87 Willibald Alexis (1798-1871); mit bürgerlichem Namen: Wilhelm Häring.
88 Wisotzki: Berliner Vergnügungslokal.
Jungfernstechen: Das Schießen von Pfeilen oder Speeren auf Strohpuppen.

Sechsundzwanzigster Brief: 19. Juli 1828

1 Snowdon: höchster Berg in England (1085 m); höchster Berg in Großbritannien: Ben Nevis (1343 m) in Schottland.
2 honneurs: franz. Ehrerbietung (Betreuung).
3 char à bancs: franz. einfacher Wagen mit Brettersitzen.
4 train de chasse: franz. in wildem Galopp.
5 encouragieren: ermutigen.
6 clair-obscur: franz. Helldunkel.
7 frock-coat: engl. Frack.
8 ci-devant jeune homme: franz. (der) einst junge Mann.
9 Libation: Trankspende für die Götter.
10 if possible: engl. wenn möglich.
11 et bien m'en pris: franz. und daran tat ich gut.
12 1277 begannen die Eroberungskriege der Engländer gegen die Waliser unter König Eduard I., der nach dem Sieg über Wales seinen Thronfolger, Eduard II., zum Prince of Wales ernannte.
13 L'émotion du danger plaît à l'homme: franz. Das Gefühl der Gefahr gefällt dem Mann.
14 Gourmand: (franz.) Feinschmecker; Gourmet: Weinkenner.
15 Hebe: Göttin der Jugend.
16 Rudera: lat. Trümmer, Überreste.
17 Segontium: röm. Siedlung.
18 ennuyieren: langweilen.
19 Je n'ai pas cette (...): franz. Ich habe nicht diesen Anspruch, das weißt Du, ich lasse meiner Feder freien Lauf.
20 Dalgetty: Figur aus Walter Scotts ›The Legend of Montrose‹ (1819). Scott bekannte sich erst 1829 zu seinen Romanen.
21 übersuszeptibel: überempfindlich.
22 y a entendu malice: franz. dachte etwas Böses dabei.
23 Philippika: Strafrede.
24 Konventikel: privat-religiöse Zusammenkunft.
25 decouvrieren: enthüllen.
26 vgl. Schiller: ›Die Bürgschaft‹.
27 que S. M. avait (...): franz. daß Seine Majestät alle Herzen gewonnen habe.
Oui, mais pas (...): Ja, aber nicht eine Seele! Nicht einmal eine halbe Seele.

28 pour la rareté du fait: franz. aufgrund der seltenen Gelegenheit.
29 boudoir: franz. Damensalon.
30 stupende: verblüffend; Thomas Telford (1757-1834) erbaute diese einzige Verbindungsbrücke zwischen der Insel Anglesey u. der britischen Hauptinsel in den Jahren 1819-1826. Zwanzig Jahre später wurde unweit dieser Brücke noch eine Eisenbahnüberquerung errichtet.
31 Diligence: Eil-Postkutsche.
32 Sur ce, n'ayant (...): franz. Hiermit, da ich nichts mehr zu sagen habe.
33 et c'est beaucoup dire: franz. und das will viel heißen.

Siebenundzwanzigster Brief: 23. Juli 1828

1 Chère et bonne: franz. Liebe und Gute.
2 mazedonische Phalanx: schwerbewaffnete griechische Schlachtordnung.
3 Apis: heiliger ägyptischer Stier.
4 Ironische Bemerkung Pücklers, der Elemente dieser Art in Parkanlagen verachtete. Vgl. a. ›Andeutungen‹ S. 40f.
5 Berliner Gartenverein: gegründet 1822.
6 piècen: franz. Stuben.
7 acquetta: ital. Gifttrank.
8 Studiosen auf der Wartburg: Wartburgfest am 18. Okt. 1817.
9 unverbrennbarer Spanier: vgl. den Don Juan in Mozarts ›Don Giovanni‹.
10 cart: engl. ungefederter zweirädriger Wagen.
11 Hades: griech. Totenreich, Unterwelt.
12 krenelierte Mauer: mit Zinnen versehene Mauer.
Tryfan: 915m üNN.
13 Merlin: Zauberer in der Artus-Sage (ca. 500 v. Chr.); König Vortigern gilt als einer der frühesten Könige Englands.
14 Pückler nahm als Offizier an den Befreiungskriegen teil. Am 9. Oktober 1816 flog er mit der Luftschiffer Reichardt in einem Ballon über Berlin; die Reise endete allerdings mit einer Bruchlandung.
15 imp: engl. Kobold.
16 wo prophetic Merlin sat, when (...): engl. wo der Prophet Merlin saß, als er dem König von Britannien weissagte, die fernen Wandlungen seien glücklich.

17 inaccessible: unzugänglich.

18 Christian Fürchtegott Gellert (1715-1769); dt. Dichter der Aufklärung.

19 déjeuner dînatoire: franz. ausgedehntes Frühstück.

20 car les hommes (...): franz. (ironisch) denn die Menschen sind nicht so dumm.

21 et je pars. Adieu: franz. und ich reise ab. Leb' wohl. (Dieser Zusatz ist ab der zweiten Auflage nicht mehr gedruckt.)

22 aisance: franz. Leichtigkeit.

23 Point d'argent, point de suisse: franz. Ohne Geld, kein Diener. – P. benutzt das franz. Wort suisse (i. d. Vorlage: Suisse) i. d. doppelten Bedeutung: Schweiz u. Diener. Zum einen bezieht sich der Satz auf P.s Situation während seiner Reise durch die Schweiz, wo er als ›Sekretär Hermann‹ fast mittellos u. zu Fuß (ohne Diener) reiste (1808). Zum anderen auf den Zweck seiner Englandreise, nämlich den in Muskau drohenden Bankrott durch eine reiche Heirat aufzuhalten. Deutlich wird diese Interpretation a. im Gespräch mit Brummell (s. 46. Brief; Anm. 54).

24 peak: engl. Bergspitze.

25 Particulier: (franz.) Sonderling.

26 Gemeint ist hier die Trennung von seiner geschiedenen Frau Lucie und die Parkanlage in Muskau.

27 Falstaffs Philosophie: Falstaff, eine Figur aus Shakespeares ›König Heinrich IV.‹ u. ›Die lustigen Weiber von Windsor‹, dient hier als Bild für eine gewünschte Gedankenleichtigkeit u. Weltkenntnis.

28 deus ex machina: lat. Gott aus der Maschine. (Im Sinne von: eine unerwartete Hilfe.)

29 Imperiale: freier Sitz auf der Kutsche.

30 Rudera: lat. Trümmer, Überreste.

31 closet: engl. geheimes Zimmer.

32 oriel-window: engl. Erkerfenster.

33 plaice: engl. Scholle. Die falsche Übersetzung (Platz) im Text, resultiert aus der Schreibweise P.s: Place.

34 diminutiv: verkleinert.

35 créneaux: franz. Zinnen.

36 Ostentation: Prahlerei.

Achtundzwanzigster Brief: 4. August 1828

1 la chère excellente: franz. die Kost ausgezeichnet.
2 Voilà, ce que c'est que la foi!: franz. Nun, das macht allein der Glaube!
3 county: engl. Grafschaft.
4 dekouvrieren: zu erkennen geben.
5 honneurs der Ruine: franz. hier: den geschichtlichen Hintergrund der Ruine erläutern.
6 riz au lait: franz. Milchreis.
7 Fatiguen: Anstrengungen.
8 mais n'importe: franz. aber das ist nicht wichtig.
9 exordium: lat. Anfang, Einleitung.
10 Mylords and Gentlemen (...): Mylords und Gentlemen; Meine Schurken und Narren; (franz.) Meine Betrüger und Betrogene.
11 race: engl. Rasse.
12 revolving lights: engl. sich drehendes Leuchtfeuer.
13 affrös: abscheulich.
14 Christian Gotthelf Salzmann (1744-1811): ›Carl von Carlsberg oder Über das menschliche Elend‹ (Erziehungs-Roman).
15 aguerrieren: abhärten.
16 alignieren: abmessen.
17 conduits de chaleur: franz. Heizungsrohre.
18 Lord-Lieutenant: Vizekönig von Irland u. Vertreter der engl. Krone.
19 Je vous fais grâce du reste.: franz. Ich möchte Dich mit dem Rest verschonen.
20 peristrephic panorama: Rundgemälde, in dessen Mittelpunkt der Betrachter steht u. dadurch in das Bildgeschehen mit einbezogen wird. Von der barocken Theatermalerei übernommen u. Ende des 18. Jh.s als selbständiges Schaubild entwickelt. In London zur Vermittlung der Kenntnis fremder Städte. In Paris zur Darstellung der Siege Napoleons. K. F. Schinkel: Panorama von Palermo, 1808.
21 Molo: lat.-ital. Damm.
22 Peeress: engl. Frau eines Pairs (Peers); der aufgrund seines Adels zur Nobilität gehört.
23 jocrisse: franz. Einfaltspinsel.
24 irish blunders: engl. irische Tölpeleien.
25 de son chef: franz. eigenmächtig.

26 quid pro quo: lat. Mißverständnis, Ersatz.
27 He has a bad character: engl. Er hat einen schlechten Charakter.
28 Tussilago: lat. tussis-agere, Husten-vertreiben: Huflattich.
29 arides Gras: trockenes Gras.
30 dessins à jour: franz. offene Muster.
31 such a horrid place: engl. (in) solch einem schrecklichen Ort.
32 chokant: anstößig.
33 Sinecuren: lat. Ohne-Sorge-Einkommen. Erträge (Pfründe), die im Mittelalter hauptsächlich den Kirchen zugute kamen und für die der Empfänger keinen Arbeits- oder Verwaltungsaufwand zu leisten hatte.
34 refüsieren: verweigern.
35 Prätention: Anspruch.
36 fausse honte: franz. falsche Scham.
37 aisance: franz. Ungezwungenheit.
38 Almacks: Modebälle, so gen. nach dem Urheber dieser Veranstaltungen für die adlige Gesellschaft.
39 wit: engl. weiser Mensch.
40 entre nous: franz. unter uns.
41 enclos: franz. Umfriedung.
42 tant bien que mal: franz. wohl oder übel.
43 Didone abbandonata: ital. verlassene Dido; sagenhafte Gründerin Karthagos, die sich tötete aus Schmerz über den Weggang des Äneas (s. Vergil: ›Aeneis‹).
44 Lawrence Sterne (1713-1768): ›Yorick's Sentimental Journey through France and Italy‹ (Roman).
45 Finissez!: franz. Hören Sie auf!
46 je craindrai le sort d'Abufar.: franz. ich werde das Schicksal Abufars fürchten. (Abu Hannifar [699-767]; Gründer u. Verfechter eines gemäßigten Islam-Glaubens, der im Gefängnis von Bagdad getötet wurde.)

Neunundzwanzigster Brief: 22. August 1828

1 Diligence: Eil-Postkutsche.
2 grâce efficace: franz. wirksame Gnade.
3 Kühleborn: Friedrich Freiherr de la Motte-Fouqué (1777-1843): ›Undine‹. (Novelle). Hierin: ein Wassergeist, gen. Kühleborn.
4 vgl. ›Andeutungen‹ S. 55.

5 fatiguieren: ermüden (a. fatigieren; vgl. Fatigue).
6 entire vale: engl. (poet.) unversehrtes (vollkommenes) Tal.
7 Aha: Begriff aus der Gartengestaltung. Senke am Rand eines Parkteils, über die man hinwegsehen kann, ohne daß das Auge die Unterbrechung der Landschaft wahrnimmt. Ähnlich dem Blick über die Ufer eines Flusses, wobei das Flußbett nicht sichtbar wird. U. a. zum Schutz vor eindringenden Tieren. Das Wort erklärt sich durch den überraschenden Ausruf ›Aha!‹ bei der Entdeckung dieses Gestaltungstricks unmittelbar vor der Senke.
8 Aeltervater: Urgroßvater u. Ururgroßvater.
9 nonchalance: franz. Nachlässigkeit.
10 sic fabula docet: lat. so berichtet die Fabel.
11 Cicerone: lat.-ital. Fremdenführer; scherzhafter Vergleich mit dem röm. Redner Marcus Tullius Cicero (106 v. Chr.-43 v. Chr.).
12 echantillon: franz. Muster.
13 Rudera: lat. Überreste.
14 à mon aise: franz. in meinem Wohlbefinden.
15 encombriert: behindert.
16 mäandrisch: schlangenförmig (nach: Mäander, Fluß im Süden von Izmir).
17 passierte Frau: i. d. Bedeutung von ›verblühte Frau‹.
18 car je ne vaux plus rien à pied: franz. denn ich tauge nichts mehr zu Fuß.
19 Prärogative: Vorrecht.
20 vgl. Teil III; 7. Brief, London den 16. Dez. 1828.
21 Apis: heiliger ägyptischer Stier.
22 absentees: engl. Abwesende (ihren Besitz durch Beamte verwalten lassend).
23 Patriarch: gem. ist Goethe.
24 Lord Byron wurde von seiner Frau geschieden, die vorgab, ihr Mann habe ein Verhältnis mit seiner Halbschwester. Durch dieses Gerücht verlor Byron seine Gesellschaftsfähigkeit in England. Er verließ das Land 1816 und starb 1826 im griech. Freiheitskampf. Seine Memoiren, die Thomas Moore erbte, wurden von diesem vernichtet.

Dreißigster Brief: 29. August 1828

1 Gemeint ist der Muskauer Park, von Pückler seit 1815 gestaltet.
2 il faut le dire: franz. man muß es sagen.
3 foule: franz. Menschenmenge.
4 agacieren: reizen.
5 égards: franz. Rücksichten.
6 deployieren: entwickeln.
7 illicit: unerlaubt.
8 plat de ménage: franz. Tafelaufsatz für Gewürze.
9 speech, crime, con: engl. Rede, Verbrechen, Zuwiderhandlung (contra).
10 Indigestion: Verdauungsstörung.
11 Virago: Frau mit krankhaftem maskulinem Sexualverhalten.
12 colombier: franz. Taubenhaus.
13 nonchalamment: franz. nachlässig.
14 Imperiale: offener Sitz auf der Kutsche.
15 Diligence: Eil-Postkutsche.
16 Gemeint ist Berlin.
17 Lord-Lieutenant: Vizekönig von Irland u. Vertreter der engl. Krone.
18 Botany Bay: Beginn der engl. Besiedelung von Australien, südlich des heutigen Sydney, durch Gefangenentransporte ab 1788. Nach 1826 auch durch freie Siedler.
19 1821 segelte Georg IV. nach Irland, mußte aber unverrichteter Dinge noch am gleichen Tag zurückreisen.
20 mesquin: franz. gering; armselig.
21 mauvais plaisant: franz. Scherzbold; übler Witzbold.
22 kath. Association: Catholic Association; Vereinigung zur Wahrung der politischen u. religiösen Rechte der Kath. in Irland (Dublin, 1822-1825). Spätere Neugründung und polit. Gleichberechtigung der irischen Kath. durch Daniel O'Connell (1775-1847); s. a. 34. Brief.
23 car l'humanité catholique (...): franz. denn die katholische Menschheit stinkt ebensoviel wie jede andere.
24 le premier des hommes: franz. der erste Mensch (in bezug auf den vorher im Text genannten Namen).
25 pas de deux: franz. (eine Ballettfigur).
26 E.T.A. Hoffmann (1776-1822); romantischer Dichter.
27 bewilder: engl. irremachen; verwirren.

Einunddreißigster Brief: 5. September 1828

1 Gare aux flatteurs! Vous me gâtez.: franz. Vorsicht vor Schmeicheleien! Sie verderben mich.
2 qui n'y entend (...): franz. der sich nichts Böses dabei denkt.
3 et m'y voilà: franz. und da bin ich nun.
4 Pücklers Heimat, die Lausitz, wurde vorwiegend durch Wenden (Sorben) besiedelt. Muskau gehört jedoch zur Oberlausitz. Umgeben ist die ehem. Standesherrschaft mit ausgedehnten Kiefern- und Föhrenwäldern.
5 Damenparüren: Schmuck.
6 Heidekorn: Fagopyrum; Buchweizen.
7 Haupt-point de vue: franz. Hauptaussicht. (Vgl. a. ›Andeutungen‹ S. 13.)
8 Je m'exécute (...): franz. Ich übe mich daher in Dankbarkeit.
9 Herrnhuter: s. Anm. 81; 25. Brief.
10 La grâce n'y était pas: franz. Die Würde fehlte.
11 race-course: engl. Rennbahn.
12 Shillelagh: Irische Kampfwaffe (Keule) aus Schlehdorn- oder Eichenholz.
13 Que dites-vous de cela?: franz. Was sagst Du dazu?
14 cramoisi: franz. rot (Farbstoff).
15 hor du jeu: franz. abseits; aus dem Spiel.
16 Kontusion: Quetschung.
17 contest: engl. Wettkampf.
18 al pari: ital. gleichstehende (Wetten).
19 effektuieren: ausführen.
20 Brobdingrag/Brobdingnag: beide Schreibweisen als Phantasiebezeichnung für das Land der Riesen in: Jonathan Swift (1667-1745) ›Gullivers Reisen‹.
21 char à bancs: franz. einfacher Wagen mit Brettersitzen.
22 Donna del Lago: ital. Flußfrau.
23 Meg Merrili: Figur aus dem Roman ›Lady of the Lake‹.
24 festons: franz. Bogenförmig durchhängende Blumen-Schmuckmotive.
25 plain: engl. Ebene.
26 point d'Alençon: Alençoner Spitzen.
27 Ostentation: Prahlerei.

Zweiunddreißigster Brief: 14. September 1828

1 parlez moi raison, si vous l'osez: franz. rede mir von Vernunft, wenn Du es wagst.
2 Bouche riante (...): franz. Lachender Mund und eiserne Stirn, und Du kommst überall durch.
3 efforts: engl. Anstrengungen.
4 Schlüsselbüchsen: einfaches Rohr mit Zündloch zum Abbrennen von Schwarzpulver.
5 mais j'ai pris médecine (...): franz. aber ich habe Medizin genommen, sie hat gewirkt.
6 faute d'occasion de pécher: franz. aus Mangel an Gelegenheit zu sündigen.
7 faute de trouver (...): franz. da nichts Lächerlicheres zu finden ist.
8 C'est le sang africain: franz. Das ist das afrikanische Blut.
9 proponieren: vorschlagen.
10 Konventikel: privat-religiöse Zusammenkunft.
11 Frau von Sexaginta: sexaginta: lat. sechzig; die Zahl 6 oder a. die dreimal wiederholte Zahl 6, gilt als Symbol des Teufels. P. meint wohl die Frau des Teufels. Allerdings handelt es sich in den schriftlichen Überlieferungen von Märchen u. ä. um die Großmutter des Teufels. Beides ist hier interpretierbar (evtl. a.: s. 26. Brief ›Auszug aus der Lamms-Zeitung‹; Anm. P. s.).
12 Orangeman: Mitglied der ›Orange Lodge‹, einer geheimen ultra-protestantischen 1795 in Belfast gegründeten Vereinigung. Wahrscheinlich leitet sich der Name von William of Orange (Oranien-Nassau) ab. Sicher ist die Verwendung von orangefarbigen Abzeichen innerhalb der Vereinigung.
13 race: engl. Rasse.
14 Qu'en dites-vous, Julie?: franz. Was sagst Du dazu, Julie?
15 mais honni soit (...): franz. aber ein Schuft, der Schlechtes dabei denkt. (Devise des 1350 gegr. engl. Hosenbandordens.)
16 vgl. ›Andeutungen‹ S. 39 (Gestaltungsgrundsatz, Grundidee Pücklers).
17 pour prouver (...): franz. um die überwundene Schwierigkeit zu zeigen.
18 Capuas Verweichlichung: Anspielung auf die punischen Truppen Hannibals, die während der Kämpfe gegen die Römer 216 v. Chr. das Wohlstandsleben in Capua (nördl. v. Neapel) genossen.

19 J'aime à effleurer les choses (...): franz. Ich liebe es die Dinge zu berühren, aber nicht (sie) tiefer zu ergründen.
20 clopin-clopant: franz. mit Ach und Krach (hinkend).
21 rancune: franz. Zorn.
22 à mesure: franz. in dem Maße.
23 Maire: franz. Bürgermeister.
24 dekontenancieren: verunsichern.
25 impayable: franz. unbezahlbar.

Dreiunddreißigster Brief: 22. September 1828

1 Je l'envoyai promener: franz. Ich habe ihn zum Kuckuck gejagt.
2 Your Royal Highness: engl. Eure Königliche Hoheit.
3 Got to the d... (...): engl. Geht zum T..., Protestanten und Katholiken.
4 haranguieren: (a. harangieren) jmd. mit Worten langweilen.
5 mésalliance: franz. Mißheirat.
6 Gemeint sind die Körperschaften mit Sinecuren-Einkünften, die nur möglich waren, wenn eine lange adlige Ahnenreihe nachgewiesen werden konnte. Ab 1803 säkularisiert.
7 mettre du fumier (...): franz. Dung auf seine Ländereien bringen.
8 Schlacht von Boyne: 1690; Sieg Wilhelms III. von Oranien über James II.; nachfolgend Unterdrückung der Katholiken.
9 Long life to Napoleon (...): engl. Lang lebe Napoleon und Euer Gnaden!
10 Diligence: Eil-Postkutsche.
11 sollizitieren: (um etwas) nachsuchen.
12 ridikülisieren: lächerlich machen.
13 embarkieren: einschiffen.
14 malgré vent et marée: franz. trotz Sturm und Flut.
15 encourageant: (encouragieren) ermutigen.
16 peremptorisch: hier: mit Nachdruck.
17 chieftain eines Clans: engl. Oberhaupt einer Sippe.
18 Shillelagh-Kampf: Irische Kampf-Keule aus Schlehdorn- od. Eichenholz.
19 katholische Association: s. 30. Brief; Anm. 22.
20 gêne: franz. Zwang.
21 enfin, Fanfreluche: franz. nun, Fanfreluche (eine kleine böse Fee aus dem franz. Märchen) muß ein Engel dagegen gewesen sein.

22 à point nomme: franz. zur rechten Zeit.
23 hors de saison: franz. unzeitgemäß.
24 J. W. Goethe (1749-1832): ›Der Fischer‹ (Gedicht) (...) / Da wars um ihn geschehn: / Halb zog sie ihn, halb sank er hin, / Und ward nicht mehr gesehn.
25 effort: engl. Aufwand.
26 maître d'hôtel: franz. Kammerdiener.
27 qui'l est resté (...): franz. daß er sogar für seinen Kammerdiener ein Held geblieben ist.
28 Vgl. Pücklers Reise durch die Schweiz (1808).
29 perpendikulär: senkrecht.
30 Vgl. P.s ›Andeutungen‹ S. 105 ff.
31 Vgl. P.s ›Andeutungen‹ S. 40 f.
32 tenants: engl. Pächter.
33 brought out: engl. (noch nicht) in die Gesellschaft eingeführt.
34 sans comparaison: franz. ohne dies vergleichen zu wollen.
35 fairies: engl. (sg. fairy) Feen.
36 est-ce le diable (...): franz. wird der Teufel oder ich den Rest schreiben?
37 Point du tout: franz. Überhaupt nicht.

Nachlaß-Briefe

1 au moins je (...): franz. wenigstens sehe ich mich so, und das genügt.
2 et c'est (...): franz. und das will viel heißen.
3 billet doux: franz. liebes (nettes) Briefchen.
4 En attendant: franz. unterdessen.
5 On est bien malheureux (...): franz. Man ist sehr unglücklich, glaube mir, wenn man auserlesen ist und annimmt, die anderen sind es ebenso.
6 il faut l'avouer (...): franz. wie ich eingestehen muß, in den Tag hinein.
7 et j'ignore à qui (...): franz. und ich weiß nicht, bei wem die Schuld liegt.
8 malade imaginaire: franz. vermeintlich krank.
9 dans les glaçons (...): franz. auf den Eisschollen im Norden.
10 there ist no doubt: engl. da gibt es keine Zweifel.

11 en payant: franz. (als) bezahlender (Gast).
12 car je vous jure (...): franz. denn ich schwöre Dir, meine Gesellschaft ist etwas wert.
13 et vous ne la (...): franz. und Du kennst sie fast gar nicht, arme Matscha.
14 et c'est quelque chose: franz. und das ist schon etwas.
15 et le cœur (...): franz. und das Herz es Dir sagt.
16 En tout cas (...): franz. Jedenfalls erwarte ich das Ergebnis mit Ungeduld.
17 Pardon, n'ai-je pas (...): franz. »Entschuldigung, hatte ich nicht die Ehre, Sie dort unten kennengelernt zu haben; sind Sie nicht zufällig meine Mutter (mein Sohn)?« – Aber Scherz beiseite, die Angelegenheit ist ernst und liegt mir am Herzen. Adieu Matscha, diesmal wirst Du meinen Brief ziemlich lang finden. Antworte mir schnell.
18 C'est vous qui serez (...): franz. Du bist es, die die Sonne sein wird, wie es recht und billig ist, und ich der fügsamste Deiner Planeten, und wenn Du es wünschst, werde ich Dein Verwalter, Diener, Kutscher und sogar Dein Zimmermädchen sein.

Anmerkungen Teil II

Die Seitenangaben der Textbezüge zu Pücklers ›Andeutungen über Landschaftsgärtnerei‹ verweisen auf die Ausgabe: it 1024; Frankfurt 1988.

Vierunddreißigster Brief: 28. September 1828

1 Ma foi, je n'en sais rien: franz. Bei meiner Ehre, ich weiß es nicht.
2 recommendable: engl. u. franz. empfehlenswert.
3 patois: franz. Mundart, Dialekt.
4 et je crois (...): franz. und ich glaube, der Teufel hat hier nichts verloren.
5 Aus Schillers ›Wallensteins Tod‹: Wallenstein zu Gordon (gegen Ende des V. Auftritts): »Gut Nacht, Gordon! / Ich denke einen langen Schlaf zu tun, / denn dieser letzten Tage Qual war groß / (...).«
6 expedieren: befördern.
7 brouillieren: unzufrieden sein.
8 cotoyieren: entlangfahren, entlangstreifen.
9 omnia mea: lat. alles was ich besitze; nach Bias (ca. 625-540 v. Chr.), grch. Philosoph: ›Omnia mea mecum porto.‹
10 Thomas Croker (1798-1854): Ähnlich wie die Brüder Grimm, sammelte C. irische Volksmärchen.
11 Vous direz que (...): franz. Du wirst sagen, dies gehe zuweit – aber das ist nicht meine Schuld. Die Wahrheit ist oftmals nicht wirklich.
12 revenant: franz. Gespenst, hier in bezug auf: der Verstorbene.
13 Ann Radcliffe (1764-1823): engl. Bestseller-Autorin.
14 Daniel O'Connell (1775-1847): Nach der Auflösung der Catholic Association (1825) durch die engl. Regierung, betrieb O'Connell nachhaltig die Gleichberechtigung für die irischen Katholiken. Er war politisch aktiv, ohne jedoch diese Ambition als Berufs-Politiker anzusehen. Er setzte 1829 im Parlament die Milderung der irischen Steuerlasten durch und forderte die Aufhebung der Union von 1801 (sog. ›Repeal‹).
15 Georg IV. (1762-1830): Regent ab 1811.
16 Clare: Grafschaft in Irland.

17 Suada: gr. Göttin der Beredsamkeit.
18 Douai: südl. v. Lille (F); St. Omer: östl. v. Calais (F).
19 Kerry: Grafschaft in Irland.
20 Prätention: Anmaßung.
21 Comte O'Connell und Cordon Rouge: Graf O'Connell und Ritter des Ordens des königl.-franz. Ludwigsordens.
22 bretteur: franz. ein Degenheld.
23 Orangemen: s. Bd. I; 32. Brief Anm. 12.
24 vulgarity: engl. Das Gemeine (Das Populäre).
25 friar: engl. Mönch.
26 Catholic Association: s. Anm. 14; durch seine politischen Aktivitäten gab O'Connell der aufgelösten Vereinigung neue Tatkraft.
27 Appendix: lat. Anhang.
28 chieftain: engl. Häuptling, Oberhaupt eines clan (Sippschaft).
29 infaillible: franz. unfehlbar.
30 tenants: engl. Pächter.
31 imbéciles: franz. Schwachköpfe.
32 à la lettre: franz. wörtlich; buchstäblich.
33 dezidiert: entschlossen.
34 carts: engl. ungefederte (zweirädrige) Wagen.
35 ungewöhnliche Unterscheidung bei Pückler zwischen national u. nationell. Wohl in Anlehnung an: rational u. rationell.
36 rencontre: franz. Zusammentreffen; Begegnung.
37 deroutieren: in die Flucht schlagen.
38 O murther: engl.-dial. Oh Mörder.
39 Charles Potier (1775-1838): franz. Schauspieler.
40 Herr von Frömmel: vgl. Bd. I, 26. Brief (Sandomir und Sandomich).
41 Deprezieren: Abbitte leisten.
42 Thomas O'Rourke: Held in einem Märchen der Sammlung Crokers (s. Anm. 10).
43 garde-chasse: Jagdaufseher.
44 corpus delicti: lat. Beweisstück.
45 aber nicht ganz so gourmet, (...): franz. aber nicht ganz so weinkennerisch, und seinem Keller merkt man dies etwas an.
46 piper: engl. Dudelsackspieler.
47 bagpipe: engl. Dudelsack.
48 prayer-book: engl. Gebetbuch.
49 vice versa: lat. abwechselnd zugewandt.

50 ennuyieren: langweilen.
51 Joseph de Lalande (1732-1807): franz. Astronom.
52 Il faut avouer (...): franz. Man muß eingestehen, daß diese Gunst keine (besonders) große ist.
53 et je vous jure (...): franz. und ich schwöre Dir, daß ich nicht übertreibe.
54 Madame du Deffand (1697-1780): Briefwechsel mit Voltaire.
55 dans ces sortes de choses (...): franz. bei Dingen dieser Art fällt nur der erste Schritt schwer.
56 Salubrität: gesunde Verträglichkeit.
57 Rudera: lat. Überreste.
58 Approchen: Laufgräben.
59 Cœur content, grand talent!: franz. Ein ausgeglichnes Gemüt (zufriedenes Herz) ist eine große Gabe.

Fünfunddreißigster Brief: 4. Oktober 1828

1 et bien à regret: franz. und (zwar) sehr ungern.
2 dairy: engl. Molkerei; gemeint ist ein offener Unterstand zum Melken von Kühen. In Parkanlagen als Bezeichnung für einen Ort, an dem frische Milch gereicht wird.
3 attention: engl. Aufmerksamkeit.
4 tally-ho: engl. hallo! u. Weidruf.
5 fairy-Königin: engl. Märchen- od. Zauber-Königin.
6 chemin faisant: franz. unterwegs.
7 valet: lat. ein Lebwohl.
8 En croupe: franz. hinten (auf dem Pferd) aufsitzen.
9 Atlas: (arab.) Gewebe mit hochglänzender Oberfläche.
10 Zephyr: poet. f. milder Südwestwind.
11 Hüons Horn: aus Christoph Martin Wielands (1733-1813) ›Oberon‹. II. Gesang, 37: Er setzt das Horn an seine Lippen an / Und bläst den lieblichsten Ton. Stracks übermannt den Alten / Ein Schwindelgeist; er kann sich Tanzens nicht enthalten, / Packt eine Nonne ohne Zahn, / Die vor Begierde stirbt, ein Tänzchen mitzumachen, / Und hüpft und springt als wie ein junger Bock / So rasch mit ihr herum, daß Schleiertuch und Rock / Weit in die Lüfte wehn, zu allgemeinem Lachen.
12 dolce far niente: ital. süß ist's, nichts zu tun.
13 Kotillon: (franz.) Tanz(-figuren).

14 pas: franz. Schritte.
15 cod-fish: engl. Kabeljau.
16 sole: engl. Seezunge.
17 empressement: franz. Geschäftigkeit; Eifer.
18 Vgl. 33. Brief Anm. 24.

Sechsunddreißigster Brief: 5. Oktober 1828

1 Jakob I.: James I. (1566-1625) ab 1603 König von England.
2 orangeman: s. 32. Brief Anm. 12.
3 apparence: franz. Erscheinung; Aussehen.
4 stätig: störrisch.
5 entêtiert: franz. eigensinnig.
6 Whiteboys: engl. Name für div. illegale Vereinigungen seit ca. 1644. In Irland: Geheime Vereinigung der Befürworter der Landaufteilung; gegr. 1761.
7 Cavallerie-Détachement: franz. Reiter-Kommando.
8 hunters: engl. Jagdpferde.
9 Diligence: Eil-Postkutsche.
10 Imperiale: offener Sitz auf der Kutsche.
11 hors d'œuvre: franz. Beiwerk.
12 Friedrich de la Motte Fouqué (1777-1843): Der Zauberring (1813).
13 mutton-chops: engl. Hammelrippchen.
14 cotoyieren: entlangfahren, entlangstreifen.
15 qu'il ne faut pas prendre (...): franz. daß man den Bauern nicht für den König halten sollte.
16 arrière-garde: franz. Nachhut (im Gegensatz zu: avantgarde).
17 Der russisch-türkische Krieg von 1828.
18 baquet: franz. Kübel.
Pückler bekundet in diesem Textteil seine Inklination, auf türkischer Seite mitzukämpfen (Nachhut) und vermutet, daß dieser Krieg der erste magnetische Stich sein wird, der den Orient aus der arrièregarde in die avantgarde Europas verwandeln werde. Er umschreibt dies mit Begriffen aus der Theorie des Arztes Franz Anton Mesmer (1734-1815), der anhand von Tierversuchen, die er in einem Kübel durchführte, nachzuweisen versuchte, daß minimale magnetische Impulse (Stiche) eine heilende Wirkung hervorrufen (Tierischer Magnetismus).

19 bon gré, mal gré: franz. wohl oder übel.
20 manquieren: (mankieren) verfehlen.
21 somehow or other: engl. so oder so.
22 équipée: franz. Streich.
23 bonnes fortunes: franz. (glückliche Zufälle); Syn. f. Glück bei Frauen.
24 gêne: franz. Zwang.
25 effronterie: franz. Frechheit.
26 comme de raison: franz. wie es recht und billig ist.
27 peak: engl. Gipfel.
28 cottage orné: franz. geschmücktes Landhaus.
29 debitieren: (etwas verschulden).
30 personnage: franz. Person.
31 voilà tout: franz. das ist alles.
32 Ambassadeur: (franz.) Botschafter.
33 C'est plus commode (...): franz. Das ist ohne Zweifel bequemer für diejenigen die regieren.
34 trouble: engl. Unruhe.
35 in propria persona: lat. in eigener Person.
36 In der Vorlage gedruckt: Ich hielt ihnen eine dankende kleine Anrede, worauf meine Gesundheit getrunken wurde, die ich erwiderte.

Siebenunddreißigster Brief: 10. Oktober 1828

1 lions: engl. (nur pl.) Sehenswürdigkeiten. Entstanden aus: to show the lions (die Löwen im Tower of London den Besuchern zeigen). Später a. Persönlichkeiten im öffentlichen Leben bezeichnend.
2 tigers: engl. in Anlehnung an Anm. 1 umgangssprachlich für die Diener der lions bis ca. 1849 gebräuchlich (a. g. footmen).
3 C'est tout bête (...): franz. Wie Du siehst, ist es vollkommene Dummheit.
4 sec.: lat. seculum; saeculum (Jahrhundert).
5 barock: schwülstig; überladen.
6 accessible: (franz.) erreichbar.
7 guide des voyageurs: franz. Fremdenführer.
8 mutilieren: verstümmeln.
9 dean: engl. Dekan.
10 parishes: engl. Pfarrgemeinden.

11 After-Religion: veralt. f. verleumderische Religion.
12 échantillon: franz. Probe.
13 Erin: ehem. Name f. Irland. Ab ca. 1828: Erinite.

Achtunddreißigster Brief: 12. Oktober 1828

1 Gem. ist der Lucie-See im Muskauer Park. S. a. ›Andeutungen‹; Tab. XX.
2 dean: engl. Dekan.
3 Pontifex: (die Amtswürde des) Papstes.
4 honneurs: franz. Ehrenbezeugungen.
5 Proselyten: zum kath. Glauben übergetretene Heiden. Hier: aufdringliche Werbung (machen) für den Glauben.
6 Die Standesherrschaft Muskau in Oberlausitz war frühes Siedlungsgebiet des slawischen Völkerstammes (Wenden/Sorben). Pückler achtete die Kultur und Eigenheiten dieser Volksgruppe. Mit einem sehr aktiven Zentrum in Bautzen pflegt die sorbische Minderheit heute Tradition und Forschung.
7 Kirchenrevenuen: Steuern, Abgaben an die Kirche.
8 decuma: lat. Zehnt; quantitativ im Verlauf der Kirchengeschichte häufig wechselnde Abgaben, die von Untertanen an die Kirche oder a. an weltliche Grundherrn zu zahlen waren (seit d. Synode v. Macon; 585 n. Chr.).
9 par rien n'engendre (...): franz. durch nichts weniger als Kartoffeln und Elend gezeugt.
10 Quelle excellente (...): franz. Welch' großartiges Ding ist eine Staatsreligion!
11 Schlacht von Malplaquet: Ludwig XIV. (1638-1715), absolutistischer König in F. ab 1643, verlor in der entscheidenden Schlacht bei Malplaquet (1709) den Streit um die spanische Erbfolge.
12 Et Dieu (...): franz. Und hat Gott denn vergessen, was ich für ihn getan habe?
13 Il ne faut (...): franz. Es ist doch nicht nötig, über Geschmäcker zu streiten.
14 retirieren: zurückziehen.
15 courtoisie: franz. Höflichkeit.
16 submittieren: unterordnen.
17 Heureusement, sagte er, on peut (...)–(...), je penserai bien autre-

ment: franz. »Glücklicherweise (...) kann man in dieser Angelegenheit das eine mit dem anderen gewissermaßen verbinden, denn schließlich braucht man eine Religion, die sich dem Volk positiv darstellt.« – »Und außerdem (...) braucht man eine für Könige und eine für Priester – denn für die einen bedeutet sie ›Gottes Gnade‹ und für die anderen Macht, Ehrenbezeugungen und Reichtum – das Volk begnügt sich vielleicht mit guten Gesetzen und einer liberalen Regierung.

»Ah, (...) Sie denken wie Voltaire: Die Priester sind nicht das, was die öffentliche Meinung über sie sagt und (des Volkes) Leichtgläubigkeit ist unsere ganze Wissenschaft.«

»Bei meiner Ehre«, sagte ich zu ihm, »wenn alle Priester Ihnen gleichen, werde ich ganz anders darüber denken.«

18 Amphitryon: grch. Sagenkönig. Alkmene, Gemahlin des Amphitryon, zeugte mit Zeus, der in Gestalt A.s auftrat, Herakles. Pückler benutzt den Vergleich in bezug auf die beschriebene Leichtgläubigkeit u. Gespaltenheit in der Aussage des vorangehenden Zitates.

19 Après la (...): franz. Nach dem Regen (folgte) die Sonne!

20 rognons de mouton: franz. Hammelnieren.

21 carts: engl. ungefederte (zweirädrige) Wagen.

22 ditches: engl. Gräben.

23 Sagazität: Scharfsinn.

24 encouragieren: ermutigen.

25 race: engl. Rasse.

26 steeple-chase: engl. Hindernisrennen.

27 lucida intervalla: lat. klare Momente.

28 Mylords, and Gentlemen of the House of Commons!: engl. (nicht übersetzbare Anrede der Mitglieder) des Unterhauses. Teil des engl. Parlaments.

29 publico: lat. (Dat.) Publikum.

30 Foulard: Seidengewebe.

31 Die Ausschachtung des Lucie-Sees in Muskau wurde 1824 begonnen. Pückler gab zwar vor seiner Abreise nach England genaue Anweisungen, wie dieser Teil des pleasure-grounds in Muskau gestaltet werden sollte, sah aber diese Anlage, weitgehend unter der Leitung seiner ehem. Frau Lucie fortgeführt, erst nach seiner Rückkehr aus England erweitert u. im Ganzen (s. a. Anm. 1).

Neununddreißigster Brief: 17. Oktober 1828

1 Cour: (franz.) jemandem den Hof machen.
2 exzitierend: anregend.
3 sauce, en sauté: franz. Soße.
4 Gourmand: (franz.) Feinschmecker.
5 tumblers: engl. Becher.
6 roar of laughter: engl. brüllendes Gelächter.
7 retirieren: zurückziehen.
8 Zephyr: feiner Baumwoll-Leinenstoff.
9 Rabulist: Wortverdreher.
10 Je vous les communique (...): franz. Ich teile sie Dir mit, selbst auf das Risiko hin Dich zu langweilen.
11 coriace: franz. zäh.
12 flavour: engl. Aroma.
13 Hermaphrodit: Zwitter.
14 blessed (Whiskey): engl. gesegneter Whiskey.
15 Indigestion: Verdauungsstörung.
16 En attendant: franz. unterdessen.
17 Kontribution: einen Beitrag leisten; hier: in Anspruch nehmen.
18 en conscience: franz. aus Gewissensgründen.
19 car il faut (...): franz. denn man muß mit den Wölfen heulen.
20 grand festin (...): franz. großes Festmahl, viel Fleisch (bibl. a. Sinnlichkeit) und ein gutes Feuer.
21 Iffländische Amtsmänner: August W. Iffland (1759-1814); Autor und bedeutender Schauspieler. Direktor des Berliner Schauspielhauses.
22 Détachement-Soldaten: Soldaten unter speziellem Kommando.
23 gleisnerisch: heuchlerisch.
24 corpus delicti: lat. Beweisstück.
25 Botany Bay: Beginn der engl. Besiedelung von Australien durch Gefangenentransporte ab 1788 (südl. d. heutigen Sydney). Nach 1826 auch durch freie Siedler.
26 Gemeint sind die lockeren moralischen Ansichten der Zarin Katharina II. (1729-1796) u. die milde Gesetzesauslegung von Elisabeth I. (1533-1603). Beide Regentinnen sahen jedoch primär ihren politischen Vorteil.
27 que tant de valeur (...): franz. die eine solche ›Tüchtigkeit‹ entwaffnet hat.

28 Voilà une belle (...): franz. Nun, das ist eine gute Gelegenheit für die Juristen und Mediziner (darüber) zu diskutieren.
29 mauvais plaisant: franz. übler Witzbold.
30 effreniert: (franz.) zügellos.
31 Jonah Barrington (1760-1834).
32 determiniert: entschlossen.
33 Allons: franz. vorwärts!
34 tours de force: franz. Kraftakte.
35 Voilà de grandes (...): franz. Das sind große Nichtigkeiten, aber Krieg ist Krieg (Krieg im Sinne von Gewalt u. Roheit).
36 Hoboe: Oboe.
37 Bassontöne: Fagott-Töne.
38 Flageolett: kl. Flöte (mit hoher Tonlage).
39 Papagenoflöte: panflötenähnliches Instrument des Papageno (Vogelmensch) aus d. Arie des Papageno in W. A. Mozarts (1756-1791) ›Zauberflöte‹ (1791).
40 unisono: ital. Im Einklang.
41 Forte-Zug: Vorrichtung am Piano zum Erreichen einer größeren Klangfülle.
42 jig: engl. Tanz; franz. gigue.
43 fac simile: lat. (facere) ähnlich machen; Abbild.
44 Freischütz: Oper (1821) von Carl Maria von Weber (1786-1826).
45 Les beaux esprits (...): franz. Die Schöngeister begegnen sich in jedem Zeitalter.

Vierzigster Brief: 24. Oktober 1828

1 Marie Marquise de Sévigné (1626-1696): gemeint ist der sozialhistorisch bedeutende Briefwechsel mit ihrer Tochter (1818 in zehn Bänden erschienen).
2 du ton le plus parfait: franz. der vollkommensten Lebensart.
3 épanchement: franz. Erguß.
4 success: engl. Erfolg.
5 Les jolis riens (...): franz. Die hübschen Nichtigkeiten genügen nicht mehr.
6 Lord-Lieutenant: Vizekönig von Irland u. Vertreter der engl. Krone.
7 emancipation: engl. Gleichstellung (der Protest. u. Kath.)
8 à s'y méprendre: franz. zum Verwechseln.
9 tournure: franz. Körperhaltung.

10 Baronets machen: (baronisieren) in den Adelsstand berufen.
11 tic douloureux: schmerzhaftes Zucken.
12 efficace: franz. wirksam.
13 konfidentieller Sekretär: Privatsekretär.
14 Hautrelief: (franz.) Hochrelief.
15 guéridon: franz. Nipptisch.
16 Agende: Gottesdienstordnung.
17 Wilhelm Traugott Krug (1770-1842): Theologe u. Philosoph. Heinrich Gottlob Paulus (1761-1851): Theologe.
18 Tand: wertloses Zeug; Trödel.
19 Unentschiedenheit eines Esels aus der Tierfabel, der schließlich verhungert zwischen den beiden angebotenen Heubündeln.
20 ad libitum: lat. nach Belieben.
21 rout: engl. a. riot; Orgie.
22 NB.: lat. merke gut!
23 foule: franz. Menge.
24 Diem perdidi: lat. Ich habe den Tag vergeudet.
25 fatiguieren; ermüden (a. fatigieren).
26 Gourmet: (franz.) primär f. Weinkenner; allgemeiner benutzt gleichbedeutend mit Gourmand (Feinschmecker).
27 mesquin: franz. armselig; kleinlich.
28 Fama: (lat.) Gerücht.
29 quid pro quo: lat. Mißverständnis, Ersatz.
30 deprezieren: ablehnen.
31 Baals-Anbeter: altorientalische Gottesbezeichnung (Baal); biblisch allg. f. heidnische Götter-Anbeter.
32 Talbots: berühmte engl. Adelsfamilie. Die Feste Malahide wurde 1649 von Oliver Cromwell zerstört (s. a. ›Andeutungen‹ S. 45).
33 boiserie: franz. Holzvertäfelung.
34 légèrement: franz. leicht; behende.
35 Infantin: span. Prinzessin.
36 absentee: engl. Abwesender.
37 Ducrow: Kunstreiter nach dem Vorbild von Antoine Franconi (1738-1836).
38 Equilibristerei: (a. Äquilibristik) Kunst des Gleichgewichthaltens.
39 tableaux: franz. Bilddarstellungen durch lebende Personen.
40 Gradation: hier: stufenweise Steigerung.
41 valet: lat. ein Lebwohl.

Einundvierzigster Brief: 30. Oktober 1828

1 Pücklers 43. Geburtstag.
2 Mais tout ce qui (...): franz. Aber so wie alles ist – ist es am besten.
3 Voltaire (1694-1778): ›Candide oder der Optimismus‹ (1758). Voltaires (d.i. François Marie Arout) Buch wurde ein Jahr nach der Publizierung in Genf öffentlich verbrannt, in Paris verboten u. 1762 vom Vatikan verbannt. Zum Kontext: Candide (franz. treuherzig, kindlich), der stark autobiographische Züge Voltaires tragende Jüngling, trifft auf seiner Flucht vor der Grausamkeit eines Massakers (Kap. III) ›mit einem kleinen Mundvorrat im Brotbeutel und Fräulein Kunigunde im Sinn‹ auf einen Wiedertäufer namens Jacques, der ihm, nach einem peinigenden Zusammenstoß mit frömmelnden Christen, endlich Essen und zwei Gulden schenkt. In dieser tiefsten Notlage erinnert sich Candide an seinen alten Lehrer Panglos (a. Pangloß) und dessen Worte: ›Es ist erwiesen, daß die Dinge nicht anders sein können als sie sind, denn da alles zu einem bestimmten Zweck erschaffen worden ist, muß es notwendigerweise zum besten dienen.‹ (Kap. I) Der Textabschnitt wird dann verständlich, wenn Voltaire an die Stelle von Candide gesetzt wird. Im übrigen zeigen sich Parallelen zu Pücklers vita.
4 tant bien que mal: franz. eher recht als schlecht.
5 ennui: franz. Kummer.
6 Lord-Lieutenant: Vizekönig in Irland u. Vertreter der engl. Krone.
7 faux bond: franz. falsche Versprechungen.
8 ne vous en fâchez point (...): franz. ärgere Dich nicht darüber, Julie.
9 un bon homme: franz. ein guter (einfältiger) Mensch.
10 Oxenstierna: Axel Graf von Södermöre (1583-1654); schwedischer Staatsmann.
11 Les catholiques (...): franz. Die Katholiken machen mir den Hof hier.
12 Zur steigernden Übertreibung dieser biblischen Szene s. 34. Brief; 3. Oktober.
13 Atrocitäten: atrocité; (franz.) Grausamkeiten.
14 cagot: franz. Frömmler; Heuchler.
15 Nation der Heid-Schnucken: P. nannte seine (geschiedene) Frau ›Schnucke‹ bzw. ›Heid-Schnucke‹ (Heide-Schaf).
16 Aktrice: (actrice) franz. Schauspielerin.

17 Retirade: (übereilter, komischer) Abgang.
18 Shillelagh: irische Kampfwaffe (Keule) aus Schlehdorn- oder Eichenholz.
19 garçon dîner: franz. Herrenessen.
20 Voilà tout ce que j'ai à vous conter d'aujourd'hui: franz. Nun, das ist alles was ich Dir für heute zu erzählen habe.
21 Fata: (lat.) Geschicke.
22 tableaux: franz. Bilddarstellungen durch lebende Personen.
23 favoriser: franz. Backenbart.
24 affligée de 18 ans: franz. bedauerlicherweise erst 18 Jahre.
25 Determiniertheit: Bestimmtheit.
26 Vivazität: Lebhaftigkeit.
27 Ah! que cette voiture (...): franz. »Ah! daß diese Kutsche immer zur unpassenden Zeit kommt.« – »Nun gut! (...) schicken Sie sie zum Teufel!«
28 bonnet blanc und blanc bonnet: franz. Mütze weiße und weiße Mütze. Die Stellung des Adjektives ist im franz. hier nicht definiert. Umgangssprachlich im dt.: Jacke wie Hose.
29 Je n'enseigne pas, je raconte: franz. Ich belehre nicht, ich erzähle.
30 superfiziell: oberflächlich.
31 l'enfant prodige: franz. das Wunderkind.
32 voltigieren: einen Luftsprung ausführen.
33 Entreakt: (franz.) musikalischer Zwischenakt.
34 quid pro quo: lat. Mißverständnis, Ersatz.
35 Grandezza: (span.) feierliches, anmutiges Benehmen.
36 aisance: franz. Leichtigkeit.
37 Deismus: Begriff aus der Aufklärung des 17. u. 18. Jhs. Die Existenz Gottes u. seine Erkennbarkeit in der Natur anerkennend, jedoch seine Beziehung zur Weltwirklichkeit bestreitend.
38 Tirade: Redeschwall.
39 François Premier: Franz I. (1494-1547); franz. König von 1515-1547.
40 shawls: engl. Schals.
41 car j'aime les prêtres (...): franz. Denn ich liebe die Priester, wie Voltaire die Bibel, trotz allem was ich sage.
42 perruche: franz. Papageienweibchen.
43 in good spirits: engl. bei guter Laune.
44 1824 wurde in Muskau mit den Pflanzarbeiten im Badepark begonnen. Vgl. a. ›Andeutungen‹ S. 349 f.
45 un beau matin: franz. eines schönen Morgens.

46 et tout la vie (...): franz. und ist das ganze Leben, leider! etwas anderes?
47 incroyable: franz. (incroyant) der Ungläubige; Zweifler.
48 fatiguant: (franz.) a. fatigant: langweilig.

Zweiundvierzigster Brief: 20. November 1828

1 Sultane, Derwische, Satrapen: Mohammedanische Fürsten, Mitglieder islamitischer Orden (bes. Tanz-Riten), persische Statthalter.
2 Daß P. hier zitiert, ist lediglich in der 3. Auflage erkennbar. Um Interpretationsfehler zu vermeiden, wurde das Zitat in dieser Ausgabe gekennzeichnet.
3 sanguinisch: temperamentvoll.
4 Allonge-Perücke: Herrenperücke mit langen Locken.
5 Beffchen: (Bäffchen) zur Amtskleidung der Richter gehörende weiße, auf der Brust gekreuzte Stoffbänder.
6 Association: s. 34. Brief; Anm. 14.
7 Dignität: Amtswürde.
8 outrieren: übertreiben.
9 kalligraphisch: (Das Schönschreiben betreffend).
10 insouciance: franz. Sorglosigkeit.
11 abandon: franz. Ungezwungenheit.
12 affektieren: künsteln.
13 Hauptfrais: (Hauptkosten).
14 aimable: franz. liebenswürdig.
15 extemporieren: aus dem Steigreif (vortragen).
16 abigail: engl. Kammerjungfer.
17 La comtesse convient (...)-(...) capitaine: franz. Die Gräfin gibt ihre Eroberungen zu (...). Ruhe! (...), ich höre den Kapitän.
18 exclusive: engl. eine besondere Person.
19 fracas: franz. Getöse.
20 fidèle: franz. treu.
21 Bramarbas: (lit.) Aufschneider.
22 Gemeint ist P.s erste Englandreise 1814/15.
23 William Shakespeare (getauft 1564-1616): ›Romeo and Juliet‹.
24 Thomas Otway (1652-1685): ›Das gerettete Venedig‹.
25 Das Nationelle: s. 34. Brief; Anm. 35.
26 Manier: hier positiv gemeint.

27 S. 34. Brief, 40. Brief, Anm. 17 u. 41. Brief, Anm. 12.
28 Dilettanten: P. benutzt das Wort hier in seiner ursprünglichen Bedeutung: Liebhaber einer Sache.
29 Nemesis: strafende Gerechtigkeit.

Dreiundvierzigster Brief: 7. Dezember 1828

1 pour nous faire gagner (...): franz. um uns Appetit zu holen.
2 faute de mieux: franz. mangels eines Besseren.
3 Scarifizieren: Schröpfen.
4 vermtl. Klistier-Spritze: zur Darmreinigung.
5 Kompendiöse: Ersparnis.
6 tant pis pour (...): franz. um so schlimmer für die Menschheit, solange sie (dergleichen Marter-Instrumente) bedarf.
7 Paraplui: (franz.) Regenschirm.
8 Quelle insolence!: franz. Was für eine Frechheit!
9 Residuum: (lat.) Rückstand.
10 diable boiteux: franz. hinkender Teufel.
11 Ariadnes Faden: (grch. Sage) Ariadne half Theseus durch einen abgewickelten Faden aus dem Labyrinth des Minotaurus herauszufinden.
12 determiniert: entschlossen.
13 arrivieren: widerfahren.
14 mankieren: verfehlen.
15 agrément: franz. Vergnügen.
16 Friedrich Ludwig Jahn (1778-1852): Sport u. Gesinnung als politisches Instrument der Massenerziehung.
17 the march of intellect: engl. der Fortschritt der Bildung.
18 pro patria: lat. für das Vaterland.
19 Voilà le coup de grâce: (...): franz. Dies ist der Gnadenstoß für die Gymnastik in Irland!
20 Das Datum (9ten) ist vermutlich falsch. Es müßte zwischen dem 10. und 15. Dez. angegeben sein.
21 detachiert: sachlich-kühl.
22 Pharao-Tisch: Kartenspiel-Tisch.
23 filous, qui corrigent (...): franz. Betrügern, die das Glück ›berichtigen‹.
24 indolent: träge.

25 Tel qui brille (...): franz. Solche die in der ersten Reihe glänzen, verschwinden spurlos in der zweiten.
26 frommt: hier in ursprünglicher Bedeutung: nutzt.
27 Chimären: Ungeheuer der grch. Sagenwelt.
28 Kontinental-Sperre: gemeint ist die K. durch Napoleon 1806.
29 qu'il prêche pour (...): franz. daß er seiner eigenen Gemeinde predigt (d.h. zu seinem eigenen Vorteil).
30 Sinecure: (lat.) Ohne-Sorge-Einkommen. Zuwendungen, für die der Empfänger keinen Verwaltungsaufwand leisten muß.
31 Schlacht von Poltawa: Stadt in der Ukraine. Zar Peter I. schlug 1709 Karl XII. von Schweden.
32 Washington Irving (1783-1859): ›Reisen und Leben des Christopher Columbus‹ (1828-1830).
33 William Shakespeare (getauft 1564-1616): ›König Lear‹.
34 Dante Alighieri (1265-1321): ›Die göttliche Komödie‹.
35 In der Vorlage gedruckt: Blüthen.
36 Publius Horatius Cocles: verteidigte Rom 507 v. Chr. gegen die Etrusker. Marcus Atilius Regulus: römischer Konsul. Feldherr im Ersten Punischen Krieg (264-241 v. Chr).
37 ex officio: lat. aus Pflichtgefühl.
38 con amore: ital. mit Hingabe (Liebe).
39 Joseph de Lalande (1732-1807): franz. Astronom.
40 a priori: lat. grundsätzlich; durch logisches Denken allein gewonnene Erkenntnis.
41 englische Maria: Mary Tudor (1516-1558).
42 horribile dictu!: lat. schrecklich zu sagen!
43 Edward Gibbon (1737-1794): engl. Historiker.
44 Zitat aus dem Neuen Testament: An die Thessalonicher; 1. Brief, V.
45 trêve de bavardage: franz. Schluß mit dem Geschwätz.
46 ennuyieren: langweilen.
47 nom de guerre: franz. angenommener Name (Pseudonym).

Vierundvierzigster Brief: 15. Dezember 1828

1 C'est l'essentiel: franz. Das ist das Wesentliche.
2 William Edward Parry (1790-1855): engl. Polarforscher. 4 Polarfahrten. Entdeckung der Parry-Inseln 1820. Gemeint sind Pücklers Heiratsabsichten.

3 ostensibel: äußerlich; auffällig.
4 Au bout du compte: franz. schließlich; letztlich.
5 Bassa: zeitgen. gebräuchlich f. Pascha.
6 Distraktion: Zerstreuung.
7 porte cochère: franz. Toreinfahrt.
8 Basrelief: Flachrelief.
9 Rüdiger von Bechlaren: Held aus dem Nibelungenlied. Einige Hinweise deuteten auf die Abstammung der P.s von diesem Geschlecht hin. Da sich jedoch diese Abstammung nicht sicher verfolgen ließ, gab P. später den Plan auf, eine Gedenkstätte f. Rüdiger im Muskauer Park zu errichten. S. a. ›Andeutungen‹ S. 173.
10 fashionable: engl. Modenarr (modern Gekleideter).
11 Voilà le commencement (...): franz. Das ist der Anfang und das Ende!
12 qualms: engl. Übelkeiten.
13 keep: engl. Bergfried.
14 Tretmühle: Durch Körperkraft von Menschen oder Tieren betriebene Mühle.
15 Templer: engl. Mitglied des Templer-Ordens (1119-1312).
16 dans son tour: franz. wenn seine Zeit naht.
17 zedieren: (jemandem etwas) abtreten; überlassen.
18 Imperiale: freier Sitz auf der Kutsche.
19 Portikus: (lat.) Säulenunterstützter Vorbau an der Haupteingangsseite.
20 Earl of Goderich (1782-1859): engl. Politiker.
21 Jakobsleiter: auf die Schultern des anderen steigend.
22 Azincourt: Zwischen Calais u. Amiens gelegener Ort, an dem Heinrich V. (s. Shakespeare) 1415 die Franzosen besiegte.
23 perpendikulär: senkrecht.
24 festons: franz. Girlanden.
25 Aurelius Augustinus (354-430): ›De civitate Dei‹ (Vom Gottesstaat).
26 de bonne grâce: franz. einverstanden.
27 bon gré mal gré: franz. wohl oder übel.
28 Qu'allais-je faire (...): franz. Was sollte ich unter diesen Umständen tun!
29 Sovereigns: Goldmünze (1 S. = 1 Pfd. St.).
30 Deliberation: Beratschlagung.
31 a temporary embarrassement: engl. eine zeitweise (Geld-)Verlegenheit.

32 Bosketts: Staudenpflanzungen.
33 qu'en Angleterre (...): franz. daß in England kein Mittel gescheut wird.
34 disculpieren: entschuldigen; rechtfertigen.

Fünfundvierzigster Brief: 20. Dezember 1828

1 altsächsisches Portal: (s. a. 25. Brief; Anm. 64) In England impliziert die Romanik (11.-13. Jh.) normannische und angelsächsische Stilelemente. Der Begriff Romanik für diese Epoche wurde erstmals 1823 gebraucht.
2 ciceronisieren: (erklären von Sehenswürdigkeiten).
3 stage-coach: im Gegensatz zur mail, Kutsche eines privaten Unternehmers.
4 Bristol Channel.
5 pêle-mêle: franz. bunt durcheinander.
6 arrivieren: widerfahren.
7 Debarkieren: ein Schiff verlassen.
8 In der Vorlage gedruckt: Glaslaternen.
9 Vgl. ›Andeutungen‹; P.s Anm. S. 19.
10 Alexander Pope (1688-1744): ›Epistles to Several Persons‹ (Moral Essays) 1732[1].
11 Das Zitat stammt aus: Epistle III; To Allen Lord Bathurst (s. Anm. 10) Zeile 251 f.

Nach der Korrektur von Pope muß es heißen:
Rise, honest Muse! and sing the Man of Ross:
Pleas'd Vaga echoes thro' her winding bounds,
And rapid Severn hoarse applause resounds.

Erhebe dich, ehrwürdige Muse! und besinge den Mann von Ross:
Der sanfte Wye hallt leis' von seinem Bette aus,
Und der rauhe Severn gibt heiser sein' Applaus. (GJV)

Bezüge zu Pücklers Vita u. Œuvre: Pope umschreibt diese Ep. mit: ›Über den Gebrauch von Reichtum‹. Allen Bathurst (1685-1775), ab 1712 Baron, 1772 englischer Graf, wird als Philosoph u. Lebemann beschrieben. Er war Mitglied des engl. Parlaments für Cirencester.

Man of Ross: John Kyrle (ca. neunzigjährig 1724 gestorben), beigesetzt in der Kirche von Ross (Herefordshire), gestaltete kleinere Landschaftsteile am Wye u. bewirtete regelmäßig die Armen-Gemeinde von Ross in seinem Haus.

12 C'est comme la terre promise: franz. Sie ist wie das Gelobte Land.

13 Gourmand: (franz.) primär f. Feinschmecker; allgemeiner benutzt, gleichbedeutend mit Genießer.

14 Maire: franz. Bürgermeister.

15 Lord Cliffords Park: um 1765 von Lancelot Brown, gen. ›Capability‹ Brown (1716-1783), angelegt. S. a. ›Andeutungen‹ S. 36.

16 Zum Ideal eines Dörfchens vgl. ›Andeutungen‹ S. 285f. u. Tab. XXXIX.

17 Aha: s. 29. Brief, Anm. 7.

18 Voi che venite – di (...): ital. Ihr, die hier ankommt – laßt alle Hoffnung einzutreten fahren!

Dante Alighieri (1265-1321): ›Die göttliche Komödie‹. Zitat: Dinanzi a me non fur cose create / se non eterne, ed io eterno duro: / lasciate ogni speranza, voi ch' entrate.

Vor mir war nichts Erschaffenes zu gewahren / Als Ewiges, und auch ich bin ewiger Dauer. / Laßt, die ihr eingeht, alle Hoffnung fahren! (Canto Terzo; 7ff.)

19 robinets: franz. Wasserhähne.

20 Saffiankissen: weiches Ziegenleder.

21 far-famed Nash: der weithin berühmte John Nash (1752-1835). S. ›Andeutungen‹ S. 93 u. Tab. IV e, f.

22 Melpomene: (grch.) Die Singende. Muse der Tragödie u. Lyrik.

23 Jakobsleiter: auf die Schultern des anderen steigend.

24 Holly: engl. Stechpalme; Ilex.

25 Schöps: Hammel.

26 Inseltlicht: Wachslicht.

27 Poularde: junges Masthuhn.

28 assamblée: franz. Versammlung.

29 boarding-houses: engl. Pensionen.

30 que tout est pout (...): franz. daß alles zum besten steht in der besten aller Welten (vgl. 41. Brief; Anm. 3. Zitat (Panglos): Also ist es eine Dummheit, zu behaupten, alles auf dieser Welt sei gut eingerichtet; man muß vielmehr sagen: alles ist aufs beste bestellt) Kap. I.

Sechsundvierzigster Brief: 27. Dezember 1828

1 John Bull: John Arbuthnot (1667-1735): ›The History of John Bull‹ (1712).
2 Konvulsionen: Schüttelkrämpfe.
3 accident-maker: engl. Unglück-Macher; bewußt übertriebene od. a. erfundene, auf die unreflektierte Publikumswirksamkeit hoffende Berichterstattung.
4 admirabel: bewundernswert.
5 conundrums: engl. Wortspiele.
6 mauvais plaisant: übler Witzbold.
7 gig: engl. Kabriolett.
8 Cromlechs: jungsteinzeitliche Kultstätten der Kelten.
9 Adelbert von Chamisso (1781-1838): ›Peter Schlemihls wundersame Geschichte‹. (Schlemihl verkauft dem Bösen seinen Schatten, findet aber das vom Teufel versprochene Glück nicht im Gold, sondern in der Natur.)
10 Fadaisen: (franz.) Unsinnigkeiten.
11 Salisbury Cathedrale: 404 ft. (ca. 123 m); Straßburger Münster: 142 m.
12 Cloister: engl. Kreuzgang.
13 Templer: Mitglied des Templer-Ordens (1119-1312).
14 Bosworth Field: Schlachtfeld zwischen Northampton u. Leicester, auf dem Heinrich VII. (Henry Tudor) Richard III. besiegte (1485). Letzterer fiel in dieser Schlacht, die das Ende des Bürgerkrieges (Rosenkriege) einleitete.
15 Remter in Marienburg: Versammlungsraum in der Marienburg (erb. 1275-1382), von 1309-1457 Hauptsitz des Dt. Ordens (südöstl. von Danzig).
16 Konnetabel: Kronfeldherr.
17 comme de raison: franz. wie es recht und billig ist.
18 Alba: Herzog Fernando Alvarez de Toledo (1507-1582): span. Heerführer und (u. a.) Statthalter d. Niederlande.
19 Tand: Wertloses Zeug; Trödel.
20 Imperiale: offener Sitz auf der Kutsche.
21 au contraire: franz. im Gegenteil.
22 intérêtes: franz. Zinsen.
23 march of intellect: engl. der Fortschritt der Bildung.

24 car à tout âme (...): franz. denn eine jede Seele von guter Herkunft ist dem Vaterland gewogen.

25 By God (...) – Done!: engl. »Bei Gott, ein Fuchs, ein Fuchs!« – »Es ist ein Hund«, (...) »Ich biete Ihnen fünf Pfund für vier, daß es ein Fuchs ist!« – »Gemacht!«

28 Schwarzer Prinz: Edward Prince of Wales (1330-1376): kämpfte unter der Führung seines Vaters (Edward III.) siegreich gegen die französischen Ritter bei Crécy-en-Ponthieu (1346). Unterbrochen durch eine ausgedehnte Pest-Epidemie in England, nahm der Prince als Lieutenant der Gascogne 1355 die Kriegshandlungen wieder auf u. schlug abermals (1356) die französischen Ritter bei Maupertuis, unweit von Poitiers, vernichtend. Durch die Gefangennahme des Königs von Schottland u. Frankreich wurde der Prince der berühmteste Kriegsherr in Europa.

27 in medias res: lat. mitten hinein.

28 weil sie non sunt turpia: lat. weil sie (naturalia: natürliche Bedürfnisse) nicht unsittlich sind.

29 Volubilität: Schnelligkeit.

30 Comment Monsieur, quelle (...): franz. »Hören Sie 'mal mein Herr, welch' eine Unverschämtheit, an unser Haus zu p...! Ist die Straße dafür nicht groß genug? Sie sind ein großer Straßenjunge! Mama, Mama, der Herr hier p... an unser Haus!«

31 Virago: (eigtl. krankhaft) Mannweib.

32 Eh bien Monsieur, (...) – il ne bouge pas: franz. »Nun mein Herr, werden Sie denn gar nicht fertig? – Mein Herr, erlauben Sie mir Ihnen zu sagen, daß man so nicht einfach bei Leuten p..., man p... auf die Straße mein Herr. – Ich glaube wahrhaftig, er macht sich über uns lustig, Mama – (...) dieser Unverschämte, er rührt sich einfach nicht.«

33 coquelicot-cachemire: franz. klatschmohnfarbiger Kaschmir.

34 refüsieren: verweigern.

35 Mon darling (...): franz./engl. »Nun komm doch mein Liebling«, (...) »Ich will nicht.«

36 bonne: franz. Dienstmagd; Hausmädchen.

37 No, no, You shan't (...): engl. »Nein, nein, Sie werden jetzt nicht gehen. Sie haben mich gezwungen, von dem Baum weg zu gehen, und ich werde Sie zwingen, bei uns zu bleiben.«

38 Now I have (...): engl. Nun habe ich es Ihnen gleichgetan.

39 O You little flirt!: engl. Oh du kleiner Flirt!

40 Vous n'y êtes pas: franz. weit gefehlt!
41 Do You like (...): engl. Mögen Sie grüne Erbsen? (...) Ich kostete 'mal eine.
42 to cut the Prince: engl. den Prince ignorieren.
43 égard: franz. Rücksicht.
44 Pray G..., will You (...): engl. Bitte George, würden Sie für mich die Klingel läuten!
45 avanturier: franz. Abenteurer.
46 So good-bye to Y. R. H.: engl. Auf Wiedersehen, Eure Königliche Hoheit.
47 aisance und effronterie: franz. Leichtigkeit und Frechheit.
48 quizzing-glass: engl. Monokel.
49 Hausenblase: Fischleim.
50 Stärke, starch: engl. Wäschestärke.
51 le ci-devant (...): franz. der ehemals junge Mann, der sein Leben zwischen Paris und London verbringt.
52 Je suis au fait (...): franz. Ich bin über alles wohl unterrichtet, (...) aber zu was dient dies mir? Man läßt mich hier verhungern. – Ich hoffe dennoch, daß mein ehemaliger Freund, der Prince of W..., den hiesigen Konsul eines schönen Tages nach China schicken werden wird und er darauf mich an dessen Stelle nominieren wird. Dann bin ich gerettet...
53 Sinecuren: Ohne-Sorge-Einkommen, für die der Empfänger keine Leistung zu erbringen hat.
54 j'espère (...): franz. Ich hoffe, daß Sie Ihren Weg finden, mein Diener (suisse) ist, so fürchte ich, nicht da. (...) kein Geld, kein Diener (vgl. 27. Brief; Anm. 23).

Siebenundvierzigster Brief: 5. Januar 1829

1 Diligence: Eil-Postkutsche.
2 Mais commençons (...): franz. Aber beginnen wir mit dem Anfang.
3 mairie: franz. Rathaus.
4 berline: franz. Kutsche.
5 que les trente (...)-(...), que l'empereur aurait dû finir aussi.: franz. daß die 30000 Männer, zu denen er zu der Zeit gehörte, (...) mehr als ausgereicht hätten, um alle Nationen der Erde zu erobern, und daß die anderen nichts getan hätten, als die Sache zu verderben. (...)

»Aber all das ist sein Fehler, (...): Ah, verfluchter Teufel (s... d...: sacré diable), er wäre noch Kaiser, wenn er, während der 100 Tage, nur hätte junge Leute beschäftigen wollen, die ihr Glück machen wollten, anstatt alter Marschälle, die zu reich waren und alle Angst vor ihren Frauen hatten. Waren sie nicht alle dick und fett wie Monster? Ah ..., reden wir lieber von einem jungen Colonel, wie wir einen gehabt haben! Der hätte ihnen das auf eine hübsche Art gegeben. – Aber letztlich hätte der Kaiser sich in Waterloo töten lassen sollen, wie unser Colonel. Ja Monsieur, dieser tapfere Colonel ist dreimal angeschossen worden, einmal ins Bein und zweimal in den Körper, und trotzdem hat er uns noch zum Angriff geführt, von zwei Grenadieren getragen. Aber als alles umsonst war und alles für uns zu Ende, sagte er: ›Kameraden, ich habe getan was ich konnte, aber hier sind wir nun... Ich kann dem Kaiser keinen Dienst mehr erweisen. Wozu also noch länger leben? Adieu Kameraden – es lebe der Kaiser!‹ – und er zieht seinen Revolver und schießt sich in den Mund. Wahrhaftig, so hätte auch der Kaiser enden sollen.«

6 Ah, ça Monsieur (...): franz. »Ah, hier ist der Herr Fahrer! Haben Sie die Pfannkuchen vergessen?« – »Oh, bist Du es, mein Kind?«

7 Plinsen: Eier- od. Kartoffelspeise.

8 goûter: franz. Vesperbrot.

9 retardieren: bremsen.

10 sa mécanique: franz. seine Mechanik.

11 l'Hirondelle: franz. die Schwalbe.

12 relais: franz. Pferdewechsel.

13 avertieren: benachrichtigen.

14 Mon enfant (...): franz. »Mein Kind, Du mußt wissen, daß ich keine Mechanik mehr habe.« – »Verfluchter Teufel, was heißt keine Mechanik mehr?« (s... d...: sacré diable) – »Meine Mechanik tut's zwar noch ein wenig, siehst Du, aber das ist zu wenig. Der Hauptbremszug ist zum Teufel.« – »Ah Teufel!«

15 regrettieren: (franz.) bedauern.

16 Charette: (franz.) zweirädriger Pferdekarren.

17 Empletten: (franz.) Einkäufe.

18 car cela (...): franz. denn das würde mich zu sehr verleiten.

19 detachiert: sachlich-kühl.

20 bourrelets: franz. Dichtungen.

21 boutique: franz. kl. Laden.

22 menus plaisirs: franz. kleine Freuden.

23 acteurs de province: franz. Provinzschauspieler.
24 Sic transit gloria mundi!: lat. Auf diese Weise geht der Ruhm der Welt hinüber!
25 riens: franz. Nebensächlichkeiten.
26 N'y-a-t'il pas (...): franz. Und dabei soll man nicht den Kopf verlieren!
27 embarras: franz. Verlegenheit.
28 déjeuner: franz. Mittagessen.
29 tentieren: prüfen; verlocken.
30 et puis (...): franz. und dann mußten sie unbedingt mit etwas Champagner heruntergespült werden.
31 à la vertu: franz. auf die Tugend.
32 Hélas! il n'y-a (...): franz. Ach! es ist nur der erste Schritt der schwerfällt.
33 piété: franz. Frömmigkeit.
34 miséricorde: franz. Barmherzigkeit.
35 Vivent les femmes (...): franz. Es leben die Frauen und der Wein.
36 L'amour s'envole (...): franz. Die Liebe vergeht, aber das Spiel besteht.
37 Piquett, Ecarter, Hazard: (franz.) (vom Kartenspiel über das Kartenablegen zum reinen Glücksspiel).
38 pour le combler (...): franz. um die Verwirrung vollständig zu machen.
39 akkordieren: vereinbaren.
40 pourvu qu'on lui (...): franz. vorausgesetzt, daß man sein Geheimnis hütet.
41 entresol: franz. Zimmer; Wohnung.
42 clair-obscur: franz. Helldunkel; Schattenlicht.
43 Johann Kaspar Lavater (1741-1801): schweiz. Pfarrer u. Schriftsteller. Bekannt geworden durch seine: ›Physiognomische Fragmente zur Beförderung der Menschenkenntnis und Menschenliebe‹ (4 Bde. 1775-78).
44 Maroquin: (marokkanisches) feines, genarbtes Ziegenleder.
45 la charte, statt la carte: franz. die Urkunde, statt die Karte.
46 Sprach-quidproquos: lat. Sprach-Verwechselungen.
47 Ausbruch des Vesuvs: s. (Pückler-Muskau): ›Jugendwanderungen‹; Stuttgart, 1835. S. 183ff. (Neapel, 1809).
48 L'on dit que nous (...): franz. Man sagt, daß wir Kinder sind – ja, in den Schwächen, nicht aber im Glück.

49 Je le suis (...): franz. Ich bin es sowohl in dem einen als auch in dem anderen.

50 Joseph Anton Fürst Poniatowsky (1763-1813): poln. Freiheitskämpfer. Er führte unter dem Oberbefehl Napoleons poln. Truppen gegen Rußland (1812). Napoleon versprach die Wiederherstellung des poln. Staates in seinen alten Grenzen. P. ertrank in der Elster bei Leipzig (Völkerschlacht, 1813).

51 Oh rien! (...): franz. »Oh nichts! – ich rede nur mit meinen Lampen, die nicht richtig brennen.«

52 Voilà le fameux (...): franz. »Da ist der berühmte Fürst Poniatowsky, sich anmutig zu den Offizieren seines Corps drehend, indem er ausruft: ›Wenn man alles verloren hat und man keine Hoffnung mehr hat, ist das Leben eine Schande und der Tod eine Pflicht.‹ – Bemerken Sie, meine Herrn (...), wie der Schimmel des Fürsten sich so langsam dreht wie ein echtes Pferd? Sehen Sie: Zack, nach rechts; Zack, nach links – aber dort stürzt er hervor, hoch aufgebäumt, stürzt in den Fluß, und verschwindet.«

53 Ah bien! voilà le (...): franz. »Ah, dort ist der Fürst Poniatowsky versunken. Er ist tot ... Das ist der erste Teil – jetzt, meine Herren, werden Sie sogleich das Überraschendste sehen, was jemals in Frankreich gezeigt worden ist. All diese unzähligen kleinen Soldaten, die Sie vor sich wahrnehmen, (...) sind wahrheitsgetreu bekleidet – Rock, Patronentaschen, Waffen, alles kann nach Belieben entfernt und wieder zurückgetan werden. Die Kanonen funktionieren wie wirkliche Kanonen und werden von allen Pionieroffizieren, die hierherkommen, bewundert.«

54 ad oculos: lat. vor den Augen.

55 Ah, bien! vous allez (...): franz. »Nun gut! Sie werden jetzt sehen, meine Herren, daß diese kleine Armee wie auf dem Schlachtfeld manövriert. Jeder Soldat und jedes Pferd werden einzeln die charakteristischen Bewegungen machen, sehen Sie ...«

56 der Seelen Verteilende: Johann Gottfried Hoffmann (1765-1847): Nationalökonom. H. organisierte die Neuordnung Preußens (April 1815) als Staatsrat im Kanzleramt von Hardenberg. Pückler meint hier: Die Angliederung Muskaus an Preußen (Wiener Kongreß).
der Seelen Ergreifende: Ernst Theodor Amadeus (E. T. A) Hoffmann (1776-1822).

57 restituieren: zurückerstatten (Wiedergutmachung).

58 Venus von Milo(s): 1820 ausgegraben.

59 victrix: lat. Siegerin.
60 Image de la Providence: franz. Bildnis der Vorsehung (Schutzengel).
61 lakedämonisch: spartanisch (Lakedämon = Sparta).
62 lugubre: franz. schauerlich.
63 Kraniologie: Lehre vom Schädelbau.
64 abandon: franz. Ungezwungenheit.
65 carré, autant de (...): franz. viereckig (a. offenherzig), sowohl unten als auch oben (a. sowohl im Gemeinen wie im Erhabenen).
66 cupido: lat. Amor; Liebesgott.
67 eskamotieren: wegzaubern; heimlich verstecken.
68 mouleur de musée: franz. Gießer des Museums (Hersteller von Gipskopien).
69 François Rabelais (1494-1553): ›Gargantua und Pantagruel‹ (1532; 5 Bde.). Darin: Panurg(e); III, 13: comme les moutons (...): franz. wie die Hammel des Panurge.
70 couche: franz. (Gips-)Schicht.
71 Melodrama: seit der Mitte des 18. Jh.s eine Verbindung zwischen dramatischer Handlung u. ausdrucksvollstem Textvortrag. Musik u. Text bleiben auf einer Ausdrucksebene im Vortrag.

Achtundvierzigster Brief: 20. Januar 1829

1 Vive le Roi!: franz. Es lebe der König!
2 General de l'Empire: General des Kaiserreiches (1804-1814).
3 roture: franz. hier: niedere Verhaltensweise.
4 L'ambition de (...): franz. »Der Ehrgeiz dieses Menschen ist unersättlich, und vielleicht werden Sie es erleben, daß sein Gerippe und die seiner Familie in die Kanalisation von Paris geworfen werden.«
5 fauteuils: franz. Lehnstühle.
6 tabourets: franz. Hocker.
7 Ah, je le pensais (...): franz. »Ah, das dachte ich mir, gut (...), der Stuhl ist für mich – aber Ihre Aufzählung stimmt nicht!«
8 bonne mine (...): franz. gute Miene zum bösen Spiel.
9 bévue: franz. Versehen, Schnitzer.
10 et on vit (...): franz. und bald sah man, (...) den würdigen Graf ganz bestürzt ankommen und Ihrer Majestät der Kaiserin-Mutter eigenhändig einen Lehnstuhl bringen.

11 trait: franz. (Charakter-)Zug.
12 hazadieren: (hasardieren) wagen.
13 mais j'ai ma saison (...): franz. aber ich habe meine Saison, (...) wie die Hunde, und ich warte bis dahin.
14 Ah, l'Empereur (...): franz. Ah, der Kaiser hat seine Saison.
15 affichieren: bekanntgeben, aushängen.
16 le bon esprit: franz. klugerweise.
17 pour son ›grand ami‹: franz. zu seinem ›großen Freund‹.
18 Imperiale: offener Sitz auf der Kutsche.
19 quid pro quo: lat. Mißverständnis.
20 gaieté (a. gaîté): franz. Fröhlichkeit; Übermut.
21 ... pathos tragique (...): franz. ... tragischen Pathos', der durch großartige Worte lange Zeit langweilte.
22 appuyieren: (franz.) hervorheben.
23 Felonie: vorsätzlicher Bruch des Treueverhältnisses zwischen Lehnsherr u. Lehnsträger.
24 au delà (...): franz. mehr als es erlaubt ist.
25 C'est tout simple (...): franz. Das ist ganz einfach, ich habe Angst, ein betrogener Ehemann zu sein.
26 un pet (...): Ein Furz. Ah, man muß eine gute Nase haben, um dies zu erraten.
27 Ce pauvre pet (...): franz. Dieser armselige Furz machte auf mich in Wahrheit den Anschein des letzten Säuselns des Théâtre Français!
28 que tous les genres (...): franz. daß alle Gattungen gut sind, außer den langweiligen Arten.
29 Metempsychose: Seelenwanderung.
30 Ostentation: Schaustellung; Prahlerei.
31 equilibristisch: die Kunst des Gleichgewichthaltens betreffend.
32 entrechat: franz. Luftsprung.
33 Il Diavolo non puo (...): ital. Der Teufel selbst kann es nicht besser.
34 bronze-pendule: franz. Bronze-Pendeluhr.
35 de mauvais goût: franz. von schlechtem Geschmack.
36 à Granson (...): franz. in Granson (Schweiz) haben sie zuviel davon gehört.
37 mezza voce: ital. mit halber Stimme.
38 Sagazität: Scharfsinnigkeit.
39 Voilà, la morgue. (...) car j'aime (...): franz. Hier ist das Leichenschauhaus (...), denn ich liebe diese schauerlichen Gefühle.
40 douillet: franz. ängstlich.

41 Autel privilègié: franz. mit Vorrechten gesegneter Altar.
42 visible: engl. u. franz. sichtbar.
43 colifichets: franz. Flitterkram.
44 pour finir ma (...): franz. um meine Verdauung durch Heiterkeit zu vollenden.
45 cramoisi: franz. dunkelrot.
46 Anas: Endsilbe (lat.) ana (iana), die an Substantive angehangen wird, um zusammenfassende Werke zu benennen; z. B. Pückleriana.
Die Anas: allg. Bezeichnung für kleinere Beiträge zur Charakteristik bekannter Personen.
47 Amas: Substantivierung der Endsilbe von z. B.: Cosmoramas, Panoramas, Dioramas (s. 28. Brief; Anm. 20 u. den unter dieser Anm. folgenden Text).
48 et le change (...): franz. und die Veränderung ist zum Vorteil. (P.s Wortspiel: amant: franz. Liebhaber; âne: franz. Esel.).
49 Joseph Lancaster (1778-1838): Stifter der Londoner Armenschulen.
50 mutuellement: franz. gegenseitig.
51 effort: franz. Anstrengung.
52 Lépreux d'Aosta: Die Aussätzigen von Aosta.
53 jaunisse: franz. Gelbsucht
54 Garde en Haye: franz. Hofwache.
55 Huris: (arab.-pers.) schöne Mädchen im Paradies des Islam.

Nachlaß-Briefe

1 Josef Graf von Taufkirchen, Ehemann der Bianca Pückler (1792-1834).
2 Max von Seydewitz (1800-1872), Sohn der Mutter Pücklers aus zweiter Ehe mit Reichsgraf August von Seydewitz (1769-1816).
3 double entente: franz. doppelsinniges Tun.
4 Pekuliaritäten: unsystematische Eigenschaften.
5 Timidität: Furchtsamkeit, Schüchternheit.
6 nous autres Allemands: franz. wir Deutschen.
7 de nous compremettre: franz. kompromittieren wir (auch).
8 coin de feu: franz. Kaminfeuer.
9 Sans adieu: franz. ohne Adieu.
10 it is certainly (...): engl. es ist gewiß ein kraftvoller, und deshalb hoffe ich auf Ihre gnädige Verzeihung.

11 Graf Wilhelm von Redern. Besitzer von Eisenhütten in Königsbrück und Bernsdorf. Späterer Gläubiger Pücklers und Interessent am Ankauf Muskaus (1842).
12 ennuyieren: langweilen.
13 negoziieren: einlösen von Wechsel duch eine Bank.
14 Clementine Pückler (1790-1847).
Bianca Pückler (1792-1834).
Agnes Pückler (1794-1837).
15 pupillarisch: vormundschaftlich.
16 desapointiert: enttäuscht.
17 deus ex machina: lat. Gott aus der Maschine. (Im Sinne von: eine unerwartete Hilfe.)
18 au fond: franz. mit Grund.
19 Henriette Sontag (1806-1854): bekannte Sängerin.
20 C'était d'abord le (...): franz. Zuerst war es der Himmel, und dann die Hölle.
21 Gemeint ist die erste, sehr oberflächlich redigierte, Ausgabe der beiden ersten Bände (Teil I. und II.); München 1830. 25.-48. Brief.
22 A cela (...): franz. Dafür gibt es keine Medizin. (Daran kann man nichts ändern.)
23 et j'ai mieux (...): franz. und ich habe es vorgezogen, das Risiko einzugehen.
24 car il faut (...): franz. weil ich alles ausprobieren muß.
25 Louis Pückler: Sohn der Agnes Gräfin Pückler.
26 Ce garçon ne me (...): franz. Der Junge wird mir kein Glück bringen.
27 et que Dieu (...): franz. und Gott möge Dich segnen und bewahren für (Deinen Lou).
28 J'avoue (...): franz. Ich gebe zu, daß dieser kleine Triumph mir mehr Freude macht als jeder, den ich zuvor davongetragen habe, da ich ihn doch ausschließlich mir selbst zuzuschreiben habe.
29 En attendant (...): franz. inzwischen bin ich jedoch nur mit meinem Buch verheiratet.
30 propos: franz. Gerede.
31 affizieren: einwirken.
32 apprehensive: engl. schnell fassend; o. a. furchtsam.
Goethe geht mit diesem Satz sub rosa auf Pücklers Gebrauch fremdsprachiger Satzteile ein.

Anhang

Kleine Genealogie

I. Mußkau. Auf dem gräfl. Schlosse allhier geschah am 27. Decbr. des vorigen 1784sten Jahres die Vermählung, des Hochgebohrnen Grafen und Herrn Ludwig Karl Hanß Erdmann des H. R. R. Grafen von Pückler, Erbherrn auf Brahnitz, Großdöbern und Pertinentien, mit der Hochgebohrenen Reichsgräfinn und Frauen Clementinen Kunigunden Charlotten Olympien Luisen Gräfin von Callenberg, Erbin der freyen Erb- und Standesherrschaft Mußkau, wie auch auf Wettesingen, Westheim, Altliebel, Jemlitz, Merzdorf und Neundorf. Abends um 7 Uhr in dem deßwegen zubereiteten und schön erleuchteten großen Rundel und Tafelzimmer, in Gegenwart einer zahlreichen Versammlung von vornehmen Standespersonen und andern, durch priesterliche Einsegnung des Superintend. Hrn. J. G. Vogels, welcher über Joh. 17, 11. eine rührende Rede hielt. Der vermählte Hr. R. Graf ist der eheliche einzige Sohn des Hochgeb. Grafen und Hrn. August Heinrichs des H. R. R. Grafen von Pückler Freyherrn von Groditzk, Herrn auf Brahnitz, Großdöbern etc. und der weil. Hochgeb. Gräfinn und Frauen Lucien Charlotten Reichsgräfinn von Pückler, geb. Freyfrauen von Grote; die vermählte Fr. Reichsgräfinn ist die eheleibl. einzige Gräfinn Tochter Sr. Excellenz des Hochgebohrnen Grafen und Herrn George Alexander Heinrich Herrmanns, des H. R. R. Grafen von Callenberg, Herrn der freyen Erb- und Standesherrschaft Mußkau, wie auch auf Wettesingen, Westheim, Altliebel, Jemlitz, Merz- und Neudorf, Sr. Churfürstl. Durchl. zu Sachsen Geh. Raths und Kammerherrn, und der weil. Hochgeb. Gräfinn und Frauen Marien Henrietten Olympien Reichsgräfinn von Callenberg geb. Gräfinn de la Tour du Pin, und der Hochgeb. Gräfinn und Frauen Wilhelminen Eleonoren Marianen Reichsgräf. v. Callenberg, geb. v. Oertzen,

Frauen auf Galmitz, Pflegetochter. – Unter den vielen Vermählungs-Feyerlichkeiten, welche dabey einige Tage hintereinander veranstaltet waren, gedenken wir nur derjenigen, an welchen die Armen Theil genommen haben. Der Erlauchte Vater der Gräfinn Braut, der im Wohlthun sein reizendstes Vergnügen findet, ließ, am Vermählungstage, allen denjenigen, die mit seiner Gräfinn Tochter in einem Monath und Jahre gebohren waren und noch lebten aus der ganzen Herrschaft in der Stadt und auf dem Lande, jedem einen Spec. Thaler v. J. 1784. zum Andenken austheilen, und gab überdieß noch jedem zu Anschaffung eines Kleides 5 Rthlr. – 90 Arme in der Stadt und auf dem Lande wurden, jedes mit 12 gr. betheilet, – die ganze Bürgerschaft gespeiset, jedem Bürger eine Klafter Holz geschenket, – und der deutschen Kirche 84 Rthlr. und der wendischen Kirche alhier 60 Rthlr. ausgezahlet. Niemand sollte ohne wohlthätigen Genuß der Freude seyn. GOtt belohne dieß wohlthätige menschenfreundliche Herz mit seinen göttlichen Segnungen und mit manchen süssen väterlichen Freuden! – Man vergleiche unsers Magaz. II. Band S. 379. III. Band S. 22. und 203.

Lausitzisches Magazin, 15. Januar 1785; S. 4f.

Mußkau. Am 30. Oct. (am 23. Sonnt. nach Trin.) ward die Hochgeb. Gräfinn und Frau Clementine Cunigunde Charlotte Olympie Luise, geb. Reichsgräfinn v. Callenberg, Herrinn der freyen Erb- und Standesherrschaft Mußkau, wie auch auf Wettesingen, Westheim, Altliebel, Jemlitz, Merzdorf und Neudorf, des Hochgebohrnen Reichsgrafen und Herrn Ludwig Karl Hanß Erdmann des H. R. R. Grafen von Pückler, Freyhrn. von Groditzk, Herrn auf Brahnitz etc. Frau Gemahlinn, zur allgemeinen Freude beyder Hochgräfl. Häuser, Vasallen, Bürger und Unterthanen, von einem gesunden und wohlgestalten Grafen glücklich entbunden, welcher am 4. Nov. drauf auf dem Hochgräfl. Schloße, nach gehaltener kurzer Taufrede über Jer. 31, 3. von dem zeitigen Superintend Hrn. J. G. Vogel, getauft und Ludwig Heinrich Herrmann, genannt worden. Die bey der Taufhandlung daseyende Zeugen waren: A.) Gegenwärtige: 1) Sr. Excellenz der Hr. Geh. Rath Graf v. Callenberg; 2) dessen Fr. Gemahlinn; 3) Hr. Graf v. Pückler; 4) Ihro Excellenz die Frau Minist. v. Hagen; 5) Ihro Excellenz die Fr. Geh. Räthin von Maxen; 6) Hr. Graf v. Lüttichau; 7) Hr. Landeshauptmann v. Karlowitz – B.) Abwesende: 1) die regierende Herzogin von Gotha; 2) Hr. Graf von Pückler aus Stuttgard; 3) Hr. Graf von Pückler aus Schlesien; 4) Sr. Excellenz Hr. Graf Curt von Callenberg; 5) Sr. Excellenz Hr. Geh. Rath Baron von Diede zum Fürstenstein; 6) Sr. Excellenz Hr. Graf zur Lippe; 7) dessen Fr. Gemahlinn; 8) Hr. Graf la Tour du Pin; 9) Frau Gräfinn D'Aost; 10) Fr. Gräfinn Sade; 11) Fräul. Marianne von Löw; 12) Hr. Graf von Goloskin; 13) Sr. Excellenz Hr. Minister von Löben; 14) Sr. Excellenz Hr. Minister von Herzberg.

Lausitzisches Magazin, 15. Dezember 1785; S. 359f.

Stamm	Eltern
Heinrich Graf Pückler-Branitz* (1720-1810)	Ludwig Reichsgraf Pückler-Branitz (1754-1811)
	heiratet 1784
Hermann Graf Callenberg-Muskau (IV.) in erster Ehe mit Olympe Gräfin de la Tour de Pin	Clementine Gräfin Callenberg-Muskau (1770-1850)
	geschieden 1799
	Clementine Gräfin Callenberg-Muskau (1770-1850) geschiedene Pückler
	heiratet 1800
	August Reichsgraf von Seydewitz (1769–1816)

* Sohn des Graf Erdmann Pückler-Branitz (1687-1742)

Kinder		Verheiratet mit
Hermann Fürst Pückler-Muskau (1785-1871)		1817: Lucie Gräfin von Hardenberg* (1776-1854)
Kurt Graf Pückler-Muskau (1786-1787)		
Clementine Gräfin Pückler-Muskau (1790-1847)	∞	Graf von Kospoth
Bianca Gräfin Pückler-Muskau (1792-1834)	∞	Graf von Taufkirchen
Agnes Gräfin Pückler-Muskau (1794-1837)		
Max von Seydewitz (1800-1872)		

* geschiedene von Pappenheim; aus erster Ehe: Adelhaid von Pappenheim (1797-1847) ab 1817 Fürstin Carolath
Adoptivtochter Helmine ab 1824 Freiherrin von Blücher.

Nachwort

Einhundertundvierzig Jahre lang befand sich die Standesherrschaft Muskau im Besitz des Grafen Callenberg, als am 27. Dezember 1784 die einzige Tochter des Reichsgrafen Hermann Callenberg (IV.) den Sohn des Heinrich Pückler-Branitz heiratete. Beide Väter erhofften sich durch diese Heirat einen Vorteil. Callenberg die Verringerung der inzwischen auf ca. 340000 Reichstaler angestiegenen Schulden und Pückler eine enorme Vergrößerung seines Besitzes und den Aufstieg in den Hochadel.

Zunächst lediglich um finanzielle Hilfe bittend, willigte Callenberg bald in die Mesalliance-Heirat seiner vierzehnjährigen Tochter mit dem dreißigjährigen Ludwig Pückler-Branitz ein. Die von Pückler erhoffte problemlose Aneignung des Majorats scheiterte aber vorläufig an Verpflichtungen, die Graf Callenberg (I.) 1645 eingegangen war und die erbrechtlich nicht den Grafen Pückler übertragen werden durften. Der Rechtsstreit zwischen den Grafen Callenberg und dem Domkapitel in Bautzen (Prozeßdauer: 1645-1801) ließ juristisch nur die Möglichkeit zu, die standesherrschaftlichen Rechte und Pflichten in direkter Erbfolge zu übertragen. Mit einer jährlichen Leibrente von 3500 Reichstalern versehen, verließ Callenberg 1785 Muskau, nachdem er de jure seiner Tochter den Besitz überschrieben hatte. Erst 1794 kehrte Callenberg nach Muskau zurück und verstarb dort im darauffolgenden Jahr. De facto regierte in Muskau zu dieser Zeit weder Clementine noch Ludwig Pückler, sondern der Vater des letzteren, Heinrich Pückler. Seinen Initiativen verdankte Muskau einen zeitweiligen Rückgang der Schuldenlast. Gleichwohl aber fand der Vater in seinem Sohn einen stetigen Widersacher. Anhaltende Spannungen, aufgrund des ökonomischen Unvermögens Ludwigs und dessen Teilnahmslosigkeit gegenüber dem am 30. Oktober 1785 geborenen Sohn, Hermann Pückler-Muskau (ab 1822 Fürst), waren der Nährboden für ein ständig wachsendes Mißtrauen zwischen Heinrich und Ludwig Pückler.

Die Psyche des Kindes Hermann suchte Geborgenheit und Verständnis im freundlichen Wesen des Großvaters und spürte nur wenig Bezug zur noch allzu jungen Mutter, aber beinahe Ablehnung seinem Vater gegenüber, der eine kleinliche Herrschaftspolitik führte und, wie Fürst Pückler in späteren Jahren schrieb, durch unüberlegte Spekulationen die Schuldenlast der Standesherrschaft erhöhte, während er, das Kind, fremden Erziehern willkürlich überlassen wurde. Verschiedene Haushofmeister, Erziehungsversuche der Herrnhuter Brüdergemeine – deren ›fromme Heuchelei‹ Pückler in den ›Briefen eines Verstorbenen‹ mehrmals erwähnt – und ein Aufenthalt am Pädagogium in Halle waren Stationen im Leben des jungen Pückler, die der Suche nach vertrauten Bezugspersonen wenige Erfolgschancen boten.

Obwohl der Lebensweg des Kindes Hermann Pückler für die damaligen aristokratischen Verhältnisse nicht ungewöhnlich war und auch die familiären Mißstände keineswegs eine Ausnahme bildeten, wird die außergewöhnliche Einsamkeit Pücklers bereits spürbar. Im kindlichen Spiel und besonders durch ausgeklügelte Streiche hinterfragt er sowohl die Normenvorgabe seiner Lehrer als auch die Etiketten der Eltern, um das zu ergründen, was seine Seele als schmerzhaft empfindet: Sein Anspruch an die Eltern und deren Ablehnung; die moralischen Lehren der Haushofmeister, bei gleichzeitiger Bestrafung eines kindlichen Fehlverhaltens; die erstarrten Umgangsformen und das Bedürfnis nach Ungezwungenheit. Eine Suche nach Wahrheit also, die das Kind Hermann Pückler ohne Beistand betrieb und damit zwangsläufig einer unendlichen Unsicherheit ausgeliefert war. Das Ungewöhnliche in bezug auf die damaligen herrschenden Verhältnisse war Pücklers Entscheidung, einer Anpassung mit allen Mitteln entgegenzuwirken. Er spürte die Nachteile seines Verhaltens, empfand sie aber lediglich als das kleinere Übel. Diese Wahrheitssuche, autonom und oft bis an den Rand der Selbstzerstörung geführt, blieb bis in sein sechzigstes Lebensjahr eine dominierende Charaktereigenschaft Pücklers.

Die völlig zerrüttete Ehe der Eltern wurde 1799 geschieden. Dabei spielte weniger die Art und Weise des Zustandekommens der Ehe eine Rolle als vielmehr der für Clementine unerträglich gewordene Standesunterschied. Die Reichsgräfin lebte an der Seite eines eher kleinlichen Ehemannes, der überdies nicht in der Lage war, die erhoffte Schuldenentlastung herbeizuführen und dem sie innerhalb von neun Jahren fünf Kinder gebar. Das bislang in Majoratsfolge geordnete Erbrecht hatte durch die Einheirat der Pücklers gelitten und in der Familie für ständiges gegenseitiges Mißtrauen gesorgt. Um den Callenbergischen Besitz als Ganzes zu bewahren, verfügte Clementine noch vor ihrer Scheidung, daß Hermann Pückler – als erstgeborener Sohn – nach dem Tode des Vaters die Standesherrschaft erben solle. Sie überließ damit Muskau endgültig den Pücklers und zog sich auf das Schloß der Familie ihrer Mutter (Gräfin de la Tour de Pin) bei Valence an der Rhône zurück. Das Erbe Muskau war jedoch an zwei Bedingungen geknüpft. Zum einen sollte die Schuldenlast abgetragen und zum anderen die Standesherrschaft erbrechtlich wieder als Majorat geführt werden. Mit dieser klaren Vorgabe und dem bedingten Verzicht auf das Callenbergische Erbe wollte Clementine den anhaltenden Erbstreitigkeiten ein Ende setzen, in der Hoffnung, damit wenigstens den Streit zwischen den Pücklers schlichten zu können.

1801 immatrikulierte sich der sechzehnjährige Pückler,

eher unwillig, an der Universität Leipzig, brach jedoch das Jurastudium ab und wurde Leutnant bei den Dresdner Gardes du Corps. In Muskau regierte Ludwig Pückler, kaum noch abhängig in seinen Entscheidungen von dem inzwischen einundachtzigjährigen Vater. Letzterer war jedoch der Adressat der Briefe, in denen Hermann Pückler seine Sorgen schilderte. Spielschulden, teure Extravaganzen und die Kosten eines übersteigerten Bedürfnisses nach Repräsentation waren der Grund für die anhaltende Geldknappheit des jungen Grafen. Soweit Heinrich Pückler es noch vermochte, vermittelte er zwischen seinem Sohn und seinem Enkel. Ständig steigende Ausgaben ließen jedoch Ludwig Pückler befürchten, daß sein Sohn noch vor Antritt des Erbes für den gänzlichen finanziellen Ruin der Standesherrschaft sorgen würde. Unter Hinweis auf die Verschwendungssucht des Sohnes überredete Ludwig seine geschiedene Frau zu einer Testamentsänderung, die besagte, daß Hermann, falls er nicht aufhöre, leichtfertig Schulden zu machen, enterbt und mit einer jährlichen Leibrente von 4000 Reichstalern abgefunden werden soll. Damit sah sich Pückler einem Schicksal preisgegeben, das für ihn keinerlei Sicherheiten mehr bereithielt. Der Versuch, die nicht erhaltene Elternliebe in einer übersteigerten Repräsentation zu kompensieren, war durch die drastische Einschränkung der monatlichen Zahlungen praktisch nicht mehr weiterführbar und zudem auf ein Maß beschnitten, das nur noch wenig dem gesellschaftlichen Anspruch eines angehenden Standesherrn entsprach.

In dieser Situation zeigte sich eine weitere Charaktereigenschaft Pücklers. Er paßte sich den äußeren Umständen an und folgte seinem Drang nach Selbstverwirklichung; immer auf der Suche nach den Ursachen seiner inneren Zerrissenheit. Als Rittmeister quittierte er den Dienst und begab sich, zu Fuß und mit wenig Geld, auf eine Reise durch die Schweiz und Frankreich nach Italien.

In Rom erreichte ihn die Nachricht, daß sein Vater in Muskau schwer erkrankt sei. Man bat ihn zurückzukommen; zurück an den Ort, den er meiden wollte, dessen Anblick Erinnerungen, und somit sein Trauma, wie eine kaum bedeckte Wunde wieder aufbrechen lassen würde.

Pückler zögerte, trotz des offensichtlich nahenden Todes seines Vaters, aus Italien abzureisen. Erst im Herbst 1810 traf er in Muskau ein. Verstorben war in diesem Jahr sein Großvater, Heinrich Pückler, der einzige Mensch, dem Pückler Vertrauen entgegengebracht hatte. An dem Todestag des Vaters hielt sich Pückler in Berlin auf. Im Januar 1811 veranlaßte er die Beisetzung Ludwig Pücklers in Muskau. Von einer Trauer des Sohnes berichtet die Chronik nicht.

Dem Einfluß des Großvaters wird es Pückler zu verdanken haben, daß die einschränkenden Testamentsänderungen noch vor dem Tod Ludwig Pücklers wieder rückgängig gemacht worden waren. Im wesentlichen galten nun wieder die Bedingungen von 1798, mit den Verpflichtungen zum Erhalt der Standesherrschaft und einer Regelung bezüglich der Geschwister Pücklers.

Noch im Januar 1811 übernahm Ludwig Heinrich Hermann Graf von Pückler-Muskau und Erbherr von Branitz die Amtsgeschäfte seines Besitzes. Erste Bilanzen fielen denkbar schlecht aus. Die Schuldenlast war auf fast eine halbe Million Reichstaler angestiegen. Das Ende des Prozesses gegen das Bautzener Domkapitel, 1801 mit einem Vergleich abgeschlossen, verpflichtete den Standesherrn zu einer Zahlung von 12000 Reichstalern. Zinsen, fällige Wechsel und laufende Kosten hatten die Standesherrschaft an den Rand des Bankrotts geführt. Neue Hypotheken ließen sich kaum noch realisieren, da Ludwig Pückler, wahrscheinlich aus steuerrechtlichen Gründen, den Besitz weit unter Wert hatte schätzen lassen, so daß dieser Schätzwert zur Zeit der Übernahme durch Hermann Pückler etwa der Höhe der Gesamtverschuldung entsprach. Hinzu kamen noch Kredite der Geschwister, die nun um ihr Geld fürchteten und gerichtliche Maßnahmen androhten, falls Pückler das geliehene Geld nicht in Kürze zurückzahlen würde. Und letztlich stand über alldem Pücklers psychische Abneigung, Muskau als Wohnstätte und Heimat anzunehmen.

Daß er trotzdem den zu erwartenden Schwierigkeiten nicht aus dem Weg ging, mag an seinem Willen gelegen haben, die Verhältnisse in Muskau grundlegend zu verändern. Von seinen Beamten forderte er Integrität und Humanität. Den Richtern empfahl er, gelinde und weise Urteile zu fällen, Prozesse wenn möglich zu vermeiden und anstelle gehaltloser Etikette eine pädagogisch-aufklärerische Haltung gegenüber den Problemen seiner Untertanen einzunehmen.

Für Pückler selbst war die Aufgabe, eine Lösung der Geldsorgen zu finden, obligatorisch. Nachdem er den Muskauer Jugendfreund und Dichter Leopold Schefer (1784-1862) zum Generalbevollmächtigten ernannt hatte, ging Pückler auf die Suche nach Geldgebern.

Kaum war jedoch dieser Erneuerungsgedanke in Angriff genommen, belastete ein anderes Übel die Standesherrschaft bis an die Grenzen ihrer Möglichkeiten. Im Verlauf der Napoleonischen Kriege lagerten abwechselnd befreundete und feindliche Truppen in Muskau. Insgesamt mußten etwa 40000 Soldaten der französischen, russischen und preußischen Armee versorgt werden. Pückler stand zeitweise unter Hausarrest und entging nur knapp der Exekution. Große Hungersnot und eine Typhus-Epidemie stürzten die Bevölkerung in tiefes Elend. Der westfälische Soldat Fleck berichtet über seine Eindrücke von der Herrschaft Muskau im Jahre 1812: »Als wir in Muskau anlangten, mußten wir acht bis zehn Tage verweilen. Die Gegend konnte uns nicht gefallen; denn der Boden war sandig, und einförmige Öde wurde höchstens von Fichten- und Birkenwaldungen unterbrochen. Wir fanden hier die ersten Wenden, und so kamen zum Ungemach der schlechten Örtlichkeit eine uns bis jetzt gänzlich ungewohnte Lebensweise, fremdartige Sitten und unverständliche Sprache. Es schien hier mit der Kultur ein Ende zu haben; wir vermißten Deutschland, deutsche Verpflegung, deutschen Umgang zum ersten Male. Ein unheimliches Gefühl, halb Heimweh, halb Ahnung von zukünftigen Dingen, bemächtigte sich meiner, als ich die traurige Gegend mit den lachenden Fluren meiner Heimat, als ich das Los der armen leibeignen Wenden mit dem unserer Bauern verglich. Gehörig eingerichtete Wohnungen mit Öfen kannte man hier nicht, es waren nur niedrige, ärmliche Hütten mit elenden Kaminen, eher Rauchkammern als Aufenthaltsräumen für Menschen ähnlich. Wie es bei diesen armseligen Bewohnern mit unserer Verpflegung stand, wird sich jeder denken können, der weiß, daß von nichts nichts kommen kann.« – Und eine Verfügung zur Aufbringung von Kriegskontributionen aus dem Jahr 1813 ordnete an: »Die soeben angesagte Ankunft von 25 000 Mann Russen in Muskau, wobei 9000 Pferde befindlich sein sollen, veranlaßt die Aufbietung aller Kräfte, um soviel als möglich nicht eigenmächtigen Requisitionen ausgesetzt zu sein. Deshalb werden Dominien ersucht und alle Gemeinden beordert, gleich nach Empfang dieses Schreibens gemeinschaftlich auf jeden Rauch, ½ Zentner Mehl, 1 Scheffel Hafer und ½ Scheffel Korn, 4 Metzen Grütze oder 8 Metzen Erbsen und 1 Eimer Branntwein nach Muskau abzuliefern.«*

Als Generaladjutant des Großherzogs von Weimar und Verbindungsoffizier zum Zaren, nahm Pückler ab November 1813 aktiv am Kriegsgeschehen teil. Im Frühjahr des folgenden Jahres zog er mit den Alliierten in Paris ein. Von dort reiste er, nach seinem Abschied aus der Armee, für ein Jahr

* Zeitgenössische Berichte. Staatsarchiv Dresden.

nach London. Während dieses Aufenthaltes reifte in ihm der Gedanke, Muskau nach seiner Rückkehr in einen Park zu verwandeln. Erste Versuche, seine Geldsorgen durch eine entsprechende Heirat zu verringern, schlugen fehl. Schließlich traf Pückler im April 1815 wieder in Muskau ein. Am 1. Mai verkündete er der Bürgerschaft in einem Schreiben seinen Plan: Die Anlegung eines Parks.*

Um seiner Abneigung gegen Muskau, die immer noch latent vorhanden war, entgegenzuwirken, setzte Pückler in seinem Handeln von nun an drei Schwerpunkte. Die Gestaltung des Parks sollte nur noch an freundliche Bilder, so wie die Phantasie des Kindes Hermann es sich ausgemalt hatte, erinnern. Die Kompensation der seelischen Nöte verlagerte sich auf eine kreative Ebene. Pückler versetzte die Berge, die auf seiner Seele lasteten, in der realen Natur. Obwohl dieser Versuch der Identitätsfindung sicherlich keine befriedigende Lösung bringen konnte, spiegelt sich in den komplexen Gestaltungsgrundsätzen, wie sie die ›Andeutungen über Landschaftsgärtnerei‹ darlegen, gewiß ein Teil dessen, was Pückler suchte. Das, was er erkannt hatte, setzte er gestalterisch um. Kleinliche aristokratische Verhältnisse, die besonders die Anlagen um das Neue Schloß kennzeichneten, sollten beseitigt werden zugunsten einer idealisierten, freien Natur. Verständlicher wird in diesem Zusammenhang auch die Kritik Pücklers an Lenné, der, ab 1816 in Potsdam tätig, im *pleasure-ground* noch die Formen des französischen Parks anwandte, die für Pückler ›Kleinlichkeit‹ symbolisierten und ihn wohl auch deshalb dazu verleitete, gelegentlich den ursprünglichen Namen Lennés – le Nain – (franz. der Kleine) scherzhaft zu gebrauchen.

Mit der Umgestaltung der Landschaft sollte auch die Administration nach Pücklers Vorstellungen verändert wer-

* Vollständiger Text des Schreibens: s. ›Andeutungen‹ S. 317f.

den. Es ist nicht erkennbar, daß ökonomische Gedanken diesen Veränderungswünschen zugrunde lagen. Richtete sich dieser Umgestaltungswille letztlich nicht gegen den verstorbenen Vater, von dem Pückler sagte, er wäre der einzige Mensch gewesen, der anhaltend versucht hatte ihn zu zerstören? War ein Teil dieser Kreativität Pücklers unbewußt darauf ausgerichtet, nun den Vater zu zerstören, indem die als kleinlich, lieblos und feindlich empfundene äußere Gestalt Muskaus in eine idealisierte umgewandelt werden sollte? Deutlich sichtbar sind die unterschiedenen Motive der Parkgestaltung in Branitz. 1845, nach dem Verkauf von Muskau, begonnen, erhebt sich dieser klassische Landschaftsgarten über die anfängliche Kreativität als Ersatzhandlung hinaus. In Branitz gelangt die Gestaltung Pücklers zu einer ungebrocheneren Ruhe. Dort war der innere Zwang, die Leiden seiner Jugend in einem Kunstwerk zu kompensieren, nicht mehr vorhanden; der Schritt auf eine unabhängigere, objektivere Gestaltungsebene vollzogen. Dem widerspricht nicht die Tatsache, daß Branitz das väterliche Erbgut war. Die Person des Vaters spielte dort keine nachhaltige Rolle mehr. Kindheit und Jugend Pücklers waren an Muskau gebunden, und Branitz wurde von ihm eher als angenehm unbelastet empfunden. Darüber hinaus war Pückler, durch den Verkauf von Muskau und durch die Einnahmen aus seiner schriftstellerischen Arbeit, in Branitz zum erstenmal im Leben schuldenfrei und, nach eigenen Aussagen, in der befriedigenden Situation, ein angenehmes Leben zu führen, sich seiner Parkleidenschaft widmen zu können und noch soviel Geld übrig zu haben, um sozial tätig zu werden.

Diese Umstände begründen einen Teil der Parkgestalt in Branitz. Beide Parkkompositionen, das frühe Werk in Muskau und das Spätwerk Branitz, besitzen ihre spezifischen Reize.

Aber noch fehlte 1815 in Muskau eine wichtige Komponente zur Realisierung der Pläne Pücklers. Das eigene, verfügbare Vermögen reichte nicht aus, um die Defizite auszugleichen, ganz zu schweigen von den absehbaren Kosten der projektierten Parkanlage. – Am 27. Juli 1817 heiratete Hermann Graf von Pückler-Muskau die Gräfin Lucie Anna Wilhelmine von Hardenberg (gesch. von Pappenheim; 1776-1854). Dieses besondere Ereignis im Leben Pücklers brachte, was es bringen mußte: die Bindung an eine mütterliche Freundin.

Noch ehe Lucie in Muskau eintraf, hatte Pückler bereits nicht unerhebliche Beträge aus dem Vermögen seiner Frau für die Parkgestaltung ausgegeben. Muskau glich einer Baustelle, doch war der Gedanke Pücklers, sein zukünftiges Glück in keinem Fall durch lästige Jugenderinnerungen getrübt sehen zu wollen, wieder verstärkt hervorgetreten; vielleicht auch bedingt dadurch, daß er befürchtete, seine eigenen Kinder könnten ein ähnliches Schicksal erleiden, wie es ihm zugemutet worden war. Pückler trieb deshalb die Umgestaltungsarbeiten mit größter Eile – und ohne Rücksicht auf die Kosten – voran.

Zwei Jahre nach der endgültigen Niederlage Napoleons herrschten in Muskau noch immer Elend und Hunger. Durch die Arbeiten im Park, gab Pückler zumindest einem Teil der Bevölkerung Gelegenheit, ihre größte Not zu lindern. Er beschäftigte in diesen Jahren täglich etwa 200 Parkarbeiter, die hauptsächlich die Umgebung des Neuen Schlosses und des Amtshauses nach seinen Plänen umgestalteten.

Bis 1815 war die Standesherrschaft Muskau politisch und wirtschaftlich einem Staat im Staate ähnlich; der Standesherr lediglich dem sächsischen König verpflichtet. Ein feudalistisches Wirtschafts- und Regierungssystem, das in den Hauptpunkten eine geordnete Gerichtsbarkeit, einen bestimmten Personenkreis und ein definiertes Herrschaftsgebiet beinhaltete, kennzeichnete die adlige Herrengewalt, die durch den Landesherrn von Zeit zu Zeit neu bestätigt und verbrieft wurde. Die sich in dieser Weise entwickelnde konstitutionelle Eigenständigkeit einer solchen Standesherrschaft zielte letztlich auf eine souveräne Landesherrschaft ab. Durch die Neuordnung der feudalistischen Herrschaftsverhältnisse wurde die innere Ordnung der Standesherrschaft Muskau abhängig von übergeordneten Verwaltungsstellen.

Im Verlauf der Neuordnung Deutschlands beschlossen die Parteien auf dem Wiener Kongreß (1814/15) die Angliederung eines Teils der sächsischen Oberlausitz, und damit auch die Territorialzugehörigkeit Muskaus, an die preußische Provinz Schlesien. Die preußischen Reformen lösten Leibeigenschaft und Fronarbeit, standesherrschaftliche Rechte und Gesetzgebung auf. An die Stelle der standesherrschaftlichen Obhuts-Pflicht trat eine frühkapitalistische Lohnarbeit; die für den Bereich der Standesherrschaft geltende Gesetzgebung wurde der preußischen Verwaltung untergeordnet. Abgesehen von der Aufhebung der Leibeigenschaft und der eigenständigen Jurisdiktion, wurden die preußischen Reformen in Muskau jedoch nur sehr langsam realisiert. Die vollständige Umgestaltung nach preußischer Vorgabe fällt nicht mehr in die Zeit der Herrschaft Pücklers, sondern wurde erst nach 1845 verwirklicht. Pückler wollte seine eigenen Vorstellungen von einer liberalen Herrschaftspolitik durchsetzen. Er beklagte die wirtschaftlichen Verluste, die die Reformen der Standesherrschaft eingebracht hatten und erklärte gegenüber seinem Schwiegervater, dem preußischen Staatskanzler Hardenberg, daß die Gesundung der durch Schulden, Krieg und Reformen geschwächten Standesherrschaft auch im Interesse des preußischen Staates liegen müsse. Schließlich versuchte Pückler als Diplomat in preußische Dienste zu gelangen; seine bekannte kritische Haltung gegenüber dem preußischen

Staatswesen verhinderte jedoch eine solche Anstellung. Unterdessen stiegen die Kosten für die Parkgestaltung. Die wirtschaftlichen Einnahmen der Herrschaft, wie auch das Vermögen Lucies, verringerten sich zusehends. Pückler stellte sich nun gänzlich auf die Seite der Lausitzer Aristokratie und kämpfte gegen das preußische Gouvernement, für die Erhaltung der ständischen Selbstverwaltung.

Der familiären Bindung zum noch amtierenden Staatskanzler verdankte Pückler letztlich wohl seine 1822 vollzogene Erhebung in den Fürstenstand. Für Muskau ergaben sich daraus jedoch keine Veränderungen. Pückler war preußischer Titular-Fürst geworden, aber Muskau kein Fürstentum. 1823 erhielt Pückler 40000 Taler Entschädigung für erlittene Verluste. Damit waren seine Erwartungen an den preußischen Staat erschöpft.

Elf Jahre nach der Übernahme der Standesherrschaft zog Pückler Bilanz: Der Park glich noch immer in weiten Teilen einer Baustelle. Der gesamte Besitz war hoch verschuldet und nur noch in Abhängigkeit von der preußischen Bürokratie regierbar. Die angestrebte politische Karriere gescheitert. Das Vermögen seiner Frau fast aufgebraucht. Zinsen und fällige Zahlungen bereiteten Pückler täglich neue Probleme. Weder die eiligst getätigten, großen Holzverkäufe noch seine Versuche, die Standesherrschaft neu taxieren zu lassen, um dadurch an höhere Kredite zu gelangen, veränderten die finanzielle Misere. Schließlich verlor Pückler durch den Tod seines Schwiegervaters Hardenberg (1822) einen wichtigen Garant gegenüber seinen Gläubigern.

Um einen Ausweg aus der bedrohlich gewordenen Situation herbeizuführen, schlug Lucie 1823 die Scheidung der Ehe vor. Anhaltende erbrechtliche Vertragsverhandlungen zwischen Lucie und Pückler, die letztlich zu einer Abtretung der Standesherrschaft an Lucie führten, verzögerten die Durchführung der Scheidung über mehrere Jahre. Erst im

Februar 1826 waren die Rechtsverträge, die sicherlich Reaktionen der Gläubiger berücksichtigen mußten, soweit abgeschlossen, daß Friedrich Wilhelm III. das Scheidungsprojekt billigte und die Ehe für geschieden erklärte. Diese formale Trennung war die Voraussetzung für eine angestrebte Geldheirat, die Pückler schließlich nach England führen sollte. Zurück blieb eine vage Vorstellung der Geschiedenen, wie zukünftig eine Art Ehe zu dritt in Muskau zu realisieren sei.

Pückler reiste, nachdem er umfangreiche Vorbereitungen getroffen hatte, über Holland nach England. Eine Auswahl aus den Nachlaß-Briefen, die die Ereignisse von 1824 bis zur Abreise über Bautzen und Dresden im Juni 1826 verdeutlichen, ist dieser Ausgabe im Teil III beigefügt.

Die Briefe, die Pückler während seiner Reise an Lucie schrieb, waren zunächst nicht für das Publikum bestimmt. Erste Anzeichen, die auf den Gedanken Pücklers, ein Buch zu publizieren, schließen lassen, findet man 1827/28 im 20. und 21. Brief. In Gesprächen mit Lady Morgan äußerte Pückler, er sei eigentlich ein Schriftstellerkollege und würde sie, falls sie dies wünsche, nach seiner Rückkehr in die Heimat, in seinen literarischen Werken gebührend ehren. Auch sprechen weitere Textstellen in den ›Briefen eines Verstorbenen‹ dafür, daß Pückler im Verlauf der Englandreise die Möglichkeit der Schriftstellerei für sich in Betracht zog. Ausschlaggebend war jedoch, daß Lucie die Briefe Pücklers im engsten Kreise, mit Rahel und Karl August Varnhagen von Ense, in Berlin vortrug. Was konnte Varnhagen dazu veranlaßt haben, die Initiative zu ergreifen und den Vorschlag zu unterbreiten, die Briefe Pücklers in einer gewissen Auswahl dem Publikum zur Kenntnis zu geben? Von Dichtung im herkömmlichen Sinne konnte bei den Briefen keine Rede sein; eher erschien die Sprache Pücklers als eine an der Oberfläche treibende Mischung von Erzählelementen, die lediglich einem exzentrischen Aristokraten dazu diente, in gekünstelter Manier seine allgegenwärtigen Ängste zu bekämpfen. Die rücksichtslose Beobachtung der eigenen Psyche und die der etikettenreichen englischen Gesellschaft mußte sogar beinahe als eine Charakterlosigkeit des Autors angesehen werden. Was reizte Varnhagen an dieser traditionslosen Verschmelzung von Reisejournal, Liebesbrief, Bericht und Chronik, die überdies noch Handlung, Reflexion und scheinbar ausgelassenste Phantasie ›ad modum Minellii‹ beinahe bis an den Rand des Unverständlichen miteinander verwob? Seit seiner Entlassung aus dem preußischen Diplomatendienst im Jahre 1819 strebte Varnhagen (1785-1858) gemeinsam mit seiner Frau Rahel Levin (1771-1833) verstärkt danach, die gesellschaftliche Enge festgefahrener Strukturen zu überwinden. Für Varnhagen bedeutete publizistische Arbeit primär Gesellschaftskritik. Eine erneuernde Literatur war für ihn nur denkbar, wenn sie offen und mit Nachdruck die bisherige Gesellschaftsordnung, den Adel und die Kirche, die sozialen und die nationalen Schranken zugunsten einer liberalen Umgestaltung der herrschenden Verhältnisse bekämpfte. Pücklers Briefe zeigten sich diesem Zeitgeist konform, wenn auch nicht in allen Teilen ausgereift. Das Redigieren der Briefe Pücklers zu einer Buchausgabe war folglich in der Überzeugung geschehen, daß die ›Briefe eines Verstorbenen‹ substantiell die Gedanken eines jungen Deutschland enthielten, unfertig zwar, aber auch dadurch kennzeichnend für eine Zeit des Übergangs und der Ungewißheit. Gerade die Äußerungen eines Aristokraten, der die Möglichkeit besaß, unmittelbar aus den höchsten Kreisen der Gesellschaft zu berichten, waren prädestiniert für eine Diskussion um gesellschaftspolitische Erneuerungen. Der eigentliche Anlaß der Reise Pücklers und die damit verbundenen Briefe wurden zur Nebensache oder bestenfalls zu einer willkommenen, publikumswirksamen Beigabe. Um diesem Anspruch an Literatur gerecht zu werden, fand eine Auswahl der Briefe statt, an der sowohl Lucie und Pückler als auch die Varnhagens beteiligt waren, und die dem Leser weder die Absicht einer Geldheirat Pücklers verschweigt, noch diesen Umstand überstrapaziert.

Die Rezeptionsgeschichte der Pückler-Literatur und auch die seiner Parkgestaltung ist gekennzeichnet durch sich widersprechende Interpretationen. Je nach Fachzugehörigkeit der Autoren und einer damit verbundenen eindeutigen Zuordnungsabsicht erscheinen die Darstellungen mit der Tendenz, fachspezifische Elemente zu bevorzugen, um darauf aufzubauen. Solange diese Untersuchungen nicht dem Anspruch einer Allgemeingültigkeit genügen wollen, dienen sie fächerübergreifenden Überlegungen als Grundlage. Dabei kann es sich aber nicht um die solitäre Sekundärliteratur handeln, die bereits zu Lebzeiten Pücklers ihre Blüten trieb und sich in dieser Tradition bis heute fortgesetzt hat; die mit einsamen, aber an der Oberfläche wirkungsvollen Begriffen operiert: Pückler als Mensch; Pückler als Gartengestalter; Pückler als Literat; Pückler als Verschwender; Pückler als Dandy; Pückler als Liebhaber etc. – Die Wechselbeziehungen dieser einzelnen Elemente führen letztlich zu einem emanzipierten Verhältnis von Person und Werk, und damit zu einem Verständnis der Dinge, das einer eindeutigen Zuordnung nicht mehr bedarf, es sei denn, diese Zuordnung wäre im Einzelfall, zur Klärung eines spezifischen Sachverhaltes, historisch notwendig. Die fast unüberschaubar gewordene Fülle von Einzeldarstellungen in der Sekundärliteratur drängt zu einer Synthese, die nicht nur das ›als‹ zugunsten komplexerer Strukturdarstellungen eliminieren und verdeutlichen muß. In den ›Briefen eines Verstorbenen‹ findet man zwei aufeinanderprallende Ebenen. Zum einen die Persönlichkeitsentwicklung Pücklers und zum anderen die ihn umgebende Welt. Beide versuchen miteinander zu kommunizieren, beide sind aber auch in ständiger Umwandlung, und beide bedingen einander so, wie der Reiseschriftsteller zunächst erst einmal reisen muß, um Reiseschriftsteller zu werden. Pückler begann, seine innere Zerrissenheit, die sich zu einem Gefühl der angstvollen Leere gesteigert hatte, mit der einzig noch verbleibenden Möglichkeit zu bekämpfen: er überließ sich selbst dem, was kommen sollte, und begab sich auf das Glatteis neuer Erfahrungen. Seine innere Leere reicherte er in England mit ›Welt‹ an, wobei er keinen Unterschied machte, ob diese ›Welt‹ hohen oder niedrigen Gesellschaftsschichten angehörte. Diesem fast unersättlichen Bedürfnis, ›Welt‹ aufnehmen zu müssen, stellte er seine als Leere empfundene Innenwelt entgegen. Er nahm sich die Welt und gab ihr das, wovon er glaubte, daß die Welt es geschaffen hatte: Eine Persönlichkeit zwischen Dasein und Dichtung. – Die unendliche Einsamkeit mit ihren inneren Konflikten sorgte für sprunghafte Rollen- und Szenenwechsel. Wenn auch dadurch seine seelischen Defekte nicht geheilt wurden, so fühlte Pückler wohl eine langsam sich enwickelnde Stabilität, die ihm sicherer vorkam als die durchlebte Machtlosigkeit früherer Jahre. Seine äußerst starke Bindung an Lucie resultierte daraus, daß offensichtlich nur sie – aus welchen Gründen auch immer – in der Lage war, Pückler in seinem Rollenspiel weitestgehend zu bestätigen. Diese kontinuierliche Bestätigung der nicht klärbar wirkenden Persönlichkeitssprünge, ohne Rücksicht auf eigene Überzeugungen und blind vertrauend, war einerseits der einzig mögliche Weg, Pückler zu begleiten, andererseits eine Art Therapie, die Lucie intuitiv anwandte. Daß hierbei alltägliche, oberflächliche Dinge, wie beispielsweise die Handhabung von Finanzen, Erbverträgen und die damit verbundene Scheidung, eine untergeordnete Rolle spielten, ist als selbstverständlich anzusehen. Bis zu einem gewissen Grad nahm Lucie selbst die Masken Pücklers an, indem sie z.B. seine brieflich übermittelten Vorschläge für extravagante Festlichkeiten, die das Publikum in Berlin und Muskau schockieren mußten, genau nach Anweisung inszenierte und Pückler über den Erfolg Bericht erstattete. Pückler beschreibt in den ›Briefen eines Verstorbenen‹ die Vorstellungen des Hoftheaters und die des Straßentheaters, und er scheut auch nicht vor dem Besuch und der üblen Atmosphäre einer Hinterhofscheune zurück, um die weniger künstlerischen Darbietungen von Laienschauspielern in sich aufzunehmen. Er erinnert sich an seine Jugendwanderungen, die er mittellos und zu Fuß unternommen hatte, um lieber genügsam, aber frei von Zwängen, als eingebunden in Etiketten zu leben. Bald darauf [15. Brief] fühlt er sich anläßlich eines Konzertes in seine Kindheit zurückversetzt und ist glücklich! – In diesen Augenblicken lebt Pückler wieder mit den freundlichen Bildern, die das Kind Hermann in sich aktiviert hatte. Im Juni 1827 äußert sich Pückler über die Voraussetzungen, eigene Kinder zu haben, und drängt seine Gedanken bis zur für ihn nur befriedigenden ›Lösung‹, er habe ja seine Pflanzenkinder in Muskau. (Pückler unterschied in späteren Jahren zwischen seiner Baumschule und seiner Baumuniversität; letztere als Arboretum für ›erwachsene‹ Bäume.)

In London konsultiert Pückler einen Phrenologen, um sich letztlich das bestätigen zu lassen, was ihm bis dahin schon bewußt war. Mit diesen ›Beweisen‹ in der Hand, überzieht er aber sofort einzelne ihm zugeschriebene Charaktereigenschaften und lebt sie, einem Tagtraum gleich, bis in ihre Extreme aus. Das Wechselspiel zwischen seinem Ich und der ›Welt‹ findet in allen Bereichen statt und tendiert, literarisch, zur Satire. Pückler verläßt Schritt für Schritt das eigentliche Spannungsfeld, indem er sich eine Distanz zum eigenen Ich verschafft und als fiktive Figur einen Standort einnimmt, der zwischen der Wirklichkeit des Lebens und der

Werkwirklichkeit liegt. Notwendigerweise mußte diese Stilisierung der eigenen Person auch in der eigenen Namensgebung fortgesetzt werden. Das Pseudonym ›Verstorbener‹ fällt in den gesamten Komplex der Wechselbeziehungen und ist nicht nur ein Mittel, um als Autor ungenannt zu bleiben. Pückler konstruiert sich mit Hilfe des ›Verstorbenen‹ einen für ihn notwendigen Freiraum. Die zu erwartenden Kritiker konnten sich drehen und wenden, wie sie wollten, Pückler suchte, in seinem Selbstverständnis, den jeweils günstigsten Standort aus und konterte mit einem Verwirrspiel. Vor keinem Paradox zurückschreckend, gab er auch unumwunden die Autorenschaft zu, führte dann aber noch im gleichen Satz das Eingeständnis ad absurdum, indem er dem Publikum – und man muß annehmen auch sich selbst – geschickt verdeutlichte, daß er, Pückler, niemals der ›Verstorbene‹ sein könne. Seine Selbsterfahrung und Selbsterkenntnis gaben ihm recht, und Pückler mußte überzeugt sein von dem Wahrheitsgehalt der als additiv empfundenen Vielschichtigkeit. Jede Rolle, in die er schlüpfte, war für ihn ein eigenständiger Teil des Ganzen. Pückler überstand diesen psychisch gefährlichen Zustand nur dadurch, daß er ihn als wahr annahm, nicht an dem, was in ihm war, zweifelte und die einzelnen Positionen abwechselnd besetzte. Die Kreativität, die er dabei entwickelte, verhalf ihm schließlich dazu, dieses Sisyphos-Treiben zu überwinden. 1848, drei Jahre nach dem Verkauf von Muskau, veröffentlichte er unter dem Titel ›Die Rückkehr. Vom Verfasser der Briefe eines Verstorbenen‹ (3 Bde.) sein letztes Buch. Die Literatur als Mittel der Selbstdarstellung und Selbsterkenntnis war für ihn damit ausgeschöpft.

Eine literarhistorisch eindeutige Zuordnung der Werke Pücklers führt immer wieder zu Einschränkungen. Zeitlich liegen die Schriften auf das Jahr genau zwischen der französischen Julirevolution (1830) und der revolutionären Bewegung von 1848. Ein Zeitabschnitt in der Geschichte Europas, der geprägt wurde durch harte Auseinandersetzungen zwischen reaktionären und liberalen Kräften. Gehörte Pückler, als Aristokrat, zu den Gegnern des Liberalismus? Nur wenig spricht für eine solche Überzeugung. Welche Gründe hatten die Jungdeutschen Schriftsteller, in bezug auf Pücklers Werke geteilter Meinung zu sein? Ein Teil dieser Gruppe war fasziniert von diesem lästig-ehrlichen Zeitgenossen, ein anderer Teil verspottete Pücklers Bücher. Karl Immermann versteht in seinem Roman ›Münchhausen‹ (1837) Pückler ›als‹ Dandy. Ludwig Börne schreibt 1830 aus Paris an Janette Wohl: ›Sie zu beruhigen, kann ich Ihnen sagen, daß die bewußten Briefe n i c h t von Heine sind. Dr. Koreff nannte mir den Verfasser. Es ist ein Graf Bidbus oder Kitbus, oder auch ganz anders – so ohngefähr heißt er. Wie kömmt es aber, daß Sie den 2ten Teil des Buches haben und den ersten noch nicht? Schicken Sie mir übrigens das Buch und die Briefe, sobald Sie wollen.‹ Und nach der Lektüre: ›Der Verfasser hat mehr gesehen als andere, also auch mehr beobachtet. Als vornehmer Herr wurde er von den hohen und höchsten Ständen freundlich angezogen, und da er oft inkognito reiste, (...) und ein deutscher Edelmann, wenn er seinen Adel ablegt, bescheiden glaubt, es bliebe dann nichts mehr von ihm übrig, drängte er sich mit der Zuversicht eines Unsichtbaren auch in die niedrigsten Stände. Dadurch mußte das Buch gewinnen. Solche Vorteile hat ein deutscher bürgerlicher Reisender nie. (...) Von einem Manne von Stande, dem seine Geburt die groben Erfahrungen des Lebens erspart, hätte ich Feine erwartet, feine Bemerkungen über Welt und Zeit. (...) Wenn er oben auf dem Snowdon, dem höchsten Berge Englands, Champagner trinkt auf die Gesundheit seiner Julie und den Namen der Freundin durch Sturm und Dunkel ruft – dann sind wir dem Fürsten gut. Wein, Liebe und Adler sind auch für uns; aber die Wappen sind gegen uns.‹ Franz

Grillparzers Epigramm ›Dem Verstorbenen‹ stützt sich auf: ›Die Sorge um den Stammbaum führt / Ihn rings umher von Ips bis Währing / Ob Pückler her von Pöchlarn rührt, / Von Pöckeln oder Pickelhering.‹ Georg Herwegh vermutet in: ›Gedichte eines Lebendigen. Mit einer Dedikation an den Verstorbenen‹, daß Pücklers Schloß an der Pleiße liegt (Werdau-Altenburg-Leipzig). – Diese Kritiken aus den Reihen des Jungen Deutschland sind charakteristisch für viele Attacken gegen Pückler. Seinen Gegnern genügte oft die Überzeugung, daß ein Aristokrat wohl kaum in der Lage sein kann, revolutionäres Gedankengut aufzunehmen, und überdies aus finanziell gesicherter Position nicht für die Sache der Bürger – das hieße sonst gegen sich und seinen Stand – kämpfen könne. Dieses Mißtrauen gegenüber dem Adel ist aus der Sicht Immermanns, Börnes und Herweghs durchaus berechtigt gewesen. Allerdings muß in bezug auf Pückler unterschieden werden, daß die Kritik dort, wo sie Informationsdefizite aufweist, lediglich als Polemik gewertet werden kann, und Pückler andererseits aristokratische Züge durchaus nicht unterdrückt.

Die Beurteilung der ›Briefe eines Verstorbenen‹, die Goethe 1830 in den Jahrbüchern für wissenschaftliche Kritik publizierte: ›Ein für Deutschlands Literatur bedeutendes Werk‹, fällt nicht in den Kontext jungdeutscher Rezensionen. Bemerkenswert ist aber, daß diejenigen Schriftsteller, die Pückler persönlich und sein Wesen näher kennengelernt hatten, seine Werke positiv aufnahmen. Aus seiner besonderen Position heraus, die sich aus der unmittelbaren Kenntnis über die Entstehungsgeschichte der ›Briefe eines Verstorbenen‹ ergab, schreibt Varnhagen von Ense über die literarische Erscheinung des Fürsten: ›Bald nach seinem ersten Auftreten, das in betreff der Sensation, der Aufnahme und des Erfolgs, fast beispiellos zu nennen ist, brach die Julirevolution in Frankreich aus und setzte auch in den Nachbarländern die bis dahin festbegründeten Meinungen und Urteile in unseliges Schwanken und trostlose Verwirrung. Der demokratische Kampf – wir können es nicht besser bezeichnen – der sich in den literarischen Richtungen spüren ließ, wirkte notwendig auch auf die Urteile ein, die über diese Schriften gefällt wurden. Man sah nun hauptsächlich den Fürsten in ihm, und dies mit entschiedenem Mißtrauen, das durch das preisende Wort Goethes – auch eines Fürsten in seiner Art – noch vermehrt wurde.‹ – Varnhagen äußerte sich aber auch skeptisch über die sprunghaften Rollen- bzw. Maskenwechsel Pücklers und warnte vor einer Überstilisierung, die der Sache der Jungdeutschen nicht dienlich sein konnte, da sie einem eindeutigen Standpunkt zum revolutionären Geschehen Europas, den Varnhagen ohne Zweifel im ganzen bei Pückler als gegeben ansah, zumindest abträglich war und somit die Gefahr bestand, daß die psychischen Motive die liberalen Ansichten vordergründig verdecken konnten. Die Frage ist, ob Pückler, bei näherer Beleuchtung der Umstände, überhaupt in der Lage sein konnte, ideologischen Ansprüchen zu genügen, die von außen kamen. Die für ihn lebensnotwendige Festigung seiner Psyche bedingte nur zum Teil die Übernahme ideologischer Programme. Durch seine einsame, autonome Bestrebung, aus einem Chaos von Eindrücken die für ihn gültige Wahrheit und Wirklichkeit zu erkunden, geriet Pückler zwischen alle Fronten. Ein liberaler Fürst, der bestimmte Vorzüge der alten Aristokratie schätzte. Ein Satiriker, der alles und sich selbst in Frage stellte. Der ›Sekretär Hermann‹, der den Adeligen in sich zwangsweise verneinte. Das Kind Hermann, das keiner Menschenseele mehr vertraute. – Wie sollte Pückler, ohne seine innerste Überzeugung erheblich zu verletzen, allen Ansprüchen des Jungen Deutschland gerecht werden?

Heinrich Heine schätzte Pückler als ›wahlverwandten Zeitgenossen‹ und sieht ihn als Menschen mit Nachteilen und Vorzügen: ›Indem ich (...) durch die Widmung dieses Buches gleichsam auf die Fassade desselben unsre beiden Namen inskribiere, folge ich nur einer heiter gaukelnden Laune des Gemüts (...). – Der Meister, dem ich dieses Buch zueigne, versteht das Handwerk und kennt die ungünstigen Umstände, unter welchen der Autor schrieb. Er kennt das Bett, in welchem meine Geisteskinder das Licht erblickten, das Augsburgische Prokrustesbett, wo man ihnen manchmal die allzu langen Beine und nicht selten sogar den Kopf abschnitt.‹ (Zueignungsbrief. An Seine Durchlaucht den Fürsten Pückler-Muskau. In: Lutezia. Paris, den 23. August 1854.)

Theodor Mundt versuchte Pücklers Lebensbild über den Begriff des ›Originals‹ zu interpretieren: ›In der Vorrede zum ersten Band jener Briefe sprach er, sich präsentierend, zuerst ein solches Wort über sich aus, fügte jedoch hinzu, daß dem Verstorbenen, wenn man ihn für ein künstliches Original halten wollte, Unrecht geschehen würde, obwohl ihm dies vielfältig angetan worden sei. Wir sind ganz seiner Meinung, und nennen ihn lieber ein bewußtes Original, mit welcher Bezeichnung er auch selber vielleicht zufrieden sein dürfte, (...). Ein bewußtes Original ist jedoch auch ein Original, es ist das Original einer Reflexionsperiode, und hat den Nutzen, daß es der Welt gegenüber seine Sonderbarkeiten ausüben und genießen und doch zugleich behaglich darüberstehen kann. Es besitzt alle Vorteile, und keinen der Nachteile des naiven Originals, weil es sich selbst zu ironisieren vermag, ohne ironisiert werden zu können. (In: Deutsches Taschenbuch auf das Jahr 1837. Berlin, o.J.)

Auch die preußische Zensur tat sich schwer mit Pückler. Obwohl sie in ihm einen revolutionären Umstürzler sah, gelang es beispielsweise Lucie und Pückler, den 1835 zu einer Festungshaft wegen eines Pressevergehens verurteilten Heinrich Laube nach Muskau zu holen, wo Laube ohne besondere Auflagen die Zeit seiner ›Festungshaft‹ im Alten Schloß verbrachte. Aus Frankfurt am Main stammt der folgende Geheimbericht, der unter dem Datum vom 1. September 1834 verschiedene Jungdeutsche Schriftsteller auf ihre Gesinnung hin untersucht; darunter das Urteil über Pückler: »Fürst Pückler ist gegenwärtig ohne Widerrede einer der begabtesten Schriftsteller Deutschlands. Geschmack, Kenntnisse, Leichtigkeit der Darstellung, finden sich bei ihm in seltenem Vereine, durch und durch gewürzt mit jener Urbanität, welche den Mann von hoher Geburt bezeichnet und das *parfum du vrai gentilhomme* ausmacht. Nur schade, daß seine Durchlaucht ein Erzjakobiner geworden, wie ich sogleich beweisen will. Schon in den ›Briefen eines Verstorbenen‹ konnte der Feinschmecker einen leichten Anflug von Liberalismus nicht verkennen, und ich habe ihn in Paris gegen meine dortigen Landsleute, welche ihn für einen verstockten Aristokraten hielten, oft genug verteidigt. In dem Werkchen ›Tutti Frutti. Aus den Briefen eines Verstorbenen. Stuttgart, 1834‹ aber tritt diese Hinneigung schon entschiedener hervor und mehrere bittere Ausfälle auf die preußische Regierung und das monarchische Prinzip lassen keinen Zweifel mehr übrig, daß sich der Fürst von den Grundsätzen seines Standes vollkommen lossagt. Die paar Stellen, welche folgen, werden den Beleg zu dieser Behauptung liefern. Seite 5 enthält einen Angriff gegen Seine Exzellenz den Herrn Nagler. (...) Ferner Seite 23: ›Sobald hierauf der Duft zweier echter Havannazigarren verraucht war – denn auch dieses Laster habe ich an mir – suchte ich die Ruhe mit meiner lieben Staatszeitung in der Hand, wo ich denn auch kaum gelesen hatte, daß ein russischer Kurier angekommen, der Theaterkassier sein Jubiläum gefeiert, wobei die Gesellschaft ›Heil dir im Siegerkranz‹ gesungen und der Hofschneidermeister Dürre mit dem allgemeinen Ehrenzeichen dekoriert worden sei, als ich sanft und selig entschlief.‹ Diese Stelle bezeichnet hinlänglich den tiefen Groll, welchen der Herr Verfasser gegen das preußische Regierungssystem hegt, und macht sowohl das Organ des preußischen Kabinetts, die Staatszeitung, als auch den Nationalgesang ›Heil dir im Siegerkranz‹ lächerlich. (...) Über die preußischen Provinzialstände führt er die Worte eines Feldmarschalls an, der geäußert haben soll: ›Die preußischen Provinzialstände kommen mir vor wie mein H...n. Beide haben Sitz und Stimme, aber man würde es beiden sehr übel nehmen, wenn sie laut werden wollten.‹ (...)«

Pückler blieb von der Zensur unbehelligt. Die ›Briefe eines Verstorbenen‹ wurden zu dem meistgelesenen Buch des 19. Jahrhunderts. Heine und Laube, die auch die französische Ausgabe der ›Andeutungen über Landschaftsgärtnerei‹ besorgten, übersetzten die Briefe ins Französische; Sarah Austin gab, als Übersetzerin, die Briefe in England heraus. Allerdings ist die französische und die englische Ausgabe im Text sehr lückenhaft publiziert worden. Die zu Beginn des 19. Jahrhunderts gesetzlich festgelegten Copyright-Regelungen, die u. a. Raubdrucke unter Strafe stellten, sorgten für hohe Tantiemen. Pücklers Einnahmen durch die Schriftstellerei übertrafen deshalb bei weitem die, die Goethe für sein gesamtes Werk erhalten hatte. Die Finanzmisere Muskaus schien dadurch zeitweise einen positiven Verlauf zu nehmen. Letztlich waren aber Schuldenlast und laufende Kosten für die Parkgestaltung zu hoch, um sie allein durch die Tantiemen zu begleichen.

Dem Bestseller ›Briefe eines Verstorbenen‹, den ›Tutti Frutti‹-Bänden (1834) und ›Vorletzter Weltgang von Semilasso‹ (1835) folgten eine Vielzahl epigonenhafter Bücher anonymer Autoren, von denen hier nur eine Titel-Auswahl genannt sein soll. Die meist dünnen Bändchen versuchten in der Regel, den launig-witzigen Ton Pücklers nachzuahmen. Es erschienen bis 1840: ›Briefe eines Lebenden‹. – ›Neueste

Briefe eines Verstorbenen‹. – ›Memoiren eines Verstorbenen‹. – ›Briefe eines Verschiedenen‹. – ›Tutti Frutti eines Süddeutschen‹. – ›Tutolassos Wanderungen‹ und ›Reminiszenzen für Semilasso‹. Neben diesen Literatur-Vermarktungen entstanden Romane und Erzählungen, die sich an die, wie auch immer verstandene, literarische Figur Pückler anlehnten: Willibald Alexis (d. i. Wilhelm Häring): ›Das Haus Düsterberg‹. Karl Gutzkow: ›Die Ritter vom Geiste‹ (1850). Ida Hahn-Hahn: ›Sybille‹ (1846). Heinrich Laube: ›Gräfin Chateaubriand‹ (1843). Adalbert Stifter: ›Die Narrenburg‹ (1841 u. 1843); u. a.

Pückler kann durchaus als eine Art ›Wegweiser‹, wie ihn Laube einmal nannte, für das 19. Jahrhundert angesehen werden. Mit dem Verständnis seiner Persönlichkeitsentwicklung wird deutlicher, warum verschiedene, sich scheinbar widersprechende, literarische Strömungen in seinem Werk zu finden sind.

Mystisch anmutende Erzählabschnitte erinnern an den Görlitzer Jakob Böhme (1575-1624) und E. T. A. Hofmanns Spukgeschichten. In der Strukturierung seiner Ansichten über Liebesbeziehungen greift Pückler auf die Briefe der Ninon de Lenclos (1620-1705) zurück und zitiert im sozialen Kontext menschlicher Bindungen Madame de Sévigné (1626-1696). Allzu abgeschmackte Etiketten der englischen Gesellschaft erwecken in ihm die Frage: Was hätte wohl Erasmus von Rotterdam (1465-1536) dazu zu sagen?

Pücklers malende Naturbeschreibungen, episodenhaft und sentenziös geschildert, zeigen Parallelen zur aufklärerischen Wiederentdeckung der Natur durch Heinrich Brockes (1680-1747) und Alexander Pope (1688-1744). Pücklers ›Grund-Idee‹, die er in den ›Andeutungen über Landschaftsgärtnerei‹ ausführlich beschreibt, strebte nach klassischer Normung mit eindeutigen Grundformen. Andererseits zeigt sich Pückler auch als ›Romantiker‹. Anwendbar ist diese Bezeichnung aber nur dann, wenn sie gleichzeitig als eine im menschlichen Geist immer wiederkehrende Gestalt akzeptiert und weniger in eine historisch festgelegte Zeitspanne eingefügt wird. Pücklers romantisierende Beschreibung des River Wye im fünfundvierzigsten Brief verbindet die Überzeugung Jacques Rousseaus (1712-1778) mit der eigenen Vorstellung, in der idealen Naturgestalt müsse die künstlerische Ordnung durch den Menschen geschaffen werden und sichtbar sein. Dies schließt eine Integration von unberührter Natur in die gestaltete Landschaft, als ein Teil der Komposition, nicht aus. Pücklers ästhetische Haltung gegenüber der realen Natur – ebenso sind seine Bildbetrachtungen zu interpretieren – sind Spuren eines zeitlosen Geistestypus und wirkt daher auf den heutigen Leser aktuell.

Die Tendenzen zur objektiven Beobachtung der Welt, Schönes und Häßliches gleichberechtigt zu beschreiben, ideologischen Gesellschaftsbewegungen nicht vorbehaltlos zu folgen und dabei doch die verschiedensten kollektiven Substanzen anzuerkennen, und letztlich die auf Erfahrung beruhende Suche nach einer Einheit von Seele und ›Welt‹ kennzeichnen Grundzüge, die einem allgemeinen Realismus nahestehen. Aber auch hier ist Pückler nicht eindeutig der literarischen Epoche (1850-1890) zuzuordnen. Traditionelles, Zeitgebundenes und Zukunftsweisendes sind im Werk Pücklers faszinierend miteinander verbunden. Kaum verwunderlich erscheint es deshalb zu erfahren, daß die Schriften Pücklers von den Expressionisten (!) als Gesamtausgabe in zwölf Bänden herausgegeben werden sollten. (Hg. H. Conrad; ca. 1913-1923; nicht vollständig realisiert.)

Zahlreiche weitere Aspekte, die hier nicht alle genannt werden konnten, findet der Leser dieser Ausgabe in den Textanmerkungen und in den Registern.

»Wo zwei solch' heterogene Elemente
als Callenbergisches und Pücklersches Blut
zusammenkommen, mußte ein verzweifeltes
Ferment entstehen, und ich glaube, es wird nie
wieder zu der Ruhe des Weins noch Essigs kommen,
sondern immer ein unbestimmter Most bleiben.«

(Pückler)

Günter J. Vaupel

Editorische Notiz

Der Text folgt der Ausgabe: Briefe eines Verstorbenen. Ein fragmentarisches Tagebuch aus Deutschland, Holland, England, Wales, Irland und Frankreich, geschrieben in den Jahren 1826, 1827, 1828 und 1829.
Für den Teil I und II: Stuttgart, 1836 (Dritte Auflage; Hallberger'sche Verlagshandlung)
Für den Teil III und IV: Stuttgart, 1837 (Zweite Auflage; Hallberger'sche Verlagshandlung)

Innerhalb der ersten Auflagen finden sich geringe Textabweichungen, auf die der Leser dieser Ausgabe im jeweiligen Anmerkungsteil hingewiesen wird. Hierzu wurden zum Textvergleich herangezogen:
Die Erstausgaben der Teile I und II: München, 1830 (F. G. Franckh)
Die Erstausgaben der Teile III und IV: Stuttgart, 1832 (Hallberger'sche Verlagshandlung)
Die Erstausgaben der Teile I–IV, als ›Geschenk vom Verfasser‹ an Rahel Varnhagen, mit handschriftlichen Korrekturvorschlägen. Aus dem Fundus der Staatsbibliothek Preußischer Kulturbesitz, Berlin.

Die Reihenfolge der Herausgabe der Briefe und deren Zuordnung zu den einzelnen Teilen als eine nichtchronologische entspricht den Erstausgaben. Die Einzelbände dieser Ausgabe ermöglichen eine chronologische Ordnung der Briefe und bewahren gleichzeitig die Intention Pücklers.
Teil I und II (25.-48. Brief) = Band 2
Teil III und IV (1.-14. Brief) = Band 1

Der Neudruck dieser Ausgabe ist im Text vollständig. Eindeutige Druckfehler in der Vorlage sind berichtigt wiedergegeben. Zweifelsfälle sowie sprachliche Eigenarten Pücklers sind mit Anmerkungen versehen. Eigennamen, insbesondere Ortsnamen, mußten häufig korrigiert werden und erscheinen in der heute gültigen Schreibweise. Die Interpunktion wurde auch in Zweifelsfällen beibehalten, da das Œuvre Pücklers in dieser Hinsicht keine Setzfehler vermuten läßt. Lediglich eindeutige, sinnentstellende Kommatafehler, fehlende Anführungszeichen bei Dialogen und Zitaten sowie falsch gesetzte Gedankenstriche wurden zugunsten der Lesbarkeit des Textes korrigiert. Elisionen und Apostrophe entsprechen der Vorlage, soweit letztere der gültigen Zeichensetzung entsprechen.

Die Sperrungen der Vorlage erscheinen gesperrt. Hervorhebungen, mit fetteren Typen gesetzt, sind kursiv wiedergegeben. Grundsätzlich unterscheidet diese Ausgaben fremdsprachige Satzteile, allgemeine Fremdwörter und solche, die in ungewöhnlicher Art von Pückler aus einer fremden Sprache entliehen wurden. Unter Berücksichtigung der zeitgenössischen üblichen Fremdwörter sind fremdsprachige Satzteile in der gültigen Rechtschreibung der jeweiligen Sprache wiedergegeben auch dann, wenn es sich um einzelne Wörter in einem deutschsprachigen Satz handelt. Die exponierte Wiedergabe dieser Wörter fördert eine kontinuierliche Lesbarkeit des Textes in bezug auf die gedankliche Aussprache. Die Kriterien für die Einstufung als fremdsprachliche Wörter oder als Fremdwörter ergeben sich in fast allen Fällen aus der Stimmigkeit der Satzsegmente. Zeigt die Vorlage das Wort im französischen Plural, wurde keine Modernisierung des Wortes vorgenommen, sondern es erscheint z. B. für ›Bureaux‹: *bureaux*. Gleichfalls wurden die von Pückler benutzten Artikel dahingehend gedeutet, daß er das französische Wort meint bei: ›Der Ennui war groß‹ (Die Langeweile war groß); es erscheint: Der *ennui* war groß. Als Fremdwort angenommen und modernisiert wurde dagegen: ›Es ennuyirt mich‹. Es erscheint: Es ennuyiert mich. Zweifelsfälle sind angemerkt.

Briefe aus dem Nachlaß Pücklers, die die Vorbereitungen der Englandreise dokumentieren, Lücken in den ›Briefen eines Verstorbenen‹ schließen und erste Reaktionen nach dem Erscheinen der Teile I und II (München, 1830) aufzeigen, sind in einer Auswahl den jeweiligen Teilen beigegeben. Die Nachlaß-Briefe wurden entnommen der Ausgabe: Ludmilla Assing-Grimelli (Hg.): ›Briefwechsel des Fürsten Pückler-Muskau‹. Berlin, 1872 ff. (Wedekind & Schweiger) 9 Bde. In Englisch und Französisch geschriebene Briefe erscheinen in dieser Ausgabe erstmals übersetzt, wobei eine freiere Übersetzung der englischen Briefe Pücklers, aufgrund der umfangreichen sprachlichen Fehler, nicht vermieden werden konnte. Œuvre und Eigenarten Pücklers, sowie der Kontext zu den ›Briefen eines Verstorbenen‹, wurden hierbei jedoch zugunsten des Aussagewillens dieser Nachlaß-Briefe berücksichtigt.

Die Anmerkungen zum Text erfassen nur einen Teil der individuell verschiedenen Bedürfnisse des Lesers. Der Intention Pücklers folgend, sind gartengestalterische, literarische, kulturelle und politische Schwerpunkte ausführlicher angemerkt. Namen von Personen, die in den Anmerkungen zum Text nicht auftauchen, sind im Register aufgeführt.

Die Abbildungen stellte der Herausgeber dem Verlag zur Verfügung. Sie stammen aus den verschiedenen ersten Ausgaben der ›Briefe eines Verstorbenen‹, der englischen und französischen Ausgabe und wurden ergänzt durch zeitgenössische Lithographien etc. sowie durch Ausschnitte aus der ›Times‹ (London, 1827 f.). Vorlagen der Abbildungen auf den Seiten 9, 607, 613, 617, 623 des Zweiten Bandes: Archiv für Kunst und Geschichte, Berlin.

* * *

Umschrift der Abbildung

paid by…
employed the money to other purposes [of]
my affairs. If You want the mon… [money-]
orders shall be given to pay You,… [but if]
it is immaterial to You, You'll… [allow]
me to wait 'till next spring.
Now I wish to have immea… [immediately]
a quite fashionable blue coat
two pair of pantaloons to wear over the boots, a… [and]
now in fashion, of either colour You choose, and two
waistcoats with metal buttons, of
straw colour. The last…
I likewise should
wish to have a morning frock coat
to ware without a lapell coat, and [to wear]
must well lap over before.
Let me beg of You at last to make
all things allways in the first
leading fashion.
Count Pückler Muskau*

* paid by… (…) brauchte das Geld zu anderen, geschäftlichen Zwecken. Wenn Sie wollen, werden Ihnen die Postanweisungen als Zahlung gegeben, [aber falls] dies unwesentlich für Sie ist, werden Sie mir [erlauben] damit bis zum nächsten Frühjahr zu warten.

Jetzt brauche ich dringend einen sehr modischen blauen Rock (blue-coat: a. Uniform), zwei Paar Hosen, die man über die Stiefel trägt, [und] die jetzt in Mode sind, in einer Farbe Ihrer Wahl, und zwei Westen mit Metall-Knöpfen, strohfarben. The last…

Gleichfalls wünsche ich einen Morgenrock, der ohne Übermantel tragbar ist und der vorne gut übereinander zu schlagen sein muß.

Lassen Sie mich Sie letztlich bitten, alles immer in aktueller Mode anzufertigen. Fürst Pückler Muskau

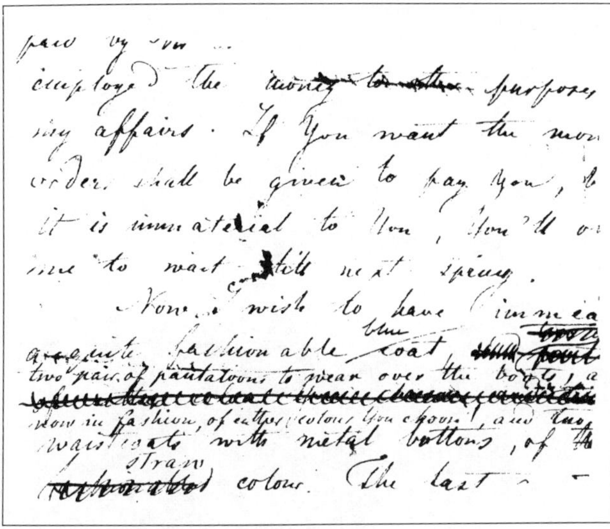
paid by you ...
employed the money purposes
my affairs. If You want the mon
order shall be given to pay You, b
it is immaterial to You, You'll o
me to wait till next spring.
Now I wish to have imme
a quite fashionable blue coat,
two pair of pantaloons to wear over the boots, a
now in fashion, of either colour You choose, and two
waistcoats with metal buttons, of the
straw colour. The last –

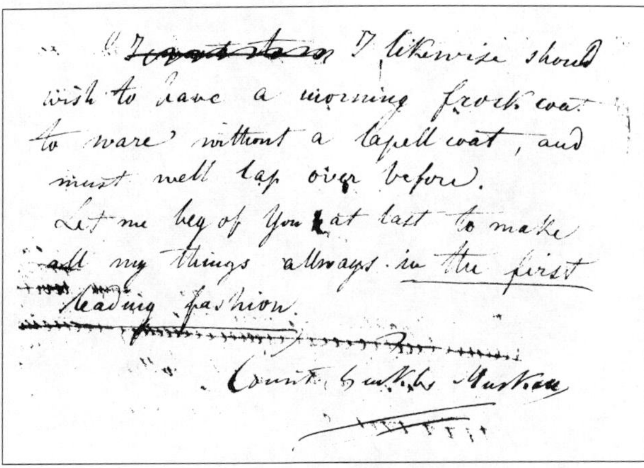
I likewise should
wish to have a morning frock coat
to ware without a lapell coat, and
must well lap over before.
Let me beg of You at last to make
all my things allways in the first
leading fashion.
Count Puckler Muskau

Fragment aus dem handschriftlichen Nachlaß Pücklers. Der Briefkopf und ein Teil des rechten Randes sind nicht erhalten geblieben.

Briefe
eines
Verstorbenen.

Ein
fragmentarisches Tagebuch
aus
England, Wales, Irland und Frankreich,
geschrieben in den Jahren
1828 und 1829.

Geschenk vom
Verfasser.

Erster Theil.

Varnhagen.

München.
F. G. Franckh.
1830.

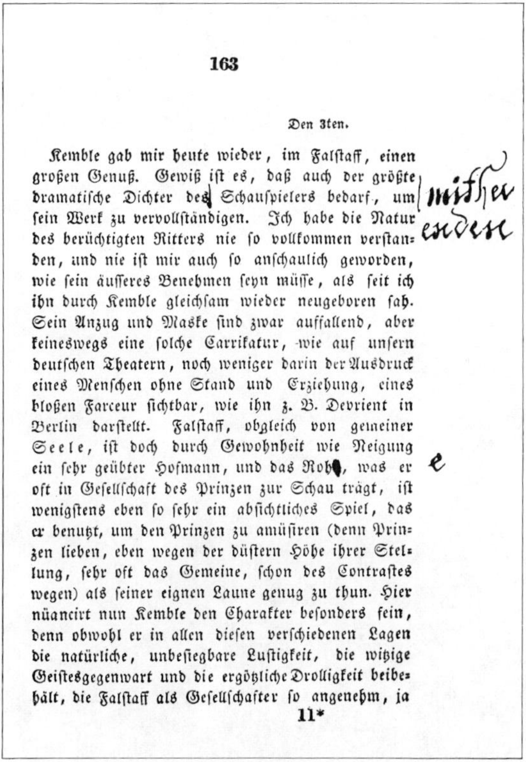

163

Den 3ten.

Kemble gab mir heute wieder, im Falstaff, einen großen Genuß. Gewiß ist es, daß auch der größte dramatische Dichter des Schauspielers bedarf, um sein Werk zu vervollständigen. Ich habe die Natur des berüchtigten Ritters nie so vollkommen verstanden, und nie ist mir auch so anschaulich geworden, wie sein äusseres Benehmen seyn müsse, als seit ich ihn durch Kemble gleichsam wieder neugeboren sah. Sein Anzug und Maske sind zwar auffallend, aber keineswegs eine solche Carrikatur, wie auf unsern deutschen Theatern, noch weniger darin der Ausdruck eines Menschen ohne Stand und Erziehung, eines bloßen Farceur sichtbar, wie ihn z. B. Devrient in Berlin darstellt. Falstaff, obgleich von gemeiner Seele, ist doch durch Gewohnheit wie Neigung ein sehr geübter Hofmann, und das Roh, was er oft in Gesellschaft des Prinzen zur Schau trägt, ist wenigstens eben so sehr ein absichtliches Spiel, das er benutzt, um den Prinzen zu amüsiren (denn Prinzen lieben, eben wegen der düstern Höhe ihrer Stellung, sehr oft das Gemeine, schon des Contrastes wegen) als seiner eignen Laune genug zu thun. Hier nüancirt nun Kemble den Charakter besonders fein, denn obwohl er in allen diesen verschiedenen Lagen die natürliche, unbesiegbare Lustigkeit, die witzige Geistesgegenwart und die ergötzliche Drolligkeit beibehält, die Falstaff als Gesellschafter so angenehm, ja

11*

S. 163 der Erstausgabe (Stuttgart, 1832), mit handschriftlichen Korrekturvorschlägen, vermutlich von Rahel oder Karl August Varnhagen von Ense. Vgl. hierzu Teil III, Seite 162 dieser Ausgabe.

Register

Die in Klammern gesetzten Ziffern bezeichnen den Ersten bzw. Zweiten Band; die darauf folgenden Ziffern die Seiten im jeweiligen Band.

Parkanlagen · Villen · Loci

Gärtner · Architekten

Literaten · Literatur

Maler · Museen

Theater · Schauspieler

Ortsregister

Personenregister